KURT SCHUSCHNIGG
IM KAMPF GEGEN HITLER

Kurt Schuschnigg

Im Kampf gegen Hitler

Die Überwindung der Anschlußidee

Mit einem Vorwort von Fritz Molden

Amalthea

Neuauflage 1988
© 1988 by Amalthea Verlag Ges.m.b.H.,
Wien – München
Alle Rechte vorbehalten
Schrift: Borgis Garamond-Antiqua
Satz: Pressehaus Fritz Molden
Druck und Binden: Wiener Verlag, Himberg
Printed in Austria
ISBN 3-85002-256-0

INHALT

VORWORT ZUR NEUAUSGABE
(von Fritz Molden) 5

Kapitel I   DREI STATIONEN 11
... und ein begonnener Brief aus der Alten Welt, der in der Neuen nicht ankam

Kapitel II BEWÄLTIGTE VERGANGENHEIT 38
Sinn und Ursprung des Wortes vom zweiten deutschen Staat — Genesis und Entwicklung der Anschlußbewegung

Kapitel III WOLLEN UND WIRREN 66
Lehrjahre der parlamentarischen Demokratie — Zwischen Reformismus und Revolution — Die außerparlamentarischen Kräfte: Wurzel, Anabasis und Aporie der Wehrverbände — Die Ostmärkischen Sturmscharen — Antisemitismus — Das Wunschbild vom christlichen Ständestaat

Kapitel IV VOLK IN NOT 104
Latenter und offener Bürgerkrieg — Vom sozialdemokratischen Linzer Programm (1926)... — ...über Arsenal und Schattendorf (1927)... — ...zum Schutzbundaufstand 1934

Kapitel V ZWISCHEN HAMMER UND AMBOSS 154
Das Jahr des Unheils 1934 — Innere und internationale Entwicklung 1934 bis 1936 — Der deutsche Weg (Vertrag vom 11. Juli 1936) und seine Perspektiven

Kapitel VI AM SCHEIDEWEG 216
Die Begegnung vom 12. Februar 1938 — „So oder so" in Berchtesgaden — Das Abkommen und seine Durchführung

Kapitel VII RES AD TRIARIOS VENIT 252
Entwicklung nach dem 12. Februar 1938 — Kepplers Mission in Wien vom 4. und 5. März 1938

Kapitel VIII ÜBER DEN RUBIKON 295
Die geplante Volksbefragung — Die Technik des Anschlusses — Die Frage des militärischen Widerstandes — Die Folgen

Kapitel IX TRAUM UND TRAUMA 329
Der Anschluß in deutscher, österreichischer und internationaler Sicht

Kapitel X ÖSTERREICHISCHES CREDO 371
Erfüllung oder Verirrung? — Der Anschluß im Spiegel eines Einzelerlebnisses: Erinnerungen — Dissonanzen — Abgesang: Alles Vergängliche ist nur ein Gleichnis . . .

ANHANG 393

ANMERKUNGEN 426

NAMENREGISTER 467

Fritz Molden

VORWORT ZUR NEUAUSGABE

Kurt von Schuschnigg war ein echtes Produkt des gehobenen Beamten- und Offiziersstandes der alten k.u.k. Monarchie. Am 14. Dezember 1897 in Riva am Gardasee – einer der südlichsten Gemeinden des Trentino oder, wie man es damals nannte, Welschtirols – geboren, wuchs er als Sohn eines kaiserlichen Generals in verschiedenen Garnisonsorten heran. Als er ins Gymnasium ging, wurde Erzherzog Franz Ferdinand in Sarajewo ermordet. Er maturierte im zweiten Kriegsjahr und rückte sofort zu einem der Eliteregimenter der alten kaiserlichen Armee ein. Er lernte den Krieg in seinen extremsten Formen kennen, wurde verwundet, mehrfach ausgezeichnet und bald zum Offizier befördert – nicht bei einem Stab, sondern an der Front.

Nach dem Zusammenbruch war Schuschnigg so wie unzählige andere junge österreichische Idealisten aus intellektuellen, liberalen und auch katholischen Kreisen zutiefst erschüttert. Seine österreichische Welt hatte zu existieren aufgehört, er aber wollte nicht aufhören, an sie zu glauben. Hier, bei dem zweiundzwanzigjährigen Leutnant, ist schon der rote Faden einer ganz eigenartig starken Österreich-Liebe zu erkennen, der ihn durch die nächsten zwanzig Jahre der Politik bis zu den dramatischen Tagen des März 1938 und in die Konzentrationslager des NS-Regimes führen sollte. Schuschnigg selbst, so wie die meisten seiner Zeitgenossen, als deutschsprachiger Angehöriger der alten Vielvölker-Monarchie von Jugend an der Verbindung zum deutschen Volk als Kulturbegriff verschrieben, findet es gar nicht leicht, seinen „Österreich-Gedanken" klar zu formulieren. Am Ende des vorliegenden Buches versucht er dies trotzdem, aber auf dem Umweg über seinen hochgeschätzten persönlichen und politischen Freund Hans von Hammerstein-Equort, aus dessen Vortrag vor dem Wiener Kulturbund im Oktober 1935 „Österreichs kulturelles Antlitz" er zitiert:

„... Aber es ist leider immer noch schwierig, die Österreichische Idee begreiflich zu machen. Denn sie ist eine Kulturidee; sie setzt Kulturbedürfnis und Bildung voraus, um erfaßt zu werden. Sie ist nichts für den Massenfang, kein hohler Wahlschlager, der in Volksversammlungen reißt. Sie hat Inhalt, Tiefe und Gewicht, fast zuviel für eine Zeit der Oberfläche. Und das ist in ihrer Heiterkeit vielleicht das Tragische an der Österreichischen Idee ... Lassen Sie mich nur noch andeuten, was ich unter der Idee Österreich begreife, andeuten mit einem ‚Faust'-Zitat, das Sie aus der Szene, in der es vorkommt, wohl verstehen sollen, verstehen nicht nur animalisch, sondern seelisch und geistig. Österreich, das soll bedeuten: ‚Hier bin ich Mensch, hier darf ich's sein.'"

Kurt von Schuschnigg, der an der Italienfront zuletzt als Leutnant und Batteriekommandant gedient hatte, kehrt erst 1919 aus der Kriegsgefangenschaft heim. Er inskribiert an der Innsbrucker Universität Jus und promoviert 1922. Dann läßt er sich als Rechtsanwalt in der Hauptstadt seiner durch die Amputation Südtirols klein gewordenen Heimat Tirol nieder. 1927 wird er als Abgeordneter der Christlichsozialen Tiroler Volkspartei in den Nationalrat entsandt. Innerhalb der Tiroler Politik steht Schuschnigg Seite an Seite mit dem prominenten Führer des zwar klerikalen, aber demokratisch-antiautoritär eingestellten Flügels, Hans Gamper. Er ist ein Gegner von Richard Steidle, dem Gründer und Führer der Tiroler Heimatbewegung, der zeitweise auch als Bundesführer der Österreichischen Heimwehr eine Rolle spielte. Die von Schuschnigg bald gegründeten „Ostmärkischen Sturmscharen" wurden von ihm als bewußtes Gegengewicht zur Übermacht der Heimwehren betrachtet. Trotzdem war Schuschnigg, vor allem aus heutiger Sicht, kein Vertreter des Pluralismus einer Parlamentarischen Demokratie.

Wie die meisten der jungen Frontkämpfer des Ersten Weltkrieges sah er die anscheinend trostlose Situation seines Heimatlandes nicht zuletzt vom Diktat der Siegermächte einerseits und von dem zunehmenden Radikalismus der „Austromarxisten" Otto Bauerscher Prägung gefährdet. Die Worte und auch die Schriften der Führer der österreichischen Sozialdemokratie in den zwanziger Jahren, besonders nach dem Ausscheiden der Sozialdemokraten aus der Koalitionsregierung, waren auch wesentlich radikaler als die ihnen folgenden Taten oder auch nur ihre eigenen Absichten. Für das Bürgertum allerdings klangen die Parolen von der „Erringung der absoluten Macht des Proletariats" durch den demokratischen Prozeß parlamentarischer Wahlen höchst gefährlich und schienen geradezu nach Gegenmaßnahmen zu rufen. Der „Korneuburger Eid" – an dem Schuschnigg als Nicht-Heimwehrmann gar nicht beteiligt war –, in dem christlichsoziale Heimwehrführer, die in Wirklichkeit bäuerliche Demokraten aus Niederösterreich und anderen ländlichen Gebieten waren, zusammen mit einem Haufen Desperados der Demokratie abschwuren, war ebenso eine Kurzschlußhandlung wie die Leitartikel von Friedrich Austerlitz in der „Arbeiterzeitung", in denen zum Klassenkampf und zur Vernichtung der Bourgeoisie aufgerufen wurde. Dies aber war – unter anderem – auch die Welt, in der der junge Kurt Schuschnigg seine ersten politischen Schritte zu tun hatte. In der Christlichsozialen Partei schien er sich bald ebenso durch Intelligenz wie Kompetenz für höhere Aufgaben empfohlen zu haben.

1932 wurde Schuschnigg nach dem Rücktritt des damaligen Bundeskanzlers Dr. Karl Buresch von dessen Nachfolger als Regierungschef, Engelbert Dollfuß, zum Justizminister bestellt. Diese erste Regierung Dollfuß, die in der entscheidenden Phase der „Selbstauflösung" der österreichischen parlamentarischen Demokratie, der Zeit der Machtergreifung Hitlers in Deutschland und des beginnenden Terrors der Nationalsozialisten in Österreich zu amtieren hatte, sah sich vor fast unlösbare Aufgaben gestellt. Am 21. September 1933, also schon ein halbes Jahr nach der Ausschaltung des Parlaments, trat dieses Kabinett Dollfuß I, das letzte demokratisch und verfassungsmäßig korrekt gebildete Regierungsteam der Ersten Republik, zurück. Schuschnigg war auch in der nächsten Regierung, dem Kabinett Dollfuß II, vertreten, und seine Aufgabenbereiche hatten sich wesentlich vergrößert. Neben dem Justizressort war er nun auch für das Unterrichtsministerium zuständig. Als Justizminister hatte er die furchtbaren Konsequenzen der diversen Prozesse nach den blutigen Februarkämpfen zwischen dem Schutzbund der österreichischen Sozialdemokratie und der Staatsexekutive bzw. deren Verbündeten, den rechtsextremen Wehrverbänden, indirekt als oberste Instanz mitzutragen. Schuschnigg hat unter dieser Pflicht schwer gelitten, aber er sah keinen anderen Ausweg, um den ohnedies von allen Seiten gefährdeten Staat beisammenzuhalten. Heute, im Rückblick, ist wohl zu sagen, daß vielleicht der größte Fehler, den Dollfuß und Schuschnigg nach dem Februar 1934 begangen haben, die Zulassung der Exekution der damals über eine Anzahl von Schutzbundführern ausgesprochenen Todesurteile darstellt. Denn durch diese völlig überflüssige Maßnahme wurde das Volk von Österreich, das gemeinsam gegen die nationalsozialistische Gefahr hätte aufstehen müssen, auf Jahre zutiefst gespalten und dadurch der Plan Hitlers, Österreich zu annektieren und auszulöschen, ganz wesentlich erleichtert.

Dollfuß verblutete selbst bereits am 25. Juli 1934 in seinen Amtsräumen im Bundeskanzleramt am Wiener Ballhausplatz als prominentestes Opfer eines nationalsozialistischen Putschversuches, der im übrigen blamabel endete und von den österreichischen Regierungskräften und den ihnen verbündeten Wehrverbänden schnell unterdrückt werden konnte. Wider Erwarten wurde Schuschnigg Bundeskanzler. Wahrscheinlich vor allem deshalb, weil der damalige Vizekanzler und Heimwehrchef Ernst Rüdiger Fürst Starhemberg zu diesem Zeitpunkt in Italien auf Urlaub weilte. Vielleicht aber auch, weil Bundespräsident Wilhelm Miklas lieber einen gemäßigten Mann aus der christlichsozialen Partei als einen radikalen Heimwehrführer und Haudegentyp an der Spitze des Staates sehen wollte.

Schuschnigg bemühte sich redlich, die Dinge in Österreich wieder ins Lot zu bringen. In manchen Bereichen waren ihm und den Experten seiner Regierung auch Erfolge beschieden, vor allem auf dem Sektor der Wirtschaft. Das Land begann sich sukzessive von den Folgen der Wirtschaftskatastrophe von 1929 zu erholen, die Zahl der Arbeitslosen ging zurück, die Industrieproduktion und das Nationalprodukt stiegen Jahr für Jahr an, ohne daß dabei der damalige harte Schilling, der „Alpendollar", gefährdet wurde. Auch auf dem kulturellen Sektor bemühte sich Schuschnigg; hier allerdings hatte er, wie so viele seiner Zeitgenossen in allen politischen Lagern, noch immer größte Schwierigkeiten mit der Problematik einer österreichischen Nation; mit der Frage, ob dieser „Bundesstaat Österreich", dem man 1934 eine sogenannte „Ständische Verfassung", die noch sehr an autoritäre Vorbilder – vor allem im Süden, nämlich in Italien – erinnerte, gegeben hatte, ein deutscher Staat sei oder die Heimstatt einer selbständigen österreichischen Nation.

Heute, mehr als fünfzig Jahre später, ist die Diskussion hierüber noch keineswegs beendet; im Gegenteil, sie ist wieder aufgeflackert. Damals aber war man sich nicht etwa wie heute in einer überwältigenden Mehrheit der Bevölkerung von weit über 90% im klaren, daß Österreich ein selbständiger Staat sei, den so gut wie alle Bürger bejahen, sondern man wußte noch immer nicht ganz genau, wo man eigentlich hingehörte. Die beiden großen Lager, die Roten und die Schwarzen, konnten nach den tragischen Ereignissen des Februar 1934 vorerst einmal überhaupt nicht miteinander sprechen. Das dritte traditionelle Lager, die Großdeutschen, hatte sich weitgehend aufgelöst und war entweder in einen gekränkten politischen Passivismus verfallen oder aber hatte sich den so erfolgversprechenden und hinreißenden Ideen von Hitlers Nationalsozialismus angeschlossen. Allerdings hatten schon 1933, als die politischen Parteien noch legal existierten, sowohl Sozialdemokraten als auch Christlichsoziale jeden Gedanken an einen „Anschluß" an Deutschland für die Dauer des Hitlerregimes und der Herrschaft des Nationalsozialismus im nördlichen Nachbarland sistiert.

Schuschnigg bemühte sich, Österreich zu einer Heimat auch für die in Deutschland verfolgten Dichter und Denker, Musiker und Künstler aller Art werden zu lassen. Hier liegt ebenfalls einer seiner großen Verdienste. Eine beträchtliche Zahl von Anti-Hitler-„Dissidenten" aus allen Bereichen des intellektuellen, kulturellen und künstlerischen Lebens ist zwischen 1933 und 1938 aus dem Dritten Reich nach Österreich gekommen, um sich hier niederzulassen oder um weiterzuwandern. Die Ermöglichung dieses Exodus nach Österreich und die Tatsache, daß diese ersten Emigranten in Wien oder wohin sonst sie sich wandten, willkommen geheißen und aufgenommen wurden, ist nicht zuletzt auf Schuschnigg und seine Auffassungen über und gegen den Nationalsozialismus zurückzuführen.

Schuschniggs Versagen ist wohl vor allem in seiner Mißinterpretation der Möglichkeiten einer Befriedung der damals fast durchwegs sozialdemokratischen Arbeiterschaft wie auch in einer Fehleinschätzung der außenpolitischen Position Österreichs und seiner Möglichkeiten, sich gegenüber dem Druck des Dritten Reiches zur Wehr setzen zu können, zu suchen. Wie in anderen Bereichen hat Schuschnigg sich bemüht, aber alle seine Versuche waren zu zaghaft, wurden oft vorschnell abgebrochen oder kamen, insbesondere im Falle der Befriedungsmaßnahmen mit den in die Illegalität getriebenen legitimen Vertretern der Arbeiterschaft, schließlich zu spät. In Sachen Außenpolitik gelang es Schuschnigg nicht, frühzeitig, nämlich in den Jahren 1934 bis 1936, das damals noch aufgrund der Februarereignisse bestehende Mißtrauen der westlichen öffentlichen Meinung – einschließlich der Auffassung der Mehrzahl britischer und französischer Regierungsmitglieder – entsprechend abzubauen. Auch die Beziehung zum italienischen Nachbarn, der durch den Aufmarsch seiner Divisionen am Brenner im Juli 1934 Hitler sehr effektiv daran gehindert hatte, den Naziputsch von Deutschland aus zu unterstützen, wurde nicht besser. Schließlich hatte Österreich keine Alliierten mehr in Europa. Sowohl Italien als auch Ungarn, mit denen Österreich durch Verträge eng verbunden war, wie erst recht die kleine Entente der Tschechoslowakei, der Rumänen und Jugoslawen, die wiederum mit Frankreich liiert waren, dachten nicht daran, für Österreich in die Bresche zu springen. Im Gegenteil, Beneš erklärte 1938 öffentlich, ihm sei Hitler in Wien noch immer wesentlich lieber als die Habsburger. Beneš hatte allerdings dann nicht einmal sechs Monate Zeit, um feststellen zu müssen, wie falsch er noch im März 1938 die Lage beurteilt hatte. Ein Jahr nach seinem berühmten Ausspruch saß er selbst bereits als Flüchtling im Ausland, der von ihm im Stich gelassene österreichische Bundeskanzler allerdings im Gestapokerker bzw. später im Konzentrationslager Sachsenhausen.

Dr. Kurt von Schuschnigg setzt sich in dem vorliegenden Werk, das gerade im Jahre 1988, ein halbes Jahrhundert nach den dramatischen Tagen und Monaten, die sich vor, nach und um den „Anschluß" abspielten, erneut besondere Beachtung verdient, genau und mit einem deutlich spürbaren Bemühen um objektive Sachverhaltsdarstellung mit den Entwicklungen und Ereignissen, insbesondere der Periode von seiner Bestellung zum Bundeskanzler im Juli 1934 bis zum bitteren Ende am 11. März 1938, auseinander. In diesen Kapiteln wird das vorliegende Werk zu einem der wesentlichen Zeitzeugen-Dokumente für jene entscheidende Periode nicht nur österreichischer, sondern europäischer Zeitgeschichte.

Schuschnigg selbst ist nach seinem erzwungenen Rücktritt als Bundeskanzler in den Abendstunden des Unglücksfreitags vom 11. März 1938 bis zum 4. Mai 1945, als er in Südtirol, am romantischen Praxer Wildsee, von Südtiroler Widerstandskämpfern befreit und den Alliierten Vorkommandos übergeben wurde, von einem Gestapogefängnis zum anderen und schließlich in das berüchtigte Konzentrationslager Sachsenhausen gewandert, wo er die Kriegsjahre verbrachte. Nach der Befreiung war seine Heimkehr nach Österreich fast zwanzig Jahre lang „politisch unerwünscht". Im Jahr 1967 ist Kurt von Schuschnigg, der in den ersten zwei Dezennien nach dem Krieg als Professor an der katholischen Universität St. Louis in Missouri tätig gewesen war, still und ohne jede Problematik in seine Tiroler Heimat zurückgekehrt und hat dort noch fast ein Jahrzehnt in Frieden nicht nur mit sich selbst, sondern auch mit seinen Landsleuten gelebt.

Am 11. November 1977, auf den Tag genau neunundfünfzig Jahre nach der Ausrufung der Ersten Republik, ist Schuschnigg in Mutters bei Innsbruck gestorben. Schuschnigg war ein österreichischer Patriot und ein gläubiger Katholik. Er liebte seine Heimat und seinen Glauben über alles. Er hat in den Jahren, in denen er als Bundeskanzler sein Land in schwersten Zeiten zu führen hatte, sein Bestes gegeben. Dies war nicht notwendigerweise auch immer das Beste für Österreich, wenn auch er selbst bestimmt überzeugt war, richtig zu handeln. In den entscheidenden Tagen des Februar und März 1938 erwies er sich manchmal als mutiger Draufgänger, ja sogar fast als Hasardeur – etwa als er plötzlich am 6. März 1938 den Entschluß faßte, den Rubikon zu überschreiten und eine Volksabstimmung über den Weiterbestand der Selbständigkeit Österreichs durchzuführen. Manchmal aber handelte er auch zögernd, an sich selbst zweifelnd – ein „Cunctator". Etwa am entscheidenden Tag nicht nur seines eigenen Lebens, sondern auch für Österreich, am 11. März 1938, nur fünf Tage nachdem er beschlossen hatte, die Abstimmung durchzuführen. Er mußte dem deutschen Druck nachgeben und sagte die Abstimmung wieder ab. Er weigerte sich, dem Bundesheer den Schießbefehl zu geben, denn – so erklärte er in seiner letzten Ansprache an das österreichische Volk – er wolle kein „deutsches Blut" vergießen. Viele werfen ihm dies heute vor. Vielleicht hätte ein wenn auch nur kurzfristiger bewaffneter Widerstand die Welt aus ihrem Schlaf geweckt, Hitler zum Zurückschrecken gebracht und Österreich, ja wohl ganz Europa unendliches Unglück erspart. Vielleicht, vielleicht auch nicht. Auch heute, nach einem halben Jahrhundert aufregendster, erschütterndster, ermutigender und manchmal zutiefst deprimierender Geschichtsentwicklung, wissen wir genausowenig wie Schuschnigg am Nachmittag des 11. März, ob es richtig gewesen wäre, damals dem deutschen Angriff Widerstand zu leisten. Schuschnigg auf jeden Fall ist lieber sieben Jahre ins Gefängnis als in die sichere Emigration gegangen. Er wollte sein Land nicht im Stich lassen.

In den Jahren 1967 bis 1969 hatte ich, damals Buchverleger, Gelegenheit, oftmals mit Kurt von Schuschnigg, der dieses vorliegende Werk auf meine Anregung und für meinen Verlag schrieb, über die dramatischen Ereignisse gerade der Periode 1934 bis 1938 zu sprechen. Schuschnigg – damals an die siebzig Jahre alt – war ein weiser und toleranter Mann geworden und gleichzeitig der Ehrenmann und Patriot geblieben, der er immer gewesen war. Er gestand, daß er nunmehr sehe, viele Fehler gemacht zu haben, besonders in seiner Beziehung zur Sozialdemokratie. Auch die Idee des Ständestaates sah er in den späten sechziger Jahren anders, als er sie 1933 oder 1934 gesehen hatte. Er hatte Distanz gewonnen, war aber selbst niemals auf Distanz zu seinem geliebten Österreich und auch zu seinem eigenen Leben gegangen. Ein rares Stück also und ein bemerkenswerter Zeitgenosse – so schien es mir damals und so scheint es mir noch heute, in einer Welt, in der Opportunismus und Realpolitik die einzigen Gebote der Stunde geworden sind.

Kapitel I   DREI STATIONEN ...

*... und ein begonnener Brief aus der Alten Welt,
der in der Neuen nicht ankam*

*11. März 1938, gegen 19 Uhr; Ballhausplatz, im
gewohnten Arbeitszimmer, zusammen mit Guido
Zernatto*

An der weiteren Entwicklung blieb nicht mehr zu zweifeln, der Kampf war zu Ende.
Der geschichtliche Ablauf der Ereignisse ist längst erhärtet. Nicht was geschehen ist, sondern wie es geschah, war für die Zukunft entscheidend. Je deutlicher — dank dem Zeitablauf und den erschlossenen Quellen — die großen Zusammenhänge in die richtige Perspektive gerückt sind, desto klarer wird die Zäsur, die der 11. März 1938 nicht nur für Österreich bedeutet hat — es war wieder einmal die „kleine Welt, in der die große ihre Probe hält" (Hebbel); desto bemerkenswerter bleibt aber auch, wie manövriert werden mußte, um das Angriffsziel, nämlich das Verschwinden Österreichs, zu erreichen; aus dem Gedächtnis, an Hand stenographischer Notizen und seither erschienener Veröffentlichungen läßt sich das Bild in seinen wesentlichen Zügen exakt rekonstruieren:

In den frühen Nachmittagsstunden (kurz nach 14 Uhr) stellte Berlin die ultimative Forderung nach Rücktritt der Regierung und Ernennung Seyß-Inquarts zum Bundeskanzler, andernfalls die Deutsche Wehrmacht noch am selben Abend einmarschieren würde.

Dieses Ultimatum wurde telephonisch an den Minister Seyß-Inquart durchgegeben, und zwar nachdem das erste auf dem gleichen Weg übermittelte Ultimatum, das Abberaumung und Verschiebung der beabsichtigten Volksbefragung gefordert hatte, um etwa 14 Uhr von Österreich angenommen worden war.

Meldungen von der Grenze und von unserem Generalkonsulat in München sowie die Haltung der Minister Seyß-Inquart und Glaise-Horstenau bewiesen, daß die Drohung kein Bluff war; zumal Glaise-Horstenau direkt aus Berlin kam und am Abend vorher als Augen- und Ohrenzeuge Hitlers Stellungnahme in der Reichskanzlei miterlebt hatte.[1]

Der militärische Einmarsch in Österreich war beschlossene Sache. Gesucht wurde aus optischen Gründen ein Vorwand. Daher blieb als Gegenzug nur übrig, den gewünschten Vorwand nicht zu liefern und die Erpressung solcherart zu demaskieren.

Um diese Stunde stand fest, daß auf wirksame äußere Hilfe von nirgendwoher zu rechnen war.

Also trat die Regierung zurück (nach 16 Uhr); an der schließlichen Ernennung Seyß-Inquarts zum Bundeskanzler, wenn auch nur unter verschärftem, völkerrechtswidrigem Druck, war nicht zu zweifeln. Die ursprünglich gestellte Ablauffrist des Ultimatums war verstrichen (18.30 Uhr). Dadurch hatte sich rechtlich nicht das geringste geändert. Wie man in Berlin über die Rechtslage dachte, beweisen schlüssig die Meldungen, die der Deutsche Rundfunk durchgab:

Zunächst:

„Die im Ausland verbreiteten Meldungen über Truppenbewegungen an der österreichischen Grenze und über eine Grenzsperre sind tendenziöse Erfindung; sie entspringen der Hysterie der Wiener Regierung, die infolge von Arbeiterunruhen die Lage nicht mehr in der Hand hat."

Dann:

„Die Reichsregierung legt Wert auf die Feststellung, daß die Gerüchte, nach denen die deutsche Reichsregierung in Wien ein Ultimatum habe überreichen lassen, jeder Grundlage entbehren..."

Der Bundespräsident fordert Klarstellung des offenbaren Widerspruchs. Daraufhin überbringt der deutsche Militärattaché in Wien, Generalleutnant Muff, das formelle Ultimatum: Seyß-Inquart müsse unverzüglich zum Bundeskanzler ernannt werden, widrigenfalls die Deutsche Wehrmacht mit 200.000 Mann in Österreich einrücken werde.

Ungefähr um dieselbe Zeit meldet der Deutsche Rundfunk, in Österreich sei ein blutiger Kommunistenaufstand ausgebrochen, mit Hunderten von Toten; die österreichische Regierung sei nicht mehr Herr der Lage.

Die Meldung ist zur Gänze aus der Luft gegriffen, also fehlt jeder Anlaß zu einer völkerrechtlich begründbaren bewaffneten Intervention. Berlin versucht mit allen Mitteln, einen halbwegs plausiblen Rechtstitel für die militärische Aktion zu finden.

Für die österreichische Seite kommt es in diesem schweren Gang mit ungleichen Waffen darauf an, um der Zukunft willen eindeutig klarzustellen, daß

es sich um eklatanten Rechtsbruch handelt. Daher meine kurze Radiobotschaft (gegen 20 Uhr):
„Die deutsche Reichsregierung hat dem Herrn Bundespräsidenten ein befristetes Ultimatum gestellt, nach welchem der Herr Bundespräsident einen ihm vorgeschlagenen Kandidaten zum Bundeskanzler zu ernennen und die Regierung nach den Vorschlägen der deutschen Reichsregierung zu bestellen hätte, widrigenfalls der Einmarsch deutscher Truppen für diese Stunde in Aussicht genommen wurde. Ich stelle fest vor der Welt, daß die Nachrichten, die über Österreich verbreitet wurden, daß Arbeiterunruhen gewesen seien, daß Ströme von Blut geflossen seien, daß die Regierung nicht Herr der Lage wäre und aus eigenem nicht Ordnung hätte machen können, von A bis Z erfunden sind. Der Herr Bundespräsident beauftragt mich, dem österreichischen Volke mitzuteilen, daß wir *der Gewalt weichen*..."[2]

Der sachliche Inhalt dieser Botschaft wird tags darauf vom Deutschen Nachrichtenbüro der Lüge geziehen: es habe kein Ultimatum und keine Drohung gegeben, vielmehr habe es sich um eine spontane österreichische Volkserhebung gehandelt.

Weitere Einzelheiten — wie das von Göring angeforderte Telegramm des neuen österreichischen Kanzlers, in dem um den militärischen Einmarsch ersucht werden sollte — sind bekannt.[3]

Um 20.45 Uhr erteilte Hitler der Wehrmacht den schriftlichen Befehl zum Einmarsch, d. h. nach der Wiener Radiobotschaft und vor dem von Göring angeforderten Einmarschersuchen.[4]

Zwei Tage später, am 13. März 1938 um 9.15 Uhr, gab Göring von Berlin aus an Reichsaußenminister Ribbentrop in London zur Sprachregelung die nachfolgende telephonische Information durch:
Göring:
„Nun wollte ich in der Hauptsache die politischen Sachen sagen:
Also die Erzählung da, wir hätten ein Ultimatum gestellt, das ist natürlich Quatsch. Das Ultimatum haben von Anfang an die nationalsozialistischen Minister und die Volksreferenten gestellt. Nachher beteiligten sich immer mehr prominente Leute der Bewegung und so weiter. Das einzige, was selbstverständlich ist, daß die österreichischen Minister uns gebeten haben, ihnen Rückendeckung zu geben, damit sie nicht wieder völlig zusammengeknüppelt werden ... und infolgedessen hat der Seyß-Inquart — da war er bereits an der Regierung — uns gebeten, nunmehr unverzüglich einzumarschieren, weil wir ja nicht wissen konnten, gibt es Bürgerkrieg oder keinen ...
Der Führer meinte, weil sie nun gerade einmal drüben sind, ob Sie nicht die Leute grundsätzlich aufklären, wie tatsächlich die Dinge sind. Vor allem, daß das eine völlige Irreführung ist, wenn man annimmt, daß Deutschland ein Ultimatum gestellt hat ..."

Ribbentrop:
„Die Aufklärung ist schon erfolgt, indem ich dem Chamberlain und dem Halifax gegenüber sehr eingehend gesprochen habe. Das ist an sich klar..."
Göring:
„Ich wollte, daß Sie nochmals, nein, nicht nochmals, sondern überhaupt dem Halifax und Chamberlain folgendes sagen: — es ist nicht richtig, daß Deutschland irgendein Ultimatum gestellt hat. Das ist eine Lüge vom Schuschnigg. Denn das Ultimatum ist ihm von Seyß-Inquart, Glaise-Horstenau und Jury gestellt worden; es ist zweitens nicht richtig, daß dem Bundespräsidenten ein Ultimatum gestellt worden ist von uns. Sondern auch nur von den anderen, und lediglich ist da, glaube ich, ein Militärattaché mitgegangen, gebeten von Seyß-Inquart wegen einer technischen Frage...
Ferner möchte ich feststellen, daß ausdrücklich Seyß-Inquart hier uns gebeten hat, mündlich und dann noch telegraphisch, Truppen zu schicken... Der Einmarsch erfolgte also auf diesen Wunsch hin..."[5]
Seyß-Inquart selbst hat bei seiner Zeugeneinvernahme in Nürnberg am 6. Juli 1946 angegeben, er habe sich am 10. März 1938 abends mit dem Bundeskanzler weitgehend in Sachen der Volksabstimmung geeinigt. Am Morgen des 11. März habe er durch Kurier ein Schreiben Hitlers erhalten, welches die Vertagung der Abstimmung und die Durchführung einer Wahl sowie Demonstrationen der (österreichischen) NSDAP gefordert und die Möglichkeit eines deutschen Einmarsches in Aussicht gestellt habe.[6]
Glaise-Horstenau war am Morgen des 11. März 1938 mit demselben Flugzeug wie der Kurier aus Berlin angekommen; er bestätigte mir bei einer Konfrontation in Nürnberg im November 1946, Hitler sei vom Erfolg der österreichischen Volksbefragung überzeugt gewesen und habe daher beschlossen, diese unter allen Umständen zu verhindern. Zu diesem Zweck habe Hitler ihn — Glaise — beauftragt, die ultimativen Forderungen in Wien zu überreichen. Jedoch habe Glaise darauf verwiesen, daß er als österreichischer Minister nicht der geeignete Bote sei; darum sei ihm ein Kurier beigegeben worden.
Göring selbst erklärte als Zeuge am 6. Juli 1946:
„Den Einmarsch in Österreich hielt ich für absolut notwendig, und ich war derjenige, der den Marschbefehl gegeben hat... ich war seit je der Ansicht, daß Österreich zum Deutschen Reich gehört und zusammengeschlossen werden muß. Diese Ansicht hatte ich bereits zur kaiserlichen Zeit... Ich war daher auch ein Gegner aller Kompromißvereinbarungen, soweit sie nicht... lediglich zu außenpolitischer Deckung getätigt werden sollten."[7]
Das Berchtesgadener Abkommen vom 12. Februar 1938 war auf die bindende Voraussetzung begründet, daß deutscherseits das Fortbestehen des Übereinkommens vom 11. Juli 1936 anerkannt und die Zusage der Nichteinmischung

in innere österreichische Angelegenheiten ausdrücklich erneuert werde. Dies wurde in dem beiderseits ausgegebenen, gleichlautenden Kommuniqué vom 15. Februar 1938 und in kurzer Bezugnahme auch in der Reichstagsrede Hitlers vom 20. Februar 1938 bestätigt.

Im Abkommen vom 11. Juli 1936 hatte die deutsche Reichsregierung „im Sinne der Feststellungen des Führers und Reichskanzlers vom 21. Mai 1935 die volle Souveränität des Bundesstaates Österreich anerkannt". Es wurde ferner vereinbart, daß jede der beiden Regierungen „die in dem anderen Lande bestehende innerpolitische Gestaltung, einschließlich der Frage des österreichischen Nationalsozialismus, als eine Angelegenheit des anderen Landes" betrachte, „auf die sie weder unmittelbar noch mittelbar Einwirkung nehmen" werde.

Die Feststellungen Hitlers, auf die sich das Abkommen vom 11. Juli 1936 bezieht, finden sich in seiner Reichstagsrede vom 21. Mai 1935 und haben folgenden Wortlaut:

„Deutschland hat weder die Absicht noch den Willen, sich in die inneren österreichischen Verhältnisse einzumengen, Österreich etwa zu annektieren oder anzuschließen..."

Die militärische Intervention, und damit die gewaltsame Übernahme Österreichs, war durch den Entschluß zur Volksbefragung ausgelöst worden. Der Anschluß Österreichs, in dieser oder jener Form, war für das Dritte Reich jedoch nur eine Frage des Kalenders, und zwar, wie die politische Taktik seit Februar 1938 schlüssig bewiesen hat, eine Frage von Wochen.

Um den Anschein rechtlicher Begründung der einseitigen Vertragsannullierung zu wecken, war nach Beseitigung des österreichischen Staates in der offiziellen Lesart vom „österreichischen Wortbruch von Berchtesgaden" die Rede. Von einem solchen hätte allenfalls gesprochen werden können, wenn in dem Abkommen oder in mündlicher Vereinbarung eine Konsultationspflicht vereinbart worden wäre. Eine solche — direkt oder indirekt — stand nie im Gespräch und wäre indiskutabel gewesen, da ja die Nichteinmischung in innerpolitische Verhältnisse expressis verbis bedungen und zugesagt war.

Die beabsichtigte und selbst von Minister Seyß-Inquart ursprünglich akzeptierte Parole der Volksbefragung war aber:

„Für ein freies und deutsches, unabhängiges und soziales, christliches und einiges Österreich — für Brot und Frieden im Land."[8]

Für Hitler selbst war die österreichische Frage kein außenpolitisches Problem gewesen, sondern ausschließlich eine inner- oder, wie es im damaligen Berliner Sprachgebrauch hieß, volkspolitische Angelegenheit. Daher war die Wilhelmstraße ausgeschaltet; der Reichsaußenminister Ribbentrop hatte sich Anfang März nach London begeben. Sein damaliger Ministerialdirektor berichtete später:

„Am Freitag, den 11. März blieben wir in London ohne direkte Nachrichten aus Berlin und konnten den Ereignissen nur am Radio folgen..."

Ich war tief beschämt, als ich die Abschiedsansprache Schuschniggs hörte. Die Vereinigung der beiden deutschen Staaten, die auf eine gemeinsame tausendjährige Geschichte zurückblickten, hätte eine befreiende Tat sein können. Jetzt war der Anschluß das Ergebnis einer Erpressung und eines Gewaltaktes. Durch die unglaubliche Torheit des militärischen Einmarsches wurde die mangelnde Freiwilligkeit aller Welt kundgetan..."[9]

Mit diesem Einmarsch wurde eine Kettenreaktion ausgelöst, die am 12. März 1938 in Wien begann und über den 29. September 1938 (Münchner Abkommen) zum 15. März 1939 (Einmarsch in Prag), zum 1. September 1939 (Einmarsch in Polen), zum 9. April 1940 (Einmarsch in Dänemark und Landung in Norwegen), zum 10. Mai 1940 (Angriff auf Belgien und Holland), zum 14. Juni 1940 (Besetzung von Paris), zum 6. April 1941 (Angriff auf Jugoslawien und Griechenland), zum 22. Juni 1941 (Angriff auf Rußland) und schließlich zum 9. Mai 1945 (Kapitulation) geführt hat.

Am Ende stehen die ungelöste deutsche Frage und das geteilte Berlin, die ideologische Grenze im Herzen Europas und die wiedererstandene, freie Republik Österreich.

Der damalige französische Gesandte in Wien, Gabriel Puaux, ein überzeugter Freund und Kenner Österreichs, berichtet in seinen Memoiren:

„Als ohnmächtigem Zeugen der österreichischen Agonie blieb mir der 11. März 1938 als Tag einer beschämenden Niederlage in Erinnerung."[10]

Der Verlauf der Ereignisse ist längst hieb- und stichfest erhärtet. Ein anderes ist es, das verworrene Dunkel zu schildern, das einem in den späten Dämmerstunden des 11. März 1938 am Ballhausplatz die Sicht in die Zukunft nahm. Was dem Gelähmten fehlt, ist zumeist nicht so sehr die Gabe des logischen Denkens, sondern vielmehr das klare Wissen davon, daß er sich nicht mehr zu bewegen vermag. So ungefähr war die Lage der meisten, die damals als Erlebniszeugen die Entwicklung der Dinge an Ort und Stelle erlebten, und zwar sofern sie Österreicher waren und in Verantwortung standen, der Verlierer sowohl wie der augenblickliche Sieger; Seyß-Inquart war lediglich der Überbringer telephonischer Berliner Befehle, während Glaise-Horstenau längst nur mehr als stummer Zeuge agierte. Darum ist vielleicht die Erinnerung von Erlebniszeugen eine willkommene Ergänzung des Schwarzweißbildes, das der zünftige Historiker auf dokumentarischer Unterlage entwirft: das persönliche Erlebnis setzt ihm Farbtöne auf, die der klaren Profilierung und damit dem menschlichen Interesse wie auch der sachlichen Urteilsbildung dienen können.

Äußerlich hatte sich noch nichts geändert; die Akten auf dem Schreibtisch, der vollbesetzte Vormerkkalender, an der damastbespannten Wand die Kaiserin Maria Theresia, darunter die Totenmaske Engelbert Dollfuß'.

Seit den Mittagsstunden ein ständiges Kommen und Gehen. Zwischendurch ein suchender Blick durch die hohen Fenster auf die gegenüberliegende Hofburg, das Hochhaus und hinüber zum Heldenplatz; alles anders wie sonst; vertraute Konturen verschwimmen; der Blick geht ins Leere.

Ungezählten war damals, am 11. März gegen 19 Uhr, ähnlich zumute; darunter wohl auch vielen, die tags darauf die Angst in Jubel erstickten. Es hat eine Schocksekunde gegeben, in der kaum ein Österreicher, der ahnte, worum es ging, ein klares Bild vor sich sah. Man fühlte, daß ein Abschnitt Geschichte zu Ende war. Daß es weitergehen mußte, war klar; aber wie und um welchen Preis, das war noch keineswegs sicher. Für die einen war eine Welt versunken, an der sie trotz aller vielbeklagten Unzulänglichkeit mit allen Fasern ihres Herzens und mit dem Verstand hingen; darunter waren manche, die den Staat nicht wollten, nämlich so, wie er sich nun einmal präsentierte; wie sollte sich das Leben Österreichs und die Zukunft der Österreicher gestalten? Für die anderen schien die Stunde der Erfüllung gekommen — aber doch anders, als man sich diese vorgestellt hatte. Ein Diktat von außen hatte im Grunde niemand gewollt, mit Ausnahme der radikalen Aktivisten, gegen deren Abberufung nach Deutschland die Anschlußgläubigen im Grunde nichts einzuwenden hatten.[11]

Bald sollte die Ernüchterung folgen, als genau das eintrat, was schon vor dem 11. März zu befürchten stand, aber damals als politische Zweckpropaganda abgetan wurde: es hat sich nicht um einen Anschluß Österreichs, sondern um dessen Ausschluß in nationaler und internationaler Sicht gehandelt...

Der Bundespräsident wünscht die Weiterführung der Geschäfte bis zur Ernennung der neuen Regierung, ganz wie es der Regel entspricht. Aber es nützt nichts, die Augen vor der Tatsache einer „von drüben" importierten revolutionären Aktion zu verschließen, die unter dem harten Motiv eines *Ceterum censeo Austriam esse delendam* steht.

Die Frage war in den späteren Nachmittagsstunden des 11. März 1938 nur noch, ob der Nationalsozialismus unter dem Druck der Straße oder unter dem völkerrechtswidrigen Druck von außen in Österreich zur Macht kommen würde. Für das Konzept Hitlers und seiner Leute war es wesentlich, den Umsturz als Folge einer inneren österreichischen Revolution darzustellen. Daraus ergab sich für die Verteidigung des österreichischen Standpunktes zwingend, es darauf nicht ankommen zu lassen und den Friedensbruch seitens des Dritten Reiches vor aller Welt sichtbar zu machen, und zwar ohne das unvertretbare Risiko sinnloser Opfer. Tatsächlich ignorierte Hitler seine eigenen Ultimaten, indem er trotz deren Annahme um 20.45 Uhr unter notorisch falscher Begründung (s. Anm. 4) den militärischen Einmarsch für die Morgenstunden des 12. März verfügte. Dies war allerdings in Wien damals nicht bekannt; weder dem Bundespräsidenten, der in aufopfernder Pflichterfüllung um etwa mögliche Auswege bemüht war, noch uns anderen, die wir in Kenntnis der bedrohlichen Lage wenigstens den Einmarsch zu verhindern und die Rechtslage eindeutig klarzustellen suchten; auch nicht Seyß-Inquart, dem der Einmarsch ebenso unerwünscht wie überflüssig vorkam. Bald sollten einmal mehr in verschiedenster Instrumentation Variationen zum Thema „Nicht der Mörder, der Ermordete ist schuld" in aller Welt und in Österreich all denen ins Haus geliefert werden, denen nichts mehr anderes übrig blieb, als nach einem Alibi zu suchen.

So werden die Laden des Schreibtisches gesichtet, Aktenbestände persönlichen Charakters gesichert und später vernichtet. Darunter befand sich auch der Briefwechsel jüngsten Datums mit Erzherzog Otto. Die Korrespondenz wurde später auszugsweise wiederholt veröffentlicht. Als klarer Ausdruck einer bis zur Siedehitze gesteigerten Spannung sind die Briefe ein Zeitdokument, das vielleicht klarer als manches internationale Protokoll von der Verzweiflung zeugt, in der Österreicher damals — angesichts der undurchsichtigen Zukunft — um Österreich bangten. Der Briefwechsel sei daher im folgenden ohne Kürzung abgedruckt.

„Lieber Herr von Schuschnigg!
Die Ereignisse der letzten Tage zwingen mich, Ihnen zu schreiben.
Ich will hiebei nicht über Dinge der Vergangenheit sprechen. Sie wissen ja am besten, daß ich stets Ihnen gegenüber den Standpunkt vertreten habe, daß wir eine endgültige Sicherung unserer Unabhängigkeit durch eheste Einführung der legitimen Monarchie brauchen. Trotz Ihrer loyal-legitimistischen Gesinnung, an der ich nie gezweifelt habe und an der ich auch heute nicht zweifle, haben Sie es für Ihre Pflicht gehalten, diese Dauerlösung des österreichischen Problems hinauszuschieben. Sie wissen auch, daß ich das Abkommen vom 11. Juli 1936 in der Form und mit dem Inhalt nie gebilligt habe. Sie wissen schließlich, daß ich stets für eine Politik weitgehendster Befriedung gegenüber der großen Masse der Arbeiterschaft war, hingegen eine Politik der Nachgiebigkeit gegenüber den Mördern Dollfuß', gegenüber den national-sozialistischen Volks- und Vaterlandsverrätern stets verurteilt habe.
Mit den Ereignissen der letzten Tage hat eine neue Phase im Leben unseres Volkes begonnen.
Es ist dem Feinde Österreichs gelungen, durch einen Gewaltakt ohnegleichen Ihre Regierung in eine bedrohliche Lage zu zwingen, die unseren weiteren Widerstand in gefährlicher Weise erschwert. Es ist ihm gelungen, uns ein neues Abkommen zu diktieren, welches seinen Einmischungen Tür und Tor öffnet. Ein Präzedenzfall ist geschaffen worden, der jeden Österreicher nur mit größter Besorgnis erfüllen kann.
In dieser Stunde muß ich reden — zu Ihnen reden, der Sie heute so große Verantwortung für meine Heimat vor Gott und dem Volke tragen.
Diese Verantwortung ist furchtbar. Sie besteht gegenüber dem Volke, welches an Sie als den Verfechter des Unabhängigkeitsgedankens glaubt und Sie in dieser Politik unterstützen will. Sie besteht gegenüber der ehrwürdigen österreichischen Idee, die durch Jahrhunderte in ihrer übernationalen, völkerverbindenden Macht ein geeintes, starkes Donau-

becken zusammenhielt und auch heute noch die Kraft besitzt, einen Neuaufbau zu bewerkstelligen. Sie besteht gegenüber dem wahren Deutschtum, welches heute, entgegen den artfremden, neuheidnischen Bestrebungen im Reiche, in seiner alten Stärke, die der Grundgedanke des Heiligen Römischen Reiches Deutscher Nation war, nur mehr in Österreich eine Heimat hat; nur in Österreich kann sich das Deutschtum erhalten und dereinst Retter Deutschlands sein, soll nicht das Deutschtum in einem schrecklichen Chaos untergehen. Die Verantwortung besteht schließlich und hauptsächlich gegenüber unserem höchsten Gut, dem katholischen Glauben. Im Deutschen Reich wütet ein systematischer Kampf gegen den Katholizismus, der auf die Dauer zu dessen Ausrottung in den breiten Volksschichten führen muß. Im ganzen deutschen Raum ist heute Österreich die letzte Stellung des Katholizismus, mit dem auch unser Volk steht und fällt. Bricht dieses letzte Bollwerk zusammen, so verödet die alleinseligmachende Kirche in Mitteleuropa und gehen Millionen von Seelen, deren ewiges Heil heute noch zu retten ist, für alle Ewigkeit verloren.

Diese Verantwortung tragen Sie aber nicht allein. Auch ich habe daran teil. Als legitimer Erbe einer Dynastie, die durch 650 Jahre Österreich schirmte, als Sohn meines in Gott ruhenden Vaters, der für sein Volk sein Leben auf ferner Insel hingab, kann und darf ich meiner ererbten Pflicht nicht untreu werden.

Im vollen Bewußtsein der ganzen Tragweite dessen, was ich Ihnen jetzt sagen werde, und nach reiflicher Überlegung der großen Verantwortung, die ich damit übernehme, halte ich es für meine Pflicht, Ihnen, lieber Herr von Schuschnigg, folgenden Plan zur Rettung der schwerstbedrohten Heimat auseinanderzusetzen, für den ich, als legitimer Kaiser Österreichs, die Verantwortung übernehme:

Der erste Punkt dieses Planes betrifft die Außenpolitik. Wir sind heute in Österreich dem Drucke eines gewaltigen Nachbarn ausgesetzt, der unsere Existenz zerstören will. Wir müssen uns daher nach Mächten umsehen, die diesen Druck aufwiegen können. Die Wahl kann hiebei nur auf die Westmächte fallen, die unserem Vaterland sympathisch gegenüberstehen. Gewiß entspricht deren innere Struktur nicht unserer Idealauffassung, aber das darf im Falle der Frage Sein oder Nichtsein keine Rolle spielen. Diese notwendige Annäherung an die Westmächte muß selbstverständlich geheim bleiben, solange uns dies möglich ist. Daher müssen Sie diese Annäherung selbst in die Hand nehmen, nicht nur wegen des Vertrauens der Westmächte zu Ihrer Person, sondern auch, weil ich Minister Guido Schmidt gegenüber kein Vertrauen haben kann. Auch ist er den Mächten sichtlich unsympathisch, und ich weiß, daß er Ihnen gegenüber nicht immer loyal war; außerdem sind seine Neigungen zu Deutschland mir wohl bekannt. Es wäre demnach unumgänglich notwendig, daß Sie selbst diese Politik, unter Umgehung des amtlichen Apparates, in die Hand nehmen. Sie können versichert sein, daß ich Ihnen diesbezüglich jederzeit zu helfen bereit bin, weiß ich doch, daß dies der einzige Weg einer außenpolitischen Sicherung ist.

Auf militärischem Gebiet muß Österreich nach Kräften für seine Aufrüstung wirken und dieser imperativen Pflicht anderweitige, noch so dringende finanzielle Begehren unterordnen. Haben wir ein starkes Heer, so werden wir keine so große Gefahr mehr laufen wie in der Vergangenheit. Von diesem Standpunkt aus kann ich Sie nur zu Ihrer Entschlossenheit beglückwünschen, mit der Sie, trotz alles Druckes, an General der Infanterie Zehner festgehalten haben. Seine Person ist uns Gewähr, daß das Heer weiter ein österreichisches Heer bleiben wird.

In den Fragen der Innenpolitik wird es für das Heil der Heimat notwendig sein, nach drei Richtungen hin zu wirken, wozu Ihnen Ihre Machtvollkommenheit als Frontführer die Möglichkeit bietet. Vorerst muß die Befriedung nach links aktiv betrieben werden. Die Arbeiter haben in den letzten Tagen bewiesen, daß sie Patrioten sind. Diese Gruppe kann durch den Nationalsozialismus nicht vergiftet werden, wird daher stets am sichersten für Österreich eintreten, wogegen die Regierung ihr die Möglichkeit geben muß, an der Gestaltung des Vaterlandes — für welches sie sich einzusetzen bereit ist — aktiv mitzuwirken. Eine weitere Kraft, die noch nicht verbraucht ist, ist der Legitimismus. Diese Bewegung — und für das übernehme ich die Garantie — geht mit Ihnen durchs Feuer, wenn sie die Gewißheit hat, damit für die Unabhängigkeit Österreichs zu wirken. Ich bitte Sie, die Bewegung nach Kräften zu unterstützen, da jeder neue Legitimist eine Sicherung mehr für die Unabhängigkeit der Heimat ist. Schließlich, dies glaube ich Ihnen gegenüber nicht betonen zu müssen, wird es eminent wichtig sein, unter der Hand gleich vom ersten Augenblick an der verderblichen Arbeit der Betont-Nationalen entgegenzuwirken.

Dies wären meines Erachtens diejenigen Maßnahmen, die augenblicklich zur Rettung Österreichs vor der Gefahr der Gleichschaltung ergriffen werden müßten. Ich bin überzeugt, daß Sie darin mit mir übereinstimmen.

Nun für die Zukunft:

Der entscheidende Augenblick kommt, sobald Deutschland mit Drohungen und Erpressungen weitere Konzessionen von uns verlangt. Ich glaube, gewiß nicht fehlzugehen, wenn ich annehme, daß Sie wie ich der Ansicht sind, daß Österreich die äußerste Grenze dessen erreicht hat, was es Deutschland zugeben kann. Jeder weitere Schritt zurück würde die Vernichtung Österreichs, die Vernichtung Ihres und Dollfuß' mühsamen Aufbauwerkes bedeuten. Mein kaiserlicher Vater wäre umsonst gestorben, Hunderttausende wären umsonst gefallen, die Opfer seit 1933 wären umsonst gebracht worden. Dieses aber können wir Österreicher nicht zugeben. Lieber alles, als unser Vaterland zu verlieren!

Nun habe ich gehört, Sie, lieber Herr von Schuschnigg, hätten sich geäußert, einem neuen Druck von deutscher Seite nicht mehr widerstehen zu können und in diesem Falle von Ihrem verantwortungsvollen Amte zurücktreten zu wollen. So wende ich mich jetzt an Sie als den seinem Kaiser und seinem Volke unerschütterlich treuen Mann mit Bitten, auf deren Erfüllung ich in meinem Gewissen vor Gott dringen muß.

Erstens: Ich bitte Sie, solange Sie das Bundeskanzleramt innehaben, keine wie immer geartete neue Konzession an Deutschland oder an die österreichischen Betont-Nationalen zu machen.

Zweitens: Sollten Sie den Eindruck haben, daß von Deutschland neue Forderungen oder Drohungen gegen Österreich bevorstehen, bitte ich Sie, mir dies sofort zur Kenntnis zu bringen.

Drittens: So unerwartet Ihnen Nachstehendes vorkommen wird, so reiflich ist es in diesen schweren Stunden in äußerster Gefahr erwogen: Sollten Sie einem Druck von deutscher oder von betont-nationaler Seite nicht mehr widerstehen zu können glauben, so bitte ich Sie, mir, wie immer die Lage auch sei, das Amt eines Kanzlers zu übergeben. Ich bin fest entschlossen, zum Schutze von Volk und Staat bis zum Äußersten zu gehen, und ich bin überzeugt, dabei Widerhall beim Volke zu finden. Infolge der Lage, die ein langwieriges Anerkennungsverfahren seitens der Mächte nicht erlauben würde, will ich von Ihnen für diesen Anlaß nicht die Restauration der Monarchie verlangen. Ich würde Sie nur auffordern, mir die Kanzlerschaft zu übergeben, so daß *ohne* Änderung der Verfassung, *ohne* neue Anerkennung — wenigstens für die entscheidende Lage — die gleichen Vorteile erreicht werden könnten wie durch den formellen Akt der Wiederherstellung der Monarchie. Ich möchte hier nochmals betonen, daß ich für diesen schwerwiegenden Entschluß vor Gott, dem Volke, der Welt und der Geschichte allein die volle Verantwortung übernehme.

Ich habe mich verpflichtet gefühlt, Ihnen dies alles in diesen schicksalsschweren Stunden zu schreiben. Ich bin überzeugt, hiemit am besten meiner Pflicht als Sohn des Märtyrerkaisers Karl, als glühender österreichischer Patriot und als legitimer Kaiser dieses Landes nachzukommen. Sie, lieber Herr von Schuschnigg, beschwöre ich im Andenken an Ihren einst geleisteten Offizierseid, im Andenken an Ihre großen Verdienste um den legitimistischen Gedanken, im Andenken an Ihre selbstlose patriotische Arbeit mir in diesen Bitten entgegenzukommen. Glauben Sie nicht, daß dieser Brief etwa dem Machthunger eines jungen, ambitionierten Mannes entspringt. Solche Ambitionen — wenn ich sie je gekannt hätte — würden schweigen angesichts der furchtbaren

Lage und der ungeheuren Verantwortung. Ich handle nur deswegen so, weil ich dies als meine Pflicht ansehe, denn wenn Österreich in Gefahr ist, hat der Erbe des Hauses Österreich mit diesem Lande zu stehen und zu fallen.
Von dem Inhalt dieses meines Briefes an Sie weiß außer mir niemand. Ich habe sogar meinem Vertrauensmann, Gesandten von Wiesner, hierüber keine wie immer geartete Mitteilung gemacht. Ich bitte Sie, auch Ihrerseits von diesem Brief niemand gegenüber Erwähnung zu tun und ihn brieflich so bald wie möglich zu beantworten und mir Ihre Rückäußerung auf gleichem Wege zukommen zu lassen.
Ich versichere Sie weiter meines Vertrauens sowie meines Entschlusses, Ihnen in allem in dieser schweren Zeit behilflich zu sein. Möge Gott Sie segnen und Ihnen den richtigen Weg zum Wohle und zur Rettung der Heimat weisen!
In der Fremde, am 17. Februar 1938."

„Wien, am 2. März 1938
Eurer Majestät
bestätige ich das Schreiben vom 17. Februar, welches Eure Majestät an mich zu richten die Güte hatten.
Ich sehe die Sachlage folgendermaßen:
Oberste Pflicht der verantwortlichen Führung im Staate ist es, das Land zu erhalten. Alles, was dazu dient, ist gut, alles, was das Land gefährdet, ist schlecht und muß jenseits der Erwägung bleiben. Die große internationale Situation, welche sich fallweise ändert, bleibt in Rechnung zu stellen. Der Grundsatz, welcher der österreichischen Ideologie als Pfeiler dient, heißt: Dienst am Frieden. In dem Moment, in welchem Österreich, um seine Existenz zu sichern, genötigt ist, einen internationalen Krieg heraufzubeschwören, gibt es zu, daß es seiner Aufgabe nicht getreu bleiben konnte. Außerdem kann ein Krieg nur dann geführt werden, wenn, entgegen den Voraussetzungen des Jahres 1914, die Erfolgchancen gegeben sind. Schließlich darf man auf fremde Hilfe nur rechnen, wenn man ihrer sicher ist.
Die geographische und die geopolitische Lage des Landes bedingen zwingend den Frieden mit Deutschland. Hiefür sprechen außer sehr ernst in Betracht zu ziehenden psychologischen Erwägungen nüchterne Wirtschaftssorgen, die z. B. in der Zeit nach dem 12. Februar auch bei sehr konservativen Bauernschichten, unter anderem in Tirol, eine sehr eindeutige Stellungnahme bedingten. Ein Land kann nur am Leben erhalten werden, wenn ihm ein wirtschaftliches Existenzminimum gesichert ist.
Die Stimmung im Lande und die wahren Verhältnisse, über die meiner

unmaßgeblichen Meinung nach Eure Majestät seit je nicht richtig oder zumindest nicht vollständig orientiert sind, zwingen mich auf den gleichen Weg.
Insbesondere würde ich es als geradezu mörderisch für den Gedanken der Dynastie halten, wenn sich dieselbe eine vorübergehende oder selbst vorläufig bleibende Restauration nur mit schweren Blutopfern und mit fremdnationaler Hilfe erkaufen könnte. Damit wäre meiner tiefsten Überzeugung nach das Schicksal Österreichs gleichermaßen besiegelt.
Selbst wenn daher, was Gott verhüten möge, ein geschichtlicher Rückschlag eintritt und Österreich der Gewalt weichen müßte, der es sich in Ehren lange und hartnäckig widersetzt hat, dann ist es immer noch besser, dies geschieht, ohne daß die Dynastie dabei mit ins Spiel gezogen wird. Denn einmal würde auch dann die Zeit der Wiederauferstehung kommen mit einer völlig neuen Gestaltung Europas; daß dies voraussichtlich erst nach einem neuen großen Krieg sein dürfte, ist eine unendlich tragische, aber leider wahrscheinliche Gegebenheit. Das Land jedoch in einen von vornherein aussichtslosen Kampf zu führen, kann meines Erachtens unter gar keinen Umständen verantwortet werden. Ich weiß, was Krieg heißt, und habe auch Bürgerkriege erlebt. Ich weiß daher auch um die Pflicht, das Äußerste daranzusetzen, um unser Land vor solchen Situationen zu bewahren. Wem die Zukunft Österreichs am Herzen liegt, der kann und darf nicht daran denken, wie man in Ehren untergehen kann, sondern er muß seine Kräfte darauf konzentrieren, wie das Land in Ehren bestehen kann, um für bessere Zeiten, die einmal kommen müssen, gerüstet zu sein.
Ich bin durchaus nicht pessimistisch, aber ich verschließe meine Augen nicht vor dem ganzen Ernst und der ganzen Schwere der Situation. Ich darf hiebei auch nicht verschweigen, daß manche legitimistische Parolen, vor denen ich lange und leider vergeblich gewarnt habe, zur Verschärfung der zwischenstaatlichen Lage wesentlich beigetragen haben, ohne dem freien Bestand Österreichs zu nützen. Unsere Politik von heute ist zeitgebunden; der Begriff Österreich, einschließlich des Hauses Österreich, ist meiner Meinung nach ein Begriff, der nicht mit dem Zeitmaß einer Generation gemessen werden darf. Die müssen bleiben, wir einzelnen und unser Schicksal können darüber vielleicht zugrunde gehen.
Dies, Majestät, ist meine Meinung!
Ich bedaure unendlich, daß es mir nicht gelungen ist, meine aus genauer Kenntnis der zwischenstaatlichen und innerstaatlichen Situation gefaßten Ansichten und Überzeugungen Eurer Majestät so zu übermitteln, daß sie Glauben gefunden hätten. Ich bitte inständigst, mir jetzt zu glauben, daß unendlich viel, vielleicht alles auf dem Spiele steht und daß

jeder Versuch einer Restauration, sei es in den letzten Jahren oder in der nächsten, absehbaren Zeit, mit hundertprozentiger Sicherheit den Untergang Österreichs bedeuten müßte.
Ich brauche nicht hinzuzufügen, daß ich glücklich wäre, wenn es sich anders verhielte, aber ich kann Eure Majestät nur beschwören, mir zu glauben: es ist so.
Ich bin selbstverständlich gern bereit, nach Maßgabe der mir zustehenden Möglichkeiten von eventuellen Änderungen der Lage Eure Majestät in Kenntnis zu setzen. Einstweilen kann ich nur sagen: Was geschah, mußte geschehen und war richtig so. Und wenn es nicht geschehen wäre, hätte heute kein österreichischer Verantwortlicher mehr die Möglichkeit, Eurer Majestät hierüber zu berichten. Dies gilt insbesondere auch für den 11. Juli 1936.
Ich würde Eure Majestät dringendst bitten, zu erwägen, daß das Zweckmäßige oder Unzweckmäßige so grundlegender Entscheidungen nur an Ort und Stelle und schwerlich aus der Distanz beurteilt zu werden vermag. Niemand von uns hat es absolut in der Hand, zu sagen, daß es ihm gelingen wird, in dieser überaus verworrenen und schweren Zeit das sichere Ziel zu erreichen. Aber ebenso ist auf der anderen Seite völlig außer Zweifel gestellt, daß es einen anderen realpolitisch gangbaren Weg für uns nicht gibt. Unsere Aufgabe kann nur sein, die Wege für eine künftige Entwicklung offenzuhalten; denn was jetzt verschüttet würde, bliebe auf Menschengedenken hinaus für jeden Neuaufbau verloren.
Schließlich darf ich Eure Majestät ergebenst darauf verweisen, daß für uns alle nur der legale Weg der Verfassung gangbar ist und nach dieser Verfassung Abberufung und Neubestellung des Bundeskanzlers dem Herrn Bundespräsidenten zukommen.
Mit dem aufrichtigen Herzenswunsch, daß Gott Eure Majestät und das Haus Österreich schützen möge, und in der festen Überzeugung, daß die Sache Österreichs, ob mit oder ohne Rückschläge, den Weg neuer geschichtlicher Bedeutung gehen wird, mit der Versicherung schließlich, daß für mich pflichtgemäß der Kampf um das Land und die Verantwortung für jeden Österreicher das einzige Motiv aller Entschlüsse bleibt, verharre ich..."[12]

Im Vorzimmer — dem Raum, in dem Engelbert Dollfuß starb — haben sich in der Zwischenzeit die Regierungsmitglieder, führende Politiker und hohe Beamte versammelt.

Wieder verkündet der Deutsche Rundfunk, in Wien und ganz Österreich sei ein blutiger Kommunistenaufstand losgebrochen, die Regierung sei nicht mehr imstande, die Lage zu meistern, Hunderte Tote...

Ein verdienter hoher Funktionär und Träger eines alten deutschen Herren-

namens, Hans von Hammerstein-Equord, ballt die Fäuste, Blutwellen steigen ihm in die Stirn; der sonst so gemessene, kühle, überlegte und überlegene Mann ist kaum wiederzuerkennen. Und plötzlich bricht es polternd aus ihm heraus und erstickt in mühsam verhaltenem, wütendem Schluchzen: „Ich schäme mich, ein Deutscher zu sein."
Keiner hat widersprochen.[13]

Hans von Hammerstein war ein Vetter des deutschen Generalobersten und Chefs der deutschen Heeresleitung (1930 bis 1934) Kurt von Hammerstein. Die Familie entstammt hannoveranischem Uradel.

29. April 1945; Niederdorf im Südtiroler Pustertal

„Endstation", hatte der Kommandierende der SD-Begleitmannschaft gesagt, als die etwa fünf Lastkraftwagen und Autobusse mit dem SS-Kennzeichen auf offener Straße etwa einen Kilometer vor dem Ort hielten.[14] Wir waren zusammen 136 Häftlinge aus 17 Nationen. Darunter befanden sich: drei ehemalige Ministerpräsidenten — einer von ihnen war Léon Blum —, sieben Offiziere der Royal Air Force — unter ihnen Wing Commander H. M. A. Day, der im Oktober 1939 abgeschossen worden war und fünf Ausbruchsversuche für sich buchen konnte, darunter den spektakulären aus Stalag Luft III am 23. März 1944 —, ferner fünf griechische, ein italienischer und zwei russische Generale, ein holländischer Minister, ein katholischer französischer Bischof, ein tschechischer Universitätsprofessor, der frühere österreichische Vizekanzler und Wiener Bürgermeister Richard Schmitz und, aus Dachauer Tagen freundschaftlich mit ihm verbunden, Prinz Xavier von Bourbon-Parma. Unter den Deutschen waren Pastor Martin Niemöller, der nachmalige Weihbischof von München Johannes Neuhäusler, der spätere bayrische Justizminister und führende katholische Widerstandskämpfer Dr. Josef Müller, der Rechtsanwalt Fabian von Schlabrendorff, der frühere Präsident der Reichsbank und Reichsminister Dr. Hjalmar Schacht, der ehemalige Chef des deutschen Generalstabs Generaloberst Franz Halder, der einstige Generalgouverneur im besetzten Belgien General Alexander von Falkenhausen, der frühere Chef des Wehrwirtschaftsamtes General Georg Thomas, der aktive Oberst im Generalstab und Ia der Heeresgruppe Guderian Bogislaw von Bonin, der Großindustrielle Fritz Thyssen sowie die ansehnliche Gruppe der sogenannten Sippenhäftlinge, unter ihnen neun Mitglieder der Familie Stauffenberg, sieben der Familie Goerdeler und zwei Hammerstein-Equord.

Wir waren am 27. April aus Dachau abtransportiert worden, als es nur mehr eine Frage von 24 Stunden schien, bis die 3. amerikanische Armee den Raum von München erreicht haben würde.

Und nun war „Endstation".

Das konnte in seiner Doppeldeutigkeit Anfang meinen oder auch Ende. Die meisten von uns wußten um die ominöse Absicht, freilich ohne klare Vorstellung, wie und ob ihr zu begegnen wäre. Unser Konvoi stand formell unter dem Kommando des Untersturmführers Stiller, der Herkunft nach ein Österreicher, der zum Stab der Lagerführung Dachau gehörte. An sich eher unentschlossen und in der Form konziliant, hatte er bis vor kurzem noch an die große Wendung durch Einsatz der versprochenen „Wunderwaffen" geglaubt; nach allem, was man von ihm wußte, war von ihm und seinen Leuten, etwa dreißig älteren und vielfach zwangsweise zur SS rekrutierten Wachmannschaften unmittelbar nichts zu befürchten. Anders verhielt es sich mit dem Begleitkommando des SD; zu ihm gehörten etwa zwanzig schwerbewaffnete Männer unter dem Kommando des Untersturmführers Bader, der vormals dem Stab des Lagers Buchenwald angehört hatte; der war kein unbeschriebenes Blatt und bekannt als Führer von Spezialkommandos zur Liquidierung unerwünschter Häftlinge, woraus weder er noch seine Leute ein Hehl machten.

„Die gesamte SS-Mannschaft in Niederdorf, die zur Gefangenenüberwachung aufgeboten war, belief sich auf 86 Mann."[14a]

Am Abend unseres Ankunftstages hatte einer unserer Schicksalsgefährten, Captain S. Payne Best vom britischen Intelligence Service, seit November 1939 in deutscher Haft, durch einen der SD-Männer Einsicht in den vom Reichssicherheitshauptamt Berlin ausgestellten Liquidationsbefehl erhalten.[15]

Der ehemalige deutsche Hauptmann Wichard von Alvensleben, der dem Hauptquartier, Oberbefehlshaber Südwest, zugeteilt war und die Entwaffnung der SS-Begleitmannschaften übernommen hatte, berichtet, daß ein Liquidationsbefehl der obersten SS-Führung, der sämtliche KZ-Häftlinge dieses Transports betraf, in der Aktentasche des verantwortlichen SS-Führers gefunden wurde, und zwar mit Namensliste und Dringlichkeitsstufen... Der Bericht fährt fort:

„Daß es gelang, mit acht Unteroffizieren die 86 Mann starke SS-Einheit im Municipio in Niederdorf zu sistieren, bis die — völlig eigenmächtig — herbeigerufene Feldersatzkompanie aus Toblach motorisiert eintraf, daß ferner der Abtransport der SS letzten Endes kampflos verlief, ist das alleinige und eindeutige Verdienst des Karl Wolff (damals SS-General und oberster Befehlshaber der SS in Italien), der — im Gegensatz zur Ansicht des Oberkommandos der Heeresgruppe Südwest — auf fernmündlichen Anruf des Kommandanten dessen eigenmächtiges Unternehmen sanktionierte und der SS gegenüber autorisierte."[16]

Bereits vorher, und zwar unmittelbar nach Eintreffen des Konvois in Niederdorf, hatten, durch einen glücklichen Zufall begünstigt, unsere Mitgefangenen Oberst Bonin und General Thomas eine Telephonverbindung zu General Hans Röttiger, dem Stabschef des Kommandierenden deutschen Generals in Bozen, Heinrich von Vietinghoff, erreicht und Wehrmachtshilfe angefordert, um die sonst in letzter Stunde drohende Möglichkeit eines Gefangenenmassakers oder, wie sie sich einfacher ausdrückten, einer „Schweinerei" zu verhindern. Dieser von der SS unbemerkte Schritt der beiden deutschen Offiziere wurde durch die Anwesenheit eines deutschen Wehrmachtsstabs im Ort ermöglicht und durch die den Gefangenen durchaus freundlich gesinnte Haltung der Ortsbevölkerung und des Wehrmachtspersonals begünstigt.

Dennoch verging noch eine unsichere Nacht; wir waren alle im Ort provisorisch untergebracht; die wenigsten waren bereit oder imstande, weiter über die Lage nachzudenken; ich übrigens auch nicht.

Unsere Gruppe war aus den verschiedensten Lagern gekommen und bot ein Spiegelbild der aus den Fugen geratenen internationalen Gesellschaft. Vielen von uns war es durch Jahre verwehrt gewesen, mit Mitgefangenen persönliche Kontakte aufzunehmen. Die Einzelhaft hat ihre Vor- und Nachteile, wie jeder Erlebniszeuge bestätigen wird. Um so interessierter waren wir alle am persönlichen Gespräch, als ein solches in den letzten Lagerwochen von Dachau zum erstenmal wieder möglich wurde. Gemeinsames Schicksal, gemeinsame Sorge binden zusammen, was wohl alle KZ-Insassen als das vielleicht einzig Schöne in den Zeiten der Prüfung erlebten. Die menschliche Verbindung hat frühere zuweilen bestandene Gegnerschaft ausnahmslos überdeckt und trotz aller gegensätzlichen Auffassungen im einzelnen ein reibungsloses Nebeneinander, ja persönliche Freundschaft ermöglicht. Es mag sein, daß die Berufsmilitärs an ihrem Schicksal am schwersten trugen. Gewiß hatten sie vielleicht einmal allzu mechanistisch gedacht und zum Beispiel das österreichische Inntal als eine günstigere Verteidigungsgrenze angesehen, also waren sie für seine Erwerbung. Manches in Auffassung, Tradition und geschichtlicher Blickschau trennte uns. Aber in jedem Fall hat es sich bei der Gruppe antinazistischer deutscher Militärs, mit der wir die letzten Wochen der Gefangenschaft teilten, um aufrechte und pflichtbewußte, grundanständig denkende Männer gehandelt, deren allgemein menschliches Verantwortungsbewußtsein ihre Charaktere prägte. Ausnahmslos sahen sie in Hitler ein nationales Verhängnis; sie betonten den militärischen Dillettantismus des „Führers", dem sie die Schuld gaben am Abenteuer des Krieges, der nach der ganzen Lage nicht gewonnen werden konnte.

Hjalmar Schacht, obzwar in Opposition zur Politik der Militärs, urteilte im Endergebnis ganz ähnlich.

Ob er damals, als er 1936 als Reichsbankpräsident den Wiener Ballhausplatz besucht habe, von Adolf Hitlers Politik überzeugt gewesen sei?

Er sei überzeugt gewesen von der Notwendigkeit, Deutschland nach außen stark und nach innen krisenfest zu machen, und zwar durch Überwindung der Arbeitslosigkeit als der vordringlichen sozialen und politischen Gefährdung der Nation. Er habe zwar Adolf Hitler nie überschätzt, aber doch die längste Zeit geglaubt, daß er auch so denke wie er spreche... Mittlerweile habe er freilich gelernt, daß Hitler nie die Wahrheit sage, grundsätzlich anders denke, als er rede oder schreibe, niemals bei einer Meinung bleibe und allen sachlichen Argumenten gegenüber taub sei.

Ob er den Krieg für unvermeidlich gehalten habe? — Natürlich nicht. Im Gegenteil. Der Krieg war zu vermeiden und mußte verantwortungsbewußterweise vermieden werden, weil er von Deutschland bei längerer Dauer von vornherein nie durchgestanden werden konnte.

Ob er diese Meinung seinerzeit auch gegenüber Hitler vertreten habe?

Natürlich, und nicht nur gegenüber Hitler, sondern auch gegenüber den Militärs, die allerdings zum Teil taube Ohren gehabt hätten.

Warum er nicht schon früher die Konsequenzen zog?

Weil er begründeten Anlaß zu der Annahme hatte, Hitler für seine Auffassungen zu gewinnen. Er habe alles darangesetzt, ihn für die Frage der Kolonien zu interessieren. Waren erst die Kolonien gewonnen, dann wäre es ein leichtes gewesen, die ganze abenteuerliche Stoßkraft und die Phantasie des Nationalsozialismus auf lange hinaus nach Afrika zu lenken. Der benötigte Erfolg wäre auf friedlichem Weg zu erreichen gewesen, die ganze Aufrüstung hätte einen unschädlichen Auslauf genommen, und in Europa wäre Ruhe gewesen.

Somit genau das, was die Österreicher noch zu Beginn des Jahres 1938 erhofften, wenn sie auf Zeitgewinn aus waren und mit europäischer Entspannung rechneten ...

Jawohl, nur daß die Würfel damals schon gefallen waren; was die Welt freilich nicht wußte. Er, Schacht, sei nach Paris und London gereist, um in mühevollen und durchaus erfolgversprechenden Verhandlungen die Rückgewinnung deutscher Kolonien zu erzielen. Als er aber dann in Berlin referierte, hieß es: „Kolonien interessieren uns nicht, nur noch die Revision in Europa."

Nun ergab es sich, daß Schacht in Paris die Verhandlungen mit Léon Blum zu führen hatte, der damals Regierungschef war.

Léon Blum konnte als Zeuge, soweit es die Kolonialverhandlungen in Paris betraf, Hjalmar Schachts Darstellung Wort für Wort bestätigen.

Der aufrechte Franzose, der seinem Habitus nach eher einem konservativen englischen Lord als einem radikalen Arbeiterführer ähnlich sah, wirkte in seiner unerschütterlichen Ruhe, überlegten Gelassenheit und menschlichen Güte wie ein ruhender Pol in den Nöten und Fährnissen seiner Umwelt. Er sprach nur knapp von dem, was ihm in den letzten Jahren begegnet war, und das war nicht wenig gewesen. Lächelnd erinnerte er daran, daß wir noch vor zehn Jahren, beim österreichischen Staatsbesuch in Paris im Jahre 1935, durch einen tiefen Graben voneinander getrennt waren. Aber Gräben, meinte er, dürften nie so tief sein, daß man den Glauben an die Möglichkeit der Überbrückung verliere. Léon Blum war nach wie vor überzeugter Sozialist, der an die Evolution glaubte. Natürlich waren wir in manchem verschiedener Meinung. Aber auch wenn er zum Beispiel über die Frage der Subventionierung konfessioneller Schulen sprach, begründete er ohne verletzende Schärfe und mit vollem Respekt für die Meinung des Gegners seine grundsätzlich ablehnende Haltung. Man lernte bei ihm, daß Diskutieren von Vorteil ist und Diktierenwollen, auch wenn es gut gemeint ist, zumeist nicht zum Ziel führt.

So hat es Begegnungen der verschiedensten Art gegeben, die, von nationalen Vorurteilen befreit, den Blick in eine bessere, das heißt menschlichere Zukunft zu eröffnen schienen. Diese Hoffnung aber war es, die damals Ungezählte am Leben erhielt und vor Verzweiflung bewahrte.[17]

Der 30. April war ein Sonntag. An diesem Tag sollte sich das Schicksal des Gefangenentransports endgültig zum Guten wenden, und zwar dank den beharrlichen Bemühungen von Oberst von Bonin und des äußerst geschickt operierenden Vertrauensmanns der Tiroler Widerstandsbewegung, Ing. Toni Ducia, der zusammen mit seinem Gehilfen Dr. Thalhammer nach allen Seiten Verbindungen aufgenommen hatte.

Der von Sexten herbeigeeilte Hauptmann Wichard von Alvensleben, sein Vetter Hauptmann Gebhard von Alvensleben und eine unter seinem Kommando stehende Wehrmachtskompanie übernahmen nach Entwaffnung der SS-Mannschaften Sicherung und Schutz der nunmehr faktisch befreiten Gefangenen, die über Veranlassung von Ing. Ducia das bis dahin gesperrte Hotel Pragser Wildsee, etwa sieben Kilometer von Niederdorf entfernt, bezogen. Dort wurden sie am 4. Mai von einer Kompanie des 339. amerikanischen Infanterieregiments unter dem Kommando von Captain John Atwell aus New York übernommen. Sowohl die deutschen Soldaten der Kompanie Alvensleben, denen nun die Kriegsgefangenschaft bevorstand, als auch die amerikanischen GI und ihre Offiziere, unter ihnen übrigens ein vormaliger junger Wiener, verdienen ob ihrer selbstlosen Hilfsbereitschaft dankbare Erinnerung.

Über die Befreiungsaktion gab es später verschiedene, zum Teil einander widersprechende Versionen. Sie bewegten sich mehr oder weniger unabhängig voneinander auf drei Geleisen: da war zunächst die Initiative des Obersten von Bonin, dann die vorsorgliche Leitung des Tiroler Widerstands (Ing. Ducia) und schließlich die völlig separate Planung einer italienischen Partisanengruppe in Verbindung mit unseren vormaligen Dachauer Schicksalsgefährten General Garibaldi und Oberstleutnant Ferrero. Damals waren die Zusammenhänge schwer zu durchschauen. Sante Garibaldi und Ferrero gehörten zu unserem Transport. Beiden gelang es, sich nach unserem Eintreffen in Niederdorf selbständig zu machen und die Verbindung mit der italienischen Partisanenorganisation aufzunehmen, die in den umliegenden Bergen operierte.

Am 30. April gegen Mittag erhielt ich in meinem Niederdorfer Quartier den Besuch von Oberstleutnant Ferrero, der in voller Uniform erschien und mir dringend nahelegte, mich mit meiner Familie unverzüglich dem Schutz der Partisanen zu unterstellen, deren Hauptquartier sich völlig gesichert in Cortina befinde. Für unmittelbaren Transport sei vorgesorgt. Ferrero verwies auf das Ungewisse unserer Lage und drängte auf sofortige Entscheidung. Von einer Befreiung des ganzen Transports war dabei nicht die Rede, nach dem allgemeinen Eindruck schien es sich um eine geplante Einzelaktion zu handeln. Einer solchen standen aus mehr als einem Grund zwingende Erwägungen entgegen; vor allem hatten wir uns alle tags zuvor im gemeinsamen Interesse verpflichtet, jeden Einzelgang zu unterlassen. Als Wortführer der ganzen Gruppe fungierte damals der britische Captain Best, von dem wir wußten, daß er zusammen mit Oberst Bonin um Sicherung und dauernde Unterbringung des Transports bemüht war.

Unter Berufung auf die beschlossene Solidarität der ganzen Gruppe und die Folgen, die ein Ausbrechen einzelner für die anderen haben könnte, lehnte ich das Angebot ab.

Erst später stellte sich heraus, daß General Garibaldi für die folgende Nacht zum 1. Mai eine Besetzung Niederdorfs durch seine italienischen Partisanen geplant hatte, mit dem Ziel, die Gefangenen zu befreien und ins Hauptquartier der Partisanen in den Dolomiten abzutransportieren. Garibaldi ließ sich jedoch durch die Argumente der englischen und deutschen Vertrauensmänner unseres Konvois von seinem Plan abbringen; die reibungslose Übergabe des ganzen Transports an die Amerikaner sollte nicht gefährdet werden; sie war in nächster Zukunft zu erwarten. Oberstleutnant Ferrero beharrte zunächst bei seiner Meinung. Mit beiden Herren kam jedoch schließlich ein befriedigendes Einvernehmen zustande; sie separierten sich von unserer Gruppe und gingen ihre eigenen Wege. Am 3. Mai tauchten italienische Partisanen nochmals auf, und zwar im Hotel Pragser Wildsee, wo sie Kontakt mit Léon Blum und dem russischen Fliegerleutnant Wassili Kokorin, einem Neffen Molotows, aufnahmen. Während M. Blum ihre Einladung offenbar abwies und im Hotel blieb, folgte Kokorin den Partisanen und wurde daher praktisch durch diese befreit. Allerdings erfreute er sich der Freiheit nicht lange: seine durch schwere Frostverletzungen geschwächte Gesundheit erwies sich als nicht widerstandsfähig genug, um die Strapazen des Bergwinters im Partisanenlager ohne ärztliche Hilfe zu überstehen.[18]

Unabhängig von der geplanten Partisanenaktion kam offenbar schon in der Nacht vom 29. auf den 30. April ein Parallelunternehmen des Südtiroler Widerstands in Niederdorf in Gang. Es ist durchaus verständlich, daß die italienischen Partisanen und die (deutschsprachigen) Südtiroler Standschützen, die um Niederdorf zusammengezogen waren, voneinander wenig wußten oder doch jedenfalls keinerlei Verbindung miteinander hielten. Das Pustertal war als ein Teil Südtirols seit 1919 italienisches Staatsgebiet — für die einen der Staat, für die anderen seit je und besonders in der undurchsichtigen Atmosphäre eines neuerlichen Zusammenbruchs die Heimat. Die Südtiroler Widerstandskämpfer (Standschützen) waren offenbar von Ing. Ducia alarmiert und für alle Fälle bereitgestellt worden; viele waren darüber hinaus auch spontan zur Stelle, als die Bevölkerung, die eindeutig für die Gefangenen und gegen deren Wächter Stellung nahm, Natur und Bestimmung dieses Transports erkannte.

Schließlich hatte Oberst Bonin auf eigene Faust den telephonischen Kontakt mit der deutschen Heeresgruppe in Bozen aufgenommen, der schließlich zum Eingreifen der Kompanie Alvensleben führte. Daß es am 4. Mai 1945 zur Befreiung durch den Vortrupp einer Division der amerikanischen 5. Armee kam, war die Folge des Zusammenwirkens der Aktionen von Alvensleben, Bonin und Ing. Ducia (in alphabetischer Reihenfolge der Namen).[19]

15. Mai 1945;
Capri, im Erholungslager der US Air Forces

Äußerst freundliche und großzügige Behandlung in seit sieben Jahren gänzlich ungewohntem menschlichem Klima. Dennoch goldener Käfig, weil die Bewegungsfreiheit auf die Insel beschränkt blieb. Dies mußte wohl so sein, bis der Sichtungsprozeß (*screening*) beendet und die erforderliche bürokratische Behandlung jedes Falles abgeschlossen war. Dies hat drei Monate gedauert, was nach internationalem Maßstab und in Anbetracht des ungewöhnlichen Tatbestandes, für den es weder Vorakten noch Präzedenzfälle und Analogien gab, nicht einmal übertrieben lang war.

Zusammen waren wir noch etwa neunzig vom Dachauer Transport zurückgeblieben; neunundzwanzig davon waren Frauen, darunter meine eigene und meine damals vier Jahre alte Tochter.[20] Trotz der ans Wunderbare grenzenden Wandlung unseres Schicksals waren wir doch alle Strandgut und getragen vom Wunsch nach baldiger Heimkehr.

Schon am 4. Mai, am Pragser Wildsee, gleich nach der Befreiung, hatte die erste Frage natürlich der Heimkehr gegolten. Mit Rücksicht auf die noch ungewisse Lage sei diese zur Zeit noch nicht möglich und ratsam, hatte die erste, durchaus verständliche Auskunft des US-Brigadegenerals Gerow gelautet, dem es oblag, die Evakuierung unseres Konvois zu organisieren.

Auf Capri hatte, nach wiederholtem Drängen, ein englischer Major vom Stab des alliierten Heeresgruppenkommandos in Caserta die Auskunft gegeben, daß es bis zur möglichen Heimkehr wohl noch mindestens sechs Wochen dauern werde. Dabei blieb es für die nächsten zwei Jahre. An einen Wiedereintritt ins politische Leben hatte ich von Anbeginn nie gedacht, aus sachlichen Erwägungen und auch aus persönlichen Gründen. Daß die US-Militärregierung auf Antrag ihrer politischen Berater ein Veto gegen die politische Tätigkeit von Mitgliedern des letzten österreichischen Kabinetts eingelegt hatte, das sich zunächst auch auf Julius Raab erstreckte, war mir damals noch nicht bekannt. Zwar war ich neuerdings in die Rechtsanwaltsliste der Tiroler Kammer eingetragen worden, deren Mitglied ich bis zur Streichung durch die NS-Behörden gewesen war; aber auch als Privatmann war im Fall meiner Heimkehr mit Belastungen zu rechnen, denen ich mich damals — abgesehen davon, daß ich weder eine Wohnung noch Hausrat besaß, und abgesehen von der gebotenen Rücksichtnahme auf meine Familie — schon rein physisch nicht gewachsen fühlte.[21]

So folgte ich 1947 einer privaten Einladung in die USA, um dort eine neue Existenzbasis zu suchen. Ein glücklicher Stern führte uns im Juni 1948 nach Saint Louis, Missouri. Dort hatte uns ein 1938 aus Innsbruck zwangsweise emigrierter Freund und Universitätsprofessor, der eine Lehrkanzel an der Zahnärztlichen Schule der (katholischen) St. Louis University innehatte, die Wege geebnet.[22]

Im Sommer 1945 war die Postverbindung noch spärlich. Sehr vereinzelt und mit großer Verspätung erreichten uns kurze Nachrichten von der Familie; ferner von Leopold Figl, Hans Pernter, Walter Adam, Hans Hammerstein, Igo Tschurtschenthaler; alle waren durch die Mühlen der KZ gegangen, teils, wie der spätere Kanzler Figl, knapp vor Torschluß der Vollstreckung des Todesurteils entronnen, teils als Folge ihrer Haft damals schon vom nahenden Ende gezeichnet.[23]

Zu meinen engsten Mitarbeitern hatten Dr. Guido Schmidt und Guido Zernatto gehört. Von Guido Schmidt, einem verläßlichen und sehr befähigten Berufsdiplomaten, dessen österreichische Gesinnung und Pflichterfüllung im Dienst für mich außer Zweifel stehen, der aber während des Kriegs im Industriekonzern der Hermann-Göring-Werke in gehobener Stelle tätig war, hieß es, daß er sich in der Haft der französischen Besatzungsbehörde befinde. Von Guido Zernatto war bekanntgeworden, daß er am Ende seines bittern Weges in die Emigration schließlich in den USA gelandet sei.[24] Wahrscheinlich würde sich mit amerikanischer Hilfe seine genaue Anschrift finden lassen. Aus rein menschlichen Gründen setzte ich alles daran, mit ihm in Verbindung zu kommen. Ein Harvardabsolvent und Leutnant der US Navy, Mr. Clark, damals auf Capri stationiert, bot sich an, mir dabei behilflich zu sein. So begann ich einen langen Brief an Guido Zernatto, der sein Ziel allerdings nicht erreichte. Der unmittelbare Anlaß zur Niederschrift dieses Briefes war ein überaus herzliches Telegramm unseres gemeinsamen Freundes Franz Werfel aus Beverly Hills, Kalifornien, das in den letzten Augusttagen ankam.[25] Das Besondere dabei war, daß am Abend des Zustellungstags in den *Stars and Stripes*, der Tageszeitung für die US-Streitkräfte in Europa, die Nachricht zu lesen stand, daß Franz Werfel am vorhergehenden Tag (26. August) einem Herzschlag erlegen war.

Der Brief an Guido Zernatto hatte ungefähr folgenden Wortlaut:

„... daß dieser Brief um sieben Jahre verspätet kommt, hat, wie Dir bekannt ist, seine zwingenden Gründe. Als wir uns das letzte Mal sahen, wußten wir beide, ohne es auszusprechen, daß es ein Abschied für lange war. Wir wollten Verbindung miteinander halten; wie, wann, wohin ... wer konnte dies damals, nämlich am 11. März 1938, um etwa 19 Uhr, am Ballhausplatz wissen? Und dann war eben Schluß. Alles, was ich von Dir weiß, ist, daß Du im letzten Augenblick damals — gottlob — heil das Ausland erreicht hast und nun in New York sein sollst. Ich hoffe, daß es gelingt, via Caserta Deine genaue Adresse zu erfahren. Du wirst ja wissen, daß man Dir in Ermangelung eines Besseren vorwarf, den Spendenfonds für die geplante Volksbefragung, es war von 2 Millionen Schilling die Rede,[26] mitgenommen zu haben. Was damals zweckgelogen wurde, ist unvorstellbar. Ins gleiche Kapitel gehörte ja auch die Mär von unseren angeblichen Vermögensverschiebungen ins Ausland, der Hungersnot in Wien u. a. Natürlich war die Absicht klar; auch jene der damals weit verbreiteten Version von meiner angeblichen Unterbringung in einer Villa oder einem Hotel-Appartement, es sei denn, man ließe den früheren Trockenraum im 5. Stock des Wiener „Metropol" als solches gelten.[27] Aber das ist nun alles vorüber. Du wirst Dich wundern, daß ich auf Capri stecke. Ich eigentlich auch. Wenn man aber schon irgendwo warten muß, könnte ich mir kaum einen schöneren Limbo denken. Alles ist genau, wie es bei Axel Munthe im Buch von San Michele steht. Trotzdem sind wir ungeduldig, weil man ja endlich jetzt nach Hause möchte; wenn es solches für uns nochmals geben sollte. Aber das wird Dir im Augenblick nicht anders gehen. Übrigens wir: das sind an Österreichern auf Capri außer Frau und Kind nur noch Freund Richard Schmitz, dessen beispielhafte Haltung durch all die Lagerjahre von allen, die ihn dort kannten, aufs höchste gepriesen wird.

Wie es Dir wohl ergangen ist? Ich denke oft an unsere erste Begegnung im Mai 1936 und daran, wie schwer es Dir wurde, gerade damals den Schritt in die Politik zu tun. Das hat für Dich einen vorläufigen Abschied von Deinem früheren Lebensinhalt und für die literarische Gemeinde einen Verlust bedeutet, der viel bedauert wurde. Jedenfalls wird es schwerfallen, Dir eine politische „Vorbelastung" anzukreiden. Gewissenserforschung wäre ja schon recht, sofern man damit nicht jeden anderen außer sich selbst meint. Du hast einmal, wie ich mich wohl erinnere, Bismarck zitiert: — Der Politiker hat mit Störungen zu rechnen, wie der Landwirt mit Witterungsumschlägen ...

Nun war es bestimmt mehr als ein Witterungsumschlag, der hinter uns liegt; selbst wenn man darunter jene geschichtlichen Zäsuren im Denken verstünde, wie sie im großen Ausmaß alle hundert Jahre einmal fällig sind. So paradox es klingen mag: in siebenjährigem, schauerlich dissonantem Finale gingen tatsächlich 1000 Jahre zu Ende, und zwar wirkliche, nicht nur geträumte. Es ist ziemlich genau so gekommen, wie gerade Du es immer gefürchtet hattest, falls wir nicht verhindern konnten, was im März 1938 schließlich passiert ist. Ich habe den Sommerabend auf dem Leopoldsberg, in Deinem beschaulichen Heim, nie vergessen; es war spät nach Jahreszeit und Stunde, 1937; unten lag Wien; Du sprachst von der Aktion „Neues Leben", und von der Länderbühne; von Umgefallenen und Schwankenden in Deinem Freundes- und Bekanntenkreis, von Josef Weinheber und Switbert Lobisser... und für den Fall, daß... projiziertest Du eine Landkarte auf imaginäre Wände, die ungefähr dem entsprach, was heute ist... Dabei waren wir beide trotz allen Bedrücktseins voll Hoffnung und einig darin, daß es eben nicht so kommen dürfe und könne...

Alle Besorgnisse wurden durch die Wirklichkeit noch übertroffen; das Ende war die Bestialität, die schon Grillparzer voraussah.[28] Es ist vielleicht heute schwerer denn je, in die Zukunft zu schauen. Trotzdem ist es kaum vermessen, zu sagen, das nationale Trauma in Österreich ist überwunden und damit der Ruf nach dem Anschluß. Das wäre nicht möglich gewesen ohne die bittere und leider sehr kostspielige Probe. Es wird Dich vielleicht interessieren, wie in unserer Lage hier auf Capri die erste Wiederbegegnung mit Österreich erfolgte. Zunächst gab es Fragebogen auszufüllen, einschließlich Fragen nach der persönlichen politischen Meinung zur gegenwärtigen und künftigen Entwicklung in Österreich. Ich vertrat sehr entschieden die Meinung, daß die provisorische Regierung Renner, so wie sie gebildet wurde, ehestens von den Westmächten anerkannt werden sollte und ihr freie Hand im Neuaufbau gelassen werden müsse. Daß die Selbständigkeit und Souveränität Österreichs neuerdings festgestellt und die Annexion von 1938 als ab ovo rechtswidrig erklärt werde. Schließlich regte ich an, daß jetzt der Zeitpunkt gegeben wäre, das österreichische Volk in einer Volksabstimmung über seine politische Zukunft entscheiden zu lassen. Dadurch wäre eine unanfechtbare Grundlage geschaffen, die künftig möglichen Argumenten vom „Zwangsstaat", wie sie uns aus der Vergangenheit sattsam bekannt sind, den Boden entzögen.

Unabhängig von dieser Enquete, wenn Du es so nennen willst, erfolgte eine Art privater Erhebung, allerdings, wie sich später herausgestellt hat, ohne Wissen und gegen den Willen der US-Militärbehörden. Zwei junge Wiener in amerikanischer Uniform, Emigranten von 1934, führten sich als Angehörige der OSS[29] ein und begannen eine Art zunächst freundlichen Verhörs; dieses nahm bald eine stark ideologische Färbung an und gipfelte in der Feststellung, sie müßten wissen, wie sich eine bestimmte Emigranten-Organisation mit dem Hauptquartier in

London und einer Vertretung in New York zu mir verhalten solle. Meine Antwort, daß dies nicht meine Sorge sei, wurde, wie sofort festzustellen war, als äußerst unbefriedigend empfunden. Es gab eine scharfe Replik und ein „Sie werden ja sehen" zum Abschluß.
Aus der Episode entnahm ich, daß das übliche Schicksal der politisch gespaltenen Emigration auch uns nicht erspart blieb. Ich kann mir wohl denken, daß diese Tatsache das Leben drüben nicht erleichtert hat.
Eine andere kleine Geschichte möge Dir zeigen, daß man sich auch kompetenten Orts über eine viel ernstere Frage, nämlich die mögliche Gestaltung des künftigen Mitteleuropa, offenbar noch nicht durchaus im klaren ist; eine keineswegs ernste, aber in ihren fast skurrilen Details doch bemerkenswerte Randglosse zu den Eindrücken unserer hektischen Tage: Eine Gruppe von uns Capri-Leuten, Österreicher und Deutsche, wurde aus speziellem Anlaß (Papst-Audienz) nach Rom geführt zu zweitägigem Aufenthalt. Dort erreichte uns eine Einladung des persönlichen Vertreters des US-Präsidenten beim Heiligen Stuhl, Botschafter Myron Taylor, zu einem Fünfuhrtee in der Botschaft. Es treffe sich so, daß eine Anzahl von Senatoren aus Washington anwesend sei, und außerdem werde ein besonderer Gast erwartet. Wir waren pünktlich zur Stelle (übrigens zumeist in blauen Leinenanzügen, die uns das Rote Kreuz und die Quäker dankenswerterweise rasch vermittelt hatten). Wir wurden äußerst liebenswürdig empfangen und bewirtet, und bald war mit den Herren Senatoren trotz der gelegentlichen Sprachbarriere ein angeregtes Gespräch im Gange. Dann kam der besondere Gast:... Kronprinz Ruprecht von Bayern.[30] Kaum war die Vorstellung vorüber, begann die Diskussion. Die erste Frage aus dem Kreise der überaus charmanten Gastgeber war an mich gerichtet: ‚Was würden Sie von dem Projekt halten, Österreich und ein abgetrenntes Bayern unter der Wittelsbach-Dynastie zu vereinen?'
Auf diese und ähnliche Fragen war niemand vorbereitet; am allerwenigsten Kronprinz Ruprecht, der sich bestimmt nicht leichter tat als ich, eine ebenso höfliche wie bestimmte Antwort zu finden. Wir nahmen beide Zuflucht zur Geschichte, um jeder auf seine Art zu begründen, warum dies eben nicht gehe... ‚Eigentlich doch schade', war der Eindruck der Diskussion auf die prominenten Gäste von Übersee, wo man so sehr an scheinbar rationelle Lösungen glaubt und Europa als eine Art überdimensioniertes Schachbrett sieht. Außerdem hingen damals amerikanische Gedanken begreiflicherweise an gewichtigeren und räumlich weiteren Problemen.
Du siehst, es gibt noch immer Kombinationen, die wohl nur aus volkspsychologischer Ahnungslosigkeit, vielleicht auch geschichtlicher Vergeßlichkeit, zu erklären sind.
Der römische Aufenthalt ging im übrigen sehr eindrucksvoll und har-

monisch zu Ende. Papst Pius XII. hatte den US-Behörden gegenüber den Wunsch ausgesprochen, eine Anzahl aus unserer Mitte, und zwar alle, die er von früher her persönlich kannte, in Privataudienz zu empfangen. Damals erschien auch ein österreichischer Landsmann und früherer Wiener Rechtsanwalt, der mit seiner Gattin den Krieg im römischen ‚Unterseeboot' zubringen mußte, beim Papst; er hatte sich um die Audienz beworben, um, wie er sagte, im Namen seiner jüdischen Leidensgefährten in Rom Pius XII. für gewährten Schutz und Hilfe, die das Überleben ermöglichten, zu danken.[31] ..."

Es folgte in dem Brief noch ein Bericht über das Wiedersehen mit gemeinsamen alten Freunden, wie Egon Berger-Waldenegg (Außenminister von 1934 bis 1936) und Viktor Frölichsthal (Sekretär des Bundeskanzlers), die gleichfalls die Jahre der römischen Emigration in prekärsten Verhältnissen verbracht hatten und nun, da damals noch keine amtliche österreichische Vertretung bestand, im Zusammenwirken mit dem italienischen Außenamt in einem gemieteten Haus, Via Mercadante 15, eine Betreuungsstelle für Österreicher eingerichtet hatten.[32] Dieses „Ufficio Austriaco" befaßte sich mit Hilfsaktionen, Interventionen, Beglaubigungen und der Ausstellung provisorischer Reisedokumente. Es amtierte bis zur Wiedererrichtung einer amtlichen österreichischen Vertretung unter dem Gesandten (späteren Botschafter) Adrian Rotter.

Der umfangreiche Brief war fast zu Ende geschrieben, als der amerikanische Offizier, den ich um die Vermittlung der Adresse gebeten hatte, die Nachricht überbrachte, daß Guido Zernatto am 8. Februar 1943 in New York gestorben war.

Damals waren die letzten Verse, die der knapp Vierzigjährige geschrieben hatte, noch nicht bekannt; sie bezeugen deutlicher als eine medizinische Krankengeschichte dies vermöchte, woran er gestorben ist:

Dieser Wind der fremden Kontinente
Hat den Atem einer anderen Zeit,
Andre Menschen, einer anderen Welt geboren,
Mag's erfrischen. Ich bin hier verloren
Wie ein Waldtier, das in Winternächten schreit.[33]

Eine Art Vermächtnis schrieb sich Guido Zernatto in *Fragment aus New York* vom Herzen.

Verlier dich nicht im Rückwärtsschauen.
Verbrenn die dürren Blumen und das Reisig.
Und wenn verglüht, vergiß sie ganz,
Die Zeit bis neunzehnhundertachtunddreißig.
Du warst für gestern nicht und bist auch nicht für heute.
Bereite dir ein Morgen voll von Stolz und Größe —
Und wenn es anbricht: sei bereit und wirke,
Auf daß dein Geist die Zeit, die Zeit dein Herz erlöse.

Und:
>   Auch wer den innersten Sinn der Welt verstünde,
>   Könnte sich nicht der tiefen Trauer erwehren,
>   Die uns alle erfaßt.
>   Auch wer den innersten Sinn unserer Trauer verstünde,
>   Könnte sich nicht des Gefühles erwehren,
>   Mit dem man haßt.
>   Und auch wer den innersten Sinn des Hasses verstünde,
>   Könnte sich nicht der Liebe erwehren,
>   Die sich in uns staut
>   Und hinweg über Trauer und Haß
>   Noch immer nach Morgen ausschaut.[34]

Von den neuen sprachlichen Scheidemünzen, die seit 1945 in Umlauf sind, ist kaum eine so prägerichtig wie die von der „unbewältigten Vergangenheit".

Kapitel II BEWÄLTIGTE
VERGANGENHEIT

Sinn und Ursprung des Wortes vom zweiten deutschen Staat — Genesis und Entwicklung der Anschlußbewegung

Es ist nicht von ungefähr, daß die Auseinandersetzung um die Begriffe Volk, Staat und Nation in unserem Raum besonders akzentuiert und älteren Jahrgangs ist als die Republik Österreich; ebensowenig, daß bei der jeweiligen Begriffsabgrenzung das Kalenderjahr eine Rolle spielt. Dies deshalb, weil es nicht so sehr um abstrakte Definitionen ging, um die sich mehr oder minder erfolgreich Legionen von Wissenschaftlern und Politikern aus allen Lagern verdienstvoll bemühten,[1] sondern immer in erster Linie auch darum, eine brauchbare und verständliche Sprachregelung zu finden, die den Gegebenheiten der jeweiligen politischen Situation entsprach.

Dazu kommt, daß besonders in deutscher Sprache die Konzepte von Volk, Staat und Nation und deren Wechselbeziehung vor und nach dem neunzehnten Jahrhundert und besonders nach 1918 wesentlichen Wandlungen unterlagen. So konnte es passieren, daß mitunter aus rein pragmatischer, zeitbedingter und durchaus legitimer Akzentverschiebung eine Sinnverschiebung wurde, die zu gewollter oder ungewollter Verwirrung und letztlich in unseren Tagen zu einem Streit um des Kaisers Bart geführt hat, der wohl nur als zeitgeschichtlich begründeter Austriazismus zu verstehen ist.

Vor 1918 hat der bewußte Österreicher vom „Vielvölkerreich" gesprochen und damit das Vaterland gemeint, das übernational war und schon in seinem Namen die Erinnerung an das traditionelle Imperium trug. Der Begriff einer österreichischen Nation wurde — außer auf internationaler Ebene, wo er Ungarn einschloß — im allgemeinen Sprachgebrauch kaum verwendet.² Das Kriegsmanifest des Kaisers von 1914 — „An Meine Völker" — verstand darunter die unter der Krone vereinten „Nationalitäten". Die bekannten Beiträge Ignaz Seipels, Karl Renners und Otto Bauers zur Begriffsbestimmung von Nation und Staat gehen gleichfalls auf die Zeit vor 1918 zurück und sind daher für den späteren Sprachgebrauch nur bedingt gültig.

„Volk, Nation und Staat", schrieb Seipel, „sind einander nicht über- oder unter-, sondern nebengeordnet; sie sind verschiedene Organisationsformen, weil sie aus verschiedenen Wurzeln, wenn auch auf Grund des gleichen Gesetzes, hervorgewachsen sind... Die eigentliche Wurzel hat die Nation... nicht in der Stammes-, sondern in der Lebensgemeinschaft; sie ist nicht physiologisch, sondern biologisch zu verstehen."

Den Unterschied zwischen Nation und Volk sah Seipel darin, daß zum Volk eine bestimmte Bodenverbundenheit, also das territoriale Zusammenwohnen, gehöre; der Staat hingegen wird — ähnlich wie später bei Jacques Maritain — als souveräner, d. h. als keiner Überordnung unterworfener politischer Zweckverband gesehen, der auf Interessengemeinschaft gegründet ist und dem Gemeinwohl aller seiner Angehörigen zu dienen hat.³

Später, in seiner Amtszeit als Bundeskanzler einer Koalitionsregierung, kam Seipel in Vorträgen wiederholt auf seine Interpretation des Nationsbegriffes zurück; im Zusammenhang gelesen, aus dem gerissen jedes Zitat in bedenkliche Nähe der Fälschung rückt, wird dabei offensichtlich, daß er einerseits den vor 1918 formulierten Gedanken fortsetzt, aber auch genau wie damals eine Sprachregelung anstrebt, die im Rahmen seines politischen Auftrages gegenwartspolitischen Zielen dienlich ist: „Wir reden in Wahrheit verschiedene Sprachen, ... solange wir mit denselben Worten verschiedene Begriffe verbinden." Anders als etwa in den romanischen Sprachen ist für uns „die Nation, unabhängig von der Staatszugehörigkeit, die große Kulturgemeinschaft". An anderer Stelle spricht Seipel von der Nation als einer „in der Gleichheit der Sprache und Kultur zum Ausdruck kommenden Bluts- und Schicksalsgemeinschaft, die wir unter allen Umständen aufrechterhalten, auch wenn wir nicht einem Einheitsstaat angehören" — offenbar war gemeint: angehören *können*.⁴

Aus anderer ideologischer Sicht kam Karl Renner zu einer ähnlichen Auffassung; für ihn ist die Nation „eine Gemeinschaft von Menschen, die eine gleiche Art des Denkens und Sprechens haben, eine kulturelle Gemeinschaft, eine Gruppe zeitgenössischer Menschen, die mit dem Boden nicht verwachsen sind".⁵

Was Renners Begriffsbestimmung von der Seipels trennt, ist die Ablehnung des historischen Zusammenhanges für den Prozeß der Nationwerdung. Otto Bauer wiederum begreift die Nation als „relative Charaktergemeinschaft", worunter er die Gesamtheit der körperlichen und geistigen Merkmale verstanden wissen will, die eine Nation von der anderen unterscheiden.⁶

Gewiß ist es richtig, was Guido Zernatto in seiner in der amerikanischen Emigration geschriebenen Abhandlung über das Nationalitätenproblem feststellt, daß die verschiedenen Begriffsbestimmungen von Nation ideologisch-politisch bestimmt sind. Seipels Weltbild spiegelt sich in seinen Formulierungen, wie Karl Renners und, mehr noch, Otto Bauers Definitionen sich aus der Blickrichtung auf ihr Gesellschaftsideal erklären, nämlich das der traditionsfreien und geschichtsungebundenen sozialistischen Welt der Zukunft. Stalin wiederum betonte in seiner gegen Otto Bauer gerichteten Polemik, daß eine Nation ohne Gemeinsamkeit des Territoriums, der Sprache und des Wirtschaftslebens nicht denkbar sei.[7]

Zernatto selbst suchte, 1941, in New York jenen Nationsbegriff, der zum Nationalismus und damit zur europäischen Katastrophe führte, bloßzulegen und das Staat-Nation-Verhältnis neu zu umschreiben:

„Die Lebensdauer einer Nation ist ungeheuer größer als die des Staates. Der Staat ist kurzlebig. Die Geschichte der Staatsformen ist nicht viel mehr als die Kostümgeschichte der Nationen.

Die Nation ist eine Wesensgemeinschaft — der Staat eine Willensgemeinschaft. Der Staat erfaßt den Menschen in seiner Eigenschaft als ‚zoon politikon', die Nation erfaßt ihn als Wesen..."[8]

Ob das Bemühen um die Begriffsbestimmung der Nation die historischen Zusammenhänge ihres Werdens einbegreift (Seipel, Zernatto, Ernest Renan, Stalin)[9] oder sich auf zeitbedingte Kulturgemeinschaft beschränkt (Renner), immer spielen dabei Datum, weltanschaulich-politisches Konzept und nicht zuletzt Sprachzugehörigkeit eine entscheidende Rolle.

In französischer und englischer Sprache wird unter Nation das politisch organisierte Staatsvolk, also die Staatsnation, verstanden. So sprechen wir von den Vereinten Nationen und meinen damit die auf freiwilligen Beitritt gegründete internationale Staatengemeinschaft. Die Tatsache, daß verschiedene Nationen, wie die Engländer, Franzosen, Spanier, Russen, einen geschichtlichen Vorsprung in ihrer modernen Nationswerdung aufzuweisen haben — verglichen mit den Italienern und Deutschen —, sollte nicht daran hindern, heute auch in deutscher Sprache als Nation in erster Linie das politisch organisierte Staatsvolk und damit den souveränen Staat zu bezeichnen; dies entspricht auch der Praxis des allgemeinen Völkerrechtes. Daher hat Österreich seinen legitimen Platz unter den Nationen, und es ist genau so richtig, von einer österreichischen wie von einer schweizerischen oder luxemburgischen oder norwegischen Nation zu sprechen; dies war rechtlich auch in der Zeit von 1918 bis 1938 der Fall, und zwar ungeachtet des oft berufenen Mangels an Staatsgefühl, dessen generelles Nichtvorhandensein nicht aus der schließlichen Niederlage derer geschlossen werden dürfte, die — wenn auch aus verschiedenen Gründen — „den Staat wollten".[10]

Daß die rechtliche Lage mit der tatsächlichen Übung des allgemeinen Sprachgebrauchs vor 1938 nicht übereinstimmte, ist allerdings richtig. Dies hatte politische Gründe, die, wie noch zu zeigen sein wird, in engstem Zusammenhang mit der Anschlußproblematik standen. Die Probe aufs Exempel hat einmal mehr bewiesen, was die „gelernten Österreicher" immer schon wußten und oft genug betonten, daß die Idee vom ethnisch-nationalen Einheitsstaat angesichts der gegebenen Tatsachen eine Utopie bleibt, und zwar nicht nur in Europa. Während heute in Österreich auch im allgemeinen Sprachgebrauch der Begriff Staatsnation zur gangbaren Münze geworden ist, gibt es heute in gänzlich anderem Sinn, als dieser Ausdruck vor 1938 gebraucht wurde, jenseits der österreichischen Grenzen zumindest de facto zwei deutsche Staaten.

Der Österreicher, der vor 1938 von Nation sprach, meinte damit die über die staatlichen Grenzen hinausreichende Kulturnation; zu der sich auch der „österreichische Mensch" bekannte. Heute bezieht sich der Begriff in erster Linie auf die Staatsnation, der jeder Staatsbürger angehört.

Dies klar herauszustellen empfiehlt sich schon aus einem Grund: um Mißdeutungen zu vermeiden. Es ist nun einmal so, daß es in der deutschen Sprache kein Äquivalent zur französischen „Ethnie Française" gibt, womit die Kultur- und Sprachgemeinschaft mit verwandten Gruppen jenseits der politischen Grenzen Frankreichs gemeint ist;[11] die englisch sprechende Welt, die alte wie die neue, spricht von „anglo-saxon civilization", wenn sie auf gemeinsames Brauchtum und gemeinsamen kulturellen Besitzstand Bezug nimmt.

Die Verbundenheit mit der „Hispanidad" findet in Verfassungen verschiedener lateinamerikanischer Staaten, zum Beispiel hinsichtlich bevorzugter Naturalisierungsbedingungen, ihren Ausdruck. Die Konsuln aller Nationen kümmern sich um die kulturelle Verbundenheit ihrer früheren Konationalen im Ausland mit dem einstigen Mutterland, auch wenn diese längst zu Staatsbürgern ihres Aufenthaltsstaates geworden sind.

Nicht anders steht es mit dem deutschen Kulturkreis und der deutschen Kulturnation, für die es eben in unserer Sprache keine andere Bezeichnung gibt und zu der, völlig abseits vom Politischen, die deutschsprachigen Österreicher ebenso gehören wie die deutschen Schweizer und deutsche Volkstumsgruppen, die innerhalb anderer politischer Nationen ohne Assimilation überlebten. Nach dem heutigen politischen Sprachgebrauch — und nur um diesen kann es sich handeln — stehen Nation und Kulturnation begrifflich auf verschiedener Ebene nebeneinander, genauso wie sich die Begriffe Staatsvolk und Volkstumsgruppe nicht decken und nach der ethnographischen Lage zumal im mittleren und östlichen Europa nie völlig decken werden.

Die Debatte um die Begriffe Volk, Staat und Nation ist stark von Affekten bestimmt, die Wunsch oder Sorge, Furcht oder Mißtrauen widerspiegeln und unausgesprochene politische Akzente setzen; damit ist nichts gegen das echte Streitgespräch gesagt, das um gedankliche Klärung bemüht ist, aber doch manches gegen den Versuch, eine vereinfachende Sprachregelung zu finden, die das Trauma der neueren österreichischen Geschichte verewigt, in der nach 1918 die Anschlußfrage eine entscheidende und verhängnisvolle Rolle gespielt hat.

Der österreichische Anschlußjubel, wie er unmittelbar nach dem deutschen Einmarsch im März 1938 zu scheinbar überzeugendem Ausdruck kam, und mehr noch die Anschlußproklamationen und -abstimmungen nach 1918 werden bis heute zur Begründung der These herangezogen, daß der vollzogene „Anschluß", wenn auch vielleicht mit Formfehlern behaftet, so doch im Grund berechtigt gewesen sei, da er dem Volkswillen entsprochen habe.

Wie stand es nun aber in Wirklichkeit um die Idee des „Anschlusses"?

Zweierlei bleibt wohl dem Widerstreit der Meinungen entrückt: einmal, daß es bei der Antwort weithin um eine Kalenderfrage geht, und dann, daß wohl alle Richtungen, die dem Anschlußprogramm verschrieben waren — einschließlich der österreichischen Nationalsozialisten aller Schattierungen —, sich diesen gänzlich anders vorgestellt hatten. Was in Wirklichkeit daraus wurde und voraussichtlich werden mußte, hat erst die Probe aufs Exempel bewiesen.

Vor 1918 hat es weder in Österreich noch in Deutschland eine zahlenmäßig bedeutende und ernst zu nehmende Anschlußbewegung gegeben. Wohl hatte Georg von Schönerer noch im neunzehnten Jahrhundert verkündet, daß sich das österreichische Deutschtum nur durch Vereinigung mit dem Hohenzollernreich vor dem Untergang retten könne. Als sein späteres Sprachrohr diente seit 1903 vornehmlich das *Alldeutsche Tagblatt* in Wien. Im Wiener Abgeordnetenhaus erklärte Schönerer am 18. März 1902 jeder österreichischen Regierung den Krieg, die sich nicht in ihrem Programm für ein bundesstaatliches Verhältnis mit dem Deutschen Reich erkläre — also nicht etwa nur für das bestehende militärische Bündnis; er schloß seine Parlamentsrede mit dem Kampfruf: „Hoch und Heil den Hohenzollern!"

Noch das sogenannte Linzer Programm von 1882, an dessen Abfassung unter anderem auch der Historiker Heinrich Friedjung sowie die Sozialdemokraten Viktor Adler und Engelbert Pernerstorfer beteiligt waren, die sich freilich ebenso wie Karl Lueger bald von Schönerer trennen sollten, hatte in seinem nationalpolitischen Teil wesentlich milder geklungen: in ihm war unter anderem die Abkehr vom österreichisch-ungarischen Dualismus gefordert worden, ferner die staatsvertragliche Befestigung des Bündnisses mit Deutschland und eine österreichisch-deutsche Zollunion mit Einschluß Ungarns. Das spätere „alldeutsche" Programm Schönerers betonte neben dem schärfsten Gegensatz zu Dynastie und katholischer Kirche (Los-von-Rom-Bewegung) den Rassenantisemitismus als nationale Forderung. Schönerers und seiner Alldeutschen Einfluß zeigte sich in einem Sektor der inkorporierten Studenten (Burschenschaften); im übrigen jedoch blieb seine Resonanz auf eine schmale Schicht, zumal in den kleinen Städten, und hier wiederum vor allem der sudetendeutschen, steirischen und kärntnerischen Grenzgebiete, beschränkt. Im Wiener Abgeordnetenhaus von 1897 war Schönerers Gruppe mit fünf von insgesamt 524 Abgeordneten, im ersten Parlament des allgemeinen Wahlrechtes von 1907 mit drei von zwölf Deutschradikalen und insgesamt 516 Abgeordneten vertreten.[12]

In Deutsch-Böhmen und Mähren bestand unabhängig von Schönerers Alldeutschen seit 1903 eine Deutsche Arbeiterpartei in Österreich, die sich im Mai 1918, also im letzten Kriegsjahr, auf einem Wiener Parteikongreß in Deutsche Nationalsozialistische Arbeiterpartei (NSDAP) umbenannte. Sie hatte im letzten, 1911 gewählten Abgeordnetenhaus der Monarchie drei Vertreter. In ihrem Programm wird die Auflösung der österreichisch-ungarischen Monarchie, „die Zusammenfassung des gesamten deutschen Siedlungsgebietes in Europa zum demokratischen, sozialen, Deutschen Reich" sowie die Demokratisierung Deutschlands gefordert. Eines der Gründungsmitglieder, Ing. Rudolf Jung, zog nach dem Krieg aus der Tschechoslowakei nach München und war dort 1919 bei der Gründung der NSDAP beteiligt, deren Mitglied Nr. 7 Adolf Hitler gewesen ist.[13]

Die Reaktion in Deutschland auf die zwar lautstarken, aber im ganzen doch recht belanglosen und dissonanten alldeutschen Propagandatöne aus Österreich blieb in den Jahren vor dem Ersten Weltkrieg durchaus unbedeutend, abgesehen von nach Österreich eingeschleusten antidynastischen und antikatholischen Pamphleten. Auch der seit 1894 bestehende Alldeutsche Verband erklärte erst in seinem am 31. August 1919 neuformulierten Satzungen neben der Wiedererrichtung eines starken deutschen Kaisertums (§ 2 Z. 2), einer starken deutschen Wehrmacht (§ 2 Z. 3) und der Wiedergewinnung der dem deutschen Volk geraubten Gebiete (§ 2 Z. 4) auch die Eingliederung Österreichs in das Deutsche Reich (§ 2 Z. 5) als eines seiner Ziele.[14]

Das offizielle Deutsche Reich verzichtete 1918/19 und in den folgenden Jahren aus naheliegenden Gründen auf jede Initiative in der Anschlußfrage; diese wurde vielmehr eindeutig in Wien ergriffen. Dennoch hat es offenbar schon während des Krieges deutsche Stimmen gegeben, die in der eventuellen Eingliederung Österreichs eine mögliche Chance sahen. So zitiert Wladimir d'Ormesson im *Temps* vom 30. April 1938 ein dem früheren Reichskanzler und deutschen Botschafter in Rom, Fürst Bernhard von Bülow, zugeschriebenes Wort aus dem Jahre 1916: „Selbst wenn wir diesen Krieg verlieren sollten, werden wir die Partie doch gewinnen, wenn wir Österreich annektieren."[15]

Im Oktober 1918 war es klar, daß der Krieg verloren und die österreichisch-ungarische Monarchie zumindest in ihrer bisherigen Form nicht mehr zu retten war. In der Tat war ihr Schicksal bereits im Juni 1918 besiegelt, als die USA und die Ententemächte Thomas Garrigue Masaryks tschechoslowakischen Nationalrat als die De-facto-Regierung der künftigen tschechoslowakischen Republik anerkannten; daß dieser Entschluß sich mit dem geltenden Völkerrecht kaum vereinbaren ließ, hat nichts an seiner politischen Tragweite geändert; zumal seit der bekannten Lansing-Erklärung vom Mai 1918 nicht mehr daran zu zweifeln war, daß die Vernichtung und Aufteilung der Donaumonarchie zugunsten neu zu schaffender Nationalstaaten nunmehr zum Kriegsziel der Entente gehörte. Ein weiteres — und wohl das vornehmliche — Ziel war die Beschneidung des Einflusses Deutschlands und damit die Verhinderung seiner politischen und wirtschaftlichen Vormachtstellung in Mitteleuropa. Damit war aber klar, daß der Anschluß Restösterreichs nicht in das Europakonzept der Siegermächte passen würde. Es hatte sich auch abgezeichnet, daß unter ihnen hinsichtlich der künftigen politischen Gestaltung im Donauraum gerade in der deutschen Frage Frankreich federführend war.[16]

Das kaiserliche Manifest vom 16. Oktober 1918 rief zur nationalen Föderalisierung Österreichs auf; seine Veröffentlichung fiel mit Wilsons Ablehnung der österreichisch-ungarischen Friedensnote zusammen, in der er sich auf die Selbständigkeitsbestrebungen der Tschechen und Südslawen berief. Am 21. Oktober traten die deutschsprachigen Mitglieder des im Jahre 1911 gewählten österreichischen Abgeordnetenhauses zusammen und konstituierten sich als „Provisorische Nationalversammlung für Deutsch-Österreich". Von insgesamt 232 Abgeordneten gehörten 102 dem Deutschnationalen Verband, 72 der Christlichsozialen und 42 der Sozialdemokratischen Partei an. Die Provisorische Nationalversammlung sprach sich in einer Proklamation für die Errichtung eines selbständigen deutsch-österreichischen Staates sowie für die Ausschreibung allgemeiner Wahlen zu einer Konstituierenden Nationalversammlung aus. Alle großen Parteien erklärten ihre grundsätzliche Bereitschaft, mit den übrigen in Bildung begriffenen Nationalstaaten in freier Selbstbestimmung einen Bundesstaat zu bilden. Der sozialdemokratische Führer Dr. Viktor Adler, vom nahen Tod gezeichnet, unterstrich die Bereitschaft zur Förderation, wenn die Nachbarn diese wollten; sollte dies nicht der Fall sein, würde sich Deutsch-Österreich als Bundesstaat dem Deutschen Reich einzugliedern haben. Nur zwei kleine Splittergruppen, darunter die früher erwähnte Nationalsozialistische Arbeiterpartei, forderten den sofortigen Anschluß an Deutschland.

Die Alternative hieß: Donauföderation oder Anschluß.

Innerhalb der nächsten zehn Tage überstürzten sich die Ereignisse.

Am 28. Oktober wurde in Prag die tschechoslowakische Republik ausgerufen, und am 29. erklärten die südslawischen Gebiete, vertreten durch einen kroatischen Sabor (Landtag) in Agram, ihren Anschluß an Serbien.

Am selben Tag berief der neugebildete ungarische Nationalrat unter dem Vorsitz von Graf Michael Károlyi die ungarischen Truppen von der Front ab.

Die Armee brach zusammen.

Gegen diesen verzweifelt düsteren Hintergrund hebt sich der grüne Tisch ab, um den sich die am 30. Oktober 1918 gebildete erste deutsch-österreichische Regierung unter dem Vorsitz von Dr. Karl Renner versammelte. In dem Konzentrationskabinett waren alle drei großen Parteien vertreten. Mut und

Verantwortungsfreude sowie politische Einsatzbereitschaft im Willen, das sonst unvermeidliche revolutionäre Chaos zu verhüten, können ihm nicht abgesprochen werden. Daß in Anbetracht der allgemeinen Strömung jene Kräfte im Vorteil waren, die auf Grund ihrer Programmatik auf ihre grundsätzliche Opposition zum *ancien régime* verweisen konnten und sich daher auch vom Krieg distanzierten, nämlich die Sozialdemokraten, war nach der ganzen Lage verständlich; auch daß sie hofften, nunmehr die Richtigkeit und Tragfähigkeit ihrer ideologischen Alternative unter Beweis stellen zu können, und zwar ohne das Beispiel der russischen Revolution zu kopieren.

Das Außenressort stand bis zum 11. November 1918 unter der Leitung von Dr. Viktor Adler, dann wurde es von Dr. Otto Bauer übernommen, der am 26. Juli 1919, also noch vor Bildung der dritten sozialdemokratischchristlichsozialen Koalitionsregierung unter Dr. Karl Renner, die Führung des Ressorts zurücklegte.

Dr. Otto Bauer hatte schon vor Ende des Krieges und in Voraussicht des nahenden Zusammenbruches jeden Föderationsgedanken abgelehnt und den sofortigen Anschluß Österreichs an Deutschland vertreten, wobei für ihn das ideologische Moment den Ausschlag gab.

Am 1. November 1918 forderte der sozialdemokratische Parteitag in Wien die Einführung der republikanischen Staatsform.

Am 3. November 1918 wurde in der Villa Giusti bei Padua der Waffenstillstandsvertrag unterzeichnet.

Am 11. November 1918 erklärte der Kaiser, auf jeden Anteil an den Staatsgeschäften zu verzichten und — ohne ausdrücklichen Thronverzicht — die Entscheidung Österreichs über seine künftige Staatsform im voraus anzuerkennen.

Am 12. November wurde in einer Sitzung der Provisorischen Nationalversammlung das Gesetz über die Staats- und Regierungsform Deutsch-Österreichs einstimmig beschlossen; dessen Artikel 2 erklärte Deutsch-Österreich als einen Bestandteil der deutschen Republik.

Allerdings brachte der mißglückte Versuch linksradikaler Elemente, durch einen Sturm auf das Parlament die Rätediktatur zu erzwingen, einen Mißton in die ohnedies gedämpfte Stimmung; immerhin gelang es ihnen, aus den rotweißroten Fahnen, die vor dem Parlament die neue Souveränität bezeugten, das weiße Mittelfeld herauszuschneiden, was für die Zukunft Übles ahnen ließ. Der Parlamentsbericht der Sitzung vom 12. November 1918 verzeichnet (aus der Regierungserklärung des Staatskanzlers Renner zum Gesetz über die Staats- und Regierungsform Deutsch-Österreichs):

„Notwendig aber ist dieser Beschluß besonders in seinem Artikel 2, welcher sagt, daß die deutschösterreichische Republik ein Bestandteil der deutschen Republik ist, notwendig ist er im Verhältnis zu unserem Stammvolke. (Sehr richtig!) Unser großes Volk ist in Not und in Unglück. Das Volk, dessen Stolz es immer war, das Volk der Dichter

und Denker zu heißen, unser deutsches Volk des Humanismus, unser deutsches Volk der Völkerliebe, unser deutsches Volk ist im Augenblicke tief gebeugt. Aber gerade in dieser Stunde, wo es so leicht und so bequem und vielleicht auch so verführerisch wäre, seine Rechnung abgesondert zu stellen (Sehr gut!) und vielleicht auch von der List der Feinde Vorteile zu erhaschen, in dieser Stunde soll unser deutsches Volk in allen Gauen wissen: Wir sind ein Stamm und eine Schicksalsgemeinschaft." (Die Versammlung erhebt sich. Stürmischer, lang anhaltender Beifall und Händeklatschen im Saale und auf den Galerien.)
In der 16. Sitzung der Provisorischen Nationalversammlung vom 4. Februar 1919 erklärte ihr Präsident Dr. Dinghofer laut Sitzungsprotokoll:
„Hohe Nationalversammlung! Übermorgen, am 6. Februar, tritt zum erstenmal die neugewählte verfassunggebende Nationalversammlung der deutschen Republik in Weimar zusammen. (Lebhafte Heilrufe.) Die Voraussetzungen sind noch nicht so weit gediehen und noch nicht geschaffen, daß wir als vollberechtigte Mitglieder an derselben teilnehmen können. Trotzdem dürfen wir an diesem großen, bedeutungsvollen Ereignis nicht achtlos vorübergehen. Der großdeutsche Gedanke ist bei uns Deutschen hier in diesen Landen nicht erstorben und war niemals, niemals verstorben. (Zustimmung.) Wie ein leuchtender Stern aus dunklem Nebel winkt uns die frohe Hoffnung der Verwirklichung unseres Sehnsuchtstraumes entgegen, in all dem Kummer und in all der Sorge, die uns jetzt umgibt, die Hoffnung auf dauernde Wiedervereinigung mit unserem alten Mutterlande. (Stürmischer Beifall und Händeklatschen.) Mit wogender Begeisterung begrüßen wir daher die deutschen Brüder draußen im Reiche. Wir jubeln ihnen zu. Das deutsche Volk in seiner Gesamtheit, untrennbar vereint, nicht mehr geschieden durch die Grenzpfähle, nicht mehr geschieden durch die Eifersucht der Herrschenden (Stürmischer Beifall und Händeklatschen), soll und muß auch für uns wieder zur Heimat werden. (Beifall.)
Aus dieser Erwägung heraus haben die Bevollmächtigten der Parteien dem Hohen Hause folgenden Antrag unterbreitet:
Die deutschösterreichische Provisorische Nationalversammlung entbietet der verfassunggebenden Nationalversammlung der deutschen Republik bei ihrem Zusammentreten in Weimar, dieser jedem Deutschen teuren Stätte, ihren Gruß und spricht die Hoffnung und Überzeugung aus, daß es der verfassunggebenden deutschen Nationalversammlung im Verein mit der deutschösterreichischen Volksvertretung gelingen wird, das Band, das die Gewalt im Jahre 1866 zerrissen hat, wieder zu knüpfen, die Einheit und Freiheit des deutschen Volkes zu verwirklichen und Deutschösterreich mit dem deutschen Mutterlande für alle Zeiten zu vereinigen." (Stürmischer, anhaltender Beifall und Händeklatschen. — Die Versammlung erhebt sich.)

In der Sitzung der Provisorischen Nationalversammlung vom 6. Februar 1919 wurde eine Zuschrift des akademischen Senats der Universität Wien verlesen mit folgendem Wortlaut:

„Der akademische Senat spricht sich einstimmig für den Anschluß Deutschösterreichs an Deutschland aus. (Heilrufe.) Im Augenblicke, da sich das Selbstbestimmungsrecht der Völker überall siegreich durchsetzt und zur Neukonstituierung Europas auf rein nationaler Grundlage führt, können auch die Deutschösterreicher nicht länger von der Gesamtheit des deutschen Volkes getrennt bleiben. Die Vereinigung wird nicht nur das durch die politische Entwicklung der letzten zwei Menschenalter gerissene Band zwischen dem deutschen Volke in Österreich und dem Deutschen Reich wieder knüpfen, sie wird auch gleichermaßen durch allgemein politische, wirtschaftliche und kulturelle Erwägungen unabweislich gefordert.

Ich beehre mich hievon mit dem Ersuchen Mitteilung zu machen, diese Kundgebung der Provisorischen Nationalversammlung für Deutschösterreich zur Kenntnis zu bringen.

Der Rektor der Universität Wien:
F. Becke."[17]

Österreichs Anschlußwille, oder zumindest der seiner Provisorischen Nationalversammlung, war zwar im Gesetz vom 12. November 1918 bekundet; aber die einseitige Willenskundgebung hatte lediglich demonstrative Bedeutung ohne rechtliche Wirkung. Daher bemühte sich der Leiter der österreichischen Außenpolitik, Staatssekretär Dr. Otto Bauer,[18] ein Übereinkommen mit der deutschen Reichsregierung zu erzielen.

In persönlichen Verhandlungen mit dem deutschen Außenminister Ulrich Graf von Brockdorff-Rantzau in Berlin wurde vereinbart, einen Staatsvertrag abzuschließen, nach welchem Österreich als Gliedstaat ein Teil des Deutschen Reiches werden sollte, mit bestimmten Reservatrechten, wie sie etwa denen Bayerns entsprachen. Der Stadt Wien sollte die Stellung einer zweiten Reichshauptstadt eingeräumt werden. Gemischte Kommissionen waren vorgesehen, mit dem Sitz in Berlin, Wien, München und Leipzig, um Probleme der Rechtsangleichung, der Unterrichtsverwaltung, der Beamtenübernahme sowie sozial-, wirtschafts- und finanzpolitische Fragen zu bereinigen. Über die getroffenen Vereinbarungen wurde am 2. März 1919 ein geheimes Protokoll unterzeichnet.

In der Sitzung der neugewählten Konstituierenden Nationalversammlung in Wien[19] erklärte Staatssekretär Dr. Otto Bauer:

„Die Vereinigung Deutschösterreichs mit der großen deutschen Republik bekräftigen wir heute wieder als unser Programm. Aber über die Phase bloß programmatischer Erklärungen sind wir heute zum Glück schon hinaus. Es gilt jetzt, die ganze konkrete und praktische Arbeit zu lei-

sten, die erforderlich ist, damit der staatsrechtliche und wirtschaftliche Zusammenschluß Deutschösterreichs mit dem übrigen Deutschland wirklich vollzogen werden könne.
Diese Arbeit hat bereits begonnen. Sie ist eingeleitet worden durch Verhandlungen, die ich im Namen und im Auftrag der deutschösterreichischen Regierung in Weimar und Berlin zu führen die Ehre hatte... Man vermeidet im Deutschen Reiche aus guten Gründen alles, was den falschen Anschein erwecken könnte, als würden wir unsere Beschlüsse, unseren Beschluß für den Anschluß zumal, unter irgendwelchem Einfluß vom Reiche aus fassen. Wir können und sollen zum Reiche nicht anders kommen als durch unseren eigenen, durch unseren freien, durch unseren auch vom Reiche aus völlig unbeeinflußten Beschluß. (Lebhafte Zustimmung.) Aber wenn wir diesen Beschluß fassen, sind wir der vollen Überzeugung — und das ist das wichtigste und das sicherste Ergebnis der Besprechungen, die wir geführt haben —, daß wir in Deutschland aufgenommen werden mit offenen Händen, willkommen geheißen mit brüderlicher Gesinnung, daß wir im Reiche volles Verständnis finden für die geschichtlich gewordene Eigenart Deutschösterreichs, volles Verständnis dafür, daß wir unsere wirtschaftlichen Bedürfnisse innerhalb des Reiches voll befriedigen können, daß wir vor allem dort finden werden die herzlichste Bereitwilligkeit zu brüderlicher Hilfe." (Lebhafter Beifall und Händeklatschen.)
Der steirische christlichsoziale Abgeordnete Dr. Gimpl führte aus:
„Es ist von einigen Rednern hier der Anschein erweckt worden, als ob die christlichsoziale Partei als solche gegen den Anschluß an Deutschland wäre. Wir haben schon während der Wahlbewegung immer offen erklärt, daß wir unbedingt für den Anschluß an das Deutsche Reich sind... Ich habe jetzt weiter kein Wort mehr zu verlieren. Es oblag mir nur die Aufgabe, hier zu erklären, daß wir Christlichsoziale unbedingt für den Anschluß an das Deutsche Reich sind. Ferner, daß wir unbedingt dafür sind, daß jenem unterdrückten Teil des deutschen Volkes in den besetzten Gebieten sein Recht, die Freiheit und Selbstbestimmung gewährt werden."[20]
Die Konstituierende Nationalversammlung beschloß am 12. März 1919 neuerlich mit wenigen Gegenstimmen, daß Deutsch-Österreich ein Bestandteil der deutschen Republik sei. Bereits am 6. Februar 1919 hatte der deutsche Reichskanzler Philipp Scheidemann seine Eröffnungsrede in der Sitzung der Weimarer Konstituierenden Nationalversammlung mit den Worten beschlossen:
„Möge die Zeit nahe sein, da unsere österreichischen Brüder ihren Platz in der großen deutschen Volksgemeinschaft wieder einnehmen können."
Artikel 61 der Weimarer Verfassung besagte:
„Deutsch-Österreich erhält nach seinem Anschluß an das Deutsche Reich das Recht der Teilnahme am Reichsrat mit der seiner Bevölkerung ent-

sprechenden Stimmzahl. Bis dahin haben die Vertreter Deutsch-Österreichs beratende Stimme." (11. August 1919.)[21]
Der von der österreichischen und der deutschen Regierung in Aussicht genommene Staatsvertrag, betreffend einen Anschluß Österreichs, kam jedoch nie zustande. In Wien wie auch in Weimar war die negative Stellungnahme Frankreichs bekannt; der französische Außenminister Stéphan Pichon hatte im Dezember 1918 neuerlich und unmißverständlich davon gesprochen. Allerdings war man sich in den Reihen der Alliierten bezüglich der Anschlußfrage zunächst nicht ganz einig. Washington und London waren nicht durchaus ablehnend und maßen dem Problem bestimmt nicht jene Bedeutung bei wie ihre französischen Verbündeten; Italien entschloß sich nach kurzem Schwanken sehr bald, die französische Linie energisch zu unterstützen. Die Nachfolgestaaten — das spätere Jugoslawien, Rumänien und vor allem die Tschechoslowakei (die sogenannte Kleine Entente) — orientierten ihre Außenpolitik stark nach Paris hin; ihnen war ein vergrößertes Deutschland ebenso unerwünscht wie eine Donauföderation, in der sie die Gefahr der Habsburgerrestauration erblickten.

Jedenfalls hatten sich die Alliierten und Assoziierten Mächte in Paris noch vor dem Eintreffen der österreichischen Friedensdelegation (Mai 1919) auf ein absolutes Anschlußverbot geeinigt.

Dies war in Wien nicht unbekannt.

Friedrich Funder berichtet in seinen Erinnerungen, daß am 16. April 1919 Oberst Cuninghame, der Chef der britischen Militärmission in Wien, offiziös wissen ließ, daß Österreich auf wesentlich günstigere Friedensbedingungen, und zwar territorialer und wirtschaftlicher Natur, zählen könne, wenn es den Gedanken an einen Anschluß an Deutschland aufzugeben bereit wäre. Es sei in dieser Frage in England und den USA eine Wende der Anschauungen eingetreten; es werde auch keineswegs eine Donauföderation angestrebt, man wünsche sich vielmehr, daß Österreich neutral bleiben solle.

Man möge in Wien beachten, daß es sich hier nicht um eine Sache der Gefühls- oder Parteipolitik handle. In den Friedensbedingungen würde der Anschluß verboten sein ...

Eine gleiche, noch dringendere Warnung kam vom französischen Gesandten Henri Allizé, der sich um die Linderung der katastrophalen Ernährungslage in Österreich durch französische Lebensmittellieferungen verdient gemacht hatte und als aufrichtiger Freund Österreichs galt.[22]

In Österreich wurden diese Warnungen überhört.

Die Anschlußpropaganda in der Presse, in Versammlungen, zumal in den Bundesländern, aber auch im Parlament lief weiterhin auf vollen Touren. Amtliche Stellen waren nach wie vor in Kontakt mit Berlin, um die Vereinigung mit dem Reich vorzubereiten. Die Landtage setzten Anschlußkommissionen ein, und regionale Volksabstimmungen wurden vorbereitet in der Absicht, der Entente den Volkswillen zu demonstrieren.

Am 24. April und 18. Mai 1921 wurde in Tirol und Salzburg tatsächlich abgestimmt, mit einem Stimmergebnis von 90 Prozent für den Anschluß. Weitere geplante Abstimmungen, so z. B. in der Steiermark, wo sich der damalige Landeshauptmann Dr. Rintelen stark in der Anschlußbewegung engagierte, mußten infolge der angedrohten Konsequenzen ebenso unterbleiben wie die von der Konstituierenden Nationalversammlung über großdeutsche Initiative am 1. Oktober 1920 einstimmig beantragte Abstimmung im ganzen Bundesgebiet, die gleichfalls als Demonstration des Volkswillens gedacht war.

Mittlerweile hatte nämlich der französische Gesandte Lefèvre-Pontalis im Auftrag seiner Regierung dem Bundeskanzler Dr. Michael Mayr folgende Erklärung überreicht:

„Falls die österreichische Regierung nicht imstande sein sollte, die gegenwärtigen, auf den Anschluß an das Deutsche Reich hinzielenden Umtriebe wirkungslos zu machen, so würde die französische Regierung die Hilfsaktion für Österreich einstellen, und die Reparationskommission würde in ihren Befugnissen vollständig wiederhergestellt werden."

Der Erklärung hatten sich die Vertreter der englischen und der italienischen Regierung angeschlossen.[23]

Im Friedensvertrag mit Deutschland, der am 28. Juni 1919 unterzeichnet wurde, war der Anschluß Österreichs untersagt; Deutschland hatte sich verpflichtet, die Unabhängigkeit Österreichs als unabänderlich anzuerkennen, sofern nicht der Rat des Völkerbundes einer Abänderung zustimme. Nach den Satzungen des Völkerbundes war für Beschlüsse des Rates Einstimmigkeit vorgesehen.

Das Anschlußverbot, das in den ursprünglichen Fassungen des österreichischen Friedensvertrages von Saint-Germain vom Juni und Juli 1919 nicht enthalten war, wurde auf französischen *und* englischen Antrag als Artikel 88 in die Schlußfassung aufgenommen. Österreich übernahm die Verpflichtung, „sich außer mit Zustimmung des Rates, jeder Handlung zu enthalten, die mittelbar oder unmittelbar oder auf irgendwelchem Wege... seine Unabhängikeit gefährden könnte".

Die Anschlußartikel der österreichischen wie der Weimarer Verfassung mußten gestrichen werden.

Im Dezember 1919 erklärte überdies der Oberste Rat der Alliierten und Assoziierten Mächte in einer formellen Entschließung, daß die Mächte sich „jedem Versuch widersetzen werden, der unmittelbar oder mittelbar gegen die Unverletzlichkeit des österreichischen Staatsgebietes, gegen die Bestimmungen des Artikels 88 des Vertrages von Saint-Germain oder gegen die politische oder wirtschaftliche Unabhängigkeit Österreichs gerichtet ist".[24]

Diese Entschließung wurde auch in den folgenden Jahren nie widerrufen. Während die Anschlußbegeisterung in Österreich nach wie vor hohe Wellen schlug, trotz der damit offenbar verbundenen wirtschaftlichen und staatsfinanziellen Risiken, war das Klima in Deutschland wesentlich realistischer. Julius Braunthal, damals die rechte Hand des Staatssekretärs für Heerwesen

Julius Deutsch und später einer der führenden sozialdemokratischen Publizisten, berichtet, daß er im Frühjahr 1919 in amtlichem Auftrag nach Berlin fuhr und sich dort von dem österreichischen Gesandten Prof. Ludo Hartmann, einem überzeugten Verfechter der Anschlußpolitik, sagen lassen mußte, daß in Deutschland niemand den Anschluß ernst nehme und man in Wirklichkeit gegen den Anschluß sei. Diese Auffassung sei ihm auch vom Chefredakteur des *Vorwärts* wie von Regierungsstellen bestätigt worden.[25]

Dagegen ist allerdings die Tatsache zu halten, daß aus privaten deutschen Quellen reiche Geldmittel über die österreichische Grenze flossen, um den Anschlußwillen zu nähren. So wurde z. B. in Innsbruck zu nationalen Propagandazwecken die Tageszeitung *Alpenland* mit deutschen Geldern gegründet und durch Jahre hindurch am Leben erhalten.

Allem gegenteiligen Anschein zum Trotz war auch im christlichsozialen Lager Österreichs die Stimmung keineswegs einheitlich.

Karl Renner sieht in der christlichsozialen „Zerfahrenheit" und den innerpolitischen Gegensätzen, „insbesondere in der Frage der Vermögensabgabe und in der Militärfrage", die Ursachen des Zerfalls der bisherigen sozialdemokratisch-christlichsozialen Koalition (22. Oktober 1920); er zitiert einen Ausspruch Leopold Kunschaks aus der *Reichspost* vom 11. Juli 1920:

„Ich weiß, daß es in der christlichsozialen Partei Leute gibt, die für den Anschluß geradezu schwärmen, ich weiß ferner, daß sich in ihr auch solche befinden, welche die Donauföderation auf ihr Programm geschrieben haben..., es gibt noch eine dritte Gruppe von Leuten in der christlichsozialen Partei, welche weder den Anschluß an Deutschland noch eine Donauföderation, sondern einen großen, katholischen, süddeutschen Staat wollen."[26]

Bei den Nationalratswahlen vom 17. Oktober 1920 wurden die Christlichsozialen mit 41,82 Prozent der abgegebenen Stimmen gegenüber 35,91 Prozent der Sozialdemokraten (Mandatsverhältnis 85 zu 69) die stärkste Partei im Nationalrat. Damit war der Boden für die unbestrittene Führung der Christlichsozialen und der Republik durch den ehemaligen kaiserlichen Minister und Parteiobmann Msgr. Dr. Ignaz Seipel gelegt, wenngleich er erst am 31. Mai 1922 seine erste Regierung bildete.

In seiner Regierungserklärung heißt es:

„Ich glaube aber, nicht darauf kommt es an, wer bei einem Hoch auf die Republik lauter schreit, sondern wer in der Republik mehr arbeitet. Freilich, um für einen Staat recht arbeiten zu können, muß man an seine Lebensfähigkeit glauben. In dieser Hinsicht sind aber die Ansichten unter uns sehr geteilt. Es gab vom Anfang unseres Staates an viele, die niemals an seine Lebensfähigkeit glaubten, noch mehr sind im Laufe der Zeit an ihr irre geworden. Ich rechte mit keinem von ihnen, wenn er nur seinen Pessimismus so weit in Schranken hält, daß er dem Staate nichts verweigert, was er braucht, um leben zu können, und vor allem, wenn er nicht aus bloßer Rechthaberei die Arbeitsfreude der anderen lähmt, die noch immer eine günstigere Auffassung von unserer Lage haben. Mit der Frage der Lebensfähigkeit unseres Staates hängt der Grad zusammen, in dem die Notwendigkeit des Anschlusses an Deutschland betont wird. Das gegenwärtige Kabinett setzt sich aus christlichsozialen und großdeutschen Mitgliedern zusammen. Unter den Christlichsozialen bin ich als einer jener bekannt, die, aller bloßen Deklarationspolitik, der nicht alsbald die Tat folgen kann, überhaupt abhold, vor Jahr und Tag den Anschlußabstimmungen, die in einigen unserer Bundesländer veranstaltet oder doch vorbereitet wurden, entgegengetreten sind. Ich habe meinen Standpunkt in dieser Beziehung auch heute nicht geändert. Meine Partei hat es seinerzeit als notwendig erachtet, den Staatsvertrag von Saint-Germain parlamentarisch zu genehmigen und zieht daraus alle Folgerungen. Wenn dennoch die Großdeutsche Volkspartei heute an meiner Wahl zum Bundeskanzler mitwirkte und einige ihrer Mitglieder in das von mir zu leitende Kabinett entsandte, so hat sie damit jedenfalls der Meinung Ausdruck gegeben, daß sie einiges Vertrauen zu meiner nationalen Gesinnung hat und die Politik, die nach meiner Vergangenheit von mir zu erwarten ist, für zulässig hält. Anderseits gaben meine großdeutschen Ministerkollegen, was ich hier ausdrücklich feststellen will, nichts von ihrem Standpunkt auf; sie bekennen nur, daß sie es für die Zeit unserer voraussichtlichen Zusammenarbeit gleich mir als Pflicht erachten, dem Zusammenbruch des Bestehenden mit aller Kraft entgegenzuwirken. Und es ist ja in der Tat dasselbe: Meint jemand, das deutsche Volk in Österreich werde in der ihm durch den Staatsvertrag von Saint-Germain zugesicherten Selbständigkeit weiterleben, oder glaubt er, es werde in eine größere nationale Einheit aufgehen, weiterleben muß es, und wir, die wir alle zusammen Fleisch vom Fleische dieses Volkes sind und Blut von seinem Blute, müssen alles tun, was in unserer Macht steht, daß es lebe."[27]

Seipels Politik war auf die Erhaltung des Staates, eine neue Sinngebung für Österreich und die Sicherung der Lebensbedingungen seiner Bewohner gerichtet. Die desolate Wirtschaftslage und die daher drohende Hungersnot führten zum gelungenen Versuch der Sanierung durch den Völkerbund, damit aber auch zur Verschärfung der innerpolitischen Gegensätze in Österreich, die in weiterer Folge den dauernden Bruch mit der sozialdemokratischen Opposition verursachen sollte.[28]

In den Genfer Protokollen hatte sich Österreich verpflichtet, für die zwanzigjährige Laufzeit der Anleihe „gemäß den Bestimmungen des Friedensvertrages sich seiner Unabhängigkeit nicht zu entäußern" und sich aller Verhandlungen und jeder wirtschaftlichen oder finanziellen Verpflichtung zu enthalten, die diese Unabhängigkeit direkt oder indirekt beeinträchtigen könnte.

Daraufhin wurde der Bundeskanzler in der Parlamentsdebatte vom 14. Dezember 1922 des offenen Landesverrates geziehen, gegen den — so meinte Otto Bauer — man nicht polemisiere; man gebe ihn der Verachtung preis, solange er ungefährlich sei, und schlage ihn nieder, sobald er gefährlich werde. In derselben Sitzung schloß Karl Renner seine sachlich gehaltene Oppositionsrede mit den Worten:

„Wir wissen ja alle, daß wir in der Konfiguration, in der wir leben, als dieses Deutschösterreich keine Zukunft haben. Aber eines können wir: uns so lange am Leben erhalten, wenn auch kümmerlich, in Selbständigkeit und aus eigener Kraft, bis die Stunde der Befreiung kommt. So haben wir es immer verstanden und in diesem Sinne, um unsere politische und wirtschaftliche Selbständigkeit zu verteidigen bis aufs äußerste, unser Leben zu verlängern bis aufs letzte, bis in der Welt einmal die Menschen wieder frei sind und wir uns auch als Deutsche entscheiden können zu dem Staatswesen, zu dem wir der Natur der Dinge nach gehören..."[29]

In der Tat war Seipel hinsichtlich der Anschlußfrage in einer schwierigen Lage. Er selbst war von Anfang an bestimmt kein Anschlußpolitiker gewesen. Aber als Kanzler einer Koalitionsregierung, die zunächst rund 66 und mit den Wahlen vom Oktober 1923 rund 58 Prozent der Wähler vertrat, hatte er auf den großdeutschen Partner Rücksicht zu nehmen, in dessen Parteiprogramm an vorderster Stelle nach wie vor die Forderung nach dem Anschluß stand. Daher das Bonmot, das man bisweilen Seipel zuschrieb: „Immer davon reden, nie daran denken."

Das hat Seipel natürlich nie gesagt. Die Legende hatte vielmehr ihren Ursprung in der politischen Polemik anläßlich der Debatte über die Genfer Protokolle; Karl Renner hatte bei dieser Gelegenheit als Oppositionsredner erklärt:

„Was wir in Saint-Germain hingeschrieben haben, das haben wir offensichtlich unter dem unwiderstehlichen Zwang der Waffen und der Erschöpfung geschrieben, und wir haben es geschrieben unter unserem Protest, und solche Unterschriften haben in der Geschichte ihre Rolle. Aber wir haben von der glorreichen französischen Nation gelernt, wie solche Unterschriften, etwa die des Friedensvertrages von Frankfurt, zu lesen sind. Auch wir können uns in bezug auf Saint-Germain auf den unwiderstehlichen Zwang, auf die unausweichliche Not berufen. Aber hier ist das anders... Mit welchem Recht werden wir uns gegen diesen Teil des Vertrags (Genfer Protokolle) berufen, meine Herren auf den deutschnationalen Bänken? Wie wollen wir uns dagegen berufen, da wir das (gemeint Anschlußverzicht) freiwillig übernommen haben?...

Ich habe vordem den Friedensvertrag von Frankfurt erwähnt, und ich knüpfe daran die Bemerkung, daß sich die Franzosen damals und in bezug auf den Elsaß gesagt haben: immer daran denken, nie davon reden; und nun haben wir das alles selbst in ein von uns gewillkürtes Protokoll hineingeschrieben. Es kommt mir so vor, als wenn auf dem Ballhausplatz in der Anschlußfrage eine andere Version bestünde: *Immer davon reden, nie daran denken!** Wir aber sehen die schmerzliche Konsequenz voraus, daß wir, wenn wir das aus freiem Willen und noch dazu aus Gnade unterschreiben, wenn dieses Haus das vermöchte, auf mindestens 20 Jahre Abschied nehmen müßten von der Idee, die von der Geburtsstunde dieser Republik bis zum heutigen Tag doch jeden Bürger beherrschte. Auf 20 Jahre! Das ist länger, als einer von uns, die wir hier im Saale anwesend sind, zu leben Hoffnung haben..."[30]

Das war 1922. Jede Spekulation, was geschehen wäre, wenn damals die Genfer Protokolle keine Mehrheit im Nationalrat erreicht hätten und die Sanierung unterblieben wäre, ist müßig. Jedenfalls war 25 Jahre später Dr. Karl Renner der freigewählte Bundespräsident der zweiten österreichischen Republik, die sich auf dem Weg zu voller Freiheit, wirtschaftlicher Konsolidierung und von außen wie innen unangefochtener Selbständigkeit befand.

Objektive Wertung des Sachverhaltes wird kaum umhin können, festzuhalten, daß es sich bei der Genfer Sanierung 1922 nicht um die Alternative Selbständigkeit oder Anschluß, sondern vielmehr um Österreichs Existenz oder Fremdbesetzung im Falle des drohenden inneren Zusammenbruchs gehandelt hat. Es darf auch nicht vergessen werden, daß damals die inneren Verhältnisse in den maßgebenden Nachbarstaaten wie Deutschland, Italien, Ungarn noch keineswegs so konsolidiert waren, daß eine klare Voraussicht in die Zukunft möglich gewesen wäre; ebensowenig, daß es angesichts der katastrophalen Wirtschaftslage keineswegs sicher war, ob im Ernstfall selbst eine vom besten Willen geleitete sozialdemokratische Führung einem wiederholten Ansinnen ihrer radikalen Anhänger, das Experiment einer Rätediktatur zu versuchen, erfolgreich widerstehen konnte. So gewann die Überzeugung Boden, daß die Existenz eines selbständigen Österreich — mit anderen Worten die Erhaltung des Status quo, verbürgt vom Völkerbund — trotz aller Mängel im Dienste des Friedens und somit nicht nur im Interesse der Österreicher und Deutschen, sondern auch aller anderen gelegen war.

Die oft gebrauchten Klischees vom „Volk ohne Staat" und vom „Staat ohne Sinn" hatten damit ihre Berechtigung verloren.

Der erbitterte Kampf um die Genfer Sanierung hatte zur Versteifung der innerpolitischen Fronten geführt. Trotzdem wäre es unrichtig, in ihm die Geburtsstunde des „Bürgerblock"-Denkens zu sehen. Die anscheinend unüberwindlichen Gegensätze gehen viel weiter zurück. Daß sich die sozialdemokra-

---

* Umkehrung des bekannten Ausspruches von Léon Gambetta: „Immer daran denken, nie davon reden." Gemeint war die Revanche für die Niederlage Frankreichs im Deutsch-Französischen Krieg 1870/71.

tische Führung den Bestrebungen, eine Rätediktatur zu errichten, erfolgreich entgegensetzte, ist, wie wir heute wissen, zweifellos richtig. Ebenso aber auch, daß dem Radikalismus der Sprache und der geduldeten Intoleranz, auf die man offensichtlich nicht verzichten konnte, um die eigenen Leute bei der Stange zu halten, ein wesentlicher Anteil an der Verschärfung der Gegensätze zukam. Die Intoleranz wirkte sich aus in Versammlungssprengungen, persönlichen Attacken und der allgemeinen Verteufelung des Gegners.

Die gereizte Atmosphäre in Österreich mit ihren politischen Neuralgien war weithin soziologisch bestimmt. Nicht im Sinne besonders ausgeprägter Klassengegensätze, weil es wirklich tiefreichende Unterschiede nach 1918 kaum mehr gegeben hat; die großbürgerliche kapitalistische Schicht war dünn, der Großgrundbesitz praktisch ohne Bedeutung; beide spielten politisch nicht annähernd die Rolle, die ihnen von der Propaganda zugemessen war. Das gefährliche Moment, das den Ausschlag gab, war vielmehr die wirtschaftliche Vernichtung des breiten Mittelstandes als Folge des verlorenen Krieges und der Nachkriegsinflation. Aus dieser allgemeinen Proletarisierung und der Angst vor ihren weiteren Folgen, vor allem auch aus der beruflichen Aussichtslosigkeit eines Großteils der jungen Generation, entsprang jener emotionale Radikalismus in allen politischen Lagern, der, mit der staatlichen Ordnung unzufrieden, auf „Selbsthilfe" baute. Das österreichische Trauma war zutiefst und von allem Anfang an ideologischer Natur, und dabei spielten trotz zuweilen gegenteiligen Anscheins die Anschlußfrage und ihre Motivierung die ausschlaggebende Rolle.

Rückschauend schreibt einer der führenden und fähigsten Journalisten der linken österreichischen Emigration:

„Es darf freilich nicht verschwiegen werden, daß die Haltung der deutsch-österreichischen Arbeiterklasse zum Anschluß nicht vorwiegend von ihrem Nationalgefühl bestimmt wurde. Der deutsche Nationalismus war die Ideologie ihrer Klassenfeinde in der Gesellschaft, der habsburgische Patriotismus die Ideologie ihrer Klassenfeinde im Staat. Der deutsch-österreichische Arbeiter haßte die eine wie die andere Ideologie. Vielleicht in keiner Arbeiterklasse Europas war das Gefühl des sozialistischen Internationalismus tiefer verwurzelt als in der deutschösterreichischen ... Als Otto Bauer lange vor dem November 1918 den Gedanken von der Notwendigkeit des Anschlusses vertrat, fand er daher bei den österreichischen Arbeitern keinen großen Widerhall. Die Masse der Arbeiterschaft ... stand dem Anschlußgedanken noch kühl gegenüber, obwohl Sozialdemokraten seine ersten Verkünder waren.

Erst als das Kaisertum im Deutschen Reich gestürzt war und eine sozialistische Regierung, auf Arbeiter- und Soldatenräte gestützt, die Macht ergriffen hatte, als die deutsche Revolution so mit einem gewaltigen Schlag die unsere weit überholt zu haben schien, ward den Arbeitermassen der Gedanke verständlich, daß das große, hochindustrielle Reich dem Kampf um den Sozialismus weit günstigere Bedingungen biete als das kleine, von agrarischen Nachbarländern hilflos abhängige und selbst zur Hälfte agrarische Deutsch-Österreich.

So vereinigten sich wirtschaftliche, nationale und sozialistische Motive im Drang aller Klassen des deutsch-österreichischen Volkes nach dem Anschluß an Deutschland."[31]

Dieser Meinung, die den Anschlußwillen letzten Endes im Lichte des Klasseninteresses sah, stand die Meinung der anderen entgegen, die das Dogma von Klassenkampf und Klassenherrschaft verwarfen und auch keineswegs die These unterschrieben, daß den Deutsch-Österreichern das alte Österreich niemals ein Heim gewesen sei, das sie als Vaterland betrachtet hätten.[32] Unter ihnen waren die nationalen und die traditionsbetonten Österreicher. Um 1922 war das Verhältnis der ideologischen Gegner nach dem Wahlergebnis sechzig zu vierzig. Daß nach der Konsolidierung des Staates und seiner finanziellen Stabilisierung, mit der die wirtschaftliche Erholung freilich nur langsam Schritt hielt, das Lager derer, die an die österreichische Eigenstaatlichkeit glaubten, an Zahl und Zuversicht zunahm und zumindest die virulente Anschlußpropaganda verebbte, ist ebenso unleugbar wie die leider zunehmende Verschärfung des innerpolitischen Klimas.

Die Notwendigkeit des Anschlusses wurde zunächst mit der Lebensunfähigkeit Österreichs begründet; diese galt mit wenigen Ausnahmen als unangreifbares Dogma.[33] Von ihm war im Parlament, in öffentlichen Versammlungen, in der Presse und in Fachzeitschriften (z. B. Gustav Stolper im *Volkswirt*) sowie in den Hörsälen der Universitäten die Rede.

Das kleine Wirtschaftsgebiet, Rohstoffmangel, das Fehlen einer entwickelten Exportindustrie, unzulängliche Lebens- und Futtermittelerzeugung und die Abtrennung von den natürlichen Absatzgebieten wurden ins Treffen geführt.

Die Geschichte hat die bis 1922 fast unwidersprochen gebliebene These von der Existenzunfähigkeit Österreichs widerlegt; freilich ist diese aus der Sicht ihrer Entstehungszeit zu verstehen. Das Zerreißen des alten Wirtschaftsgebietes, die übertrieben protektionistische Absperrung der Nachfolgestaaten und die doch sehr bescheidene internationale Unterstützung, überhaupt die Politik der Siegerstaaten, ließen in der Tat nicht viel Gutes für die Zukunft erwarten.

Hätte es nach dem Ersten Weltkrieg ein europäisches Wiederaufbauprogramm (ERP, Marshallplan) gegeben, dann wäre die Lebensfähigkeitsfrage sehr viel früher und überzeugender zu lösen gewesen, und vor allem Österreich und der Welt wäre nach allem Ermessen sehr vieles erspart geblieben. Die Gegenüberstellung wirkt überzeugend; etwa drei Jahre nach dem ersten Zusammenbruch wurden die Genfer Sanierungsgesetze beschlossen, die 1923 zur Begebung der Völkerbundanleihe mit einem Erlös von 650 Millionen Goldkronen führten, bei einer durchschnittlichen Verzinsung von $7^3/4$ Prozent und gegen Verpfändung der Einnahmen aus Zöllen und Tabakmonopol.

Drei Jahre nach dem zweiten Zusammenbruch (1948) setzte das wirtschaftliche Hilfsprogramm der USA ein, mit besonderer Berücksichtigung Österreichs. Bis zum 30. Juni 1954 beliefen sich die ERP-Kredite allein der österreichischen Industrie auf 6,4 Milliarden Schilling.[34]

Allerdings hatte Österreich schon nach 1922 unter den schwierigsten Bedingungen den Beweis seiner wirtschaftlichen Lebensfähigkeit erbracht. Bereits 1923 begann die Elektrifizierung der Bundesbahn, der Ausbau der Wasserkraftwerke wurde in die Wege geleitet, ein umfangreiches Straßenbauprogramm entworfen.[35] Die Ernährung der Bevölkerung war zum weitaus größeren Teil aus der rasch ansteigenden Produktion der österreichischen Landwirtschaft sichergestellt. Bereits 1927 war die Vorkriegsproduktion in Getreidebau, Vieh- und Milchwirtschaft erheblich übertroffen.[36]

Österreich deckte 1937 aus seiner eigenen Erzeugung rund 70 Prozent des Getreide- und 90 Prozent des Fleisch- und Fettbedarfs sowie 100 Prozent seines Bedarfs an Kartoffeln, Zucker und Molkereiprodukten. Staatshaushalt und Währung waren in Ordnung. Die im März 1938 von der Reichsbank übernommenen Gold- und Devisenvorräte der Oesterreichischen Nationalbank beliefen sich auf zusammen 410,7 Millionen Schilling (78.000 kg Feingold). Dies entspricht nach den gegenwärtigen Goldpreisen 2261,4 Millionen Schilling.

Dr. Hjalmar Schacht schreibt dazu in seiner Autobiographie:

„Während all die anderen neuen nationalsozialistischen Funktionäre sich bemühten, die frühere österreichische Wirtschaftspolitik und -verwaltung als Inbegriff der Konfusion und Untüchtigkeit hinzustellen, zollte ich der hervorragenden Arbeit der Oesterreichischen Nationalbank volle Anerkennung, die ein weltweites Renommee genoß, das sie sich durch Dezennien erhalten hat."[37]

Gewiß gab es schwere Schatten, vor allem die drückende Arbeitslosigkeit, die 1933 ihren Höhepunkt erreichte. Das war auch in den USA nicht anders; dort hatte mit dem Schwarzen Freitag an der New Yorker Börse am 24. Oktober 1929 die Weltwirtschaftskrise ihren Anfang genommen. Nach der offiziellen Statistik waren 1933 in den USA 24,9 und 1938 19 Prozent der vorhandenen Arbeitskräfte arbeitslos. (US Bureau of Labor Statistics, im Jahrbuch 1965.) Auch in England belief sich die Zahl der versicherten Arbeitslosen im Jahre 1932 auf 22 und 1937 auf 10 Prozent aller Versicherten. (Encycl. Brit. Vol. 22, 685.) Daß diese Entwicklung und die Bankenzusammenbrüche, die damit in engem Zusammenhang standen, wie überall in der Welt, so auch in Österreich einen schweren Rückschlag bedeuten mußten, ist klar.

Im Oktober 1929 war die Österreichische Bodencreditanstalt in schwerste

Not geraten und wurde, um ein vollendetes Debakel zu verhindern, von der Österreichischen Creditanstalt übernommen. Im Mai 1931 brach die Creditanstalt zusammen, und der Bund übernahm zum Schutz der Einleger die Haftung in sehr erheblichem Ausmaß. Wenige Monate später erlitt auch die deutsche Danat-Bank (Darmstädter und Nationalbank) das gleiche Schicksal, und die ein Jahr später mit ihr vereinigte Dresdner Bank konnte nur durch eine Sanierungsaktion mit Hilfe des Reiches über Wasser gehalten werden. (In Deutschland war im August 1924 die Währungsreform durch Schaffung der neuen Reichsmark unter dem Reichsbankpräsidenten Hjalmar Schacht durchgeführt worden, nachdem die Inflation im November 1923 ihren Höhepunkt erreicht hatte; die Goldmark war damals eine Billion [1,000.000,000.000] Papiermark wert.)[38]

Österreich war nach dem Zusammenbruch der Creditanstalt von einer neuerlichen Währungskrise bedroht. Ihr wurde durch den Abschluß einer neuen Völkerbundanleihe in der Höhe von 300 Millionen Schilling mit einer Laufzeit von 20 Jahren begegnet. Damit verbunden war der neuerdings bekräftigte Verzicht auf Anschluß und Zollunionpläne bis zur Zurückzahlung der Anleihe. Dieser Lausanner Vertrag begegnete zum Unterschied von den Genfer Protokollen der erbitterten Opposition diesmal nicht nur der Sozialdemokraten, sondern auch der großdeutschen Parlamentsmitglieder. Eine Kampfabstimmung im Nationalrat am 23. August 1932 brachte schließlich mit 82 gegen 80 Stimmen die Vertragsannahme. Damit war die Lebensgrundlage des Staates fürs erste gesichert. Was folgte, war für die österreichische Wirtschaft eine lange und harte Durststrecke, die unweigerlich auch zur weiteren Radikalisierung des politischen Klimas führen mußte.

1936 endete die Finanzkontrolle des Völkerbundes. Die Arbeitslosenzahlen waren noch immer viel zu hoch: 406.000 im Monatsdurchschnitt von 1933, 350.000 im Monatsdurchschnitt 1936, 321.000 im Monatsdurchschnitt 1937; dabei waren diesen Zahlen 40 bis 50 Prozent an Ausgesteuerten (nicht mehr Unterstützten) zuzurechnen. Dennoch sank die Arbeitslosenzahl, und zwar entgegen bisweilen geäußerter Meinung nicht nur wegen der rigorosen Praxis des „Aussteuerns";[39] die steigenden Zahlen des Beschäftigtenstandes, also der krankenversicherten Arbeiter und Angestellten, widerlegten diese Auffassung.

Die Wahrheit — entgegen späteren Zweckbehauptungen — ist, daß sich Österreich von 1932 bis zum Anschluß auf einem langsamen, aber sicheren Weg der wirtschaftlichen Erholung befand und den Vergleich mit anderen Staaten gleicher Größenordnung und Lage keineswegs zu scheuen brauchte. Die Industrieproduktion war im Ansteigen und näherte sich 1937 dem Stand von 1929, dem letzten Konjunkturjahr.

Daß sich heute das Leben leichter und die Lebensbedingungen günstiger gestaltet haben, daß wir vor allem nicht mehr von der Geißel wesentlicher Arbeitslosigkeit betroffen sind, ist gottlob richtig; es trifft aber nicht nur für uns zu, sondern für die gesamte westliche Welt, an deren Entwicklung wir durch tätige Mitarbeit profitierten. Wer hätte, um mit Sichtbarem zu beginnen, vor rund zwanzig und dreißig Jahren zu träumen gewagt, daß sich bis 1963 das Nationaleinkommen in Österreich — wie auch in den USA und anderen dem Westen zugehörigen Staaten — vervielfältigen würde, und zwar bei rechnungsmäßiger Zugrundelegung einer wertbeständigen Einheit?

Das hat die internationale Solidarität zustande gebracht, deren Fehlen das politische Geschehen und die wirtschaftlichen Nöte der Zwischenkriegszeit weithin bestimmte. Nicht nur die Österreicher haben diesmal aus der Geschichte gelernt. Das Fehlen eines Marshallplans erklärt zum großen Teil die letzten Ursachen der Ereignisse von 1938/39 und die Turbulenz der vorhergehenden Jahre in Mitteleuropa.

Bis 1922 war es zu einem echten Dialog in der Anschlußfrage kaum je gekommen. Forderung und Ablehnung waren gleichermaßen von Leidenschaft diktiert. Wer daranging, seine These zu begründen, sah den Gegner von vornherein auf der Anklagebank. Dieser konnte nur ein Volksverräter, also ein Verbrecher, oder ein hoffnungslos weltfremder Reaktionär sein. Auch auf akademischem Boden gab es zu diesem Thema meist nur Monologe, wenn es auch in den Hörsälen weniger hemdsärmelig zuging; dort war, wenn man auf Form hielt, mehr vom lebendigen Realismus im Gegensatz zum Träumen die Rede, das vom „k. u. k. Amtskappl" (Anton Kuh) nicht loskam. Natürlich spielte auch die Interpretation des Selbstbestimmungsrechtes als Grundlage eines neuen Völkerrechts eine bedeutende Rolle, wobei allerdings politischer Realismus zu kurz kam.

Die ganze Auseinandersetzung spielte sich in einer Atmosphäre ab, in der aus verschiedenen Gründen der totale Bruch mit der Vergangenheit Trumpf war.

Von 1918 bis etwa 1930 zog der Streit, wenn es überhaupt einer war, in der Öffentlichkeit keine größeren Kreise. Dem widerspricht nicht die Tatsache der Länderabstimmungen in den frühen Jahren, die im wesentlichen mehr als Protest gegen den Friedensvertrag und die drückende wirtschaftliche Not zu verstehen waren.

Die Anschlußgegner fühlten sich damals mehr oder weniger überrollt: die Anschlußfreunde nahmen eine gegenteilige Meinung im Gefühl der eigenen Überlegenheit nicht ernst. Von Zeit zu Zeit ein Fest, ein Aufzug, populäres Zitieren von Ernst Moritz Arndt und Berufung auf Turnvater Jahn, überhaupt viel Turnen, Männerchöre, Verbrüderungsfeiern, wie zuletzt im Schubert-Gedenkjahr 1928, dazu allerdings, zumal in den ersten Jahren der Republik, radikale Parlamentsdebatten und auch später eine Sturzflut von volkstümlichen wie auch wissenschaftlichen Publikationen — das war im Wesen alles. Man wußte, daß man weiterleben mußte und die Wirklichkeit sich nicht auf Anschluß reimte. So blieb es beim Deklamieren.

Dazu kam allerdings, daß seit 1920 in der österreichischen Koalitionsregierung die Großdeutsche Partei vertreten war, deren Programmpunkt Nummer eins sich auf den Anschluß Österreichs an das Deutsche Reich bezog. Im Koalitionspakt vom Mai 1922 wurden die programmatischen Gegensätze der Partner zwar anerkannt, aber zurückgestellt und die Zusammenarbeit zur Behebung des wirtschaftlichen Notstandes als Hauptziel festgelegt. Es wurde die Vermeidung aller Schritte vereinbart, die einen späteren Anschluß verhindern oder erschweren könnten. Der großdeutsche Partner blieb zur weiteren Anschlußpropaganda berechtigt. In der Außen- und Handelspolitik war enge Fühlungnahme mit der Reichsregierung vorgesehen; außerdem sollte im Rahmen des Möglichen eine Rechtsangleichung angestrebt werden.

Die Situation änderte sich zusehends, als aus sentimentalen Gründen und politischen Fernzielen eine harte, rücksichtslose und allen Kompromißformeln abgeneigte nationalistische Ideologie erwuchs.

Hitler hatte bereits in seinem Buch *Mein Kampf* den Anschluß kategorisch gefordert. In einem Aufruf aus dem Jahre 1928 erklärte die NSDAP, sie verzichte „auf keinen Deutschen... in der Völkerbundkolonie Österreich". Hitler hatte sich schon 1923 für die, wenn nötig, gewaltsame Regierungsübernahme der Nationalsozialisten in Österreich entschlossen.[40]

Der Nationalsozialismus, früher politisch unverwertbares Rohmaterial made in Austria (1918), wurde nun als Heilslehre mit Totalitätsanspruch von Deutschland nach Österreich reexportiert. Um 1932/33 war es soweit; angesichts der nationalsozialistischen Bedrohung warfen die Parteileitungen beider Massenparteien das Steuer herum; es wurde dort nicht mehr vom Anschluß gesprochen, denn, wie immer man früher zum Problem gestanden hatte, das, was nun in Aussicht stand, hatte man nicht gewollt.

Von der Masse der durch vierzehn Jahre indoktrinierten Österreicher, denen in der Regel schon auf der Schulbank wenig vermittelt worden war, was ihren Glauben an Österreich hätte stärken können — eine Folge des Koalitionsregimes, aber auch, wie in Wien, der grundsätzlich antitraditionalistischen Haltung —, wurde nun erwartet, daß sie die Parolen der Vergangenheit vergäßen. Dazu brauchte es Zeit. Sie taten es in ihrer Mehrheit schließlich auch, obwohl dem einen das, dem anderen jenes nach 1933 nicht recht war; und das war durchaus begreiflich. Schließlich hatten sie, wie ihre Eltern 1918, zu verwerfen, was gestern noch Evangelium gewesen war.

Anders sahen die Dinge von Hitlers Hauptquartier gesehen aus, und zwar schon lange vor der Machtergreifung in Deutschland (30. Januar 1933). Hatten die Österreicher nicht seit 1918 für den Anschluß demonstriert? Der Deutsch-Österreichische Volksbund unter dem Vorsitz des angesehenen deutschen sozialdemokratischen Führers Paul Löbe, dem namhafte Vertreter aller österreichischen politischen Parteien angehörten, war einmal sogar das einzige Forum gewesen, auf welchem sich in den Jahren der antisozialistischen Koalitionsregierungen vor 1933 alle politischen Richtungen trafen. Damals war die Erfüllung des nationalen Postulats nicht möglich, aus außenpolitischen Gründen. Das würde bald anders sein. Daher hatten die nationalsozialistischen Politiker in Österreich und betreffs Österreichs nur ein Ziel: den Anschluß zu erzwingen. Alles andere war Beiwerk. So begann in Österreich der erbitterte Kampf, und zwar ganz ähnlich wie in politischen Kreisen jüngeren Datums in anderen Breiten: mit der Politik des Terrors. Daß diesem folgerichtig „Gegenterror" folgen würde, wurde nicht nur vorausgesehen, sondern war sogar erwünscht; denn die spätere Frage, was zuerst da war, die Henne oder das Ei, würde sich auf deutsch massiver beantworten lassen denn auf österreichisch; zumal das ja immer nur eine taktische Frage bleibt, deren Beantwortung sich nach der jeweiligen internationalen Opportunität richtet und die ohnedies niemand ernstlich beachtet.

Wie stand es nun mit der Anschlußfrage in Wirklichkeit und abgesehen von den politischen Manövern?

Auf beiden Seiten, sofern sie positiv zu ihr standen, hat es gefühls- und verstandesbetonte Argumente gegeben; jene mehr auf österreichischer, diese auf deutscher Seite. Der österreichische Anschlußfreund ersehnte die Einheit aller Deutschen. Das alte Österreich war nun einmal vergangen; auch manche, die ihm und seinem Herrscherhaus in Treue gedient hatten, beschlossen nun, sein Begräbnis als Reichsdeutsche zu überleben. Verstandesmäßig aber erkannten vor 1932 doch viele, daß angesichts der Weltlage der Anschluß auf weite Sicht unmöglich war und daher im besten Fall ein Fernziel bleiben mußte. Die Folge waren Deklamationen und programmatische Erklärungen, die bald niemand mehr ernst nahm. Der stärkste Steuermann, den Österreich je besaß, Bundeskanzler Seipel, der zu den unbedingten Österreichern zählte, sprach von zwei deutschen Staaten und blieb damit seiner früheren These vom grundsätzlichen Unterschied zwischen Staat und Nation treu.

Löst man es aus dem Zusammenhang, so läßt sich dem vor 1938 in der Polemik gegen den Nationalsozialismus oft gebrauchten Wort von den zwei deutschen Staaten ein unbeabsichtigter Sinn unterschieben, auf den sich dann spätere Generationen in Unkenntnis des damaligen politischen Ambiente keinen Reim machen können. Auch das bekannte Wort Kaiser Franz Josefs: „Ich bin ein deutscher Fürst", das den geschichtlichen Tatsachen durchaus entsprach, ist im richtigen zeitgeschichtlichen Rahmen zu verstehen, und der Monarch kann deswegen genausowenig als Deutschnationaler apostrophiert werden, wie die nationalsozialistische Publizistik berechtigt war, ihn und sein Haus als Gegner des Deutschtums zu bezeichnen.

Die Politik Berlins vor 1933 war gleichfalls von der verstandesmäßigen Erkenntnis der Unmöglichkeit eines Anschlusses in absehbarer Zeit beherrscht. Gefühlsmomente wie der deutsche Einheitstraum spielten dort von Anbeginn eine untergeordnete Rolle, wenngleich sie für die Popularisierung der Idee Verwendung fanden. Verstandesmäßig wäre der Anschluß deutscherseits als ein Korrektiv der Machteinbuße durch den Friedensvertrag zu begrüßen gewesen; daher standen ihm alle politischen Gruppen im Reich und deren Führungen im Prinzip freundlich gegenüber. Alle deutschen Gesandten in Wien

vor 1938, unbeschadet ihrer Herkunft, hielten den Anschluß für berechtigt, machten aus ihrer Meinung kein Hehl und stützten sich dabei auf ihre Auffassung vom Volkswillen in Österreich.[41]
Wohl alle deutschen Kanzler und deren Außenminister waren im Grunde der nämlichen Meinung. Aber keiner vor Hitler sah auf absehbare Zeit eine Möglichkeit der Verwirklichung; keiner war bereit, das Risiko einer internationalen Konflagration auf sich zu nehmen und die Gesetze und Regeln des Völkerrechts zu mißachten.

Alle Reichskanzler vor Hitler respektierten aus Gründen der politischen Vernunft und der Legalität die Existenz eines unabhängigen, souveränen Österreich. Auch die Unterzeichnung eines österreichisch-deutschen Zollunionvertrags (19. März 1931) durch den deutschen Reichsaußenminister Julius Curtius und den österreichischen Außenminister Johannes Schober steht dieser Feststellung nicht entgegen.[42]

In Österreich waren es auf beiden Seiten des Grabens vornehmlich Gefühlsmomente, die in der Anschlußfrage die Haltung bestimmten. Dabei spielten die Vorenthaltung des Selbstbestimmungsrechts und die romantische Einstellung zur Frage des nationalen Einheitsstaates die entscheidende Rolle. Wie viele Österreicher im Grunde den Anschluß wollten und wie viele sich seinem Gedanken im Prinzip widersetzten, wird sich zahlenmäßig nie feststellen lassen; es ist auch weithin eine Frage des Kalenders. Und es wäre irreführend, sich zur Begründung eines Anschlußrechts und der Methode seiner Durchführung auf Anschlußdemonstrationen offizieller oder privater Natur in den vorhergehenden Jahren zu berufen. Auch das Argument, daß die überwiegende Anzahl der Österreicher aller Sprachen bis zum Vorabend des Ersten Weltkrieges unbestrittenermaßen die Existenz des gemeinsamen Vaterlandes bejahten, war vier Jahre später, nämlich nach der Niederlage, kein Grund dafür, die alte politische Konstruktion zu bewahren.

Zwanzig, dreißig und fünfzig Jahre sind ein langer Weg im Menschenleben. Jedermann schaut an ihrem Ende anders aus als am Anfang; physisch anders, und zuweilen hat er sich auch geistig gewandelt. Derselbe Zeitabschnitt gleicht nur einem Augenblick, wenn die Geschichte aus längerer zeitlicher Distanz auf ihn zurückblickt, wenn die Konturen der Details verschwinden und auch die Tatsache ins Unbewußte versinkt, daß er Generationenablöse und Generationenverantwortung bedeutet hat. Die Lebenden haben immer die Schulden zu zahlen, die ihre Vorgänger kontrahierten. Dazu kommt, daß jede Generation auch noch ihre eigenen Schulden macht und dafür zusätzlich ihre eigene Verantwortung zu tragen hat.

Es kann durchaus sein, und es sollte so sein, daß in hundert Jahren von heute die beiden Weltkriege unseres Jahrhunderts — und so Gott will, bleibt es bei den zweien — von der Geschichtsbetrachtung als *der* Weltkrieg des zwanzigsten Jahrhunderts angesprochen werden, der über die russische Revolution, den Kriegseintritt der USA und die Auflösung Österreich-Ungarns nach relativ kurzem Intervall zum Sturz Deutschlands als Weltmacht, aber auch zur Liquidierung der westlichen Kolonialreiche, zum Aufstieg Rußlands zur Übermacht, zur Verlagerung des Imperialismus vom Westen nach dem Osten und, weit über die Parzellierung Mitteleuropas hinaus, zur Entmachtung Europas geführt hat.

Gewiß, es gibt jetzt gottlob die UNO. Aber in wirklich heißen politischen Fragen ist sie trotz offener Diplomatie kaum weitergekommen, als das Konzert der Mächte schon einmal gekommen ist.

Was hat dies alles zum Thema zu sagen? Nur die zur Diskussion gestellte These, daß zwischen der Oktoberrevolution in Rußland, dem Untergang Österreich-Ungarns, der kulturellen und politischen Lage der Republik Österreich in der Zwischenkriegszeit, die zu ihrem Anschluß an Deutschland und damit mittelbar zum Zweiten Weltkrieg führte, ein direkter Zusammenhang besteht. Wer diesen Zusammenhang ignoriert, dem tritt das Bild der Geschichte wie aus einem Hohlspiegel entgegen, der es unweigerlich verzerren muß.

Das alte Österreich — zusammen mit den Ländern der ungarischen Stephanskrone — hat

1. für Jahrhunderte ein organisiertes Mitteleuropa geschaffen, das zwischen den expansionistischen Kräften von West und Ost den verschiedensprachigen mittel- und mittelosteuropäischen Nationalitäten ein gemeinsames Obdach und einen gemeinsamen Wirtschafts- und Kulturraum bot.

2. Es ist nicht immer nachgehinkt, wie es die Legende will, sondern war in etlichem der Zeit voraus als ein echter Faktor regionaler Integration, der allem Auf und Ab zum Trotz bis 1918 funktionierte und dessen Existenz für die Mehrheit seiner Bewohner bis zur Niederlage im Krieg außer Frage stand.

3. Man ist berechtigt, anzunehmen, daß dieses Österreich sich im Falle seines Fortbestehens ebenso wie andere Staaten dem nötigen wirtschaftlichen und sozialen Fortschritt sowie politischen Reformen nicht verschlossen hätte.

4. Die Österreicher waren keine ethnische Sprachgemeinschaft, sondern eine multinationale politische Gesellschaft wie noch heute die Schweizer, Belgier, Kanadier und vor allem die Russen.

Aus historischen Gründen und weil es keine echte nationale Majorität gab, war das stärkste Bindeglied die Dynastie, die *domus Austriae;* ferner Armee, Verwaltung und Kirche.

Die Frage, ob ohne Krieg und Niederlage die Chance dauernden Überlebens bestanden hätte, ist müßig. Eine Verlängerung der Lebensdauer dagegen ist wahrscheinlich. Die Geschichte lehrt uns aber, daß, wie für das Einzelwesen, auch für Reiche und Staaten die Uhr einmal abläuft.

Es mag wohl sein, daß Österreich-Ungarn auf alle Fälle nahe dem Ende seiner Laufbahn stand, was jedoch niemanden hindern sollte, seiner Bedeutung und Leistung in der Vergangenheit mit größtem Respekt zu gedenken. Gerade das aber hat die Anschlußbewegung hüben und drüben geflissentlich verabsäumt.

Von den Anschlußargumenten war seit je das historische Argument wohl am schwächsten. Die „Heim-ins-Reich"-Parole findet weder in der Rückschau auf 1848 noch auf 1866 eine tragfähige Begründung, und zwar einfach deshalb, weil es ein Deutsches Reich als nationalen Einheitsstaat nicht gegeben hat. Was 1848 manche erträumten, wurde nie politische Wirklichkeit. Auch 1866 und das Bismarckkonzept haben daran nichts geändert.

Wohl aber hat seit langem eine wirtschaftliche und kulturelle Interessengemeinschaft bestanden, die politisch nicht ohne Auswirkungen bleiben konnte. Hitler bedeutete in österreichischer Sicht nicht die Fortsetzung und Vollendung einer unterbrochenen geschichtlichen Entwicklung, sondern genau das Gegenteil: den Bruch der Geschichte.

Nun war in nationalsozialistischem Sprachgebrauch jeder ein Volksverräter und Separatist, der sich dem Anschlußgedanken gegenüber ablehnend verhielt. Die Existenz Österreichs wurde als Gefahr für das Deutschtum bezeichnet. Aus diesem Hintergrund heraus muß das in Österreich damals vielgebrauchte Wort von den zwei deutschen Staaten verstanden werden. Dazu kam, daß sich Österreich lange Zeit als den Mittelpunkt der kulturellen Bestrebungen der volksdeutschen Minderheiten in den Sukzessionsstaaten betrachtete. Vor 1933 war Wien ein Zentrum der altösterreichischen Auslandsdeutschen, ob sie ihre Heimat im Sudetenland, in Südtirol, im Banat, in Siebenbürgen oder in Polen hatten. Eine der ersten aggressiven Aktionen des Dritten Reiches gegen Österreich war die völkerrechtswidrige Hausdurchsuchung und Archivbeschlagnahme in der Wohnung des österreichischen Honorarkonsuls in Danzig.

Bald nach 1933 hatte Österreich diese Stellung als Quasischutzmacht der altösterreichischen Auslandsdeutschen an das Dritte Reich und an dessen Bund für das Deutschtum im Ausland verloren; mit den Geld- und Propagandamitteln der deutschen Großmacht konnte Österreich nicht konkurrieren. Im Verlauf der Entwicklung wurden Österreich und Wien jedoch ein Zentrum aller jener kulturellen deutschen Kräfte und Bestrebungen, die aus politischen oder rassischen Gründen ihre frühere Heimstatt im Reich verloren hatten. Große deutsche Verlage setzten in Wien ihre Tätigkeit fort, namhafte Künstler und Wissenschaftler übersiedelten ins freie Österreich. Österreich war in der Tat der zweite deutsche Staat geworden, weil die Werte der deutschen Kultur, die in ihrer früheren Heimat heimatlos geworden waren, hier ein neues Vaterland fanden. Je stärker sich der ideologische Gegensatz zum deutschen Nationalsozialismus entwickelte, desto berechtigter wurde Österreichs Hinweis darauf, Vertreter dieser heimatlos gewordenen deutschen Kultur zu sein, und um so berechtigter war auch der österreichische Anspruch in der damaligen Zeit, die höheren Werte des Deutschtums zu vertreten. Was Österreich in folgerichtiger Fortsetzung der Gedankengänge Seipels mit seiner Betonung der Idee vom zweiten deutschen Staat in Wahrheit wollte, war somit nicht nur eine beweiskräftige Entgegnung auf den politisch gefährlichen Vorwurf des nationalen Verrates, sondern auch eine Feststellung, die durchaus den Tatsachen entsprach, wie sie durch die Verhältnisse im Dritten Reich geschaffen worden waren. Weimar war vom Dritten Reich praktisch verbannt und hatte in Wien eine Heimat gefunden. Dies war gemeint, wenn man in Österreich sowohl aus Gründen der politischen Verteidigung als auch im Hinblick auf die Weltgeltung des Deutschen, das damals arg in Mißkredit gekommen war, immer wieder von den besseren Deutschen und vom zweiten deutschen Staat sprach. Das war in der Zeit, als das internationale Publikum sich darüber freute, Schiller im Wiener Burgtheater und Goethes „Faust" in der Inszenierung Max Reinhardts in der Salzburger Felsenreitschule zu sehen und zu hören. In der Tat klingt zum Beispiel sogar manches aus dem „Götz" in österreichischem Deutsch besser als in anderer Mundart, wie die Festausgabe „Erlebte Musik" zum achtzigsten Geburtstag Bernhard Paumgartners erfreulich dartut.[43]

Kapitel III WOLLEN UND WIRREN

Lehrjahre der parlamentarischen Demokratie — Zwischen Reformismus und Revolution — Die außerparlamentarischen Kräfte: Wurzel, Anabasis und Aporie der Wehrverbände — Die Ostmärkischen Sturmscharen — Antisemitismus — Das Wunschbild vom christlichen Ständestaat

> Eng ist die Welt, und das Gehirn ist weit.
> Leicht beieinander wohnen die Gedanken,
> Doch hart im Raume stoßen sich die Sachen.
> Wo eines Platz nimmt, muß das andre rücken,
> Wer nicht vertrieben sein will, muß vertreiben;
> Da herrscht der Streit, und nur die Stärke siegt.
> Schiller, *Wallensteins Tod*

Krisenzeiten wie jene, in die das neue Österreich hineingeboren wurde, standen der Entwicklung von Staatsbewußtsein und überzeugtem demokratischem Denken entgegen. Im Parlament schien man sich einig, wenn vom Anschluß, also vom Aufgeben der souveränen Eigenstaatlichkeit, die Rede ging; und von der Demokratie hatten nicht nur die Parteien, sondern auch verschiedene Fraktionen innerhalb der Parteien ihre eigene Vorstellung.

Die politische Revolution vom November 1918 war eine vollendete Tatsache, mit der sich praktisch alle abgefunden hatten; ihr Resultat konnte nur die demokratische Republik sein. An den nahtlosen Übergang zu einer „Diktatur des Proletariats", etwa nach dem Muster der russischen Oktoberrevolution von 1917, also an die Errichtung einer Räterepublik an Stelle der parlamentarisch-demokratischen, dachten nur die „romantischen Revolutionäre"; darunter verstand man die Kommunisten, die im November 1918 eine zahlenmäßig schwache österreichische kommunistische Partei gegründet hatten, zunächst von dem ehemaligen Bankbeamten Franz Koritschoner geführt, der im Frühjahr 1919 von Ernst Bettelheim, einem Emissär Béla Kuns, abgelöst wurde. Bettelheim war mit der Vorbereitung und Durchführung des Wiener Kommunistenputsches vom 15. Juni 1919, mit dem nach ungarischem Muster die Rätediktatur proklamiert werden sollte, beauftragt.

Zwar gab es Arbeiter- und Soldatenräte, in denen Kommunisten und Sozialdemokraten die Für und Wider der Errichtung einer Sowjetrepublik in Österreich und damit die Chancen einer gewaltsamen Machtergreifung leidenschaftlich diskutierten. Als Vorsitzender des Vollzugsausschusses der Arbeiter- und Soldatenräte fungierte Friedrich Adler[1], führendes Mitglied des sozialdemokratischen Parteivorstandes.

Julius Braunthal, ein Erlebniszeuge, berichtet:

„Die Versuchung, auch in Österreich eine Sowjetdiktatur aufzurichten und sich mit Sowjetungarn und Sowjetrußland zu verbünden, erschien den Massen romantischer Revolutionäre höchst verlockend; sie wurde um so unwiderstehlicher, als vierzehn Tage später Bayern gleichfalls zur Sowjetrepublik ausgerufen wurde. Die Weltrevolution war, so schien es, im Anmarsch...

Die realistischen Revolutionäre hingegen erkannten deutlich, daß ein solches Abenteuer unvermeidlich zur Katastrophe führen mußte. Gewiß, wäre Deutschland eine Sowjetrepublik geworden, dann hätte die Weltgeschichte einen anderen Verlauf genommen. Aber die deutsche Arbeiterklasse lehnte den Bolschewismus ab, die von Noske organisierten konterrevolutionären Freikorps hatten leichtes Spiel, den Spartakusaufstand und die bayerische Sowjetrepublik niederzuwerfen. Und weder in Italien noch in der Tschechoslowakei deuteten die Ereignisse auf eine Erfüllung der kommunistischen Erwartungen...

Angesichts dieser unmittelbaren Gefahren blieb die Frage, *ob das sowjetische System an sich wünschenswerter und besser als das parlamentarisch-demokratische wäre*... von untergeordneter Bedeutung. Was zur Frage stand, war die Einschätzung der tatsächlichen europäischen Kräfteverhältnisse und ihrer Entwicklungstendenzen. *Und es gab im sozialdemokratischen Parteivorstand kein Mitglied, das den weltpolitischen Illusionen der Kommunisten erlag...*"

Braunthal fährt fort:

„Selbstverständlich ließen wir Sowjetungarn in seinem verzweifelten Kampf jede erdenkliche Hilfe zuteil werden. Im Einverständnis mit Julius Deutsch wurden nicht nur Waffen in beträchtlichen Mengen nach Ungarn geschmuggelt, sondern auch innerhalb der Volkswehr unter dem Kommando des Kommunisten Rothziegel eine Freiwilligentruppe gebildet, die von den Ungarn an der rumänischen Front eingesetzt wurde..."[2]

Vierzehn Jahre später, im Januar 1933, stand mit der von der *Arbeiter-Zeitung* aufgedeckten „Hirtenberger Waffenaffäre" ein anderer Waffenschmuggel nach Ungarn, diesmal unter einem anderen politischen Vorzeichen, am Beginn einer folgenschweren innerpolitischen Neuentwicklung. Es handelte sich um Transittransporte von italienischen Waffenlieferungen nach Ungarn unter behaupteter Beteiligung oder zumindest unter Mitwissen offizieller österreichischer Stellen. Das friedensvertragswidrige Verhalten führte zu scharfen

Protesten Frankreichs und Englands. Der Kalender zeigte immerhin schon Januar 1933 ...[3]

Die Lehrjahre der parlamentarischen Demokratie in der neugebackenen österreichischen Republik waren stürmisch. Und wenn unter Demokratie die Anerkennung des Mehrheitswillens, repräsentiert durch frei gewählte Volksvertreter, und die Ablehnung sowohl der Gewalt als auch der Bevormundung „von oben" verstanden wurde, wenn ferner parlamentarisches Regime eine verantwortliche Regierung, Behördenkontrolle und Entscheidungen durch Abstimmung nach freier Diskussion bedeuten sollte, dann schienen die Aussichten trotz der Koalition der Roten mit den Schwarzen, die bis zum 22. Oktober 1920 währte, auf lange Sicht nicht sehr ermutigend.

Die politischen Antipoden — und um solche hat es sich bei den beiden großen Parteien, den Christlichsozialen und den Sozialdemokraten, gehandelt — gaben einander die Schuld. Und in der vereinfachenden Sprache, die nun einmal in der Politik üblich ist, wurde alles Gegensätzliche mit der summarischen Formel erklärt: sozialer Fortschritt gegen klerikale Reaktion. In der Propaganda schoben die einen alles Unzulängliche den „Berglhubern" — damit waren die rückständigen Abgeordneten aus den Ländern gemeint — in die Schuhe, während die anderen im roten Wien, der Hochburg des Austromarxismus, die Wurzel alles Übels sahen.

Zwischen den numerisch starken Flügeln gab es eine politisch gewichtige, wenn auch zahlenmäßig weniger bedeutende Mitte, die es programmatisch weder mit den einen noch mit den andern hielt; als das berühmte Zünglein an der Waage war sie jedoch dazu berufen, eine politisch bedeutsame Rolle zu spielen.

Damals war alles anders als heute. Man trug noch Schwarz, womit zum Unterschied von gelegentlichen Gebräuchen der Gegenwart das gerade Gegenteil des schwarzen Banners der Anarchie und des Nihilismus gemeint war; man trug Rot und ließ dabei, zumindest für die Berglhubersicht, die Frage offen, welches Rot man im Entscheidungsfall darunter verstand; und man trug Blau, Kornblumenblau, und meinte es ehrlich, sowohl mit den völkischen Belangen als auch mit der parlamentarischen Demokratie, schien sie doch die Erfüllung alles dessen zu versprechen, was der bürgerlich-liberalen und deutschnationalen Bewegung am Herzen lag. Gerade diese Zuversicht parlamentarischen Gelingens und die nachfolgende Enttäuschung mögen dazu beigetragen haben, daß die Jungen (auch damals hatten die politischen Parteien ihr Generationsproblem) verbittert und vergraust in späteren Jahren nach neuen Formen der politischen Willensbildung suchten — um schließlich nach mancherlei Umwegen „die Erfüllung einer Sehnsucht, die ein Volk Jahrhunderte geträumt", zu erleben.[4]

Nun hat man aber damals, 1919/20, und auch nachher bewußt oder unbewußt auf allen Seiten gerne übertrieben. Weder waren die „Klerikalen" hoffnungslos der Vergangenheit verhaftet und — als Hörige der Kapitalisten dem sozialen Fortschritt abhold — grundsätzliche Gegner der parlamentarischen

Demokratie — schließlich ist der freie Tiroler Landtag sehr viel älter als der Wiener Gemeinderat —, noch war es begründet, den Austromarxismus pauschaliter als Bolschewismus zu bezeichnen oder seine prominentesten Vertreter, wie Dr. Otto Bauer, als Bolschewiken zu verdächtigen. Bauer war kein Kommunist, und zwar aus pragmatischen wie ideologischen Gründen. Seine Interpretation von Marx stand damals im Gegensatz zu jener Lenins und Stalins.

Freilich war es schwierig, von den Männern des politischen Alltags, von den Berglhubern und den anderen, mit einem Wort: vom politischen Fußvolk aller Farben, zu verlangen, daß sie sich in der Hitze des Gefechts mit gelehrten Theorien und wissenschaftlichen Abhandlungen befaßten. Was sie hörten, war immer wieder das eine: Revolution. Für die einen war das die Pest, für die andern das gelobte Land der Verheißung.

Die subtilen Unterschiede zwischen romantischen und realistischen Revolutionären gingen dabei unter. In gemeinverständlicher Sprache hatte die Diskussion um „Revolution mit Fragezeichen" für die einen wie für die andern den gleichen Sinn, nämlich: Wir möchten schon, wenn wir könnten...

Daraus mußte sich automatisch der Kollisionskurs ergeben.

Otto Bauer war unbestritten der führende Theoretiker wie auch der politische Führer der österreichischen Sozialdemokratie. Aber zum klaren Unterschied von manchem Heißsporn war er keineswegs der Auffassung, daß der Erfolg der sowjetrussischen Revolution Österreich als Beispiel dienen könne. Er war sich der soziologischen und ökonomischen Unterschiede in beiden Fällen voll bewußt.

Überdies trat er in den ersten Jahren des russischen Sowjetregimes, trotz klar betonter Solidarität mit der russischen Revolution und ihren Zielen, in kritischen Gegensatz zur offiziellen russischen Auffassung von der sozialistischen (kommunistischen) Ordnung. Die Errichtung der Diktatur des Proletariats — meint Otto Bauer — sei 1917 völlig richtig und notwendig gewesen, und zwar als das einzige Mittel, um durch Brechung der Feudalherrschaft einer durchgreifenden Agrarrevolution zum Sieg zu verhelfen. Auch zwischen 1918 und 1920 hätte die Diktatur noch ihre Berechtigung gehabt, und zwar als die einzige Möglichkeit, der konterrevolutionären Gefahr zu begegnen. Im Jahre 1921 aber, nach dem unvermeidlichen Stopp der Sozialisierung und Kollektivisierung, als Lenin mit seiner *Neuen Ökonomischen Politik (NEP)* einen anderen (kapitalistischen) Kurs einschlagen mußte, bedeutete die Fortsetzung der Diktatur ein Hindernis für die Erfüllung der historischen Aufgabe des modernen Rußland. Denn die Rekonstruktion einer kapitalistischen Wirtschaft lasse sich unter einer kommunistischen Diktatur nicht erfolgreich bewältigen.[5]

Damit sieht Otto Bauer nur seine früher aufgestellte These bekräftigt, daß es ohne kapitalistischen Übergang keine sozialistische Ordnung geben könne; daher: die demokratische Republik als notwendige Übergangslösung. Die russischen Kommunisten seien im Irrtum gewesen, wenn sie glaubten, auf diese verzichten zu können. Ein direkter Übergang vom Feudalismus zum Sozialismus sei aus ökonomischen Gründen nicht möglich. Das Übersehen dieser historisch erhärteten Tatsache habe schon in der Vergangenheit die Revolutionen schließlich zum Scheitern verurteilt.

Wie lagen nun die Dinge in Österreich? Unbestrittenermaßen wesentlich anders als im früheren Zarenreich. Zunächst einmal hat es bei uns — von der abnormalen Kriegszeit abgesehen — keinen Absolutismus mehr gegeben, und auch die österreichische Verwaltung und Gerichtsorganisation stand auf höherer Stufe. Vor allem aber war die Frage des freien bäuerlichen Grundbesitzes und der Agrarverfassung längst gelöst. Latifundien gab es überhaupt nicht. Die Hauptmasse der landwirtschaftlichen Betriebe fiel in die Größenordnung zwischen 5 und 20 Hektar. Nur in der Forstwirtschaft lag die Hälfte der gesamten Waldfläche in den Händen von Eigentümern einschließlich der öffentlichen Hand, die über 500 Hektar besaßen.[6] Auf dem industriellen Sektor hatten zwar die Auflösung des alten Wirtschaftsgebiets und die protektionistische Politik der Nachfolgestaaten zunächst ernste Schwierigkeiten mit sich gebracht, die aber, wie sich bald zeigte, nicht unüberwindlich waren. Die Industrialisierung Österreichs wurde nicht unterbrochen.

Es war nun einmal so, daß die Mehrheit der Österreicher keinen Bedarf nach weiterer Revolution und gesellschaftlicher Umwälzung verspürte; nicht weil sie hinterwäldlerisch dachte; auch nicht in erster Linie wegen der abschreckenden Beispiele jenseits der Grenzen; vielmehr weil sie davon überzeugt war, daß sie mit der Revolution mehr verlöre, als sie je gewinnen könnte; und zwar nicht nur die Mehrheit, sondern alle dachten so. Nicht zuletzt aber, weil sie an das Glück des Kollektivismus nicht glaubten und an der individuellen Freiheit, darunter Bewegungs-, Besitz- und Erwerbsfreiheit, festhielten.

Es bedurfte gar nicht der direkten Drohung mit Revolution, es genügte allein schon das oft gebrauchte Wort in seinen verschiedenen Abwandlungen, um die Gemüter zu erhitzen. Schwarz sah rot aus Furcht vor der Revolution, und Rot sah schwarz in der Einsicht, daß Theorie und Praxis sich nicht deckten. So sprach und lebte man sich auseinander und gewöhnte sich daran, gegen Windmühlen zu kämpfen.

Otto Bauer war auch keineswegs der unbedingte Anwalt der Gewalt, als der er vielen, Freund wie Feind, erschien. Vielleicht war es ein Unglück, daß man zuviel von ihm hörte und ihn zuwenig gelesen hatte. Gewiß, er zählte zu den Radikalen, weil er von der Gültigkeit der materialistischen Dialektik überzeugt war und an den Sieg des wissenschaftlichen Sozialismus im Kampf um die künftige vollkommene Gesellschaftsordnung glaubte. Eine solche, dies war seine Folgerung, werde es ohne unerbittlichen Klassenkampf nie geben können. Dieser aber sei nur erfolgreich zu führen, wenn jede Spaltung der proletarischen Kampffront vermieden werde. Die Kommunisten, so stand es schon im *Kommunistischen Manifest* von 1848, sind keine eigene Partei, unterschieden von den anderen Arbeiterparteien und zu diesen in Gegensatz stehend; sie bildeten vielmehr deren aktivistische Avantgarde. Daher das in Österreich erfolgreiche Bestreben, unter allen Umständen die einheitliche Klassenpartei zu erhalten und die Spaltungserscheinungen, wie sie sich in Deutschland vor und nach 1918 und auch in anderen Ländern zeigten, zu verhindern. Darin also, in der Einheit der sozialistisch-proletarischen Bewegung mit der Fernsicht in den internationalen Bereich, lag die Besonderheit des Austromarxismus,[7] und darauf war die politische Theorie und Praxis seines repräsentativsten Vertreters, Dr. Otto Bauers, gegründet. Seine Argumentation war klar; aber in der vereinfachenden und leidenschaftsgeladenen Sprache der politischen Rhetorik wurde sie vieldeutig.

Gewiß hatte er recht mit seiner These von der „halben Revolution". Die Frage nach der zweiten Hälfte blieb für Freund und Gegner offen, und zwar nach Sinn *und* Kalender: den einen Hoffnung, für die man bereit, den anderen Drohung, gegen die man gerüstet sein mußte.

Die politische Revolution habe den Kaiser entthront, das Herrenhaus abgeschafft, alle politischen Privilegien ausradiert und die staatsbürgerliche Gleichheit verwirklicht... So weit, so gut. Aber sie bleibe auf halbem Wege stehen... Sie habe die politische Unterdrückung beseitigt, nicht aber die wirtschaftliche Ausbeutung. Gewiß, Kapitalist und Arbeiter stünden nun als Gleiche nebeneinander, das heißt mit gleichen politischen Rechten; aber im Grunde bleibe doch jeder, was er war, der eine Fabriks- und Bergwerksbesitzer, der andere schutzlos und arm wie eine Kirchenmaus...

„Haben wir die Tyrannei der Generale, Bürokraten, des Feudaladels gebrochen, um die Lakaien der Bankdirektoren, Kartellmagnaten und Börsenbarone zu bleiben?" Die halbe (politische) Revolution wecke das Verlangen nach der totalen (sozialen) Revolution, der politische Umsturz das Verlangen nach sozialer Erneuerung. Mit dem Sieg der Demokratie beginne der Kampf um den Sozialismus. Dieser Sieg der Demokratie in Mitteleuropa sei das Resultat des Krieges und die Konsequenz der Niederlage. Diese hätten aber gleichzeitig ungeheure wirtschaftliche Umwälzungen mit sich gebracht, die unweigerlich zum Sozialismus führen müßten.

Die politische Revolution könne das Werk eines einzigen Tages sein; um eine Republik auszurufen und mit der Privilegienwirtschaft aufzuräumen, dazu habe immer noch ein einziger Stoß, eine Sternstunde genügt. Viele bildeten sich nun ein, mit der sozialen Revolution müsse es ebenso sein... Die Arbeiter brauchten nur eines Tages die Fabriken, Bergwerke, Kontors, Banken und den Grundbesitz mit einem Streich zu übernehmen; die Direktoren und Kapitalisten setze man einfach an die Luft, und was am Morgen noch den Kapitalisten und Großgrundbesitzern gehört habe, sei am selben Abend schon Volkseigentum geworden.

So einfach lägen die Dinge nun allerdings nicht. Denn worauf es ankomme, sei einerseits der Gesamtumfang der nationalen Produktion, anderseits die Art der Güterverteilung. Der Sozialismus sei zunächst an einer gerechten Neuverteilung, also an einer Umschichtung der Einkommen interessiert. Das bedeute jedoch nicht Gleichmacherei; der Fleißige solle mehr als der Träge, der Müßige nichts vom Nationalprodukt erhalten. Damit wäre dem arbeitslosen Einkommen, etwa vom Zinsen- und Dividendenertrag eines ererbten oder zusammengerafften Vermögens, ein Ende bereitet.

Das Problem bleibe aber, daß die sozialistische Gesellschaft nicht weniger, sondern mehr Güter produzieren müsse als die kapitalistische Ordnung, sonst würde trotz der neuen Einkommensverteilung der einzelne weniger verdienen als früher. Daher sei die vordringliche Aufgabe der sozialistischen Gesellschaft die Organisation einer gerechten Neuverteilung des Nationalprodukts, ohne daß dessen Umfang darunter leide.[8]

In dieser Feststellung wird die kritische Distanzierung ersichtlich, die Otto Bauers Auffassungen damals (1919—1921) von der sowjetrussischen Anwendung der Lehre von der Diktatur des Proletariats trennte. Erst sehr viel später, in der Brünner Emigration, hat er sein Urteil über die sowjetische Form des Sozialismus revidiert und in ihm den geschichtlich beispielhaften Triumph der sozialistischen Gesellschaft gesehen.[9] Aber das war erst 1936.

Jedenfalls bestanden die großen marxistischen Theoretiker im Österreich der ersten Nachkriegsjahre, wie Otto Bauer, Max Adler, Friedrich Adler, auf der These, daß die sozialistische Gesellschaftsordnung als Endziel nur dann erreicht werden könne, wenn zur politischen die soziale Revolution trete. Diese lasse sich nicht wie ein politischer Gewaltstreich von heute auf morgen verwirklichen. Sie sei einem sozio-biologischen Prozeß vergleichbar. Der aber bedeute allmähliche, wenn auch radikale Umformung der bestehenden Gesellschaft und brauche seine Zeit. Zudem sei der bleibende Erfolg jeder Revolution bedingt durch die jeweils gegebene geschichtliche und wirtschaftliche Lage.

Die Voraussetzung der sozialen Revolution, die einmal kommen müsse, sei die Eroberung der politischen Macht durch das Proletariat; und dies ist nur möglich durch Anwendung revolutionärer Mittel.[10]

Ist es einmal soweit, dann steht zuvorderst auf der Zeittafel die gesetzliche Enteignung und Sozialisierung der Großindustrie, in erster Linie der Eisen- und Kohlenbergwerke sowie der Eisen- und Stahlindustrie. Sie sollen nicht vom Staat, sondern von einem Verwaltungsrat geführt werden, der zu einem Drittel von den betriebszugehörigen Arbeitern und Angestellten, zu einem weiteren Drittel von den Konsumenten und zum letzten Drittel vom Staat bestellt wird. Für andere Industriebetriebe kommen je nach der besonderen Lage andere Formen der Sozialisierung in Frage, wie zum Beispiel die Übernahme durch Großeinkaufsgenossenschaften oder verwandte Gewerkschaftsverbände.

Als weitere Voraussetzung der erfolgreichen sozialen Revolution wird die Demokratisierung aller untergeordneten Verwaltungsbereiche, also auch der Bezirksverwaltungen gefordert, ferner die Einrichtung von gewählten Wirtschafts- und Betriebsräten.

Der gesamte Waldbesitz und alle landwirtschaftlichen Güter bis zu einem Flächenausmaß von etwa 100 Hektar sowie die Hypothekenbanken, in weiterer Folge alle Geldinstitute, sind zu sozialisieren, während alle Baugründe und die gesamte Wohnwirtschaft zur Kommunalisierung bestimmt sind.[11]

In den Jahren 1918 und 1919 wurde es als sicher angenommen, daß die technische Möglichkeit zur Machtübernahme im Sinne einer „proletarischen Diktatur" gegeben war.[12] Wenngleich volle Klarheit darüber bestand, daß ihr keine lange Lebensdauer beschieden sein konnte.

Österreich stand noch unter der Blockadedrohung der Sieger. Zur Ernährung seiner Bevölkerung wie zur Aufrechterhaltung seiner industriellen Betriebe bedurfte es der Importe.

Der Weg nach Deutschland war versperrt. „Wenn die Tschechoslowakei einige Kohlenzüge nach Wien an der Grenze zurückhielt, war Wien für Tage ohne elektrischen Strom, und die Straßenbahnen konnten nicht verkehren; wenn Jugoslawien die Lebensmittelzüge, die von Triest kamen, aufhielt, war es in der folgenden Woche nicht einmal mehr möglich, die mageren Mehl- und Fettrationen zu verteilen, auf die die hungrige Stadtbevölkerung dringend angewiesen war... In dieser Lage hat es die Arbeiterklasse nicht gewagt, die Revolution — angesichts des ausdrücklichen Vetos der Siegermächte — über die Grenzen der (erreichten) Demokratie vorwärtszutreiben."[13]

Fürwahr eine verzweifelte Lage! Dazu kommt, daß nach allem auch ohne äußere Intervention die Fortsetzung der Revolution in Österreich zum gleichen Ergebnis geführt hätte wie die Versuche in Ungarn und Bayern (März und April 1919). Darin waren sich alle einig, mit Ausnahme der kommunistischen Gruppe. Deren Isolierung ist das unbestreitbare Verdienst der sozialdemokratischen Führung, nicht zuletzt Otto Bauers. Wie es das Verdienst der Bauernschaft bleibt, durch ihre klare Haltung der Einsicht zum Durchbruch verholfen zu haben, daß „die Räterepublik an der Bauernschaft scheitern müsse".[14]

Die verschiedenen Wahlgänge zum Nationalrat der Ersten Republik zeigen das prozentuale Stimmenverhältnis der Freunde und der Gegner des sozialistischen Gesellschaftsideals:

Freunde	Gegner
1919 rund 41 %	rund 59 %
1920 rund 36 %	rund 64 %
1923 rund 40 %	rund 60 %
1927 rund 42 %	rund 58 %
1930 rund 41 %	rund 59 %

Dabei waren die Christlichsozialen im Einzelgang nur in den Jahren 1920 (rund 42 Prozent) und 1923 (45 Prozent) in der zahlenmäßigen Vorhand.[15]

Es wäre ungerecht und sachlich falsch, den Österreichern der Ersten Republik den Glauben an die Demokratie, den Willen zur Demokratie oder auch die demokratische Fähigkeit absprechen zu wollen. Die Geschichte der Länderregierungen und der Landtage beweist das Gegenteil.

Ebenso unrichtig aber wäre es, die Tatsache zu verschweigen, daß das politische Klima schon der ersten Jahre dem Erlernen des demokratischen Stils, der weithin Toleranz voraussetzt, nicht förderlich sein konnte.

Wer an die Demokratie als die endgültige politische Organisationsform glaubte, etwa nach amerikanischem, englischem oder Schweizer Muster, um dann zu lernen, daß im eigenen Land eine starke Denkrichtung sie nur als Übergang gelten ließ, der lernte das Fürchten. Und aus der Furcht, der man die Begründung nicht absprechen kann, wuchs ein Großteil des späteren Übels.

Was wir heute wieder als internationales Symptom unter anderem Vorzeichen erleben, nämlich die lautstarke Unzufriedenheit mit allem, was ist, mit der politischen und gesellschaftlichen Ordnung, dem Establishment, das hat es auch damals gegeben; und auch damals waren die zornigen jungen Männer aller Lager die Fahnenträger. Die Malaise war vielleicht weniger artikuliert, aber die Unzufriedenheit ernster und gefährlicher, weil sie tiefer verwurzelt und sachlich besser begründet war. Es gab damals — zwischen 1918 und 1920 — in Wirklichkeit nicht viel zu diskutieren: nach außen Ohnmacht, im Innern der lähmende Druck explosiver Gewalt, und dies angesichts der nackten Tatsache, daß schon das Morgen und Übermorgen hinter Nebeln verschwanden.

Gewiß waren Ventile nötig und taktische Manöver, die nicht immer als solche erkennbar waren. Aber was man las und hörte und verstand, war die Drohung. Es wurde so lange und so heftig gedroht, mit der Straße, mit Streiks und Boykott, mit Aufmärschen und Gegendemonstrationen, bis man an den Gebrauch starker Worte so sehr gewöhnt war, daß sie niemand mehr ernst nahm. Die Atmosphäre allerdings wurde drückend und dicke, spannungsgeladene Luft durch Jahre zur Regel. Dabei, und das war vielleicht das schlimmste, ging die menschliche Verbindung verloren; wie immer, wenn an Stelle des Arguments das Invektiv tritt.

Das Resultat war, daß sich die junge parlamentarische Demokratie nicht jenen Widerhall im breiten Volksbewußtsein schaffen konnte, dessen sie zum Beweis ihrer Kreditwürdigkeit bedurfte; und zwar trotz des Vorhandenseins höchst ehrenwerter und fähiger Männer in allen Lagern, auch beachtlicher Routiniers, die sie noch von der alten Zeit her geerbt hatte, trotz ausgezeichneter Funktionäre und trotz unleugbarer, sehr beachtlicher Einzelerfolge.

Solange niemand bereit war zuzugeben, daß er nicht immer zur Gänze recht und der Gegner nicht notwendigerweise immer unrecht haben müsse, solange man „lieber mit seinen Freunden im Irrtum als mit seinen Feinden im Recht" war — so lange mußten die Chancen der Zusammenarbeit und die Möglichkeit friedlichen Ausgleichs bei verschiedener grundsätzlicher Meinung gering sein.

Oft genug schien die Situation ausweglos zu sein.

Die politische Kräfteverteilung, die — als Folge des Verhältniswahlrechts

— damals echte, handlungsfähige Majoritäten auszuschließen schien, tat ein übriges, um den Kampf um die Macht — links und rechts — auf die außerparlamentarische Ebene zu verlagern. Die parlamentarische Mitte, und zwar im Querschnitt der Parteien, war nicht stark genug, die Radikalismen der Flügel auf die Dauer zu bremsen, obwohl sie wahrscheinlich die längste Zeit im Wählervolk die Mehrheit hatte.

Nicht nur permanente Drohung mit Gewalt durch Massenaktionen, sondern auch die Gewaltakte einzelner stehen als Warnzeichen am Weg zur weiteren Entwicklung:

Am 1. Juni 1924 wurde Bundeskanzler Seipel im Wiener Südbahnhof durch Pistolenschüsse schwer verwundet. Der Attentäter, Karl Jaworek, ein junger Sozialdemokrat, meinte, mit seiner Tat der Sache, an die er glaubte, zu dienen.[16]

Am 3. Oktober 1933 verübte der junge Nationalsozialist Rudolf Dertil vor dem Parlament ein Revolverattentat auf Bundeskanzler Dollfuß.[17] Dazwischen lag der 15. Juli 1927. Das Jahr 1934 stand vor der Tür. In beiden Fällen handelte es sich um die Tat eines einzelnen, wie solche in der erhitzten politischen Atmosphäre gerade dieser Jahre auch in anderen Breiten und politischen Systemen vorkamen. In den USA z. B. war am 14. Februar 1933 in Miami ein Attentatsversuch auf Franklin D. Roosevelt unternommen worden, dem der Bürgermeister von Chikago zum Opfer fiel. Im Mai 1932 erlag der japanische Ministerpräsident Inukai in Tokio einem Mordanschlag.

Es ist gewiß richtig, daß für die Gewalttat eines Einzelgängers niemand anderer als er selbst direkt verantwortlich ist. Trotzdem ist die Tendenz psychologisch begreiflich, den bedrohlichen Schatten auf breiterem Hintergrund zu sehen. Jedenfalls haben Attentate und Attentatsversuche noch nie der Sache, der sie dienen wollten, genützt. Auch der am 3. Oktober 1933 nur leicht verwundete Bundeskanzler Dollfuß machte sich, wie dem Verfasser aus Gesprächen bekannt ist, seine Gedanken; sie hatten nichts mit dem Täter oder dessen möglichen österreichischen Hintermännern zu tun, denen er, wie jedem Fanatiker, mangelnde Einsicht vorwarf, die er aber nicht fürchtete.

Zu denken gab vielmehr ein Bericht des österreichischen Gesandten in Berlin, Stephan Tauschitz, vom 5. Oktober 1933:

„Zl 85/pol
Äußerungen eines hohen Funktionärs des Propagandaministeriums über das Attentat auf Bundeskanzler Dr. Dollfuß

Streng geheim!

Herr Bundeskanzler!
Ein höherer Funktionär des Propagandaministeriums äußerte sich über das auf Sie am 3. ds. Mts. verübte Attentat gesprächsweise wie folgt:
‚Nun, da haben sie in Wien wieder einmal den Gefehlten ausgewählt; da wird so ein Kerl im entscheidenden Moment... (folgt ein Ausdruck, der hier für den Erregungszustand eines Mannes gebräuchlich ist, wenn

er ein hübsches Mädchen sieht), versagt und schießt daneben. Meiner Ansicht nach müssen in Wien noch drei wohlgezielte Schüsse fallen, und zwar auf Dr. Dollfuß, Starhemberg und Fey.'
Auf die Zwischenbemerkung meines Gewährsmannes, daß Dr. Dollfuß doch national und für eine Verständigung mit Deutschland, wenn auch vorerst mit einem selbständigen Österreich, ist, antwortete der Ministerialbeamte: ‚Ach was, quatsch, wer nicht Nationalsozialist ist, ist ein Schwein und gehört weg. Österreich ist heute schon so weit, daß man es durch Terrorakte zermürben könnte. Wir haben es fertiggebracht, einen viel größeren Staat im Laufe der Jahre zu zermürben, es muß uns dies auch bei Österreich gelingen. Wenn einmal etwa die Hälfte politisch gewonnen ist, dann müssen eben die Terrorakte einsetzen.'
Er zieht nun einen Vergleich mit dem Verhalten des Reichskanzlers von Papen im Beuthener Urteil und sagt: Hätte Papen nach dem Beuthener Urteil die Nationalsozialisten hängen lassen, dann hätten wir diesen Gewaltakt für die nationalsozialistische Bewegung durch Aufputschen der Leute aufzuputzen verstanden. Da er sich aber gedrückt und den Mut zur Durchführung des Urteils nicht aufgebracht hat, haben wir ihn lächerlich gemacht und auf diese Weise unseren Erfolg erzielt. Man muß es nur verstehen, aus jedem Fall — mag er sein, wie er will — seinen Vorteil für die Bewegung zu ziehen. Im Spätherbst müsse die Entscheidung in Wien fallen.
Mein Gewährsmann ist unbedingt der Ansicht, daß eine Verbindung des Attentäters Dertil (sic!) mit Kreisen der nationalsozialistischen Partei besteht, und meint, daß gerade der Umstand, daß er vielleicht selbst nicht Nationalsozialist ist, dafür spricht, da es vorsichtiger ist, sich Werkzeuge auszusuchen, die nicht von vornherein gezeichnet sind.
Diese Meldung ist vollkommen authentisch und verläßlich.
Genehmigen Sie, Herr Bundeskanzler, den Ausdruck meiner vollkommenen Ergebenheit.

Tauschitz m. p.‘"[18]

Der Gesandtschaftsbericht bedarf bestimmt keines Kommentars. Er zeigt nur einmal mehr, daß der Chronist der Ersten Republik nicht übersehen darf, daß an ihrem Anfang, in ihrer Mitte und an ihrem Ende als freundliche Vision oder drohende Warnung das Anschlußgespenst stand. Das Bild Österreichs zwischen Habsburg und Hitler mit roter Tinte und schwarzen Schattenstrichen gezeichnet, oder umgekehrt, verzichtet versehentlich oder wissentlich auf Tiefenperspektive und wird damit zum Vexierbild. Erst der braune Hintergrund, weder totgeschwiegen noch bagatellisiert, macht die Konturen lebendig. Er hat potentiell seit den frühen zwanziger Jahren, und als bedrohliche Wirklichkeit seit etwa 1931, alles Geschehen beeinflußt. Die Anschlußpropaganda, wenn auch aus konträren ideologischen und politischen Motiven gespeist,[19] wirkte zwar im Inneren zunächst scheinbar als Brücke; aber nur bis zu dem Augenblick, in welchem es sich zeigte, daß nicht die österreichische Innenpolitik, sondern nur die europäische Außenpolitik in Fragen der österreichischen Existenz den Ausschlag gab: erstmals 1922 beim Friedensvertrag und den Genfer Protokollen, dann 1931 beim Zollunionsversuch; und schließlich 1933, nach Eröffnung des kalten Kriegs gegen Österreich (Tausend-Mark-Sperre), die Stützung Österreichs seitens Italiens, die angesichts der geographischen und wirtschaftlichen Lage die einzig praktische Möglichkeit der Verankerung darstellte.

Es war nicht zuletzt das Widersprüchliche und das scheinbar Ausweglose im Widerspruch, das eine schleichende Vertrauenskrise bewirkte. Sie hatte zur Folge, daß man auf allen Seiten die längste Zeit nicht viel vom Staat hielt und die Schwäche seines inneren Gefüges als unabänderlich hinnahm. Damit war auch die unentbehrliche gefühlsbezogene Bindung zum Staat als Vaterland weiterhin verschüttet. Je mehr das Bewußtsein gemeinsamen Schicksals innerhalb der staatlichen Grenzen abhanden kam und die *res publica* zur *res privata* zu werden drohte[20], desto artikulierter wurde die Neigung zur Selbsthilfe im Fall der wirklichen oder vermeintlichen Bedrohung lebenswichtiger oder prinzipieller Interessen.

Da war einmal der äußere Zwiespalt, bedingt durch den Friedensvertrag: Das amputierte Österreich sollte innerhalb der neuen europäischen Ordnung gehen lernen, aber mit verstümmelten Gliedmaßen; unentbehrliche und ungefährliche Rückschau in die eigene Geschichte und Überlieferung wurde mißdeutet, und nach vorn blickten die Augen ins Leere...

Dazu kam der innere Zwiespalt; grob ausgedrückt: Herrschaft des Parlaments oder der Straße; übertragen in die Sprache der theoretischen Kritik an der politischen Gesellschaft: Volksgemeinschaft oder Klassenkampf; und in der Sprache des politischen Kampfes: Demokratie oder Diktatur. Wenn Demokratie — für wie lange? Wenn Diktatur — für wen und wessen Diktatur?

Nun ist es aber eine unbestreitbare Tatsache, daß — und nicht nur in Österreich — zunächst nie von Diktatur allein, sondern immer nur von der Diktatur des Proletariats die Rede war. Ebenso allerdings auch, daß diese von ihren Theoretikern in Österreich verhindert wurde, solange sie noch eine wenn auch kurzlebige Möglichkeit darstellte; und ferner, daß die Theoretiker an die Verwirklichung dieser Diktatur in naher Zukunft nicht dachten. Statt dessen wurde der Radikalismus des Wortes kultiviert; dafür gibt es gewiß gute Gründe und manche einleuchtende Erklärung. Das nimmt aber nichts von der Tatsache hinweg, daß nach dem Gesetz der politischen Akustik radikale Töne niemals ohne Echo bleiben; je lautstärker die Auseinandersetzung wird, um so weniger Chancen hat die Verständigung.[21]

Christlichsoziale und Sozialdemokraten kämpften um die absolute Mehrheit, ohne sie je zu erreichen. Die Legitimität des Zieles stand für beide Seiten außer Frage. Was nach Erreichung dieses Zieles zu geschehen habe, darüber gingen die Meinungen auseinander. Was für die einen eine befristete demokratische Chance war, galt für die anderen als die Ausgangsstellung zum gesellschaftlichen Umsturz und damit zur Erreichung des Endziels: der klassen- losen sozialistischen Gesellschaft.

Äußere und innere Unsicherheit sowie die Zwiespältigkeit politischer Propagandaklischees förderten die Entwicklung der Selbstschutzverbände in Österreich. Dazu kamen als weitere Gründe die durch den Friedensvertrag auferlegten militärischen Beschränkungen, das Vorhandensein unkontrollierter Waffenbestände aus der Zeit der Demobilisierung sowie der Einfluß der Beispiele von jenseits der Grenzen.

Auf beiden Seiten der trennenden Barriere stand zunächst der reine „Selbstschutz", also der Verteidigungsgedanke, Pate. Die Arbeiterwehren waren zur Verteidigung der revolutionären Errungenschaften gedacht, die Bürger- und Bauernwehren zum Schutz gegen revolutionäre Übergriffe, wie sie in den Umsturzjahren 1918 und 1919 zu befürchten standen.

Aus den Arbeiterwehren wurde 1923 der Republikanische Schutzbund,[22] aus den Bürger- und Bauernwehren im Lauf der Jahre die Österreichische Heimatschutzbewegung. Am 5. Dezember 1918 beschloß die Kärntner Landesversammlung bewaffneten Widerstand gegen eingedrungene südslawische Truppen. Dies war die Geburtsstunde des Kärntner Heimatschutzes, der unter der Führung des nachmaligen Vizekanzlers FML Ludwig Hülgerth der Landesverteidigung auf überparteilicher Grundlage diente. Gleichfalls in den Umsturztagen bildeten sich in der Ober- und Untersteiermark lokale Selbstschutzverbände zur Sicherung gegen Übergriffe der von der Front zurückflutenden Truppen und zu Grenzschutzzwecken. Die stärkste lokale Heimwehrgruppe trat in Tirol ins Leben, als Ausweitung der vom Innsbrucker Rechtsanwalt und Bauernbundpolitiker Dr. Richard Steidle gegründeten Innsbrucker Bürgerwehr. Die Tiroler Heimatwehr veranstaltete im Jahre 1921 ihren ersten öffentlichen Aufmarsch in Innsbruck.

Im selben Jahr gründete der Judenburger Rechtsanwalt Dr. Walter Pfrimer in erklärtem Gegensatz zu den ursprünglichen steirischen Heimwehren den Steirischen Heimatschutz mit stark betont nationaler Färbung. Erst Jahre später organisierte Ernst Rüdiger Fürst Starhemberg die Starhembergschen Jägerbataillone in Oberösterreich. Eine völlig abgesonderte Entwicklung nahm die 1920 gegründete, überparteiliche Frontkämpfervereinigung unter Oberst Hermann von Hiltl; in ihr schlossen sich Soldaten des Ersten Weltkrieges zusammen, zunächst zum Zweck der Traditions- und Kameradschaftspflege; gerade ihre Traditionsbetonung brachte sie — mit der Verschärfung der innerpolitischen Gegensätze — bald in schärfsten Konflikt mit der Linken. Mit dem Aufstieg der Heimwehrbewegung und dem Tode Oberst Hiltls fiel die Frontkämpfervereinigung zahlenmäßig und an Bedeutung stark zurück. Die Anlehnung an den deutschen „Stahlhelm" rückte ihre ursprünglich traditionsbetonte österreichische Grundhaltung in den Hintergrund, und das spätere Auftreten nationalsozialistischer Tendenzen hatte im Jahre 1935 ihre behördliche Auflösung zur Folge.[23]

Die Bezeichnung Freiwillige Wehrverbände wurde erst sehr viel später eingeführt; dann nämlich, als sie im Jahre 1933 für hilfspolizeiliche Dienste im Rahmen des Schutzkorps aufgeboten wurden; die Frontkämpfervereinigung (FKV) war damals nicht mehr inbegriffen. Zu den Freiwilligen Wehrverbänden zählten neben der Heimwehr die Ostmärkischen Sturmscharen, der Freiheitsbund,[24] die Wehrzüge der christlich-deutschen Turnerschaft und die Burgenländischen Landesschützen. Jede dieser Organisationen stand für sich, alle hatten das Österreichbekenntnis gemeinsam. Die Heimwehren waren zahlenmäßig am stärksten und nach ihrer ganzen Entwicklungsgeschichte politisch eigenprofiliert; dies ergab innerhalb des gemeinsamen, betont österreichischen Rahmens gewisse programmatische und taktische Unterschiede zu den anderen Verbänden, die sich als bewußtes Gegengewicht, als „Kanzlerverbände", dem Bundeskanzler direkt unterstellten.

Das Bestehen paramilitärischer Verbände war zweifellos an sich kein Zeichen einer normalen und gesunden innerpolitischen Entwicklung, zumal es sich dabei von Anbeginn, beim Schutzbund sowohl wie bei den Heimwehren, um Waffenträger handelte,[25] die sich der direkten Kontrolle durch die staatliche Exekutive entzogen. Nur in Tirol, wo das Waffentragen, wie bei den örtlichen Schützenkompanien und den Standschützen, zu den verbrieften Landestraditionen zählte, bestand im Vergleich zum übrigen Bundesgebiet eine rechtlich verschiedene Lage.

Jedenfalls waren die Selbstschutzverbände, solange und soweit sie nicht als Hilfsorgane der staatlichen Exekutive aufgerufen wurden, private Vereinigungen gleichen rechtlichen Charakters und als solche den nämlichen Gesetzen unterworfen.

Durch lange Jahre haben die politischen Parteien sich ihrer für ihre Zwecke bedient und versucht, sie unter ihrem Einfluß zu halten. Dies gelang, um bei den herkömmlichen Begriffen der politischen Geographie zu bleiben, auf der linken Seite besser als auf der rechten.

Die Heimwehren bildeten die längste Zeit hindurch keineswegs eine Einheit und litten erheblich unter territorialen Organisationsschwierigkeiten sowie länderweise verschiedenen ideologisch-politischen Tendenzen und dem dadurch bedingten Führungsstreit, der sie zeit ihres Bestehens nie zur Gänze verlassen hat.

Dennoch wäre es ungerecht, zu übersehen, daß Entstehen und Wirken der Selbstschutzbewegungen aus den Besonderheiten der damaligen Zeit zu verstehen sind, für die sie nicht verantwortlich waren.

Das Klima der Umsturzjahre und der außerparlamentarische Druck — heute würde man sagen: die außerparlamentarische Opposition — stellten zusammen mit der notorischen Schwäche der Staatsgewalt einen Faktor dar, mit dem gerechnet werden mußte und von dem man damals nicht wußte, ob und wie ihm mit herkömmlichen Mitteln zu begegnen sei. In fast allen umliegenden Staaten, und auch in entlegenen wie im Baltikum,[26] haben sich unter ähnlichen Umständen und zu ähnlichen Zielen ähnliche Organisationen gebildet. Dabei war von Faschismus in den ersten Jahren der Heimwehrbewegung — mit Ausnahme der steirischen Pfrimer-Gruppe — keine Rede. Man dachte vielmehr ernstlich an die nötige Verteidigung der Scholle und der gesellschaftlichen Ordnung, an die man glaubte. Umgekehrt hielt sich der Republikanische Schutzbund zur Verteidigung der revolutionären Errungenschaften bereit; seine Existenz wurde mit dem nötigen Schutz der in der Zukunft mit legalen Mitteln zu erringenden Macht der Arbeiterklasse gegen den unausbleiblichen Angriff der Konterrevolution begründet.[27] Somit war die echte Wurzel der Selbstschutzbewegung auf beiden Seiten Mißtrauen: einmal gegen die bestehende politische Ordnung und deren Institutionen, vor allem aber Mißtrauen gegeneinander. Jeder der beiden Antipoden hielt es für ausgemacht, daß der andere darauf aus war, seine Diktatur zu etablieren, wenn möglich mit gesetzlichen Mitteln, andernfalls mit Gewalt. Gesprochene und gedruckte Exzesse, gesetzlich geschützt in der freien politischen Gesellschaft, taten ein übriges, um die Stimmung zu erhitzen. Jeder war bereit, den andern, falls er sich nicht überzeugen ließ, zu seinem Glück zu zwingen... Wenn man schon an den eingeführten Klischees festhalten will, die wie alle ihrer Art zu grober Vereinfachung neigen, dann müßte zugegeben werden, daß weder auf der einen Seite alle Faschisten noch auf der anderen alle Bolschewiken gewesen sind: ... Und „wenn schon vom Faschismus in Österreich gesprochen wird, dann muß der geschichtlichen Wahrheit und der Ehre unseres Volkes halber festgestellt werden und festgehalten bleiben, daß die ersten Faschisten in Österreich auf der äußersten Linken standen und daß sie den anderen Faschismus direkt herausforderten und begründeten".[28]

Was nun die österreichische Heimatschutzbewegung im einzelnen betrifft, darf gerechterweise nicht übersehen werden, daß im Verlauf der späteren Entwicklung, nachdem die vorwiegend national orientierten sich von den betont österreichischen Gruppen getrennt hatten, aus ihr ein starker, wesentlicher und verläßlicher Faktor im Kampf um die österreichische Unabhängigkeit und gegen den Nationalsozialismus geworden ist.[29]

Die wechselvolle Geschichte der Heimwehren hat in der politischen Gestaltung der Jahre vor 1938 eine bedeutende Rolle gespielt. Von 1921 bis 1929 waren die Jahre des Aufstiegs, und nach der Ebbe von 1929 bis 1931 erreichte die Bewegung 1933 und 1934 ihren Höhepunkt, und verflachte dann langsam, bis mit der Einführung der allgemeinen Wehrpflicht (April 1936) ihre ursprüngliche Bestimmung wegfiel. In den ersten Jahren ihres Bestandes existierte kaum eine straffe und einheitliche Führung. Formell waren Richard Steidle und Walter Pfrimer Bundesführer mit gleichen Rechten. Die rechte Hand Dr. Pfrimers war Ing. Hanns Rauter, der später unter dem Reichskommissar Seyß-Inquart als höherer SS- und Polizeiführer eine unrühmliche Rolle in den Niederlanden spielen sollte und dort noch vor Kriegsende den Tod fand. Organisatorischer und geistiger Leiter der Heimwehren wurde der

preußische Major a. D. Waldemar Pabst, der bis zu seiner Ausweisung aus Österreich unter Bundeskanzler Schober im Juni 1930 deren Stabschef blieb.[30]
Die Revolte vom 15. Juli 1927 und der damit verbundene Generalstreik hatten einen raschen Aufstieg der Heimwehrbewegung zur Folge. Erst mit dem Frühjahr 1928 und unter dem Eindruck des unerfreulichen und wenig ermutigenden Bildes, das die innerpolitische Lage in Österreich um und nach dem Brand des Wiener Justizpalastes am 15. Juli 1927 bot, richtete sich die Aufmerksamkeit des Auslandes, zunächst Ungarns, dann Italiens, auf die österreichische Heimatschutzbewegung — und zwar aus außenpolitischen Gründen. Für den damaligen ungarischen Ministerpräsidenten Graf Bethlen bedeutete eine mögliche politische Linksentwicklung in Wien eine Gefährdung der ungarischen Revisionspolitik, die sich in erster Linie gegen die Tschechoslowakei und überhaupt gegen die Kleine Entente richtete. Mit Rücksicht auf die wirtschaftlichen und politischen Interessen Ungarns stand Bethlen damals jeder Verstärkung des deutschen Einflusses in Mitteleuropa scharf ablehnend gegenüber, da das Deutschland der Weimarer Zeit ungarische Agrarexporte nicht begünstigte und man in Budapest fürchtete, daß eine Linksregierung in Österreich den Verlust auch des österreichischen Marktes für Ungarn bedeuten würde.

Das Konzept eines ungarisch-österreichisch-italienischen Wirtschaftsblocks, das erstmals 1928 in ernsthafter Diskussion stand, entsprach auch Mussolinis Vorstellungen von einer italienischen Führung im Donauraum. Italien wünschte einen möglichen deutschen Machtzuwachs zu verhindern.

Die Befürchtungen Budapests über einen antiungarischen Kurs im Falle einer Linkswendung des österreichischen Regimes wurden durch den Aufenthalt Béla Kuns in Wien im Frühjahr 1928 bestärkt. Auch Mussolini wünschte keine faschismusfeindliche und daher antiitalienische Politik im benachbarten Österreich.

So fanden Bethlens Vorstellungen in Rom günstige Aufnahme. Italien und Ungarn kamen dahin überein, gemeinsame Anstrengungen zu unternehmen, um eine sozialistische Regierung in Wien zu verhindern, und einigten sich auf eine politische und materielle Unterstützung der Heimwehren.

Zu diesem Zweck trat die ungarische Regierung im Mai 1928 mit Doktor Steidle in Verbindung.

Die Verhandlungen wurden zum erfolgreichen Abschluß gebracht. Als erstes Resultat zeigte sich der Öffentlichkeit der Heimwehraufmarsch in Wiener Neustadt, der als Testfall deshalb von Bedeutung war, weil dort selbst zum selben Termin ein sozialdemokratischer Arbeitertag angesetzt war.[31]

Am 7. Oktober 1928 kam es in Wiener Neustadt zum ersten, noch friedfertig verlaufenden Kräftemessen der beiden bewaffneten Lager. Die Heimwehr und der Republikanische Schutzbund hatten für diesen Tag demonstrative Aufmärsche angekündigt, an denen sich je etwa 20.000 Mann beteiligten. Die Regierung hatte 900 Gendarmen und Heereseinheiten bereitgestellt, um Zusammenstöße zu verhindern. Ein Verbot der Aufmärsche wurde deshalb nicht erlassen, um unter Beweis zu stellen, daß ein Monopol auf die Straße nicht geduldet würde und die Staatsgewalt stark genug sei, die Aufrechterhaltung der Ordnung zu gewährleisten.

Der stark national orientierte Einschlag der österreichischen Heimatschutzführung in den Jahren des raschen Aufstiegs der Bewegung, besonders zwischen 1928 und 1930, fand seinen Niederschlag in einer Reihe von Vorträgen, die damals leitende, dem großdeutschen Lager nahestehende Funktionäre der Heimwehren, aber auch der christlichsoziale Mandatar Bundesführer Doktor Steidle vor dem Publikum des Deutschen Klubs in Wien hielten. Dieser gesellschaftlich wie politisch führenden nationalen Vereinigung stand Feldmarschalleutnant Dr. Karl Freiherr von Bardolff vor, der zu den profiliertesten Vertretern der sogenannten „Betont-Nationalen" zählte.

Nach dem Vortrag Steidles präzisierte Bardolff in einem zusammenfassenden Schlußwort Stellungnahme, Eindrücke und Erwartungen hinsichtlich der künftigen Entwicklung des Heimatschutzes; darin kamen weithin die Auffassungen des mit der Bewegung sympathisierenden Teils der öffentlichen Meinung zum Ausdruck, aber auch die verhaltene Warnung vor dem Abenteuer.

Der Vortrag Dr. Steidles wurde im Winter 1928/29 gehalten, also nach dem Aufmarsch von Wiener Neustadt und vor dem Tag des „Korneuburger Programms", in einer Zeit, als sich das politische Interesse auf das Zustandebringen einer Verfassungsreform konzentrierte.

Dr. Bardolff betonte in seinem Resümee, das Ziel bleibe die grundlegende Verfassungsreform, die dringend geboten sei, zu der man aber Zeit brauche. Er verwies auf das schwierige Problem der Heimwehren, das Dr. Steidle mit den drastischen Worten umrissen hatte:

„Wir stehen vor der furchtbar schweren Aufgabe, unsere Leute dauernd warmzuhalten und gleichzeitig aufs Eis zu legen..."

Über das Was, meinte Bardolff, sei man einigermaßen im Bilde; es wäre verfrüht und taktisch nicht richtig, auch das Wie, also den Weg und seine Möglichkeit, jetzt schon festlegen zu wollen:

„Eines steht unabänderlich und beinahe wie ein Dogma fest, daß niemals an einen Putsch im primitiven, gewaltsamen Sinn gedacht ist. Und das wirkt sicherlich schon beruhigend. Auch darüber kann kein Zweifel sein, daß die Heimwehr weder berufen noch befähigt sein kann, sich gegen die bewaffnete Exekutive des Staates zu stellen..."[32]

Es ist auch durchaus anzunehmen, daß die Heimatschutzführung an einen Putsch gegen die Staatsgewalt im Ernst nicht gedacht hat, wenngleich gelegentliche überspitzte und auch sehr zweideutige Formulierungen einen solchen Eindruck erwecken mochten. Zum Teil hat es sich dabei um offenbare rednerische Entgleisungen gehandelt, zum Teil aber wohl auch um eine bewußte Reaktion gegen den als gefährlich empfundenen Zeitdruck.[33]

Was dann im Mai 1930 als plakatierende Zusammenfassung verschiedener ideologischer Komponenten in der Formulierung des Korneuburger Programms aufschien, war als die Antithese zum Linzer Programm der Sozialdemokraten gedacht, von welchem in späterem Zusammenhang noch die Rede sein wird. Im September 1929 wurde der Wiener Polizeipräsident Dr. Johannes Schober zum Bundeskanzler ernannt, ein Amt, das er früher bereits zweimal innegehabt hatte. Schober stand damals im besten Einvernehmen mit den Heimwehren und wurde von diesen als ihr Mann betrachtet. Im Dezember 1929 beschloß der Nationalrat nach langwierigen Verhandlungen die von der Bundesregierung eingebrachte Verfassungsreformvorlage. Sie hatte eine Stärkung der Staatsautorität und der Befugnisse des Staatsoberhauptes sowie die Einführung eines berufsständischen Vertretungskörpers neben dem allgemeinen Parlament zum Ziel. Nachdem sie zur Annahme der Zweidrittelmajorität bedurfte, wurden im Kompromißweg die einschneidendsten Vorschläge, z. B. Einführung der Ständevertretung und Einschränkung der parlamentarischen Gewalt, fallengelassen, um die verfassungsmäßige Verabschiedung zu ermöglichen.[34] Vielleicht hätte eine weitergehende Annahme der damaligen ursprünglichen Vorschläge manch spätere schmerzvolle Entwicklung verhindert.

Die Heimwehrführung war damals entschlossen, im Notfall ein Oktroi durchzusetzen, und glaubte sich der Zustimmung des Bundeskanzlers sicher. Sie war bitter enttäuscht, als davon keine Rede war. Das schließliche Ergebnis wurde auch vom damaligen (christlichsozialen) Landeshauptmann der Steiermark, Dr. Anton Rintelen, heftig kritisiert. Die Heimwehrführung ging so weit, Schober des Bruchs eines gegebenen Versprechens zu bezichtigen, das er allerdings gewiß nie gegeben hat. Damit öffnete sich die Kluft zwischen der Regierung und den Heimwehren. Auch der frühere Bundeskanzler Seipel war der Meinung, daß die nötige Verfassungsreform auf halbem Wege steckengeblieben und daß es falsch war, unerfüllbare Hoffnungen zu wecken. Im übrigen wurde die Stimmung im Kreis der christlichsozialen Führung, hauptsächlich des Bauernbundes und der christlichen Arbeiterbewegung, gegenüber den Heimwehren immer kritischer, bis schließlich mit dem 18. Mai 1930, dem Tag der Verkündung des sogenannten Korneuburger Programms, der Tiefpunkt erreicht war.

Die markantesten Sätze aus diesem von Dr. Steidle verkündeten Programm besagten: „... Wir greifen nach der Macht im Staat. Demokratie und Parlamentarismus lehnen wir ab. Wir bekennen uns zu den Grundsätzen des Faschismus..."[35] Wenngleich Dr. Steidle selbst, damals noch christlichsoziales Mitglied des Bundesrats, seine Formulierung später abzuschwächen suchte und niemals ganz ernst nahm und obwohl viele seiner Anhänger an diesem Programm keine rechte Freude hatten, wurde damit der Konflikt innerhalb des nichtsozialistischen Lagers offenkundig. Aber auch für die Heimwehrbewegung selbst hatte die Korneuburger Entgleisung schwerwiegende Folgen. Starhemberg bezeichnete die Proklamation als „unklar und phrasenhaft". Steidle trat von der Führung zurück, und nach heftigen Auseinandersetzungen, zumal mit der steirischen Gruppe Pfrimer, wurde Starhemberg zum Bundesführer bestellt.

Die Heimwehren hatten sich zunächst hauptsächlich aus Kreisen des städtischen Mittelstandes, ehemaligen Kriegsteilnehmern, Studenten und Bauern rekrutiert. Sie waren als Schutzverband gedacht und durch Ablehnung der marxistischen Ideologie, also durch die Gemeinsamkeit einer Negation, verbunden. Zum Unterschied von ihren Gegnern hatten sie keine gemeinsame Weltanschauung und hinsichtlich ihres sozialpolitischen Programms nur verschwommene Vorstellungen, bis sie schließlich später die Ganzheitslehre Othmar Spanns[36] und dessen Konzept vom „wahren Staat" auf ständischer Grundlage adoptierten. Dabei konnte dieses aber in der Masse ihrer Anhänger kaum eine größere Breiten- und Tiefenwirkung erreichen als die wenig ernstgenommenen Paukenschläge des Korneuburger Programms.

So hatten sich denn auch in der frühen Heimatschutzbewegung bis etwa 1931 die Anhänger der verschiedenen politischen Richtungen und Weltanschauungen zusammengefunden, sofern sie antisozialistisch waren. Neben Anschlußanhängern und Deutschradikalen standen österreichische Legitimisten, neben Liberalen Konservative, neben religiös Indifferenten überzeugte Katholiken — ungefähr ein Abbild der alten Armee. Dies sollte sich unter dem Druck der Ereignisse und Entwicklungen innerhalb und außerhalb der österreichischen Grenzen zusehends ändern.

Der Versuch der Beteiligung an der kurzlebigen Minderheitsregierung Vaugoin[37] im Jahre 1930 und des Eintritts als Partei (Heimatblock) ins politische Leben war wenig erfolgreich.

Innere Krisen veranlaßten Starhemberg im Mai 1931 zum Rücktritt von der Bundesführung. Wiederum stand Pfrimer an der Spitze. Im September 1931 unternahm Pfrimer einen Putschversuch, der aber wie das Hornberger Schießen verlief.

Der damalige Präsidialchef der niederösterreichischen Landesregierung, Karl Karwinsky, berichtet, der Magistratsdirektor von Wiener Neustadt habe ihn damals im Auftrag seines Bürgermeisters, des sozialdemokratischen Abgeordneten Ofenböck, telephonisch gefragt, „ob er auf dem Boden des Gesetzes stehe". Karwinskys Gegenfrage lautete, „ob denn vielleicht sein Interpellant oder dessen Chef diesen Boden zu verlassen gedächte oder was ihn sonst zu dieser ungewöhnlichen Frage berechtige". Karwinsky fügt an, daß es ihm ein leichtes war, den besorgten Fragesteller durch Hinweis auf die getroffenen Gegenmaßnahmen zu beruhigen.[38] Der angedrohte Einsatz staatlicher Machtmittel hatte genügt, den beabsichtigten Marsch auf Wien schon an den Ausgangspunkten zu stoppen.

Nur der steirische Heimatschutz hatte sich an Pfrimers Putschversuch beteiligt. Die weitere Folge war die Scheidung der Geister im österreichischen Heimatschutz. Im Mai 1932 unterstellten sich die unter Pfrimers und Rauters Leitung stehenden Steirer der NSDAP in München und wurden zu einem

Bestandteil der Hitlerbewegung. Die österreichisch gesinnten Heimwehrangehörigen in der Steiermark sammelten sich unter dem neuen, von Starhemberg bestellten Landesführer Graf Stürghk.

Die Heimwehren unter Starhemberg und dieser selbst standen nun eindeutig auf der österreichischen Linie. Die bekannten weiteren Konflikte und Rivalitäten innerhalb der Führung, hauptsächlich zwischen dem Fürsten Starhemberg und dem Wiener Heimwehrführer Major Emil Fey im Jahre 1934 und später, führten unweigerlich zu einer Schwächung der politischen Position der Bewegung, bis schließlich nach Einführung der allgemeinen Bundesdienstpflicht (Wehrpflicht) die Auflösung aller Wehrverbände erfolgte. Ihre Aufgaben übernahm die „Frontmiliz", die mit dem Bundesheer in enger Verbindung stand.

Es wäre unbillig, unsachlich und unrichtig, des wesentlichen Anteils des Heimatschutzes unter der Bundesführung Starhembergs an der Verteidigung des österreichischen Unabhängigkeitsgedankens zu vergessen und der großen Opfer, die dort im Einsatz für die Freiheit gebracht worden sind.

Daran ändert auch die Tatsache nichts, daß in früheren Jahren (1928 und 1929), für die Starhemberg keine Verantwortung trägt, die verschiedenen Heimatschutzführungen bisweilen Wege gingen und Ziele verfolgten, die sie in Widerspruch sowohl zur verantwortlichen Staatsführung wie auch zur öffentlichen Meinung und vor allem in Widerspruch zur Politik der Erhaltung eines unabhängigen Österreich bringen mußten.

Bei aller zeitweiligen taktischen Unterstützung aus innerpolitischen Gründen sind weder Seipel noch Schober, noch Vaugoin, noch auch später Dollfuß den abenteuerlichen Plänen nach Errichtung einer Heimwehrdiktatur gefolgt. Sie hätte wesentlich anders ausgesehen als der spätere „Ständestaat" und hätte auch die Ablehnung seitens der Mehrheit der Heimatschutzmitglieder selbst, zumal der bäuerlichen, gefunden.

Obwohl dies aus verschiedenen Gründen gerne übersehen wird, blieb im österreichischen Vereins- und Verbandswesen der pluralistische Charakter der Gesellschaft weiterhin erhalten; obligatorisch war nur das Bekenntnis zum österreichischen Staat und das Unterlassen jeder direkten oder indirekten Unterstützung jener Kräfte diesseits und jenseits der Grenzen, deren erklärtes Ziel das Aufgehen Österreichs im Dritten Reich war. Es hat sich in diesem jahrelangen kalten Krieg um einen Kampf um Sein oder Nichtsein gehandelt. Eine Verteidigung wird immer weitgehend von der Waffenwahl des angreifenden Gegners bestimmt sein, zumal wenn dieser unbestreitbar der Stärkere ist und, wie sich zeigte, keinerlei rechtliche oder sonstige Hemmungen kannte.

Eine andere Anschuldigung lautet: Man habe Staat und Regierung gleichgesetzt und regierungsfeindlich mit staatsfeindlich verwechselt.

Dies läßt sich post festum leicht und einleuchtend begründen, sei es im Zuge fachkritischer Analyse, aus gegenwartsbestimmter und -berechtigter Zweckmäßigkeitserwägung oder auch nur um eines Alibis willen, an dessen Echtheit man selbst gerne glauben möchte.

Nun war der Kampf aber nicht in erster Linie gegen die Personen, sondern gegen das „System" gerichtet, dem sie dienten und das nach der Version der anderen Seite „der Heimkehr ins Reich" und dem „deutschen Sieg" entgegenstand. Dazu kam, daß ein anderes „System", das nach den damaligen Gegebenheiten nur ein maßgeblich sozialistisches sein konnte, nach der ganzen Lage aus internationalen Gründen nicht in Frage kam, so daß es in der Tat nur ein Mithalten, Unterstützen, zumindest Tolerieren gab, oder das Aufgeben der österreichischen Grundthese.

Der österreichische Gesandte in Rom, Lothar Egger, berichtete am 26. März 1933 an den Bundeskanzler:

„Am 18. d. M., zwei Tage nach der Ankunft der englischen Staatsmänner in Rom, erschien im *Popolo d'Italia* der... Artikel, betitelt: La crisi austriaca ed i controsensi della lotta di classe (Die österreichische Krise und der Widersinn des Klassenkampfes); der Inhalt hätte hier keinerlei über das Normale hinausgehendes Interesse erregt, wenn der Verfasser nicht mit den Worten geschlossen hätte: ‚Was uns betrifft, könnte das Problem auftauchen, ob einem sozialistischen Österreich nicht ein Österreich als Provinz des Hitlerschen Reiches vorzuziehen wäre...'"[39]

Im Dezember 1935 fragte die englische Regierung beim britischen Gesandten in Wien, Selby, an, ob mit Rücksicht auf die internationale politische Lage der Augenblick gekommen sei, um in Österreich einen Vorstoß im Sinne der Demokratisierung des Systems zu unternehmen; Selbys Antwort war, „... daß er keineswegs der Auffassung sei, vielmehr dafür eintreten müsse, daß man die österreichische Regierung, solange sie in einem so schweren Kampf zur Erhaltung ihrer Unabhängigkeit gegen Deutschland liege, in Ruhe lassen sollte..."[40] Hiezu ist zu bemerken, daß der Gesandte Selby keineswegs zur politischen Rechten in Österreich neigte.

Ein Brief von FML Jansa, seit Mai 1935 Chef des österreichischen Generalstabs, an Gesandten Hornbostel vom 28. Mai 1936 lautet:

„Verehrter Freund! Aus sehr guter Quelle erhalte ich eben folgende Nachricht: Den Zeitpunkt der Besetzung Österreichs wird nur der Führer persönlich bestimmen.

Die Besetzung der entmilitarisierten Zone war für 1937 in Aussicht genommen, die Gunst der Lage ließ sie jedoch schon jetzt vor sich gehen. So kann es auch mit Österreich sein; es kann noch Jahre dauern, es kann aber auch über Nacht kommen.

Zur Zeit hat Hitler die Weisung gegeben, in Österreich keine Gewaltakte zu begehen, keine Märtyrer zu schaffen, nur die Flüsterpropaganda ist fortzusetzen.

Die Österreichische Legion, die zur Besetzung Österreichs herangezogen werden wird, zählt ungefähr 25.000 Mann. Diese Leute erhalten eine zweijährige Ausbildung, werden dann aber in Zivilberufen untergebracht. Die Österreichische Legion wird jedoch innerhalb 24 Stunden mobilisierbar sein.

Neben der Legion wird eine Art Tscheka vorbereitet, die bei der Besetzung Österreichs die politische Ordnungsmacht zu besorgen haben wird."[41]

Papen, damals deutscher Botschafter in Wien, schreibt in seinem Bericht an Reichsaußenminister Neurath über die Lage in Österreich vom 1. September 1937 unter anderem:

„Der Bundeskanzler... sei aus Hunderten von Nachrichten überzeugt, daß, wenn nicht die Reichsführung, so doch sehr starke und einflußreiche Teile der Partei ein Aufgehen Österreichs im Deutschen Reich als die nächstliegende politische Aufgabe betrachten. Die Kenntnis dieser Tatsache verbiete ihm, auf manchen Gebieten so vorzugehen, wie er es unter anderen Umständen vielleicht tun würde.

Es folgten dann sehr lange Darlegungen (des Bundeskanzlers) über die bekannte Klage, daß das Reich niemals aufgehört habe, seinen Einfluß auf die österreichischen Nazis in jeder Form auszuüben. Im übrigen habe und werde Österreich niemals außenpolitisch etwas unternehmen, was dem Reiche schaden könne, auch sei es unzutreffend, wenn ich behauptet hätte, daß die österreichische Armee mit der Front gegen Deutschland aufgerüstet werde. Das Hauptthema seiner Einwendungen war die, wie er sagte, zunehmende Verschärfung der kulturellen Lage im Reich. Alles in allem war seine Erwiderung völlig negativ, so daß an eine Änderung der politischen Linie nicht zu denken ist. Es entsteht nun die Frage, ob, wenn wir zu der Überzeugung gelangt sind, daß die Linie des 11. Juli mit Schuschnigg nicht aufgebaut werden kann, wir nicht unter Zusammenwirken der äußeren und inneren Faktoren die Herbeiführung eines Kanzlerwechsels ins Auge fassen sollen. Es steht fest, daß der Bundespräsident die Politik Schuschniggs seit langem mit starker Kritik verfolgt. Bei ihm wäre ein Ansatzpunkt zu gewinnen. Es steht weiter fest, daß die Leute aus dem klerikalen Heimwehrlager wie Gleißner und Schmitz auf den Sturz des Kanzlers hinarbeiten. Möglicherweise würde die Nachfolge zuerst in die Hand eines dieser Leute gelegt werden. Das würde eine Verschärfung des Kurses der Vaterländischen Front auf allen Punkten bedeuten und damit die Entwicklung mit der Aussicht auf einen Wechsel erneut in Fluß bringen. Es könnte aber auch sein, daß wir den Bundespräsidenten dafür gewinnen, einen weniger belasteten, objektiveren und auf die Heranziehung der Arbeitermassen gerichteten Mann an die Spitze der Regierung zu bringen, einen Mann vor allen Dingen, der es unternehmen würde, die etappenweise Annäherung der beiden Staaten auf dem Wege bindender Vertragsabschlüsse energisch vorwärtszutreiben. In dieser Hinsicht wird als eine brauchbare Persönlichkeit von vielen Kreisen (auch der österreichischen NSDAP) der frühere Bundes-

kanzler Ender in Vorschlag gebracht. Er war der Kanzler der Zollunion, und ich glaube, daß er sich jedenfalls in die ‚österreichische Ideologie' nicht so fanatisch verbissen hat wie der jetzige Kanzler.
Ich werfe die Frage dieses Kabinettswechsels auf, weil ich überzeugt bin, daß bei Fortführung der Schuschniggschen Methoden wir *sehr bald* in eine unhaltbare Lage hineingeraten. Man könnte vielleicht den Standpunkt einnehmen, daß eine Zuspitzung der Spannungen uns die Gelegenheit bieten würde, die Lösung der österreichischen Frage mit anderen Mitteln (!) zu versuchen. Aber ganz abgesehen davon, daß es mir, historisch betrachtet, immer als ein Fehler erscheinen würde, eine gewaltsame Lösung anstatt eine von der österreichischen *inneren* Entwicklung angebotene Lösung anzustreben, möchte ich glauben, daß es für die europäische Gesamtlage sicherlich vorzuziehen ist, den von mir gedachten Weg zu gehen. Man wird aber um den Kurs für die nächste Zukunft klar werden müssen — umso mehr, als, wie ich annehme, die Unterhaltungen mit dem Duce doch auch die deutsch-österreichische Frage behandeln werden. Was diese letztere anbetrifft, so müßte m. E. der aus der Politik der ‚Achse' für uns sich ergebende Vorteil doch irgendwie realisiert werden. Man könnte den Duce doch wahrscheinlich für die *weitere* Behandlung der österreichischen Frage auf gewisse Grundlinien festlegen...
Zur Ergänzung der Situation füge ich noch hinzu, daß der Staatssekretär, mit dem ich den Fragenkomplex schon vorher eingehend besprochen hatte und von dem ich eigentlich eine Unterstützung beim Kanzler erwartet, zu dessen negativen Ausführungen in keiner Weise eine irgendwie differierende Stellung eingenommen hat.
Für heute besten Gruß und Heil Hitler!

Ihr v. Papen"[42]

Nach den Aufzeichnungen des ungarischen Außenministers Kanya über seine Besprechung mit dem italienischen Außenminister Graf Ciano am 20. und 21. Mai 1937 in Budapest hatte Ciano erklärt, „Rom bestehe auch weiter auf der Unabhängigkeit Österreichs und werde von diesem Prinzip nur dann abgehen, wenn
1. Österreich die Restauration durchführen würde,
2. wenn in Wien eine Volksfrontregierung an die Macht käme und
3. wenn sich Österreich in seiner Außenpolitik an die Achse Paris-Prag-Moskau würde anlehnen wollen".
Die italienische und übrigens auch die ungarische Einstellung waren weder neu noch am Ballhausplatz unbekannt.[43]
Die Durchsicht dieser für sich sprechenden Zeitdokumente zeigt, daß es in der Tat damals nicht so einfach war, wie es nachträglich scheinen mag, die Begriffe „staats- und regierungsfeindlich" voneinander zu trennen.
Wenn spätere Kritik[44] daran festhält, daß es dem österreichischen Regime

in seinem Widerstand gegen Hitler — gelegentlich wird auch von einem Scheinwiderstand gesprochen — in Wahrheit nur um die Rettung der eigenen Existenz, nicht aber um Österreich gegangen sei, dann wird dabei übersehen, daß ein plötzlicher Übergang zur parlamentarischen Koalition — und nur um einen solchen hätte es sich handeln können — nicht nur inneren Gegendruck ausgelöst hätte, sondern auch außenpolitisch ein Experiment gewesen wäre, das ebenso wie eine versuchte Restauration genau das war, worauf Hitler wartete. Es wird weiter übersehen, daß die für 1938 in Aussicht genommene und in Innsbruck am 17. September 1937 öffentlich verkündete volle Inkraftsetzung der neuen ständischen Verfassung eine Entwicklung mit sich gebracht hätte, die dem Forderungsprogramm der damaligen revolutionären Sozialisten viel Wind aus den Segeln nehmen mußte; schließlich, daß es eben nicht nur um den Kampf gegen den Nationalsozialismus, sondern um den dauernden Bestand des österreichischen Staates und nicht um eine zukünftige soziale Revolution ging; deren Chancen waren 1938 gewiß nicht besser, als sie es 1918 gewesen sind.

Joseph Buttinger (als Gustav Richter Führer der illegalen revolutionären Sozialisten) berichtet, daß er in der Pariser Emigration im Frühjahr 1938 die Idee der Wiedererrichtung eines unabhängigen Österreich nach dem Falle Hitlers offen zurückwies, wobei Bauer und Adler mit ihm einer Meinung waren und Bauer das erste politische Manifest des österreichischen Sozialismus nach dem Anschluß entwarf. Diese sogenannte Resolution von Brüssel rief zu einer gesamtdeutschen sozialistischen Revolution auf. Sobald Hitlers Regime in einem Krieg zu Fall gebracht war, solle für Österreich das Selbstbestimmungsrecht gefordert werden, und je größer die Aussichten für eine deutsche sozialistische Revolution sein würden, desto wichtiger sei der Widerstand gegen eine etwaige Wiederaufrichtung der österreichischen Selbständigkeit.[45]

Diesen und ähnlichen, auch vor dem März 1938 latenten Auffassungen mancher antinazistischer, aber dem österreichischen Regime gegnerisch gegenüberstehender Kreise und der ihnen zugrunde liegenden Staats- und Gesellschaftsdoktrin standen unter anderem die Ostmärkischen Sturmscharen entgegen. Im Gegensatz zu gelegentlich vereinfachender und summarischer Darstellung, die, wie es schon so geht, der eine vom anderen abzuschreiben pflegt, handelte es sich bei den Ostmärkischen Sturmscharen (OSS) weder um eine persönliche Gründung des Verfassers noch um eine „Privatarmee", noch überhaupt ursprünglich und grundsätzlich um einen Wehrverband. Ihre spätere Ausrüstung als Schutzkorpsverband stammte ausschließlich aus österreichischen Quellen; sie haben niemals vom Ausland Subventionen oder Waffen bezogen, sie haben auch niemals ausländischen Rat oder sonstigen Beistand beansprucht.

Der Ursprung der OSS liegt in Innsbruck; in ihren Anfängen sind sie aus dem Bruder-Willram-Bund hervorgegangen, einer Vereinigung, die übrigens heute noch besteht und die sich in den Zwischenkriegsjahren unter der Leitung ihres Gründers, des kriegsversehrten Lehrers Hans Bator, eines ehemaligen Kaiserschützenfähnrichs und Trägers der Goldenen Tapferkeitsmedaille, mit

Unterstützung öffentlicher Stellen die Sammlung, Betreuung, berufliche Fortbildung und kulturelle Erziehung der jungen Werktätigen zur Aufgabe machte. Als „Jung Tirol" in Landestracht und unter dem Zeichen des roten Adlers wurde die Spiel- und Singschar des Bundes über die Grenzen Tirols hinaus und zumal auch in Deutschland bekannt. Es handelte sich dabei um eine originelle, unabhängige und typisch tirolische Form der katholischen Jugendbewegung.

Die neue Bewegung stellte sich mit einem klaren Nein gegen die drei Massenpsychosen der Zeit, die damals, jede in ihrem Bereich, auch eine ernste Gefährdung des Weltfriedens bedeuteten:

gegen den Bolschewismus und seine rationalistische Lehre von der sozialen Revolution durch diktierte Änderung der Güterverteilung;

gegen den Nationalsozialismus und seine antihumanistische Deutung der biologischen Gesetze zur Konstruktion eines Gewaltrechtes auf Rassenvorherrschaft;

gegen den Faschismus und seine pragmatische Idolisierung des totalitären Nationalstaates als des höchsten aller Werte und der idealen nationalen Organisationsform.

Das antifaschistische Element fand starke Betonung, schon aus gefühlsmäßigen Gründen, gerade weil es sich bei den OSS um den auf Tiroler Boden gewachsenen Versuch der Formulierung eines neuen und attraktiven politischen Leitbildes handelte.[46]

Das rasche Wachsen der OSS als einer politischen Bewegung hatte seinen Grund nicht zuletzt in einem offenen Gegensatz zur damaligen Tiroler Heimatwehrführung unter Steidle[47] und dessen Stabschef Waldemar Pabst, und zwar wegen der ursprünglich nationalistischen Tendenzen und des im Korneuburger Eid vertretenen Staatsprogramms. Übrigens schrieb der seit ihrem Bestand zu ihrem Führungsstab gehörende spätere Stabschef der Tiroler Heimatwehr Franz Abel (gleichfalls nichtösterreichischer Herkunft und überzeugter Großdeutscher) noch im Frühjahr 1935 in einem Brief, der dem deutschen Botschafter von Papen in die Hände fiel und Hitler vorgelegt wurde:

„Ich habe lange genug nach oben hin die Kassandra gespielt und habe noch immer recht damit behalten. Wenn ich aber sehen und fühlen muß, daß alle Warnungen in den Wind gesprochen sind, dann mögen die maßgebenden Herren ihre Politik — wenn man es überhaupt noch so nennen kann — selbst machen, aber auch verantworten vor unseren über alles Lob hinaus braven Heimatwehrleuten. Ich kann den heutigen politischen Kurs innerlich nicht mehr mitmachen. Der gleichen Ansicht ist unser Freund in Triest (Steidle). Entweder sind unsere hochmögenden Herren so gescheit, noch im letzten Augenblick die Nordsüdlinie, die im wesentlichen dem alten Dreibund entspricht, zu finden, oder Österreich ist gewesen und verfällt im Lauf der kommenden Auseinandersetzungen unrettbar der Aufteilung.

Die Verkündigung der allgemeinen Wehrpflicht im imperialistischen — heute nicht mehr nationalsozialistischen (?) — Reich hat in der Tiroler Heimatwehr wie eine Bombe eingeschlagen. Mit größter Hochachtung spricht jeder Heimatwehrmann von dem kühnen Entschluß."
Nach einem Ausfall gegen Schmitz (damals Bürgermeister von Wien) und Starhemberg fährt der Brief fort:
„... *derweil macht die nationale Bewegung in den betont katholischen Kreisen erfreulicherweise rapide Fortschritte.* Unsere Regierung aber scheint zu schlafen."
Papen fügt seinem Bericht an Hitler den Satz an:
„Anschaulicher ... könnte man die Schwierigkeiten der innerösterreichischen Lage kaum darstellen."[48]
Die OSS haben im Zuge der weiteren Entwicklung nach 1931 mit der Heimwehrführung unter Starhemberg, in Wien unter Fey, in gutem Einvernehmen zusammengearbeitet, wenngleich gerade die konservativen Kräfte im Land es nie recht begriffen haben, warum es außer dem Heimatschutzverband die „Konkurrenz" anderer Verbände geben müsse. Die kurz umrissene Entstehungsgeschichte gibt die erschöpfende Antwort.
Der Hinweis auf die Ostmark im Namen der OSS war — im Widerspruch zum Pangermanismus — als damals sehr aktuelle Erinnerung an die geschichtliche Tatsache gedacht, daß die karolingische und die ottonische Ostmark alles eher als die Provinz eines Nationalstaates gewesen sind. Sie stand vielmehr, im Gegensatz zur späteren nationalsozialistischen Auslegung, am Beginn des österreichischen Herzogtums und der mitteleuropäischen Ordnung, die daraus wurde.
Die ersten Publikationen der OSS erschienen unter dem Zeichen des alten österreichischen Doppeladlers; nicht weil man an seine Wiedergeburt glaubte, sondern aus der Erwägung heraus, daß es ohne die Erinnerung an ihn, ohne seine Ehrenrettung und das Erfassen seiner kulturellen Leistung kein Österreich geben wird, das auch noch heute und morgen von der Welt begriffen werden kann. Die politische Hemdfarbe — damals waren farbige Hemden sehr gefragt und in großer Mode, angefangen haben damit übrigens im vorigen Jahrhundert die Garibaldianer mit ihrem Feuerrot —, also die Hemdfarbe, und damit auch die Farbe der späteren Uniform, wurde das Hechtgrau, mit dem die alte österreichische Armee in ihren letzten Krieg zog. Als Verbandsorgan erschien, nachdem die OSS in Österreich festen Fuß gefaßt hatten, die Wiener Wochenschrift *Sturm über Österreich*.[49]
In Wien sammelte zunächst der am 2. August 1944 als Widerstandskämpfer hingerichtete Führer der Großösterreichischen Freiheitsbewegung, Dr. Jakob Kastelic,[50] zusammen mit Dr. Franz Montjoie die erste Gruppe von Gesinnungsgenossen um die Sturmscharfahne. Unter der zielbewußten und umsichtigen Führung des jungen Gendarmeriemajors Dr. Josef Kimmel wuchs die

Organisation in die Breite und Tiefe und wurde in den Kampfjahren zum Wehrverband, als den ihn die österreichische Öffentlichkeit kannte. Motto und Verbandsgruß waren: „Treue!", die innere Verpflichtung: „Österreich".

Dies wurde vielleicht nirgends deutlicher als in den stark umkämpften Ländern Kärnten und Steiermark, die sich radikalen Parolen gegenüber seit je besonders anfällig zeigten. Dort wuchsen um die Mitte 1932 die jungen Sturmscharen buchstäblich aus dem Boden. Die katholischen Jugendorganisationen politischen Charakters, wie der Karl-Lueger-Bund und der Jung-Steirer-Bund, gingen in den Sturmscharen auf. Unter der selbstlosen und aufopfernden Führung von Männern wie Ignaz Tschurtschenthaler, Felix Hurdes und ihrer Mitarbeiter in Klagenfurt, Viktor Kollars, Adelhart Fedrigoni und ihres Kreises in Graz erhielt der Glaube an Österreich in den Zitadellen des politischen Gegners mächtigen Auftrieb; und wer an der rotweißroten Fahne zweifelte, damals, als sie im Trommelfeuer stand, den konnte die Haltung der Grauhemden in Kärnten und der Steiermark einprägsam und unvergeßlich eines Besseren belehren.

Auch in fast allen anderen Bundesländern waren die OSS in namhafter Stärke zu Hause, nicht zuletzt in Niederösterreich, geführt vom damaligen Bauernbunddirektor Ing. Leopold Figl, unvergeßlichen Gedenkens.

Mit der durch äußeren Druck geschaffenen Lage des Staatsnotstandes und der damit verbundenen permanenten Umsturzgefahr, die nicht nur die innere Ordnung, sondern die Existenz des Staates selbst bedrohte, ergab sich die Notwendigkeit einer Unterstützung der staatlichen Exekutive durch Mobilisierung der vorhandenen freiwilligen Kräfte.

Wie auf der gegnerischen Seite der Republikanische Schutzbund und im nationalsozialistischen Lager SS und SA, war auch der österreichische Heimatschutz als paramilitärischer Verband gegründet worden. Die Entwicklung des Jahres 1933 hatte auch den OSS — wie anderen gesinnungsverwandten Organisationen im vaterländischen Lager — die Umformung zum Wehrverband gebracht. Besonders geschulte Abteilungen taten auf freiwilliger Basis seit Beginn des Jahres 1934 unter gemeinsamer Führung hilfspolizeiliche Dienste im Schutzkorps. So wurden z. B. in der Steiermark 1500 Schutzkorpsfreiwillige aufgeboten, von denen 1000 zum steirischen Heimatschutz und 500 zu den Sturmscharen gehörten.[51]

Im Jahre 1935 erfolgte die Aufstellung der gemeinsamen Wehrfront, gebildet von allen freiwilligen Verbänden unter der Führung des Vizekanzlers Starhemberg.

Am 1. April 1936 wurde die allgemeine Wehrpflicht eingeführt und im darauffolgenden Monat die bisherige Wehrfront einschließlich des Schutzkorps in die Frontmiliz umgewandelt.

Als nächster Schritt in der Entwicklung erfolgte am 10. Oktober 1936 die Auflösung der Selbstschutzverbände als solcher; ihre besondere Tradition sollte die Frontmiliz unter dem Kommando des aus der Zeit der Kärntner Abwehrkämpfe bekannten ersten Heimwehrführers FML Ludwig Hülgerth übernehmen. Die Änderung war einschneidend und wurde begreiflicherweise von den „alten Kämpfern", und deren gab es viele, nicht nur im gegnerischen Lager, bitter empfunden. Für die OSS hat sie die Rückkehr zur ursprünglichen Bestimmung ihrer Gründungszeit bedeutet.

Von einem der verdienstvollsten Mitglieder des alten Führungsstabs, Doktor Hans Pernter, betreut, vollzog sich der reibungslose Übergang vom Wehrverband zur Kulturgemeinschaft der Ostmärkischen Sturmscharen, während sich die jüngeren Jahrgänge der Frontmiliz zur Verfügung stellten, die, entgegen späterem rückschauendem Urteil, in engster Verbindung mit dem Bundesheer eine durchaus erfolgversprechende Entwicklung nahm.

Es kam alles anders, als wir damals hofften.

Die Zeit der Wehrverbände, einschließlich des Republikanischen Schutzbundes, scheint uns heute im Rückblick wie ein böser Spuk; und zwar auf der einen wie auf der anderen Seite. Trotzdem waren sie zu ihrer Zeit kein Irrtum, sondern eher eine Korrektur der Verwirrung, wie sie die ersten unsicheren Jahre der neugeborenen Republik begleitete.

Die Polarisierung der ideologischen Gegensätze seit November 1918 wurde dadurch verschärft, daß beide Seiten über erhebliche Waffenvorräte verfügten; und zwar handelte es sich um Infanteriewaffen aus den Demobilisierungsbeständen, die von der interalliierten Militärkommission an „Volks- und Bürgerwehren, Betriebe, Bahnämter, militärische Behörden und sonstige" ausgegeben wurden.

Nach den vorhandenen Aufstellungen waren mit Stand vom 30. November 1918 unter anderem verteilt worden:

1.156 Maschinengewehre,
80.345 Repetiergewehre,
13.627 Karabiner und
erhebliche Mengen von Gewehrmunition.[52]

Da das Bundesheer mit 30.000 Mann Höchststand begrenzt war, ist die Schlußfolgerung berechtigt, daß der größere Teil der Waffenbestände in die Hände der „freiwilligen Formationen", ursprünglich der Arbeiter- und, auf der anderen Seite, der Bürgerwehren, kam.

Die offiziellen militärischen Kräfte, die Volkswehr, waren in den ersten kritischen Jahren weder zahlenmäßig zureichend noch auch immer verläßlich. Ein Einziehen der überzähligen Waffen erwies sich aus politischen Gründen nicht möglich. Daraus ergab sich automatisch die Organisierung der freiwilligen Verbände. Unter verantwortlicher Führung, die beiden Seiten nicht abgesprochen werden soll, ergab sich damit zunächst wenigstens irgendeine Waffenkontrolle.

Allerdings wurde dadurch auch die Bahn zur Entwicklung privater Armeen freigegeben, die mit der Zeit unweigerlich zu politischen Faktoren werden mußten.

Die Geschichte der Wehrverbände, eines jeden in seiner Art, sowie manche Namen, die für die Zweite Republik, für deren Führung und Entwicklung vor der Geschichte verantwortlich zeichnen, haben bewiesen, daß die These vom Staat, den keiner wollte, nicht stimmt. Dafür zeugen manche Lebende und viele Tote. Deswegen fällt auch ein ehrendes Gedenken für die Ostmärkischen Sturmscharen gewiß nicht aus dem Rahmen, wenn vom überwundenen Anschluß die Rede ist.

Im Juli 1932 wurde in Wien der „Bund ehemaliger jüdischer Frontkämpfer" gegründet, und zwar zur Abwehr der überhandnehmenden nationalsozialistischen Exzesse, die betont antisemitischen Charakter trugen. Aus einer langen Reihe von Gewalttakten sei hier an den Tränengasanschlag auf das Kaufhaus Gerngross am 18. Dezember 1932 erinnert und an die Ermordung des jüdischen Juweliers Futterweit in Meidling am 12. Juni 1933. Der jüdische Frontkämpferbund umfaßte nach einem Jahr bereits 8000 Mitglieder.

Am 10. März 1938 lebten in Österreich nach den Angaben der Jüdischen Kultusgemeinde (JKG) Wien 180.000 Juden, davon 165.000 in Wien; ihre Zahl betrug 1923 noch 220.000.[53] Dabei handelte es sich allerdings nur um die von der Kultusgemeinde erfaßten „Glaubensjuden", nicht um jene, die alle Bindung zu ihrer religiösen Gemeinschaft abgestreift hatten. Insgesamt wurde der jüdische Bevölkerungsteil Österreichs in der Zwischenkriegszeit auf rund 300.000 geschätzt, davon lebten etwa 250.000 in Wien.

Wie in anderen europäischen Staaten gab es auch im Österreich der Vor-Hitler-Zeit antisemitische Tendenzen. Der nach dem Ersten Weltkrieg gegründete „Antisemitenbund", der etliche Jahre durch Propagandaaktionen von sich reden machte, hat nirgends und zu keiner Zeit politische oder überhaupt ernst zu nehmende Bedeutung erlangt. Die ersten Wiener Antisemiten waren die Gewerbereformer um 1881/82 gewesen, kleine Gewerbetreibende, die gegen Großunternehmertum und Bankkapital zu Felde zogen. Auch die antisemitischen Wahlparolen der Lueger-Kampfzeit warben um die Stimmen des kleingewerblichen Mittelstandes, dem sie wirtschaftliche Besserstellung und soziale Sicherung in Aussicht stellten, wenn erst die liberale Herrschaft gebrochen sei; liberal wurde damals weithin mit jüdisch-liberal gleichgestellt.

Es ist richtig, daß demagogische Hetze in Wort (Reichstags- und Landtagsabgeordneter Ernest Schneider, Gründer des Reformvereins 1882, und der Wiener Gemeinderat Josef Gregorig) und Schrift (Ernst Vergani, Herausgeber des *Deutschen Volksblattes,* Wien, gegründet 1888) in der nahen Umgebung Karl Luegers die Leidenschaften erhitzten; ebenso richtig ist es aber auch, daß es sich dabei um einen Kreis lautstarker Dissidenten gehandelt hat, die von Lueger selbst und von der *Reichspost* (Christliches Tagblatt Österreichs) bald in die Schranken gewiesen wurden. Jedenfalls blieb der Rassenantisemitismus auf die alldeutschen Kreise um Georg von Schönerer (gestorben 1921) beschränkt, denen die Christlichsozialen als österreichische Staatspartei als erbitterte Gegner gegenüberstanden. Keiner ihrer verantwortlichen Führer hatte nach seiner Überzeugung und durch seine politischen Handlungen irgend etwas mit diesen Kreisen zu tun.

Die politischen Kräfte sowie die Staatsgewalt waren stark genug, um jeden tätlichen Exzeß zu verhindern und Auswüchse, die über Verbalinvektiven hinausgingen, im Keim zu ersticken. Das war im alten Österreich.[54]

Dr. Karl Renner schreibt:

„Wahr ist wohl, daß... Dr. Karl Lueger in seinem schwierigen Wettkampf mit den deutschnationalen Vorkämpfern gegen das jüdische Element... insoweit dem gegnerischen Standpunkt Konzessionen machte, ... daß er so weit ging, als Bürgermeister den Grundsatz zu proklamieren: ‚Juden und Sozialdemokraten werden nicht angestellt', dabei aber in seiner jovialen Art meinte: Wer ein Jude ist, bestimme ich. Im übrigen ist in der ganzen christlichsozialen Ära Wiens keinem Juden ein Leid geschehen, und das jüdische Element in der Presse, in der Literatur, im Theaterwesen, im Geschäftsleben ist gewaltig vorwärtsgekommen, viel weiter als in der vorhergehenden sogenannten liberalen Ära... Man vergesse aber nicht, daß Wien zugleich die Einbruchsstelle des schwer assimilierbaren Ostjudentums war und daß eine gewisse Ablehnung des Volkes gegen den Zuzug, der seine Lebensweise schmälerte, begreiflich war."[55]

Es hat damals im alten Österreich zwei Strömungen im Antisemitismus gegeben: den radikalen Rassenantisemitismus, wie er von den Alldeutschen vertreten wurde, verbunden mit stark antirömischen Akzenten, der in erster Linie dem politischen Ziel diente, Österreich in einem „rassisch einheitlichen" Deutschland aufgehen zu lassen; und den Glaubensantisemitismus, der an Österreich festhielt, eine Sozialreform erstrebte und aus wirtschaftlichen Gründen die „judenliberale" Vorherrschaft und den zunehmenden Konkurrenzdruck der Zuwanderung bekämpfte.

Richard Charmatz erblickte, vielleicht zu generalisierend, im modernen parteipolitischen Antisemitismus in Österreich „zum Großteil ein Produkt der kapitalistischen Wirtschaftsordnung". Es verberge sich hinter ihm die Hilflosigkeit des Mittelstandes gegenüber dem sieghaft vordringenden Industrialismus.[56]

Der jüdische Nationalschriftsteller Dr. Oskar Karbach (geboren 1897 in Wien, jetzt tätig am Institut for Jewish Affairs), der in der Zwischenkriegszeit an der Gründung der jüdischen Völkerbundliga in Österreich beteiligt war und der Assimilationspolitik ablehnend gegenübersteht, sieht als treibende Kraft des österreichischen Antisemitismus das geschichtliche Streben eines Teiles der deutschen Österreicher nach dem Anschluß an Deutschland. Die Alldeutschen seien erst in zweiter Linie Antisemiten; sie glaubten durch das geschickte Ausspielen der antisemitischen Karte die Verwirklichung ihrer nationalen Ideen fördern zu können. Auf der anderen (christlichsozialen) Seite sei der Antisemitismus mehr als akademische Angelegenheit behandelt worden; man habe dort auch nie zu definieren versucht, wer eigentlich als Jude zu betrachten sei. Allerdings könne eine maßgebende Mitschuld dieser sogenannten gemäßigten Antisemiten an der Vergiftung der Atmosphäre in Österreich nicht in Frage gestellt werden, auch wenn man aus erklärlichen Gründen Alibis bereithielt.[57]

Im Wien der Ersten Republik zeigte sich eine Anfälligkeit für antisemitische Strömungen immer besonders deutlich in wirtschaftlich turbulenten Zeiten, so z. B. von 1921 bis 1923, den Jahren der Inflation und der nachfolgenden wirtschaftlich und politisch einschneidenden Genfer Sanierung. Der organisierte Antisemitismus war damals schon eindeutig von der jungen nationalsozialistischen Bewegung getragen, rassisch und völkisch betont, also mit der Anschlußbewegung gekoppelt und politisch gegen die Regierung — zunächst Schober (Juni 1921 bis Mai 1922) und dann Seipel (ab Mai 1922) — gerichtet. Als Redner fungierten nach den Akten der Wiener Polizeidirektion unter anderen Dr. Walter Riehl (Führer der österreichischen Nationalsozialisten), der sudetendeutsche Politiker Ing. Rudolf Jung, ferner aus Bayern Anton Drexler, Adolf Hitler und Julius Streicher ...

Es war schon 1923 zu Studentenunruhen an der Wiener Hochschule für Welthandel gekommen, ferner zur polizeilichen Beschlagnahme antisemitischer Hetzplakate nationalsozialistischen Ursprungs.[58]

In den Kampfjahren nach 1933 wurden neuerdings, wie schon sechzig Jahre zuvor, von den Kleingewerbetreibenden Wiens antisemitische Parolen in Umlauf gesetzt, die hauptsächlich gegen die Großkaufhäuser gerichtet waren. Auch bei ihnen hat es sich in klarem und betontem Unterschied zur nationalsozialistischen Propaganda des Rassenantisemitismus um eine ausschließlich wirtschaftliche Propagandaaktion gehandelt. Es gab keinerlei gesetzliche Beschränkungen oder auch wirtschaftliche Benachteiligungen der Juden, wenngleich sie bei Bewerbung um Aufnahme in den öffentlichen Dienst aus Rücksichtnahme auf den Bevölkerungsproporz vielfach in die Nachhand gerieten. Einen Numerus clausus in den Schulen hat es nie gegeben, und in den freien akademischen Berufen wie auch im Wirtschafts- und Kulturleben spielte das jüdische Element in Wien nach wie vor seine geachtete und zahlen- wie wertmäßig bedeutende, zum Teil führende Rolle. Auch bleibt zu beachten, daß Begriffe wie „Halbjude" und „Mischling" damals nicht im Kurs standen.

Der Antisemitismus der Zwischenkriegszeit war außerdem weithin politisch begründet, er richtete sich keineswegs gegen die Juden als Rasse oder religiöse Gemeinschaft, sondern gegen die Partei, in der sie nun einmal die Führung innehatten und die dem Marxismus verschworen war. Antisemitismus ist daher damals in weitem Umfang Antimarxismus gewesen. Joseph Buttinger schreibt, daß 80 Prozent der Intellektuellen, die zur Sozialdemokratischen Partei stießen, vom Judentum kamen; die 200 organisierten sozialdemokratischen Rechtsanwälte, die 400 Mitglieder des Sozialdemokratischen Juristenvereins und die 1000 sozialdemokratisch organisierten Wiener Ärzte seien fast ausschließlich Juden gewesen; gleichfalls die große Mehrheit der 450 Mitglieder des sozialistischen Mittelschullehrerverbandes (Vereinigung Sozialistischer Mittelschullehrer Deutsch-Österreichs) sowie 90 Prozent des Redaktionsstabes der *Arbeiter-Zeitung* und der anderen Parteiblätter, weiters acht von zehn Vortragenden des Sozialdemokratischen Bildungwerks. Die revolutionären Reformer unter den entwurzelten Intellektuellen des Nachkriegsmitteleuropa hätten in Wien fast ausschließlich dem Judentum zugehört.[59]

Diese politische und ideologische Gegnerschaft zeigte darum begrenzte rassenantisemitische Züge, weil die Zugehörigkeit zur jüdischen Glaubens- oder Volksgemeinschaft in diesem Zusammenhang keinerlei Rolle spielte; betont wurde vielmehr, daß hier jegliche religiöse oder überhaupt traditionsbedingte Bindung abgestreift worden war, im Namen des Internationalismus.

Der ehemalige Unterrichtsminister Dr. Emmerich Czermak versuchte 1934, in Zusammenarbeit mit Dr. Oskar Karbach, mit den überzeugten, d. h. glaubensbewußten Juden ins Gespräch zu kommen, bei selbstverständlicher Ablehnung aller rassenantisemitischen Gedanken. Czermak schreibt:

„Wir befinden uns mit jenen Juden auf einer Linie, denen die gegenseitige völkische Verbundenheit, die Schicksalsgemeinschaft weitaus höher steht als der künstlich geförderte und doch sichtlich völlig unwirksame Internationalismus, denen das gemeinsame völkische Leben und Erleben ein unendlich höheres Ziel ist als der zersetzende und zerstörende Klassenkampf... Wir begegnen dem jüdischen Volk und auch seiner nationalen Religion gerne mit voller Achtung, wir wollen sie geschützt sehen, aber auch uns selbst schützen. Nicht etwa vor den Bekennern der jüdischen Nation und Religion, sondern vor den national und religiös heimatlos gewordenen Schädlingen, welche an der Zersetzung der ihnen unverständlichen Eigenwerte des eigenen wie des Wirtsvolkes Schuld tragen."[60]

Ernste Schwierigkeiten mit den jüdischen Organisationen, insbesondere den Kultusgemeinden hat es in den Jahren 1933 bis 1938 nicht gegeben. Das österreichische Judentum war durch profilierte Persönlichkeiten, den (gewählten) Präsidenten der Kultusgemeinde Dr. Desider Friedmann, Hofrat D. S. Frankfurter sowie den früheren (gewählten) Wiener Gemeinderat Dr. Jakob Ehrlich, im Staatsrat, im Bundeskulturrat und im Wiener Gemeinderat vertreten. Der Vorstand der Jüdischen Kultusgemeinde, Dr. Desider Friedmann, hat aus eigenem den Versuch unternommen, die Hilfe und Unterstützung des internationalen Judentums für den österreichischen Kampf um die Unabhängigkeit und gegen den Nationalsozialismus in Genf zu erreichen und die bisweilen im westlichen Ausland aus durchsichtigen politischen oder persönlichen Gründen verbreitete Legende von einer angeblich judenfeindlichen Haltung des österreichischen Regimes zu zerstreuen. Darüber hat er dem Verfasser persönlich berichtet.

In den Kampfjahren hat eine namhafte Anzahl rassisch verfolgter oder gefährdeter Wissenschaftler, Künstler, Schriftsteller und Verleger ihren Wohnsitz in Österreich genommen. Nach Inkrafttreten der Ausnahmegesetzgebung zwischen 1934 und März 1938 kamen die gelenkten antisemitischen Terroraktionen zum Stillstand.

Als Folge der tragischen Ereignisse des 12. Februar 1934 wurde die Version, daß sich die „austrofaschistische Diktatur" in ihrem Antisemitismus vom nationalsozialistischen Deutschland nicht unterscheide, als politische Propagandawaffe im Ausland verbreitet.

So meldete der *Daily Herald* (London) am 15. Februar 1934 eine Massenflucht von Juden nach Prag und Warschau. Der österreichische Gesandte in London, Georg Franckenstein, berichtete darüber nach Wien, daß diese Pressemeldung auch nach der Auffassung der jüdischen Zentralorganisation, die mit ihm in Verbindung getreten sei, „als Manöver hierortiger Arbeiterpartei zwecks Aufhetzung öffentlicher Meinung gegen österreichische Regierung" aufgefaßt werde, und erbat Informationen.

Das Wiener Außenamt antwortete in chiffrierter Telephondepesche, daß „von antisemitischer Hetze und daraus folgender Massenflucht natürlich keine Rede sei".[61] Von der gewalttätigen antisemitischen Politik des Dollfuß-Regimes („the violent anti-Semitic policies of the Dollfuß regime") war in den USA noch 1947 und später zu lesen.[62]

Gulick spricht in seinem fünfbändigen Werk *Österreich von Habsburg bis Hitler* unter Berufung auf eine Rede Emmerich Czermaks vom 29. November 1933 davon, daß „die Christlichsozialen mit den Nazis in Antisemitismus wetteifern"; ferner von wirtschaftlicher „Viktimisierung der Juden" und von antijüdischer Diskriminierung in den Wiener Schulen.[63]

Göring erklärte am 26. März in der Wiener Nordwestbahnhalle, Wien sei infolge seiner totalen „Verjudung" keine deutsche Stadt mehr. Die „Verjudung" betreffe den Handel, das Bankenwesen, die Kultur und die frühere Systemregierung. „Der Jude muß hier 'raus! ... Nach Abschluß des Vierjahresplans darf kein Jude mehr in Wien sein."[64]

Zwischen Gulick und Göring klafft ein makabrer, aber offensichtlicher Widerspruch.

Der dem damaligen österreichischen System gegenüber keineswegs unkritische Dr. Oskar Karbach bemerkt zum Thema:

> „... Im Rückblick muß ... festgestellt werden, daß der Ständestaat auf politischem und rechtlichem Gebiet die Stellung der Juden unangetastet gelassen hat (das Bild ist zweifelsohne nicht dasselbe, wenn man das Wirtschaftsleben betrachtet) ... Anderseits muß aber daran festgehalten werden, daß Versuchungen, den antijüdischen Kurs des Dritten Reiches in Österreich zu kopieren oder einen spezifisch österreichisch-katholischen Antisemitismus herauszuarbeiten, dadurch leicht zu bekämpfen waren, daß die belagerte Alpenrepublik, aus schwerwiegenden innen- und außenpolitischen Erwägungen heraus, einfach es sich nicht leisten konnte, auf diesem Gebiet gefährliche Experimente zu unter-

nehmen. Die Regierung war sich sehr wohl bewußt, daß derartige Improvisationen die Lebensdauer des Ständestaates auch nicht um einen Tag verlängern, wohl aber möglicherweise verkürzen würden..."[65]
Dieser Ständestaat war nun keineswegs als die Diktatur gedacht, als den ihn die Geschichtsschreibung, die ja nur die tatsächliche Entwicklung und die Geschehnisse der Jahre 1934 bis 1938 zeichnen und analysieren kann, zum Teil berechtigterweise, klassifiziert und als den ihn die politische Polemik aus prinzipiellen Gründen summarisch verurteilt.

Es hat auch in den Jahren 1934 bis 1938, also in der Zeit der Übergangsverfassung, zum Unterschied von wirklichen Diktaturen immer noch ein beachtliches Maß von Gewaltentrennung, es hat das bundesstaatliche Prinzip, den völlig unabhängigen Rechnungshof und einen entpolitisierten Bundesgerichtshof gegeben, eine Zusammenziehung des früheren Verwaltungs- und Verfassungsgerichtshofes, mit hochqualifizierten Verwaltungs- und Verfassungsjuristen. Der Zustand von 1934 bis 1938 war nie als Definitivum gedacht, es handelte sich vielmehr um den Übergangszustand, den die Verfassunng vom 1. Mai 1934 aus zwingenden praktischen Gründen vorsah.

Ob der Zeitraum von vier Jahren angesichts des kalten Krieges mit dem Dritten Reich und der Bedachtnahme auf damit verbundene andere außenpolitische Einwirkungen ungebührlich lang war, mag mit Fug und Recht bezweifelt werden. Dabei sei unumwunden zugegeben, daß die Entwicklung in etlichen Belangen nicht rasch genug vorwärtsging und einer Beschleunigung bedurfte. Die Einräumung des legislativen Initiativrechtes der vorberatenden Körperschaften der Gesetzgebung stand vor der Tür. Mit der Einschränkung der Verordnungsgesetzgebung, wie es im Staatsrat vor allem Dr. Adamovich forderte und die auch Dr. Ender nachdrücklich empfahl, wurde ernsthaft begonnen.

Als schwierigste Aufgabe zeigte sich die Organisierung der neuen Berufsstände, in denen Arbeitgeber und Arbeitnehmer der betreffenden Berufsgruppen in getrennten Sektionen zusammengefaßt werden sollten. Bis 1938 gelang es nur, die Berufsstände Landwirtschaft und öffentlichen Dienst durchzuorganisieren. Die ersten freien Wahlen fanden im April 1936 im Land Vorarlberg statt, als die Bauern und Landarbeiter zu den Urnen gerufen wurden. Im selben Jahre erfolgten Betriebsratswahlen in der Industrie. Ob es nun stimmt oder nicht, daß, wie es heute heißt,[66] diese Wahlen weithin von den illegalen sozialistischen Gewerkschaften dazu benützt wurden, ihre Leute einzuschleusen — jedenfalls haben sie klaglos funktioniert und dienten damit ihrem Zweck.

Das gleiche galt auch vom Gewerkschaftsbund, der nach anfänglicher Zurückhaltung der ehemaligen sozialdemokratischen freien Gewerkschafter auch unter der vorläufig noch ernannten Führung einen raschen Aufschwung genommen und schließlich die frühere Mitgliederzahl erreicht und übertroffen hatte.

Das Tempo der Sozialreform wie die Sozialpolitik — also die Sozialgesetzgebung, deren Sicherung und Ausbau gerade in der Zeit wirtschaftlicher Depression besondere Bedeutung zukam — ließen notgedrungen manche Wünsche offen. Das war wohl zu allen Zeiten so und in allen Breiten. Neustädter-Stürmer hatte sich in der Organisierung des freiwilligen Arbeitsdienstes und der produktiven Arbeitslosenfürsorge unzweifelhaft Verdienste erworben. Seine Nachfolger als Sozialminister waren: vom 17. Oktober 1935 bis zum 14. Mai 1936 Dr. Josef Dobretsberger und nach ihm bis zum 11. März 1938 der langjährige Ressortleiter aus der parlamentarischen Zeit, Dr. Josef Resch; keinem von beiden konnten faschistische Sympathien nachgesagt werden. Überhaupt war die „Diktatur" des Ständestaates in Wirklichkeit ein autoritäres Koalitionsregime.

Die Koalition zwischen den früheren Christlichsozialen und den Heimwehren (dem „Heimatblock") bedingte in personeller wie auch in sachlicher Hinsicht gegenseitige Rücksichtnahme und Verzicht auf die totale Durchsetzung des eigenen Standpunktes. Weder das „faschistische Konzept" der einen noch der „Klerikalismus" der anderen hatten freie Bahn. Die autoritäre Führung hatte die bisweilen undankbare Funktion schiedsrichterlicher Vermittlung und niemals die einer diktatorischen Entscheidung. Daran hat sich auch nach der Auflösung der Wehrverbände im wesentlichen nichts geändert.

Die Geschichte der Regierungsumbildungen vermittelt ein getreues Spiegelbild der im Regierungslager vorherrschenden Strömungen. Das Kabinett war nie, wie man im heutigen Sprachgebrauch sagt, monocoior; weder unter Dollfuß noch später. Manche seiner Einrichtungen, wie der durch Julius Raab gegründete Gewerbebund, die Kammerorganisationen und schließlich auch der Gewerkschaftsbund, haben ihre Bewährungsprobe bestanden.

Der mit der Ausarbeitung der Verfassung betraute frühere Bundeskanzler und langjährige Landeshauptmann von Vorarlberg, Dr. Otto Ender, sprach noch am 16. Dezember 1937 in der Union der auswärtigen Presse und am 4. Februar 1938 in der Wiener Urania. Beide Male erklärte er, daß das Jahr 1938 die berufständischen Wahlen bringen werde, womit die Zeit der Übergangsverfassung zu Ende sein werde.[67]

Tatsächlich bestand die feste Absicht, die Übergangszeit im Jahre 1938 — nach Schaffung der restlichen Voraussetzungen für das volle Inkrafttreten der Ständeverfassung — zu beenden. Die erste öffentliche Ankündigung dieses Vorhabens im September 1937 war durchaus ernst gemeint und sachlich begründet. Die mögliche Erfolgschance läßt sich heute weder beweisen noch auch widerlegen. Niemand kann heute mit Sicherheit sagen, wie sich — normale Entwicklung vorausgesetzt — das Ständestaatexperiment in den dreißiger Jahren ausgewirkt hätte, wenn es über die Ansätze hinaus zur vollen Durchführung gekommen wäre. Und um ein Experiment hat es sich gehandelt, eben weil es keine Vorbilder hatte und keineswegs als Kopie irgendeines ausländischen Modells gedacht war. Von oben diktierte Korporationen und Syndikate waren ebensowenig vorgesehen wie das faschistische Parlament und eine totalitäre Staatsgewalt. Nach der zugrunde liegenden christlichen Sozialphilosophie stand der Einzelmensch im Mittelpunkt, nicht das Kollektiv.[68] Vor allem stellt sich die Frage, wie und warum es überhaupt zu dem Experiment gekommen ist.

Der Gedanke der berufständischen Sozialreform stand seit langem zur akademischen Diskussion und erhielt durch das päpstliche Rundschreiben *Quadragesimo anno* in Erinnerung an die Enzyklika *Rerum novarum* Leos XIII. neuen Auftrieb.

Der Versuch, die Verwirklichung der berufständischen Idee als ein in späterer Zeit zu erreichendes Fernziel mit einer neuen Verfassung zu verknüpfen, ist aus einem klaren Notstand zu erklären, der in dem Moment offenbar wurde, in welchem die Diskrepanz zwischen der geschriebenen alten Verfassung und dem wirklichen Verfassungsleben und -bewußtsein nicht mehr übersehen werden konnte; die Durchführung der von der Opposition geforderten Neuwahlen hätte nämlich nach allem menschlichen Ermessen unweigerlich zu einer verfassungsmäßig legalen Übergabe des Staates an die Nationalsozialisten geführt.[69]

So lautete die Frage: Verfassung oder Vaterland. Und wer sie so empfand, der stand vor dem Dilemma, wem nun im Kollisionsfall, der gegeben schien, der Vorrang zukommen würde: der Staatsform oder dem Staatsbestand.

Die geschichtlichen Ereignisse vom März 1938 haben zunächst denen unrecht gegeben, die nur im Aufgeben der verfassungsrechtlichen Kontinuität die Möglichkeit sahen, den Staat, dem diese dienen sollte, zu erhalten. Er ist — wie wir heute wissen —, wenn auch nur vorübergehend *trotz*, aber bestimmt nicht *wegen* des Entschlusses jener untergegangen, die 1933/34 an der entscheidenden Wegkreuzung die Verantwortung trugen. Welche Straße immer sie damals wählten — die einwandfreie, ausgebaute oder die unfertige, umstrittene —, sie wären zunächst auf keinen Fall dem kritischen Verdikt der Nachwelt entgangen. Welche Richtung immer man einschlug, es hätte auch eine andere gegeben; und nachträglich läßt sich auf beiden Seiten argumentieren, aber nicht beweisen, daß die andere die bessere gewesen wäre.

Man hat den Boden des Rechtsstaates verlassen? Und *wenn* dem so wäre, dann, weil über dem Punkt, der nach 15 Jahren des Festklammerns an theoretisch perfektem, aber praktisch schwankendem Boden erreicht war und an welchem sich die Wege endgültig trennten, die drohende Erinnerung an das Wort Ferdinands I. stand: *fiat justitia, pereat mundus!* Die rotweißrote Markierung war nach beiden Richtungen die gleiche. Es fragte sich nur, ob und wann sie aufhören würde.

Die Dinge sehen heute, im Rückblick, anders aus als vor 51 und 35 Jahren. Schon deshalb, weil wir heute mehr wissen, als damals bekannt war. Auch im Leben der Völker hat es immer wieder Ausnahmesituationen und Sturmzeiten gegeben, in denen nicht die normalen Gesetze der Navigation das Handeln bestimmten, sondern das Risiko des Improvisierens. In Lawinennähe kann sich niemand auf die gewohnten Wege, in Seenot niemand auf exakten Schwimmstil verlassen. Die großen Katastrophen — auch in der Geschichte — gehen zumeist auf das Schuldkonto einer langen Entwicklung, und oft genug büßen die Söhne für die Sünden der Väter.

Leider ist auch im geltenden Völkerrecht die Unterscheidung des Kriegsrechtes vom Friedensrecht noch immer nicht entbehrlich. Und das Kriegsrecht besteht bekanntlich in der weitgehenden Suspendierung des im Frieden geltenden Rechtes.

Es bleibt die Frage offen, was geschehen wäre, wenn es am 4. März keine Parlamentskrise gegeben hätte.

Aller Voraussicht nach hätte Dollfuß versucht, auf dem Weg der Parteienverhandlung eine zeitlich befristete Parlamentsstillegung zu erreichen. Er war bestimmt dazu entschlossen, sich die nötigen außergewöhnlichen Vollmachten zu beschaffen, ohne die er es für unmöglich hielt, dem Staatsnotstand zu begegnen.

In seinen Augen kam damals ein Rücktritt nicht in Frage, weil er ihn für Desertion gehalten hätte.

Mag sein, daß es sich um eine „sehr problematische und vermutlich unzulängliche juristische Grundlage" handelt, auf der die neue Ständeverfassung eingeführt wurde; auch „daß die letzte Einberufung des Nationalrates (30. April 1934) und was damit zusammenhängt, äußerst fragwürdig" gewesen sei, mag zu Recht zur Diskussion gestellt werden.[70] Über diese Fragen gingen und gehen die Meinungen auseinander.

Was in einer bestimmten geschichtlichen Situation zweckmäßigerweise geschehen sollte, um einem Staatsnotstand zu begegnen, darüber wird eine übereinstimmende Auffassung kaum zu erreichen sein. Schon deshalb, weil die Anerkennung der Tatsache, daß ein Regierungsnotstand sehr wohl echten Staatsnotstand bedeuten kann, naturgemäß immer Widerstand begegnet. Darüber aber, daß es echten Staatsnotstand gibt und daß es praktisch unmöglich ist, allen seinen möglichen Erscheinungsformen mit gesetzlichen Vorbeugungs- und Schutzmaßnahmen zu begegnen, sollte kein Zweifel möglich sein.

Charles Gulick unterzieht, aus linker Sicht, unter der Überschrift „Der kleriko-faschistische Polizeistaat — die unkonstitutionelle Konstitution"[71] Werden und Inhalt der ständestaatlichen Verfassung einer vernichtenden, aber, abgesehen von subjektiven Werturteilen, sachlichen Kritik.

Edgar Alexander kommt aus der Sicht des ehemaligen Zentrumsmannes, also vom katholischen Lager her, zum gleichen Verdammungsurteil, aber, gleichfalls abgesehen von seinen persönlichen Ausfällen und weit zurückreichenden antiösterreichischen Affekten, mit wenig sachlicher Begründung.[72]

Oskar Karbach meint:

„Das österreichische Experiment der Liquidierung der demokratischen Verfassung und ihres Ersatzes durch ein autoritäres und betont katholisches Regime diente ausschließlich dem alles andere überragenden

Zweck, den Anschluß zu verhindern. Ob diese kurzlebige Neuordnung in Wahrheit je mehr sein wollte als Katastrophenabwehr in tragischer Zeit, ist fraglich. Man kann aber verstehen, daß sie unter den damaligen Verhältnissen nicht der ideale katholische Staat wurde, über dessen Wesen es vorher durch lange Jahre stürmische theoretische Auseinandersetzungen gegeben hatte. Ein übermächtiger Gegner stand vor den Toren; er verfügte über eine ihm fanatisch ergebene, zahlenmäßig starke fünfte Kolonne im Lande; sein gefürchteter Sieg, während einer kurzen Zeitspanne noch für vermeidlich gehalten, konnte später täglich hereinbrechen. Was als Rettungsversuch für die Unabhängigkeit Österreichs begonnen hatte, wurde bewußt als ein Verzögerungsmanöver zugunsten der ganzen Welt fortgesetzt."[73]

Kapitel IV   VOLK IN NOT

*Latenter und offener Bürgerkrieg — Vom sozialdemokratischen Linzer Programm 1926)... —
...über Arsenal und Schattendorf (1927)... —
...zum Schutzbundaufstand 1934*

„Wieso? wird man fragen — in Österreich sind jetzt Unruhen; halb Österreich will nicht, was seine Regierung will." Aus: Dostojewski, *Österreichs gegenwärtige Gedanken*, 1877
„Es gibt ein politisches Gesetz und sogar ein Gesetz der Natur, nach dem von zwei starken und einander nahestehenden Nachbarn, wie befreundet sie auch miteinander sein mögen, doch der eine den anderen vernichten möchte und früher oder später diesen Wunsch auch in die Tat umsetzt... In der Tat, ungeachtet der so engen Nachbarschaft der roten Republik mit dem Kommunismus — wer kann in Wirklichkeit feindlicher und dem Kommunismus radikaler entgegengesetzt sein als die Republik?"
Aus: Dostojewski, *Gedanken über Europa — Frankreich, die Republik und der Sozialismus*, 1876
„Alle unsere... Spaltungen und Sonderbestrebungen sind fast immer auf Grund von Zweifeln und Bedenken entstanden, und zwar auf Grund von solchen, zu denen eigentlich gar keine Veranlassung vorlag. Und heute kann ich wiederholen, daß in der Tat alle unsere Streitigkeiten und Zerwürfnisse einzig aus dem Irrtum des Verstandes, nicht aber aus dem Irrtum des Herzens entstehen."
Aus: Dostojewski, *Drei Ideen*, 1877[1]

Die Gedanken des großen Russen kreisen um die Zukunft Europas, das mittlerweile um fast hundert Jahre älter geworden ist. Das politische Antlitz des Erdteils hat sich seither gründlich verändert, sein Schwergewicht im Sinne Dostojewskischer Visionen verlagert, sowenig der Dichter die motorischen Kräfte, die zu der Verlagerung führten, billigte. Die europäischen Sorgen blieben die gleichen: äußerer und innerer Friede.

Für Dostojewski war es die katholische Tradition des Westens, durch die er den Frieden bedroht sah; was ihm in seiner Geschichtsschau als katholischpäpstlicher Imperialismus erschien, stand seinem Glauben an die messianische Mission des Ostens entgegen; gegen deren Erfüllung würde sich der katholische Erbfeind mit wem immer verbünden:

„... ich bin sicher, daß alles sich einmal im westlichen Europa so zutragen wird, in der einen oder anderen Form, d. h. daß der Katholizismus sich der Demokratie zuwenden und die Großen der Welt verlassen wird."[2]

Es sei ein Irrtum des Verstandes, meint er an anderer Stelle und hat dabei die französischen Verhältnisse der siebziger Jahre vor Augen, wenn die konservativen Bürger in der neugeschaffenen Republik nur den Übergang zum Kommunismus sähen; denn der ursprünglich enge Konnex der „roten Republik" zum Kommunismus dürfe nicht über ihre immanente radikale Gegnerschaft gegenüber diesem täuschen; der Kommunismus verneine nämlich in der letzten Konsequenz den Staat an sich und die ganze zeitgenössische Gesellschaft.

Im übrigen könnte, was Dostojewski vom Frankreich des Jahres 1876 sagt, auch gestern und heute, wenn auch beschränkt auf das westliche Europa, geschrieben sein:

„Warum ist Frankreich immer noch auf dem ersten Platz in Europa? ... Das allerkleinste Ereignis in Paris erweckt nach wie vor in Europa mehr Sympathie und Aufmerksamkeit als manches schwerwiegende Berliner Ereignis. Unbestreitbar deshalb, weil dieses Land immer das Land des ersten Schrittes, der ersten Probe und der Anregung von neuen Ideen war! Darum erwarten alle von dort den ‚Anfang vom Ende'..."[3]

Das war 1789 so und 1848; nicht wenigen schien auch 1871, und was sich daraus entwickelte, ein Sturmzeichen verheißenden Aufbruchs zu sein. Rund zwei Menschenalter später wich zum erstenmal in der Geschichte der Französischen Republik ein parlamentarisch ausreichend gestütztes Kabinett, nämlich die Regierung Edouard Daladiers, dem Druck außerparlamentarischer Kräfte.

Als in Paris die ersten Straßenkämpfe zwischen Rechts und Links zur innerpolitischen Krise führten, schrieb man den 6. Februar 1934.

Die „Croix de feu" und „Jeunesses Patriotes" — und wie die paramilitärischen Verbände im Frankreich der „Action française" damals alle hießen — waren zum Kampf um die Gleichberechtigung der Straße angetreten.

In England machte in diesen Jahren die vor allem von studentischen Kreisen (Oxford) organisierte Propaganda für Kriegsdienst- und Gehorsamsverweigerung viel von sich reden.

Die USA waren ausschließlich mit sich selbst beschäftigt und entschlossen, auf der traditionellen Isolationspolitik zu verharren.

In Italien regierten seit Oktober 1922 der frühere Sozialist und antiklerikale Fanatiker Benito Mussolini (von 1912 bis 1914 Chefredakteur des Mailänder *Avanti*) und dessen Faschismus, die infolge des Nichtzustandekommens einer parlamentarischen Koalition zur Macht gekommen waren. Im Fernen Osten schwelte der Konflikt zwischen Japan und China. Stalin konzentrierte sich in der UdSSR auf Fünfjahrespläne und innere Säuberungen.

In Genf tagten endlose Abrüstungskonferenzen; man sprach überhaupt in allen Sprachen, am überzeugendsten und wohl auch am ehrlichsten auf englisch, vom notwendigen und nützlichen Frieden.

Vertragstreue wurde betont und besonders den kleinen Staaten ans Herz gelegt; man hatte schließlich die Mittel, sie zur Räson zu bringen.

Und gleichzeitig hatte Hitler mit massiver Aufrüstung begonnen. Dies waren die dreißiger Jahre, in denen Sein und Schein wie kaum jemals zuvor einander widersprachen.

Es war auch in Österreich nicht anders.

Seit 1918/19 hatten die Furcht vor der Revolution und die Angst, deren Errungenschaften zu verlieren, einander die Waage gehalten. Dieses seltsame Gleichgewicht mußte eine Lage schaffen, die paradox und gefährlich war.

Die Erkenntnis dieser Tatsache spricht aus manchen späteren Etiketten, wie aus der von der „Republik ohne Republikaner"[4], vom „Staat, den keiner wollte"[5] und von den „Demokraten, die zuwenig Patrioten, und den Patrioten, die zuwenig Demokraten waren...".

Wie alle Bonmots haben auch diese auf den ersten Blick manches für sich, sofern man sie nicht wörtlich nimmt. Sie wollen in ihrer pointierten Gesamtsicht bewußt paradox sein und nehmen dabei die Gefahr in Kauf, nach dem abgeschafften Pluralis majestatis zu schielen, der in der Sprache politischer Generalisierung auch noch heute eine Rolle spielt. Daher vermitteln sie denen, die nicht selbst dabei gewesen sind, ein geschichtliches Blitzbild, das einleuchtend wirkt, obwohl es den Erlebniszeugen aller Lager wegen des allzu breiten Hintergrunds und der unvermeidlicherweise verschwommenen Konturen wahrscheinlich weniger zu sagen hat.

Republikaner gab es genug; aber viele von ihnen hatten sich die Republik anders vorgestellt. Und es gab auch zu jeder Zeit genügend Österreicher, die bereit gewesen wären, sich zum neuen Staat Österreich zu bekennen, wenn man sie nicht daran gehindert hätte. Und wenn die betonten Patrioten und die betonten Demokraten nicht zusammenfanden, dann deshalb, weil über Patriotismus und Demokratie grundverschiedene Auffassungen bestanden; weil Theorie und Praxis sich nicht deckten; und schließlich weil der eine dem anderen die patriotische oder demokratische — in Wahrheit mußte es heißen: die patriotische und demokratische Grundhaltung — nicht mehr glaubte.

So kam es, daß man zu lange und zu oft in voller Lautstärke aneinander vorbeiredete und dem einen, was der andere sagte, von vornherein nicht nur als Drohung, sondern, was viel gefährlicher war, als Provokation in den Ohren klang. Es hat zwei Perioden gegeben, in denen sich die große Mehrheit der Österreicher über ein Grundanliegen einig war: in der Anschlußfrage von 1918 bis 1922 und gegen den Anschluß von 1934 bis zum 10. März 1938; jeweils aus verschiedenen Motiven.

Es kann einem kaum als Übertreibung angelastet werden, wenn man rückblickend feststellt, daß die Erste Republik für die längere Zeit ihres Bestandes im Schatten des latenten Bürgerkrieges lebte, obwohl keiner der Verantwortlichen auf beiden Seiten der trennenden ideologischen Barriere den offenen Bürgerkrieg wollte.

Die tiefste Ursache für diesen latenten Bürgerkrieg mit seinen lähmenden Begleiterscheinungen lag darin, daß es damals ideologisch voneinander unüberbrückbar getrennte, annähernd gleich starke Lager gab — das eine mit Mehrheit in der Bauernschaft verwurzelt —, die sich gegenseitig nicht nur der Vorbereitung, sondern des Willens zur gewaltsamen Machtübernahme, also zum offenen Bürgerkrieg verdächtigten.

Am Anfang stand der scharfe, grundsätzliche Gegensatz in der Haltung zum alten Vaterland und zu dessen Niederlage im Ersten Weltkrieg:

„Welch schändliches Unterfangen, wenn ein Staat wie dieses Österreich, dessen Bestand alle Österreicher angeekelt hat, sich erkühnt, einen Weltkrieg für sein Jammerdasein zu entfesseln; ein paar gewissenlose Lumpen... waren da, hatten alle Macht in Händen und konnten diesen frevlen Übermutskrieg entfesseln, der die Menschheit in das unnennbare grausige Weh und Elend gestürzt hat... der moralische Abscheu der Welt muß sie treffen, die Elenden, die den Frieden der Welt gemeuchelt haben..."[6]

„Wir, die auf den Ruinen der Monarchie stehen... beklagen die entsetzlichen Verluste und Verwüstungen des Krieges. Doch seinen Ausgang, sofern er den Zerfall des Reiches bedeutet, bejubeln wir und bewerten den Zusammenbruch des Habsburgerreiches als den einzigen Ersatz für all das, was wir erduldet und verlieren..."[7]

Das mag nun Ansichtssache sein. Die Wiener *Arbeiter-Zeitung* mochte wissen, warum sie diese scharfe Sprache führte; und wohl auch, daß sie damit zumindest die Hälfte der Bevölkerung verletzte und vor den Kopf stieß. Am 9. Mai 1919 — ein halbes Jahr später — wurde die österreichische Regierung eingeladen, ihre Delegierten zur Friedenskonferenz zu entsenden. In der Mantelnote zum Vertrag von Saint-Germain war in kühlem, diplomatischem Stil von genau dem die Rede, was in Wien selbst vom Sprachrohr der damals Führenden leidenschaftlich vertreten worden war: nämlich von der Verantwortlichkeit Österreichs für den Ersten Weltkrieg; mit dieser Verantwortlichkeit wurden die harten Friedensbedingungen einschließlich der diktierten Abtretungen österreichischen Gebietes begründet. Natürlich wäre es unsinnig, zu behaupten, daß irgendwelche Zeitungsartikel oder Parlamentsreden in Österreich den längst geformten Siegerwillen beeinflußt hätten. Aber das Argumentieren war der anderen Seite sicherlich leichter gemacht, wenn gewichtige Stimmen im eigenen Land — und sei es auch nur für innerpolitische Zwecke — in die gleiche Kerbe schlugen.

„Nun ist der Haß sicherlich eine starke Triebfeder der politischen Massenbewegung, aber ein schlechter Ratgeber der politischen Führung. Er geht immer zu weit..."[8]

Das schlimmste an ihm ist, daß er nie ohne Echo bleibt und das Augenmaß für die Distanz trübt, die Meinung von Meinung und, noch wichtiger, den Menschen vom Menschen trennt.

Trotz aller erfolgreichen Abwehr der kommunistischen Parolen und kommunistischer Brachialgewalt im Jahre 1919 — ein ausschlaggebendes Verdienst der Sozialdemokraten, das unbestritten bleibt — wurde von Dr. Friedrich Adler als Kompromißweg zur Abwehr der kommunistischen Vorstöße eine Annäherung an das Rätesystem empfohlen.[9]

So wurde damals der äußere Eindruck erweckt, daß sich, wie die liberale *Volkszeitung* es formulierte, in Österreich eine Doppelherrschaft als „ein Mittelding zwischen parlamentarischer und Räterepublik" etabliere.

Dazu kamen dann die parlamentarischen Debatten um das Wehrgesetz (März 1920), das die Umwandlung der bisherigen Volkswehr in das „durch Anwerbung gebildete und ergänzte" Bundesheer bezweckte. In der sehr lebhaften Debatte hatte der Führer der Opposition vom Heer als „Instrument proletarischer Offensivkraft" gesprochen. Ein starkes Wort, das gewiß in erster Linie für die eigenen Reihen bestimmt war, das aber auch auf der Gegenseite nachhaltigen Eindruck hinterließ.[10]

Wenige Monate nach der Beschlußfassung über das neue Wehrgesetz ging über dessen Durchführung die sozialdemokratisch-christlichsoziale Koalition in die Brüche. Es hatte sich dabei um einen Erlaß des Staatssekretärs für Heerwesen, Dr. Deutsch, betreffend die Wahl der Vertrauensmänner (Soldatenräte), gehandelt. Julius Deutsch berichtet darüber in seinen 40 Jahre später erschienenen Lebenserinnerungen:

„Im Mai 1920 hatten die Nachricht vom Kapp-Putsch und der darauf folgende Generalstreik der deutschen Arbeiter in Österreich eine mächtige Bewegung ausgelöst. Soldaten und Arbeiter wetteiferten, ihre Entschlossenheit für die Aufrechterhaltung der demokratischen Republik zu bekunden. Unter diesem Eindruck nahm das Parlament mit großer Mehrheit das Wehrgesetz an. Als sich das konservative Bürgertum von seinem ersten Schrecken erholt hatte, bereute es diese parlamentarische Zustimmung und machte nun bei der Durchführung des Gesetzes um so größere Schwierigkeiten... Ich hatte in Ausführung des Wehrgesetzes einen Erlaß über die Befugnisse der Vertrauensmänner herausgegeben, der sachlich nichts Neues enthielt, sondern nur festlegte, was ohnehin bereits bestand... Leopold Kunschak hielt eine Rede, die mit der Auflösung der Koalition drohte. Karl Leuthner, von seinem Temperament fortgerissen, nahm den Fehdehandschuh auf und proklamierte seinerseits das Ende der Zusammenarbeit mit den Christlichsozialen..."[11]

Damit hatte der Kampf um die „Entpolitisierung" der Wehrmacht begonnen, die freilich zunächst nur zu einer „Politisierung" unter anderen Vorzeichen führen konnte, eine Folge der parteipolitisch-ideologischen Durchdringung aller öffentlichen Bereiche. Innerhalb des Heeres stand der Sozialdemokratische Wehrverband dem Christlichsozialen Wehrbund gegenüber. Das „unpolitische" deutsche Berufsheer unter dem Minister Gustav Noske und dem Generalobersten Hans von Seekt war andere Wege gegangen und hatte dennoch gerade deswegen das politische Schicksal des deutschen Volkes schließlich entschieden.[12]

Jedenfalls hat der neue christlichsoziale Heeresminister Carl Vaugoin, der bis September 1933 im Amt blieb, das Heer keineswegs in größerem Ausmaß, sondern nur zu anderem Zwecke politisiert, als dies sein sozialdemokratischer Vorgänger zu tun bestrebt war; an der parlamentarischen Kontrolle hat sich nichts geändert, wohl aber an Ausrichtung und militärischer Erziehung. Diese Änderung reflektierte den Riß, der durch das ganze Volk ging: Was dem einen revolutionäre Errungenschaft war, die es zu verteidigen, schien dem anderen revolutionärer Schutt, den es zu beseitigen galt; und „republikanische Erziehung", die für den einen die Verneinung der Tradition bedeutete — zum Beispiel durch Abschaffung der Grußpflicht, das Verbot des Tragens der Kriegsauszeichnungen, möglichste Angleichung an deutsche Uniformierung usw. —, schien dem anderen antiösterreichische Haltung, weil nach seiner Meinung auch die *Republik* Österreich und vor allem ihr Heer der Traditionspflege und des Geschichtsbewußtseins bedurften.

Man schrieb den 11. Juni 1920, als die dritte Koalitionsregierung Renner wegen der verschiedenen Auffassungen über die Gestaltung des Heeres demissionierte. Vier Monate später brach die Koalition der beiden großen Parteien auseinander; und dabei blieb es bis zum Einmarsch der deutschen Wehrmacht im März 1938.

Ursache des Konfliktes war, daß die politische Maschinerie zum Stillstand kam, weil zwischen den beiden Parteien grundsätzliche Meinungsverschiedenheiten über die einzuschlagende Richtung bestanden. Noch funktionierten die Bremsen, aber der Steuerung drohten neue Gefahren.

Der virulente Konflikt über die Zukunft der bewaffneten Macht, dessen Ausgang in Schwebe blieb, hatte auf beiden Seiten die Bildung der bewaffneten Parteigarden begünstigt, die in ihren Ansätzen ja schon seit 1918/19 bestanden. Damit aber wurde die Permanenz eines latenten Bürgerkriegszustandes offenbar, der die Gefahr eines offenen Bürgerkrieges immer in sich schließt.

„Die Anhänger des militanten Sozialismus strebten die Wehrhaftigkeit des Proletariats an."[13]

Den militanten Gegnern des Klassenkampfgedankens ging es damals darum, die Straße als rotes Monopol auszuschalten und die Koalitionsfreiheit in den Betrieben durchzusetzen.

Gewiß wäre eine allgemeine innere Abrüstung die vernünftigste Lösung gewesen. Julius Deutsch regte sie 1923, Karl Renner 1928, Bundeskanzler Schober 1930 an. Zu ernsten Verhandlungen ist es jedoch nie gekommen, und zwar aus ähnlichen Gründen, wie sie auch auf höherer Ebene bei der internationalen Abrüstungskonferenz die ausschlaggebende Rolle spielten; Mißtrauen hatte die Wege verschlossen.

Deutsch berichtet, Bundeskanzler Seipel haben den Antrag Renners (1928) mit der Begründung abgelehnt, man müsse zuerst über die Herstellung des Friedens in den Betrieben sprechen, dann erst könne man sich mit Abrüstungsvorschlägen beschäftigen.[14]

In der Tat war neben der Heeresfrage das von der bürgerlichen Mehrheit und innerhalb dieser vor allem von den christlichen und nationalen Gewerkschaften geforderte „Antiterrorgesetz" (Gesetz zum Schutz der Arbeits- und Versammlungsfreiheit) das heißeste Eisen. Durch zahlreiche Fälle von Betriebsterror war der Schutz gegen die Verletzung der verfassungsrechtlich gesicherten Koalitionsfreiheit für nicht freigewerkschaftlich organisierte Arbeiter eine Brot- und Lebensfrage geworden. Nach jahrelangen hitzigen parlamentarischen Debatten gelang schließlich auf dem Kompromißweg eine halbwegs befriedigende Lösung (April 1930).[15]

Mittlerweile hatte sich in allen politischen Lagern die Überzeugung gefestigt, ohne bewaffnete Schutzformationen nicht mehr auskommen zu können. Dr. Otto Bauer hatte 1924 seine Broschüre *Der Kampf um die Macht* geschrieben. Sie enthält alle Argumente, die zur Formulierung des bekannten und vielumstrittenen, oft auch mißverständlich interpretierten Linzer Programms von 1926 führten. Sie erklärt auch die Gründe, die für die Opposition bestimmend waren, sich besonders dem neuen Bundesheer und Carl Vaugoin mit aller Heftigkeit und Konsequenz zu widersetzen; und sie gibt freilich auch begründeten Anlaß zur Vermutung, daß trotz ihrer eigenen Anträge eine echte innere Abrüstung der Opposition weder ernstlich möglich noch auch wünschenswert schien. Auf der Gegenseite hat es sich in diesem Punkt mit umgekehrten Vorzeichen genauso verhalten. Keine Regierung war in parlamentarischen Zeiten unter den gegebenen Umständen stark genug, die allgemeine Abrüstung durchzusetzen; bis es zu spät war ...

Nach Otto Bauers These (1924) bestand für seine Partei die Chance, in absehbarer Zeit die zusätzlichen 320.000 Stimmen zu gewinnen, die sie zur Erlangung der absoluten Mehrheit und damit zur Machtübernahme in der Republik benötigte.[16] Diese Machtübernahme werde also durch den Stimmzettel auf friedlichem Wege erfolgen. Aber das Großbürgertum werde nicht untätig zusehen, wie die Arbeiterklasse in friedlichem Kreuzzug daranging, die Macht zu erobern. Sobald die herrschenden Kreise merkten, daß es mit ihrer bürgerlichen Klassenherrschaft zu Ende gehe, würden sie versuchen, diese gewaltsam aufrechtzuerhalten und die Republik, die nicht mehr ihnen gehöre, zu stürzen. Zu diesem Zweck hätten sich Kapitalisten und Monarchisten eine starke Basis in der christlichsozialen Regierungspartei gesichert, und zu diesem Zweck unterhielten sie ihre bewaffneten Partisanen.[17]

Wenn nun die Arbeiterklasse mit dem Stimmzettel die Macht im Staat erobern wolle, dann müsse sie imstande sein, die republikanische Verfassung gegen diese bewaffneten Banden zu schützen. Zu diesem Zweck brauche sie vor allem ein Heer, auf das sie sich verlassen könne und das *ihr* Instrument sei, nicht ein blindes Werkzeug in den Händen reaktionärer Offiziere. Deshalb sei es nötig, eine enge Gesinnungsgemeinschaft zwischen Soldaten und Arbeitern aufrechtzuerhalten und darauf bedacht zu sein, daß die Mannschafts- und Offiziersstände aus den Kadern der überzeugten Republikaner aufgefüllt würden. Die Arbeiterklasse brauche — wohl gemerkt — das Heer nicht zu dem Zweck, die Macht zu ergreifen, das müsse der Stimmzettel besorgen; aber sie brauche es zum Schutz vor der Gegenrevolution, die versuchen würde, ihr, wenn der Sieg schon zum Greifen nahe wäre, diesen Stimmzettel zu entreißen.[18]

Darüber hinaus müßten die Arbeiter aber auch selbst bereit sein, sich gegen die faschistische und monarchistische Gefahr zu schützen. Dies sei die Aufgabe des Republikanischen Schutzbunds. Wenn die Soldaten und wenigstens ein Teil der Polizei und Gendarmerie auf ihrer Seite stünden und wenn ein starker Republikanischer Schutzbund auf der Wacht sei, dann werde die Reaktion einen Angriff nicht wagen. Dann werde die Arbeiterklasse imstande sein, die Macht ohne Gewaltanwendung und Bürgerkrieg zu übernehmen, einfach indem sie sich des gesetzlichen Wahlrechtes bediene. Die Revolution von 1918 habe der Arbeiterklasse zwar noch nicht die Befreiung von der Herrschaft des Großbürgertums gebracht, aber ihr doch die Chance gegeben, die Majorität im Parlament zu erringen. Dadurch, daß den Angehörigen der Exekutive die freie Ausübung der politischen Rechte zustehe, sei der Arbeiterklasse die Möglichkeit der Propaganda in deren Reihen gegeben und damit auch die Möglichkeit, sie zu gewinnen, zu organisieren und mit ihnen eine Macht zu schaffen, stark genug, die Reaktion daran zu hindern, der Arbeiterschaft den Sieg zu verwehren oder sie, wenn er einmal errungen sein werde, um seine Früchte zu bringen.[19]

Mit den Kommunisten verhalte es sich anders; in ihrem Enthusiasmus, der auf die russische Revolution blicke, seien sie der Meinung, daß es ohne Beachtung des russischen Beispiels nicht gehe. Sie glaubten, daß die Machtübernahme der Arbeiterklasse nur durch einen Bürgerkrieg möglich sei und daß sie sich nur durch Diktatur und Terror an der Macht halten könne. Zu diesem Punkt sei zu konzedieren, daß in vielen Ländern, in denen das Proletariat unter bürgerlicher Zwangsherrschaft lebe, die Macht des bürgerlichen Regimes tatsächlich nur mit Gewalt gebrochen werden könne; ferner sei zu konzedieren, daß auch in Österreich besondere Umstände, zumal ein Krieg, das Proletariat dazu zwingen könnten, zu Gewaltmitteln zu greifen. Als Beispiel wird der Fall einer Restauration in Ungarn angeführt und darauffolgende gemeinsame Anstrengungen der ungarischen und österreichischen Monarchisten, eine österreichisch-ungarische Monarchie zu errichten. In diesem Fall wäre es die Aufgabe des österreichischen Proletariats, mit diktatorischen Mitteln die Landesverteidigung zu organisieren, den monarchistischen Verrat auszumerzen und sich mit den gegenüber einer Habsburgerrestauration ablehnend eingestellten Nachbarstaaten zu verbünden.[20]

Wenn aber die friedliche Entwicklung in Österreich nicht durch außerordentliche Ereignisse gestört werde, dann werde binnen kurzem die Arbeiterklasse in Österreich auf legalem Wege die Macht ergreifen und sie im legalen Rahmen der Demokratie auszuüben imstande sein. Dies stelle für die Arbeiterklasse den günstigsten Fall dar. Ihre Macht werde sich festigen, wenn sie sich auf den tätigen Willen und die tätige Unterstützung seitens der Volksmehrheit gründe.[21]

Die hier gezeichneten Gedankengänge finden sich wieder im Linzer Programm der Sozialdemokratischen Partei vom 3. November 1926. Darin steht nichts von einer Diktatur des Proletariats, wenngleich in den Parteitagsverhandlungen (Max Adler) viel von ihr die Rede war. Otto Bauer wandte sich entschieden dagegen; nach seiner wissenschaftlichen Theorie von der Gesetzlichkeit geschichtlicher Entwicklung würde es, um der sozialistischen Gesellschaftsordnung zum Durchbruch zu verhelfen, keiner Diktatur des Proletariats bedürfen. Diese würde das Resultat einer weit besseren, weil gewaltlosen Lösung nach dem in naher Zukunft zu erwartenden sozialistischen Wahlsieg sein. Allerdings hielt er es für ausgemacht und geschichtlich erwiesen, daß der Gegner einem sozialistischen Sieg brachialen Widerstand oder doch passive Resistenz entgegensetzen würde; dann, und nur dann, sei Gewaltanwendung notwendig und berechtigt. Die politische Strategie des Linzer Programms ist daher auf den Gedanken defensiver Gewaltanwendung gegründet.

Das Linzer Programm spricht nicht von einem gewaltsamen Umsturz der bestehenden Ordnung; wohl aber von der Notwendigkeit des Klassenkampfes und dem Ziel „der Arbeiterklasse, die Herrschaft in der demokratischen Republik zu erobern", und zwar durch Ausnützung der demokratischen Kampfmittel, um „dadurch die Klassenherrschaft der Bourgeoisie zu stürzen".

Kapitel II, Punkt 1: „Im Verlauf dieser Klassenkämpfe kann der Fall eintreten, daß die Bourgeoisie nicht mehr und die Arbeiterschaft noch nicht stark genug ist, allein die Republik zu beherrschen. Aber die Koalition einander feindlicher Klassen, zu der sie eine solche Situation zwingt, wird nach kurzer Dauer durch die unaufhebbaren Klassengesetze gesprengt. Die Arbeiterklasse wird nach jeder solchen Periode unter die Herrschaft der Bourgeoisie zurückfallen, wenn es ihr nicht gelingt, selbst die Herrschaft in der Republik zu erobern. Eine solche Kooperation der Klassen kann also nur eine vorübergehende Entwicklungsphase im Klassenkampf um die Staatsmacht, aber nicht das Ziel dieses Kampfes sein."

Punkt 2: „Die Bourgeoisie wird nicht freiwillig ihre Machtstellung räumen... Nur wenn die Arbeiterschaft stark genug sein wird, die demokratische Republik gegen jede monarchistische oder faschistische Gegenrevolution zu verteidigen... nur dann wird es die Bourgeoisie nicht wagen können, sich gegen die Republik aufzulehnen, nur dann wird daher die Arbeiterklasse die Staatsmacht mit den Mitteln der Demokratie erobern und ausüben können..."

„Die Sozialdemokratische Arbeiterpartei wird die Staatsmacht in den Formen der Demokratie und unter allen Bürgschaften der Demokratie ausüben..."
„Wenn sich aber die Bourgeoisie gegen die gesellschaftliche Umwälzung, die die Aufgabe der Staatsmacht der Arbeiterklasse sein wird, durch planmäßige Unterbindung des Wirtschaftslebens, durch gewaltsame Auflehnung, durch Verschwörung mit ausländischen gegenrevolutionären Mächten widersetzen sollte, dann wäre die Arbeiterklasse gezwungen, den Widerstand der Bourgeoisie mit den Mitteln der Diktatur zu brechen..."[22]

Der Versuch einer fairen Interpretation kann an der Tatsache nicht vorübersehen, daß es sich um die Sprache einer Parteiproklamation und eines Wahlmanifestes handelt, wie sie in aller Welt zur Markierung des Grundsätzlichen verwendet wird; allerdings reflektiert sie mit minuziöser Genauigkeit die Gedankengänge des unbestrittenen geistigen Leiters der österreichischen Sozialdemokratie, dessen rein menschliche wie intellektuelle Integrität dafür bürgt, daß er von deren absoluter „wissenschaftlicher" Richtigkeit persönlich überzeugt war. Dies darf nicht darüber hinwegtäuschen, daß jede Interpretation aus gegnerischer Sicht, die wörtliche wie die historische, es mit sich bringen mußte, daß die ohnedies gespannten Beziehungen der politischen Antipoden sich noch mehr und noch hoffnungsloser verschärften.

Man dachte nicht an einen Putsch, um den Sieg der Arbeiterklasse zu verhindern; das sollte sich fünf Jahre später, im September 1931, erweisen, als die Staatsgewalt dem Pfrimer-Abenteuer entgegentrat. Man hatte auch keinen besonderen Anlaß, einen durchgreifenden sozialdemokratischen Wahlsieg zu fürchten; es stellte sich bald heraus, daß es trotz gelegentlich nicht unbeachtlicher Gewinne offenbar noch ein weiter Weg bis zum Erringen der absoluten Majorität der Sozialdemokraten, oder auch irgendeines ihrer Gegner, war. Der sozialdemokratische Stimmenanteil betrug bei den Nationalratswahlen

    im Oktober   1923   39,60 Prozent,
    im April   1927   42,00 Prozent,
    im November   1930   41,15 Pozent;

bei den Landtagswahlen in Wien, Niederösterreich und Salzburg

    im April   1932   47,80 Prozent,

verglichen mit 48,40 Prozent bei den gleichen Landtagswahlen im November 1930. Bei den Zahlen der Landtagswahlen kommt die traditionelle starke Mehrheit der Sozialdemokraten in Wien zum Ausdruck.[23]

Überdies war von 1931 an, und nicht nur in Österreich, die sozialdemokratische Wählerkurve im Sinken. Bei den ersten Nationalratswahlen nach dem Krieg, im November 1945, erreichte sie wieder 44,60 Prozent. Bei den folgenden Nationalratswahlen waren es

im Jahre 1949   38,80 Prozent,
im Jahre 1953   42,30 Prozent,
im Jahre 1956   43,00 Prozent,
im Jahre 1959   44,80 Prozent,
im Jahre 1962   44,20 Prozent,
im Jahre 1966   42,56 Prozent.[24]

Damals, 1926, und in den bewegten folgenden Jahren bedeuteten die Sätze des Linzer Programms, von der anderen Seite her gesehen, ein Kampfsignal, und zwar gegeben im Bewußtsein ungebrochener Stärke, voll siegesbewußten Vertrauens in die Richtigkeit der eigenen Thesen. Gewiß, man konnte sagen, es sei darin nur von der gewaltsamen Verteidigung gegen mögliche gegenrevolutionäre Umtriebe die Rede. Aber welcher potentielle Aggressor hätte je anders gesprochen? Und werden nicht auch die „präventiven Angriffe" unter dem Motto „Verteidigung" gestartet?

Niemand auf beiden Seiten hätte es damals für möglich gehalten, daß knapp sieben Jahre später der tschechoslowakische Gesandte Fierlinger (bekannt für seine nahen Beziehungen zur Opposition) dem damaligen französischen Gesandten in Wien, Clauzel, ein Memorandum Otto Bauers zur Vorlage in Paris übergeben würde, in dem dieser „sich namens der Sozialdemokratischen Partei bereit erklärte, auf Kollektivverträge usw. zu verzichten". In der österreichischen Amtserinnerung hierüber heißt es: „Hiezu bemerkt Clauzel: die Sozialdemokraten sind ganz klein geworden."[25]

Aber soweit war es 1926 noch lange nicht. Damals fanden sich weite Kreise des bürgerlichen Lagers, und keineswegs nur die Heißsporne und Condottieres, die es immer und überall gegeben hat, in ihrem Mißtrauen gegen die demokratische Wirklichkeit der Gegenwart bestärkt, und nicht minder auch in ihrer Besorgnis über die künftige Entwicklung.

Denn: 1. Wenn die optimistische Prognose stimmte und die österreichischen Sozialdemokraten tatsächlich in naher Zukunft die ersehnten 320.000 Stimmen mehr und damit die absolute Mehrheit erreichten, dann hielt ihre Führung dies offenbar für zureichend, um das letzte Ziel, nämlich die Errichtung der sozialistischen Gesellschaft, zu verwirklichen; über die Umwälzungen, die darunter zu verstehen waren, hatten sie keinen Zweifel gelassen. „Widerstand würde nicht geduldet werden." Und was z. B. unter „planmäßiger Unterbindung des Wirtschaftslebens und gewaltsamer Auflehnung" gemeint war, blieb Sache der Interpretation, deren Anwendung man von auswärtigen Beispielen her kannte. Die parlamentarische Opposition, die auf alle Fälle nahezu die Hälfte der Bevölkerung vertreten würde, wäre praktisch entmachtet; die Verfassungsklausel bezüglich der für verfassungsändernde Gesetze nötigen Zweidrittelmehrheit, durch die ein Schutz der politischen Minderheit garantiert war, würde praktisch ausgeschaltet bleiben.

Die „soziale Revolution" würde sich programmgemäß unter Wahrung des Gesichtes, also des Anscheins der Legalität, entwickeln. Das eben wäre der Unterschied: Während die bürgerliche Mehrheit, weit davon entfernt, alle ihre Wünsche durchzusetzen (z. B. bei der Verfassungsreform von 1929), auf die starke Opposition Rücksicht zu nehmen hatte, war im umgekehrten Fall mit einer ähnlichen Bereitschaft nicht zu rechnen. Im Gegenteil, es war ausdrücklich gesagt, daß jeder Widerstand gegen „die gesellschaftliche Umwälzung... mit den Mitteln der Diktatur zu brechen" sei.

Hierbei handelte es sich nicht mehr um eine Frage des demokratischen Stils, sondern um eine solche der politischen Methode, die dreißig Jahre später als „Volksdemokratie" bekannt werden sollte.

2. Wenn aber die optimistische Prognose nicht stimmte und die bürgerliche Mehrheit bestehenblieb, dann hatte das Linzer Programm mit seiner Verabsolutierung des Klassenkampfprinzips jeder Möglichkeit einer zukünftigen konstruktiven Zusammenarbeit mit der Opposition den Boden entzogen; denn nur der konsequente Widerstand gegen das Regime der Bourgeoisie vermochte die Wege zum proletarischen Endsieg zu sichern. Nach dem Linzer Programm kam die pragmatische Lösung einer großen Koalition deshalb nicht in Frage, weil sie — im Widerspruch zu den Klasseninteressen — den Endsieg verzögerte. Die bürgerliche Demokratie wird nur als vorübergehender Zustand betrachtet; Klassenharmonie wäre daher weder möglich noch wünschenswert.[26]

So war denn auch der in entscheidender Stunde von Seipel unternommene letzte Versuch, im Juni 1931 eine Konzentrationsregierung mit Einschluß der Sozialdemokraten zu bilden, zum Scheitern verurteilt. Das Anbot lautete auf vier Sitze in einem Kabinett von neun Mitgliedern, darunter drei Christlichsozialen und je einem Vertreter der Großdeutschen und des Landbunds.[27]

Es ist mehr als fraglich, ob selbst im Fall des Gelingens dieses Versuches noch abgewendet hätte werden können, was später kam. Sicher aber hat sein Scheitern dazu beigetragen, das wankende Vertrauen in die Lebenskraft der parlamentarischen Demokratie in Österreich noch weiter zu erschüttern.

Das öffentliche Leben um die Jahreswende 1926/27 lief streng in den formalen Geleisen des parlamentarischen Rechtsstaates. Trotzdem war die Demokratie nach Form und Inhalt schon damals brüchig geworden. Es hat auf allen Seiten deren zu viele gegeben, die nicht mehr an sie glaubten oder doch in ihr nur das Sprungbrett für die Erfüllung des eigenen politischen Wunschbildes sahen. Hätte sie, hoffte man, erst einmal die erforderlichen 51 Prozent der Wählerstimmen produziert und damit die freie Hand der Mehrheit geschaffen, dann würde es nicht schwierig sein, die anderen 49 Prozent, oder wie viele es wären, von ihrem Unverstand zu heilen...

Diese anderen, die Bürgerlichen, verfügten zwar über die Mehrheit, die wohl alle drei Jahre nach oben oder unten leicht variierte, aber doch nie weniger als 58 Prozent der Stimmen betrug. Allerdings handelt es sich dabei um die Majorität einer mehr im Negativen als im Positiven, also mehr in der Abwehr als im Angriff vereinigten Koalition. Deren vielleicht wundester Punkt war das Fehlen eines gemeinsamen, klaren, für Gegenwart und Zukunft geltenden Österreichkonzepts.

Das christlichsoziale Parteiprogramm vom November 1926 hatte das schon im ursprünglichen Programm vom 15. Dezember 1918 nur an aufschiebende und einschränkende Bedingungen geknüpfte Anschlußbekenntnis gestrichen; es war jetzt nur mehr von der Gleichberechtigung des deutschen Volkes in der europäischen Volksfamilie" und „von der Ausgestaltung des Verhältnisses zum Deutschen Reich auf Grund des Selbstbestimmungsrechtes" die Rede.[28]

Die Sozialdemokraten hatten 1933 unter dem Eindruck der Ereignisse in Deutschland die Streichung des Anschlußparagraphen beschlossen. Auch die Christlichsozialen wandten sich nach der Machtergreifung Hitlers in aller Entschiedenheit gegen sämtliche Anschlußparolen, was zur Absplitterung einer zahlenmäßig kleinen Gruppe unbedingter Anschlußfreunde in ihren Reihen (Hugelmann u. a.) führte.[29]

In den kritischen Jahren nach 1926 konnte jedenfalls von einem eindeutig überwundenen Anschlußgedanken noch nicht gesprochen werden.

Die als drückend empfundene Not des Augenblicks beherrschte die Gedanken. Die eine Seite war davon überzeugt, daß die andere zum Bürgerkrieg rüstete, die andere davon, daß sie dessen Ausbruch durch Rüstung zuvorkommen müsse. Einig war man sich darin, daß die Herrschaft des anderen von Übel wäre und daher verhindert oder doch, wenn dies auf Grund der Wahlresultate nicht anging, gelähmt werden müsse.

Was das Linzer Programm für den Fall des Sieges in Aussicht stellte, war für die Gegner der sozialdemokratischen Staats- und Gesellschaftsauffassung gewiß nicht ermutigend. Die vereinfachende Gegenüberstellung „Arbeiter gegen Nichtarbeiter, Proletarier gegen Kapitalisten, Revolutionäre gegen Reaktionäre" stimmte ja bei weitem nicht.

Und je mehr die einen sich auf den bekannten Spruch „Alle Räder stehen still" verließen, desto größer wurde für die anderen die Versuchung, einmal zu beweisen, daß dem nicht so sei und man sich auf die Benützung außerparlamentarischer Druckmittel gleichfalls verstünde.

War es hier die Drohung mit dem Generalstreik, worunter in erster Linie das Stillegen der Verkehrsbetriebe und der Elektrizitäts- und Gasversorgung gemeint war, so blieb es dort die Drohung, solchem Beginnen mit Gewalt entgegenzutreten, was die Gemüter erhitzte. Und dies alles schon, noch ehe Österreich im Sog der Weltwirtschaftskrise um seinen wirtschaftlichen Bestand kämpfen mußte und das Dritte Reich seine Schatten warf; im Angesicht auch anderer Nachbarn — Italiens, Ungarns, Jugoslawiens, der Tschechoslowakei —, die gegebenenfalls zum Einmarsch bereit, teilweise aber auch territorialen Erwerbungen auf Österreichs Kosten nicht abgeneigt gewesen wären, wie etwa Jugoslawien und Ungarn.

Es gab nämlich, und dies wird vielfach übersehen, nicht nur die Alternative: Unabhängigkeit oder Anschluß, sondern als dritte Möglichkeit auch die Gefahr der Aufteilung nach einem militärischen Einmarsch. Sie wäre z. B. akut geworden, wenn eine Regierung zurückgetreten und die neue Regierung nicht imstande gewesen wäre, die Lage im Inneren zu meistern. Jeder länger dauernde Bürgerkrieg — und ohne einen solchen hatte die von den einen gewünschte, von den anderen gefürchtete soziale Revolution in Österreich keine Chance — mußte unweigerlich das Ende Österreichs bedeuten.

Dies wurde in der überhitzten Atmosphäre am Ende des ersten Jahrzehnts der österreichischen Republik in allen politischen Lagern zuwenig beachtet.

Die damals bitterernst genommene „Arsenalaffäre" nimmt sich in der Rückschau von heute wie eine Groteske aus. Sie spiegelt aber deutlich die lebensgefährliche Krise wider, in der sich Österreich schon damals befunden hat.

Es handelte sich bei dieser „Affäre" um die erste größere Waffensuchaktion der staatlichen Exekutive. Der weitverzweigte Gebäudekomplex des Wiener Arsenals war im alten Österreich ein militärisches Ojekt gewesen, in dem Infanteriegewehre erzeugt wurden. Nach dem Umsturz 1918 wurde es nach einvernehmlicher Regelung praktisch von der Sozialdemokratischen Partei in Besitz genommen und von verschiedenen sozialisierten Betrieben belegt, unter denen die GESIBA (Gemeinwirtschaftliche Siedlungs- und Baustoff-Anstalt) besondere Bedeutung erlangte. Deren Präsident war der Führer des Republikanischen Schutzbundes, Dr. Julius Deutsch, der als Generaldirektor Dr. Hermann Neubacher bestellte. Dr. Neubacher, der spätere zeitweilige NS-Bürgermeister von Wien, war seiner politischen Herkunft nach Großdeutscher und deshalb „der geeignete Mann, an die Spitze des Österreichisch-Deutschen Volksbundes zu treten, der die Anschlußpropaganda betrieb".[30]

Es war bekannt, daß sich seit der Demobilisierungszeit nichtabgelieferte geheime Waffenbestände im Arsenal befanden, die im seinerzeitigen Einvernehmen mit der Koalitionsregierung von den sozialdemokratischen Inhabern des ganzen Arsenals überwacht werden sollten, also eine Art Verwaltung zu treuen Händen.

Mittlerweile wurden zum Schutz dieser Waffen zunächst einige hundert Mann Arbeiterwehren und später ebenso viele Angehörige des Republikanischen Schutzbundes ständig im Arsenal untergebracht. Es war ein offenes Geheimnis, daß das Arsenal im Lauf der Entwicklung zum geheimen Hauptwaffenplatz des Schutzbundes geworden war.

Im überhitzten politischen Klima des Jahres 1926 wurde dem Heeresministerium die beabsichtigte Verlagerung und Verschiebung der geheimen Waffenbestände für Zwecke des Republikanischen Schutzbundes gemeldet. Heeresminister Carl Vaugoin[31] ernannte am 2. November 1926 den Major des Infanterieregimentes Nr. 3 und Mariatheresienritter Franz Freudenseher zum Verkehrskontrolloffizier des Arsenals ohne bestimmten anderen Auftrag als den, als Kontrollorgan zu fungieren.[32]

Mit einem Kanzleigehilfen und einer Ordonnanz bezog Major Freudenseher im Arsenal das Büro des sozialdemokratischen Vertrauensmannes und Verwalters der geheimen Waffendepots, der ihm im Einvernehmen mit der Arsenalverwaltung formell als Gehilfe unterstellt war.

Nach seinem eigenen Bericht begegnete Major Freudenseher, wie nicht anders zu erwarten stand, auf den bei Tag und Nacht durchgeführten Kontrollgängen offen feindseliger Haltung seitens des im Arsenal stationierten Schutzbundpersonals. Schließlich glaubte er — Anfang März 1927 — einer größeren, beabsichtigten Waffenverschiebung auf die Spur gekommen zu sein. Durch ein frisch geschlagenes Loch in einer Mauer, auf das er bei einem seiner Kontrollgänge stieß, entdeckte er in einem Waffenversteck eine größere Anzahl zerlegter Gewehre. Er erstattete der Polizei Meldung und ersuchte um militärische Assistenz zur Sicherstellung und zum Abtransport des Fundes. Man stellte ihm zwanzig Infanteristen zur Verfügung.

Daraufhin verlangte sein sozialdemokratischer Stellvertreter, der Verwalter des Depots, sofortige Einstellung des Abtransportes der Waffen und untersagte Major Freudenseher die weitere Anwesenheit in dem betreffenden Objekt XIX des Arsenals.

Tausend Mann Schutzbund besetzten das Gebäude.

Der Direktor der GESIBA forderte im Auftrag seines Generaldirektors die Sistierung der Aktion und drohte mit der Bewaffnung der Arbeiter und dem Anmarsch von 10.000 Schutzbündlern zum Schutz des Arsenals. Man sprach von Generalstreik, und die Polizei meldete, daß im Schutzbund größte Erregung herrsche und jeden Moment mit dem Ausbruch von Gewalt zu rechnen sei.

Trotzdem führte Major Freudenseher den Abtransport der Waffen durch.

Inzwischen wurde der Schutzbund alarmiert, und auf politischer Ebene begannen die Verhandlungen zwischen den Parteien. Die bedrohliche Lage veranlaßte Major Freudenseher, vom Heeresministerium Verstärkung der zum Abtransport der Waffen benötigten Mannschaft anzufordern. In den späten Abendstunden trafen fünfzig Infanteristen im Arsenal ein. Die Bergungsarbeiten wurden fortgesetzt; als plötzlich das elektrische Licht ausfiel, bei Kerzenbeleuchtung. Darauf erschien der Präsident der Arbeiterkammer und Obmann des Metallarbeiterverbandes, Abgeordneter Domes, und ersuchte Freudenseher, die Arbeiten sofort einstellen zu lassen, da ansonsten die Gefahr eines Bürgerkrieges bestehe. Domes sprach noch in derselben Nacht beim Polizeipräsidenten Dr. Schober vor und warnte diesen,

„daß, wenn in der Nacht ein Schuß fallen sollte, morgen ganz Wien ‚brennen' würde. Unter brennen meinte Domes den augenblicklichen Ausbruch großer Streiks und Abwehraktionen, so wie er auch daraus kein Hehl machte, daß die Arbeiterschaft hinter dem ganzen Vorfall nur eine Teilerscheinung jener Vorstöße sehe, die die Reaktion in Österreich fortgesetzt versuche, um einen blutigen Zusammenstoß mit der Arbeiterschaft heraufzubeschwören. Nachdrücklich erklärte Domes dem Polizeipräsidenten Schober, daß man unter allen Umständen damit rechnen müsse, daß die gesamte Arbeiterschaft Wiens, wenn sie heute früh von der Herausforderung erfahre, in einer geschlossenen Front zur Abwehr schreiten und in dem Kampf kein Opfer scheuen werde. Domes ersuchte den Polizeipräsidenten Schober, seine Mitteilungen dem Bundeskanzler Seipel sofort zur Kenntnis zu bringen".[33]

Nichtsdestoweniger wurden die Bergungsarbeiten fortgesetzt. Die Mannschaft Freudensehers wurde neuerlich abgelöst, und gegen Mitternacht fuhren die ersten Lastautos, vollbeladen mit den gefundenen Gewehren, ab. Die Waffen wurden unter Heereskontrolle in Kaiserebersdorf deponiert. Gegen zwei Uhr früh, als das ganze aufgefundene Lager geleert war, wurde die Räumungsaktion beendet.

Es folgte der unvermeidliche Krach im Parlament. Der Führer der Opposition verlangte die Einleitung eines Strafverfahrens „gegen Minister Vaugoin und seinen Major" wegen Mißbrauchs der Amtsgewalt und öffentlicher Gewalttätigkeit.

Am 3. März und am 7. März 1927 erschien *Der Abend* mit der alarmierenden Schlagzeile „Vaugoins verrückter Putsch" und am 8. März mit der Schlagzeile „Nehmen Sie Brom, Herr Vaugoin".

Gleichzeitig wurde die Version verbreitet, daß sich im Arsenal überhaupt keine Waffen befänden, sondern nur unbrauchbares verrostetes Eisen und veraltete Gewehrbestandteile, die überdies dem Bund und nicht dem Republikanischen Schutzbund gehörten. Es handle sich daher, wie *Der Abend* bereits am 3. März meldete, in Wirklichkeit um eine tödliche Blamage Vaugoins und der Regierung. Diese Version hat auch Bruno Brehm in sein Buch *Am Rande des Abgrunds* übernommen.[34]

Wenngleich es sich bei dieser Arsenalaktion im März 1927 zweifellos um ein Sturmzeichen handelte, verging der Sturm doch ebenso rasch, wie er gekommen war.

Tatsächlich wurden am 2. März 1927 vom Bundesheer 12.000 Gewehre geborgen. Daß sich vermutlich noch weitere beträchtliche Mengen Waffen an versteckten Orten im Arsenal befänden, wurde schließlich einvernehmlich anerkannt. Die Gegenseite erklärte sich nach eingehenden Verhandlungen bereit, die dort etwa noch befindlichen restlichen Waffenbestände an die Bundesregierung zu übergeben und keines der bekannten Waffenlager zu verlegen. Major Freudenseher blieb auf seinem Posten im Arsenal. Seine persönliche Lage wurde allerdings immer kritischer, und es wurde bald klar, daß mit einem Einhalten der geschlossenen politischen Vereinbarung seitens der untergeordneten Organe kaum zu rechnen war. Mittlerweile hatten sich auch Karikaturenzeichner und politische Kabarettdichter der Affäre bemächtigt, was nach außen hin allerdings als eine Entschärfung der gefährlichen Lage gewertet werden konnte. Wenn man wieder lachen konnte, war man nicht mehr versöhnlich. So brachte *Der Abend vom Samstag*, den 26. März 1927, eine vollseitige Reproduktion des Prinz-Eugen-Denkmals auf dem Heldenplatz, dessen Reiter unter der Perücke die Gesichtszüge Vaugoins trug; dazu als Überschrift „Die Schlacht vom Arsenal" und die folgende Parodie auf den Text des Prinz-Eugen-Liedes:

General Scheibbs, der edle Ritter,
Wollt dem Seipel wiederum kriegen
Einen Schlager für die Wahl.
Er ließ schlagen eine Lucken,
Daß man konnte einigucken,
Was denn wär im Arsenal.

Als die Lucken war geschlagen,
Ließ er rasch dem Schober sagen,
Daß ein Einbruch sei geschehn.
Rief dann seine Leibsoldaten,
Deren große Heldentaten
Zu Fronleichnam man gesehn.

Jungmannschaft und auch der Wehrbund
Rief er rasch noch zum Gebete,
Und dann zog er in die Schlacht.
Und mit seinen vielen, vielen
Vollbesetzten Automobilen
Kam des Wehrbunds Heeresmacht.

Plötzlich ward es schwarz und finster,
Und sie stießen ihre Köpfe
Sich an jeder Mauer an.
Zwei bekamen Nasenbluten,
Da ward ihnen bang zumute
Und sie schrien: „Gemmas an!"

Einen Sack voll rost'ger Nägel
Fanden sie in einer Ecke,
Und sie schrien laut: Skandal!
Kochten dann zur Siegesfeier
Tausend Würstel froh am Feuer —
Das war die Schlacht vom Arsenal![135]

Es stellte sich bald heraus, daß die versuchten heimlichen Verlagerungen von Waffen weitergingen, deren tatsächlicher Besitz offensichtlich nicht so unbedeutend war, wie es die Leitung des Arsenals ursprünglich wahrhaben wollte; Major Freudenseher beschwerte sich unter Vorlage seines Beweismaterials über Nichteinhaltung der getroffenen Vereinbarungen. Tatsächlich gab der lokale Kommandant des Schutzbundes und Verwalter des Waffendepots den Bruch der Vereinbarungen zu und fand sich sogar dazu bereit, Schutzbundmannschaften zur weiteren Bergung der Depots bis zum Eintreffen einer Abteilung des Bundesheeres zur Verfügung zu stellen.

Daß dieser augenscheinliche Widerspruch zwischen Taten und Worten vom einfachen Schutzbündler und organisierten Arbeiter nicht verstanden wurde, der weiter an radikale Parolen und Losungen glaubte, ist nicht verwunderlich. Das gleiche gilt auch für die Angehörigen der anderen politischen Farben, die nur auf Presseinformationen angewiesen waren.

Jedenfalls wurden schließlich am 17., 18. und 20. Mai 1927 ohne besondere Reibung weitere 20.000 Gewehre, 665 Maschinengewehre, 400.000 Schuß scharfe Munition und 20.000 adaptierte Stutzen italienischer Herkunft vom Bundesheer übernommen.

Die Rote Fahne berichtete daraufhin unter der großaufgemachten Schlagzeile „Die Waffenbestände des Arsenals an die Regierung ausgeliefert auf Grund eines Vertrags zwischen sozialdemokratischen Führern und Vaugoin":

„Seit der Nacht von Dienstag auf Mittwoch wurden die Waffenbestände, die im Arsenal noch eingelagert waren, von Regierungsorganen ausgeräumt und weggeführt. Die Ausräumung ist das Ergebnis einer gemeinsamen Vereinbarung zwischen Regierung und Sozialdemokratischer Partei. Beide Teile haben sich verpflichtet, Stillschweigen zu bewahren.

Im vollen Bewußtsein unserer Verantwortung teilen wir der Arbeiterschaft, die man in Ahnungslosigkeit halten wollte, diese ungeheuerliche Tatsache mit. Es handelt sich um nicht mehr und nicht weniger, als um die freiwillige Auslieferung jenes letzten Restes von Waffenmaterial, das sich noch nicht in den Händen der Arbeiterfeinde befand...

... Wohl noch nie war das harte, das inhaltsschwere Wort Verrat so sehr am Platze wie in diesem Fall einer ungeheuerlichen Auslieferung der Arbeiterschaft an die Bourgeoisie..."[36]

Die parteiunabhängige *Volkszeitung* hatte am 6. März 1927, als die Wogen am höchsten schlugen, in einem Leitartikel, „Der alarmierte Schutzbund", geschrieben:

„Sind im Arsenal keine Waffen versteckt, so braucht sich niemand aufzuregen, und da ist es von seiten der Führer unverantwortlich, ihr Spiel mit der Ruhe der Massen und der Bevölkerung zu treiben. Erliegen aber im Arsenal im geheimen Waffen, so haben sie von dort wegzukommen. Wien hat innerhalb seiner Wände keine Waffenlager nötig, die Bevölkerung darf unter dem Vorwand des Schutzes nicht bedroht werden — das Arsenal hat weder rot noch schwarz, die Straße hat weder sozialdemokratisch noch christlichsozial zu sein —, es tut Frieden und Ruhe not, und eine schwere Verantwortung nehmen jene Politiker und Massenführer auf sich, die dieser ausgesogenen Stadt noch überdies keine Ruhe gönnen. Wir brauchen weder nach links noch nach rechts gerichtete Formationen, und wenn sich die Republik nicht selbst und mit legalen Kräften zu schützen vermag, so wird sie mit Gewalt und Rechtsbeugung am wenigsten geborgen sein. *Man spielt nicht mit dem Feuer, denn es läßt sich nicht berechnen, wieweit der Brand um sich greifen, was alles ihm zum Opfer fallen kann.*"[37]

Nun stand in Wirklichkeit niemandes Sinn nach einem Spiel mit dem Feuer, sosehr auch die Meinungen darüber, wie der Gefahr am besten zu begegnen wäre, auseinandergingen. Die einen dachten vornehmlich daran, die vermuteten Brandherde zu isolieren, um der Katastrophe vorzubeugen; der Sinn der anderen stand darnach, soziale Elementarereignisse, an deren geschichtliche Unvermeidlichkeit man glaubte, unter Kontrolle zu bringen und sie — zur Verhütung nutzloser Zerstörung — zum Aufbau zu verwerten. Daran, daß zunächst gänzliche Zerstörung unerläßlich sei, glaubten nur die scheinbar antagonistischen, in Wahrheit benachbarten Sektoren: Nationalsozialisten und Kommunisten. Das sollte bald mit aller Deutlichkeit das deutsche Beispiel vor der Machtergreifung zeigen.

Daß man es unterließ, einen deutlichen Trennungsstrich zu den Anwälten der Gewalt und absoluter Zerstörung zu ziehen, war auf beiden Seiten vielleicht das entscheidende Verhängnis — und darin lag das Spielen mit dem Feuer. Man hat sich zwar nie mit dem Brandstifter identifiziert, aber man ließ sich unterwandern und übernahm, wenn das Malheur geschehen war, in blindem Eifer die Verteidigung. Das war auf der rechten Seite so in den Tumulten um den Remarque-Film *Im Westen nichts Neues*, und auf der linken Seite im viel ernsteren Fall Schattendorf.

Als dann die nächsten Landtagswahlen kamen — Wien, Niederösterreich, Salzburg im April, Vorarlberg im November 1932 —, schien es auf den ersten Blick beruhigend, daß die NSDAP trotz aller Propaganda „nur" 336.000 und in Vorarlberg gar nur 8000 Stimmen erzielte; die Tatsache, daß es sich dabei in Wien, Niederösterreich und Salzburg um das Fünffache, in Vorarlberg fast um das Neunfache der früher (November 1930) erzielten Stimmen handelte, wird dabei vielfach übersehen; ebenso, daß die Kommunisten damals ihre Stimmenanzahl verdoppeln, in Vorarlberg sogar verdreizehnfachen konnten. (2600 im November 1932 gegen 200 im November 1930.)[38]

Man war beruhigt über die auf den ersten Blick, und im Verhältnis gesehen, immer noch unbedeutende Stimmenanzahl, und das, obwohl das deutsche Beispiel deutlich gezeigt hatte, wie aus dem Schneeball eine Lawine wird.

Übrigens haben sich sowohl Christlichsoziale als auch Sozialdemokraten gegenüber den Einbrüchen der Radikalen anfällig gezeigt; die Christlichsozialen, weil sie im April 1932 fast sechseinhalb Prozent ihrer Stimmen — in Wien, Salzburg und Niederösterreich zusammengenommen — verloren, die Sozialdemokraten, weil sie in den Vorarlberger Barometerwahlen sieben Monate später 31 Prozent ihrer Wähler eingebüßt hatten.[39]

Aber noch war man nicht soweit.

Fünf Wochen bevor der Funkenflug um die Waffensuche im Arsenal dem politischen Pulverfaß in bedrohliche Nähe kam, brach am 30. Januar 1927 im burgenländischen Dorf Schattendorf ein Feuer aus, dessen Gefährlichkeit die längste Zeit niemand ahnte.

Das Dorf war, wie Land und Staat, in feindliche politische Lager getrennt: Frontkämpfer auf der einen, republikanische Schutzbündler auf der anderen Seite. Dabei ging der Gegensatz in Schattendorf noch tiefer. Es hatte zur Zeit der Räteherrschaft Béla Kuns zu Ungarn gehört. Und obwohl die Schattendorfer nun längst Österreicher waren, konnten sie die blutigen Tage des Terrors nicht vergessen. Wer sich damals mit den Anhängern Béla Kuns arrangiert hatte, galt weiterhin als Bolschewik, und wer dagegen gewesen war, wurde zum Horthy-Anhänger und Weiß-Terroristen gestempelt.

Aus dieser Situation ergab sich automatisch die politische Etikettierung der Frontkämpfervereinigung auf der einen und des Schutzbundes auf der anderen Seite.

Die Schattendorfer Frontkämpfer hatten für Sonntag, den 30. Januar zu einer Bezirksversammlung eingeladen; zu einer solchen gehörte nach dem damaligen Brauch ein geschlossener Aufmarsch. Daran war an sich nichts Abnormales. Versammlungen und Aufmärsche aller Farben gab es landauf, landab jeden Sonntag. Und Schattendorf — ganz anders etwa als Wiener Neustadt — galt keineswegs als politische Hochburg der einen Couleur, in der das Auftreten der anderen von vornherein als Provokation hätte aufgefaßt werden können. Der örtliche Schutzbund beschloß, am selben Sonntag gleichfalls ein Treffen in sein gewohntes, dem Frontkämpferhauptquartier nahe gelegenes Versammlungslokal — nach vorangehendem Aufmarsch — einzuberufen. Bei den Lokalen handelte es sich um die beiden konkurrierenden Gasthäuser des Ortes.[40]

Es kam zum Zusammenstoß, und die Frontkämpfer zogen den kürzeren. Der Schutzbund marschierte zu dem Gasthaus Tscharmann, dem Vereinslokal der Frontkämpfer; einzelne drangen mit herausfordernden Rufen in das Lokal ein. Ob dabei auch geschossen wurde, ist behauptet, aber nicht erwiesen worden. Jedenfalls taten verbreitete Gerüchte über vorangegangene Schießereien auf dem Bahnhof ein übriges.

Drei junge Leute, darunter die zwei Söhne des Wirtes, stürzten, von Panik ergriffen, in den ersten Stock, wo sie die für alle Fälle vorbereiteten Gewehre wußten, um das Haus gegen den vermeintlichen Sturm zu verteidigen. Sie schossen blindlings auf die Straße.

Ein Kriegsinvalider und ein achtjähriger Junge wurden zu Tode getroffen, und außerdem gab es fünf Verwundete. Wie schon in anderen, vorangegangenen Fällen richteten die Unglücksschützen mit ihrer unbesonnenen Tat weit mehr Unheil an, als sie selbst in ihren wildesten Träumen hätten ahnen können. Das Feuer schwelte weiter, und als der tragische Vorfall schon fast vergessen war, am 15. Juli 1927, schlugen die Flammen aus dem brennenden Wiener Justizpalast, geschürt von irrationalem Haß und dem sehr rationalen Willen derer, die einfach keine Führung, auch keine sozialdemokratische, anerkannten; Begriffe wie Mehrheitswille und Minderheitsrechte zählten für sie nicht, und sie glaubten fest daran, daß nun der große Moment gekommen sei, endlich doch die Diktatur des Proletariats zu errichten.

Die bekannten Ereignisse des 15. Juli 1927 bedürfen keiner detaillierten Wiederholung. Es handelte sich dabei — seit den kommunistischen Unruhen in Wien vom April 1919 und den sporadischen Plünderungen vom Dezember 1921 — um die erste österreichische Begegnung mit der blutigen Realität eines Aufruhrs.

Am Anfang stand der Freispruch eines Wiener Geschworenengerichts in der Schattendorfer Affäre. Elf Männer und eine Frau, die einen kleinen Floridsdorfer Beamten zu ihrem Obmann wählten, saßen auf der Geschworenenbank. Die Anklage gegen die drei Bauernburschen aus Schattendorf lautete auf Verbrechen der öffentlichen Gewalttätigkeit (§ 98 StG), die vom Gericht den Geschworenen vorgelegte Eventualfrage auf Gefährdung der körperlichen Sicherheit (§ 335 StG). Die Verteidigung plädierte auf Notwehr. Die Geschworenen, die — zum Unterschied von der 1924 durch Gesetzesnovellierung geschaffenen Lage in Deutschland — allein über die Schuldfrage zu entscheiden hatten, befanden die Angeklagten nach dreistündiger Beratung für „nicht schuldig".

Daß es sich dabei um einen der vielen anfechtbaren Freisprüche durch Geschworenengerichte gehandelt hat, ist unbestreitbar. Ebenso auch, daß die Institution der Geschworenengerichte, wie sie in Österreich seit 1867 bestand, zu den prinzipiellen Postulaten der Sozialdemokraten gehörte.

Der durch Presseartikel, in welcher Intention auch immer sie geschrieben sein mochten, beschworene Sturm brach los, gleichzeitig mit einem wilden Generalstreik; niemand hatte diesen Sturm vorbereitet oder angeordnet, niemand Demonstrationen gewünscht und veranlaßt.

Der Justizpalast, Sitz des Obersten Gerichtshofes und des Oberlandesgerichts, von der Strafgerichtsbarkeit der unteren Instanzen auch örtlich entfernt, wurde das Opfer der wütenden und bald auch durch professionelle Revolutionäre aufgestachelten Menge. Der angesprochene Heereseinsatz wurde abgelehnt, um die Erregung der Massen nicht noch mehr zu steigern. Er hätte, wie die Erinnerung an gleiche Fälle im alten Österreich beweist, eine vermutlich wesentlich geringere Anzahl von Opfern gekostet. Die sozialdemokratischen Führer Bürgermeister Seitz, General Körner, Dr. Julius Deutsch und Otto Glöckel bemühten sich unter persönlichem Einsatz, wenigstens der Feuerwehr den Weg zum brennenden Justizpalast zu öffnen, in welchem eine Polizeiabteilung eingeschlossen war.

Vergebens. Schließlich brachen massierte Polizeikräfte den Widerstand mit Gewehrsalven.

Das tragische Endergebnis: 84 Tote.

Nach der Niederschlagung der Revolte, die im Fall eines Erfolges sicherlich das demokratische Regime beseitigt hätte, stellte sich die Opposition aus Protest gegen die „Polizeibrutalität" hinter die Demonstranten und sanktionierte einen zunächst unbefristeten Verkehrsstreik, der allerdings nach zwei Tagen abgebrochen wurde; an diesem Ergebnis hatte in den westlichen Ländern die Heimwehr wesentlichen Anteil.

Außerdem forderte die Opposition den Rücktritt der Regierung; Bundeskanzler Seipel erwiderte, daß zu einem solchen kein Anlaß bestünde und er erst nach Beendigung des Verkehrsstreiks zu Verhandlungen bereit sei. Diese Beendigung des Streiks sei nötig, um den Abgeordneten aus den Ländern die Zureise zur Nationalratssitzung zu ermöglichen.

Die Beurteilung der Ereignisse ist klarerweise stark von der politischen Einstellung der Beteiligten bestimmt. Außer Frage dürfte stehen, daß auf allen Seiten Handlungen oder Unterlassungen unterliefen, die den Gang der tragischen Ereignisse beeinflußten.

Was später als Ventil bezeichnet wurde, nämlich die maßlose Sprache verschiedener Leitartikler, hat in Wirklichkeit den überhitzten Kessel zur Explosion gebracht.

Die Weigerung, Militärassistenz anzufordern — aus dem Motiv, die Erregung nicht weiter schüren zu wollen —, erwies sich als Bumerang. Anderseits kann man argumentieren: Wäre die Wiener Polizei mit Wasserwerfern, Tränengas usw. ausgerüstet gewesen, hätte dies den Gebrauch der Schußwaffe nicht wesentlich eingeschränkt? Wurde nicht überhaupt zuviel geschossen? Jedenfalls stimmt es, daß infolge der Verkettung ungewollter Umstände nachher „die Regierung für den spontanen Auflauf die (Sozialdemokratische) Partei, die Partei die Regierung für die blutige Repression verantwortlich" machte.[41]

Julius Deutsch berichtet, daß bei einer gemeinsamen Konferenz des Parteivorstandes und der Reichsgewerkschaftskommission am Abend des Unglückstages festgestellt wurde, „daß am Vormittag uns die Herrschaft über die Massen entglitten war und am Nachmittag der Polizeipräsident die Herrschaft über die Polizei verloren hatte". In Beratung der weiteren Politik wurden bei dieser Sitzung Stimmen laut, die empfahlen, den ohne Absicht nun einmal begonnenen Kampf bis zur letzten Konsequenz durchzufechten. „Das bedeutete an Stelle der planlosen, zufälligen Zusammenstöße zwischen Polizisten und Arbeitern einen Kampf um die endgültige Entscheidung herbeizuführen." Die Mehrheit der leitenden Vertrauensmänner hat diese Vorschläge abgelehnt und begnügte sich mit der Proklamation eines auf 24 Stunden befristeten Generalstreiks und eines unbefristeten Eisenbahnerstreiks. Allerdings wurde die Aufstellung einer militarisierten „Wiener Gemeindewache" beschlossen, deren Organisierung Dr. Deutsch übernahm.[42]

In anderem Zusammenhang schreibt derselbe Autor:
„An diesem unglücklichen Tag hatte es sich gezeigt, daß Polizei und Gendarmerie wie in der dunkelsten Zeit der Habsburger gegen das Volk eingesetzt werden konnten. Ein unbedeutender Straßenkrawall war zum Anlaß genommen worden, um ‚einzuschreiten'. Der Polizeisäbel hieb, und die Flinte krachte wieder in den Straßen von Wien, ganz so wie ehedem. Das Ergebnis waren 90 Tote und Hunderte Verletzte. Dieser Pyrrhussieg über das Volk von Wien machte die Herrschenden trunken. Ihr Kanzler, der Prälat Ignaz Seipel, verkündete als den Grundsatz seiner Regierungskunst: keine Milde..."[43]

Das Wort vom Prälaten ohne Milde und die daraufhin organisierte Kirchenaustrittsbewegung, die als politisches Druckmittel gegen den Kanzler gedacht war, hat in der Folge viel dazu beigetragen, die politische Atmosphäre weiter zu verschärfen.

Nach Abbruch des Verkehrsstreiks trat der Nationalrat zusammen, und die große Debatte über die tragischen Ereignisse begann. Bundeskanzler Seipel führte in seiner Rede aus:

„Heute müssen wir uns aber erinnern, daß unter den Verwundeten — Gott sei Dank nicht unter den Toten — auch die österreichische Republik ist...

Nicht irgendeine Regierungsverfügung, nicht irgendein Streitfall, der das Parlament beschäftigt, hat eine blutig ausgehende Volksbewegung ausgelöst, sondern ein Schwurgerichtsurteil ist es gewesen; auch nicht das Urteil von Berufsrichtern. Das Schwurgericht war in diesem Fall gewiß kein Klassengericht; die Hälfte der Geschworenen gehörte dem Arbeiterstand an. Es ist allerdings diesem Schwurgericht vorgearbeitet worden, wie ihm hätte nicht vorgearbeitet werden dürfen...

Es kam zu Angriffen auf die Sicherheitswache, die damals nicht mit Gewehren bewaffnet war und daher auch nicht aus ihnen schießen konnte. Durch zwei Stunden sind, wie uns die Vorsteher unserer Kliniken sagen, nur verwundete Polizeiorgane eingeliefert worden und noch keine verwundeten Demonstranten. Es sind Privatgebäude und der Sitz in der Zeit vor und während des Prozesses vielgenannter Zeitungsunternehmungen gestürmt worden; es ist eine Wachstube gestürmt und ausgebrannt worden."

Der Kanzler verwies sodann darauf, daß zwar der Polizeipräsident auf eigene Verantwortung Militärassistenz beantragt habe, diese aber vom verfassungsmäßig zuständigen Wiener Bürgermeister abgelehnt worden sei, und fuhr fort:

„Das Militär brauchte nicht einen einzigen Schuß abzugeben; gerade aus dieser Beobachtung haben wir die Überzeugung geschöpft, daß vielleicht die Hälfte der blutigen Opfer hätte vermieden werden können, wenn das Militär zum Schutz der Polizei rechtzeitig herangezogen worden

wäre; es hätte nicht zu schießen gebraucht, es hätte nur durch die Straßen marschieren müssen ...
Wir waren (durch den Verkehrsstreik) nahe daran, von der Revolte in die Revolution hineinzukommen ...
Als hier einmal Häuser in Brand gesteckt, als Todesopfer gefallen waren, da hat man sich von seiten einer internationalen Partei, die in diesem Hause nicht vertreten ist, von seiten der Kommunisten der Sache zu bemächtigen versucht, auswärtige Führer ins Land gesendet und aufreizende Telegramme geschickt mit der Aufforderung, diese angeblich schon zur Revolution emporgewachsene Bewegung nicht aufhören zu lassen, bis sie zur wirklichen Revolution, zum Sturz der Regierung, ohne daß die gesetzgebende Körperschaft, das Parlament, dazu etwas sagen könnte, geführt hätte ...
Daß es soweit kommen konnte, ist zum großen Teil auch Schuld des Hohen Hauses; es hat seit Monaten Stück für Stück seiner Autorität verwirkt, und die Verantwortung tragen jene, die in diesem Hause die Meinung aufkommen ließen, als ob sie die Demokratie nicht wollten;
... ziehen Sie einmal den Trennungsstrich deutlich zwischen einer demokratischen Opposition und Beschützern von Revolten ...
Und noch eine Bitte habe ich an Sie alle am heutigen Tag; verlangen Sie nichts vom Parlament und von der Regierung, das den Opfern und den Schuldigen an den Unglückstagen gegenüber milde schiene, aber grausam gegenüber der verwundeten Republik; verlangen Sie nichts, was ausschauen könnte wie ein Freibrief für solche, die sich empören; verlangen Sie nichts, was Demonstranten und denen, die sich ihnen anschließen, um zu plündern und Häuser in Brand zu stecken, den Mut machen könnte, ein anderes Mal wieder so etwas zu tun, weil ihnen ohnehin nicht viel geschehen kann.
Es liegt uns nichts ferner, als hart sein zu wollen, aber fest wollen wir sein. Fest sein heißt ebensowenig hart sein, als milde sein schwach sein heißen muß. Aber es muß für beides Tag und Stunde richtig gewählt sein."[44]
Otto Bauer antwortete als Führer der Opposition in gleich glänzender Form wie sein Vorredner Seipel. Was eine flammende Angriffsrede schien, wurde dennoch zugleich als meisterhaft konstruierte Verteidigung empfunden. Unter anderem hieß es darin allerdings:
„Sieben Jahre — wenn auch unter wechselnder Firma — regiert jetzt der Bundeskanzler, und das Ergebnis sind diese hundert Toten ... Ein Regime des Schmutzes ist nun auch mit Blut befleckt."
Die harte Sprache der Opposition ließ für die Zukunft wenig Gutes erwarten. Bald sollte sich zeigen, daß der 15. Juli 1927 den Beginn einer neuen Periode österreichischer Geschichte bildete. Das erste Jahrzehnt der Republik hatte sich unter Flammenzeichen seinem Ende genähert. Im zweiten sollte

nicht mehr die Innenpolitik, sondern die Außenpolitik die Geschicke im wesentlichen entscheiden. Übrigens hatten sich schon als Folge der Ereignisse des 15. Juli 1927 die Tschechoslowakei, Ungarn und auch Italien für einen möglichen Einmarsch gerüstet.

Die Liquidierung des tragischen 15. Juli 1927 war ein eindeutiger Erfolg der Regierung. Der Gegenseite fiel es trotz ihrer heftigen Sprache sichtlich schwer, vor der Welt und den eigenen Anhängern das Gesicht zu wahren.

Gerade daraus wird der rückschauende Betrachter schließen, daß es ein leichtes gewesen sein müßte, den traurigen Anlaß zu einer allgemeinen Entspannung und Normalisierung der Lage im Inneren zu benützen. Die Regierung konnte es sich unter den gegebenen Umständen leisten, entgegenzukommen, und die Opposition, einen angemessenen Preis für dieses Entgegenkommen zu zahlen, zum Beispiel in Form einer bindenden Vereinbarung betreffend das parlamentarische Arbeitsprogramm für den Rest der Legislaturperiode, d. h. bis Frühling 1931.

Die erste Voraussetzung für ein gutes Einsetzen einer neuen politischen Ära war seitens der Regierung: Maßhalten in der unvermeidlichen strafrechtlichen Verfolgung der Schuldigen. Diese Voraussetzung wurde erfüllt. Die Hauptschuldigen, denen Brandstiftung und andere besonders schwere Gewalttakte vorgeworfen werden konnten, wurden vor Geschworenengerichte gestellt; die Prozesse führten nach dem Schattendorfer Muster durchwegs zum Freispruch. Irgendwelche politische Konsequenzen hat die Regierung bewußt nicht gezogen.

Die andere Voraussetzung wäre gewesen, der maßlosen Hetzpropaganda in der Öffentlichkeit Einhalt zu gebieten und auch das entrüstete Pathos politischer Rhetorik im Nationalrat, in dessen Plenarsitzungen — anders als in den Ausschüssen — die offenen Fenster eine große Rolle spielten, auf moderato zu stimmen. Wie das gemacht werden konnte, hat der Vorarlberger Abgeordnete und christliche Arbeitervertreter Dr. Karl Drexel in einer denkwürdigen Parlamentssitzung im Juli 1927 gezeigt.

Die Erregung auf beiden Seiten war ungeheuer. Ein Nachgeben wurde von den starken Flügeln hüben wie drüben als Selbstmord empfunden und hätte es damals tatsächlich sehr leicht wirklich werden können.

Die Folge war zunächst ein praktisch gelähmter Nationalrat. Zumal im bürgerlichen Lager wuchs die Unzufriedenheit mit den Parteien, und um die beiden radikalen Gegenpole geschart, zeigte sich ein starkes Anwachsen der außerparlamentarischen Kräfte.

Italien und Ungarn auf der einen, die Tschechoslowakei und damals auch noch Jugoslawien auf der anderen Seite begannen sich für den potentiellen österreichischen Unruheherd zu interessieren und je nach ihrem eigenen außenpolitischen Interesse Partei zu ergreifen.

Der rasche Anstieg der Heimwehren im Anschluß an die Julierereignisse von 1927 hatte zu Kontakten der Heimwehrführung (Steidle) mit Ungarn und

Italien geführt. In Rom und Budapest schien nur eine österreichische Rechtsregierung mit den dortigen außenpolitischen Konzeptionen einer mitteleuropäischen Ordnung vereinbar zu sein.⁴⁵

Ein Einschwenken Österreichs auf die Linie der Kleinen Entente, insbesondere der Tschechoslowakei — und ein solches wurde von seiten einer möglichen Wiener Linksregierung oder auch einer Koalitionsregierung befürchtet —, stand nach der Auffassung Budapests der Revisionspolitik Ungarns im Wege; die Folge wäre zunächst die Bildung eines Wirtschaftsblocks gewesen, der den direkten ungarischen und italienischen Interessen entgegenstehen mußte. Außerdem wurde argumentiert, daß eine stärkere Bindung Österreichs an Ungarn und Italien, die nur von einer Rechtsregierung erwartet werden konnte, schon mit Rücksicht auf die andersgerichtete innerpolitische Einstellung der deutschen Reichsregierung (1928) die Gefahr eines Anschlusses vermindern würde.

Mussolini erklärte sich im Frühjahr 1928 gegenüber seinem ungarischen Gesprächspartner, dem Ministerpräsidenten Bethlen, mit einer Finanzierungshilfe für die österreichischen Heimwehren einverstanden; sie sollte über Ungarn geleitet werden.

Ein Vertrauensmann der ungarischen Gesandtschaft in Wien, General Béla Jánky, nahm Verbindung mit Dr. Steidle auf, der seinerseits schon im August 1927 die Frage einer Subventionierung zur Sprache gebracht hatte. Dr. Steidle bezeichnete in einer für Bethlen bestimmten Denkschrift vom 23. Mai 1928 einen Betrag von 1,494.000 Schilling als die zur Deckung des Organisations- und Waffenbedarfes der Heimwehr nötige Summe. In der Eingabe heißt es wörtlich:

„Die 150.000 heute in den Reihen der Heimwehr organisierten Männer, welche bereit sind, Kopf und Kragen für den Sieg ihrer Weltanschauung einzusetzen, können und wollen sich nicht mit der Rolle begnügen, als drohender Kettenhund auf der Wacht zu liegen und zu kuschen, bis der Hundebesitzer, d. h. in diesem Fall die bürgerlichen Parteien, ihn, wie am 15. Juli 1927, einmal loslassen, um ihn sofort nach getaner Arbeit gegen den eingebrochenen Dieb wieder an die Kette zu legen, sondern sie wollen mitreden bei der Gestaltung des Staates..."

Unabhängig davon und ohne Wissen Steidles hatte sich die steirische (nationalistische) Pfrimer-Gruppe gleichfalls in einem Memorandum vom 16. Mai 1928 an die ungarische Regierung gewendet und um finanzielle Unterstützung gebeten. Seipel wurde darin schärfstens kritisiert, da er dem immer mehr zunehmenden Einfluß der Sozialdemokraten nicht den notwendigen Widerstand entgegensetze. In diesem Memorandum heißt es unter anderem:

„Daß die Regierung Seipel damals am 15. Juli 1927 nicht daranging, den Sieg über die Austromarxisten auszunützen, den Nationalrat aufzulösen, die Rädelsführer der verdienten Strafe zuzuführen und endlich

Ordnung zu schaffen, belastet sie mit schwerer Schuld vor der Geschichte und vor Europa."

Im Zusammenhang mit dieser Eingabe wurde auch ein Putschplan der steirischen Heimwehr vorgelegt, der die Niederschlagung des Republikanischen Schutzbundes und — nach der Besetzung der öffentlichen Gebäude und wichtigsten Versorgungsbetriebe in Wien — die Ausrufung einer Militärdiktatur vorsah, die später durch ein Direktorium abgelöst werden sollte.

Außerdem wurde nachdrücklich die Zollunion mit dem Deutschen Reich gefordert.[46]

Das steirische Ersuchen wurde von der ungarischen Regierung rundweg abgelehnt, und zwar nicht zuletzt deshalb, weil die Forderung nach einer Zollunion mit Deutschland den ungarischen wie auch den italienischen außenpolitischen Plänen zuwiderlief: die Zollunion mußte praktisch den ersten Schritt zum Anschluß bedeuten, und diesem standen aus ungarischer Sicht die Agrarinteressen und aus italienischer die gewünschte Ordnung in Mitteleuropa, unter anderem die in Frage gestellte Sicherheit der Brennergrenze, entgegen.

Hingegen führten die Bemühungen Steidles nach wiederholten Begegnungen mit dem ungarischen Ministerpräsidenten Bethlen zum Ziel. Die offenbare Überlegung war, daß es in naher Zeit, man vermutete den Herbst 1928, zu neuerlichen Unruhen in Österreich kommen werde, die dann zu einem durchgreifenden Regimewechsel führen mußten.[47]

Aus Starhembergs veröffentlichten Erinnerungen wissen wir, daß Mussolini auch in den späteren Jahren den Heimwehren namhafte Summen zur Verfügung stellte, allerdings in den Jahren, in denen es hauptsächlich darauf ankam, den nationalsozialistischen Terror zu brechen.[48] Haben somit die Heimwehren ihre Bewaffnung mit ausländischer Hilfe betrieben, so stand es im Lager ihres Gegners, des Republikanischen Schutzbundes, damit nicht anders.

In den frühen Jahren ihres Bestehens hatten beide Lager ihre Waffen aus den Demobilisierungsbeständen bezogen, zuerst offen, dann im geheimen. Die Waffensuche im Arsenal hatte eine deutliche Sprache gesprochen. Nach dem Juli 1927 begannen die geheimen Rüstungen, wobei jede der beiden Organisationen die Bereitschaft der anderen zum Angriff voraussetzte, den Angriff fürchtete und ihm zuvorkommen entschlossen war. Julius Deutsch schreibt:

„Hatte man aber schließlich — allen Schwierigkeiten zum Trotz — den militärischen Apparat aufgestellt und so gut eingeübt, als es unter diesen Umständen eben möglich war, dann kam erst die große, alles andere überschattende Waffenfrage. Wie sollte man — illegal! — für die Zehntausende Schutzbündler Waffen beschaffen?"[49]

Joseph Buttinger schildert die gespannte Lage vor dem 12. Februar 1934: Die Heimwehren hätten sich damals in den Landeshauptstädten massiert und mit dem gewaltsamen Sturz der gewählten Landesregierungen gedroht, während auf der Donau tschechische Gewehre und Munition nach Österreich gebracht wurden, um die Waffenverstecke des Schutzbundes aufzufüllen.[50]

Details über den großzügigen Waffenschmuggel aus der Tschechoslowakei bis zum Januar 1934 gehen aus dem ausführlichen Bericht der Bundespolizeidirektion in Wien vom 28. Februar 1934 hervor, betreffend eine Strafanzeige gegen eine größere Anzahl von Beschuldigten wegen Hochverrats und Vergehens gegen das Sprengstoffgesetz. In diesem Bericht ist auch davon die Rede, daß der Ankauf der tschechischen Munition nicht direkt von Wien aus, sondern durch die Internationale in Zürich getätigt worden sei. Es habe sich dabei um Käufe in der Größenordnung von mehreren Millionen Schilling gehandelt. Dagegen berichtete die Wirtschaftspolizei der Polizeidirektion Wien, daß durch den Obmann des Gewerkschafts- und Rechtsschutzvereins des österreichischen Eisenbahnpersonals, Nationalrat Berthold König, ein Effektendepot im Wert von rund 1,800.000 Schilling in Zürich dem Obmann des Internationalen Transportarbeiterverbandes, Edi Fimmen, wohnhaft in Amsterdam, übergeben worden sei. Dieser habe ebenso wie andere führende Persönlichkeiten der Internationale bei wiederholten Aufenthalten in Wien mit Schutzbundfunktionären Verhandlungen gepflogen.[51]

Trotzdem war die Regierung bis zum 27. Januar 1932, dem Tag des Zerfalls der bürgerlichen Koalition, und bis zum Amtsantritt des zweiten Kabinetts des Bundeskanzlers Dr. Karl Buresch infolge ihrer ausreichenden parlamentarischen Mehrheit noch immer stark genug gewesen, um die Gefahr eines ernsteren blutigen Zusammenstoßes zu verhindern.

Mittlerweile hatte die Weltwirtschaftskrise Österreich aufs härteste getroffen. Die Creditanstalt war zusammengebrochen (13. Mai 1931) und wurde nur durch die Übernahme einer weitgehenden Bundeshaftung über Wasser gehalten. Dadurch war wiederum die Währung in Gefahr und die Stützung des Schillings durch eine neuerliche Völkerbundanleihe unabweislich geworden. Dazu brauchte man unter anderem Frankreich. Mit dem verunglückten Zollunionsplan (März 1931) waren aber die außenpolitischen Weichen für die voraussehbare Zukunft gestellt. Die Frage des Anschlusses — auch nur als eines fernen Zukunftszieles — war auf absehbare Zeit auch für die Österreicher, die noch an den Anschluß glaubten, in Wahrheit erledigt. Über die Frage der Lausanner Anleihe und die damit verbundenen Verpflichtungen außenpolitischer Natur fiel schließlich die große Koalition durch Austritt der Großdeutschen Partei auseinander. Die Erklärung dafür ist zum großen Teil darin zu suchen, daß aus Deutschland ernste Sturmzeichen drohten: bei den Reichstagswahlen vom September 1930 war die NSDAP mit 107 Sitzen nach den Sozialdemokraten mit 143 Sitzen die zweitstärkste Partei geworden. Die nächsten Wahlen, im Juli 1932, sollten die NSDAP mit 230 Sitzen zur stärksten Fraktion im Reichstag machen. Im November 1932 blieb sie mit 196 Sitzen immer noch die zahlenmäßig stärkste Partei, gefolgt von den Sozialdemokraten mit 121 Sitzen und von den 100 Kommunisten als drittstärkster Fraktion auf der äußersten Linken.

Die Zuspitzung der Lage in Österreich, die mit dem Zerfall der bürgerlichen

Koalition und damit dem Verlust der parlamentarischen Mehrheit Ende Januar 1932 zu einer ernsten offenen Krise geführt hatte, ließ auf den ersten Blick zwei mögliche Wege zur Lösung offen: einmal den Versuch einer großen Koalition mit Einschluß der Sozialdemokraten — und damit verbunden eine allgemeine innere Abrüstung — oder Neuwahlen.

Wie klar die europäische Bedeutung, also die außenpolitische Komponente einer möglichen Konsolidierung der seit langem gefährdeten österreichischen Position im Ausland, erkannt worden ist, zeigt nicht nur das zunehmende Interesse Italiens an der österreichischen Entwicklung und die im Prinzip freundliche Haltung der Bank von England (Montagu Norman, Sir Otto Niemeyer),[52] sondern auch vor allem die Politik Frankreichs. Ministerpräsident André Tardieu trat mit seinem Plan einer wirtschaftlichen Donauföderation hervor (Tardieu-Plan), nach welchem Österreich, Ungarn und die drei Staaten der Kleinen Entente durch ein System von Vorzugszöllen einen gemeinsamen Markt bilden sollten. Der Plan war offensichtlich als der französische Gegenvorschlag der vor Jahresfrist abgelehnten deutsch-österreichischen Zollunion gedacht. Er scheiterte schon im März 1932 unter anderem am Einspruch Italiens und Deutschlands, die in der Ablehnung einer französischen Vorherrschaft im Donauraum eines Sinnes waren. In Deutschland hatte sich überdies im Oktober 1931 die sogenannte Harzburger Front gebildet, in der sich die NSDAP, die Deutschnationalen und der Stahlhelm in einem politischen Bündnis trafen. Dem französischen Tardieu-Plan trat damit deutscherseits der ominöse Kampfruf „Harzburg oder Habsburg" entgegen.

Die Koalitionsversuche der christlichsozialen Seite mit den Sozialdemokraten hatten sich als undurchführbar erwiesen. Die Verhandlungen Seipels im Juni 1931 und sein Vorschlag, eine Konzentrationsregierung Seipel-Bauer zu bilden, waren gescheitert. Karl Renner erklärte später, die symptomatischen Verhandlungen vom 18. Juni 1931 zur Bildung einer Konzentrationsregierung hätten jedenfalls die höchste Peripetie in der Tragödie der österreichischen Demokratie dargestellt. Der ehemalige Vizekanzler Franz Winkler (Landbund) schrieb, die Sozialdemokraten hätten in unbegreiflicher dogmatischer Einstellung dieses Angebot abgelehnt.[53] Einem weiteren Fühlerausstrecken des Kanzlers Buresch im Oktober 1931, um die Möglichkeiten einer Koalition mit der Linken zu ergründen, war gleichfalls kein Erfolg beschieden.[54]

Für Otto Bauer, den Dogmatiker der österreichischen Sozialdemokraten — gerade in dieser Frage zumeist im Gegensatz zu Karl Renner —, war die Erneuerung der Koalition zu keinem Zeitpunkt diskutabel, und zwar nicht sosehr aus grundsätzlichen Erwägungen, sondern einfach, weil er sie in der gegebenen österreichischen Lage für politisch nicht vertretbar fand. Die Arbeiterklasse hatte nach seinem Urteil keinen Vorteil davon, sie wäre nur vor die Notwendigkeit gestellt gewesen, sich an unvermeidlichen unpopulären Maßnahmen zu beteiligen und letztlich dadurch mitzuhelfen, die bürgerliche Ordnung aufrechtzuerhalten.[55]

Auch eine allgemeine Abrüstung, die zumal in der Zeit des ersten Kabinetts Buresch ernstlich betrieben wurde, war nicht mehr durchzusetzen; sei es, daß der Preis, der dafür hätte bezahlt werden müssen, politisch zu hoch geworden war, sei es, daß die Autorität der Regierung inner- und außerhalb des Parlaments zu einschneidenden Maßnahmen nicht ausreichte.

Mit dem Plan der Konzentrationsregierung war auch der einer inneren Abrüstung für die voraussehbare Zukunft gefallen. Somit blieben Neuwahlen der herkömmliche Weg aus dem Dilemma. Die nächsten Wahlen zum Nationalrat waren im Herbst 1934 fällig. Der 24. April 1932 brachte die bereits erwähnten Landtagswahlen in Wien, Niederösterreich und Salzburg. Am eindeutigsten war ihr Ergebnis in Wien. Man wußte vom Wahlkampf her, was von den ungestüm angreifenden Anhängern der Hitler-Bewegung erwartet werden konnte. Die Christlichsozialen verloren 49.000, die Sozialdemokraten 20.000 Stimmen, die Großdeutschen wurden praktisch aufgerieben, und die NSDAP zog mit 15 Abgeordneten unter Führung ihres Gauleiters Leopold in den Wiener Gemeinderat ein.[56]

Die Wiener Christlichsozialen unter ihrem Führer Leopold Kunschak hatten sich im Wahlkampf verbissen zur Wehr gesetzt und eine aufopfernde Verteidigungsschlacht geschlagen; dies unter den denkbar ungünstigsten Umständen, angesichts der stetig steigenden Arbeitslosigkeit und der prekären wirtschaftlichen Lage der Kleingewerbetreibenden, des Handels, des kleinen Mittelstandes überhaupt. Noch am 5. März 1932 hatte Leopold Kunschak in einer Wahlkundgebung eine mutige Lanze für die innere Abrüstung gebrochen:

„Die Regierung möge durch Gesetz eine Frist stellen zur freiwilligen Ablieferung verbotener Waffen, unter gleichzeitiger Androhung, daß alle, die nach dieser Frist im Besitz verbotener Waffen angetroffen werden, barbarische Strafen zu gewärtigen haben."[57]

So sachlich richtig und beherzigenswert diese Aufforderung war, so unmöglich war es damals, ihr praktisch nachzukommen. Weder Linke noch Rechte waren bereit, auf ihre Verteidigungsmöglichkeit zu verzichten in einem Augenblick, in dem offensichtlich eine Änderung vor der Tür stand. Denn daß es so nicht mehr lange weitergehen könne, darüber waren sich alle einig.

Im Gebäude der beiden großen traditionellen Parteien begann es zu knistern; die Sozialdemokraten hatten zwar ihre Wiener Stellung halten können, aber von der Eroberung der Macht waren sie weiter entfernt als je zuvor; auch sie hatten, wenngleich noch in erträglichem Maße, Stimmeneinbußen hinnehmen müssen; ein halbes Jahr später allerdings, bei den Vorarlberger Landtagswahlen, machte der Stimmenverlust bereits ein Drittel ihres vorigen Besitzstandes aus.

Es ist richtig, daß das Wahlergebnis seine Schockwirkung im Regierungslager nicht verfehlte. Mit dem Durchbruch des Nationalsozialismus war ein Gegner erstanden, bei welchem es sich nicht nur um eine neue Figur auf dem politischen Schachbrett handelte, sondern um eine von jenseits der Grenzen gelenkte revolutionäre Bewegung, die nicht nur die Parteien und das politische System, sondern wissentlich den Staat als solchen in seiner Existenz bedrohte. Es wird gesagt, die NSDAP hätte auf normalem Weg niemals die Mehrheit erlangt. Dies mag stimmen. Also hätte man den damals stürmisch verlangten parlamentarischen Neuwahlen nicht ausweichen dürfen... Dann aber wäre aller Voraussicht nach genau das passiert, was sich in Deutschland 1932 ereignet hat; dort waren die Reichstagswähler zweimal im selben Jahr — innerhalb von vier Monaten — zu den Urnen gerufen worden, ohne daß dadurch der Sache der parlamentarischen Demokratie und, wie wir heute wissen, der nationalen Sache gedient war.

Tatsächlich war es neben der Bedachtnahme auf die äußerst gefährdete wirtschaftliche und finanzielle Lage des Staates die Sorge vor dem Anwachsen der braunen Lawine, die das entscheidende Nein begründete, mit dem die Regierung Buresch trotz und nicht wegen ihrer schmalen Basis der Forderung nach Neuwahlen entgegentrat.

Franz Winkler, der Vizekanzler des zweiten Kabinetts Buresch, berichtet: „Der auf demokratischer Basis errungene Wahlsieg der neuen heranstürmenden nationalsozialistischen Opposition bildete den Ausgangspunkt einer tragischen Krise, die durch zahlreiche unglückliche Fehlerketten noch eine Verschärfung erfuhr. Die Sozialdemokraten stellten — Otto Bauer bezeichnet diesen folgenschweren Entschluß der Partei als ‚linke' Abweichung — nach der Wahlschlacht vom 24. April im Parlament den Antrag auf Auflösung des Nationalrats und Ausschreibung von Neuwahlen. Diesem oppositionellen Antrag, welcher der Regierung die allergrößten Verlegenheiten bereitete, schlossen sich die Abgeordneten der Großdeutschen Volkspartei an. Die Regierung besaß gegen diesen Antrag keine zureichende Mehrheit. Die bis dahin unbedeutende Heimwehrfraktion wurde zum Zünglein an der Waage. Um Zeit zu gewinnen für die Verhandlungen mit der Heimwehr seitens der Christlichsozialen, demissionierte am 13. Mai 1932 Bundeskanzler Dr. Buresch, wodurch automatisch die Abstimmungen über die Auflösungsanträge im Plenum des Parlaments aussetzten..."[58]

Der neue Kanzler hieß Engelbert Dollfuß. Der junge frühere Landwirtschaftsminister im Kabinett Buresch, ein anerkannter Agrarfachmann, der sich auf internationalen Konferenzen einen Namen gemacht hatte, war weder der Heimwehr zugehörig noch Mitglied eines anderen Selbstschutzverbandes. Als Mitglied des Niederösterreichischen Bauernbundes war er Christlichsozialer, und man erinnerte sich, daß er trotz großer persönlicher Verehrung für Seipel mit diesem gelegentlich in scharfer sachlicher Meinungsverschiedenheit die Feder kreuzte.

Als ehemaliger Kaiserschützenoffizier fühlte sich Dollfuß der Kriegsgeneration verbunden. Zeitlebens nahm er regen Anteil an den Sorgen und Anliegen der jungen Akademikerschaft. Ein Meister in der Menschenbehandlung, im Ausgleichen und Vermitteln, grundgescheit, aufrichtig und ein geschworener

Gegner aller Intrigen, war er bei Freund und Gegner geschätzt und geachtet. Insbesondere stand er, wie die meisten Niederösterreicher, in durchaus normalen Beziehungen zum sozialdemokratischen Lager. Dabei war ihm eine scharf ausgeprägte Empfindlichkeit zu eigen, die ihn, was ihm als Unbill, Unrecht oder Unverläßlichkeit erschien, nie mehr vergessen ließ. Wer an demselben Fehler laboriert, wie zum Beispiel auch der Verfasser, weiß um das Gewicht solchen Nachteils. Seipel war anders: auch wenn er litt, ließ er sich in vollendeter Selbstbeherrschung nach außen nichts anmerken.

Als erstes sah Dollfuß die dringende Aufgabe vor sich, Österreich aus seinem wirtschaftlichen Tief herauszuführen und die neue Völkerbundanleihe zur Festigung der gefährdeten Währung zu sichern.

Zunächst aber stand er vor dem Problem, eine parlamentarische Mehrheit zu finden. Koalition mit den Sozialdemokraten? Sie stand nach dem Trend, den die Wahlen vom 24. April gezeigt hatten und der sich um die gleiche Zeit in den deutschen Landtagswahlen in Preußen, Württemberg und Bayern in aller Deutlichkeit manifestierte, kaum ernsthaft zur Debatte; abgesehen davon, daß die andere Seite, vielleicht auch getäuscht durch ihr relativ gutes Abschneiden bei den lokalen Wahlen, in einer verzweifelt aussehenden Lage kaum mehr Neigung verspürte als früher, in die Verantwortung mit allen ihren Risiken einzusteigen. Und die Großdeutschen wieder lehnten die Mitarbeit rundweg ab, da Dollfuß, wie früher Buresch, nach der „nationalen" Seite in der Frage der Völkerbundanleihe keine Konzessionen machte.

Also blieb zur Bildung einer wenn auch schmerzlich schmalen Mehrheit neben dem Zusammengehen mit dem Landbund nur die Einbeziehung des Heimatblocks in die Regierungsfront übrig; er war durch den Handelsminister Dr. Guido Jakoncig im Kabinett vertreten. Dollfuß stützte sich daher im Nationalrat auf 66 Christlichsoziale, 9 Landbündler und 8 Vertreter des Heimatblocks; von letzteren neigten noch dazu zwei zur nationalen Seite.

Dies bedeutete eine Stimme Mehrheit.

Es lag auf der Hand, daß unter solchen Umständen — besonders in Anbetracht der allgemeinen Lage und der schwierigen Aufgaben, die es zu lösen galt — auf längere Dauer mit einer parlamentarischen Arbeitsmöglichkeit nicht zu rechnen war. Verständlich, daß nach allgemeiner Auffassung das Dollfuß-Kabinett nur ein weiteres Provisorium darstellen konnte.

Alle dachten so. Ausgenommen Dollfuß. Er hatte sich vorgenommen, die Krise zu meistern, vorher würde es weder Neuwahlen noch einen Rücktritt geben. So fuhr er also nach Lausanne und brachte die Unterzeichnung des Vertrages über den Abschluß einer Anleihe von 300 Millionen Goldschilling mit einer Laufzeit von zwanzig Jahren nach Hause. An die Anleihegewährung war die Bedingung der Geldgeber geknüpft, daß Österreich bis zur Rückzahlung, also bis 1952, auf den Anschluß und eine etwaige Zollunion mit Deutschland verzichte; das bedeutete, verglichen mit den Klauseln der Genfer Protokolle von 1922, eine Verlängerung des Anschlußverbotes um weitere zehn Jahre;

dabei stand Österreich allerdings die Rückzahlung der Anleihe nach 1942 theoretisch offen.

Sozialdemokraten und Großdeutsche opponierten heftigst gegen das Anschlußverbot, und zwar im selben Augenblick, in welchem sich Hitler deutlich zum Endkampf um die Macht in Deutschland rüstete.

Mit knapper Not siegte Dollfuß im Nationalrat mit einer Stimme Mehrheit, die noch dazu bis zum letzten Augenblick in Frage stand.

Eine Schicksalsfügung hatte es gewollt, daß zwei Abgeordnete zu dieser Zeit im Sterben lagen. Beider Namen bedeuteten zugleich Programm und Geschichte. Der eine war Dr. Ignaz Seipel (gestorben am 2. August 1932), dessen Stimme der Regierungskoalition fehlte; der zweite war Dr. Johannes Schober (gestorben am 19. August 1932), der zur Opposition gehörte.

Am 17. August 1932 trat der Nationalrat zur entscheidenden Sitzung zusammen. Der Ersatzmann für den gerade verstorbenen Altbundeskanzler Seipel war rechtzeitig einberufen worden, und mit dessen Stimme siegte Dollfuß.

Damit war jedoch die Klippe noch nicht überwunden; denn die Vorlage hatte nun den Bundesrat zu passieren, wo die Regierung seit dem Ausgang der Landtagswahlen im April in hoffnungsloser Minderheit war; der Bundesrat erhob, wie zu erwarten stand, Einspruch. Nach der Verfassung hatte sich der Nationalrat somit neuerdings mit der Regierungsvorlage zu befassen.

Wiederum das nämliche Spiel. Mittlerweile war auch Altkanzler Schober gestorben. Sein Ersatzmann stimmte jedoch, was nicht von vornherein feststand, für die Regierung. Und so wurde am 23. August 1932 die letzte Hürde mit 82 zu 80 Stimmen genommen.

Für Dollfuß waren die Fronten nun endgültig abgesteckt. Aber auch für Theo Habicht, den deutschen Inspekteur der österreichischen NSDAP, der schon seit 1931 die Geschäfte Hitlers in Wien besorgte. Es ging um Österreich oder den Anschluß; und alles, was nachher kam, wuchs letztlich aus diesem Gegensatz hervor.

Wer einen riskanten Aufstieg wagen muß, bei welchem er schließlich von einer Lawine erfaßt wird, hätte sicherlich davon Abstand genommen oder einen anderen Weg versucht, wenn er vorher gewußt hätte, daß ihm dies bevorsteht. Dollfuß hat um die Gefahr gewußt — und ist trotz mannigfacher Warnung im Vertrauen auf eine immer mögliche Änderung der internationalen Wetterlage auf seinem gefährlichen Gang nicht umgekehrt; und zwar einfach deshalb, weil er die Richtung, die er sich nicht einmal selbst wählen konnte, sondern an die er durch die Macht der Umstände gewiesen war, niemals als ein Abenteuer, sondern immer als österreichische Pflicht ansah.

Er hätte auch als Ziel die Stellung eines Reichsstatthalters in Österreich anvisieren können, selbst wenn es vor Hitlers Machtergreifung im Jahre 1933 eine formale Position mit dieser Bezeichnung noch nicht gab; dazu hätte es keiner Ausschaltung des Parlaments bedurft, weil er in diesem Fall mit oder ohne Neuwahlen einer parlamentarischen Mehrheit sicher war. Damit wäre es aller Voraussicht nach nicht zum unglückseligen 12. Februar 1934 gekommen; und ebensowenig zum nicht minder tragischen Juliputsch; der Zweite Weltkrieg freilich hätte, wie wir heute wissen, dadurch nicht vermieden werden können. Wir wären eine Art zweites Danzig geworden. Aber ob es dann heute ein unabhängiges und neutrales Österreich gäbe, das ist die Frage.

Am 30. Januar 1933 übernahm Hitler in Deutschland die Macht. Damit erhielt mit einem Schlag die Frage nach der Lösung — und zwar jeder Lösung — der innerpolitischen Probleme Österreichs den Charakter einer außenpolitischen Entscheidung. Hitlers Ansichten und Absichten betreffend Österreich waren aus *Mein Kampf* bekannt; auch hatte Dr. Goebbels als Wahlredner anläßlich der Wiener Wahlkampagne im April 1932 keinen Zweifel daran gelassen. In einer Kabinettssitzung am 26. Mai 1933[59] hatte Hitler seine Politik gegenüber Österreich dargelegt. Als gefährliches Ziel der österreichischen Regierung sah er deren Bestreben, an die Stelle des deutschen nationalen Gedankens den österreichischen Gedanken zu setzen. Dadurch würden die sechs Millionen Deutschen in Österreich der Gefahr einer „Verschweizerung" ausgesetzt werden. Bei dieser Sitzung wurde die Tausend-Mark-Sperre gegen Österreich beschlossen; gegenüber Einwendungen des Vizekanzlers von Papen, des Reichsaußenministers und des Reichswirtschaftsministers entschied Hitler: „Der Kampf wird noch in diesem Sommer beendet werden." So stand es ja auch in der NSDAP-Presse in Österreich zu lesen, und die anderen deutschen Propagandamittel taten ein übriges, um diese Version zu stärken. Auch rechnete Hitler schon damals in der Österreichfrage mit einem Eingreifen der Kleinen Entente und Italiens, wobei er als sicher annahm, sich mit Italien arrangieren zu können.

Zwölf Wochen vorher, am 4. März 1933, hatte Dollfuß dem parlamentarischen Regime ein vorläufiges Ende gesetzt und sich damit der Sorge um die prekäre eine Stimme, auf der seine Mehrheit beruhte, entledigt. Joseph Buttinger meint, er hätte sich dabei des fadenscheinigsten aller Vorwände bedient, die man aus der Geschichte der Staatsstreiche kenne.[60] Franz Winkler hingegen, der damals noch auf der Regierungsbank saß, schrieb später: „Das Nichtfunktionieren des Nationalrats hat die Regierung nicht verschuldet; Neuwahlen zum Nationalrat waren erst 1934 fällig."[61]

Der Rücktritt der Präsidenten des Nationalrats wurde dazu benützt, jede Einberufung einer weiteren Sitzung als gesetzwidrig zu erklären. Das stimmt. Damit scheint auf den ersten Blick auch die politische Kritik solide begründet, zumal es keinem Zweifel unterliegt, daß alle weiteren innerpolitischen Schritte auf diesen 4. März 1933 zurückzuführen sind. Sie standen am Anfang der „austrofaschistischen Diktatur" (Gulick) oder der „unvermeidlichen Zwischenlösung mit vorübergehend teilweise sogar diktatorischen Zügen" (Dr. Otto Ender), je nachdem ob man es mit der Diktion der einen oder der anderen Ideologie hält.

Es ist auch richtig, daß Dollfuß entschlossen war, keine Neuwahlen ausschreiben zu lassen. Dies wäre besonders nach dem 30. Januar 1933 und in Anbetracht der voraussichtlichen Anfälligkeit Österreichs für den deutschen Weg nicht zu riskieren gewesen, wollte man über kurz oder lang einen offenen Anschluß an die deutsche NSDAP — und hinter dieser stand die Reichsregierung — vermeiden.

Der Entschluß Dollfuß' war nicht auf mangelndes Selbstvertrauen gegründet, vielmehr auf die Schlußfolgerung, daß wirklich freie Wahlen in Österreich zur Zeit und unter den gegebenen Umständen nicht durchführbar waren.

Die Tatsache, daß die mächtige Sozialdemokratische Partei Deutschlands — trotz couragierten Widerstandes in der Frage des „Ermächtigungsgesetzes" — samt ihrer Gewerkschaftsbewegung und zugleich mit dem „Reichsbanner Schwarz-Rot-Gold"[62] kurz nach dem 30. Januar 1933 ohne Umstände auseinandergefegt werden konnte, verfehlte nirgends in der Welt, auch in Österreich nicht, ihren Eindruck.

Nun hat aber Dollfuß die meistens zitierte „Selbstauflösung" des Parlaments keineswegs vorbedacht herbeigeführt, sondern wurde von ihr ebenso überrascht wie wir anderen, die wir die Nationalratssitzung vom 4. März 1933 auf unseren Abgeordnetensitzen miterlebten. Es stand eine nicht sehr aufregende Anfrage der Opposition an die Bundesregierung wegen Maßregelungen von Bundesbahnbediensteten durch die Generaldirektion der Bundesbahnen aus Anlaß eines kurz zuvor erfolgten kurzfristigen Proteststreiks zur Debatte. In deren Verlauf wurden drei Anträge gestellt: zwei im wesentlichen gleichlautende der sozialdemokratischen und der großdeutschen Oppositionspartei; sie forderten Unterlassung aller Maßnahmen gegen die am Streik Beteiligten; ein dritter Vermittlungsantrag des christlichsozialen Abgeordneten Leopold Kunschak schlug vor, die Bundesregierung möge den Abschluß aller laufenden Erhebungen veranlassen und die Entscheidung unter Vermeidung von Härten dem zuständigen Handelsminister übertragen.

Die Opposition, und zwar ein großdeutscher Abgeordneter, erhob aus Gründen der Geschäftsordnung Widerspruch gegen eine Abstimmung über den Antrag Kunschaks, da dieser durch die vorherige Annahme des großdeutschen Oppositionsantrags mit 81 gegen 80 Stimmen gegenstandslos geworden sei.

Nun hatte aber eingangs der Präsident des Nationalrats, Dr. Renner, die drei Anträge verlesen und die Abstimmung über alle drei nach der zeitlichen Reihenfolge ihrer Einbringung verfügt. Angesichts der anhaltenden Meinungsverschiedenheiten entschloß sich Renner, die Sitzung kurz zu unterbrechen, um in üblicher Weise die Lage durch Verhandlungen zu klären. Dabei stellte sich heraus, daß bei der Abstimmung über den angenommenen großdeutschen Antrag zwar 81 Stimmen abgegeben worden waren und auch 81 Abgeordnete sich an der namentlichen Abstimmung beteiligt hatten, daß aber zwei sozialdemokratische Stimmzettel denselben Namen trugen, weil offensichtlich ein Abgeordneter versehentlich einen falschen, auf den Namen seines Sitznachbarn lautenden Stimmzettel abgegeben hatte.

Zur Frage stand nun: War der doppelt abgegebene Stimmzettel ungültig, so war der Antrag bei Stimmengleichheit gefallen, oder aber die Abstimmung mußte wiederholt werden. Bei formaler Ungültigkeitserklärung der fehlerhaften Stimmabgabe stand somit das Stimmenverhältnis 80 zu 80, und damit wäre nach der Geschäftsordnung der Antrag erledigt gewesen. Der Sprecher der Christlichsozialen, Dr. Buresch, vertrat die Auffassung, daß es sich nach der Geschäftsordnung um eine wenn auch versehentliche Stimmenthaltung des Abgeordneten handle, der möglicherweise den falschen Stimmzettel abgegeben hatte. Präsident Renner entschied, daß die Abstimmung gültig und das offensichtliche Versehen ohne Bedeutung gewesen sei; es bleibe daher bei dem Ergebnis 81 zu 80. Dem widersprachen die Regierungsparteien unter anhaltenden Zwischenrufen. Darauf erklärte Präsident Renner:

„Meine Herren, es ist unmöglich, das Präsidium zu führen, wenn ein so großer Teil des Hauses den Entscheidungen des Präsidiums widerspricht. Ich werde das nicht auf mich nehmen. Ich lege meine Stelle als Präsident nieder."

Der allgemeine Eindruck war, daß es sich hiebei um eine spontane Reaktion oder Kurzschlußhandlung des Präsidenten gehandelt habe, die ihn zu diesem ungewöhnlichen Schritt veranlaßte, statt einfach die Sitzung nochmals zu unterbrechen. Denn die Materie, um die es sich handelte, war in Wahrheit eine belanglose Formfrage, deren Entscheidung in diesem oder jenem Sinn die Regierung nicht ernstlich berühren konnte und die sich zweifellos auf dem Verhandlungsweg klären ließ.

Der zweite Präsident des Nationalrates, der Christlichsoziale Dr. Ramek, übernahm den Vorsitz und suchte die Lage dadurch zu reparieren, daß er den Vorschlag machte, die Abstimmung zu wiederholen. Er fügte hinzu: „Dabei bleibt es." Dieser Entscheidung widersprach der Abgeordnete Kunschak, der bekanntlich keineswegs und niemals zu den Scharfmachern zählte, übrigens ebensowenig wie Dr. Buresch. Nach kurzer Debatte erklärte Dr. Ramek, er lege sein Amt gleichfalls nieder. Der dritte Präsident des Hauses, der großdeutsche Abgeordnete Dr. Straffner, ließ sich auf weitere Erörterungen erst gar nicht ein und erklärte ohne weitere Umschweife, „nicht in der Lage zu sein, die Sitzung des Hauses weiterzuführen", worauf er ebenfalls seine Präsidentenstelle niederlegte, ohne die Sitzung zu schließen.[63]

So hat sich dieser entscheidende Vorfall abgespielt, aus dem dann die Regierung in weiterer Folge ihre Konsequenzen zog; sie stellte zunächst ausdrücklich fest, daß es sich um eine Parlaments- und nicht um eine Staatskrise handle. Für Dollfuß schien das Haupthindernis auf dem Wege zur Sanierung Österreichs — und somit zur Aufgabe, die er sich gesetzt hatte — gefallen zu sein; trotzdem dachte er noch lange später nicht an eine ständige Ausschaltung des Parlaments, sondern beabsichtigte die Gelegenheit zu benutzen, um die längst fällige Reform seiner Geschäftsordnung durchzusetzen.[64]

So begann mit dem 4. März 1933 ein neuer und der letzte Abschnitt in der österreichischen Geschichte vor dem Anschluß. Tags darauf wurde bei den letzten deutschen Reichstagswahlen die NSDAP mit 43,9 Prozent der Stimmen und 288 von zusammen 647 Abgeordneten die stärkste Partei, und kurz darauf demonstrierte Hitler, wie Pluralität ohne formale Verfassungsänderung zur totalen Macht kommen kann.

In seinem Memorandum *Zur inneren Befriedung Österreichs* vom 11. Juli 1936 erklärte der österreichische Gauleiter der NSDAP, Hauptmann Leopold, die entscheidende Ursache der Julierhebung 1934 sei in der völligen Ausschaltung der NS-Bewegung von jeder legalen Betätigung gelegen gewesen und in dem Hineinwachsen dieser Bewegung in die Illegalität durch verfassungswidrige Regierungsmaßnahmen.[65]

Von solchen könnte jedenfalls erst nach dem 4. März 1933 die Rede sein. Nun zog aber der vom Reich ernannte NSDAP-Inspekteur Theo Habicht schon seit dem Sommer 1931 von Wien aus seine Fäden. Die Universität Wien erlebte schon im Oktober 1932 ununterbrochen gewalttätige Überfälle im Zeichen des Hakenkreuzes, so daß die Sperrung der Alma mater verfügt werden mußte. Die ersten anbefohlenen Tränengasanschläge gegen jüdische Großkaufhäuser fielen in die Weihnachtszeit 1932. Kurze Zeit nach Hitlers Machtübernahme und besonders nach den deutschen Reichstagswahlen vom 5. März 1933 begann die nationalsozialistische Großoffensive gegen Österreich. Die Tausend-Mark-Sperre mit ihren katastrophalen wirtschaftlichen Folgen wurde schon am 27. Mai 1933 verhängt — mit dem erklärten Ziel, Österreich in die Knie zu zwingen und dem Anschlußgedanken zu neuer Popularität zu verhelfen. Die Frühjahrsmonate 1933 waren ausgefüllt mit nationalsozialistischen Bombenanschlägen, Sprengstoffattentaten und Terrorpraktiken jeder Art und schließlich mit dem Handgranatenüberfall von Krems am 19. Juni 1933, der zum Verbot der NSDAP führte. Dabei stand in der NS-Presse täglich zu lesen, daß der Bestand Österreichs nur noch nach Wochen oder Monaten zähle.

Das amtliche Braunbuch der österreichischen Regierung zählte allein für die Monate Juni bis August 1933 elf schwere Bombenanschläge, vier Morde und zahlreiche Sprengkörperfunde auf.[66]

Die „verfassungswidrigen Regierungsmaßnahmen", über die sich Gauleiter Leopold beschwerte, haben den Schutz des Staates, seiner Bevölkerung und seines Eigentums bezweckt, und zwar gegen illegales Verhalten in der formalen Legalität, dem mit normalen Mitteln nicht mehr beigekommen werden konnte. Warum nicht? Weil das illegale Verhalten von jenseits der Grenzen zuerst gewünscht und finanziert, dann belohnt und gedeckt worden ist.[67]

Die scharf bekämpften Notverordnungen der österreichischen Regierung auf Grund des Kriegswirtschaftlichen Ermächtigungsgesetzes von 1917, die Leopold namentlich erwähnte, wurden sämtlich erst nach offenem Ausbruch des kalten Krieges und der nationalsozialistischen Offensive und somit als Antwort und nicht als Provokation erlassen:

so die Verordnung betreffend die Stillegung des Verfassungsgerichtshofes nach Rücklegung der Ämter seitens einiger Verfassungsrichter, darunter auch unpolitischer Fachjuristen (24. Mai 1933);[68]

die Verordnung betreffend die Wiedereinführung der Todesstrafe im standgerichtlichen Verfahren für Verbrechen des Mordes, der Brandlegung und der boshaften Sachbeschädigung fremden Eigentums (11. November 1933);

die Verordnung betreffend die Umwandlung der Geschworenengerichte in Schwurgerichte nach dem deutschen Muster von 1924 (25. März 1933);

die Verordnung betreffend das Verbot weiteren Ausschreibens von Wahlen in Landtagen und Ortsgemeinden (10. Mai 1933); diese Verordnung war unter dem Eindruck des Wahlkampfs und des Ergebnisses der ergänzenden Gemeinderatswahlen in Innsbruck vom 23. April 1933 erlassen worden; durch diese Wahlen hatte die NSDAP in Österreich erstmals ihr Ziel erreicht, zur stärksten Partei in der Gemeindestube einer Landeshauptstadt zu werden;

die Verordnug über die Errichtung von Anhaltelagern (Wöllersdorf), erlassen am 23. September 1933.

Leopold beschwerte sich ferner über die verfassungswidrige Wiedereinführung der Todesstrafe im ordentlichen Verfahren. Sie erfolgte mittels Gesetzes auf Grund der neuen Verfassung am 19. Juni 1934, nachdem am 10. Juni 1934 allein acht Sprengstoffanschläge auf Bahnanlagen zu verzeichnen gewesen waren.[69]

Die in Leopolds Memorandum gleichfalls beanstandeten Änderungen hinsichtlich der Strafbarkeit des Sprengstoffbesitzes und die Androhung der Todesstrafe für illegalen Sprengstoffbesitz (nach vorheriger Aufforderung zur freiwilligen Ablieferung binnen einer Woche unter Zusicherung der Straffreiheit) erfolgten im Juni und Juli 1934. Es ist allerdings richtig, daß das zuletzt genannte „Bundesgesetz zur Abwehr politischer Gewalttaten" vom 12. Juli 1934 den damals knapp bevorstehenden Höhepunkt der NS-Terrortätigkeit (Putsch vom 25. Juli 1934) weder verhindert hat noch auch beeinflussen konnte. Nach der Auflösung der NSDAP in Österreich wurden den NS-Mandataren ihre Sitze in den Landtags- und Gemeinderatsstuben aberkannt. Dagegen wurde auch von der linken Opposition kein Einspruch erhoben.

Hingegen waren bereits am 31. März 1933 unter dem Zwang der innerpolitischen Lage der Republikanische Schutzbund[70] und am 26. Mai 1933 die Kommunistische Partei aufgelöst worden. Die Maßnahmen gegen die Sozialdemokratische Partei wurden erst nach dem Beginn der Erhebung des Republikanischen Schutzbundes (Februar 1934), der im Untergrund fortbestanden hatte, getroffen.

Die im Brennpunkt der Kritik stehende Anwendung des Kriegswirtschaftlichen Ermächtigungsgesetzes von 1917 bis Ende April 1934 und die Promulgierung der neuen Verfassung vom 1. Mai 1934 lassen sich mit juristischen Argumenten allein nicht vertreten, obwohl die formalrechtliche Gültigkeit des Ermächtigungsgesetzes außer Frage steht. Warum es offenbar mit Absicht niemals aufgehoben wurde, auch nicht bei der letzten Verfassungsreform von 1929, ist nicht eindeutig feststellbar. Ludwig Adamovich, dessen fachliche Bedeutung wie auch persönliche Integrität außer Streit stehen, bemerkt, daß die neue Verfassung als eine Totaländerung der früher geltenden nach Art. 44 (2) des BVG jedenfalls einer Volksabstimmung zu unterziehen war. Diese Unterlassung habe einen Bruch der Rechtskontinuität bedeutet.[71] Trotzdem hielt auch er es mit seinem Gewissen vereinbar, als letzter Justizminister vor dem Anschluß den Eid auf die Verfassung zu leisten.

Es ist nicht zu verwundern, daß das Bemühen, den formalrechtlichen Anschein der Rechtskontinuität zu wahren, heute in anderer Perspektive erscheint als vor 35 Jahren. Damals war das Wort Revolution in aller Munde, sozusagen gangbare Münze; der Unterschied lag darin, daß die einen — rechts und links — sie für erstrebenswert hielten und viel öfter von ihr sprachen, als der Sache dienlich war, die anderen aber — rechts und links — sie als unvermeidlich ansahen und, wenn es schon dazu kommen sollte, entschlossen waren, sie zu steuern; dann gab es noch die nicht zu breite Schichte der dritten, die an die Möglichkeit der nötigen Veränderungen auf dem Wege des Einvernehmens glaubten. Nur daß es so nicht weiterging, darüber waren sich im Grunde alle einig.

Daß die Parlamentskrise damals, am 4. März 1933, keine Staatskrise bedeutete, ist richtig. Ebenso ist es aber auch bestimmt falsch, in der echten Staatskrise, die sich dann aus der Bürgerkriegsstimmung 1933/34 entwickelte, eine bloße Regierungskrise zu sehen, es sei denn, man dächte rein schematisch und argumentierte, daß Christlichsoziale und Sozialdemokraten zusammen, somit zweifellos eine starke Mehrheitsvertretung der österreichischen Bevölkerung und nunmehr im gemeinsamen Abwehrwillen gegen Hitler geeint, imstande gewesen wären, durch ein Zusammengehen die Staatskrise zu lösen.

Dem bleibt jedoch entgegenzuhalten, daß einer solchen Lösung eine militante und nach der damaligen Stimmung zahlenmäßig im Wachsen begriffene Mehrheit des Wählervolkes gegenüberstand und daher die Notwendigkeit einer Ausnahmegesetzgebung auch in diesem Fall kaum zu umgehen war; vor allem aber, daß die außenpolitische Lage Österreichs in diesen Jahren eine solche Koalitionslösung unmöglich machte. Die Rechnung, man hätte es, anstatt sich an Italien anzulehnen, eben mit den Westmächten und der Kleinen Entente versuchen sollen, stimmt nicht, denn sie vergißt, daß Italien damals und in den folgenden Jahren der verlängerte Arm der sogenannten Stresamächte, somit also in erster Linie Frankreichs, blieb und seine eindeutige Haltung bekannt war. Somit war mit einer ausschließlichen Westorientierung den drohenden Schatten des Dritten Reiches nicht zu begegnen.

Wollte man den Anschluß an das Hitler-Reich mit allen seinen Konsequenzen vermeiden, dann war der Weg nach links damals nicht gangbar, selbst wenn Dispositionen, ihn zu gehen, auf beiden Seiten bestanden hätten, was in Wirklichkeit weder hüben noch drüben der Fall war.

Dies besagt nicht, daß ein stilles Einvernehmen im Prinzip außer Frage stand, aber es war nur mit Konzessionen zu erkaufen, zu deren Bezahlung weder die Dollfuß-Regierung noch eine andere an ihrer Stelle — mit Rücksicht auf die unentbehrlichen Koalitionsgefährten und auf die ausländische Stützung — imstande war.

Es war klar, daß es im Interesse Österreichs lag, wenn irgend möglich, und ohne Preisgabe des Endziels, zu einem Ausgleich mit Deutschland zu gelangen; wenn nicht aus anderen Gründen, dann schon deshalb, weil der deutsche Nachbar eben wirtschaftlich am längeren Hebelarm saß. Sollte Österreich überleben, dann durfte die zeitliche Dauer des Wirtschaftskrieges nicht ins Endlose verlängert werden. Je empfindlicher die österreichische Wirtschaft durch den deutschen Boykott getroffen wurde, desto leichter wurde es der nationalsozialistischen Propaganda gemacht, tiefe Einbrüche, zumal in den westlichen Bundesländern, zu erzielen; dadurch waren Bevölkerungskreise berührt, die traditionell zu den Konservativen im Lande zählten, wie etwa die Bauern und die Schichten, die von Handel und Tourismus lebten, samt dem Heer ihrer Angestellten und Arbeiter.

Auf der anderen Seite hätte ein Ausverkauf an Deutschland besonders in den Jahren von 1933 bis 1935 einen Bruch der internationalen Verträge (Genf und Lausanne) bedeutet, der damals nicht ohne Folgen bleiben konnte; die Kreditkündigungen im Anschluß an den Zollunionsplan waren noch in frischer Erinnerung. Es wäre zu einer politischen Demarche der Mächte gekommen und damit sehr leicht zu einer Wiederholung der österreichischen Situation von 1919/20 mit all den ernsten und unberechenbaren Begleiterscheinungen einer explosiven inneren Stimmung.

Was damals — 1933 — allein die von Hitler dekretierte Tausend-Mark-Sperre bedeutete, geht daraus hervor, daß das deutsche Touristenkontingent in der Tiroler Ausländernächtigungszahl des Jahres 1932 mit über 60 Prozent aufschien; ähnlich lagen die Dinge in Vorarlberg, Salzburg und Kärnten. Um nur ein Beispiel aus vielen zu zitieren:

Eine Entschließung des Vorarlberger Handels- und Gewerbebundes Dornbirn vom 13. Mai 1933, also noch vor der Verhängung der Einreisesperre, besagt:

„Hinsichtlich der Auswirkungen der gegenwärtigen Verhältnisse auf den Fremdenverkehr, der zu 70 bis 80 Prozent aus Deutschland gespeist wird, sind ernste Besorgnisse nicht zu verhehlen, wenn bemerkt werden muß, wie von den verschiedenen Stellen eine gegenüber Deutschland feindselige Haltung eingenommen wird. Es ist selbstverständlich, daß sich die Unterdrückung der nationalen Bewegung in Österreich auf das Verhältnis mit Deutschland nicht günstig auswirken kann."[72]

Solche Entschließungen wurden nach der Veröffentlichung offener Briefe des NSDAP-Landesleiters Proksch an Dollfuß und Starhemberg gefaßt. Im offenen Brief an Starhemberg heißt es:

„Ihr Versuch, die Regierung Dollfuß als eine Regierung der nationalen Erhebung und der völkischen Erneuerung hinzustellen, ist ein ebenso dreistes wie lächerliches Unterfangen angesichts der offenkundigen Tatsache, daß diese Regierung nur deshalb noch lebt, weil sie einerseits von der internationalen, staatsfeindlichen und landesverräterischen Sozialdemokratie geduldet wird, anderseits ihr Dasein durch fortgesetzte Erfüllung der erpresserischen Forderungen ihrer kleinsten Partner erkauft, während sie außenpolitisch in Lausanne sich und Österreich dem unversöhnlichen Feind der deutschen Nation — Frankreich — auslieferte. Weshalb sich heute mehr denn je alle Kräfte der nationalsozialistischen Organisation darauf richten, die als Verderber Österreichs erkannten Herren Dollfuß und Starhemberg zu stürzen."[73]

Dollfuß schloß aus der ganzen Entwicklung, daß ein echter Staatsnotstand gegeben war. Diesem Gegner ging es nicht nur darum, die Regierung, sondern die österreichische Eigenstaatlichkeit zu beseitigen. Mit polizeilichen Mitteln allein war ihm nicht zu begegnen. Die Öffnung der Fenster nach links hätte ihm die beiden Türen, die ihm zur Verfügung standen, versperrt. Deren eine führte nach Deutschland, die andere nach Italien. Wäre das Öffnen der Fenster gelungen, dann hätte ihm dies in London, Paris, Prag und New York freundliche Zeitungsartikel eingetragen. Aber sie hätten sich bald als Nekrologe herausgestellt, in den Archiven vergessen, bis später einmal Dissertanten sie entdecken würden, um mit ihrer Hilfe Hypothesen zu beweisen.

Dollfuß entschloß sich, den Weg ins Freie durch das gleichzeitige Öffnen beider Türen zu gewinnen. Das naheliegendste war, auf dem üblichen Weg durch Verhandlungen eine Entspannung mit Deutschland zu versuchen, um die normalen nachbarlichen Beziehungen zwischen beiden Staaten wiederherzustellen. Zu diesem Zweck beauftragte der Kanzler im Frühjahr 1933 ein Verhandlungskomitee, bestehend aus Buresch, Rintelen und dem Verfasser, durch Fühlungnahme mit Vertretern des österreichischen Nationalsozialismus das Terrain zwecks möglicher Bereinigung des Konfliktes zu sondieren.

Die Besprechung fand im Unterrichtsministerium statt; die Nationalsozialisten waren durch Theo Habicht und den damaligen österreichischen Landesleiter Alfred Proksch, einen Bahnbeamten sudetendeutscher Herkunft, vertreten. Habicht schlug eine Koalition mit den Christlichsozialen unter Dollfuß als Bundeskanzler vor, unter der Bedingung des Ausschlusses der Heimwehren aus der Regierung und der Ausschreibung von Neuwahlen. Aus außenpolitischen Gründen, so erklärte Habicht, sei die NSDAP bereit, ohne Rücksicht auf den Ausgang der Wahlen Dollfuß auch weiterhin als Bundeskanzler beizubehalten. Aus der Unterredung ging hervor, daß Vertreter der Heimwehren bereits gesondert mit der NSDAP verhandelt hatten.

Die Verhandlungen sind an der Forderung nach Ausschreibung von Neuwahlen und nach Ausschluß des Heimatschutzes aus der Regierung gescheitert.[74]

Auf verschiedene weitere, nichtoffizielle Versuche einer Annäherung, die bis zum Januar 1934 reichten, sei hier nicht näher eingegangen; zu ihnen zählte die Begegnung des niederösterreichischen Heimwehrführers Albrecht Alberti mit dem NS-Gauleiter Alfred Eduard Frauenfeld und dem deutschen Legationsrat Prinz Josias Waldeck-Pyrmont; gleichfalls erfolglos erwies sich die Bereitschaft des Kanzlers, zu Beginn des Jahres 1934 mit Habicht, der damals schon aus Österreich ausgewiesen war, in Wien zusammenzutreffen.

Wie ernst Dollfuß' Bestreben war, das österreichische Volk und die österreichische Wirtschaft durch eine Vereinbarung von dem steigenden Druck und den Gefahren der offenen Feindschaft des Dritten Reichs zu befreien, zeigt das weitere Projekt, im Wege einer persönlichen Aussprache mit Hitler einen Ausweg zu finden.

Die erste Anregung zu einer solchen Begegnung wurde durch Fühlungnahme agrarwirtschaftlicher Experten auf beiden Seiten vermittelt. Österreichischerseits bediente sich Kanzler Dollfuß zum Zweck der notwendigen Sondierung zunächst des Direktors der Niederösterreichischen Landes-Landwirtschaftskammer, Dr. Leo Müller. Der deutsche Verbindungsmann der damaligen Grünen Front in München — möglicherweise handelte es sich auch um einen Funktionär des Reichsnährstandes — hieß Dr. Kanzler; Dollfuß kannte ihn von früher her persönlich.

Auf den von Dr. Müller überbrachten Bericht hin beauftragte Bundeskanzler Dollfuß den Verfasser am 30. Oktober 1933 abends, eine sofortige persönliche Fühlungnahme in München aufzunehmen, und zwar durch ein vereinbartes Treffen mit Hitler. Es handle sich um eine vorbereitende Aussprache der Führungsstellen im Reich mit einem bevollmächtigten Vertreter des österreichischen Bundeskanzlers zur Klärung der beiderseitigen Standpunkte und zur Vorbereitung einer etwaigen Fortsetzung des Gesprächs, das der österreichische Kanzler dann mit Hitler persönlich führen sollte. Am 31. Oktober stellte sich in München heraus, daß Hitler von der ganzen geplanten Begegnung offenbar keinerlei Kenntnis hatte und jedenfalls keine Initiative seinerseits vorlag. Der Verfasser hatte daher damals nur die Möglichkeit, mit Himmler und dem Stellvertreter des Führers, Rudolf Heß, zu sprechen; dieser zeigte sich über den Zeitpunkt des Kommens erstaunt und stellte die Frage nach der Verhandlungsvollmacht. Außerdem wurde bald offenbar, daß die deutschen Stellen ohne die Mitwirkung des von ihnen für Österreich ernannten Gauleiters Theo Habicht nicht zu unterhandeln bereit waren. Die Begegnung blieb daher völlig ergebnislos.

Daraufhin begab sich — über Auftrag des Bundeskanzlers und angeregt durch den deutschen Vermittlungsmann Dr. Kanzler — der Leiter der Politischen Abteilung im österreichischen Außenamt, Gesandter Hornbostel, zur weiteren Sondierung am 30. November und 1. Dezember 1933 nach Berlin. Heß bestand, in Gegenwart Martin Bormanns, auf der Feststellung, daß es sich um eine österreichische Initiative handle, und erklärte:

1. Der deutsche Verhandlungspartner müsse wissen, für wen Dollfuß spreche.

2. Österreich müsse anerkennen, daß der Konflikt mit dem Reich eine Konsequenz der Verfolgung der Nationalsozialisten in Österreich durch die Bundesregierung sei.

3. Es müsse klargestellt werden, ob es sich nur um den Wunsch nach Verbesserung der außenpolitischen Beziehungen handle oder um die Absicht, den innerpolitischen Kurs zu ändern.

4. Man müsse über die Beziehungen des Bundeskanzlers zu Starhemberg orientiert sein, der erst kürzlich den Reichskanzler schwer beleidigt habe.

Auch die Sondierung des Gesandten Hornbostel in Berlin zeitigte somit keinerlei Ergebnis.[75] Damit blieb die Tür nach Deutschland zunächst weiter verschlossen.

Bald darauf ging die NSDAP — von Hitler zur Lösung der Österreichfrage beauftragt — daran, die Dollfuß-Regierung in Österreich auf anderem Wege zu stürzen; führend bei der Gestaltung der Pläne — wiederum von Hitler zu diesem Zweck mit einer Blankovollmacht versehen — war Habicht.[76] Er bediente sich bei Erfüllung seiner Aufgabe in erster Linie seines Stabschefs, des deutschen Industriellen und Bankdirektors Rudolf Weydenhammer, mit maßgeblicher Hilfe der Österreicher Dr. Otto Gustav Wächter, Fridolin Glass und vor allem Dr. Anton Rintelen. Weydenhammer berichtet, daß er innerhalb der ersten sechs Monate des Jahres 1934 mehr als ein dutzendmal nach Rom reiste, um die Frage eines österreichischen Regierungswechsels durch einen Staatsstreich mit Rintelen zu besprechen. Rintelen war seit Mai 1933 österreichischer Gesandter in Rom.[77]

Schon seit dem Besuch Bethlens zu Ostern 1932 hatte Mussolini den Entschluß gefaßt, Österreich in das außenpolitische Konzept Italiens einzubeziehen und sich für die österreichische Unabhängigkeit im mitteleuropäischen Raum zu engagieren. Voraussetzung dafür war eine „Rechtsregierung" in Wien, die nicht in das antiitalienische Lager einschwenkte. Die persönlichen Beziehungen zu Österreich wurden zunächst hauptsächlich durch Starhemberg aufrechterhalten. Kanzler Dollfuß traf 1933 dreimal mit Mussolini zusammen, zuerst anläßlich eines Rombesuchs im April, das zweitemal anläßlich der Konkordatsunterzeichnung im Juni, schließlich im August in Riccione. Aus dem veröffentlichten Briefwechsel Mussolini-Dollfuß ergibt sich, daß Mussolini Österreich im Kampf um seine Unabhängigkeit die volle italienische Unterstützung insbesondere auf wirtschaftlichem Gebiet zugesagt hat. Nach den Informationen, die der ehemalige Staatssekretär Fulvio Suvich dem ungarischen Geschäftsträger in Rom kurz nach der Zusammenkunft in Riccione gab, hat Mussolini seinen österreichischen Gast in drei Punkten zu schnellem und energischem Handeln aufgefordert:

1. Durchführung der Verfassungsreform,
2. Ausbau der Vaterländischen Front,
3. Energischer Kampf gegen den Marxismus.[78]

In dem von Adolf Schärf veröffentlichten italienischen Entwurf der Bundeskanzler Dollfuß anläßlich seines Besuches in Riccione zu unterbreitenden Erwägungen heißt es unter anderem:

„1. Diese dritte Reise nach Italien — plötzlicher und aufsehenerregender als die vorangehenden — darf die Dinge nicht auf dem heutigen statischen Punkte belassen, sondern muß den Anfang einer neuen Entwicklung in der Innen- und Außenpolitik Österreichs kennzeichnen. Andernfalls wird die Reise zwecklos und daher schädlich gewesen sein.

2. Nach Wien zurückgekehrt, muß Dollfuß eine große politische Rede für die ersten Tage September ankündigen, d. h. am Vorabend des angekündigten Putsches. Dieser Rede muß eine Reihe von Handlungen vorangehen, derart, daß sie die deprimierte Moral der Österreicher aufrütteln und erheben kann, und zwar:

a) sofortige Stärkung der Regierungszusammensetzung durch Eintritt neuer Elemente (Steidle, Starhemberg), die der gegenwärtigen Regierung den Charakter einer Regierung aus Überresten des alten Regimes nehmen sollen;

b) Fusion aller Kräfte und aller Fronten in einer einzigen nationalen Front mit dem Schlagwort: Unabhängigkeit Österreichs und Erneuerung Österreichs;

c) betont diktatorischer Charakter der Regierung;

d) Regierungskommissar für die Gemeinde Wien;

e) Propaganda großen Stils."[79]

Dollfuß hat dieses Programm keineswegs zur Gänze angenommen und hat verschiedene Punkte auf seine Weise modifiziert. In der österreichischen Amtserinnerung über die Unterredung zwischen Dollfuß und Mussolini vom 19. und 20. August 1933 heißt es unter Punkt 3:

„Mussolini suchte eine Pression auf den Herrn Bundeskanzler im Sinne der stärkeren Beteiligung der Heimwehren auszuüben. Der Herr Bundeskanzler ist diesen Versuchen jedoch mit Erfolg ausgewichen. Herr Mussolini empfahl dem Herrn Bundeskanzler, bereits Ende September die Verfassungsreform auf ständischer Grundlage festzulegen, ferner möglichst bald eine großangelegte politische Rede mit dem Leitmotiv: Unabhängigkeit Österreichs nach außen und Erneuerung Österreichs nach innen zu halten... Weiter empfahl Herr Mussolini dringend die Unifizierung der verschiedenen patriotischen Fronten unter ausschließlicher Führung des Bundeskanzlers."[80]

Die angedeutete Rede hat Dollfuß anläßlich des Wiener Katholikentags und der Türkenbefreiungsfeier am 11. September 1933 auf dem Trabrennplatz tatsächlich gehalten. Von einem Putsch war darin keine Rede, und Dollfuß hat auch nie an einen solchen gedacht. Die Ernennung eines Regierungskommissars für Wien wurde über ein halbes Jahr aufgeschoben und erst im Notstand des Februar 1934 durchgeführt. Dollfuß ernannte dann seinen eigenen Kandidaten und nicht, wie erwartet, einen der Heimwehren.[81]

Von einer italienischen Aufforderung an Dollfuß, gegen die Sozialdemokraten Gewalt anzuwenden, und von einer Bereitschaft Dollfuß', auf derartige Ideen einzugehen, ist in dem veröffentlichten Briefwechsel nicht die Rede. Auch entspricht es nicht den Tatsachen, daß der italienische Staatssekretär für Äußeres, Fulvio Suvich, in dieser Richtung drängte oder gar mit Fey gegen Dollfuß gemeinsame Sache gemacht hätte, wie gelegentlich behauptet wird. Für alle diese Kombinationen sind keinerlei Anhaltspunkte vorhanden, und der Erlebniszeuge Fulvio Suvich hat ihnen mit Berufung auf sein Gedächtnis und schriftliche Unterlagen ausdrücklich widersprochen. Dollfuß hatte nie die Hoffnung aufgegeben, mit dem marxistischen Gegner auf friedlichem Weg fertig zu werden, wobei er allerdings die Schwäche der sozialdemokratischen Position in Österreich und in den meisten umliegenden Ländern als Folge der allgemeinen internationalen Entwicklung in Rechnung gestellt hat.[82]

Wie kam es dann zum tragischen 12. Februar 1934?

Es ist nur natürlich, daß jede Seite hinsichtlich Ursachen, Verlauf und Wirkung ihre eigene Auffassung hat und die an sich unbestrittenen Tatsachen, wie es ihr gutes Recht ist, auf ihre Weise deutet. Dabei zeigt sich, daß sich trotz der verschiedenen politischen Sprache und der unterschiedlichen Akzente die Schilderungen des Verlaufs und auch die Schlußfolgerungen weithin decken.[83] Bestimmte grundlegende Tatsachen sind kaum der Diskussion unterworfen und verschließen sich jeder voneinander abweichenden Deutung.

Die sozialistische Parteiführung hat den Aufstand am 12. Februar 1934 weder gewollt noch seinen Linzer Ausbruch befohlen. Der Parteitag vom 14. Oktober 1933 hatte beschlossen, unter gewissen Voraussetzungen zum bewaffneten Aufstand gegen die Regierung bei gleichzeitiger Ausrufung des Generalstreiks zu schreiten. Dies sollte geschehen, wenn einer der folgenden vier Fälle eintreten würde:

1. Auflösung der Sozialdemokratischen Partei,
2. Besetzung des Wiener Rathauses,
3. Faschistischer Putsch,
4. Verfassungsoktroi.[84]

Nach den Aufzeichnungen Karwinskys lautete Punkt 3: Auflösung der Gewerkschaften.

Keiner dieser Punkte war gegeben, als der Aufstand losbrach. Der Anlaß war eine von der Polizeidirektion angeordnete Waffensuche im Linzer Parteiheim, Hotel Schiff, der gewaltsamer Widerstand entgegengesetzt wurde, obwohl der sozialdemokratische Parteisekretär und Schutzbundführer in Oberösterreich, Richard Bernaschek, in der Nacht zum 12. Februar eine chiffrierte telegraphische Anweisung Otto Bauers aus Wien erhalten hatte, des Inhaltes, daß im Falle der gemeldeten bevorstehenden Waffensuche nichts zu unternehmen sei.

Nun hatte es aber auch schon in früheren Jahren Waffensuchen erheblichen Umfangs gegeben, wie z. B. im Ottakringer Arbeiterheim (1932), in Schwechat, in Simmering, im Arsenal, die keine ernsten Folgen zeitigten und von denen sich die anbefohlene Waffensuche in Linz zunächst in nichts unterschied. Der sozialdemokratische Parteivorstand in Wien gab auf die Nachrichten aus Linz hin das vereinbarte Signal zum Generalstreik und zur bewaffneten Erhebung des Republikanischen Schutzbundes. Dem Beschluß waren Auseinandersetzungen vorausgegangen, weil die Auffassung des Parteivorstandes in der entscheidenden Frage nicht einheitlich war. Insbesondere hatte der Obmann der Eisenbahnergewerkschaft, Abgeordneter Berthold König, vor der Ausrufung des Generalstreiks gewarnt, „da er Zweifel hege, ob seine Leute nach wirklich streiken würden."[85] Die Generalstreikparole wurde nicht befolgt. Dadurch war der Aufstand zum Scheitern verurteilt.

Der erste Gefallene war der Polizeirevierinspektor Josef Schiel, der gegen elf Uhr vormittags des 12. Februar in Simmering der Kugel eines Schutzbündlers zum Opfer fiel, den er zur Ausweisleistung anhalten wollte.[86]

Am Abend des 14. Februar forderte Dollfuß über den Rundfunk die noch im Kampf stehenden Aufständischen gegen Zusicherung der Straffreiheit auf, die Waffen bis zum 15. Februar mittags abzuliefern. Da es nicht gelang, die in den großen Wohnhausblöcken und anderen Objekten, wie z. B. im Ottakringer Arbeiterheim, verschanzten Schutzbündler zur Übergabe zu bewegen, und da versuchte Infanterieangriffe blutig abgeschlagen wurden, setzte das militärische Kommando Artillerie ein, um den raschen Abschluß der Kämpfe zu erzwingen. Angreifern und Verteidigern wurden dadurch weitere Opfer erspart und der Kampf abgekürzt. Die Abkürzung des Kampfes hatte Dollfuß als Notwendigkeit besonders herausgestellt. Darauf erklärte der militärische Befehlshaber und Staatssekretär für Landesverteidigung, Generaloberst Alois Schönburg-Hartenstein, daß es zur Abkürzung des Kampfes und zur tunlichsten Verminderung weiterer Verluste nur den Geschützeinsatz gäbe.

Die tragische Endbilanz waren auf seiten der Exekutive 105 Tote und 319 Verwundete, beim Schutzbund und auf seiten der Zivilisten, soweit dies festgestellt werden konnte, 137 Tote und annähernd 400 Verwundete.

Ob es möglich gewesen wäre, bei der gegebenen Lage das nationale Unglück zu verhüten, und um ein solches hat es sich gehandelt, darüber werden die Meinungen immer auseinandergehen. Jedenfalls sind seine mittelbaren Ursachen nicht in den Jahren 1932 und 1933, sondern schon viel früher zu suchen.

Es kann nicht bestritten werden, daß jede Regierung, gegen die sich ein Aufstand richtet, nur die Wahl des Kampfes oder der Kapitulation hat. Im Falle der Kapitulation und des siegreichen Aufstandes hätte es weder eine wiedererstandene Demokratie noch den Fortbestand Österreichs gegeben. Wenn dem aber so ist, dann war der Ruf zu den Waffen kein geeignetes Mittel, um die bestehende Verfassung zu schützen.

Der ehemalige Vizekanzler Franz Winkler bezeichnete die Februarereignisse als ein Unikum in der Geschichte der Revolutionen:

„Der rote Aufstand war eine in der Geschichte einzig dastehende revo-

lutionäre Handlung. Denn: Rebellen, Revolutionäre gehen auf die Barrikaden... um bestehende Verfassungen zu stürzen und bestehende Verhältnisse zu ändern. Die Schutzbundrebellen vom 12. Februar 1934 standen aber auf den Barrikaden zur Verteidigung der in Geltung stehenden Verfassung."[87]
Der englische Journalist Gordon Brook-Shepherd schreibt:
„Die Rechte hat die Gewalttätigkeit provoziert, aber ohne an den Bürgerkrieg zu denken; die Linke reagierte widerstrebend mit ihrem lange vorbereiteten Defensivputsch und machte dadurch den Bürgerkrieg unabwendbar."[88]
Dazu bleibt zu sagen: Wenn es bis heute nicht gelungen ist, zu einer allgemein akzeptierbaren Definition der Aggression im Völkerrecht zu gelangen, dann ist daran weitgehend die Meinungsverschiedenheit über den Charakter des sogenannten präventiven oder präemptiven Angriffs schuld. Er bleibt, auch wenn er zu Verteidigungszwecken geführt wird, in jedem Fall ein Angriff, der die Verteidigung seitens des Angegriffenen legitimiert. Revolutionäre, die nicht kämpfen, um bestehende Verhältnisse zu ändern (Winkler), gibt es ebensowenig wie Konterrevolutionäre, die sich mit einem Defensivputsch (Brook-Shepherd) begnügen.

Im sozialdemokratischen Lager gab es vor dem 12. Februar 1934 und übrigens bis zum 12. März 1938 (vgl. Buttinger, *Am Beispiel Österreichs*) zwei Gruppen: eine, die an eine Evolution glaubte und zur Mäßigung riet, und die Aktivisten, denen die Mäßigung Verrat an der Idee schien. Jeder echte Revolutionär kämpft für seine Idee, von deren Richtigkeit er überzeugt ist und die er durchsetzen und verteidigen will. Die Idee des Republikanischen Schutzbundes, dessen Mitglieder zweifellos zu den Aktivisten zählten, war, daß durch das „Provozieren" seitens der Regierung die Verwirklichungsmöglichkeit einer schließlichen Errichtung der Diktatur des Proletariats verschüttet würde. Für diese Errichtung der Diktatur des Proletariats, und für nichts anderes, waren die revolutionären Sozialisten nach dem Februaraufstand zu haben.[89] Und diese Diktatur des Proletariats — und nicht die Wiederherstellung der bürgerlich-demokratischen Republik — stand den Februarkämpfern vor Augen. Die bestehende Verfassung war in ihren Augen ausgehöhlt, gebrochen, sie hatte sich als untauglich erwiesen. Daher war an ihre Stelle etwas Neues zu setzen. Darin waren sich beide Teile einig; auch darüber, daß mit Feuer und Schwert der frühere Zustand nicht wieder zusammengeleimt werden konnte.

Was letzten Endes zwischen den Kämpfern stand, waren die in unversöhnlicher Feindschaft einander bekämpfenden Ideen. Die Internationale auf der einen, die Nationale auf der anderen Seite. Daß der Trennungsstrich zwischen Nationalismus und Sozialismus zum Bindestrich und schließlich zur naturwidrigen Verschmelzung führen könnte, war die tödliche Gefahr für Österreich. Um ein Haar wäre es ihr schon 1934 erlegen.

Der Streit um die „Aufstandsthese" ist nicht ein bloßes Wortgefecht. Es ist wohl nicht so sehr das Warum als vielmehr das Wofür, was den Unterschied ausmacht.

Es gereicht den Kämpfern nur zur Ehre, daß sie Revolutionäre und nicht Revoluzzer waren.[90]

Die Aussichtslosigkeit eines Gelingens des Aufstandes mußte dessen Führung vom ersten Augenblick an gegenwärtig sein, schon wegen der außenpolitischen Lage; ohne Hilfe von außen war das Unternehmen zum Scheitern verurteilt. Diese aber war ohne internationale kriegerische Verwicklungen nicht möglich, und für solche bestanden damals die denkbar geringsten Chancen. Insofern ergeben sich — mit verschiedenen Vorzeichen — gewisse Parallelen zum März 1938. Für den Entschluß der Führung, „mit Ehren unterzugehen", gibt es gewiß triftige und höchst ehrenwerte Argumente. Mit ähnlichen Motiven hat die Legende die Haltung Kaiser Franz Josefs in den letzten Julitagen von 1914 zu erklären versucht.

Aber jede Situation hat ihre eigene geschichtliche Gesetzlichkeit. Die Sozialdemokratische Partei Deutschlands ist andere Wege gegangen; der Verzicht auf die gute Presse am Anfang hat sie nicht daran gehindert, im späteren Widerstand mit größtem Opfermut in den ersten Reihen zu stehen; die Opfer des Verzichts wie jene des Kampfes haben sich letzten Endes gelohnt.

Die Aussichtslosigkeit des Beginnens war wohl auch den Februarkämpfern bald klargeworden. Dies stellt eine Tapferkeit unter Beweis, der auch die Gegner ehrliche Bewunderung zollen. Für die Regierungsseite war die Sorge um eine mögliche auswärtige Intervention in Österreich und die Haltung Deutschlands bestimmend. Aus der Aktenpublikation des ungarischen Außenministeriums wurde z. B. ein Bericht des deutschen Gesandten Mackensen in Budapest an das Reichsaußenministerium vom 15. Februar 1934 bekannt, nach welchem der Führer der Organisation „Erwachendes Ungarn" auf Grund der Nachrichten aus Wien vom 12. Februar für die Nacht vom 13. auf den 14. Februar einen Einmarsch ins Burgenland mit 9000 Mann plante; auf Grund der Wiener Nachrichten vom 13. Februar wurde die Aufmarschbewegung abgeblasen, doch soll der Gedanke als solcher bestehen geblieben sein.[91]

Bereits seit dem 30. Dezember 1933 bestand bei italienischen Kommandostellen der sogenannte „Piano K (34)", betreffend den Fall des Einmarsches italienischer Truppen in Österreich, der eine Teilmobilisierung in Norditalien vorsah. Der Einsatz hatte in erster Linie der Entlastung österreichischer Truppen im Falle eines Aufstandes zu dienen. Als Einsatzräume wurden zugewiesen:

dem Armeekorps Verona Tirol und Vorarlberg,
dem Armeekorps Bologna Kärnten und Osttirol,
dem Armeekorps Florenz Wien, Niederösterreich, Oberösterreich, Salzburg-Stadt.

Dabei wurde auf bestehende Richtlinien für den Fall eines Zusammenstoßes mit jugoslawischen und tschechischen Truppen hingewiesen.

In der Instruktion für das 77. Infanterieregiment, dem die Besetzung von Landeck zugeteilt war, wurde z. B. auf die Aufgabe der Abwehr von Aufständischen im Innern und von aus Bayern kommenden Kräften hingewiesen. Einzelne Richtlinien des „Planes K" insbesondere auch hinsichtlich der Organisation des militärischen Nachrichtendienstes im Einsatzfall, wurden erst im Mai 1939 annulliert.[92]

Eine Ausweitung des Aufstands zum Bürgerkrieg barg daher Gefahren, denen nur durch rascheste Beendigung der Kämpfe begegnet werden konnte. Daher wurde das Standrecht verhängt, das bis zum 21. Februar 1934 in Geltung blieb.

Aus einer erheblichen Anzahl von im Standgerichtsverfahren gefällten Todesurteilen wurden neun vollstreckt, davon drei in Wien am 14. und 15. Februar, zwei in St. Pölten am 16. Februar, je eines in Steyr und in Graz am 17. Februar, eines in Leoben am 19. Februar und eines in Linz am 22. Februar. In jedem einzelnen dieser Fälle handelt es sich um ein hartes Schicksal, das unabwendbar geworden war in dem Augenblick, als die Verhängung des Standrechts ihr Ziel, nämlich die sofortige Niederlegung der Waffen, nicht erreichte.

Besonders tragisch — und ein leider unreparierbarer Fehler — war der Fall Karl Münichreiter, an dem im ersten Standgerichtsverfahren gegen zehn Angeklagte das erste Standgerichtsurteil in Wien vollstreckt wurde. Man erhob damals den Vorwurf, er sei hingerichtet worden, obwohl er schwer verletzt war. Tatsächlich war jedoch damals den für die Weiterleitung des Gnadenantrages verantwortlichen Stellen von einer *schweren* Verletzung nichts bekannt. Der Gerichtsarzt hatte bei der Verhandlung festgestellt, daß zwei der Angeklagten Schußwunden hatten, jedoch nicht als schwer erkrankt im Sinne des Gesetzes anzusehen seien. Der Senat hatte nach kurzer Beratung im Sinne des ärztlichen Gutachtens entschieden. Der Staatsanwalt beantragte, das standrechtliche Verfahren gegen sämtliche Angeklagte mit Ausnahme Münichreiters auszuscheiden, weil in ihren Fällen bezüglich des subjektiven Tatbestandes Zweifel möglich wären.[93]

Der Verfasser wurde bei einer Pressekonferenz im Februar 1934 gefragt, ob die Meldungen des Auslands, wonach ein Schwerverletzter hingerichtet worden sei, den Tatsachen entsprächen. Er hat die Frage in gutem Glauben verneint, da „nach unseren gesetzlichen Bestimmungen in einem solchen Fall das standgerichtliche Verfahren überhaupt nicht Platz greifen könne". Dabei wurde auf den Fall des Floridsdorfer Schutzbündlers G. verwiesen, der eine ganze Nacht hindurch ein Maschinengewehr gegen die Polizei bediente, dann ein Ehepaar, das ihn beim Vergraben der Waffe beobachtete und erkannte, niederschoß und dennoch nicht vor das Standgericht gestellt wurde, weil er infolge selbst zugefügter Verletzungen als schwer erkrankt zu bezeichnen war. Münichreiter habe eine Verwundung am Oberarm davongetragen, trotzdem habe er sich frei bewegt, ohne Hilfe, und sich vor dem Gericht stehend verantwortet.⁹⁴ Unbekannt war damals, daß es sich bei der Verwundung um einen Bruch des Oberarmes gehandelt hat und damit — medizinisch — tatsächlich um eine als schwer zu bezeichnende Verletzung. Dies hat die Obduktion ergeben. Das Gericht — ein Senat von vier Berufsrichtern — und die Anklage — der Chef der Staatsanwaltschaft Wien II — folgten bei der Entscheidung dem Sachverständigengutachten, nach welchem die Art der Verletzung das standrechtliche Verfahren nicht ausschloß.

Wie dem auch sei, es ist gewiß richtig, daß schwere Entscheidungen, zu denen die besonderen Umstände der Gegenwart führen, bisweilen eine noch schwerere Hypothek für die Zukunft bedeuten. Was Churchill in anderem Zusammenhang schreibt, hat zu allen Zeiten und an allen Orten gegolten: „Der einzige Platz, auf dem kein Rasen wachsen kann, sind Gräber unter einem Galgen."

Daß es nicht zu einem wirklichen, d. h. länger dauernden Bürgerkrieg kam, ist wohl in erster Linie dem Umstand zu danken, daß Arbeiter und Gewerkschaften, insbesondere die Eisenbahner, in ihrer erdrückenden Mehrheit der Streikparole nicht folgten.

Die Handhabe zu dem von Mussolini dringend geforderten Ausschalten der sozialdemokratischen Machtpositionen durch Auflösung der Partei nach dem 12. Februar 1934 war dadurch gegeben, daß der Republikanische Schutzbund nach außen hin als Bestandteil der Sozialdemokratischen Partei galt und zweifellos als solcher aufgefaßt wurde. Er hat, wie es sich schließlich bestätigte, seine Befehle vom Parteivorstand erhalten. Darin liegt ein zu beachtender Unterschied im Vergleich zu den Heimwehren, die nicht nur kein Bestandteil der Christlichsozialen Partei oder einer anderen gewesen sind, sondern oft genug im Gegensatz zu den Parteien standen. Auch in der Regierung waren sie bis zu ihrer Auflösung als Koalitionspartner vertreten.

Wie immer bei ähnlichen explosiven Ereignissen hat es auch im Februar 1934 auf beiden Seiten der Barrikade gelegentliche Exzesse gegeben; sie sind auf beiden Seiten unentschuldbar.

Mit der Weihnachtsamnestie vom Dezember 1935 wurden von den 1521 in gerichtlicher Haft befindlichen sozialdemokratischen Aufständischen des Februar 1934 1505 in Freiheit gesetzt.⁹⁵

Die Meinungsverschiedenheiten über Ursachen, Sinn und Auswirkung des 12. Februar 1934 werden ihre Schärfe erst dann verlieren, wenn die Generationenablöse vollendet ist; bis dorthin dauert es nicht mehr lange. Dann wird es weniger schwer sein, sich darauf zu einigen, „daß in der Tat alle unsere Streitigkeiten und Zerwürfnisse einzig aus dem Irrtum des Verstandes, nicht aber aus dem Irrtum des Herzens entstehen" (Dostojewski).

Kapitel V   ZWISCHEN HAMMER
UND AMBOSS

Das Jahr des Unheils: 1934 — Innere und internationale Entwicklung von 1934 bis 1936 — Der deutsche Weg (Vertrag vom 11. Juli 1936) und seine Perspektiven

Der Deutsche Bund war nicht schlecht von Haus,
Gab auch Schutz in jeder Fährlichkeit;
Nur setzt' er etwas Altmodisches voraus:
Die Treue und die Ehrlichkeit.
                 Grillparzer, *Sinngedichte und Epigramme*

Die naheliegende Sorge, daß die nationalsozialistischen Aktivisten ihre Terroraktionen während der blutigen Februartage fortsetzen oder gar verstärken würden, hatte sich als unbegründet erwiesen. Der vom Propagandaministerium inspirierte Ton der deutschen Presse war zwar betont feindselig und tendenziös gewesen, aber Theo Habicht hatte durch den deutschen Rundfunk einen Waffenstillstand verkündet, der bis zum 28. Februar währen sollte und auch eingehalten wurde.

Berlin beschloß zunächst abzuwarten, wie sich die Dinge in Österreich weiterentwickelten. Der Dollfuß-Gegner Dr. Rintelen hatte von seinem römischen Beobachtungsposten aus auf die „Machtübernahme" Feys gesetzt. Eine solche würde nach seinen Kalkulationen zum Bruch der Regierungskoalition führen, und er, Rintelen, fände dann als Retter in der Not das Tor zum Ballhausplatz geöffnet. Die Christlichsozialen würden ihn als einen der Ihren betrachten, und im Heimwehrlager stand er gleichfalls in Gunst, schon aus den Zeiten des längst aufgelösten und zu den Nationalsozialisten übergegangenen steirischen Heimatschutzes her; in Anbetracht des immer offenkundigeren Führerstreits zwischen Fey und Starhemberg bot sich sein Name vielleicht als der gegebene Ausweg an. Außerdem mochte er seine persönliche Stellung sowohl in Rom als auch in Berlin für unangreifbar halten; dabei dürfte er allerdings in beiden Fällen zu optimistisch gewesen sein; zur Gänze traute ihm niemand, obwohl man in Berlin bereit war, es mit ihm zu versuchen. Innerlich war Rintelen längst ins Anschlußlager abgeschwenkt und nahm den Nationalsozialismus in Kauf, allerdings ohne sich formell zu ihm zu bekennen. Er war, wie schon in all den vergangenen Jahren, bestimmt festen Glaubens, daß er der Kapitän sei, den Österreich brauchte. Nach außen begründete er seine Kritik an Dollfuß gegenüber dessen Freunden mit dem unerträglichen Verlust des deutschen Marktes für die steirischen Äpfel.[1]

Jedenfalls beschloß Berlin, von einer zunächst erwogenen Einladung des damaligen Vizekanzlers Fey zu einer persönlichen Aussprache Abstand zu nehmen. In einer Denkschrift des Staatssekretärs Bernhard von Bülow vom April 1934 über „die weitere Behandlung der österreichischen Frage" wird festgestellt, daß man Fühlungnahmen mit der österreichischen Regierung aufschieben müsse bis die Verhältnisse in Wien geklärt seien und man wissen werde, mit wem zu verhandeln sei.[2]

Während man somit in Berlin noch an die Möglichkeiten weitreichender personeller Veränderungen in der österreichischen Regierung glaubte, hatten sich die Auffassungen in Rom trotz des zwielichtigen österreichischen Gesandten längst geklärt. Dafür gaben zwei Gründe den Ausschlag: Einmal die Tatsache, daß Starhemberg im Konflikt mit Fey, der seine Rechnung präsentierte, für Dollfuß Stellung nahm. Starhemberg erklärte sich offen für die Zusammenarbeit der Heimwehren mit den anderen Selbstschutzverbänden unter dem gemeinsamen Dach der Vaterländischen Front. Damit geriet er in Gegensatz zu Fey und Neustädter-Stürmer, denen die Errichtung eines Heimwehrstaats vorschweben mochte. Die Entscheidung fiel bei einer Besprechung am 6. März 1934 in Dollfuß' Wohnung in der Wiener Stallburggasse. Dort saßen unter dem Vorsitz des Kanzlers um den runden Tisch Starhemberg, Fey und Neustädter-Stürmer auf der einen, Dr. Buresch, der Handelsminister Fritz Stockinger, der neuernannte Generalsekretär der Vaterländischen Front, Dr. Karl M. Stepan, und der Verfasser auf der anderen Seite einander gegenüber.[3]

Der zweite Grund lag darin, daß Mussolini vom Jahre 1933 her den österreichischen Kanzler persönlich kannte und ihm vertraute. Dollfuß hatte seinen italienischen Gesprächspartner davon überzeugt, daß für Österreich ein faschistisches Regime nach italienischem Muster nicht in Frage komme; so hatte denn auch Mussolini nicht auf ein Kopieren des italienischen Faschismus in Gestalt eines ausschließlich von den Heimwehrmilizen gelenkten Staates gedrängt: „Il fascismo non è adatto per l'esportazione, è italiano" — „Der Faschismus eignet sich nicht als Exportware, er ist italienisch."[4]

Bereits am 17. Januar 1934 hatte Dollfuß durch den österreichischen Gesandten in Berlin, Tauschitz, der deutschen Reichsregierung mitteilen lassen, daß Österreich ernstlich in Erwägung ziehen müsse, sich mit seiner Beschwerde an den Völkerbund zu wenden, wenn der von „reichsdeutschen nationalsozialistischen Faktoren hereingetragenen Aktivität gegen Österreich und das herrschende Regime nicht binnen kürzester Frist ein Ende gesetzt werden würde".

Die Antwort der deutschen Reichsregierung stellte den Konflikt zwischen den beiden Staaten als solchen in Abrede und bezeichnete die bestehende schwere Spannung als „die Auseinandersetzung der österreichischen Regierung mit einer historischen Bewegung des deutschen Volkes". Die österreichische Demarche und die deutsche Antwort waren veröffentlicht und von der ganzen Weltpresse wiedergegeben worden. Der rechtlich völlig unhaltbare Standpunkt der deutschen Regierung blieb unverändert der, daß ein österreichisch-deutscher Konflikt eben keine internationale, sondern eine rein innere Auseinandersetzung innerhalb „des deutschen Volkes" sei.

Von diesem Standpunkt ging Hitler andeutungsweise zum erstenmal in seiner Reichstagsrede vom 21. Mai 1935 ab, die dem damaligen außenpolitischen Druck Rechnung trug.[5] Seine formale Aufgabe erfolgte mit dem Abschluß des Abkommens vom 11. Juli 1936.

Der österreichische Ministerrat beschloß am 5. Februar 1934 — mit Rücksicht auf die gänzlich unbefriedigende, ja geradezu provokante Antwort aus Berlin —, den angekündigten Schritt beim Völkerbundrat zu unternehmen. Italien war darüber nicht glücklich und argumentierte, daß Deutschland dem Völkerbund ja nicht mehr angehöre. Aber auch Frankreich und England rieten ab, da sie — berechtigterweise — einer Verurteilung Deutschlands durch den Völkerbund keine praktische Wirkung beimaßen und daran interessiert waren, einen möglichen weiteren Prestigeverlust des Völkerbundes zu vermeiden.

Österreich hatte den drei Großmächten das in Sachen der völkerrechtswidrigen deutschen Einmischung vorliegende Beweismaterial zur vertraulichen Kenntnisnahme vorgelegt. Daraufhin veröffentlichten die drei Mächte am 17. Februar eine gemeinsame Erklärung, in der die Berechtigung der österreichischen Beschwerde über die deutsche Einmischung anerkannt und Übereinstimmung festgestellt wurde hinsichtlich der Notwendigkeit, die Unabhängigkeit und Integrität Österreichs gemäß den bestehenden Verträgen aufrechtzuerhalten. Jede der drei Mächte, England, Frankreich und Italien, verständigte überdies einzeln und schriftlich die österreichische Regierung in praktisch übereinstimmendem Wortlaut: daß sie nach wie vor entschlossen seien, die österreichische Unabhängigkeit und Integrität zu wahren und gemäß diesem Entschluß Österreich vor dem Völkerbundrat tatkräftig zu unterstützen. Hievon wurden alle österreichischen Gesandtschaften durch ein Rundschreiben vom 6. März 1934 verständigt.[6]

Am 17. März 1934 trafen sich Dollfuß, Gömbös und Mussolini in Rom und unterfertigten die „Römischen Protokolle".

Bereits im Juli 1933, im Anschluß an seinen Berliner Besuch, war der ungarische Ministerpräsident Gömbös mit Dollfuß in Wien zusammengetroffen. Der Verfasser erinnert sich, daß Dollfuß über seinen ungarischen Amtskollegen leicht verstimmt war; er hatte diesem auch ohne Umschweife erklärt, daß er Gömbös' Deutschlandbesuch, ohne jede vorherige Verständigung des österreichischen Freundes und ausgerechnet im Augenblick der Verschärfung der österreichisch-deutschen Spannung, als eine mögliche Belastung der österreichisch-ungarischen Beziehungen empfinde. Wien wußte, daß Ungarn bestrebt war, beim Dritten Reich um Unterstützung seiner nationalen Revisionspolitik zu werben; dies um so mehr, als Italien gegenüber der Kleinen Entente die gleiche feindliche Einstellung zeigte wie Ungarn und insbesondere gegen die bestehende Tschechoslowakei von gleicher Animosität erfüllt war. Gömbös beruhigte den Kanzler: es sei ihm nur um den Ausbau der für Ungarn lebensnotwendigen deutsch-ungarischen Wirtschaftsbeziehungen gegangen.

Mündlich wurde die Bereitschaft beider Staaten betont, auf wirtschaftlichem und politischem Gebiet eng zusammenzuarbeiten; Österreich wie Ungarn seien gleichermaßen daran interessiert, in ihrer Außenpolitik an der Freundschaft mit Italien festzuhalten. Ein freundliches Verhältnis mit Deutschland werde beiderseits erstrebt, wobei die volle Aufrechterhaltung der Selbständigkeit beider Länder die unbestreitbare Voraussetzung bleibe. Dollfuß verständigte Mussolini von seiner Unterredung mit Gömbös mittels Schreibens vom 22. Juli 1933.[7]

Als der Verfasser nach seiner Amtsübernahme mit Ministerpräsident Gömbös Anfang August 1934 in Budapest zusammentraf, kam Gömbös auf seine Wiener Unterredung mit dem verstorbenen Kanzler Dollfuß zu sprechen. Er wiederholte spontan die Grundlinien der ungarischen Politik im Verhältnis zum österreichischen Nachbarn, erklärte seine Einstellung zu Deutschland und versicherte, daß Ungarn im eigensten Interesse die österreichische Unabhängigkeitspolitik voll unterstütze. Hiebei erkundigte sich Gömbös nach dem Stand der Habsburgerfrage in Österreich. Die am 24. April 1934 erfolgte Rückkehr des Erzherzogs Eugen nach Österreich war verschiedentlich dazu benützt worden, um Österreich einer verschleierten Restaurationspolitik zu verdächtigen. Besonders Horthy zeigte sich alarmiert.

Wie Ungarn seinem Feldmarschall Erzherzog Josef das Aufenthaltsrecht in der Heimat nicht streitig machen konnte, so habe, fand Kanzler Dollfuß, auch Österreich seinem Feldmarschall Erzherzog Eugen das gleiche Recht einzuräumen. Übrigens war in Budapest vom Protokoll des ungarischen Außenministeriums für Staatsbesuche Kartenabwurf im Palais Erzherzog Josefs vorgesehen. So konnte der Verfasser damals Gömbös erwidern, daß die Restauration in Österreich nicht aktuell sei; im übrigen erklärte er, daß schon mit Rücksicht auf das besondere Freundschaftsverhältnis in dieser Frage nichts unternommen würde ohne vorheriges Einvernehmen mit Ungarn. Die Antwort hatte Gömbös voll befriedigt.

Die italienische Regierung traf, wie bereits berichtet (s. Kap. IV), schon zu Ende 1933 Vorbereitungen für den Eventualfall eines militärischen Einsatzes zum Schutze Österreichs.

Der österreichische Militärattaché in Frankreich, der damalige Oberst im Generalstab Lothar Rendulić, teilte Anfang 1934 seinem ungarischen Kollegen in Paris mit,

„daß zwischen der italienischen Regierung und der Regierung Dollfuß eine Vereinbarung existiere, derzufolge, sollte der Nationalsozialismus an Boden gewinnen oder es durch einen Angriff Deutschlands in Deutschösterreich (sic!) zu Kämpfen kommen, in deren Verlauf die Regierung Dollfuß gezwungen wäre, Teile Deutschösterreichs aufzugeben, sich die Regierung Dollfuß mit den regierungstreuen Truppen zur italienischen Grenze zurückziehen und das inzwischen vorbereitete Italien aktiv der deutschösterreichischen Regierung zu Hilfe eilen würde. Die französische Regierung sei in dieser Hinsicht mit der italienischen einer Meinung und habe die tschechoslowakische und die jugoslawische Regierung aufgefordert, sich im gegebenen Falle neutral zu verhalten. Die tschechoslowakische Regierung habe ihr Einverständnis dazu gegeben, die jugoslawische Regierung jedoch habe erklärt, im Falle einer Einmischung Italiens werde Jugoslawien ebenfalls einschreiten".[8]

Bei dem am 17. März 1934 geschlossenen Dreierpakt von Rom hat es sich um die Unterzeichnung von drei Protokollen gehandelt, eines betreffend die politischen und zwei betreffend die wirtschaftlichen Beziehungen zwischen Österreich, Italien und Ungarn.

Die wirtschaftlichen Protokolle betrafen die Erweiterung der bestehenden Handelsabkommen zum Zweck der Erleichterung des gegenseitigen Exports und der nationalen Produktionssteigerung. Ferner die Gewährung von Präferenzzöllen zugunsten österreichischer Industrieerzeugnisse sowie den Abschluß von Wirtschaftsabkommen zwischen italienischen und österreichischen Industrien. Ungarn sollte Hilfe für die Schwierigkeiten erhalten, die sich aus dem Sturz der Getreidepreise ergaben. Hinsichtlich des Transitverkehrs über adriatische Häfen wurden besondere Regelungen getroffen. Für Österreich führten die Abkommen auch zur Errichtung eines Freihafens in Triest. Das dort errichtete österreichische Generalkonsulat wurde mit Dr. Steidle als Generalkonsul besetzt, dessen vornehmliche Aufgabe es war, den weiteren Ausbau der wirtschaftlichen Beziehungen zu betreuen.

Im politischen Protokoll wurde enge Zusammenarbeit und gegenseitiges Einvernehmen vereinbart, „um im Sinne der bestehenden Freundschaftsverträge eine auf die Förderung einer wirklichen Zusammenarbeit zwischen den Staaten Europas und insbesondere zwischen Italien, Österreich und Ungarn gerichtete Politik aufeinander abzustimmen, in der Überzeugung, daß dadurch die realen Vorbedingungen einer breiteren Zusammenarbeit mit anderen Staaten geschaffen werden können".[9]

Das Protokoll der Verhandlungen erläutert, daß die im Schlußsatz der politischen Vereinbarung erwähnten „realen Vorbedingungen" in erster Linie auf Deutschland Bezug nähmen, daß dabei aber die Anerkennung der Selbständigkeit Österreichs sowohl auf außen- wie auch auf innerpolitischem Gebiet seitens Deutschlands gegeben sein müsse. Wörtlich lautet der diesbezügliche zweite Absatz des Geheimprotokolls:

„Im Mittelpunkt der politischen Fragen steht das Verhältnis zwischen Österreich und Deutschland; wobei festgestellt wird, daß es im Interesse des Friedens und einer großzügigen Politik stehen würde, wenn sich das Verhältnis im Zeichen eines gegenseitigen Einvernehmens zwischen Österreich und Deutschland bessern würde. Der österreichische Kanzler betont, daß er gegen diese Tendenz nichts einzuwenden hat; die Voraussetzung einer Kooperation mit Deutschland ist aber eine Garantie, daß Deutschland die Selbständigkeit Österreichs anerkennt, sowohl auf außen- wie auf innerpolitischem Gebiete.

Der ungarische Ministerpräsident erörtert die Notwendigkeit einer italienisch-deutsch-österreichisch-ungarischen Freundschaft und Kooperation; ferner betont er, daß sein Land hinsichtlich der Revision Deutschlands Unterstützung (die Unterstützung durch Deutschland, Anm. d. Verf.) nördlich der Donau (Slowakei, Anm. d. Verf.) als eine verläßliche Stütze benötigt.

Diese Ausführungen wurden auch vom italienischen Regierungschef gutgeheißen und zur Kenntnis genommen."

Absatz 3 des Protokolls befaßt sich mit der Habsburgerfrage:

„In der Habsburgerfrage wurde seitens des Kanzlers festgestellt, daß die Frage einer Restauration in Österreich nicht aktuell ist. Für Italien ist sie endgültig erledigt im verneinenden Sinne. Ungarns Standpunkt ist bekannt. Es wurde betont, daß die Frage alle drei Länder berührt. Der Chef der italienischen Regierung gibt dem österreichischen Kanzler den Rat, selbst die Heimbeförderung der Asche Kaiser Karls nach Wien auf einen späteren Zeitpunkt zu verschieben."

Nach Absatz 7 des Protokolls teilte der italienische Regierungschef über Anfrage noch mit, daß sich

„das Verhältnis Italiens und Frankreichs in der letzten Zeit atmosphärisch und moralisch gebessert habe".[10]

Diese Besserung wurde allerdings schon ein halbes Jahr später durch die Ermordung des französischen Außenministers Louis Barthou und des jugoslawischen Königs Alexander (9. Oktober 1934) in Marseille gefährdet.

Mit den Römischen Protokollen waren die Weichen gestellt. Sie haben in ihrer Zielsetzung nichts mit dem 12. Februar 1934, aber alles mit der Tausend-Mark-Sperre zu tun gehabt. Man durfte sich nicht zu viel von ihnen versprechen, wohl aber die wirtschaftliche Hilfe in der Not, die sie tatsächlich brachten: wenigstens teilweisen Ersatz für den deutschen Markt, besonders auf dem Gebiet der Holz- und Viehausfuhr, konnte nur Italien bieten, nicht aus politischen, sondern aus wirtschaftsgeographischen Gründen. Und den Arbeitslosen war nur durch Arbeitsbeschaffung zu helfen.

Als eine Lösung des Problems wurde der Anschluß angepriesen.

Das war aber ein Preis, den Österreich nie freiwillig zahlen konnte und durfte, wollte es Einmarsch und Aufteilung verhindern.

Der Versuch, sich mit Deutschlands potentiellen Freunden zu verbinden und sich durch diese zu sichern, versprach immer noch mehr, als Berlin das Argument zu liefern, daß man sich mit dessen potentiellen Feinden eingelassen habe, denen wir überdies damit nur geschadet hätten, ohne uns selbst zu nützen.

Berlin empfand die politischen Vereinbarungen als unverkennbar gegen Deutschland gerichtet, obwohl sie dies nur waren, sofern Deutschland nicht auf Österreich zu verzichten bereit war. Im Gegenteil, alle Partner der Römischen Protokolle hatten gehofft, daß sich Deutschland zur wirtschaftlichen und politischen Kooperation im Donauraum bereitfinden werde. In Wahrheit aber wurde Berlin in Budapest vorstellig, um, wenngleich zunächst noch vorsichtig gegen den ungarischen Beitritt zu einem Übereinkommen Italiens mit Österreich, das eine „unverkennbare Tendenz gegen Deutschland habe", zu protestieren, weil ein solcher Beitritt angeblich unvereinbar mit den „engen freundschaftlichen Beziehungen zwischen Deutschland und Ungarn sei". Ein die Eigenstaatlichkeit Österreichs nur anerkennendes, sie nicht einmal garantierendes internationales Abkommen wurde somit seitens des deutschen Außenamtes den Ungarn als unfreundlicher Akt angekreidet. Der deutsche Botschafter in Rom, von Hassel, berichtete an seine Regierung, Österreich habe durch die Römischen Protokolle ein neues und bedeutendes Unterpfand für seine Unabhängigkeit erhalten.[11]

Im März 1936 fand eine neue Konferenz der Staaten der Römischen Protokolle in Rom statt, die zur Unterzeichnung von drei Zusatzprotokollen führte; im November 1936 trafen sich die Vertreter des Dreierpaktes in Wien, und ein letztes Mal vom 10. bis 12. Januar 1938 in Budapest.

Mittlerweile nahm das fatale Jahr 1934 seinen Lauf. Es hatte mit einem Auflodern gefährlicher Flammen in Paris und einer verheerenden Katastophe in Wien seinen Anfang genommen; dann zog es seine Blutspur durch die Bartholomäusnacht des Dritten Reichs (30. Juni), schürte Gewalttaten und Aufruhr in den verschiedensten Teilen der Welt und schloß seinen Unheilskreis mit dem Attentat von Marseille (9. Oktober).

In der Mitte lag der 25. Juli in Österreich.

Die Tatmotive waren überall gleich oder ähnlich: Man griff zur Gewalt, um ein Establishment zu beseitigen, das man der Unterdrückung beschuldigte; um eine offene Rechnung zu präsentieren; oder um nationale Forderungen durchzusetzen. Und immer waren es einer oder einige wenige, die beschlossen, „im Namen und im Interesse aller" zu handeln, ohne sich um ihre Berechtigung zu kümmern. Damit taten sie genau das gleiche, dessen sie ihre Opfer beschuldigten: die kroatischen Attentäter, als sie den serbischen König Alexander erschossen; Hitler, als er sich seiner vermutlichen Rivalen (Röhm, Gregor, Strasser) entledigte und Schatten der Vergangenheit (Kahr, General Schleicher) liquidieren ließ; und auch als er freie Hand gab, seinen einzigen offenen Gegner von damals, Engelbert Dollfuß, zu beseitigen.

Über Vorgeschichte und Geschichte des 25. Juli 1934 ist nichts Neues zu berichten. Wiederum wurde das erste Opfer des Putschversuches, beim Überfall auf die Wiener Ravag, ein Polizeibeamter (Inspektor Fluch). Kurz darauf, knapp nach 13 Uhr, brach im Bundeskanzleramt Kanzler Dollfuß, von den tödlichen Schüssen Planettas getroffen, zusammen. Nach dem auf Grund amtlicher Quellen vom Bundeskommissariat für Heimatdienst (Walter Adam) im Jahre 1934 veröffentlichten Braunbuch feuerte Otto Planetta zwei Schüsse auf Dollfuß ab, die beide trafen. Der Tod des Kanzlers dürfte, nach demselben Bericht, um etwa 15.45 Uhr eingetreten sein. Im Bericht heißt es:

„Bei der Untersuchung der Leiche des Bundeskanzlers wurden drei Schußverletzungen festgestellt, und zwar zwei am Halse, links rückwärts, etwa vier Zentimeter voneinander entfernt, und eine in der Gegend der rechten Achselhöhle. Nach dem Gutachten des Universitätsprofessors Dr. Werkgartner war die eine Halswunde eine Einschußwunde, die alle Merkmale eines Nahschusses zeigte. Die Kugel hatte das Halsrückenmark durchbohrt und war durch den Körper bis zur rechten Achselhöhle gedrungen; die dort befindliche Wunde war also eine Ausschußwunde. Der zweite Schuß in der linken Halsseite war ein Steckschuß. Das Geschoß ist nicht tief eingedrungen, dürfte bei einer Bewegung des Körpers herausgefallen sein und wurde auf dem Fußboden gefunden."[12]

Vom Bundespräsidenten telephonisch mit dem einstweiligen Vorsitz der Regierung betraut, diktierte der Verfasser über Beschluß des Ministerrates dem damaligen Staatssekretär General Wilhelm Zehner ein befristetes Ultimatum an die Rebellen im Bundeskanzleramt. Darin hieß es:

„Wenn kein Menschenleben auf seiten der widerrechtlich ihrer Freiheit beraubten Mitglieder der Regierung zu beklagen ist, erklärt die Regierung, den Aufrührern freien Abzug und Überstellung über die Grenze zuzusichern. Wenn die gestellte Frist (eine Viertelstunde) fruchtlos verläuft, werden die Machtmittel des Staates eingesetzt werden."[13]

Dieses Ultimatum wurde von Bundesminister Neustädter-Stürmer und General Zehner um ungefähr 17.30 Uhr persönlich zum Ballhausplatz gebracht. Zum Zeitpunkt der Abfassung des Ultimatums wußte kein Mitglied der Regierung, daß der Kanzler bereits tot war, und konnte dies auch keineswegs wissen. Es dürfte 16.30 Uhr gewesen sein, als der Polizeipräsident Seydel in Begleitung des Kriminalbeamten Franz Kamba, der übrigens, wie sich später herausstellen sollte, ein Vertrauensmann der Verschwörer war, die Nachricht überbrachte, daß der Kanzler leicht verwundet sei. Später, etwa um 17 Uhr, kam eine telephonische Mitteilung Feys durch, der auf Fragen Neustädter-Stürmers erklärte, daß die Verwundung des Kanzlers „eher schwer" sei.

Neben der amtlichen Darstellung des österreichischen Braunbuches kennen wir heute den in wesentlichen Punkten abweichenden Bericht der sogenannten

Historischen Kommission des Reichsführers SS, der am 27. Januar 1939 abgeschlossen wurde. Zweck dieser Kommission war es, die Grundlagen für eventuelle Volksgerichtshofprozesse zu sammeln.[14] In dem als „Geheim!" bezeichneten Schlußbericht der SS-Kommission vom Oktober 1938 heißt es:
„Es kann nicht mit Bestimmtheit festgestellt werden, daß Planetta zwei Schüsse auf Dollfuß abgab. Planetta selbst hat ausgesagt, er könne sich nur erinnern, einen Schuß abgegeben zu haben..." (S. 101.)
„Das Verhalten der SS-Männer, die nach der Verwundung Dollfuß' im Eckzimmer zurückblieben, würde es psychologisch verständlich machen, daß von ihnen noch ein zweiter Schuß auf Dollfuß abgegeben wurde..." (S. 102.)
„Daß, durch den Wortwechsel mit Dollfuß erregt, einer der SS-Männer dem am Boden liegenden Dollfuß die Pistole an den Hals setzte und auf ihn einen Schuß abgab, wäre erklärlich..." (S. 103.)
„Bei den polizeilichen Untersuchungen im Juli 1934 hat man angenommen, daß der zweite Schuß nur in das Muskelfleisch der linken Halsseite gedrungen ist. Professor Werkgartner hat aber nun auf Befragen darauf hingewiesen, daß dies nicht mit Bestimmtheit angenommen werden könne. Da die Leiche Dollfuß' am 25. Juli 1934 nur unzulänglich durchröntgt wurde, muß nach der Meinung Professor Weingartners noch heute mit der Möglichkeit gerechnet werden, daß das Geschoß dieses Schusses in die Halswirbelsäule eingedrungen ist..." (S. 103.)
„Alle Gefangenen des Hauses wurden so scharf bewacht, daß es als ausgeschlossen erscheint, daß einer von ihnen etwa einen Schuß auf den im Eckzimmer befindlichen Dollfuß abgegeben haben könnte. Die insbesondere durch eine Broschüre des Marxisten Kreisler verbreitete Vermutung, Fey habe den tödlichen Schuß auf Dollfuß abgegeben, ist damit widerlegt..." (S. 105.)
„Es ist anzunehmen, daß der Tod (Dollfuß') ungefähr um 16.15 Uhr eintrat..." (S. 113.)
„Kurz nach 17 Uhr begaben sich Neustädter-Stürmer und Zehner zum Ballhausplatz..." (S. 149.)
„Die Regierung Schuschnigg gab am Nachmittag des 25. Juli 1934 den im Bundeskanzleramt eingeschlossenen Nationalsozialisten das Versprechen des freien Geleites, obwohl ihr der Tod Dollfuß' bekannt war. Schuschnigg war von vornherein gewillt, diese Zusage nicht einzuhalten. Um den Bruch des Versprechens der Welt zu verbergen, ließ er die Welt über die Ereignisse am Nachmittag des 25. Juli 1934 belügen..." (S. 120.)
„In der (erhaltenen und publizierten) Niederschrift des Ministerrats vom 26. Juli 1934, der unter dem Vorsitz des mittlerweile zurückgekehrten Vizekanzlers Starhemberg stattfand, heißt es ‚die Meinung sei dahin gegangen, man solle sich auf den Standpunkt

stellen, daß man zur Zeit der Verhandlungen von der Ermordung des Bundeskanzlers nichts gewußt habe. Man könne daher das freie Geleite den an der Ermordung beteiligten Putschisten und den Rädelsführern nicht gewähren'..." (S. 120.)

„Nachdem die Besprechungen des Ministerrats vom 25. und 26. Juli 1934 ... bekanntgeworden sind, muß damit gerechnet werden, daß dieses schriftliche Ultimatum eine später verfertigte Fälschung ist..." (S. 122.)

Besonders die zuletzt angeführte Verdächtigung zwingt zur Erinnerung an den bekannten Spruch: Der Schelm denkt, wie er ist. Als der SS-Bericht abgefaßt und abgefertigt wurde, waren die am 11. März 1938 von höchsten Reichsstellen, wie z. B. von Göring, angewandten Praktiken, von denen später in dieser Darstellung die Rede ist, längst Geschichte geworden.

Im Vorlagebericht des Chefs des Reichssicherheitshauptamtes, Heydrich, an Himmler heißt es bezüglich der „Untersuchung über die Ereignisse bei der Erhebung vom 25. Juli 1934 in Österreich", von den wesentlichen Problemen sei eines noch nicht vollständig geklärt, nämlich die Frage, wer den zweiten Schuß auf Dollfuß abgegeben habe. Zur Aufklärung wäre eine Durchröntgung der Leiche Dollfuß' notwendig. Gegen die Schuldigen, die dafür verantwortlich seien, daß das den Nationalsozialisten gegebene Versprechen des freien Geleites gebrochen wurde, müsse besonders vorgegangen werden. (S. 53 ff.)

Es scheint eine seltsame Duplizität der Fälle darin zu liegen, daß das „Rätsel" um den zweiten Schuß auch die amerikanische Öffentlichkeit nach dem Mord an John F. Kennedy bis heute bewegt. Das Forschen nach dem angeblichen zweiten Mordschützen blieb auch dort ergebnislos. Vermutlich deshalb, weil es eben im einen wie im anderen Fall keinen zweiten Schützen gegeben hat. Planetta schloß in seiner Verantwortung die Möglichkeit, einen zweiten Schuß „versehentlich" abgefeuert zu haben, nicht ganz aus (S. 90 f. des SS-Berichts), wenngleich er die Tötungsabsicht in Abrede stellt:

„... ich verspürte diese Person (den nicht erkannten Dollfuß, Anm. d. Verf.) an meinen Körper irgendwie ankommen, ob dadurch, daß diese Person an mich anstieß oder daß ich durch das Heben des Armes mit der Pistole an sie anstieß, weiß ich nicht. Durch diese körperliche Berührung wurde aus meiner Pistole ein Schuß ausgelöst..." (A. a. O., S. 90 f.)

Die Augenzeugen berichteten allerdings anders.

Die Nachricht vom Tod des Kanzlers wurde dem Ministerrat im Landesverteidigungsministerium auf dem Stubenring gegen 18 Uhr von Sektionsrat Dr. Kemptner überbracht, und zwar nachdem Neustädter-Stürmer und Zehner bereits zum Ballhausplatz gegangen waren. Neustädter-Stürmer berichtet, daß er das Ultimatum auftragsgemäß übermittelt habe, ohne vom Tod des Kanzlers zu wissen. Erst nachher habe Fey ihm die Tatsache mitgeteilt. Der Verfasser selbst begab sich mit anderen Regierungsmitgliedern gegen

18.30 Uhr, nach der Information durch Kemptner, zum Ballhausplatz. Die durch den Tod des Kanzlers völlig veränderte Sachlage machte die Einhaltung der bedingten Zusage des freien Geleites unmöglich.

Übrigens hatte sich das Deutsche Reich nach dem Mißlingen des Putsches sofort von seinen Leuten distanziert. In einem Kommuniqué der deutschen Reichsregierung vom 26. Juli 1934 heißt es: „... die deutsche Reichsregierung hat... den Befehl gegeben, die Aufständischen im Falle einer Überschreitung der deutschen Grenzen sofort zu verhaften..."[15]

Der deutsche Militärattaché Generalleutnant Muff berichtete an das Reichswehrministerium am 26. Juli:

„Ich hatte seit langem gewußt, daß die Nationalsozialisten den Gedanken erwogen und gewisse Vorbereitungen trafen, mit einer in Bundesheer- und Polizeiuniform verkleideten SA-Einheit während einer Kabinettsitzung einen Angriff auf die Regierung zu führen."

Der Bericht führt aus, das Unternehmen hätte nur Erfolg gehabt, wenn es von einer Volkserhebung oder einer Intervention seitens des Heeres begleitet gewesen wäre. Der Militärattaché weist darauf hin, daß er immer wieder berichtet habe, daß die Streitkräfte fest in der Hand der Regierung seien. Im Bericht heißt es wörtlich:

„Obschon angeblich zwischen den Führern des Putsches und verschiedenen höheren Offizieren enger Kontakt hergestellt worden ist, blieb das Heer trotzdem fest in den Händen des Staatssekretärs für Landesverteidigung (General Zehner), der einer Gefangennahme durch die Verschwörer entging. Die Offiziere, die in die Verschwörung verwickelt waren, brachten es nicht über sich, den Staatssekretär und seine Mitarbeiter zu eliminieren und die Kontrolle über das Heer an sich zu reißen. Auf Grund meiner Kenntnis der in Betracht kommenden Persönlichkeiten habe ich auch niemals etwas anderes erwartet und habe immer wieder meine warnende Stimme erhoben."[16]

Nach einem Bericht des ungarischen Militärattachés in Paris an den Chef des ungarischen Generalstabes vom 24. Januar 1934 hat der österreichische Militärattaché in Frankreich, Oberst im Generalstab Rendulić, ihm gegenüber geäußert, daß „das Vordringen und der Sieg des Nationalsozialismus in Deutsch-Österreich nicht mehr verhindert werden" könne. Er glaube, daß „Kanzler Dollfuß, Minister Fey und andere wahrscheinlich als Folge ihres politischen Standpunktes das Leben verlieren werden. Seiner Meinung nach kann in der gegenwärtigen Zeit von einer offenen Einverleibung Deutsch-Österreichs in Deutschland keine Rede sein. Daraus schließt er, daß die Umbildung Deutsch-Österreichs in einen nationalsozialistischen Staat eintreten wird, der seine scheinbare Selbständigkeit vor der Welt — provisorisch — aufrechterhalten wird, während er in Wirklichkeit gänzlich den deutschen Weisungen folgen wird".[17]

Gerade darum aber ging es vor und nach dem 25. Juli 1934: die Umbildung Österreichs in einen nationalsozialistischen Staat als ein Anhängsel des Dritten Reiches, mit allen ihren unvermeidlichen Folgen, zu verhindern. Die Kämpfe mit den Aufständischen brachen in den Ländern aus, hauptsächlich in Kärnten, der Steiermark, Salzburg und Oberösterreich, als ihre Sache in Wien schon verloren war. Sie währten bis zum 28. Juli.

Bemerkenswert waren die Hilfe und Sympathie, die den geflüchteten nationalsozialistischen Kämpfern in Jugoslawien zuteil wurde. Sie fanden wohl in erster Linie in der damaligen antiitalienischen Haltung Belgrads ihre Begründung. Denn daß Italien, wenn nötig, ernstlich zur Hilfeleistung bereit war, blieb weder in Belgrad noch in Berlin ein Geheimnis. Daß diese Hilfestellung Italiens eine Realität bedeutete, haben wir damals dankbar begrüßt; daß sie nicht nötig wurde, erschien uns als ein Segen im Unglück.

Der Opfertod Engelbert Dollfuß' war für Österreich ein nationales Unglück, darüber waren wir uns voll und ganz im klaren. Dollfuß, dem in jungen Jahren selbst einmal der Anschluß als nationales Ideal erschien, hatte sich in die Bresche gestellt, um den nationalistischen Irrwahn abzuwehren. Dabei hat ihn die sachlich durchaus richtige Einsicht geleitet, daß dieser für Deutschland nicht minder als für Österreich den Weg ins Verderben öffnete; er würde am Ende, entgegen allem äußeren Anschein, für beide Verlust und für keinen Gewinn bedeuten.

Das Dollfuß-Programm hatte mit seinen Feinden, links und rechts, Berührungspunkte, insofern als es nicht konservatives Beharren, sondern eine neue Ordnung plante. Darum rief Dollfuß den österreichischen Patriotismus gegen den deutschen Nationalismus auf; dabei war es völlig klar, daß er nicht den Gegensatz zwischen österreichisch und deutsch, sondern den zwischen Patriotismus und Nationalismus sah.

Was aber damals — in den dreißiger Jahren — allen gemeinsam war, lag in dem ausgesprochenen Willen oder dem unausgesprochenen Gefühl, daß wir an einer Wende standen und man die Dinge nicht weitertreiben lassen durfte wie bisher. Auch die Generationsablöse spielte dabei eine Rolle.

Weder links noch rechts machte man ein Geheimnis daraus, daß man die Gegenwartslösung seit je nur für vorübergehend hielt und etwas anderes wollte. Man drängte links und rechts nach dem anderen. Natürlich gingen die Vorstellungen darüber weit auseinander. Eine Zeitlang — bis in die späten zwanziger Jahre — wirkte die Anschlußparole als eine Art Katalysator. Als dieser aus den bekannten Gründen wegfiel, prallten die Gegensätze in engem Raum aufeinander. Das Stehvermögen und der Beharrungswille der Mitte erwiesen sich nicht stark genug, um die radikalen Flügel zu bremsen. So hielt schließlich auch Dr. Renner 1931 die angebotene Koalition für nicht opportun; Buresch scheiterte mit seinen Bemühungen, irgendeine Koalitionsmehrheit zu finden. Der steirische Heimatschutz schwenkte zum Hakenkreuz ab. Und als es um Sein oder Nichtsein ging — 1932/33 —, als der Schilling gefährdet und das Staatsbudget in Bedrängnis war, so daß die Monatsgehälter in zwei und drei Raten ausgezahlt werden mußten, und Hitler vor der Tür stand, da fand nicht nur Dollfuß, sondern auch der nüchterne, grunddemokratische und in der Verwaltung wie kaum ein anderer versierte Dr. Otto Ender, einer der besten Österreicher, die wir je hatten, daß es Zeit sei, nach anderen Wegen zu suchen, wenn Österreich überleben sollte.

So kam es 1934 nach dem Februaraufstand und vor dem Juliputsch zur Promulgierung der neuen Verfassung.

Ob sie hätte halten können, was man sich von ihr versprochen hat, nämlich die Ausschaltung der Klassengegensätze und die Einigung auf der österreichischen Plattform mit Einbeziehung der nicht dem Hakenkreuz folgenden Nationalen — und die hat es einmal gegeben —, ist nicht erweisbar; wir blieben im Übergang stecken.

Die Unvollkommenheit alles Bestehenden, zumal wenn es länger währt, hat immer noch zum Ruf nach dem anderen geführt. Ist er laut genug und bleibt er unwidersprochen, so folgen die Umsturzparolen. Sie stempeln immer jene, die an der Macht sind, zum Gesetzesbrecher und die jeweils herrschende gesetzliche Ordnung zum System, dessen Fesseln es um der Freiheit willen zu sprengen gilt; der Angriff wird zur Pflicht erklärt und die Anwendung aller Mittel zu seiner Beseitigung zum Recht. Jede Revolution beruft sich auf den Rechtsbruch und die Gesetzwidrigkeit derer, die sie ablösen will, zur eigenen Legalisierung. Das war schon immer so. Das Streitgespräch über Recht oder Unrecht der Revolution reicht Jahrhunderte zurück, und jede Zeit drückte ihm ihren besonderen Stempel auf. Waren es früher, in vorkybernetischen Tagen, vorwiegend Theologen und Philosophen, die sich ihm widmeten, so ist es heute das Anliegen von Soziologen und Politologen geworden. Man hat zwar die Perücken abgelegt, und das ist gut so; dafür zeigen sich bisweilen kahle Stellen, was unvermeidbar ist wie die Vergeßlichkeit.

1934 war ein Jahr, in welchem in vielen Ländern, besonders aber in Österreich, Gewalt und Umsturz, Faustrecht und Repressalien in der Luft lagen. Die Heimwehren riefen nach dem Staatsstreich; Dollfuß antwortete mit dem Aufruf zur Sammlung auf dem Boden einer neuen staatlichen und gesellschaftlichen Ordnung.[18]

Die Sozialdemokratische Partei verlangte Neuwahlen und verkannte — in einer zugegebenermaßen schwierigen Lage — die Folgen dieser indirekten Schützenhilfe für den faschistischen Gegner, der sie in Wahrheit viel mehr von außerhalb der österreichischen Grenzen als von innen her bedrohte.

Die Nationalsozialisten entschlossen sich nach Aussage des nachmaligen Staatskommissars Dr. Otto Gustav Wächter, eines der Hauptverantwortlichen für den Juliputsch, zur „Brechung der Zwangsherrschaft", weil die Regierung Dollfuß „unter neuerlichem Bruch der Verfassung" für bloßen Sprengstoffbesitz die Anwendung der Todesstrafe verordnete.[19]

Dr. Anton Rintelen schreibt in seinen Erinnerungen:
„Daß ich für den Fall des Mißlingens des geplanten Rettungsversuchs (Juliputsch, Anm. d. Verf.) meine Stellung und vielleicht auch mein Leben aufs Spiel setzen könnte, hat mich nicht entscheidend berührt. Daß ich formale Verpflichtungen gegenüber der Regierung und dem Kanzler hatte, durfte mich nicht abhalten; denn zuvörderst war ich dem Volke verpflichtet, dem gegenüber die Regierung den Eid auf die Verfassung gebrochen hatte."[20]

Man muß das Jahr 1934 in Österreich erlebt und man muß Dr. Rintelen persönlich gekannt haben, um die Klagen über „Verfassungsbrüche" auf den richtigen Nenner zu bringen.

Nichts zeigt deutlicher die Spannungen der damaligen Lage als die Erinnerung an die Tatsache, daß unmittelbar nach Ernennung der neuen Regierung (30. Juli 1934) im Einvernehmen mit dem Herrn Bundespräsidenten für den Fall der Ausschaltung des Staatsoberhauptes, des Regierungschefs und des Vizekanzlers schriftliche Vorsorge zur Sicherung der automatischen Amtsnachfolge getroffen wurde. In diesem Fall war der neuernannte Wiener Polizeipräsident Dr. Skubl zur Führung der Regierung vorgesehen; nach Einholung seines Einverständnisses wurde ihm die Bestellung für den erwähnten Fall des Staatsnotstandes eingehändigt. Sollte auch Skubl verhindert sein, wurde Staatssekretär Hans Hammerstein-Equord als Nachfolger an seiner Stelle in Aussicht genommen und hievon brieflich verständigt.

Im neuen Kabinett blieb Starhemberg Vizekanzler; Fey wurde Innenminister, wobei jedoch die Angelegenheiten des Sicherheitswesens dem Amtsbereich des Vizekanzlers zugeschlagen wurden. Der frühere Sicherheitsdirektor von Oberösterreich, Hans Hammerstein-Equord, war dem Vizekanzler als Staatssekretär für die Betreuung der Sicherheitsagenden zugeteilt.

Wesentliche weitere personelle Veränderungen ergaben sich in zwei Ressorts: Egon Berger-Waldenegg, ein ehemaliger Berufsdiplomat, politisch dem Heimatschutz zugehörig, übernahm die Führung der auswärtigen Angelegenheiten. Das Landwirtschaftsministerium, das Dollfuß selbst verwaltet hatte, wurde dem profilierten niederösterreichischen Bauernführer und Landeshauptmann von Niederösterreich Josef Reither übertragen. Sektionschef Hans Pernter wurde zum Staatssekretär für Unterricht und der langjährige frühere Präsidialvorstand der niederösterreichischen Landesregierung, Karl Karwinsky, zum Staatssekretär für Justiz bestellt. Dem Sozialminister Neustädter-Stürmer wurde der Kärntner christliche Gewerkschaftsfunktionär Johann Großauer als Staatssekretär für die Angelegenheiten des gesetzlichen Schutzes der Arbeiter und Angestellten zugeteilt.

Sowenig es Schwierigkeiten verursachte, die aus den verschiedenen Flügeln und Interessengebieten der früheren Christlichsozialen stammenden Kabinettsmitglieder auf gemeinsamem Boden zu vereinigen, um so problematischer sollte sich von allem Anfang an die Zusammenarbeit nicht mit, aber zwischen den Vertretern des Heimatschutzes gestalten. Hier war es vor allem die schon seit langem bestehende Rivalität oder das gegenseitige Mißtrauen zwischen Starhemberg und Fey, was die Arbeit erschwerte. Fey fand in Neustädter-Stürmer, dem eigenwilligen und schwer beeinflußbaren Theoretiker der Heimatschutzbewegung, einen starken Bundesgenossen, während Berger-Waldenegg mit Starhemberg eines Sinnes war.

In der grundsätzlichen österreichischen Einstellung gab es keinen Unterschied.

Feys Wiener Heimwehren standen seit je auf der österreichisch-traditionalistischen Linie; daran hat auch ein kurzer Flirtversuch mit Berlin und Budapest unmittelbar nach dem Februar 1934, als ehrgeizige Pläne falsche Hoffnungen weckten oder umgekehrt, nichts geändert.

Starhemberg stand gleichfalls eindeutig und fest auf Österreichkurs, und zwar in voller Klarheit seit September 1931.

Nun hat es tatsächlich nach dem 25. Juli 1934 eine Fey-Krise gegeben. Feys Haltung während der Besetzung des Bundeskanzleramtes durch die Rebellen gab zu den verschiedensten Deutungen Anlaß, und es war unvermeidlich, daß bald die wildesten Gerüchte aus dem Boden schossen, zweifellos nicht ohne Dazutun von Kreisen, denen an der Verhinderung einer Konsolidierung der Lage in Österreich gelegen war ...

Der Verfasser hatte, bevor er seinen Vorschlag über die Kabinettsbildung dem Staatsoberhaupt unterbreitete, eine eingehende Unterredung unter vier Augen mit Major Fey. Auf Grund dieser sehr offen und hart geführten Besprechung ergab sich die bestimmte und begründete Überzeugung, daß die gerüchtweise erhobenen Anschuldigungen gegen Fey jeder sachlichen Grundlage entbehrten. Fey war weder direkt noch indirekt in den Putsch verwickelt gewesen, der ihn genauso wie uns andere aus heiterem Himmel getroffen hatte. Allerdings erhielt er als erster an dem tragischen 25. Juli Kenntnis von den verdächtigen Vorbereitungen der Putschisten und maß der Information, aus welchen Gründen immer, zuwenig Bedeutung bei; jedenfalls gab er sie nicht so rasch weiter, wie dies geboten war. Wenngleich er selbst jede beabsichtigte Verzögerung bestimmtest in Abrede stellte, ist die Hypothese, daß er zumindest im Unterbewußtsein mit dem Gedanken spielte, durch Mobilisierung der Wiener Heimwehr als Retter in der Not auftreten zu können, nicht einwandfrei widerlegbar. Fest steht, daß damals die Verantwortung für Angelegenheiten der öffentlichen Sicherheit nicht zu seinem Machtbereich gehörte; ebenso fest steht seine österreichische Gesinnung.

Auch Autoren, die Fey sehr kritisch gegenüberstehen und sich dabei auf die Angaben des sogenannten Weydenhammer-Berichtes stützten, kommen zu dem Ergebnis, daß der gegen Fey erhobene Verdacht eines Zusammenspielens mit den NS-Putschisten sachlich unbegründet ist.

„Mit nahezu vollkommener Sicherheit kann gesagt werden, daß Fey im vorhinein keinerlei Kenntnisse von der NS-Revolte gehabt hat und daher keineswegs ein vorbedachter Verräter war. Die Nationalsozialisten selbst haben ihn unbewußt von diesem Verdacht gereinigt... Die schriftlichen Instruktionen aus Deutschland zur Organisierung des nationalsozialistischen Aufstands im Lande am 25. Juli beweisen, daß Fey als eine ebenso große Gefahr für Hitlers Pläne betrachtet wurde wie Dollfuß."[21]

Der Weydenhammer-Bericht an Hitler muß trotz mancher interessanter Details mit Vorsicht aufgenommen werden, da er offensichtlich stark der Selbstverteidigung diente; die unmittelbaren Regisseure des Putsches, und zu ihnen zählte Weydenhammer, hatten mit Hitlers Ungnade zu rechnen, da das Unternehmen allen zuversichtlichen Voraussagen entgegen mißlungen war.

Es ist richtig, daß im österreichischen Braunbuch auf die Rolle Feys nicht näher eingegangen wurde und das Redaktionskomitee, in dessen Rahmen Oberst Walter Adam federführend war, den politischen Erwägungen der Koalitionsgefährten, in diesem Falle hauptsächlich Neustädter-Stürmers, Rechnung trug.

Trotzdem war es klar, daß sein Verbleiben in der Regierung nur von begrenzter Dauer sein würde. Bei der Regierungsumbildung am 17. Oktober 1935 schied er aus dem Kabinett aus und übernahm die Stelle des Präsidenten der Donaudampfschiffahrts-Gesellschaft. Freilich war damit seine Auseinandersetzung als Führer der Wiener Heimwehren mit Starhemberg noch nicht beendet.

Kurz nach dem Anschluß schied Fey mit seiner Gattin und seinem Sohn, einem Wiener Neustädter Militärakademiker, freiwillig aus dem Leben.

Zur Regierungsumbildung am 17. Oktober 1935 kam es aus zwei eng miteinander verflochtenen Gründen:

Einmal hatte sich die Spannung zwischen Starhemberg und Fey zusehends verschärft; und dann — dies vor allem — ergaben sich unüberbrückbare Meinungsverschiedenheiten mit Neustädter-Stürmer, der überdies klar für Fey und gegen Starhemberg Stellung nahm. Diese Meinungsverschiedenheiten gingen auf Neustädter-Stürmers rein faschistisches Denken zurück, das ihn in scharfen Gegensatz zum Gewerkschaftsbund brachte, auf dessen Auflösung und Ersatz nach dem Muster der faschistischen Syndikate er gedrängt hat. Dazu kam, daß Neustädter-Stürmer immer deutlicher gegen die Politik des Wiener Bürgermeisters und Altvizekanzlers Richard Schmitz Stellung nahm, der nach besten Kräften um die Heilung der Wunden vom Februar 1934 bemüht war...
Als der Verfasser im Zuge der Auseinandersetzung Neustädter-Stürmer an den autoritären Charakter der Staatsführung erinnerte, nach welcher dem Bundeskanzler zustand, die Richtlinien der Politik zu bestimmen, erwiderte Neustädter-Stürmer dem Sinn gemäß, „das sei es ja eben, daß von einer autoritären Führung keine Rede sei und man an den Grundsätzen des früheren Parteienstaates festhalten wolle". Weder in der Frage des Gewerkschafts-

bundes noch in jener der Zusammenarbeit mit Schmitz in Sachen des ständischen Aufbaues ließ sich Übereinstimmung erzielen. So wurde am 17. Oktober 1935 der Universitätsprofessor Dr. Josef Dobretsberger zum Sozialminister vorgeschlagen und ernannt. Er blieb bis zum 14. Mai 1936 im Amt und wurde von Dr. Josef Resch, der schon unter Kanzler Seipel das Sozialministerium verwaltet hatte, abgelöst. Minister Resch führte das Sozialministerium bis zum Anschluß im März 1938.

Die Berufung Dr. Dobretsbergers hatte den Zweck, das Steuer im Sozialministerium herumzureißen und damit gleichzeitig auch die Versöhnung mit den durch die Februarkämpfe verbitterten Linkskräften zu erleichtern. Freilich war vorauszusehen, daß dies nicht ohne Auseinandersetzungen im Koalitionslager abgehen würde. Nicht weil man nicht auf allen Seiten die Zweckmäßigkeit dieser Versuche eingesehen hätte oder unangebrachten Ressentiments nachhing, sondern vielmehr, weil man hinsichtlich der anzuwendenden Methoden verschiedener Meinung war und sich über die grundsätzliche Zielsetzung der ständischen Neuordnung nicht einigen konnte. Während für Neustädter-Stürmer und seine ideologische Gefolgschaft ausschließlich die vertikale Gliederung in Frage kam, also die Fachgruppe, in der die Sozialpartner sich zu einigen hatten, hielten die anderen daneben das Weiterbestehen einer allgemeinen, weder fachlich noch ideologisch getrennten Interessenvertretung, also des Gewerkschaftsbundes, für unerläßlich.

Seit dem Mai 1935 bestand in der Vaterländischen Front die Soziale Arbeitsgemeinschaft (SAG), die enge Verbindung mit dem Gewerkschaftsbund hielt. Sie stellte den Versuch dar, eine politische Arbeiterbewegung neben die wirtschaftliche Interessenvertretung zu stellen. Guido Zernatto schrieb später:
„Diese SAG entwickelte sich langsam, aber solid. In Tausenden von Sprechabenden wurde der Arbeiterschaft Gelegenheit geboten, ihre Gedanken und ihre Wünsche im politischen Leben zum Ausdruck zu bringen und zugleich den Geist des neuen Staates kennenzulernen. Es war uns bewußt, daß von seiten der Revolutionärsozialisten und der Kommunistischen Partei immer wieder Versuche unternommen wurden, die SAG zum Instrument für ihre illegale Arbeit zu machen. Es ist auch festzustellen, daß dies dort und da gelungen ist. In summa muß jedoch gesagt werden, daß der Erfolg, den wir anstrebten — die Arbeitermassen an die politischen Organisationen heranzuführen —, auch gelungen ist ...

... Die Vertrauensleute der SAG entstammten zum kleineren Teil den ehemals christlichen Gewerkschaften und um die Jahreswende 1937/38 bereits zum größeren Teil der ehemals sozialdemokratisch organisierten Arbeiter- und Angestelltenschaft. Das Jahr 1938 hätte — eine ruhige Entwicklung vorausgesetzt — sicherlich eine Konsolidierung der Regierungspolitik auf der Seite der Arbeiterschaft gebracht. In vielen Gemeindetagen war die Arbeiterschaft noch zu gering vertreten, in den kulturellen Organisationen wäre der Arbeiterschaft noch vieles zur Selbstverwaltung übergeben worden. Die Pläne hiezu waren fertig. Es fehlte nur an Zeit und Ruhe..."[22]

Der SAG war die Aktion Winter (Arbeiter-Aktions-Komitee) vorangegangen, die auch die Anregung für deren Gründung für sich in Anspruch nahm. Dr. Ernst Karl Winter, ein Wiener Historiker und Politologe, war Gründer und Herausgeber der *Wiener Politischen Blätter;* er war von Dollfuß, der ihn aus Kaiserschützenzeiten im Ersten Weltkrieg her persönlich kannte und schätzte, nach den Februarereignissen 1934 mit der Aufgabe betreut worden, die linksgerichtete Arbeiterschaft für eine positive Mitarbeit am neuen Staat zu gewinnen. Zu diesem Zweck übernahm Dr. Winter auch die geistige Führung der im Vorwärts-Verlag erscheinenden früheren sozialdemokratischen Presse. Das Arbeiter-Aktions-Komitee entstand im Juli 1934 als eigener Arbeitskreis innerhalb der Vaterländischen Front.[23]

Dr. Winter galt als „linker Konservativer"; schon in jungen Jahren hatte er sich aus lauterstem christlichem Idealismus und mit beharrlicher Konsequenz die Parole zu eigen gemacht: „Wo es Stärkere gibt, immer auf seiten der Schwächeren." Die Aktion Winter reichte bis in den Frühsommer 1936 hinein. Daß sie schließlich scheiterte, war hauptsächlich die Folge bewußter Unterhöhlung seitens des Linksextremismus, der sich die Verhinderung jeder „Versöhnung" mit dem Regime — übrigens im Gegensatz zu den nichtrevolutionären gemäßigten Sozialdemokraten — zur Aufgabe gesetzt hatte. Das vereinte Zentrale Aktionskomitee der Sozialisten und Kommunisten hatte am 1. August 1934 eine Resolution abgefaßt, in der es heißt:

„... irgend etwas anderes als der erbarmungslose revolutionäre Klassenkampf bis zum Fall des Faschismus und der Errichtung der Diktatur des Proletariats steht für uns außer Frage."[24]

Daher ereigneten sich Zwischenfälle bei den Versammlungen und Diskussionsabenden Winters, aber auch Versuche, ihn persönlich und seine sehr ehrlich gemeinten Bemühungen zu diskreditieren. Die dritte Ausgabe des im Untergrund verbreiteten Propagandablattes *Revolution* bezeichnete Winter in einer Schlagzeile als den „Hofnarren des Faschismus", während er im Text als „Dollfuß-Kreatur" hingestellt wurde, „gekauft mit Ehrenstellen, Geld und Einfluß".[25]

Joseph Buttinger, ehemals unter dem Namen Gustav Richter Obmann des Zentralkomitees der Revolutionären Sozialisten, berichtet, daß Winters Aktion „trotz seines apostolischen Eifers" rasch zu Fall kam. Seine Versammlungen wurden verboten, nachdem infolge des turbulenten Verhaltens der Teilnehmer verschiedentlich die Polizei zu Hilfe gerufen werden mußte. Die Organisatoren in Winters Aktion — schreibt der nämliche Autor — hätten niemals eine jämmerlich kleine Gruppe schwächlicher Renegaten und eine kleine Anzahl wohlmeinender Narren *(fools)* überschritten.[26]

Im Oktober wurde Dr. Winter auch als Vizebürgermeister von Wien abgelöst, bei Beibehaltung seiner Position im Vorwärts-Verlag. Unmittelbaren Anlaß dazu gaben im Ausland gehaltene Vorträge, die leicht mißdeutet und nicht nur von den Gegnern des Regimes, sondern auch von denen Österreichs ausgebeutet werden konnten, was Dr. Winter selbst bestimmt nicht bezweckte. Wesentlich erfolgreicher erwies sich die Arbeit des Gewerkschaftsbundes, der unter der Führung des früheren Zentralsekretärs der Christlichen Gewerkschaften, Johann Staud, stand. Trotz anfänglich abwartenden Verhaltens stieg die Mitgliederzahl von knapp 150.000 im Juni 1934 auf 261.000 Ende Dezember desselben Jahres. Dabei war, wie früher, der Beitritt vollkommen freigestellt, und die Begünstigungen der vom Gewerkschaftsbund neu abgeschlossenen Kollektivverträge erstreckten sich im gleichen Maße auf Mitglieder und Nichtmitglieder.[27]

Im Frühjahr 1937 schien sich eine weitere erfolgreiche Öffnung nach links durch den Gewerkschaftsbund anzubahnen. Dr. Renner hatte sich für eine Beendigung dessen Boykotts durch die früheren Funktionäre der Freien Gewerkschaften ausgesprochen und für den Gedanken der legalen Mitarbeit in den offiziellen Gewerkschaften plädiert. Darin — und nicht in der Illegalität — sei die einzige Erfolgschance für die sozialistische Arbeiterschaft gegeben. Der Gedanke wurde von Staud aufgegriffen und von den verantwortlichen Stellen inner- und außerhalb des Gewerkschaftsbundes unterstützt. Man war zu weitgehenden Konzessionen bereit; so sollte z. B. Johann Böhm wieder die Obmannstelle bei der Bauarbeitergewerkschaft übernehmen. Er erklärte auch seine Bereitschaft dazu, zog sie aber zurück, als der massive Einspruch von der Brünner Emigration und vom Zentralkomitee der Revolutionären Sozialisten dem Versuch ein jähes Ende setzte. Eine Resolution der Leitung der (illegalen) Untergrundgewerkschaften erklärte jeden, der eine bezahlte Position im Gewerkschaftsbund annehmen würde, zum Verräter. Die Verhandlungen wurden im November 1937 wiederaufgenommen, ohne formell abgebrochen zu werden; sie führten jedoch zu keinem Ergebnis vor Torschluß.[28]

In einem Geheimbericht Botschafter Papens an Hitler vom 12. Mai 1936, der sich mit den Gegensätzen zwischen dem von Staud geführten Freiheitsbund und den Heimwehren befaßt, ist von einer deutschen Subvention des Freiheitsbundes und vom „intimen Verhältnis" des Freiheitsbundes und dessen Führers Staud zur deutschen Botschaft die Rede.[29]

Was Papen nicht wissen konnte, auch nicht zu wissen brauchte, war, daß der Obmann des Gewerkschaftsbundes und Führer des Freiheitsbundes, Johann Staud, mit dem Verfasser in ständigem Kontakt stand und diesen auch über seine Besuche in der deutschen Botschaft jeweils im Detail informierte. Das gleiche gilt von Versuchen der tschechoslowakischen Gesandtschaft, über den Gewerkschaftsbund politisch Einfluß zu nehmen.

Johann Staud hatte im KZ Flossenbürg seine vorbildliche Treue und sein unbedingtes Österreichertum mit dem Leben zu bezahlen.

Daß es nicht zu einem rechtzeitigen Ausgleich der Gegensätze mit der

Linken gekommen ist, kann schwerlich *einem* Schuldkonto allein aufgebürdet werden. Die Kräfte, die um jeden Preis den Ausgleich verhindern wollten, weil sie an seine Unmöglichkeit und sachliche Unrichtigkeit glaubten, waren mindestens so stark wie jene der Verzögerung — bis es für beide Teile zu spät war.

Die weitverbreitete Meinung, die Regierung habe erst in der Stunde höchster Not, d. h. am 3. März 1938, die Verbindung zur „Arbeiterschaft" gesucht, stellt nach Diktion und Inhalt eine entstellende Vereinfachung dar, die nur die Vorderseite der Medaille zeigt. Die Rückseite wird meist zur Gänze übersehen: Es wurden fortlaufend Verhandlungen geführt, und zwar seitens der Regierung durch die hiefür berufenen Stellen, den Obmann des Gewerkschaftsbundes, den Staatssekretär für Fragen des Arbeitsrechts und Arbeiterschutzes und späteren Minister Hans Rott, und über die Leitung der SAG in der Vaterländischen Front. Mit Wissen dieser Stellen hatte der Verfasser gelegentlichen Kontakt mit Alois Köhler, einem kommunistischen Metallarbeitervertrauensmann aus Floridsdorf; Buttinger bezeichnet ihn als *a man who legally played along with the conciliators, and illegally with the Communists* („legal hielt er es mit den Versöhnern, illegal mit den Kommunisten").[30]

Wenn diese Charakteristik stimmt, dann wäre er mutatis mutandis etwa das Gegenstück zu Glaise-Horstenau im Regierungslager gewesen. Aus dem Zitat geht hervor, daß es auf der anderen Seite zwei einander widersprechende Gruppen gab: die zur Mitarbeit Bereiten und die unversöhnlichen Gegner, die auf Illegalität und Untergrundarbeit beharrten. Dies bedeutete, daß der alte Gegensatz zwischen den „evolutionären" (Karl Renner) und den „revolutionären" Sozialisten (linker Flügel) lebendig geblieben war. Während die Evolutionären, ohne im geringsten ihren politischen Glauben preiszugeben, aus pragmatischer Erwägung für die legale Mitarbeit im Gewerkschaftsbund eintraten, gingen die Revolutionären aufs Ganze, d. h. zunächst an die Arbeit zum Sturz des verhaßten österreichischen Regimes. Damit wurden sie ungewollt zum natürlichen Bundesgenossen des nationalsozialistischen Gegners.

Und wiederum gewannen die Revolutionären, unterstützt von der Brünner Emigration, die Oberhand. Sie formten mit Einbeziehung der Kommunisten, einer Minorität, mit der sie sich jedoch niemals identifizierten, ein zentrales Aktionskomitee, das die Untergrundgewerkschaften und die revolutionäre Propaganda organisierte; ihr erklärtes Ziel blieb der Umsturz in Österreich. Folgerichtig widersetzten sie sich jedem Kompromiß mit der Regierung und erklärten „Kollaborateure" als Verräter an der Arbeiterklasse. Es muß jedoch festgehalten werden, daß sich, aus welchen Gründen immer, die Aktionen der Revolutionären Sozialisten — gemessen an der Sabotagetätigkeit der Nationalsozialisten — vom Regierungsstandpunkt gesehen in durchaus erträglichen und, wenn der Ausdruck erlaubt ist, anständigen Grenzen hielten. Wir standen damals unter dem Eindruck, daß die Zahl der ehemaligen Schutzbündler, die zumal in die Reihen des Freiheitsbundes traten, die Zielsetzung der Revolutionären entschärfte. Das gleiche galt vom Zustrom in den Gewerkschaftsbund; die Erklärung, daß es sich dabei um Zwangsbeitritte gehandelt habe, stimmt nicht; niemand wurde zum Beitritt gezwungen. Daß sich der einzelne vom Beitritt Vorteile erwartete, wird richtig sein, daran ist nichts Ungewöhnliches; denn schließlich sind Gewerkschaften dazu da, ihren Mitgliedern Vorteile zu erkämpfen.

Nun war aber das erklärte Fernziel der Revolutionären Sozialisten identisch mit dem des früheren Republikanischen Schutzbundes, nämlich die Diktatur des Proletariats. Das Nahziel aber war die bedingungslose Wiederherstellung der Sozialdemokratischen Partei und deren Wiedereinsetzung in ihre früheren Rechte.[31] An dieser unabdingbaren Forderung mußten sich alle Vermittlungsversuche zerschlagen.

Das Mögliche muß nicht immer richtig sein; ebensowenig ist das Richtige immer möglich.

Alle Parteien waren ausgeschaltet worden. Damit bot sich dem Dritten Reich kein Vorwand, etwa die Wiederzulassung der NSDAP zu erzwingen. Die Wiederherstellung der Sozialdemokratischen Partei hätte praktisch die Wiedereinführung der parlamentarischen Demokratie bedeutet. Wäre sie das einzig Richtige gewesen?

Theoretisch vielleicht. Praktisch hätte sie die gemeinsame Front Deutschland-Italien-Ungarn gegen Österreich geschaffen. Dem stand im Prinzip die Möglichkeit des außenpolitischen Kurswechsels in Anlehnung an Frankreich und die Kleine Entente gegenüber. Aber abgesehen von wirtschaftlichen Erwägungen war zu bedenken, daß die Kleine Entente im Zerfallen begriffen und Frankreich an England gebunden war; England aber hatte längst erklärt, daß es keine aktiven Engagements in Mitteleuropa zu übernehmen gedenke.[32] So war es in der Tat nicht möglich, das Rad zurückzudrehen und irgendeiner Partei zu dieser Zeit die Rückkehr an die Oberfläche zu ebnen. Daran mußten alle Verhandlungen scheitern. Der gute Wille, schließlich doch noch zu einem Ausgleich zu kommen, wurde anläßlich des Berchtesgadener Abkommens unter Beweis gestellt.

Einmal wurde anläßlich der Regierungsumbildung am 15. Februar 1938 der frühere sozialdemokratische Funktionär der Freien Gewerkschaften Adolf Watzek zum Staatssekretär für Arbeiterschutz bestellt. Ferner wurde die Amnestie über das Berchtesgadener Abkommen hinaus ausgedehnt. Im Berchtesgadener Abkommen, Punkt 4, war eine Amnestie „für alle wegen nationalsozialistischer Betätigung gerichtlich oder polizeilich bestraften Personen" zugestanden.[33] Die Amnestie vom 16. Februar 1938 erstreckte sich aber tatsächlich auf „teils bedingte, teils unbedingte Straffreiheit für alle gerichtlich strafbaren Handlungen, die vor dem 15. Februar 1938 im Dienst einer politischen Partei oder aus politischen Beweggründen begangen worden sind, sofern sich der Täter zur Zeit der Kundmachung der Entschließung in Österreich aufhält".[34] Sie umfaßt daher auch Sozialdemokraten und Kommunisten. Arnold Toynbee schrieb:

„Der meisterhafteste Schachzug Hitlers, den er von seiner Hexenküche in Berchtesgaden aus gegen den österreichischen Staat richtete, war seine nachdrückliche Forderung einer allgemeinen Amnestie, die den österreichischen Sozialdemokraten genauso zugute gekommen wäre wie den Nationalsozialisten."[35]

Gulick dagegen stellt fest, daß sich nirgends ein Hinweis darauf finde, daß sich die Forderungen von Berchtesgaden auf eine Amnestie nichtnationalsozialistischer Gruppen erstreckten.

In der Tat war die Ausdehnung der Amnestie eine bewußte, von den Nationalsozialisten keineswegs gewollte und begrüßte Aufforderung an links, sich mit der Regierung zur längst fälligen Bereinigung der Differenzen im Rahmen des Möglichen zu treffen. Übrigens waren nach dem Stand vom 1. Januar 1937 zusammen 69 Sozialisten und Kommunisten in gerichtlicher Strafhaft wegen politischer Delikte. Seither hatte sich die Zahl vermindert.[36]

Im Anhaltelager Wöllersdorf befanden sich Ende Dezember 1937 insgesamt 105 Insassen.[37]

Am 3. März 1938 fand die Besprechung mit dem Aktionskomitee der bisher illegalen Arbeiterorganisationen im Bundeskanzleramt statt; ihr Sprecher war Friedrich Hillegeist, für die Kommunisten Alois Köhler. Die Sitzung währte vier Stunden. Das vorgelegte Vierpunkteprogramm enthielt die Forderungen:
1. nach politischer Gleichberechtigung mit den Nationalsozialisten;
2. nach freien Wahlen im Gewerkschaftsbund;
3. nach Genehmigung der Herausgabe einer Tageszeitung;
4. nach Garantien hinsichtlich einer verbesserten Sozialgesetzgebung.[38]

Damit war das Eis insoweit gebrochen, als von der Wiederzulassung der Partei und vom Sturz des Regimes nicht die Rede war. Ein Verhandlungskomitee wurde eingesetzt, dem von seiten der Regierung der Obmann des Gewerkschaftsbundes Staud und Minister Rott angehörten. Es war nicht Schuld der Regierungsseite, daß infolge von Kompetenzschwierigkeiten der Verhandlungspartner die entscheidenden weiteren Besprechungen nicht vor dem 8. März begannen.[39] An einem positiven Ausgang war nicht zu zweifeln; es fehlte die Zeit; und selbst wenn die Vereinbarung noch rechtzeitig zustande gekommen wäre, hätte dies am Ende nichts mehr ändern können. Immerhin bezog das Zentralkomitee der Revolutionären Sozialisten Stellung zur beabsichtigten Volksbefragung vom 13. März:

„Der 13. März sei nicht der Tag, um die offene Rechnung mit den Austrofaschisten zu begleichen, es gehe darum, den Haß gegen Hitler zu bezeugen. Daher die Parole, am 13. März mit ‚Ja' zu stimmen. Die Jastimme sei nicht für Schuschnigg und das autoritäre Regime abgegeben, sondern gegen Hitler und die Gleichschaltung."

Das war alles, was vernünftigerweise erwartet werden konnte.[40]

Im übrigen bleibt die Tatsache zu erwähnen, daß im Rahmen des Vereinten Aktionskomitees der Revolutionären Sozialisten nach dem Bericht Buttingers, der unter dem Namen Gustav Richter den Vorsitz führte, die kommunistische Minorität die Taktik der Revolutionären nicht immer billigte und schon frühzeitig für Erschließen der Möglichkeiten legaler Betätigung im Gewerkschaftsbund eintrat.[41]

Auf anderem Gebiet ist hingegen ein Versäumnis unterlaufen, das nicht mehr gutzumachen war:

Der vielfach erhobene Einwand, daß es geboten gewesen wäre, die neue Verfassung einer Volksabstimmung zu unterziehen, ist im Rückblick rechtlich und politisch zweifellos vollauf begründet.[42] Außer Frage steht jedoch, daß die Zeit vor dem 25. Juli 1934 infolge der sich stets steigernden nationalsozialistischen Terroraktionen eine Abstimmung nicht zuließ. Auch später standen ihr manche Bedenken nicht ohne Gewicht entgegen: daß es besser wäre, die Übergangszeit abzuwarten und die Volksabstimmung erst unmittelbar vor dem Inkrafttreten der Verfassung auszuschreiben — das wäre im Lauf des Jahres 1938 gewesen; die Haltung Mussolinis, der bereits abriet, als die Frage 1934 zur Sprache kam[43]; der Anschein, daß man damit der ständig wiederholten Forderung Berlins nachgeben würde, und die in der Tat beträchtliche Gefahr, die in der Einwirkung deutscher Propaganda und in der „rollenden Mark" lag. Das mögen alles Milderungsgründe sein. Sie sind keine Entlastung. Was immer man von plebiszitären Entscheidungen halten mochte, ihr Unterlassen bedeutete in diesem Fall unleugbar eine Schwäche. Die Abstimmung wäre im August 1934 sinnvoll und wahrscheinlich erfolgreich gewesen. Am Ablauf der Ereignisse hätte sie allerdings auch nichts geändert.

Die nächste große Zäsur in der innerpolitischen Entwicklung ergab sich am 14. Mai 1936 durch das Ausscheiden des bisherigen Vizekanzlers Starhemberg aus der Regierung. Der Grund dafür lag in dem bekannten Telegramm, das Starhemberg am 13. Mai 1936 anläßlich der Eroberung von Addis Abeba an Mussolini sandte; es lautete:

„Im Bewußtsein faschistischer Verbundenheit an dem Schicksal des faschistischen Italien innigsten Anteil nehmend, beglückwünsche ich im Namen der für den faschistischen Gedanken Kämpfenden und im eigenen Namen Eure Exzellenz von ganzem Herzen zu dem ruhmvollen, herrlichen Sieg der italienischen Waffen über die Barbarei, zu dem Sieg des faschistischen Geistes über demokratische Unehrlichkeit und Heuchelei und zum Sieg der faschistischen Opferfreude und disziplinierten Entschlossenheit über demagogische Verlogenheit. Es lebe der zielbewußte Führer des siegreichen faschistischen Italien, es lebe der Sieg des faschistischen Gedankens in der Welt."[44]

Es wurde festgestellt, daß auch der Außenminister von der Absendung dieses Telegramms wußte. Der Bundeskanzler war nicht in Kenntnis gesetzt worden, sondern erfuhr dessen Inhalt, wie die Öffentlichkeit, durch eine Aussendung der Pressestelle des österreichischen Heimatschutzes. Erhebungen ergaben, daß das Telegramm des Vizekanzlers nicht durch die Amtliche Nachrichtenstelle, sondern durch die Pressestelle des Heimatschutzes ausgegeben worden war. Die Wiener Presse erhielt den Wortlaut gleichzeitig, wenn nicht sogar früher als die Amtliche Nachrichtenstelle. Das Ganze spielte sich gegen 23 Uhr ab, so daß eine Inhibition der Veröffentlichung nicht mehr möglich war.[45]

Es bedurfte nicht der geharnischten Proteste des englischen Gesandten, um die österreichischen Stellen davon zu überzeugen, daß eine Reparatur des Fauxpas unumgänglich war. Diese konnte nur im Rücktritt der Regierung bestehen. Übrigens wäre damit natürlich auch eine Gelegenheit gegeben gewesen, durch Auswechslung des Bundeskanzlers einem Regimewechsel die Wege zu ebnen. Daß Vizekanzler und Außenminister des früheren Kabinetts aus rein außenpolitischen Gründen nicht gehalten werden konnten, war schon mit Rücksicht auf die Westmächte klar.

Nicht so sicher war die Reaktion des italienischen Partners. Aus einem Promemoria Mussolinis vom 15. Mai 1936 geht hervor, daß er für die unvermeidlich gewordene Veränderung im österreichischen Kabinett Verständnis hatte. Nach einem Bericht des österreichischen Militärattachés Oberst Doktor Liebitzky äußerte sich Mussolini dahin, daß im Falle einer Divergenz der Auffassungen zwischen dem Regierungschef und dessen Stellvertreter dieser zu weichen habe. Die Gedächtnisnotiz vom 15. Mai 1936 besagt, daß Mussolini die Politik des Bundeskanzlers auch weiter zu unterstützen bereit war; sie unterstreicht die Richtigkeit der Bemühungen, aus allen Verbänden eine freiwillige Miliz zu schaffen, die eng an die Wehrmacht anzuschließen sei; sie bemerkt schließlich, daß die Heimwehren auch im neuen Kabinett ausreichend vertreten seien.[46]

Tatsächlich wurde alles getan, um klarzustellen, daß es sich lediglich um einen durch die Umstände gebotenen Personenwechsel gehandelt habe. Neuerlich zur Bildung einer Regierung vom Bundespräsidenten beauftragt, schlug der Verfasser, übrigens im Einvernehmen mit Starhemberg, den dem Heimatschutz angehörigen vormaligen Landeshauptmannstellvertreter von Niederösterreich Eduard Baar-Baarenfels zum Vizekanzler, Dr. Ludwig Draxler zum Finanzminister und den gleichfalls dem Heimatschutz zugerechneten vormaligen Staatssekretär für das Sicherheitswesen Hans Hammerstein-Equord zum Justizminister vor. Außerdem wurde der dem Heimatschutz zugehörige Guido Zernatto zum Staatssekretär und Generalsekretär der Vaterländischen Front ernannt. Starhemberg selbst behielt über seinen ausdrücklichen Wunsch die Führung der österreichischen Sportfront.

Daß in Kreisen des Heimatschutzes über diese Entwicklung Indignation und Entrüstung herrschten, ist um so begreiflicher, als nicht alle Zusammenhänge der Öffentlichkeit mitgeteilt werden konnten. Flugblätter in heftigster Sprache gaben dem Unmut Ausdruck, wenn auch nicht ausgeschlossen werden kann, daß manche unter falscher Firmenbezeichnung erschienen.[47]

Die Unklarheit und die Verschiedenheit der Auffassungen im Regierungslager, die schließlich in der, wie angenommen werden muß, absichtlich überspitzten Formulierung des Starhemberg-Telegramms an Mussolini ihren Ausdruck fanden, führten zum Rücktrittsgesuch des Generalsekretärs der Vaterländischen Front, des damaligen Bundeskommissars für Heimatdienst Oberst Walter Adam. Das Gesuch wurde am 26. April, also fast drei Wochen vor der Regierungsumbildung, eingereicht, ohne sofort angenommen zu werden. Als Begründung seines Schrittes berief sich Oberst Adam auf Erklärungen in einer jüngst (in Horn, Niederösterreich) gehaltenen Rede des Bundesführers Starhemberg, die seiner Meinung nach mit der grundsätzlichen politischen Linie der Vaterländischen Front nicht in Übereinstimmung gebracht werden konnten. Die vier von Oberst Adam beanstandeten Erklärungen besagten:

1. Der Heimatschutz bleibt eine (selbständige) bewaffnete Formation.

2. Neben der Wehrformation bleibt auch die politische Organisation des Heimatschutzes bestehen.

3. Der Heimatschutz setzt sich die politische Eroberung der Vaterländischen Front zum Ziel; dies, betonte Adam, widerspräche allen bisherigen Erklärungen über den Charakter der Vaterländischen Front.

4. Der politische Kurs soll der faschistischen Gedankenwelt entsprechen, ohne das italienische Muster zu übernehmen.[48]

Wenn auch durchaus angenommen werden kann, daß Starhemberg in seiner Rede mehr die Mißstimmung in seinen Reihen auffangen wollte und nicht damit rechnete, allzu wörtlich genommen zu werden, so zeichnen die Rede und die Reaktion Adams doch in aller Schärfe das damalige Bild. Mißstimmung gab es unvermeidlicherweise auf seiten der Heimwehren wie auch ihrer Koalitionsgenossen, denen jeder Heimwehrmonopolanspruch natürlich ein Dorn im Auge war. Wie es schon so geht, der eine forderte scharfes Vorgehen gegen jegliche Entgleisung des anderen (meist handelte es sich um solche rhetorischer Natur) und umgekehrt.

Scharfes Vorgehen war, übrigens auch schon früher, immer nur gegen die andere Seite gemeint, während man sich selbst in nichts hineinreden lassen wollte. Das Bestehen von Meinungsverschiedenheiten in einer Koalition ist eher die Regel als eine Ausnahme. Ihr Vorhandensein unterscheidet sie von der Diktatur, von der zwar in ihren verschiedenen Varianten viel gesprochen wurde, die es aber in Österreich in Wirklichkeit nie gegeben hat.

Das von den Gegnern der Einfachheit halber immer wieder verwendete Klischee stimmt schon deshalb nicht, weil auch nach Ausscheiden des Heimatschutzes aus der Regierung (3. November 1936) der Bundeskanzler jederzeit abgesetzt werden konnte und es sich um das Regime einer Übergangsverfassung handelte. Gerade die dreißiger Jahre zeigten scharfe Auseinandersetzungen der verschiedensten Art innerhalb eines und desselben Lagers, und zwar in verschiedenen Ländern. Die österreichische Art der Austragung ist sicherlich mit der damals in den Diktaturen üblichen nicht zu vergleichen.

Bereits im April 1935 waren Schritte zur Vereinheitlichung der Wehrverbände angekündigt worden, und zwar im Zusammenhang mit der Absicht, die allgemeine Wehrpflicht einzuführen. Es war klar, daß dem Nebeneinander der paramilitärischen Verbände ein Ende bereitet werden mußte; unter den veränderten Umständen hatten sie ihre Existenzberechtigung im früheren Sinn verloren. So wurden die Ostmärkischen Sturmscharen schon im Frühjahr 1936 zu ihren ursprünglichen Zielen zurückgeführt: sie blieben eine Kulturgemeinschaft zur besonderen Pflege des österreichischen Gedankens. Am 10. Oktober 1936 kam es schließlich zur Auflösung aller Wehrverbände und zur Errichtung der Frontmiliz unter dem Kommando des FML Ludwig Hülgerth, der dann am 3. November 1936 als Vizekanzler in die neuerlich umgebildete Regierung eintrat. Der Anlaß zu diesem früher oder später unvermeidlichen Schritt war die zunehmende Spannung innerhalb der Heimwehren selbst — besser gesagt, zwischen deren Führungsgruppen —, die eine Bereinigung der Lage dringend erforderlich machte. Die Wiener Heimwehr hatte die Berufung Feys zum Bundesführer und die Absetzung Starhembergs gefordert.

Fey und seine Anhänger, darunter der Wiener Vizebürgermeister Lahr, wurden daraufhin von der Bundesführung des Heimatschutzes (Starhemberg) am 30. September 1936 ausgeschlossen. Darauf drohte eine Rebellion der Wiener Heimwehr. Am 7. Oktober 1936 wendete sich Fey durch Einberufung einer Pressekonferenz an die Öffentlichkeit und erwiderte mit scharfen Angriffen auf Starhemberg. Gulick spricht von einer „Forderung zum Duell, das jedoch von beiden Heimwehrführern niemals ausgetragen wurde".[49] Davon ist dem Verfasser nichts bekannt. Jedenfalls hielt Starhemberg gleichfalls am 7. Oktober eine scharfe, beinahe drohende Rede vor Heimatschützern, die die Anspielung enthielt, er werde sich wahrscheinlich demnächst in Wöllersdorf mit seinen Kameraden wiedersehen.[50]

Für einige Tage herrschte Verwirrung; Heimatschutzgruppen aus der Obersteiermark und Kärnten traten telegraphisch für die Ernennung Feys zum Kommandanten der Miliz ein, ebenso die Wiener Heimwehr.

Die Auflösung der Wehrverbände ging reibungslos vor sich, es gab keinen Zwischenfall. Daß persönliche Empfindlichkeiten dabei bisweilen verletzt wurden, war unvermeidlich und kann nicht verwundern. Jedenfalls wurden die Entwicklung und die Organisierung der Frontmiliz von den Führungsstellen der Wehrmacht durchaus positiv beurteilt.

Gewiß gab es ein schweres Bedenken; sollte die Vergrämung der ehemaligen Heimatschützer tief genug reichen, dann konnte eine weitere Verkleinerung der Regierungsbasis die Folge sein. Dem stand entgegen, daß auf der anderen Seite Ressentiments wegfallen mochten und die innere Befriedung im Rahmen der Vaterländischen Front bessere Chancen hatte als früher.

Freilich, der Kalender zeigte Ende 1936. Die Zeichen standen auf Sturm; denn die Lage in der Welt hatte sich — ganz ohne unser Dazutun oder irgendeine Möglichkeit, darauf Einfluß zu nehmen — gründlich geändert. Noch 1933 schienen die politischen Fronten in Europa so fest gefügt, daß der italienische Generalstabschef Pietro Badoglio und sein französischer Amtskollege Maurice Gustave Gamelin ein militärisches Abkommen schlossen, das im Fall eines deutschen Angriffs französischen Truppen das Durchmarschrecht durch italienisches Gebiet sicherte. Mit anderen Worten, man war damals in Paris und Rom noch bereit, den Status quo und damit die Völkerbundordnung gemeinsam zu schützen.[51]

Im Juli 1934 waren sich Rom, Paris und London darin einig, daß der Dollfuß-Mord der politischen Verantwortung des Dritten Reiches anzulasten sei. Mit Recht; daran besteht nicht der mindeste Zweifel. Der italienische Botschafter in London, Dino Grandi, hatte über das Urteil der englischen öffentlichen Meinung am 7. August 1934 telegraphisch nach Rom berichtet.[52]

Mussolini erklärte in seiner impulsiven Art anläßlich der Eröffnung der fünften Fiera (Messe) di Levante in Bari am 6. September 1934:

„Dreitausend Jahre Geschichte erlauben uns, mit äußerster Nachsicht gewisse Doktrinen zu betrachten, die jenseits der Alpen von den Nachkommen eines Volkes gelehrt werden, das in der Zeit, als Cäsar, Vergil und Augustus in Rom lebten, noch aus Analphabeten bestand."[53]

Er hatte sich schon 1934 zum abessinischen Feldzug entschlossen; dies ging klar aus einem Gespräch hervor, das der Verfasser bei seinem ersten Staatsbesuch in Florenz am 21. August 1934 mit dem italienischen Regierungschef führte.

Damals stand es völlig außer Frage, daß er Hitler politisch wie auch persönlich ablehnte. Mussolini, der scharfe Pointen liebte und schon in seiner Diktion den ehemaligen Journalisten nicht verleugnen konnte, machte kein Hehl daraus, daß er die Rassenlehre für eine Barbarei hielt, unvereinbar mit lateinisch-humanistischem Denken. Eine Revolution, meinte er, komme ohne Abenteurernaturen nicht aus; der Faschismus habe sich, nachdem er zur Macht gekommen sei, ihrer entledigt, der Nationalsozialismus habe sich in die führenden Stellen befördert, darin läge der Unterschied... Im übrigen sei eine erweiterte historische Präsenz Italiens in Ostafrika ein „historisches Recht" der Nation und Ausdruck ihrer kulturellen Sendung. Er müsse, in aller Interesse, rasch zugreifen und das Unternehmen etwa innerhalb Jahresfrist zu einem guten Ende führen, um sich dann wieder zur Gänze den europäischen Aufgaben widmen zu können. Von England erwarte er keine Behinderung, mit Frankreich sei Italien eines Sinnes, und die Deutschen würden noch vier Jahre brauchen, bis sie zählten... Nein, an einen ewigen Frieden glaube er nicht, aber bis zum Jahre 1938 habe man Zeit; bis dahin müsse Österreich innerlich gefestigt und gerüstet sein; denn dann sei mit kriegerischen Verwicklungen zu rechnen.[54]

Kurz bevor diese vier Jahre zu Ende waren, stattete Mussolini vom 25. bis 29. September 1937 Berlin seinen Staatsbesuch ab. Am 30. September 1937 informierte Reichsaußenminister Neurath in einem Zirkulartelegramm die Auslandsvertretungen über das konkrete Ergebnis:

„Italien soll im Mittelmeer nicht gehemmt werden, während umgekehrt die deutschen Sonderbelange in Österreich durch Italien nicht beeinträchtigt werden sollen. Es trifft im übrigen durchaus zu, daß — wie Mussolini sich öffentlich ausdrückte — die Achse Rom-Berlin sich nicht gegen andere Staaten richtet und daß daher nichts besprochen oder verabredet wurde, was Österreich als bedenklich oder seine Selbständigkeit beeinträchtigend betrachten könnte."[55]

Die Information ist typisch für die Behandlung der Österreichfrage durch die Berliner Wilhelmstraße in dieser Zeit. Der zweite Absatz widerspricht dem Sinn des ersten, er ist offenbar als Richtlinie für die Sprachregelung im Ausland gedacht.

Die Welt hatte sich gewandelt. Noch am 9. Oktober 1934 hatte die Ermordung des jugoslawischen Königs Alexander und des französischen Außenministers Louis Barthou in Marseille eine wenn auch noch vorübergehende Spannung der bislang ungetrübten italienisch-französischen Beziehungen verursacht. Die Mörder hatten der kroatischen Ustaschabewegung angehört, deren Führer, Ante Pavelić, als politischer Flüchtling im italienischen Asyl lebte. Die militanten Mitglieder der revolutionären kroatischen Freiheitsbewegung erhielten ihre Schulung und Ausrüstung in Ungarn. Als die französische Regierung die Auslieferung Pavelićs, als des vermutlichen Hauptes der Verschwörung, verlangte, stimmte Mussolini aus politischen Gründen zu; die italienischen Gerichte aber leisteten unter Berufung auf die allgemeinen völkerrechtlichen Grundsätze dem Auslieferungsbegehren nicht Folge. Daraus entwickelte sich eine italienfeindliche Kampagne der französischen Presse; aber die offiziellen Beziehungen der beiden Länder blieben noch ungetrübt.

Die Unterstützung der kroatischen Ustascha durch Italien war jedoch nicht gegen Jugoslawien gerichtet, mit dessen Regime seit dem Königsputsch Alexanders (5. Januar 1929) Italien durchaus konform ging. Die italienische Politik suchte vielmehr den deutschen Einfluß in Jugoslawien, und hier wiederum besonders unter den Kroaten, zu blockieren.[56] Er wurde durch die bekannten Jagdbesuche Görings und durch Wirtschaftsabmachungen vorwärtsgetrieben. Das politische Ziel lag klar zutage: durch Herausbrechen Jugoslawiens die Kleine Entente zu demolieren und so Frankreich zu schwächen; damit war aber der erste Schritt getan zur Bewegungsfreiheit Deutschlands in Mitteleuropa.

Das Dritte Reich war mit seiner Jugoslawienwerbung erfolgreicher als Italien. Es verwendete den österreichischen Restaurationsschreck mit dem grotesken Ergebnis, daß die Deutschen in Belgrad, aber auch die nationalsozialistischen „Freiheitskämpfer" aus Kärnten und der Südsteiermark in Jugoslawien nicht nur Asyl, sondern bisweilen auch begeisterte Aufnahme fanden, während alles Österreichische suspekt blieb. Übrigens ließen sich die österreichischen Legitimisten nie davon überzeugen, daß die Jugoslawen und Deutschen für den Fall einer Restauration in Österreich den militärischen Einmarsch vorbereitet hatten, und daß aus diesem Grund auch Italien im Lager der ausgesprochenen Restaurationsgegner stand. Natürlich hatte man am Ballhausplatz die klaren Beweise dafür längst in der Hand. Aber es half nichts.

Das abessinische Abenteuer verlief nicht so glatt, wie es Mussolini erwartet hatte, weder auf militärischem — es gab Nachschubschwierigkeiten — noch auf diplomatischem Gebiet. Das Dritte Reich benützt die neue Lage, um mit Erfolg aus seiner bisherigen außenpolitischen Isolierung auszubrechen. Mussolini blickte in zunehmendem Maße nach Deutschland, da er nach dem Scheitern des Hoare-Laval-Planes selbst eine Isolierung Italiens befürchten mußte, wie es dann auch die — übrigens unwirksamen — Völkerbundsanktionen bewiesen.[57]

Die Folge dieser Entwicklung war, daß die im April 1935 geformte und für Österreich wie auch für die europäische Friedensordnung lebenswichtige Stresafront zerbrach; an deren Stelle trat die Rom-Berlin-Achse. Der Völkerbund war hoffnungslos kompromittiert; das Dritte Reich hatte ihm schon 1933 den Rücken gekehrt, Italien folgte 1937 seinem Beispiel.

Zu alledem brachte 1936 (Juli) den Beginn des spanischen Bürgerkrieges und im Zusammenhang damit die Bildung der eben erwähnten, zunächst formlosen Rom-Berlin-Achse, die Deutschland und Italien hauptsächlich aus Gründen ideologischer Gemeinsamkeit zusammenspannte. Die italienische Politik dieser Jahre war weitgehend durch die persönlichen Empfindlichkeiten Mussolinis bestimmt, der seine Stellung als Leitartikler Europas — hauptsächlich durch die Politik Englands — bedroht sah. Die unerwartet harte Gegnerschaft der westlichen Demokratien in Sachen der italienischen Aggression in Afrika veranlaßten ihn, den Kurs um 180 Grad zu ändern und seine Auffassungen vom System in Berlin zu revidieren. Dabei hatte sich die westliche Gegnerschaft auf Wort und Schrift und kleine Gesten beschränkt; von einem Ölembargo war bekanntlich keine Rede, obwohl dies ein Mittel gewesen wäre, Italien wenigstens an den Verhandlungstisch zu zwingen.

So entschied sich Ialien 1936 für den deutschen Kurs; weder Rom noch Berlin haben dies als Herzenssache betrachtet; Mussolini mißtraute seinem deutschen Partner Hitler und gab seine nie eingestandene, aber dennoch artikulierte Germanophobie niemals auf. Hitler bewunderte zwar den Gründer des Faschismus, doch hatte er für Italien und die Italiener kaum wirkliches Verständnis; immerhin ging er daran, mit ihrer Hilfe die „Einkreisung" Deutschlands zu sprengen, die Kette von Versailles zu zerbrechen.

Die schwächsten Glieder dieser Kette schienen ihm die Tschechoslowakei und Österreich zu sein. Über die Tschechoslowakei ließ sich mit Mussolini, der stark von den ungarischen antitschechischen Komplexen beeinflußt war, leicht reden. Anders stand es im Fall Österreich. Das Verschwinden dieses Staates würde die Deutschen an den Brenner und damit an die Nordgrenze Italiens bringen, und außerdem wäre dann die deutsche Hegemonie in Mitteleuropa nicht mehr aufzuhalten. Das neue Imperium Roms würde gezwungen sein, auf seinen Limes zu verzichten.

Von besonderer Bedeutung für Österreich war das Verhältnis zu seinem ungarischen Nachbarn, dem dritten Partner der Römischen Protokolle. Für Ungarn war die enge Beziehung zu Österreich von wirtschaftlichem Interesse. Die Selbständigkeit Österreichs war jedoch für Ungarn nur insolange von politischem Wert, solange sie sich im Einvernehmen mit Deutschland aufrechterhalten ließ. Mit Rücksicht auf seine grundsätzliche Revisionspolitik, die in erster Linie gegen die Tschechoslowaken zielte, wünschte Ungarn unter allen Umständen seine Politik auf Berlin hin auszurichten. So war es klar, daß Ungarn größtes Interesse an der „Normalisierung der deutsch-österreichischen Beziehungen" nahm, weil es nur in diesem Falle seine „stets betonte Unabhängigkeit von Rom trotz des Dreierpaktes (Römische Protokolle)" aufrechterhalten konnte.[58]

Am 7. März 1936 hatte Hitler mit der Besetzung der entmilitarisierten Rheinlandzone die Locarnoverträge einseitig gekündigt. Das Unternehmen bedeutete eingestandenermaßen ein Risiko; aber es gelang. Frankreich und England hatten verärgert protestiert, jedoch offensichtlich ohne die Absicht, irgendwelche Konsequenzen zu ziehen, während Italien verhalten applaudierte.

Vom 21. bis 23. März 1936 fand eine Konferenz der drei Römer-Protokoll-Staaten in Rom statt. Bei dieser sprachen sich die Vertreter Ungarns, Ministerpräsident Gömbös und Außenminister Kanya, für eine Erweiterung des Dreierpaktes durch den Beitritt Deutschlands und wenn möglich auch Polens aus. Deutschland selbst hatte einen solchen Beitritt nie erwogen, weil er seiner Politik gegenüber Österreich entgegenstand.[59]

Der österreichische Bundeskanzler erklärte anläßlich dieser Konferenz auf Anfrage der Vertragspartner, insbesondere der ungarischen Vertreter:

„Ein bilaterales Übereinkommen Wien-Berlin halte er nicht für möglich, weil er es für ausgeschlossen halte, daß Österreich, allein auf seine eigene Kraft gestützt, mit Deutschland zu einer befriedigenden Abmachung kommen könnte. Österreich werde nie eine deutschfeindliche Außenpolitik führen, und an eventuellen Sanktionen gegen Deutschland im Zusammenhang mit der Besetzung des Rheinlandes werde es sich nicht beteiligen. Das habe er der deutschen Regierung über den Wiener Gesandten Papen auch zur Kenntnis gegeben. Eine deutsche Einmischung in die österreichische Innenpolitik aber lehne er unter allen Umständen ab. Direkte deutsch-österreichische Verhandlungen halte er schon deshalb für aussichtslos, weil die Berliner Regierung in letzter Zeit eine außergewöhnlich unfreundliche Haltung an den Tag gelegt habe... Die deutsch-österreichische Aussöhnung könne sich nach seiner Ansicht also nur dann eines Erfolgs schmeicheln, wenn sie auf multilateralen Verträgen basiere... Die Gegensätze zur Tschechoslowakei würden durch den vor kurzem abgeschlossenen Handelsvertrag abnehmen. Die österreichisch-jugoslawischen Beziehungen hingegen zeigten zur Zeit eine gewisse Spannung, vor allem deshalb, weil von Jugoslawien her unter der slowenischen Bevölkerung von Südkärnten die Irredentabewegung geschürt werde, weiterhin deshalb, weil die in Jugoslawien lebenden österreichischen Nazis von der Belgrader Regierung eine starke Unterstützung erhielten. Trotz alledem sei die österreichische Regierung zur Annäherung an Jugoslawien bereit, schon deshalb, weil Österreich, solange die österreichisch-deutsche Frage nicht befriedigend gelöst sei, darnach trachten müsse, daß sowohl mit der Tschechoslowakei als auch mit Jugoslawien (Rumänien sei weniger wichtig) weiterhin die Möglichkeit zu freundschaftlichen Gesprächen bestehe."[60]

Wien hatte versucht, eine Annäherung der Staaten der Römer Protokolle an die Kleine Entente zuwege zu bringen. In dieser Absicht waren Kontakte mit dem tschechischen Ministerpräsidenten Dr. Milan Hodža hergestellt worden, der für das österreichische Interesse volles Verständnis zeigte und sich auch seinerseits für eine Annäherung Prags an Budapest und Rom bemühte. In der Tat war in Anbetracht der internationalen Lage ein multilaterales Abkommen zwischen den mitteleuropäischen Mächten das geeignetste Mittel, den Status quo im Donauraum zu sichern. Die Bemühungen scheiterten am Widerstand Ungarns.

Mussolini hatte deutlich zu verstehen gegeben, daß er mit Rücksicht auf die allgemeine Lage und das italienische Engagement in Afrika eine Verbesserung der deutsch-österreichischen Beziehungen durch Aufnahme direkter Kontakte Wiens mit Berlin für dringend erforderlich halte. Dadurch würde die Funktion der Römischen Protokolle wirksam ergänzt und die bestmögliche internationale Sicherung für die österreichische Selbständigkeit geboten.

So begann der Weg, der Wien zum Umdenken zwang und an dessen Ende (11. Juli 1936) das Abkommen mit dem Deutschen Reich stand.

Neben der außenpolitischen Isolierung Österreichs, die sich aus der veränderten Rangordnung der italienischen Großmachtinteressen, der lauwarmen ungarischen Unterstützung, dem lediglich platonischen Interesse Englands und der dadurch verursachten Lähmung Frankreichs sowie der Tatsache ergab, daß der Genfer Völkerbund praktisch nicht mehr ins Gewicht fiel, war es die inner- und wirtschaftspolitische Lage, die Österreich schließlich doch dazu führte, den neuerlichen Versuch eines Ausgleichs mit Deutschland auf direktem Wege zu wagen.

Wenn multilaterale Garantien nicht erhältlich waren, blieb nur der Ausweg des bilateralen Abkommens offen. Allerdings stellte dies allein schon einen diplomatischen Erfolg des Dritten Reiches dar, das grundsätzlich und aus durchsichtigen Gründen lediglich zweiseitige Verträge abschloß. So hatte es schon im Januar 1934 durch Unterzeichnung eines zehnjährigen Nichtangriffspakts seine Differenzen mit Polen scheinbar bereinigt.

Der erste deutsche Gedanke, das Verhältnis mit Österreich durch ein Abkommen zu normalisieren, fand seinen aktenmäßigen Niederschlag in einem Memorandum des Staatssekretärs im Außenministerium Bernhard von Bülow vom 9. April 1934. Es wurde zur Vorbereitung einer „eventuellen Konferenz zwischen dem Reichskanzler und Mussolini" verfaßt und enthält alle wesentlichen Punkte des späteren Entwurfs; insbesondere nimmt es auf die Tatsache Bezug, daß „die militante Durchsetzung einer Lösung der Österreichfrage im deutschen Sinn" derzeit (April 1934, Anm. d. Verf.) infolge der internationalen Lage nicht möglich sei: nämlich der Anschluß oder zumindest die Gleichschaltung. Jede internationale Bindung gegenüber dritten Staaten sei jedoch zu vermeiden, insbesondere „die Anerkennung des grundsätzlichen Konzepts des Genfer Protokolls von 1922", das Herr Beneš erst kürzlich (in einer Rede vor dem Prager Parlament am 21. März, Anm. d. Verf.) als die Magna Charta Österreichs bezeichnet habe.[61] Das Memorandum fand jedoch vor Hitlers Augen zunächst keine Gnade. Er erklärte am 10. April 1934 in einer Konferenz zur Vorbereitung seiner eventuellen Italienreise in Gegenwart der Minister Neurath und Blomberg, des Staatssekretärs Bülow und des Botschafters Hassel, daß er an Österreich politisch und wirtschaftlich gänzlich desinteressiert sei... Er denke nicht daran, die Tausend-Mark-Sperre aufzuheben, unter anderem wegen ihres Vorteils für den süddeutschen Touristenverkehr... Er sei durchaus bereit, Österreich auf Jahre hinaus abzuschreiben und „seine wirtschaftliche Düngung Italien zu überlassen", es würde dabei ohnedies nicht mehr herausschauen als der gänzlich hoffnungslose Versuch, die Häfen von Triest und Fiume neu zu beleben. Aber er sei keineswegs gewillt, dies Mussolini in präzisen Worten zu erklären, geschweige denn etwas Schriftliches aus der Hand zu geben.[62]

Den ersten formellen Entwurf eines Abkommens überreichte Botschafter Papen am 11. Juli 1935; auf die Verhandlungsbereitschaft Hitlers verwies er zum erstenmal am 9. September 1935. Weitere Fühlungnahmen führten bis zum März 1936 zu keinen konkreten Ergebnissen.[63] Erst um diese Zeit, nach Rückkehr von der römischen Konferenz, wurde an Hand des von Papen ursprünglich überreichten Entwurfs und des österreichischen Gegenentwurfs die Möglichkeit, zu einer Vereinbarung zu gelangen, erneut ernstlich ins Auge gefaßt. Anläßlich eines Besuches in Rocca delle Caminate im Juni 1936 ergab sich die Gelegenheit, entsprechend der Konsultationsverpflichtung der Römischen Protokolle die Herstellung des Modus vivendi mit Deutschland im Detail zu erörtern. Mussolini betonte zunächst die vollkommen unveränderte Haltung Italiens gegenüber Österreich und sein gleichbleibendes Interesse an der Unterstützung der österreichischen Bestrebungen, die nationale Unabhängigkeit zu sichern. Er fügte an, daß infolge der anderweitigen italienischen Bindung Österreich zur Zeit außenpolitisch auf eigenen Füßen stehen müsse; wörtlich:

„Es wird für Italien leichter sein, Österreich zu helfen, wenn beide, Italien und Österreich, mit Deutschland in guten Beziehungen stehen".

Die im einzelnen besprochenen Klauseln des beabsichtigten Abkommens begrüßte er als die im gegebenen Fall einzig mögliche Lösung. In dem Abkommen würde Deutschland die Verpflichtung zur Nichteinmischung in innerösterreichische Angelegenheiten übernehmen; es würde weiters die ausdrückliche Anerkennung der österreichischen Souveränität und Unabhängigkeit erklären. Dies bedeutete die Ausschaltung der von Deutschland gelenkten NSDAP-Hitlerbewegung als eines politischen Faktors in Österreich. Außerdem hätte Deutschland mit der Beendigung des Wirtschaftsboykotts und der Aufhebung der Tausend-Mark-Sperre seinen Beitrag zur Normalisierung der Beziehungen zu leisten. Die österreichische Gegenleistung bestünde in der Verpflichtung, außenpolitisch keine antideutsche Haltung einzunehmen. Die innerpolitische Polemik war in beiden Staaten zu stoppen. Diese wesentlichen Punkte waren übrigens schon im ursprünglichen Papen-Entwurf von 1935 enthalten.

Es war klar, daß Schwierigkeiten in der Durchführung des zu schaffenden Modus vivendi zu erwarten standen; auch daß Hitler das Abkommen nur so lange halten würde, als es seinen außenpolitischen Zwecken diente. Es war auch unvermeidlich, daß sich der innere österreichische Abwehrkampf gegen den Nationalsozialismus schwieriger gestalten würde als bisher; der Burgfriede, selbst wenn er von der anderen Seite eingehalten würde, bedeutete unweigerlich Behinderung der eigenen Bewegung. Es kam darauf an, ob sich der Preis, den Österreich zu zahlen bereit war, lohnte. Die Frage wurde, nach Abwägung aller Für und Wider, bejaht, zumal sich Österreich am schwächeren Hebelarm wußte und sich zweifellos in einer Zwangslage befand. Der Leiter der Außenpolitischen Abteilung, Gesandter Theodor Hornbostel, gab in seiner Zeugenaussage im Schmidt-Prozeß eine zutreffende Erklärung jener Motive, die Österreich zum Abschluß des Juliabkommens bewogen:

„Ich möchte nicht unerwähnt lassen, daß dieses Abkommen einen Fortschritt bedeutet hätte, insbesondere zur Befriedung Europas, wenn nicht der Nationalsozialismus in Deutschland regiert hätte.
Mir... war klar, daß dieses Abkommen nur dann einen Sinn habe, wenn das Dritte Reich als vertragsfähig anerkannt wurde. Daran hatten wir allerdings Zweifel. Es wurde aber unser Vertrauen durch das Abkommen zwischen Polen und Deutschland gefördert, das den Frieden zwischen den chauvinistischen Polen und den fanatischen Grenzdeutschen auf zehn Jahre sichern sollte. Wir waren von der Sicherheit des Juliabkommens nicht überzeugt. Wir waren uns im klaren, daß Italien seine Brennerwacht aufgeben würde. Das Verhalten der anderen Länder war auch keineswegs darnach, daß mit einem wehrhaften Eintreten für unsere Unabhängigkeit gerechnet werden konnte.
Das Abessinienabenteuer und der Chauvinismus, der in ganz Europa Blüten trieb, ließen uns erkennen, daß wir in einem Ernstfall auf eigene Kraft angewiesen wären.
Über das Juliabkommen gab es ja verschiedene Ansichten, doch ich habe mit gutem Gewissen daran gearbeitet, da es keinen anderen Weg gab. Es war der einzige Weg, der uns eine Rechtsbasis gegen Deutschland

gab und die Aussicht, dem unerträglichen Terror im Lande ein Ende zu setzen."⁶⁴

Auf die Frage des Staatsanwaltes: „Wie wäre nach Ihrer Kenntnis die Lage ohne das Juliabkommen gewesen, was hätte sich praktisch verändert?", antwortete der Zeuge Hornbostel: „Darüber habe ich mir oft den Kopf zerbrochen. Das Juliexperiment (25. Juli 1934) hätte sich sehr wenig später mit wesentlich stärkerer Intensität wiederholt." Staatsanwalt: „Nehmen wir an, das Abkommen wäre nicht geschlossen worden." Zeuge: „Dann wäre die Katastrophe lange vor 1938 eingetreten."⁶⁵

Das Abkommen vom 11. Juli 1936 wurde praktisch von allen Österreichern, die an dessen Zustandekommen beteiligt waren, als ein unter den gegebenen Umständen notwendiges Übel betrachtet. Daran, daß sich Hitler durch das Abkommen nicht abhalten lassen würde, weiter auf der Einverleibung Österreichs zu bestehen, gab es nicht den mindesten Zweifel. Man schätzte die Haltbarkeit des Abkommens auf zwei Jahre; es war zu hoffen, daß sich die Mächte über die Gefährlichkeit der Berliner Politik mittlerweile keinen Täuschungen mehr hingeben und wiederum zur Stresafront zusammenfinden würden.⁶⁶

Mit Rundschreiben an die österreichischen Missionschefs im Ausland vom 8. Juli 1936 wurden Zweck und Inhalt des Abkommens umrissen.⁶⁷

Der Text des am 11. Juli 1936 gefertigten Protokolls lautet:

„In der Überzeugung, der europäischen Gesamtentwicklung zur Aufrechterhaltung des Friedens eine wertvolle Förderung zuteil werden zu lassen, wie in dem Glauben, damit am besten den vielgestaltigen, wechselseitigen Interessen der beiden deutschen Staaten zu dienen, haben die Regierungen des Bundesstaates Österreich und des Deutschen Reiches beschlossen, ihre Beziehungen wieder normal und freundschaftlich zu gestalten. Aus diesem Anlaß wird erklärt:

1. Im Sinne der Feststellungen des Führers und Reichskanzlers vom 21. Mai 1935 anerkennt die deutsche Reichsregierung die volle Souveränität des Bundesstaates Österreich.

2. Jede der beiden Regierungen betrachtet die in dem anderen Lande bestehende innerpolitische Gestaltung, einschließlich der Frage des österreichischen Nationalsozialismus, als eine innere Angelegenheit des anderen Landes, auf die sie weder unmittelbar noch mittelbar Einwirkung nehmen wird.

3. Die österreichische Bundesregierung wird ihre Politik im allgemeinen, wie insbesondere gegenüber dem Deutschen Reich, stets auf jener grundsätzlichen Linie halten, die der Tatsache, daß Österreich sich als deutscher Staat bekennt, entspricht. Hierdurch werden die Römischen Protokolle ex 1934 und deren Zusätze ex 1936 sowie die Stellung Österreichs zu Italien und Ungarn als den Partnern dieser Protokolle nicht berührt.

In der Erwägung, daß die von beiden Seiten gewünschte Entspannung sich nur verwirklichen lassen wird, wenn dazu gewisse Vorbedingungen seitens der Regierungen beider Länder erstellt werden, wird die österreichische Bundesregierung sowohl wie die Reichsregierung in einer Reihe von Einzelmaßnahmen die hiezu notwendigen Voraussetzungen schaffen."

Dazu besagte der amtliche österreichische Kommentar:

„... Die Feststellung des deutschen Reichskanzlers, die im offiziellen Kommuniqué angeführt wurde, lautet wörtlich: Deutschland hat weder die Absicht noch den Willen, sich in die inneren österreichischen Verhältnisse einzumengen, Österreich etwa zu annektieren oder anzuschließen... Gleichzeitig ist durch das Übereinkommen... endgültig klargestellt, daß sowohl Österreich als auch das Deutsche Reich ihre beiderseitige innerpolitische Gestaltung anerkennen und respektieren, daß insbesondere im Hinblick auf den Nationalsozialismus in Österreich Einmischung oder Einwirkung in mittelbarer oder unmittelbarer Form unterbleiben. Durch diese Feststellung ist ein wesentlicher Beitrag zur Sicherheit und Unabhängigkeit Österreichs und ein wertvoller Beitrag zur Erhaltung des europäischen Friedens geleistet worden.

Die Außenpolitik Österreichs wird in Hinkunft, so wie in der großen Linie bereits bisher, unter Bedachtnahme auf die friedlichen Bestrebungen der Außenpolitik des Deutschen Reiches geführt werden... Die Verlautbarungen über das Übereinkommen stellen somit in seltener Klarheit fest, daß der Friede zwischen den beiden Staaten auf der Basis völliger Gleichberechtigung und vollkommener Respektierung der gegenseitigen Einrichtungen zustande gekommen ist. Damit ist ein schon von Kanzler Dr. Dollfuß und auch seither immer wieder angestrebter Zustand erreicht worden.

Es ist selbstverständlich, daß die Stellung der Vaterländischen Front als einzigem Organ der politischen Willensbildung in Österreich durch das Übereinkommen nicht berührt ist. Der Herr Bundespräsident hat heute den Direktor des Kriegsarchivs, Generalstaatsarchivar Dr. Edmund Glaise-Horstenau, zum Minister ohne Portefeuille ernannt. Gleichzeitig hat der Herr Bundespräsident den Kabinettsvizedirektor Dr. Guido Schmidt zum Staatssekretär bestellt und ihn dem Bundeskanzler zur Vertretung in der sachlichen Leitung der auswärtigen Angelegenheiten beigegeben."[68]

Die Weisungen an die Führungsstellen der Vaterländischen Front besagten:

1. Die Normalisierung des Verhältnisses Wien-Berlin bei bedingungsloser Anerkennung der staatlichen Selbständigkeit Österreichs und der Nichteinmischung in unsere inneren Verhältnisse ist geradliniger Dollfuß-Kurs.

2. Illegale Propaganda, offen und versteckt, wird nach wie vor nach den gleichen Grundsätzen verfolgt und bestraft...

3. Die Gesamtpolitik Österreichs bleibt auf die Erhaltung der Unabhängigkeit gerichtet; es darf also keine Anschlußpropaganda geben.
... Gewiß werden auch die Befürchtungen laut werden, daß das Abkommen von der Gegenseite nicht eingehalten wird. Wie sich das Abkommen in der Praxis auswirken wird, muß abgewartet werden, Österreich hätte aber eine untragbare Verantwortung auf sich geladen, wenn es ein Friedensangebot abgelehnt hätte.[69]

In einer zusätzlichen Vereinbarung (Gentlemen's Agreement) wurden einvernehmliche Regelungen getroffen, die sich unter anderem auf die wechselseitige Behandlung der Staatsangehörigen bezogen; hinsichtlich der Presse wurde vereinbart, daß

„beide Teile auf die Presse ihres Landes in dem Sinn Einfluß nehmen werden, daß sie sich jeder politischen Einwirkung auf die Verhältnisse im anderen Lande enthalten und ihre sachliche Kritik an den Verhältnissen im anderen Lande auf ein Maß beschränken, das auf die Öffentlichkeit des anderen Landes nicht verletzend wirkt".

Diese Verpflichtung bezog sich auch auf die Emigrantenpresse in beiden Ländern.

Ferner sollte nach Maßgabe der politischen Entspannung der allmähliche Abbau der Verbote hinsichtlich des Imports von Presseerzeugnissen in Aussicht genommen werden.

Die radikale Parteipresse, wie *Völkischer Beobachter*, *Stürmer* usw., blieb weiterhin verboten. Fünf deutsche Zeitungen wurden sofort zur Einfuhr zugelassen, darunter ein ausgesprochenes Parteiblatt, die *Essener National-Zeitung*, die als Sprachrohr Görings galt. Fünf österreichische Zeitungen wurden in Deutschland zugelassen: die *Wiener Zeitung*, das *Neue Wiener Journal*, die *Volkszeitung*, die *Grazer Tagespost* und die *Linzer Tagespost*.

Von besonderer Bedeutung für Österreich waren die wirtschaftlichen Bestimmungen, die „unter Beiseitelassen parteipolitischer Momente" den gegenseitigen Wirtschafts- und Reiseverkehr normalisieren sollten. Damit waren die Tausend-Mark-Sperre und die wirtschaftliche Diskriminierung Österreichs gefallen.

Den Prüfstein für die Haltbarkeit des Modus vivendi bildeten jedoch die österreichischen Erklärungen zur Innenpolitik. Sie waren im Punkt IX des Gentlemen's Agreement zusammengefaßt und lauteten:

„Der österreichische Bundeskanzler erklärt, daß er bereit ist:

a) eine weitreichende politische Amnestie durchzuführen, von der diejenigen ausgenommen werden sollen, die schwere, gemeine Delikte begangen haben ...;

b) mit dem Zwecke, eine wirkliche Befriedung zu fördern, in dem geeigneten Zeitpunkt, der für nahe Zeit in Aussicht genommen ist, Vertreter der bisherigen sogenannten nationalen Opposition in Österreich zur Mitwirkung an der politischen Verantwortung heranzuziehen, wobei es sich um Persönlichkeiten handeln wird, die das persönliche Vertrauen des Bundeskanzlers genießen und deren Auswahl er sich vorbehält. Hiebei besteht Einverständnis darüber, daß die Vertrauenspersonen des Bundeskanzlers mit der Aufgabe betraut sein werden, nach einem mit dem Bundeskanzler zuvor festgelegten Plan für die innere Befriedung der nationalen Opposition und ihre Beteiligung an der politischen Willensbildung in Österreich zu sorgen."[70]

Dies waren die Bestimmungen des Abkommens, um dessen angebliche Nichtdurchführung es in den nächsten Jahren gehen sollte und zu dessen Bekräftigung im Februar 1938 die Einladung nach Berchtesgaden erfolgte; dabei war zugesichert worden, daß über das Abkommen hinausgehende Forderungen nicht gestellt würden...

Das Abkommen kam für die Öffentlichkeit überraschend und wurde zunächst sowohl in Österreich als auch in der Welt als Befreiung von einem Alpdruck empfunden; anders dachten die militanten österreichischen Nationalsozialisten, die sich zunächst verraten und verkauft fühlten und mit allen Mitteln Sturm zu laufen begannen. Ihre Schwierigkeit lag auch darin, daß die amnestierten alten illegalen Führer auf Wiedereinsetzung in ihre Positionen drängten, die aber der junge Nachwuchs nicht mehr freizugeben gedachte. Der frühere Landesleiter Hauptmann Leopold erlangte durch die Amnestie nach sechsundzwanzigmonatiger Haft die Freiheit und enthob die nachgerückten Parteigenossen kurzerhand ihrer Funktionen. Der Konflikt konnte nur durch Eingreifen der deutschen Partei- und Regierungsbehörden beigelegt werden. Dabei wurde den österreichischen Nationalsozialisten offenbar bedeutet, daß für sie nichts verloren sei; sie wurden angewiesen, das Abkommen formal zu respektieren, und erfaßten bald, daß sich im Grunde nichts geändert hatte. Sie wurden nach wie vor dem Reich geleitet.[71]

Auszug aus *Weisungsblatt 9 der Landesleitung Österreich NSDAP-Hitlerbewegung:*

„Wien, 30. 8. 1936

1. *Fremdenverkehr:* Die Gaue werden angewiesen, Listen jener Gaststätten, Hotels und Erholungsheime anzufertigen und hierher einzuschicken, die nationalsozialistisch bzw. überhaupt national gesinnt sind. In diesen Listen sind Hinweise auf Qualität der Gast- und Unterkunftsstellen, Angaben bezüglich der Zimmer, Kalt- und Warmwasser usw. aufzunehmen; die einzelnen Adressen sind laufend... an die Landesleitung zu schicken und dürfen nicht etwa erst abgesammelt werden.

2. *Reichsdeutsche Presse...*

3. *Fahrten ins Deutsche Reich:* Die Olympiade hat naturgemäß trotz Verbots Tausende unserer Pg. nach Deutschland geführt; dagegen wäre nichts zu sagen, wenn nicht bei dieser Gelegenheit, wie wir heute genau wissen, der größte Teil dieser Kameraden alle möglichen und unmöglichen offiziellen und halboffiziellen Vorsprachen bei Reichs- und Emigrationsstellen versucht und vielfach auch erreicht und dann bei diesen

Stellen hochwichtige politische Aussprachen getätigt hätte. Sie sind dann mit allen möglichen Aufträgen zurückgekommen und haben dabei ganz darauf vergessen, daß Adolf Hitler die Nichteinmischung strengstens befohlen hat, daß diese Nichteinmischung für uns Lebensnotwendigkeit und nicht zuletzt auch Ehrensache ist und daß wir es absolut nicht nötig haben, uns im Reich Rat und Hilfe zu holen. *Wir wollen allein unser Ziel erreichen.*
Auf Grund der Erfahrungen anläßlich der Olympiade ordnet die Landesleitung an: Jedes Mitglied der NSDAP-Hitlerbewegung in Österreich, gleichviel welcher Gliederung derselben es angehört, hat eine eventuelle Reise ins Reich bei der Gauleitung zu melden. Es ist bei Strafe des Ausschlusses aus der Partei verboten, mit Dienststellen im Reich in Verbindung zu treten... Gauleiter und Abteilungsleiter dürfen nur mit Bewilligung der Landesleitung etwa notwendige Dienstreisen ins Reich unternehmen.
(Dazu Bemerkung von Prof. Franz Wehofsich von der späteren Volksdeutschen Mittelstelle Berlin: Im Interesse der Bewegung in Österreich ist es dringend notwendig, daß sich auch alle Amtsstellen des Reichs an die im Abkommen vom 11. Juli 1936 zwischen den beiden Staaten festgelegte Nichteinmischung halten und jeweils Anknüpfungsversuche von Pg. in Österreich sofort zurückweisen.)"[72]
Botschafter von Papen betrachtete das Abkommen als sein persönliches Werk und freute sich des Erfolges. Zunächst versuchte er auch loyal, für die Einhaltung zu sorgen; er geriet sogar in Schwierigkeiten mit der österreichischen NSDAP (Leopold, In der Maur), die vorübergehend zu einem Bruch der gegenseitigen Beziehungen führten.[73]
Schon am 23. Juli 1936 konnte Papen nach Berlin melden, daß auf Grund des Abkommens insgesamt 17.045 Personen der Amnestie teilhaftig wurden; darunter waren 12.618 eingestellte Verfahren gegen Minderbeteiligte. Von insgesamt 46 zu lebenslangem Kerker Verurteilten wurden zunächst 13 amnestiert; nicht begnadigt wurden vorläufig 213 Fälle mit Aussicht auf baldige Strafferleichterung. Papen betont in seinem Bericht den weitgehenden Charakter der Amnestie.[74]
Die abschließende Bemerkung des Referenten Gesandten Hornbostel vom 12. Juli 1936 lautet:
„Der Wert des auf deutsche Anregung hin zustande gekommenen Modus vivendi läßt sich heute noch nicht beurteilen. Er hängt davon ab, ob und wie das Abkommen in der Praxis eingehalten werden kann und wird, d. h. ob es von deutscher Seite als ein Schlußstrich unter die tragischen Kämpfe der Jahre 1933 bis 1936 oder bloß als eine Etappe des gleichen, nun nur taktisch modifizierten Aufsaugungsplans gegen Österreich aufgefaßt und gehandhabt werden wird; die Motive der Berliner Machthaber scheinen nunmehr geklärt: Beseitigung des Tren-

nenden zwischen Berlin und Rom, Stärkung der diplomatischen Position des Reichs gegenüber den Weststaaten und dem Völkerbund, Beseitigung oder zumindest gestärkte Hoffnung auf Beseitigung der Gefahr kollektiver Sicherheitspakte in Mitteleuropa, wirksame Demonstration der ‚Friedensliebe' zur entsprechenden Verwendung in der Beantwortung des englischen Fragebogens, wobei dem sicherlich aufrechtbleibenden Ziele Deutschlands auf lange Sicht, Österreich doch noch einmal einzuverleiben, schon infolge des losen Charakters der Abmachungen nicht präjudiziert wird."[75]

Ein Jahr später verteidigte Papen in einem Bericht an den ungeduldig gewordenen Hitler das Abkommen in seinen politischen Auswirkungen für Gegenwart und Zukunft. Sein Abschluß gehe auf drei Motive zurück:

1. Österreich weitgehend aus der internationalen Diskussion auszuschalten;
2. die ständig zunehmenden Bemühungen einer Habsburgerrestauration zu stoppen;
3. der geistigen Beeinflussung Österreichs durch das Deutsche Reich die Wege zu ebnen und die Schaffung eines kulturellen österreichischen Eigengewächses (sic!) zu verhindern. Das Abkommen habe im wesentlichen diese Zwecke erfüllt: denn einmal seien die österreichischen Bemühungen, eine internationale Garantie zu erhalten, gescheitert, und ferner sei die Restauration ad acta gelegt.[76]

Vor Tische las man's anders. Aber mittlerweile war Botschaftsrat von Stein als Parteibeauftragter in die Wiener Metternichgasse eingezogen; seine kritische Einstellung gegen alles Österreichische und Nichtnationalsozialistische kommt in zahlreichen seiner Berichte beredt zum Ausdruck. Sie wurden zum Teil hinter dem Rücken des Botschafters nach Berlin gesandt. Stein tat sein Äußerstes, um nicht nur seinen Chef, sondern auch das Abkommen nach Kräften zu torpedieren.[77]

Die Schwierigkeiten, die sich aus der Durchführung des Abkommens ergaben, und ihre Begründung wurden später von den verschiedensten Seiten in überzeugender Weise dargelegt. So berichtet der damalige Deutschlandreferent in der politischen Abteilung des Auswärtigen Amtes am Ballhausplatz, Gesandter Max Hoffinger: wir hätten alles dazu getan, um den Vertragsverletzungen durch das Reich zu begegnen. Die Proteste seien durch Papen oder auf direktem Weg durch den Gesandten Tauschitz in Berlin vorgebracht worden. Die deutschen Stellen hätten ihrerseits mit Beschwerden geantwortet, die in den seltensten Fällen begründet gewesen seien.

„Die Deutschen gingen eben von dem Standpunkt aus, daß der 11. Juli nur eine Etappe darstelle, die möglichst rasch überschritten werden solle. Unsererseits dagegen bedeutete das Abkommen die *Höchstgrenze der von uns gewährten Konzessionen*. Im Reich wurden des öfteren sogar deswegen Beschwerden laut, daß man im konkreten Fall nicht über das Abkommen hinausgegangen sei."[78]

Gesandter Theodor Hornbostel spricht von den inner- und außenpolitischen Hoffnungen, die sich an das Abkommen knüpften: Wenn Hitler den Vertrag mala fide einging, dann war das Abkommen von Anfang an nur ein Fetzen Papier, der lediglich den Friedenswillen Österreichs dokumentierte. Hätte Hitler mehr Loyalität bewiesen, so wäre es möglich gewesen, auf diesem Grundpfeiler ein halbwegs erträgliches Abkommen zu schließen.

„Innerpolitisch brauchte der Kanzler einen möglichst ruhigen Zustand für die Fortsetzung der wirtschaftlichen Konsolidierung. Er war der Auffassung, eine Besserung der Wirtschaftslage könne den Druck der illegalen nationalsozialistischen Bewegung brechen. Daher brauchte er innerpolitisch eine möglichst lange Atempause ...

Außenpolitische Hoffnungen setzten wir auf den günstigen Eindruck des Abkommens im Ausland...

Tatsächlich fielen sehr zustimmende Äußerungen, sowohl von Freunden als auch von Neutralen (auch Prag stimmte in sehr warmer Form zu). Die Auswirkungen auf lange Dauer ließen sich nicht papiermäßig festhalten."[79]

Nun war sich niemand über Vertragswillen und -motiv des anderen Partners im unklaren. *Wir* wußten, worauf es Hitler ankam, und *er* wußte, warum wir das Abkommen benötigten. Er brauchte außenpolitische Ruhe, wir in erster Linie wirtschaftlichen Fortschritt; die geschätzte Dauer von zwei Jahren war, wie sich schließlich herausgestellt hat, um vier Monate zu lang bemessen, und auch dies nur infolge der schwer voraussehbaren Entwicklung der Beziehungen zwischen Italien und England.

Die wirtschaftliche Auswirkung des Abkommens hat manches, wenn auch nicht alles gehalten, was man sich von ihm versprechen konnte. Der damalige Handelsminister, Professor Dr. Wilhelm Taucher, betrachtete die Bekämpfung der Arbeitslosigkeit als seine wichtigste Aufgabe. Hier spielten die Handelsvertragsverhandlungen mit Deutschland, die auf Grund des Abkommens geführt werden konnten, eine besondere Rolle. Während es im deutschen Interesse lag, aus Österreich Rohstoffe zu beziehen, legte Österreich Gewicht auf Erhöhung der Ausfuhr von Halb- und Fertigfabrikaten. Tatsächlich wurden erhebliche Fortschritte erzielt; die Ausfuhrkontingente an verarbeiteten Produkten erfuhren eine wesentliche Erhöhung, und es konnte ein weiterer Hochofen in Donawitz in Betrieb genommen werden; dies bedeutete damals einen sehr beachtlichen Erfolg.

„Das Handelsvolumen ist vom Jahr 1936 auf 1937 sowohl auf der Seite des Exports als auch des Imports gestiegen. In der Zeit meiner Ministerschaft ist das Außenhandelsvolumen um eine halbe Milliarde (nach heutigem Geldwert also rund fünf Milliarden Schilling, Anm. d. Verf.) gestiegen. Das wirtschaftliche Leben hat einen Aufschwung genommen; daran gibt es keinen Zweifel."[80]

Dr. Friedrich Thalmann berichtet über die Wirtschaftsentwicklung 1937:

„Der Index des Auftragsbestands der eisenschaffenden Industrie erreicht einen monatlichen Durchschnittswert von 84 Punkten gegen 36 Punkte im Jahre 1936... Zum erstenmal seit dem Krisenhöhepunkt (1933) wirkt sich die Konjunkturbelebung auf die Bundesbahn aus. Die Einnahmen aus dem Güterverkehr steigen von 1936 bis 1937 um 16 Prozent... Größerer Fremdenverkehr, günstigere Entwicklung der Ausfuhr und das Sinken der Weltmarktpreise für Rohstoffe begünstigen die Devisenbilanz. Im März wird eine Investitionsanleihe begeben. Der Erlös wird für die Rückzahlung von Schatzscheinen und für Investitionen verwendet... Die Holzausfuhr in allen Ländern steigt nach Volumen und Wert... Der Staatshaushalt ist günstig."

Die Produktionszahlen von Zellulose, Holzschliff, Papier und in verschiedenen Sparten der Textilindustrie sowie die Förderung von Eisenerz erreichten oder überstiegen bereits den Stand des letzten Konjunkturjahrs 1929. Die Erzeugung von Rohstahl blieb nur knapp unter der dieses Jahres.[81]

Die Gesamtausfuhr erhöhte sich von 1936 auf 1937 um 28 Prozent; im Vergleich zum Jahre 1933 um 55,5 Prozent.

Der Produktionsindex stieg unter Zugrundelegung des Normaljahres 1929 (100) auf 104, nachdem er im Krisenjahr 1933 auf 62 gefallen war. Der Produktionswert z. B. der österreichischen Filmproduktion erhöhte sich von 1933 bis 1937 um 50 Prozent.[82]

Das Juliabkommen hat somit in der Tat auf dem wirtschaftlichen Sektor einiges von dem gehalten, was man sich von ihm versprechen konnte; es hat allerdings ebenso sicher auf dem politischen Sektor die österreichische Lage eher erschwert als erleichtert, wenngleich es nicht mehr zu ausgesprochenen Terroraktionen gekommen ist.

Der deutsche Botschafter in Rom, von Hassel, berichtete am 11. Juli 1936 an das Berliner Außenamt über eine Besprechung mit Mussolini, bei der es sich hauptsächlich um die De-jure-Anerkennung der italienischen Annexion Abessiniens handelte. Mussolini habe bei dieser Gelegenheit seiner lebhaften Befriedigung über das Abkommen zwischen Deutschland und Österreich Ausdruck gegeben, weil es

„dem unbefriedigenden Zustand Österreichs als eines Spielballs fremder Interessen ein Ende mache und vor allem die einzige und letzte Hypothek auf das deutsch-italienische Verhältnis beseitige; er habe Schuschnigg das letzte Mal in dem Sinne energisch bedrängt, davon ausgehend, daß Österreich ein deutscher Staat sei, der mit dem großen Deutschen Reich parallel gehen müsse. Er habe Schuschnigg, der sich ebenso als Monarchist bekannt habe, wie er (Mussolini) selbst es sei, dringend ermahnt, die Frage jetzt ruhenzulassen".[83]

Dabei mag sich der Italiener des seinerzeitigen Ausspruches von Seipel erinnert haben: daß es keine Mitteleuropalösung geben könne, bei der sich Deutschland nicht als der führende mitteleuropäische Staat beteilige; mit anderen Worten, daß eine dauernde Ordnung in Mitteleuropa ohne oder gegen Deutschland nicht möglich sei.

Allerdings kam alles darauf an, um welches Deutschland es sich handelte. Dies wird aus einer Reihe diplomatischer Berichte klar, die nach dem 11. Juli 1936 von der deutschen Botschaft in Wien nach Berlin gelangten, sowie aus aktenmäßig festgehaltenen Äußerungen der kompetenten Berliner Stellen.

Hitler hatte am 30. Januar 1936 an Papen ein Telegramm gerichtet, das dieser von Wien aus am selben Tag erwiderte:

„Ihr gütiges Gedenken an diesem für die deutsche Geschichte ereignisreichen Tage hat mich sehr bewegt und erfreut — alle unsere Wünsche gelten heute Ihnen und Ihrer Arbeit für Deutschland, an der mitzuwirken mein großer Stolz ist. Franz Papen."[84]

Am 16. Juli 1936 berichtete Papen an Hitler, daß er seine am 26. Juli 1934 übernommene befristete Mission zur Herstellung „normaler und freundschaftlicher Beziehungen" als beendet betrachte; mit dem am 11. Juli unterzeichneten Abkommen sei der entscheidende Schritt in dieser Richtung getan worden. Trotz des Bewußtseins, wie schwer Hitler der Entschluß zu diesem Schritt in vielfacher Hinsicht gefallen sei, stelle er eine staatsmännische Tat erster Ordnung dar. Der Bericht schließt mit dem Dank an den Führer...[85]

Bereits im August 1936 wurde im österreichischen Außenamt bekannt, daß Theo Habicht sich wieder mit der österreichischen Frage befasse; nach einer Aufzeichnung des Legationsrates Günther Altenburg vom Außenministerium in Berlin hatte sich der Staatssekretär im Reichsministerium des Inneren Wilhelm Stuckart mit dem Wunsch an Habicht gewendet, von ihm zu erfahren, welche Forderungen seiner Ansicht nach an die österreichische Regierung bei der weiteren Durchführung des Abkommens zu stellen seien. Diesem Wunsch habe Habicht entsprochen (!).[86] Nach einer anderen Aufzeichnung Altenburgs vom 22. September 1936 habe sich das Verhältnis der Partei in Österreich in letzter Zeit wenig erfreulich entwickelt. Hauptmann Leopold habe — gegen den Widerspruch anderer Parteigenossen — Franz Schattenfroh als seinen Stellvertreter eingesetzt, der wegen einer zwei Jahre vorher geschlossenen, rassisch nicht einwandfreien Ehe abgelehnt wurde. Man werde von der deutschen Partei aus versuchen, auf Leopold in ausgleichendem Sinne einzuwirken.[87]

Vom Oktober 1936 stammt eine Amtsaufzeichnung Altenburgs, betreffend Informationen, die vom Wiener Militärattaché Generalleutnant Wolfgang Muff eingelangt waren. Der österreichische Minister Glaise-Horstenau habe sich gegenüber Muff sehr pessimistisch über die Entwicklung in Österreich geäußert:

„Man wolle zwar aus dem Abkommen soviel als möglich herausholen, insbesondere auf wirtschaftlichem Gebiete, sei jedoch zu Konzessionen auf dem innerpolitischen Gebiet nicht geneigt. Daher auch der Widerstand, über die im Abkommen enthaltenen Punkte (Presse, Kultur, Emigration, Amnestie) weiter zu verhandeln. Glaise-Horstenau frage sich, ob es unter diesen Umständen zweckmäßig sei, im Kabinett zu verbleiben. Jedoch würde er seinen Posten erst aufgeben, wenn er ausdrücklich vom Reich dazu ermächtigt sei. Generalleutnant Muff bezeichnete bei dieser Gelegenheit den Staatssekretär General Zehner als einen Gegner des Dritten Reiches. Hornbostel habe es verstanden, seinen Einfluß im Bundeskanzleramt wieder zu festigen."[88]

Vom Reich aus wurde Glaise-Horstenau bedeutet, daß sein Verbleiben im Amt erwünscht sei.

Gegen Ende des Jahres verschlechterte sich die Atmosphäre zusehends. Die persönlichen Besprechungen des Staatssekretärs Schmidt in Berlin im November 1936 hatten etliche einvernehmliche Regelungen, so z. B. hinsichtlich der Rechte der in Österreich wohnenden Reichsdeutschen und ihrer Vereine, gebracht; ihnen war unter gewissen Voraussetzungen das Tragen des Parteiabzeichens, der Hitlergruß und das Zeigen der deutschen Flagge gestattet. An sich selbstverständliche Regeln mußten ausdrücklich festgelegt werden, da mit der Beachtung der normalen Formen höflicher Rücksichtnahme auf das Gastland erfahrungsgemäß nicht gerechnet werden konnte. Nicht weil alle deutschen Besucher gegen die internationalen Gepflogenheiten verstoßen wollten, sondern weil sie unter Aufsicht der Parteiorgane zum Verstoß praktisch verhalten wurden. Daß es dabei um Regelungen ging, die im Abkommen keineswegs zweifelsfrei gedeckt waren, geht aus einer Aufzeichnung des späteren Ministerialdirektors und Staatssekretärs Ernst von Weizsäcker vom 7. Oktober 1936, betreffend das Aufziehen einer Parteiorganisation durch die Auslandsorganisation der NSDAP in Österreich, in aller Klarheit hervor.[89]

Wie sehr es dem deutschen Vertragspartner darauf ankam, Österreich zu weiteren politischen Konzessionen zu zwingen, erhellt aus der vertraulichen Information, die in Vorbereitung des Besuches des Statssekretärs Guido Schmidt in Berlin (5. November 1936) vom Auswärtigen Amt Berlin an den deutschen Botschafter in Wien erging. Darin heißt es:

„Es kommt uns in erster Linie darauf an, die wirtschaftspolitischen Besprechungen so zu führen, daß sie indirekt zur Förderung... der Besprechungen über die politische Durchführung des Abkommens vom 11. Juli beitragen... Wir halten es jedoch nicht für zweckmäßig, diese Absicht der österreichischen Regierung gegenüber auszusprechen oder auch nur durch die Art unseres taktischen Vorgehens zu deutlich erkennen zu lassen... sollte während der Verhandlungen eine erneute Verschärfung der innerpolitischen Lage in Österreich und damit der politischen Beziehungen zum Reich eintreten, so bleibt uns immer noch die Möglichkeit, die Dinge dilatorisch zu behandeln und der österreichischen Regierung so indirekt zu verstehen zu geben, daß wir nicht gewillt sind, auf handelspolitischem Gebiet Vorleistungen zu machen... falls die Dinge auf politischem Gebiet nicht so laufen, wie wir das nach dem Abkommen vom 11. Juli erwarten müssen.
Im Auftrag: Karl Ritter."[90]

Beispiele für die Schwierigkeiten, die sich auf dem an sich harmlosen Gebiet des kulturellen Austausches ergaben, beziehen sich auf die gezielten Forderungen, Tendenzstücke für Bühne und Filmtheater in Österreich zu importieren. So bestand Berlin auf der Aufführung des antiösterreichischen Tendenzstücks *Wendelin Steiger*, eines Dramas des deutschen Menschen in Österreich, von Herbert Vetter, dem Träger des Leipziger Dichterpreises 1936. Auch über die Zulassung des Films *Hitlerjunge Quex* im März 1937 gab es einen Aktenwechsel. In normalen Zeiten wäre gegen diesen und andere nicht viel höher zu wertende Filme gewiß nichts einzuwenden gewesen, d. h. man hätte keiner Vorschriften bedurft, um den Publikumsgeschmack zu regeln. Aber daß in der überhitzten Atmosphäre von 1937 Sätze wie

„Unsere Heimat ist Preußen, wir brauchen keinen Voltaire, Tacitus oder Cicero, wir fragen weder Rom noch Paris, um das zu tun, was uns gut scheint"

Einladungen zum Spektakel bedeuteten, bedarf keiner weiteren Erklärung. Dabei muß festgehalten werden, daß sich Österreich in der Regel mit einem Kompromiß zufriedengab und hinsichtlich literarischer Freizügigkeit den Vergleich mit dem Dritten Reich gewiß nicht zu scheuen brauchte.

Seit der Jahreswende 1936/37 wurde die Lage immer gespannter. Das deutsche Konsulat Graz berichtete nach einer vertraulichen Mitteilung der Auslandsorganisation der NSDAP am 18. Dezember 1936 nach Berlin, daß auf Grund „einwandfreier Information durch die österreichische Verbotspartei" festgestellt wurde, das Bundeskanzleramt habe angeordnet, daß die Kommunisten nur zu beobachten, aber nicht hart anzufassen seien, während gegen Nationalsozialisten auch bei geringfügigem Anlaß mit besonderer Härte durchzugreifen sei; Weisungen des Ministers Glaise-Horstenau seien zu ignorieren oder unerledigt zu lassen.[91]

An der Meldung war kein wahres Wort, was unschwer hätte festgestellt werden können.

Im Laufe des Jahres 1937 sprachen sowohl Botschafter Papen wie auch sein Botschaftsrat von Stein verschiedentlich in ihren Berichten von der Zweckmäßigkeit, in Österreich einen Regierungswechsel herbeizuführen;

„anstatt daß die Festigung der deutsch-italienischen Beziehungen Schuschnigg zum Einlenken in die Rom-Berlin-Achse veranlaßt haben, haben sie bei ihm vielmehr die Besorgnis um die über alles gestellte Selbständigkeit Österreichs verstärkt".[92]

In seinem Bericht vom 1. September 1937 an Reichsaußenminister von Neurath wirft Papen die Frage des Kabinettswechsels in Österreich neuerlich auf, wobei er von einer Kandidatur des „Kanzlers der Zollunion" (Dr. Ender) spricht, der „sich in die österreichische Ideologie nicht fanatisch verbissen hat wie der jetzige Kanzler".[93] Dabei unterlief Herrn von Papen allerdings eine völlig falsche Beurteilung des Menschen, Politikers und Österreichers Dr. Ender.

Der Reichsaußenminister urgierte am 10. August 1937 die Wiederaufnahme des Zolluniongesprächs; er bemerkte, daß sich nach seiner Überzeugung die österreichische Regierung im Gegensatz zu der von der Mehrheit der Österreicher gewünschten Politik befinde, und betonte seinen Eindruck, daß auf seiten Wiens der gute Wille zur Durchführung des Abkommens fehle. Es werde daher wohl kaum gelingen, auf dem Weg des Abkommens die deutsch-österreichischen Beziehungen zu regeln.[94]

Und wenn dem so gewesen wäre, daß sich „die österreichische Regierung im Gegensatz zu der von der Mehrheit der Bevölkerung gewünschten Politik befand"? ... Das ist bei jeder Regierung und in jedem Regierungssystem zu einem bestimmten Zeitpunkt durchaus möglich. Die Korrektur wird immer nur eine Frage der Zeit sein.

Nun hätte aber die Mehrheit der österreichischen Bevölkerung den Anschluß an das Dritte Reich, solange er vermeidbar war, bestimmt lieber vermieden. Wenn nicht aus anderen Gründen, so doch deshalb, weil man das Risiko eines Friedensbruches nicht in Kauf zu nehmen bereit war. Im Abkommen war vereinbart, die österreichische Außenpolitik auf jener Linie zu führen, die auf die *friedlichen* Bestrebungen der Außenpolitik des Deutschen Reiches Bedacht nahm, und damit war die Grenze der Bereitschaft zum Zusammengehen in unmißverständlicher Weise gezogen.

Es ist nicht ohne Interesse, festzuhalten, daß der Reichsaußenminister die Diskrepanz zwischen der österreichischen Regierungspolitik und den Wünschen der angeblichen Mehrheit der Bevölkerung im August desselben Jahres 1937 kritisierte, an dessen 28. Mai sein Wiener Gesandter von Papen den ungarischen Gesandten in Wien zu einem Bericht nach Budapest veranlaßte, in welchem es heißt:

„Schließlich verwies Papen auch auf die Tschechoslowakei, deren Aufteilung einer der Pläne der deutschen Regierung sei. Und er fügte hinzu: die Tschechoslowakei kann nicht bleiben: ich denke, daß ein durchgreifender Entschluß bei günstiger internationaler Lage auch Österreich gegenüber wird gefaßt werden müssen. Sofern die internationale Lage eine Konstellation zeigt, in der die Deutschen wagen würden, aktiv gegen Österreich aufzutreten, sollten wir (Ungarn, Anm. d. Verf.) uns, meiner bescheidenen Meinung nach, schon vorher darauf vorbereiten, und zwar derart, daß dies nicht zur Eingliederung, sondern zur Aufteilung Österreichs führen sollte, und deshalb müßten wir schon jetzt diplomatisch manövrieren, um zu erreichen, daß wir bei dieser Gelegenheit unsere Westgrenze wiederherstellen könnten und Südkärnten ein Tauschobjekt für die Batschka sein könnte."[95]

Diese internationale Konstellation und ihre möglichen Folgen hatte die Mehrheit der österreichischen Bevölkerung gewiß nicht gewollt, man konnte auch schwer öffentlich davon reden; am Ballhausplatz hatte man sich pflichtgemäß mit diesen Sorgen zu befassen und war nach Kräften und mit sehr beschränkten Mitteln bestrebt, den Absturz eines ganzen Volkes, unseres Volkes, ins Dunkel zu vermeiden.

An sich mag es mit dem Abkommen ähnlich gewesen sein wie seinerzeit mit dem Deutschen Bund: Wahrscheinlich war es gar nicht schlecht von Haus; „nur setzt' es etwas Altmodisches voraus: die Treue und die Ehrlichkeit."

Bei jedem Vertrag ergeben sich in der Durchführung gelegentliche Schwierigkeiten der Interpretation. Es ist sicherlich richtig, daß nicht nur wir Österreicher Grund zur gerechtfertigten Beschwerde hatten, sondern auch in Deutschland der Eindruck entstehen mochte, daß wir mit der Durchführung bestimmter Vertragsklauseln im Rückstand wären; dabei hat es sich vor allem um das dornige Gebiet der inneren Befriedung gehandelt.

Der Grund der Unzufriedenheit lag letztlich darin, daß man sich in Deutschland vom Vertragsziel stillschweigend eine gänzlich andere Vorstellung gemacht hatte als in Österreich. Für uns war es die Erhaltung, für Deutschland aber die Ausschaltung der österreichischen Eigenstaatlichkeit. Man mochte in deutschen Parteikreisen damit rechnen, daß es gelingen würde, über den Kopf der Regierung hinweg direkt an die Bevölkerung zu appellieren und damit die Führung der österreichischen Regierung selbst in die Hand zu bekommen.

Österreichischerseits zeigte es sich, daß zwei wesentliche Prämissen, die man als gegeben angenommen hatte, nicht stimmten. Einmal erwies sich, daß es tatsächlich keine nennenswerte nationale Opposition im Lande gab, die bereit gewesen wäre, Abstand vom Nationalsozialismus zu halten. Und dann stellte sich der Glaube als utopisch heraus, daß es möglich sein könnte, die Verbindung zwischen der österreichischen und der deutschen NSDAP zu unterbrechen und der Hitler-Hörigkeit der österreichischen Hakenkreuzgläubigen ein Ende zu setzen. So blieb der sehr ernst gemeinte Versuch, den Universitätsprofessor und früheren Unterrichtsminister Heinrich Srbik oder den späteren Senatspräsidenten Egbert Mannlicher zum Eintritt in die Regierung zu bewegen — und damit der Vertretung der nationalen Opposition weitere Wege zur Mitverantwortung zu öffnen —, erfolglos. Er scheiterte an damals unerfüllbaren politischen Forderungen; glücklicherweise, wie wahrscheinlich im Namen aller Beteiligten nachträglich festgestellt werden könnte. Es blieb bei Glaise-Horstenau als dem nationalen Vertreter, zu dem im Sommer 1937, nicht als Mitglied der Regierung, aber als Staatsrat, Seyß-Inquart trat. Beide Ernennungen haben weder in Österreich noch in Deutschland die Gegenseite befriedigt, obwohl an Glaise-Horstenaus damals linientreuer „nationaler" Einstellung kein Zweifel möglich ist. Jedoch bleibt zuzugeben, daß sich Glaise-Horstenau als Minister ohne Portefeuille mit einer gewissen Berechtigung als zurückgesetzt fühlen konnte.

Der erste Überraschungsschock nach dem Abschluß des Abkommens war im Lager der österreichischen NSDAP sehr rasch überwunden. Die Amnestie wurde fristgerecht und in liberalstem Ausmaß durchgeführt; mit dem Ergebnis, daß die vom Reich und von der deutschen Botschaft in Wien trotz gelegentlicher Schwankungen immer wieder ermutigten Parteigenossen nun erst recht jede Gelegenheit zu „friedlichen" Massendemonstrationen mit eindeutiger Zielsetzung benützten. So kam es zu den bekannten Ereignissen anläßlich des olympischen Fackellaufes auf dem Heldenplatz in Wien im Juli 1936; später zu den würdelosen Szenen anläßlich des Staatsbesuches des Außenministers von Neurath in Wien im Februar 1937. Dabei war es übrigens nicht das „Heil-Hitler!"- und „Heil-Deutschland!"-Rufen oder das Schwingen von Hakenkreuzfahnen, was die Polizei zum Einschreiten zwang, sondern vielmehr das hysterische Gehaben der von den Illegalen aufgebotenen Demonstranten, die sich vor die Autos warfen und alles taten, um eben nicht für Deutschland, sondern gegen Österreich zu demonstrieren. Schließlich kam es zu Flaggenzwischenfällen wie am 1. Mai 1937 bei der Heldengedenkfeier in Pinkafeld. Von den unangenehmsten Folgen begleitet waren ferner die Ausschreitungen anläßlich eines Kameradschaftstreffens österreichischer und deutscher Kriegsteilnehmer in Wels im Juli 1937.

In allen Fällen hatte es sich um gezielte Störaktionen der Aktivisten unter den Illegalen gehandelt, zu dem Zweck, die Ausgleichsversuche im Lande und mit Deutschland zu torpedieren, jede Kompromißbereitschaft auszuschalten und eben „aufs Ganze zu gehen". Dazu bleibt zu bedenken, wie wenig das Juliabkommen in Wirklichkeit nach dem Herzen Hitlers war. Hiezu schreibt von Papen in seinen *Erinnerungen:*

„Am 11. Juli vormittags wurde das Dokument (Abkommen) im Bundeskanzleramt in feierlicher Form unterzeichnet. In die Metternichgasse zurückgekehrt, telephonierte ich Hitler, um ihn von der vollzogenen Unterschrift zu unterrichten. Seine Reaktion war höchst erstaunlich. Anstatt mir seine Befriedigung über die wahrlich nicht leichte Arbeit zweier Jahre auszusprechen, brach er in wüstes Geschimpfe aus. Ich hätte ihn verleitet, viel zu weit gehende Konzessionen zu machen, während die österreichische Regierung nur platonische Zugeständnisse biete. Das Ganze schiene ein großer Reinfall für ihn ... Es war einer jener Tobsuchtsanfälle, die ich schon kannte, aber noch nie am Fernsprecher erlebt hatte. Ich suchte nach Gründen für seine plötzliche Sinnesänderung. Offenbar hatten einige hohe Parteispitzen das Dokument ... als viel zu nachgiebig kritisiert."[96]

Dies erklärt auch, warum alle die vielversprechenden Versuche, zu einer Befriedung zu kommen, immer wieder scheiterten. Dazu gehörte auch die unter der Patronanz von Neustädter-Stürmer und Glaise-Horstenau in die Wege geleitete Gründung eines „Deutschen Volksbundes" mit der dazugehörigen Unterschriftenwerbung. Kaum war das Unternehmen gestartet, als Hauptmann Leopold, der Führer der Illegalen, durch sein öffentliches Auftreten die Aktion hoffnungslos kompromittierte und als Tarnversuch bloßstellte.[97]

An Stelle des Vereins wurde sodann die Bildung des sogenannten Siebener-

Komitees, mit Subkomitees in den Ländern, gebilligt, dessen Aufgabe es sein sollte, nationale Kreise zur Mitarbeit in der Vaterländischen Front zu bewegen. In dem Komitee saßen ursprünglich neben den Nationalsozialisten Leopold, Tavs, Jury u. a. auch Universitätsprofessor Dr. Oswald Menghin und der ehemalige Klagenfurter Landesamtsdirektor Wolsegger. Das Komitee richtete sich in der Teinfaltstraße sein Büro ein, das in weiterer Folge zur Zentrale der illegalen NSDAP in Österreich werden sollte; die Büroleitung lag in den Händen von Ing. Tavs, die formale Führung hatte Hauptmann Leopold inne. Die nichtnationalsozialistischen Mitglieder erklärten bald ihren Rücktritt.

Der letzte Versuch war die Organisation der sogenannten Volkspolitischen Referate in der Vaterländischen Front unter der maßgeblichen Leitung von Dr. Seyß-Inquart.

Die gelegentlichen Störaktionen der Nationalsozialisten, die bewußt auf weitgestreute Inlands- und Auslandspropaganda zielten, provozierten Gegenmaßnahmen, aber auch öffentliche Versuche der Klarstellung in Versammlungen und Interviews, die dann jenseits der Grenze als unfreundliche Akte und Vertragsbrüche in Rechnung gestellt wurden. Dazu gehörte auch die als klare Antwort auf vorangegangene illegale Aktionen gedachte Klagenfurter Rede des Verfassers am 26. November 1936. In der Rede wurden die drei Gegner der vaterländischen Bewegung, und damit der Staatsexistenz, aufgezählt:

1. der Kommunismus, der jedoch keine akute Gefahr darstelle;
2. der Nazismus — im Wortlaut: „die Nationalsozialisten in Österreich, und nur um diese handelt es sich, stehen uns als Feinde gegenüber";
3. der Defätismus in den eigenen Reihen.[98]

Über diese Versammlungsrede berichtete Botschaftsrat von Stein am 27. November 1936 ausführlich nach Berlin; daraus wurde ein Zwischenfall konstruiert, auf Grund dessen der fällige Gegenbesuch des deutschen Außenministers in Wien zunächst unterblieb.[99]

In ähnlicher Weise wurde Anfang Januar 1938 ein Interview ausgelegt, das der Verfasser einem Korrespondenten des *Daily Telegraph* in Wien gab und in dem die Rede davon war, „daß ein Abgrund Österreich vom Nazismus trenne und die Regierung entschieden für die Aufrechterhaltung des Status quo, also gegen den Anschluß, sei". Dazu meldete der Berliner Korrespondent des *Daily Telegraph*, „daß Botschafter von Papen beauftragt worden sei, von der österreichischen Regierung eine Erklärung über das Interview zu fordern. Offizielle Kreise Berlins schienen dies als den beunruhigendsten Zwischenfall in den österreichisch-deutschen Beziehungen seit dem Abschluß des Abkommens vom Juli 1936 anzusehen".[100]

Die Zwischenfälle bewiesen, daß man sich deutscherseits an die Abmachungen hinsichtlich der Nationalsozialistischen Partei in Österreich als einer rein innerösterreichischen Angelegenheit, die jeder Einmischung entzogen bleiben solle, nicht gebunden hielt.

Die Auseinandersetzungen zu diesem Thema standen auch in den laufenden

Beratungen mit Minister Glaise-Horstenau und später mit Dr. Seyß-Inquart auf der Tagesordnung. Aus einem Brief des Verfassers an Glaise-Horstenau vom 31. Mai 1937 ergibt sich die Differenz der Auffassungen. Er ist aus diesem Grunde im nachfolgenden abgedruckt.

„Der Bundeskanzler

Wien, am 31. Mai 1937

Verehrter Freund!

... Ich nehme den Dir jedenfalls bekannten offenen Brief, der in der Maiausgabe des illegalen ‚Österreichischen Beobachters' als Sonderfolge erschienen ist, zum Anlaß dieser Erwägungen. Mein Eindruck ist, daß auf seiten der militanten Nationalsozialisten die Auffassung seit geraumer Zeit besteht, die außenpolitische Lage Österreichs ermögliche nunmehr die Durchsetzung der Forderung nach Aufnahme von Nationalsozialisten in die Regierung. Die Nichterfüllung dieser Forderung wird als Bruch des 11.-Juli-Abkommens bezeichnet.

Ohne mich in Einzelheiten dieses offenen Briefes einlassen zu wollen, stelle ich folgendes fest: Die Geschichte der letzten Jahre ist objektiv nicht richtig geschrieben, wenn man ihr nicht die Tatsache voraussetzt, daß bis zur Machtergreifung des Nationalsozialismus in Deutschland und der Verkündung des Totalitätsanspruches dieser Partei sowie der Gleichsetzung von Nationalsozialismus und deutschem Volkstum österreichischerseits der Betonung der Verbindung mit Deutschland einschließlich der lauten Anschlußpropaganda kein Hindernis in den Weg gelegt wurde. Insbesondere hat mein Vorgänger im Amte selbst durchaus, bis weit ins Politische hinreichend, auf volksdeutschem Boden stehend, den Konflikt weder mit Deutschland noch mit den Nationalsozialisten gesucht. Er wurde vielmehr, wie Dir nicht unbekannt sein dürfte, erst im Verlauf der Ereignisse auf eine vollkommen andere Ebene gestellt. Die Tatsache, daß das Wiederaufleben des österreichischen Patriotismus auf breiter Basis die Gegendruckerscheinung gegenüber der Hemmungslosigkeit der nationalsozialistischen Propaganda war, läßt sich nicht aus der Welt schaffen. Die Behauptung, die Verfolgung und spätere Untersagung nationalsozialistischer Betätigung sei auf das Bestreben der übrigen Parteien zurückzuführen gewesen, einer legalen Machtergreifung des Nationalsozialismus in Österreich einen Riegel vorzuschieben, entspricht zumindest in den wesentlichsten Zügen nicht den Tatsachen. Es braucht hier nicht erörtert zu werden, daß lange vor dem Juli 1934 eine Fülle von Blutdelikten, angefangen vom Fememord bis zum Handgranatenüberfall auf ahnungslose Turner, die Meilensteine zu dem Verbot bildeten, das im Interesse des Schutzes der Bevölkerung, aber auch der Aufrechterhaltung von Anständigkeit und Ehre, Treu' und Glauben, Autorität und Selbstachtung erlassen werden mußte. Die Anerkennung

des im Buch Hitlers ‚Mein Kampf' aufgestellten Grundsatzes, die Propaganda müsse hemmungslos sein und dürfe auch dort, wo das Recht auf seiten des Gegners sei, nicht den Anschein der Objektivität erwekken, sie habe ausschließlich den Zweck, auf die Masse so lange einzuhämmern, bis die große Mehrheit der Schwankenden und Unsicheren mitgerissen werde, würde das Submittieren bedeuten, und zwar das Submittieren gegenüber sei es bestellten oder sich selbst bestellenden Führern, die weder nach ihrer geistigen Reichweite noch nach ihren sonstigen Qualitäten widerspruchslos auf das österreichische Volk losgelassen werden dürften. Daß es auf der anderen Seite nicht auch nur Engel gibt und leider mancher Übergriff zu beklagen ist, wird als eine Erscheinung gewertet werden müssen, der man in ähnlichen Fällen und in ähnlichen Entwicklungen in der ganzen Welt begegnet ...
Die weitere Behauptung, die übernommene Verpflichtung einer weitreichenden politischen Amnestie sei kaum in die Tat umgesetzt worden, stellt eine bewußte Verdrehung der Tatsachen dar. Es wurde vielmehr weit mehr amnestiert, als ursprünglich in Aussicht genommen war, und zwar in einem Umfang, der nur mit Rücksicht auf die so dringend erwünschte Besserung der Beziehungen zu Deutschland und die Spannung im Innern Österreichs vertreten werden konnte. Ich verweise allein auf die Tatsache, daß die Begleitmannschaft, welche den Mörder des österreichischen Kanzlers ins Bundeskanzleramt begleitete, unter Mißbrauch von Uniformen der Exekutive, nach Ablauf von nicht drei Jahren nach der Tat auf freien Fuß gesetzt ist. Ich glaube nicht, daß ein Analogon hiezu in der ganzen Geschichte, und zwar aller Staaten, gefunden werden könnte. Sogar im alten Österreich hat Andrássy länger gebraucht, um den Weg vom in contumaciam verurteilten Hochverräter zum k. u. k. Wirklichen Geheimen Rat zurückzulegen. Auch mit der Errichtung der Kossuth-Monumente hat man sich länger Zeit gelassen.
Die weitere Behauptung, daß diejenigen, welche wegen nationalsozialistischer Betätigung bestraft oder angehalten wurden, von Arbeit und Anstellung ausgeschlossen sind, ist unrichtig. Es gibt vielmehr Betriebe, die, ohne daß ihnen deshalb etwas geschehen würde, fast grundsätzlich nur politisch Abgestrafte einstellen, z. B. Radenthein in Kärnten. Aber auch im übrigen ist von einer solchen alttestamentarischen Verfolgung wirklich nicht die Rede, im Gegenteil, wenn sich die Leute anständig aufführen und, wozu sie ja eigentlich verpflichtet wären, der Vaterländischen Front zumindest nicht feindlich gegenüberstehen, haben sie keinerlei Schwierigkeiten zu befürchten. Das gilt auch von öffentlichen Angestellten, soweit sie nicht direkt Amtsmißbrauch getrieben haben, in welchem Fall selbst deutscherseits nicht das Verlangen gestellt wurde, sie wieder einzustellen. Hingegen haben wir bis heute, nebenbei bemerkt, keine Einwendung dagegen erhoben, daß jeder, der in Österreich aus

politischen Gründen unhaltbar wird, und zwar einschließlich der politischen Blutverbrecher, in Deutschland Anstellungen bekommen hat und zum Teil sich dort selbst in leitender Stellung befindet. Die Behauptung, ich hätte in der Eisenstädter Rede erklärt ‚Wenn Vaterländer in berechtigter Empörung über die Nationalsozialisten sich ungesetzlicher Handlungen schuldig machen, so daß sie von einem Richter verurteilt werden, kann ich ihnen die Garantie geben, daß sie ihre Strafe nicht abbüßen werden. Es wird mir eine besondere Freude sein, sie zu schützen', stellt eine, wie ich wohl annehmen darf, beabsichtigte Fälschung meiner Äußerungen dar. Ich habe weder dem Wortlaut noch dem Sinne gemäß diese Äußerung gemacht. Zu dem, was ich gesagt habe, stehe ich selbstverständlich. Ich habe gesagt: ‚Wenn ein Vaterländischer von einem Gegner attackiert wird und sich zu einer handgreiflichen Erwiderung oder zu einer Ehrenbeleidigung hinreißen läßt, kann zwar der gesetzliche Lauf, d. h. die gerichtliche Strafverfolgung, nicht verhindert werden, aber ich stehe dafür ein, daß durch entsprechende Gnadenakte Recht und Billigkeit wiederhergestellt werden.' Und ich habe weiters gesagt: ‚Es gibt Fälle, wo man sich nicht auf die Behörden verlassen darf, sondern wo Selbsthilfe am Platze ist.' Auch hiezu stehe ich, ohne mich etwa auf reichsdeutsche Vorbilder zu berufen. Denn es ist nicht einzusehen, warum widerspruchslos hingenommen werden soll, daß ein paar aufgehetzte Jugendliche alles Österreichische verzerren, beschmutzen und beleidigen können, auch dann, wenn gerade kein gesetzlicher Tatbestand vorliegt oder aus anderen Gründen die Hilfe der Behörden nicht zu erlangen ist. Gastwirte z. B. — und dieses Beispiel habe ich gebraucht —, die zwar von der amtlichen Fremdenförderungsaktion sich beteilen lassen, dafür aber demonstrativ es nicht für notwendig finden, auch nur eine einzige österreichische Zeitung aufzulegen, verdienen, daß man ihnen eine Lektion gibt. Lausbuben, die gelegentlich ein ganzes Ortsbild durch Verschmieren und Verkleben verunstalten und dabei die Absicht haben, alles Österreichische lächerlich zu machen, verdienen gerade in der Fremdenzeit im Interesse des Ansehens unseres deutschen Landes, daß man ihnen auf die Finger klopft. Soldaten, die glauben, dadurch demonstrieren zu können, daß sie auf die Einflüsterungen irgendwelcher guter Freunde oder, wie sich herausgestellt hat, noch häufiger Freundinnen, anläßlich irgendeines Feiertages die Kaserne heimlich mit dem Hakenkreuzbanner schmücken, verdienen, daß ihnen im eigenen Wirkungskreis radikal das Bewußtsein der Grenze des Möglichen beigebracht werde. Wenn dies geschieht, dürfen dann nicht später der Staatssekretär oder der Generalstabschef oder ich der undeutschen Gesinnung und deutschfeindlichen Benehmens geziehen werden. Soweit dieser offene Brief.
Zur grundsätzlichen Seite der Frage möchte ich nachfolgendes wiederholen:

Daß es uns mit der außenpolitischen Orientierung eines deutschen Staates ernst ist, haben wir bewiesen. Daß ich nicht nur eine Entspannung im Innern, sondern auch die unter den gegebenen Verhältnissen bestmögliche Beziehung zu Deutschland herstellen möchte, bedarf keiner besonderen Unterstreichung. Erschwert wird die Aufgabe durch die sattsam bekannte Tatsache, daß auch heute noch, und gerade heute wieder, in den führenden nationalsozialistischen Köpfen Österreichs von Deutschland aus Vorstellungen erweckt und wachgehalten werden, die in die Irre führen müssen. Weiters dadurch, daß sich zur Genüge herausgestellt hat, daß weder die deutschen noch die österreichischen Nationalsozialisten eine wirkliche Befriedung wollen, sondern der alte Machtanspruch nach wie vor diese Köpfe beherrscht. Hiezu kommt, daß bei allen Aktionen, die bis jetzt versucht wurden, sofort eine Gegenaktion des Radikalismus in Österreich einsetzte, die die psychologischen Voraussetzungen der Befriedung auf lange Sicht verschüttet hat. Nach dem 11. Juli waren es die Olympiademonstrationen, nach dem Februaranbot die Neurath-Demonstrationen und jetzt wiederum das Handballspiel. Immer das gleiche Bild. Die Demonstranten werden aufgerufen, von einheitlicher Seite organisiert und geleitet, das Einschreiten der Sicherheitswache wird geradezu provoziert, und dann heißt es, die deutsche Bevölkerung werde gehindert, deutsche Gäste freundlich zu begrüßen — überflüssig, diesen Vorgang weiter zu kommentieren. Damit er sich nach Möglichkeit nicht mehr wiederhole, gibt es leider nur das eine Mittel, ähnliche Veranstaltungen von vorneherein unmöglich zu machen.

Die Aktion des deutsch-sozialen Volksbundes hat meinerseits erst dann stärkeres Mißtrauen gefunden, als ich die Doppelgeleisigkeit der Akteure wahrnahm. Um nur ja keinen Zweifel über die wirklichen Absichten zu lassen, hat man von vornherein Leute wie Tavs und In der Maur ins Treffen geführt und zu allem Überfluß durch den bekannten Brief Herrn Leopolds die wirkliche Verantwortung und Führung eindeutig festgestellt. Energisch protestieren muß ich gegen die immer wieder aufscheinende Behauptung, ich hätte mit Herrn Leopold verhandelt. Ich habe mich, wie Du weißt, und übrigens auch nicht im Widerspruch mit Deiner eigenen Meinung, vor jeder persönlichen Begegnung lange genug gehütet. Ich habe mit Dr. Jury und Prof. Menghin gesprochen, bei denen ich durchaus den Eindruck hatte, daß sie ehrliche Makler seien. Am 12. Februar abends nach Abschluß meiner Besprechung mit den beiden Herren habe ich deren dringendem Ersuchen nachgegeben, ‚Herrn Leopold nur für fünf Minuten zu empfangen'. Mein Fehler war, daß ich gutgläubig genug gewesen bin, um auf diese an sich harmlose Intention einzugehen. Herr Leopold kam, und in Gegenwart der beiden oben erwähnten Herren entwickelte sich ein Gespräch, das durchaus nicht ins Meritorische eindrang. Ich glaubte meinerseits, damit an die Grenze des

Möglichen gegangen zu sein, und gestehe, daß ich wirklich momentan den Eindruck hatte, die Herren meinen es ernst. Kurze Zeit darauf stellte sich heraus, daß zumindest auch Herr Leopold ein doppeltes Spiel trieb, indem das berühmte Komitee in der Teinfaltstraße sich seine Dependance in der Helferstorferstraße errichtete, die natürlich auffliegen mußte und aus deren saisiertem Material der wirkliche Zweck und die wahre Absicht der Herren eindeutig zu ersehen war. Darauf reagierte ich am 1. Mai mit der Feststellung, daß zum Hineinlegen immer zwei gehören, ich will nicht dabei sein.

So stehen die Dinge. Was weiter vernünftigerweise gemacht werden kann, um ohne Porzellan zu zerschlagen zu einer Fundierung des 11.-Juli-Abkommens zu gelangen, soll geschehen. Du weißt, wie weit ich in meinen Ideen zu gehen bereit gewesen wäre, um Österreichisches und Reichsdeutsches in einer Synthese zu vereinen. Ich weiß heute vollkommen, daß diese Ideen undurchführbar und irreal sind. Wir müssen daher nach neuen Wegen suchen. Sicher ist für mich nur das eine: Eine Teilnahme von Nationalsozialisten an der Regierung in Österreich kommt derzeit und unter meiner Verantwortung sicher nicht in Frage. Die Wege zur politischen Mitbestimmung und Verantwortung müssen in einem Lande, das den Juli 1934 mitmachen mußte, von der Pike auf gegangen werden. Das war übrigens, wie Du Dich erinnern kannst, seit je meine Auffassung. Die Gründe hiefür sind erstens ideologischer Natur, zweitens in praktischen politischen Realitäten zu suchen (die realpolitische Anerkennung der Maiverfassung 1934 und die Forderung nach Regierungskoalition — und auf eine solche läuft es hinaus — sind eben praktisch unvereinbar, und die Auffassung, daß es nur oder fast nur Nationalsozialisten in Österreich gebe, ist wesentlich vergriffen), und drittens aber — und das ist nicht der unbedeutendste Grund — verweise ich Dich auf die Lektüre der letzten Rede des Reichsministers Goebbels, die ich Dir empfehlen würde, im Wortlaut zu lesen. Unter diesen Verhältnissen — und das glaube ich Dir aufrichtigerweise klar und eindeutig sagen zu müssen — gibt es nur ein ‚Non possum'.

Nach wie vor stehe ich auf dem Standpunkt, Deutschland, und zwar auch das heutige Deutschland, könnte von Österreich unendlich viel mehr haben, wenn es sich dazu entschließen könnte, dieses Land in Ruhe zu lassen. Meinetwegen in Erinnerung an Bismarck, der seinerzeit meinte, der Bayer sei nur ein Übergang vom Menschen zum Österreicher. Ich bitte Dich, von diesem Brief jeden Dir geeignet erscheinenden Gebrauch machen zu wollen. Es war mir daran gelegen, wieder einmal, haltbarer als dies in einer mündlichen Konversation möglich ist, Grundsätzliches festzulegen. Im übrigen halte mich bitte nicht im Vergleich mit dem alten Taaffe, der gewiß über anderes Format verfügte und andere Möglichkeiten hatte als wir Kleinen von heute; aber sein ‚Fortwursteln'

hatte sicher einen tieferen Sinn, als es allzu Oberflächliche seiner Zeit glauben mochten. Nicht auf das Wursteln kommt es an, sondern auf das Zeitgewinnen. Auch der Dreißigjährige Krieg ging einmal zu Ende. Möchte Österreich aus dem, was unweigerlich kommen muß, möglichst heil heraussteigen. Das wäre eine Entschädigung für das ungerechte Verdikt der Weltgeschichte von einst, an dessen Folgen wir leiden.
Herzliche Grüße

Dein ganz ergebener...[101]

Herrn Bundesminister
Dr. h. c. v. Glaise-Horstenau."

Die Grundlage der Vereinbarungen, die zur legalen Mitarbeit der österreichischen Nationalsozialisten im Rahmen der Vaterländischen Front führen sollten, gehen aus dem Briefwechsel des Verfassers mit Dr. Seyß-Inquart vom Juni 1937 hervor. Er ist im nachstehenden abgedruckt und bedarf keines weiteren Kommentars.

„Der Bundeskanzler

Wien, am 16. Juni 1937

Sehr geehrter Herr Doktor!

Nachdem nunmehr das vorgesehene Volkspolitische Referat im Generalsekretariat der Front errichtet und mit Herrn Dr. Walter Pembaur besetzt ist, erachte ich es für zweckmäßig, nach Wegen zu suchen, die eine Mitarbeit weiterer nationaler Kreise auf legalem Boden und im Geiste des Abkommens vom 11. Juli 1936 sowie der Besprechungen vom Februar d. J. auf breiterer Basis, als dies bisher der Fall war, ermöglichen. Ich komme daher auf unsere mündlichen Besprechungen der letzten Wochen zurück und ersuche Sie, sehr geehrter Herr Doktor, um Ihre Mitarbeit. Ich glaube Sie darin eines Sinnes mit mir zu wissen, daß eine solche Zusammenarbeit nur auf der Grundlage gegenseitigen und offenen Vertrauens möglich ist. Diese grundlegende Voraussetzung trifft für meine Person hinsichtlich der geschäftsführenden Herren des Vertretungsausschusses (Siebener-Komitee) nicht zu, und ich halte daher einen weiteren Versuch, auf dem Weg über diesen Ausschuß zu dem erwünschten Ziel zu gelangen, unter den gegebenen Umständen für aussichtslos; dies deshalb, weil die im Gedächtnisprotokoll vom Februar d. J. festgehaltenen Voraussetzungen, insbesondere was Tätigkeit und Beurteilung der illegalen Bewegung anbelangt, nicht eingehalten wurden.

Wenn ich auf Ihre Bereitschaft zur Mitarbeit rechnen kann, werde ich dem Herrn Bundespräsidenten Ihre Berufung in den Staatsrat vorschlagen, in der Annahme, daß durch eine solche Berufung eine nach außen hin deutlich in Erscheinung tretende Legitimation Ihrer politischen Tätigkeit gegeben würde. Ich setze hiebei voraus, daß Sie Ihren Beitritt

zur Vaterländischen Front vollziehen würden, um eine nach allen Seiten hin unanfechtbare und klare Situation zu schaffen. Eine Verlautbarung dieses Beitrittes braucht natürlich nicht zu erfolgen. Ich würde schließlich Sie weiters ersuchen, bei den bevorstehenden zwischenstaatlichen Kommissionsverhandlungen sich zur Mitarbeit zur Verfügung zu stellen. Die Kommission selbst ist nach dem Wortlaut des Abkommens vom Juli 1936 beiderseits durch Beamte des Auswärtigen Amtes zu beschicken.
In ausgezeichneter Wertschätzung bin ich

Ihr ergebener
Schuschnigg

Herrn Dr. Arthur Seyß-Inquart,
Wien"

„Dr. Arthur Seyß-Inquart

Wien, am 21. Juni 1937

Sehr geehrter Herr Bundeskanzler!
Als Sie am 16. d. M. an mich die Aufforderung zur Mitarbeit richteten, habe ich derselben sofort und in kürzester Form entsprochen, da die für diesen Fall wesentlichen Dinge durch unsere letzten Unterredungen klargestellt waren und die ansonsten bestehende Möglichkeit des ‚Zerredens' durch schnelles Handeln auszuschalten war. Inzwischen erfolgten die notwendigen Verlautbarungen. Ich erlaube mir nunmehr für den mir entgegengebrachten Vertrauensbeweis zu danken, der sowohl in der Berufung in den Staatsrat als auch insbesondere in der Erteilung des Sonderauftrages liegt. Diesen Teil der sozusagen persönlichen Vorbereitung unserer Zusammenarbeit abschließend, möchte ich noch einmal in möglichster Kürze meine Ihnen, sehr geehrter Herr Bundeskanzler, schon wiederholt vorgetragenen Ideen über den Weg und die Notwendigkeit der Entwicklung der Lage darlegen, auf diese Weise zugleich die Grundlagen umschreibend, auf denen ich dem an mich ergangenen Auftrag zu entsprechen hoffe...
Sie verweisen mit Recht darauf, daß unsere Zusammenarbeit auf der Grundlage gegenseitigen und offenen Vertrauens erfolgen soll. Ich brauche nicht zu erwähnen, daß auch ich dieses Erfordernis als erste Voraussetzung meiner ansonst unlösbaren Aufgabe halte und daß ich für meine Person diese Grundlage gewonnen habe. Aus dem mir erteilten Auftrage glaube ich mit Dankbarkeit entnehmen zu können, daß auch Sie, sehr geehrter Herr Bundeskanzler, diese Voraussetzung zu einer Zusammenarbeit mit mir gegeben sehen.
Dieses Vertrauen mag wohl vor allem auf zwei Pfeilern beruhen: Auf der persönlichen Vertrauensbereitschaft und auf der Übereinstimmung in den wesentlichen sachlichen Zielen. Was die erstere betrifft, so kann ich darauf verweisen, daß es mir möglich war, Weggenossen zu sammeln,

die mir im unbedingten Vertrauen ergeben sind und denen ich mich ebenso verbunden fühle, so daß unvermeidliche, wenn auch nur taktische Meinungsverschiedenheiten dieses Zusammenstehen niemals berühren können. Ich glaube also über diese persönliche Vertrauensbereitschaft und Vertrauensfähigkeit zu verfügen. Was aber die sachlichen Ziele betrifft, so darf ich auf das Ergebnis unserer wiederholten mehrstündigen Aussprachen verweisen.

In diesem Zusammenhange möchte ich sofort auf jene Bemerkung zurückkommen, in der Sie den Vertrauensmangel zu den geschäftsführenden Herren des sogenannten Siebener-Ausschusses zum Ausdruck bringen. Ich glaube, daß Sie hiebei vor allem an Dr. Tavs und Rittmeister In der Maur denken. Ich darf aber wohl annehmen, daß sich diese Mißtrauensäußerung auf Professor Menghin überhaupt nicht bezieht, bei Dr. Mannlicher — der sich mit politischen Fragen besser nicht beschäftigen sollte — die fachliche Eignung und Zuverlässigkeit ebenfalls nicht in Frage steht und Dr. Jury seine eigentlich unhaltbare Zwischenstellung zugute gehalten werden muß. Letzterer wird ein zuverlässiger und aus bestimmten Gründen außerordentlich wertvoller Mitarbeiter sein, wenn wir die auch von ihm gewünschte Überlegenheit auf dem Gebiete der österreichischen Politik zeigen werden. Ich habe auf diese Einzelheiten deshalb sofort verwiesen, weil sie persönlicher und im Hinblick auf Ihre Bemerkung aktueller Art sind und mir die weitere Heranziehung dieser Herren in obiger Umgrenzung für meine weitere Arbeit notwendig erscheint.

Was nun diese Arbeit anbelangt, möchte ich noch folgendes ausführen: ... Entscheidend für die Weiterführung dieser Arbeiten ist es aber, ob es möglich sein wird, die aktive Nichteinmischung, d. h. also aktive Unterbindung einer Einmischung irgendwelcher Personen und Stellen durch den Reichskanzler zu erhalten. Hiemit wäre auch die Frage der Tätigkeit und Beurteilung der illegalen Bewegung auf eine auch in der Praxis verhältnismäßig einfach zu handhabende Formel gebracht. Durch die Auswirkung dieser Klarstellung wäre gerade für die nationalen Kreise jene Linie aufgezeigt, welche die Möglichkeit der freien Betätigung der Gesinnung von staatsfeindlichen Bestrebungen trennt. In diesem Zusammenhange vom Nationalsozialismus sprechend, stelle ich fest, daß man diesen — wenn man nicht die ursprünglichen Erklärungen verlassen will — nicht als ‚Weltanschauung' ansehen kann, sondern nur als politische Einstellung zu den realen Dingen. Der Nationalsozialismus hat keine Antwort auf die Frage der Auseinandersetzung mit dem All und der Rückbindung an Gott zu geben. Ein Abgleiten von dieser Ebene könnte leicht zu der Spielart des physiologischen Materialismus als einem Gegenstück der Spielart des historischen Materialismus der Marxisten führen. Ich glaube übrigens nicht, daß irgendein ernst zu nehmender

Nationalsozialist wirklich der Meinung ist, daß das ganze All lediglich dazu geschaffen wurde, um das deutsche Volk als höchsten Wert in seine Mitte zu stellen, und darauf käme es ja hinaus. Wenn wir aber das Volkstum als gottgegebenen Baustein der Menschheit erkennen und aus dieser Erkenntnis den Entschluß ableiten, unsere Kräfte für die organische, also naturrechtlich gegliederte Volksgemeinschaft einzusetzen, so mag diese Erkenntnis als national und dieser Wille als sozialistisch betrachtet werden. Hiemit haben wir eine vielleicht recht brauchbare Ausdrucksform der politischen Einstellung für alle jene Kreise gefunden, die nicht auch in ihrer politischen Einstellung durch die glaubenshafte Gebundenheit bestimmt sind. Und dies dürfte heute die Mehrzahl der Deutschen und der Abendländer sein. Das Volkstum wird so als besondere, wenn auch nicht als höchste Wertquelle erfaßt werden, und die aus der Erkenntnis der höchsten Werte gewonnenen Grundsätze und Ideale werden in der Volksgemeinschaft zu betätigen bzw. ihnen nachzustreben sein. Der Reichsgedanke wird so nicht zum imperialistischen Ausdehnungsdrange, sondern zu einer sittlichen Aufgabe.

Als illegal, d. h. dem Sinn der österreichischen Unabhängikgeit widersprechend, muß demgegenüber jene Einstellung bezeichnet werden, die in subalterner Abhängigkeit von den politischen Erscheinungen im Reiche zugleich Quelle und Einbruchsgebiet der Einmischung ist. Diese Einstellung führt zur Abhängigkeit der politischen Willensbildung und Entschließung von Kräften außerhalb Österreichs bis zu einem bezüglichen Weisungsverhältnis und der Gau-8-Politik mit dem Inspekteursystem. Von dieser Einstellung ist die heute vorhandene politische Opposition zu unterscheiden, die in eigener Verantwortung an der politischen Willensbildung teilnehmen will.

Hier zu unterscheiden erfordert eine gewisse Erfahrung, über die ich auf Grund meiner eigenen bis zum 11. Juli eingenommenen oppositionellen Haltung verfüge. Denn hier handelt es sich um Einbruchsmöglichkeiten, die sich auf dem Wege des 11. Juli zunehmend erweitern und durch polizeiliche Maßnahmen nicht aufgehalten werden können, denen gegenüber aber auch eine Selbsthilfe zu keinem guten Ende, sondern nur zu den schwersten Erschütterungen nicht nur dieses Staatsvertrages, sondern der Grundlagen dieses Staates selbst führen kann. Es ist aber durchaus möglich, festzustellen, was als Gedankenaustausch bei Wahrung des eigenen Standpunktes angesehen werden kann und was Ausfluß subalterner Unterstellung ist. In diesen Dingen handelt es sich nun nicht so sehr um organisatorische Formen, die ja meistens vermieden werden, sondern um die geistige Einstellung und Bereitschaft. Es geht also letzten Endes um die Auswahl und Bereitstellung der richtigen Personen, und zwar vom Standpunkt beider Vertragsteile des 11. Juli. Zu all diesen aber muß die aktive Nichteinmischung von draußen kommen. Ansonsten wer-

den alle Bemühungen hier zu keinem richtigen Erfolg führen. Unter aktiver Nichteinmischung verstehe ich jenes Verhältnis, in dem alle die vielfältigen auf der Grundlage des gemeinsamen Volkstums unlösbaren Verbindungen von jenen Leuten kontrolliert werden, welche auf dem Boden des 11. Juli das Vertrauen beider Vertragsteile genießen und auf deren Reklamation hin von offizieller Seite insbesondere auch von der Partei alle Beziehungen eingestellt werden, welche eben eine weisungsmäßige Einflußnahme von draußen darstellen, und das, was hier geschieht, dem Einfluß der auf dem Boden des 11. Juli verantwortlich handelnden Personen zu entziehen trachten. Wenn dies erreicht ist, wird der Weg frei sein für eine wirklich innere Befriedung auf breiter Grundlage und für alle jene Vollmachten, die ich in meinem ‚Vortrag' an den Frontführer umschrieben habe und die für die Durchführung dieser Aufgaben notwendig sind.
Die Grundlage dieses politischen Handelns ist im Staatsvertrag vom 11. Juli deutlich umschrieben:
1. Die Anerkennung der Unabhängigkeit Österreichs und die Zusage der Nichteinmischung dadurch, daß der österreichische Nationalsozialismus als österreichische Angelegenheit erklärt wird, und
2. das Bekenntnis Österreichs als deutscher Staat. Es ist meines Erachtens kein Zufall und keine nur stilistische Reihenfolge, wenn die Unabhängigkeit vorangestellt ist, sondern es ist unter den heutigen Verhältnissen die Voraussetzung für die Betätigung im gesamtdeutschen Sinne. Dieses Bekenntnis als deutscher Staat kann nicht die Erklärung zu einem Sonderdeutschtum darstellen, sondern bedeutet den Einbau in die gesamtdeutsche Schicksalsgemeinschaft, welcher Einbau für die nationalen Kreise Österreichs wieder die Voraussetzung für die Bejahung des Staates und seiner Unabhängigkeit ist. Dieser Einbau bringt es aber notwendigerweise mit sich, daß Österreichs Kräfte und Möglichkeiten für das Deutsche Reich und mittelbar für den Nationalsozialismus der reichsdeutschen Art eingesetzt werden. Dies zu erreichen wird nur dann möglich sein, wenn die innere Unabhängigkeit außer Frage gestellt ist. Es kommt für die nationalen Kreise nicht darauf an, in Österreich partei- oder bewegungsmäßige Erfolge zu erzielen, es handelt sich vielmehr darum, daß Österreich an der Seite des Reiches steht in den Bemühungen des Gesamtdeutschtums um seinen Lebensraum. Hiebei wird es sicherlich nur von Vorteil sein, wenn die Wege und Methoden dieser Bemühungen von österreichischer Seite her beeinflußt werden.
Ich glaube, daß die von mir verlangte aktive Nichteinmischung zu erreichen sein wird, wenn in gleicher Weise das Mitgehen Österreichs an der Seite des Reiches sichergestellt ist. Ich hatte mit Präsident Schacht eine Unterredung, in welcher dieser eine solche Möglichkeit als durchaus wahrscheinlich bezeichnete. Ich höre, daß auch Blomberg für diese Idee

zu haben ist, und Neurath dürfte ohnehin auf dieser Linie stehen. Ich glaube daher meine Anregung wiederholen zu dürfen, gerade diese Persönlichkeiten und Kreise zur Unterstützung dieses Standpunktes zu gewinnen. Auch die Gesamtlage scheint augenblicklich diese Lösung zu unterstützen, wie ja auch die genannten Persönlichkeiten heute bei den Außenbeziehungen des Reiches im Vordergrund stehen. Ich glaube also, daß die nächsten Wochen und Monate die Grundlagen für die wesentlichen und weitreichenden Entscheidungen bringen werden. Diese sollten dahin gehen, daß sich der Reichskanzler als *Parteiführer* zur aktiven Nichteinmischung im oben beschriebenen Sinne entschließt, wenn er dafür als Staatsführer in Österreich volle Hilfe erhält. Es wird sich daher wohl darum handeln, daß sich dieselben Personen sozusagen als Garanten Österreichs gegen jede Einmischung wehren, die für das Reich als Träger des gesamtdeutschen Kurses unter Wahrung der österreichischen Unabhängigkeit in Frage kommen. Der Weg, zu diesem Ergebnis zu kommen, ist mit der Einsetzung der zwischenstaatlichen Ausschüsse betreten, und in diesem Sinne habe ich meine Mitarbeit freudig zur Verfügung gestellt...

Ich darf wohl annehmen, daß in den nächsten Tagen das Ordnungsschutzgesetz erlassen werden wird, und rege an, daß nunmehr die Amnestierung aller jener gerichtlich Verurteilten erfolgt, die aus der Zeit vor dem 11. Juli 1936 liegen.

Mit diesem Schreiben im Zusammenhalt mit meinem Vortrag an den Frontführer habe ich mir erlaubt, Ihnen, sehr geehrter Herr Bundeskanzler, noch einmal eine Zusammenfassung der Grundlagen und der nächsten Ausblicke meiner Tätigkeit zu geben. Ich verbleibe, indem ich nochmals auf die eingangs dieses Schreibens gegebene Anregung persönlicher Aussprachen zurückkomme, mit dem Ausdruck meiner vorzüglichsten Hochachtung

Ihr sehr ergebener..."[102]

Aus dem Briefwechsel mit Seyß-Inquart ergeben sich in aller Deutlichkeit die Schwierigkeiten politischer und ideologischer Natur, die einer vertrauensvollen Zusammenarbeit im Wege standen; sie haben auch vorübergehend zu Rücktrittsabsichten Seyß-Inquarts geführt. Wenngleich Seyß-Inquart den Putschisten fernstand und von den radikalen Hitlergläubigen noch nicht vollgenommen wurde, ließ sich im Grunde auch seine Version des gesamtdeutschen Denkens mit der österreichischen Unabhängigkeit nicht vereinen. Ihm schwebte, wie der Text seines Briefes bezeugt, eine Art Satellitenverhältnis vor, bei dem Österreich auf Gedeih und Verderb im deutschen Kielwasser zu bleiben hatte. Demgegenüber wollte das österreichische Bekenntnis als „deutscher Staat" nicht mehr und nicht weniger besagen, als daß wir uns nicht *gegen* Deutschland stellen würden, z. B. durch Teilnahme an einem antideutschen Bündnis, an

„Einkreisungsplänen" u. dgl. Dies bedeutete aber noch lange nicht, daß wir alle Aventüren hätten mitmachen oder auch nur billigen müssen. Der Gegensatz wurde offenbar, als Hitler sogar das Verbleiben Österreichs im Völkerbund als deutschfeindliche und daher abkommenswidrige „Extratour" an den Pranger zu stellen versuchte.

Österreich hielt an den Grundsätzen des Völkerbundes ebenso unverbrüchlich fest, wie es die Rassentheorie ablehnte, den deutschen Charakter der überwiegenden Mehrheit seiner Bevölkerung jedoch betonte.

Man suchte weiter nach tauglichen Wegen zur Entschärfung der Gegensätze und einer möglichen Form der Zusammenarbeit, soweit diese das Wohl Österreichs zum Ziel hatte. Diese Versuche hatten zu keinen endgültigen Resultaten geführt, als die polizeiliche Meldung von der Auffindung des sogenannten Tavs-Planes im Januar 1938 eine neue Situation schuf. Danach war mit den Vorbereitungen zu einem gewaltsamen Umsturz zu rechnen, von denen sich Seyß-Inquart klar distanzierte.

Dr. Leopold Tavs hatte am 22. Januar 1938 dem politischen Journalisten Roman Fajans ein Interview für die slowakische Zeitung *Slovanský hlas* gewährt, in welchem er erklärte:

„Wir werden das Abkommen vom 11. Juli 1936 heilighalten; vom Anschluß ist jetzt überhaupt keine Rede, solange ein Anschluß einen bewaffneten Konflikt in Europa hervorrufen könnte. Wir wollen unter keinen Umständen einen Krach. Wir überlassen diese Dinge der Zeit."

Auf die Frage, ob zwischen den österreichischen und den deutschen Nationalsozialisten ein direkter Kontakt und ein Zusammengehörigkeitsverhältnis bestehe, folgte die Antwort:

„Sind, wenn solche Beziehungen, wie sie zwischen uns und der Kanzlei Hitlers bestehen, bei einem Verhältnis vollsten Vertrauens und hundertprozentigen Gehorsams Befehle und formelle Instruktionen nötig, genügen da nicht freundschaftliche Ratschläge und Winke? Wir verstehen einander alle sehr gut, auch ohne Befehle."

Dieser Passus, der im gedruckten Interview erschien, wurde von Tavs dementiert.

Im selben Monat wurde das sogenannte Aktionsprogramm 1938 unter den Papieren Dr. Tavs' von der Wiener Polizei in dessen Wohnung beschlagnahmt. Dieses Aktionsprogramm 1938 (Tavs-Plan) lautet:

„Das Interview Schuschniggs im *Daily Mail* stellt Tatsachen öffentlich fest, die dem nüchtern Denkenden längst klar waren. Schuschnigg will den Vertrag vom 11. Juli 1936 nicht erfüllen; daher muß die Erfüllung des Vertrages ohne oder gegen Schuschnigg erzwungen werden.
Europäische Lage:
Italien ist fest auf die Freundschaft Deutschlands angewiesen. Die Kleine Entente ist isoliert. Frankreich befindet sich in einer schweren inneren Krise und ist zum Angriff außerhalb seiner Grenzen unfähig. Rußland

ist in einem Chaos. England ist in Ostasien, im Nahen Osten, in Indien und im Mittelmeer gebunden. Es marschierte seinerzeit bei der Besetzung des Rheinlandes nicht, obzwar der Rhein Englands Grenze ist. Es wird um so weniger unter veränderten Verhältnissen an der Donau marschieren. Daher besteht Aktionsfreiheit für das Deutsche Reich. Die Partei muß bereitstehen für die Volksabstimmung.

1. Das Deutsche Reich bezeichnet durch einen Artikel in der Deutschen diplomatischen Korrespondenz die NSDAP-Hitlerbewegung in Österreich (nationale Opposition) und ihren Führer Hauptmann Josef *Leopold* als konstruktiven und konservativen Ordnungsfaktor der mitteleuropäischen Politik, den das deutsche Volk weder missen will noch kann.
2. Das Deutsche Reich fordert die integrale Erfüllung des Vertrags vom 11. Juli 1936 durch eine befristete Demarche bei der österreichischen Bundesregierung, sofern diese geneigt oder in der Lage ist, dieses Verlangen zu erfüllen. Wird die Forderung nach Rücktritt der Regierung erhoben, unter Bestellung eines Kanzlers, der fähig und willens ist, zwischenstaatliche Verträge zu erfüllen, ist diesbezüglich mit dem Achsenpartner das diplomatische Gespräch einzuleiten.
3. Wenn die Bundesregierung dem Verlangen des Vertragspartners vom 11. Juli 1936 nicht nachkommt, sind die Standorte von vier Fliegerformationen und sämtliche Panzerdivisionen in den Raum Ulm-Passau-Salzburg-München-Pfronten-Buchloe zu verlegen. Der Achsenpartner und Jugoslawien wären zu ähnlichen Maßnahmen zu veranlassen.
4. Nach entsprechender Vorbereitung ist eine mit vier Wochen befristete letzte Demarche vorzunehmen.
5. Die Übergangsregierungen, der Bundeskanzler, wie immer er heißen möge, haben sich zu voller Toleranz der NSDAP-Hitlerbewegung in Österreich und einem freien Gehaben in der Volksabstimmung (sic!) — deren Fragestellung wäre in einer freien Vereinbarung mit dem Vertragspartner vom 11. Juli 1936 festzulegen — zu verpflichten und haben überdies die Ministerliste im Wege der Vereinbarung mit dem Führer der NS-Opposition festzusetzen.
6. Die Kandidaten der nationalen Opposition für das Übergangskabinett sind ...
Für die Landeshauptleute gilt als richtungweisend die Regel, daß auf die Dauer der Regimes der Übergangskabinette, das ist bis zur Durchführung einer Volksabstimmung, jedes Gremium mit der Hälfte Nationalsozialisten und der Hälfte anderer Teilnehmer, wobei der Vorsitzende ein Nationalsozialist sein muß, besetzt wird.
7. Keinem Teilnehmer der Vaterländischen Front oder einem Beamten soll aus der Erfüllung seiner Mitgliedspflicht, bzw. der gesetzlichen Funktion in der Vergangenheit, zukünftig ein Vorwurf gemacht werden

oder ein Nachteil erwachsen. Zum Zeichen der persönlichen Stellung des Hauptmannes Josef *Leopold* wird der Reichskanzler gebeten, zu verfügen, daß dem Genannten bei seinem Aufenthalt im Reichsgebiet Stellung und dienstlicher Charakter eines dem Führer direkt unterstellten Reichsleiters zukommt, der direkt mit dem zur Beantwortung innerösterreichischer Fragen zuständigen Ministerpräsidenten Hermann Göring zu verhandeln hat."[103]

Außer diesem Aktionsprogramm wurden weitere Entwürfe gefunden, die eine gewaltsame Erhebung im Innern ins Auge faßten, um auf diese Art das Eingreifen des Deutschen Reichs zur Wiederherstellung der Ordnung zu provozieren.

Der Korrespondent der *Essener National-Zeitung* Krüger berichtete, daß die deutsche Botschaft über die Verhaftung Tavs' sehr beunruhigt sei. In der Teinfaltstraße dürfte nach dem Wortlaut dieser Information ein gehöriger Stunk aufgeflogen sein. Er sei neugierig, ob die Regierung jetzt endgültig aufräumen werde; dies würde auch eine ansehnliche Entlastung der Botschaft bedeuten.

Der Gewährsmann Krügers hat den Eindruck, daß man in der Botschaft triftige Gründe hat, anzunehmen, daß in der Teinfaltstraße sehr belastendes Material gefunden wurde und daß die Herren der Botschaft davon Kenntnis hatten.[104]

Daraus ergab sich für die österreichische Regierung die Folgerung, daß ein Weiterführen der bisherigen Politik eine neuerliche Fühlungnahme mit Deutschland unerläßlich machte, und zwar zum Zweck der Ausschaltung jener Einflüsse, die offensichtlich daran waren, das Abkommen vom 11. Juli 1936 mit Gewalt zu beseitigen. Dabei würde es auch notwendig sein, auf der Entfernung der illegalen Führer der NSDAP Leopold und Tavs aus Österreich zu bestehen.

Damit war der Boden vorbereitet für die nun folgenden Gespräche mit dem deutschen Botschafter von Papen, an deren Ende die Einladung nach Berchtesgaden stand.

Kapitel VI   AM SCHEIDEWEG

Die Begegnung vom 12. Februar 1938 — „So oder so" in Berchtesgaden — Das Abkommen und seine Durchführung

Die Berchtesgadener Begegnung war der letzte Versuch, eine sich immer mehr zuspitzende Situation in die Hand zu bekommen.

Spätestens seit dem Sommer 1937 hatte sich die Lage in Österreich infolge Wiederaufnahme der radikalen nationalsozialistischen Propagandatöne und Aktionen verschärft, wohl unter dem Einfluß der außenpolitischen Lage, die alle Großmächte ringsum in der Abessinienfrage und im spanischen Bürgerkrieg engagiert sah und daher dem Dritten Reich eine Chance zu einseitigem Handeln bot.

Das erste Bemühen, die Lage durch persönliche Fühlungnahmen und Besprechungen zu entschärfen und Zeit zu gewinnen, gipfelte im Frühwinter (November) 1937 in einer Jagdeinladung an Göring, von dem damals zu Recht oder Unrecht angenommen wurde, daß er, Vernunfterwägungen noch am ehesten zugänglich und weniger auf radikale Lösungen drängend, einem Gespräch nicht abgeneigt sein würde.[1] Diese Einladung an Göring, die eine Hochwildjagd in Tirol und ein anschließendes Treffen in Innsbruck in Aussicht genommen hatte, wurde zunächst freundlich aufgenommen. Persönlich war ich kein Jäger und insbesondere kein Freund politischer Jagden; gerade bei Göring aber spielten sie in seiner außen- und wirtschaftspolitischen Aktivität, wie sich in den Fällen Ungarn, Jugoslawien und Polen erwiesen hatte, eine entscheidende Rolle. Kaum war die bedingte Annahme der Einladung bekannt und in Pressenachrichten durchgesickert, setzte die Gegenbewegung der Aktivistengruppe unter den österreichischen Nationalsozialisten ein, der zu jener Zeit jede Befriedungsaktion ungelegen kam und die sich das Gegenteil einer möglichen Entspannung wünschte. Tatsächlich kam bald darauf ein Absagebrief Görings, der in freundlichem Ton gehalten war und die Nichtannahme der Einladung damit begründete, daß die Zeit für solche Kontakte nicht reif sei, denn die Begegnung hätte nur dann Sinn, wenn es dabei zu greifbaren Ergebnissen käme, die zu einer endgültigen Lösung der schwebenden Probleme in den Beziehungen zwischen Österreich und dem Deutschen Reich führten. Unter greifbaren Ergebnissen wäre beispielsweise eine Zoll- und Währungsunion zu verstehen... Daran war nun allerdings unter keinen Umständen zu denken.[2]

So war dieser Versuch, die Situation im Wege persönlichen Kontaktes zu klären, gescheitert. Übrigens hatte schon in der ersten Periode des scharfen Kampfes mit den österreichischen Nationalsozialisten, Ende 1933, Bundeskanzler Dollfuß die Möglichkeit einer Befriedung durch persönlichen Kontakt mit Hitler ins Auge gefaßt.[3] Im Vordergrund des österreichischen Interesses stand nach wie vor die Erneuerung und Bekräftigung der grundsätzlichen Zusagen, die im Juliabkommen von 1936 enthalten waren. Soweit Worte etwas sagen können, waren sie klar. Es hatte sich aber herausgestellt, daß, wie bei vielen politischen Staatsverträgen — aus späterer Zeit sei z. B. an die Abmachung von Jalta erinnert —, die Interpretation des Vertragstextes seitens der Kontrahenten grundverschieden war. Allerdings hatte es sich im gegenständlichen Fall um Vertragspartner gehandelt, die sich beide der deutschen Sprache bedienten; die üblichen Schwierigkeiten einer exakten Übersetzung und solche semantischer Natur waren daher von vornherein nicht vorhanden. Der Vertragstext sprach expressis verbis von der Nichteinmischung in innere Angelegenheiten und, unter Bezugnahme auf eine offizielle Erklärung Hitlers vom Mai 1935, daß es nicht die Absicht des Deutschen Reiches sei, einen Anschluß zu erzwingen. Die österreichische Konzession hatte in der Erklärung bestanden, daß die Außenpolitik Österreichs unter Bedachtnahme auf die friedlichen Bestrebungen der deutschen Außenpolitik geführt werde. Das österreichische Interesse an dieser besonderen Betonung der friedlichen Ziele einer deutschen Politik lag auf der Hand; gewiß konnte österreichischerseits nicht erwartet werden, daß mit einem Vertrag der Anschlußwille Hitlers geändert werden könne. Es war wie alles, was damals von Wien sowohl wie auch von Berlin gesagt und getan wurde, letzten Endes ein Ringen um Zeitgewinn — im Hinblick auf die sich rasch ändernde internationale Lage. Was nicht im Vertrag stand und stehen konnte, war die deutsche stillschweigende Voraussetzung, daß der Anschluß „so oder so" kommen müsse — auch ohne weiteres deutsches Dazutun —, während für den österreichischen Standpunkt der Anschluß weder „so" noch „so" in Frage kam.

Für das Deutsche Reich war 1936 die außenpolitische Lage noch nicht so gefestigt wie zwei Jahre später, d. h. der Durchbruch aus der Isolierung war noch nicht völlig gesichert. Die Lösung der Österreichfrage aufzuschieben, bedeutete daher für Hitler einen notwendigen taktischen Zug, den er sehr wahrscheinlich schon damals auf zwei Jahre befristet hatte. Für Österreich war der Zeitgewinn noch wichtiger, zumal es so schien, als ob sich sowohl in der Abessinienfrage als auch im Spanienkonflikt eine italienisch-englische Entspannung und damit die Möglichkeit einer echten Stresafront anbahnen könnte, die ja in Wirklichkeit als ein bindendes Mächteabkommen zur Aufrechterhaltung des Status quo in Europa nicht existierte.[4]

Österreichischerseits wurde, und mit vollem Recht, dem deutschen Partner vorgeworfen, daß er besonders die Nichteinmischungsverpflichtung von Anfang an nicht ernst genommen hatte. Die illegalen Nationalsozialisten waren nach wie vor vom Reich geführt, ermuntert und finanziert, die Österreichische Legion im Reich bestand nach wie vor weiter, und die deutsche Presse hielt sich kaum an das Abkommen, das einen Pressefrieden vorgesehen hatte.

Anderseits warf die Führung des Dritten Reiches und der NSDAP dem österreichischen Vertragspartner vor, daß er mit der Erfüllung des Vertrages im Verzuge sei, weil die versprochene Heranziehung von Persönlichkeiten der nationalen Opposition zur Mitwirkung an der politischen Verantwortung nicht oder nur in unzureichendem Maße erfüllt worden sei.

Dabei hatte es allerdings im Vertragstext ausdrücklich geheißen, daß diese Persönlichkeiten das Vertrauen des österreichischen Bundeskanzlers genießen müßten und von diesem zu ernennen seien. Als unbestrittener Nationaler, wenn auch nicht Nationalsozialist, hatte seit dem Juliabkommen 1936 Minister Glaise-Horstenau seinen Sitz in der Regierung. Auch der anläßlich der Regierungsumbildung vom 3. November 1936 ernannte Sicherheitsminister Neustädter-Stürmer (bis 20. März 1937) ist, wenngleich er nie Nationalsozialist, sondern seiner politischen Herkunft nach ein Mann des Heimatschutzes war, nach seiner späteren politischen Entwicklung den Nationalen zuzurechnen.[5]

Was bereits vor dem Juliabkommen 1936 neben den wirtschaftlichen Motiven das stärkste politische Argument für den Versuch einer vertraglichen Regelung war — nämlich die Tatsache, daß alle Abmachungen mit österreichischen Nationalsozialisten betreffend die Einstellung ihrer terroristischen Tätigkeit sinn- und ergebnislos blieben, sofern die Abmachungen nicht ihre Sanktion von der deutschen Führung erhielten —, genau dieses Motiv ließ bei der Verschärfung der Lage einen neuerlichen Versuch direkter Fühlungnahme mit den deutschen Stellen als das einzige Mittel zu einer möglichen Entspannung erscheinen.

Im Dezember 1937 erfolgte gesprächsweise eine lose Fühlungnahme seitens des deutschen Botschafters von Papen in Richtung einer persönlichen Aussprache zwischen Hitler und dem österreichischen Bundeskanzler. Ähnliche Ideen, wenn auch in gänzlich unverbindlicher Form, hatte Herr von Papen schon früher geäußert, z. B. nach dem österreichischen Staatsbesuch in Paris im Februar 1935 mit dem Bemerken, daß doch auch ein Besuch in Berlin am

Platze wäre. Diese erste Fühlungnahme im Dezember 1937 blieb noch ohne Resultat, da die österreichischen Vorstellungen keine Aussicht hatten, in Berlin akzeptiert zu werden. Dazu gehörten die Auflösung der illegalen Nationalsozialistischen Partei und die Erfüllung aller jener Zusagen, die nach österreichischer Auffassung vom Julivertrag 1936 her noch offenstanden. In Österreich war seit Januar 1938 der sogenannte Tavs-Plan bekannt, von dem schon in anderem Zusammenhang die Rede ging.

Ein zweiter, der österreichischen Regierung nicht bekannter Plan war der sogenannte Keppler-Plan, der an Stelle der revolutionären Lösung des Tavs-Planes eine „friedliche Entwicklung" vorsah, die im Wege diplomatischer Erpressung, also durch Stellung von Ultimaten, die österreichische Regierung zu Zugeständnissen veranlassen sollte, die Österreich zu einem zweiten Danzig machen würden, mit allen sich später zwangsläufig ergebenden Folgen.

Am 7. und 26. Januar kam der deutsche Botschafter von Papen neuerdings auf die Möglichkeit einer persönlichen Begegnung und Aussprache mit Hitler zurück und überbrachte am 7. Februar die formale, mündliche Einladung; österreichischerseits wurde die Einladung, falls gewisse Bedingungen erfüllt würden, als ein letztes Mittel zur möglichen friedlichen Lösung des immer ernster werdenden Konfliktes betrachtet.

Die Sicherungen, die Österreich gefordert hatte, bestanden darin, daß es sich um eine klar ersichtliche deutsche Einladung handeln müsse; daß das Abkommen vom 11. Juli 1936 erneut bekräftigt werde; daß man gemäß den diplomatischen Gepflogenheiten ein Sprechprogramm im voraus vereinbare; daß die Form des üblichen Pressekommuniqués einvernehmlich im voraus festgelegt werde; und daß strikte Geheimhaltung verbürgt sei. Unter diesen Voraussetzungen würde eine Einladung nach Berchtesgaden angenommen werden. Bevor die letzte Entscheidung fiel, kam es noch zu einem bemerkenswerten Intermezzo.

Herr von Papen wurde plötzlich seines Postens als Botschafter in Wien enthoben (4. Februar 1938), ohne weitere Angabe einer Begründung. Gerüchte verlauteten, daß man in Berlin beschlossen habe, einen ausgesprochenen Parteimann an seine Stelle zu setzen; man sprach in diesem Zusammenhang von Gauleiter Bürckel. Bevor jedoch die Hintergründe dieser plötzlichen Abberufung, die sich in brüsken Formen abgespielt hatte, geklärt oder in Wien erkennbar waren, erschien Papen wenige Tage später erneut in Wien, wohin er soeben aus Berchtesgaden zurückgekehrt war. Die Abberufung war scheinbar rückgängig gemacht worden unter der Voraussetzung, daß der Berchtesgadener Besuch zustande käme. Der deutsche Botschafter erklärte, er habe sich in Berchtesgaden bei Hitler persönlich vergewissern können, daß es bei der Besprechung nur um eine Diskussion der Schwierigkeiten gehen würde, die sich aus der Durchführung des Abkommens von 1936 auf beiden Seiten ergäben. Er habe den ausdrücklichen Auftrag, mitzuteilen, daß Hitler an der Erneuerung und Vertiefung des Abkommens vom Juli 1936 und an dessen weiterem Fortbestand interessiert sei und *daß keine neuen Forderungen gestellt würden.* Es bestehe auch Einverständnis darüber, daß auf den Fortbestand des Abkommens vom Juli 1936 im Schlußkommuniqué ausdrücklich hingewiesen werde. Schließlich fügte der Botschafter an, daß er von Hitler beauftragt sei, mitzuteilen, daß *sich die Beziehungen zwischen dem Reich und Österreich, wie immer die Verhandlungen im einzelnen verlaufen, auf keinen Fall zum Nachteil des österreichischen Standpunktes verändern und zur Erschwerung der österreichischen Lage führen würden.* Herr von Papen meinte, alles, was passieren könne, sei, daß man — schlimmstenfalls — keinen Fortschritt erziele und alles beim alten bleibe. Er fügte als seine persönliche Meinung an, daß der Zeitpunkt zur Beseitigung aller Schwierigkeiten und zu einem echten Ausgleich besonders günstig sei: Hitler sehe sich einer schwierigen inneren Lage gegenüber; die Umbesetzung der Führungsstellen in der Wehrmacht habe ernste Probleme geschaffen; Hitler brauche Ruhe nach außen und werde vielleicht nie mehr wieder zu Konzessionen bereit sein, wie sie ihm im Augenblick als nützlich und nötig erschienen. Als Termin wurde der 12. Februar vereinbart; ein österreichischer Versuch, die Begegnung um etwa 14 Tage hinauszuschieben, wurde mit dem Hinweis darauf abgelehnt, daß für Hitler ein späterer Zeitpunkt besonders wegen einer für Februar in Aussicht genommenen Reichstagsrede über den Stand der Nation nicht mehr in Frage komme.[6]

Damit waren die Würfel gefallen. Die Einladung nach Berchtesgaden für den 12. Februar wurde angenommen, schon deshalb, weil es österreichischerseits unvertretbar schien, den internationalen, zumal aus London zu erwartenden Vorwurf zu riskieren, man habe die zur Versöhnung ausgestreckte Hand zurückgewiesen.

Daß die öffentliche Ankündigung einer solchen Begegnung strikte vermieden werden mußt, um eine vorzeitige internationale Schockwirkung zu verhindern, erweist klar das von dem heute Üblichen und Gewohnten grundverschiedene politische Klima der damaligen Welt. Es wurden somit nur die diplomatischen Vertreter der befreundeten Großmächte und die Vertretung des Heiligen Stuhls verständigt.

Sachgerechte Einordnung und Beurteilung der Berchtesgadener Besprechung im Ablauf der Ereignisse, die schon nach wenigen Wochen zum Anschluß führen sollten, erfordern die Bedachtnahme auf vier wesentliche Punkte:

1. Hitlers Motiv und Zielsetzung sowie — von nachgeordneter Bedeutung — die Rolle seines Wiener Vertreters, des Botschafters von Papen.

2. Das österreichische Motiv, nach Berchtesgaden zu gehen, und die gleichfalls nachgeordnete Rolle Seyß-Inquarts.

3. Verlauf und Ergebnis der Besprechung.

4. Die Chancen der Durchführung und das Risiko einer Nichtannahme des Berchtesgadener Protokolls sowie die angebliche Nachrichtensperre.

Hitler stellte bis in den Januar 1938 hinein in Gesprächen mit offiziellen Besuchern vom Ausland seine durchaus friedlichen Absichten in den Vordergrund. Es herrschte insbesondere in London die Meinung vor, daß es nicht zu einem Fait accompli oder zu Gewaltaktionen in Europa kommen werde. Immerhin gab es nach dem Berliner Besuch des jugoslawischen Ministerpräsidenten Stojadinović zu Beginn des Jahres 1938 etliche Warnungszeichen, die Schlüsse auf die Absicht einer bevorstehenden Österreichaktion Hitlers erlaubten.[7] Daß Jugoslawien in jedem Fall die deutsche Karte spielen würde, mußte nach den in Wien vorliegenden Informationen angenommen werden. Bereits im Juni 1937 hatte Stojadinović von einer drohenden Anschlußgefahr gesprochen und angefügt, daß er „nur wünsche, diesen Augenblick mit Rücksicht auf die damit verbundenen Gefahren für den Frieden soweit als möglich hinauszuschieben".[8]

Hitlers Version und die in Berlin zum Thema Österreich übliche Sprachregelung bewegten sich auf dem eingefahrenen, zumal in Belgrad und Bukarest willkommenen und in London zumindest akzeptierten Geleise, daß ein Restaurationsversuch in Österreich den unmittelbaren militärischen Einmarsch und die deutsche Besetzung Wiens innerhalb von 24 Stunden zur Folge haben werde.[9]

Herr von Papen hatte bereits am 30. Januar 1935 an Hitler berichtet: „Schließlich ist noch zu erwähnen, daß mein englischer Kollege Sir Walford Selby gestern Herrn Nastasijević aufsuchte, um ihm anläßlich einer Besprechung über die heute abgehaltene Trauerfeier für den verstorbenen englischen König mitzuteilen, daß die britische Regierung entschlossen sei, einer Restauration der Habsburger keinesfalls ihre Zustimmung zu erteilen."[10]

Gjorgje Nastasijević war damals jugoslawischer Gesandter in Wien.

Die Restaurationsfrage war seit Jahren von Berlin aus künstlich hochgespielt worden. Sie diente offensichtlich dazu, vor allem die Staaten der Kleinen Entente, und hier wieder in erster Linie Jugoslawien und Rumänien, auf die deutsche Linie zu bringen und Österreich auch in Paris und London als den eigentlichen Unruhestifter zu verdächtigen. Daher schon im September 1934 die halb scherzhafte, halb ernstgemeinte Bemerkung des französischen Außenministers Louis Barthou in Genf: „Ne restaurez pas les Habsbourgs."[11]

Die Frage der angeblichen Restaurationsabsichten in Wien zieht sich wie ein roter Faden durch die deutsche Antiösterreichpropaganda, wie sie auch in den diplomatischen Berichten bis 1938 zum Ausdruck kam. Daß sie sachlich keinerlei Begründung hatte und in keinem Zeitpunkt wirklich zur Diskussion stand, mußte in Berlin genauestens bekannt sein. Sie wurde als Mittel zum Zweck benützt und diente als Vorwand, unter der Chiffre „Operation Otto" die militärischen Vorbereitungen für einen Einmarsch in Österreich zu treffen. Tatsächlich wurde die militärische Aktion gegen Österreich unter ausdrücklicher Bezugnahme auf die „Operation Otto" durchgeführt. In dem von Hitler gezeichneten Erlaß des Oberkommandos der Wehrmacht vom 11. März 1938 (14 Uhr) heißt es wörtlich:

„Bezug ‚Operation Otto': äußerst geheim!
1. Wenn andere Maßnahmen sich als erfolglos erweisen, beabsichtige ich, mit bewaffneten Kräften in Österreich einzufallen, um verfassungsmäßige Zustände herzustellen und weitere Gewalttaten gegen die deutschfreundliche Bevölkerung zu verhindern...
Der Oberbefehlshaber des Heeres wird die Landoperationen mit der 8. Armee in der Aufstellung und Stärke, die mir vorgeschlagen wurde, und mit Unterstützung der Luftwaffe, der SS und der Polizei leiten."[12]
Im Führerbefehl vom 11. März 1938, ausgegeben um 20.45 Uhr, heißt es:
„Re: ‚Operation Otto'
Weisung Nr. 2
1. Die Forderungen des deutschen Ultimatums an die österreichische Regierung sind nicht erfüllt worden...
3. Um weiteres Blutvergießen in österreichischen Städten zu vermeiden, wird der Einmarsch der Deutschen Wehrmacht in Österreich gemäß der Weisung Nr. 1 bei Tagesanbruch am 12. März beginnen."[13]
Nun war aber die Einladung nach Berchtesgaden unter der ausdrücklichen Zusage erfolgt, daß das Juliabkommen von 1936 weiterhin in Geltung stehen und bekräftigt werden solle. In diesem war ausdrücklich die Anerkennung der österreichischen Verfassung ausgesprochen.

Am 11. März 1938 konnte es sich gar nicht darum handeln, weiteres Blutvergießen in österreichischen Städten zu vermeiden, weil es nirgends zu Blutvergießen gekommen war.

Als Hitler Herrn von Papens Anregung am 5. Februar 1938 folgte und zu einer Zusammenkunft für die nächsten Tage einlud[14], bestand hinsichtlich der Durchführung seiner Österreichpläne noch kein bestimmtes Konzept. Wohl aber war er entschlossen, die Frage Österreich in naher Zukunft nach dem bekannten „So-oder-so"-Rezept in seinem Sinne zu lösen.

Es steht außer Frage, daß Hitler ein Mann der intuitiven Entschlüsse war; das Wie und Wann seines Handelns war selten im voraus bestimmt, vielmehr auf weite Sicht gelenkter Entwicklung überlassen, für die sein Machtapparat Sorge trug. Rechtliche oder sonstige Bedenken spielten keine Rolle, wenn es um die Vision der Nation und ihrer Interessen ging, mit denen er sich identifizierte.

Seine Auffassungen über Österreich sind bekannt. Das deutsche Recht auf Österreich und der Anschlußwille der Österreicher standen für ihn außer Frage; darin wurde er bestärkt durch beständiges Drängen der nationalsozialistischen Emigration aus Österreich und mancher seiner radikalen Anhänger in Österreich, unter ihnen Männer der Wirtschaft, wie z. B. der ehemalige Generaldirektor der Steyr-Werke, Meindl, ehemalige Militärs wie General der Infanterie d. R. Alfred Krauss, Männer der Wissenschaft wie Universitätsprofessor Gleispach und andere. Obwohl die nationalsozialistischen Aktionen in Österreich oft genug seine außenpolitischen Pläne störten und ihm im Augenblick ungelegen kamen, betonte er immer wieder, daß jede Maßnahme der österreichischen Behörden gegen nationalsozialistische Gesetzesverletzungen in Österreich Diskriminierung und Deutschenverfolgung bedeute und daß es mit der Würde des deutschen Volkes und dem Ansehen einer Großmacht unvereinbar sei, wenn z. B. der Gruß „Heil Hitler!" im Nachbarland verboten bleibe.

Wichtiger als volkspolitische Erwägungen erschien ihm aber die militärische Notwendigkeit, Österreich und die Tschechoslowakei zu beseitigen, „um die Flankenbedrohung eines etwaigen Vorgehens nach Westen auszuschalten... Die Angliederung der beiden Staaten an Deutschland bedeute militärpolitisch eine wesentliche Entlastung infolge kürzerer, besserer Grenzziehung... Sie bedeute den Gewinn von Nahrungsmitteln für fünf bis sechs Millionen unter Zugrundelegung, daß eine zwangsweise Emigration aus der Tschechoslowakei von zwei, aus Österreich von einer Million Menschen zur Durchführung gelangt". Außerdem ergäbe sich die Möglichkeit der Neuaufstellung von etwa zwölf Divisionen, wobei auf eine Million Einwohner eine neue Division entfalle.[15]

Hitler erwartete einen kriegerischen Konflikt um den Mittelmeerraum, der Frankreich und England binden würde, und zwar möglicherweise schon im Sommer 1938; er erklärte jedenfalls, entschlossen zu sein, einen solchen auszunützen, und zwar zur Erledigung der tschechischen und österreichischen Frage. „Zur Lösung der deutschen Frage könne es nur den Weg der Gewalt geben, dieser könne niemals risikolos sein... Es sei sein unabänderlicher Entschluß, spätestens 1943 bis 1945 die deutsche Raumfrage zu lösen... nach dieser Zeit sei eine Veränderung zuungunsten Deutschlands zu erwarten."[16]

An der Besprechung in der Reichskanzlei vom 10. November 1937, deren Niederschrift als das Hoßbach-Protokoll bekannt ist, nahmen unter anderen der Außenminister Neurath und die Generale Blomberg und Fritsch teil, die wesentliche Einwendungen gegen Hitlers Exposé erhoben, ohne jedoch Gehör zu finden.

Im Januar 1938 hatte die bekannte Eheschließungsaffäre des Generalfeldmarschalls von Blomberg dessen Rücktritt als Wehrmachtsminister zur Folge. Ungefähr um dieselbe Zeit begann die von Heydrich und dem Reichssicherheitshauptamt eingeleitete Kampagne gegen den Oberbefehlshaber Generaloberst von Fritsch, der auf Grund unterschobener Akten einer Homosexuellenaffäre bezichtigt wurde. Die Untersuchung gegen Generaloberst von Fritsch zog sich bis in das Frühjahr hinein und endete mit einem Freispruch. Immerhin aber hatten Blomberg und Fritsch die Konsequenzen zu ziehen, und mit 4. Februar 1938 waren weitreichende personelle Veränderungen in der Führung der Wehrmacht und in der Reichsregierung erfolgt, die zur Übernahme des Oberbefehls über die gesamte Wehrmacht durch Hitler und zur Berufung des Generals Wilhelm Keitel als Chef des Oberkommandos der Wehrmacht führten. Die Veränderungen in den militärischen Spitzenstellen und die Begleiterscheinungen, insbesondere im Zusammenhang mit der versuchten Diffamierung Fritschs, zusammen mit der bekannten kritischen Einstellung des Chefs des Generalstabes, Generaloberst Ludwig Beck, führten zu einer inneren Krise, aus der ernste Ungelegenheiten für Hitler und seine nationalsozialistische Partei entstehen konnten. Um so interessierter war er an einem spektakulären außenpolitischen Erfolg, der die Aufmerksamkeit von den inneren Schwierigkeiten ablenken würde. So traf es sich gut, daß Botschafter von Papen bereits am 5. Februar den Weg zu einer Lösung der Österreichfrage zu bieten schien.

Zwar waren deren Voraussetzungen die wiederholte Anerkennung der Souveränität des Nachbarstaates und das neuerliche Versprechen der Nichteinmischung in dessen inneren Verhältnisse. Wie später im Fall Polen — und früher hinsichtlich seiner innerpolitischen Versprechungen im Reich nach der Machtübernahme — hielt sich Hitler an Abmachungen jedoch nur so lange gebunden, als diese seinem Vorteil dienten. Bezüglich Österreichs stellte er sich von Haus aus vor, daß nach dem Modell vom 30. Januar 1933 eine gewaltlose Machtübernahme angestrebt werden müsse und schon aus außenpolitischen Gründen Gewaltanwendung nur im äußersten Notfall Platz greifen solle. Er setzte somit alles daran, die österreichischen Konzessionen so auszuweiten, daß Österreich praktisch ein Satellitenstaat wurde, dem er die rein äußerlichen Merkmale eines souveränen Staates fürs erste zu belassen gewillt war; gewiß kam es ihm dabei auf eine Rehabilitierung des Nationalsozialismus in Österreich an, wobei jedoch Personalien für ihn keinerlei Rolle spielten. So stand für Hitler fest, daß Österreich ein zweites Danzig werden müsse; die weitere Entwicklung und die Details eines kompletten Anschlusses würden sich dann von selbst ergeben.

Herrn von Papens Tätigkeit als diplomatischer Vertreter des Dritten Reiches in Wien nach der Ermordung des Bundeskanzlers Dollfuß im Juli 1934 mußte sich, nachdem er sich bereit erklärt hatte, das Amt zu übernehmen, notwendigerweise an Hitlers Richtlinien halten. Er war bestimmt weder organisierter Parteimann noch Anhänger der Revolution und versuchte eine Entwicklung zu bremsen, die durch neuerliche Gewaltanwendung das Endziel vermutlich nur hinausgeschoben hätte. Dies war aber für ihn wie für die Wilhelmstraße und Hitler der Anschluß oder, wie es im offiziellen Sprachgebrauch hieß, die endgültige Lösung der österreichischen Frage. Seine ganze Tätigkeit war dahin gerichtet, diese Lösung auf evolutionärem Weg zu fördern. Kaum ein deutscher Diplomat in führender Stellung hätte in dieser Zeit im Grundsatz eine andere Linie vertreten. Im übrigen erlauben die bekannten Gesandtschaftsberichte der Jahre bis 1938 ein objektives Urteil über die Frage, inwieweit sich die diplomatische deutsche Vertretung in Wien innerhalb der üblichen Befugnisse ihres Amtes hielt, das nach internationalem Recht Einmischung in die inneren Verhältnisse des Gastlandes, insbesondere solche parteipolitischer Natur, grundsätzlich ausschließt.[17]

Die österreichische Annahme der Einladung nach Berchtesgaden ging von der Voraussetzung aus, daß die Erneuerung des Julivertrages von 1936 im gegebenen Zeitpunkt auch im deutschen Interesse gelegen war. Auch ein verhältnismäßig kurzer Zeitgewinn, in Ungarn rechnete man mit sechs Monaten[18], konnte die Gefahrenzone überbrücken. Zwar bestand von Haus aus wenig

Hoffnung auf militärische Unterstützung, wohl aber konnte nach allen Berichten, die in Wien vorlagen, mit einer entschiedenen diplomatischen Demarche seitens der Großmächte gerechnet werden, und zwar in dem Augenblick, als England und Italien ihre Differenzen bereinigt hatten. Nach einer Mitteilung Mussolinis waren Verhandlungen des italienischen Botschafters Grandi in London im Gange, die Aussicht auf erfolgreichen Abschluß innerhalb von etwa 14 Tagen böten. Eine solche Bereinigung der Schwierigkeiten zwischen England und Italien konnte die außenpolitische Lage von Grund auf verändern, zumal bekannt war, daß Frankreich ohne englische Rückendeckung keine Verpflichtungen zu übernehmen bereit war. Es lag daher, vom Wiener Standpunkt aus gesehen, alles daran, Überbrückungsmöglichkeiten zu finden, die, wie es im Juli 1936 der Fall war, zumindest für die unmittelbar folgenden Wochen und Monate Erleichterung brachten.

In Wien war bekannt, daß eine aktive Gruppe von österreichischen Nationalsozialisten mit Unterstützung deutscher Parteistellen eine revolutionäre Entwicklung plante, die durch Provozieren von Zwischenfällen das massive Einschreiten der österreichischen Exekutive und damit vermutlich die Schaffung neuer nationaler Märtyrer erzwingen wollte (Tavs-Plan). Auf diese Weise sollte der deutschen Regierung unter dem Vorwand, gefährdete deutsche Interessen in Österreich zu schützen, ein quasi legaler Anlaß zu militärischem Einschreiten geboten werden, aus dem sich dann alles Weitere nach vorgezeichnetem Plan ergeben würde. Wien war entschlossen, einer solchen Entwicklung entgegenzutreten. Man war sich darüber klar, daß es diesmal nicht mit einem versuchten Eindringen der Österreichischen Legion über die Grenze sein Bewenden haben würde und daß die allgemeine außenpolitische Lage im Augenblick für Österreich wesentlich ungünstiger war als vier Jahre vorher.

Es war ferner klar, daß von deutscher Seite massive Beschwerden über angebliche österreichische Versäumnisse in der Durchführung des Juliabkommens von 1936 zu erwarten standen. Zwar hatte Österreich alles in seiner Macht Stehende getan, um Buchstaben und Geist des Abkommens zu erfüllen. Richtig war aber, daß die beabsichtigte innere Befriedung nicht zum gewünschten Erfolg gebracht werden konnte, und zwar deshalb, weil von allem Anfang an die Vertragsbestimmungen, wie dies so häufig geschieht, verschieden interpretiert worden waren und weil nicht das, was im Vertragsinstrument stand, den Ausschlag gab, sondern das, was darin nicht gesagt war. Hinsichtlich dieses Nichtgesagten gab es aber keine Brücke zwischen dem österreichischen und dem nationalsozialistischen Denken. Die Österreicher schlossen den Vertrag, um die Souveränität Österreichs auf Dauer oder doch wenigstens langfristig zu sichern, die deutsche Seite und die Nationalsozialisten betrachteten den Vertrag von allem Anfang an als kurzfristige zeitliche Übergangslösung, ohne je darauf zu verzichten, den Anschluß bei der ersten sich bietenden Gelegenheit auf jede mögliche Weise zu erzwingen.

Es ist durchaus richtig, wenn darauf verwiesen wird, daß man sich österreichischerseits über diese Grundeinstellung des Vertragspartners nicht hätte täuschen dürfen. Man hat sich auch nicht getäuscht, sondern angenommen, daß die von der anderen Seite gewünschte und mit allen Mitteln geförderte Möglichkeit, zum Ziel zu gelangen, in voraussehbarer Zeit eben nicht gegeben sei. In Wirklichkeit zeigte sich, daß das Fallenlassen des Tavs-Planes und die Abberufung seiner Proponenten, Tavs und Leopold, aus Österreich nichts nützte, obwohl dies zunächst als sichtbarer Erfolg gebucht werden konnte.

Der Keppler-Plan, der an seine Stelle trat, sah durch stufenweise Eskalation der politischen Forderungen das Abtreten einer Lawine vor, die binnen kurzem den lästigen Schutt vertraglicher Bindungen und Verpflichtungen aus dem Weg räumen würde, um eine völlig neue Situation zu schaffen und Österreich in einen Satellitenstatus zu zwingen. Wie noch zu zeigen sein wird, präsentierte Keppler schon drei Wochen nach Fertigung des Abkommens von Berchtesgaden in persönlicher Vorsprache ein erweitertes Forderungsprogramm, das rundweg und zur Gänze abgelehnt werden mußte.

Kepplers Programm, mit dem wir völlig überraschender- und abmachungswidrigerweise erstmals in Berchtesgaden konfrontiert wurden, war im Endeffekt ein Schulmodell indirekter Agression, für die es genügend frühere und spätere geschichtliche Beispiele gibt; er beabsichtigte, einen verschleierten oder offenen Anschluß zu erzwingen, nachdem sich ein solcher, wie die Entwicklung seit 1933 zeigte, anders eben nicht erzwingen ließ; dann nämlich, wenn man sich entschloß, auf eine durch einen gelenkten Aufstand im Sinne des Tavs-Planes provozierte militärische Intervention zu verzichten; dieser Taktik stand die sehr gespaltene Meinung der österreichischen Nationalsozialisten, insbesondere der Richtung Seyß-Inquart und der illegalen SS-Gruppe gegenüber. Der Gegensatz zwischen SS und SA spielte auch in Österreich unzweifelhaft eine erhebliche Rolle.

Wilhelm Keppler, Inhaber eines kleinen westdeutschen Industriebetriebes, hatte schon vor der Machtergreifung Hitlers zu dessen engerer Umgebung als Wirtschaftsberater gehört; 1933 war er als Vierjahresplanbeauftragter in der Reichskanzlei Hitler direkt unterstellt, später wurde er dann in gleicher Eigenschaft von Göring übernommen; ab Juni 1937 Sonderbeauftragter für Österreich, hielt er enge Verbindung mit den österreichischen Nationalsozialisten. An sich ein Gegner der revolutionären Richtung und ihrer Vertreter, hielt er ständigen Kontakt mit Dr. Seyß-Inquart.

Der deutsche Botschafter von Papen fühlte sich — gewiß nicht zu Unrecht — durch die Zwischenschaltung dieses „unverantwortlichen Emissärs" aus Parteikreisen in der Erfüllung seiner eigenen Aufgabe behindert[19]. An sich bemühte sich Keppler — seit 1938 Staatssekretär im Reichsaußenministerium und mit einem hohen SS-Rang bekleidet —, den mäßigenden Einfluß auf die österreichischen Nationalsozialisten zu stärken. Anderseits hatte er offenbar den Auftrag, die Evolution vorwärtszutreiben und eine Lösung zu finden, die Hitlers Zeitvorstellungen und politischen Plänen entsprach.

Daß Seyß-Inquart Verbindung mit Keppler hielt, war nicht nur verständlich, sondern auch im Sinn seiner Aufgabe gelegen. Beide waren daran interessiert, die zahlreichen Privatkanäle, die von den österreichischen Nationalsozialisten zu Partei- und Regierungsstellen im Reich liefen und immer wieder zu Querschüssen führten, zu unterbinden. Wie sich jedoch bald zeigte, handelte Keppler nicht als Bona-fide-Vermittler zwischen Österreich und Hitler, sondern als Anschlußagent und Wegbereiter einer „friedlichen" Machtübernahme durch den Nationalsozialismus in Österreich; hatte er doch in gleicher Eigenschaft schon vor dem 30. Januar 1933 an der Vorbereitung der Machtübernahme in Deutschland maßgeblich mitgewirkt.

Seyß-Inquart handelte und dachte zunächst durchaus im Rahmen seines mit dem österreichischen Bundeskanzler vereinbarten Auftrages, d. h. er stellte sich auf den Boden der österreichischen Unabhängigkeit und der geltenden österreichischen Verfassung, die eine Reaktivierung der nationalsozialistischen Partei ausschloß. Das Problem war, die Gefahr neuerlicher terroristischer Sonderaktionen zu bannen, den Mythos eines „Befreiungskrieges" zu brechen und die nationale Opposition — damals die große Mehrzahl der gemäßigten Nationalsozialisten in Österreich nach Art der früheren Großdeutschen Partei und des Landbunds — zur Mitarbeit in einer gemeinsamen österreichischen Front zu bewegen. Dies hätte die Organisierung ideologisch-politischer Gruppen in der Vaterländischen Front zur Folge gehabt, denen als Grundbedingung der österreichische Nenner gemeinsam war; daher innerhalb der allgemeinen Organisation die Sonderreferate: Soziale Arbeitsgemeinschaft, gedacht als Aktion zum Einbau früherer Sozialdemokraten; das Traditionsreferat zur Pflege der konservativen österreichischen Werte; und schließlich das Volkspolitische Referat, gedacht zur Erfassung der Nationalen unter Führung Seyß-Inquarts.

Nachdem Seyß-Inquarts Erfolg nur verbürgt war, wenn er von den deutschen Partei- und Regierungsstellen gedeckt wurde — eine Realität, an der angesichts der tatsächlichen Machtverhältnisse nicht vorbeigesehen werden konnte —, ergab sich automatisch die Verbindung sowohl mit dem deutschen Botschafter als auch mit dem Sonderbeauftragten Keppler. Daß Papen und Keppler verschiedene Wege gingen und daß überdies in der Person des Botschaftsrates von Stein ein spezieller Parteibeauftragter in der deutschen Botschaft saß, komplizierte die ohnedies unübersichtliche Lage.

Nun hat aber Seyß-Inquart über seine vertraulichen Besprechungen mit Keppler den österreichischen Partner nicht informiert und vor allem nie berichtet, daß er offenbar alle Inhalte der Verhandlungen am Ballhausplatz und in den Führungsstellen der Vaterländischen Front ohne Ermächtigung an diesen weitergab. So hat von Papen sicherlich recht, wenn er die Weitergabe der in Vorbereitung der Berchtesgadener Besprechung in Wien streng vertraulich ausgearbeiteten sogenannten „Punktationen" durch Seyß-Inquart an Keppler als einen Vertrauensbruch gegenüber der österreichischen Seite bezeichnet.[20]

Seyß-Inquart, der sich erheblichen Anfeindungen seitens der radikalen Parteikreise ausgesetzt wußte, suchte sich durch Keppler abzudecken, unterließ es aber, seinen österreichischen Partner darüber zu informieren. Auch Papen wurde weder von ihm noch von Keppler ins Bild gesetzt. So ergab sich die Zweigleisigkeit: einmal der normale diplomatische Weg der Vorbereitung, der für die österreichische Seite bestimmend blieb und allgemeinem internationalem Brauch entsprechend die Voraussetzungen für die Begegnung schuf; und unabhängig davon die Abmachungen zwischen Keppler und Seyß-Inquart, also das von dem deutschen NSDAP-Beauftragten formulierte Forderungsprogramm (Keppler-Plan), das österreichischerseits unbekannt blieb. Wäre es bekannt gewesen — und zwar nur die unabdingbare Forderung der Ernennung Seyß-Inquarts zum Innen- und Sicherheitsminister —, so wäre es, da dieses Programm in klarem Widerspruch zu den vereinbarten Präliminarbedingungen stand, nicht zum 12. Februar 1938 in Berchtesgaden gekommen. Seyß-Inquart erklärte in einer Zeugeneinvernahme, daß er über das Forderungsprogramm Hitlers nicht orientiert gewesen sei; er habe aber das Ergebnis der Vereinbarungen mit Zernatto und Dr. Schuschnigg „über die Betätigung der nationalen Opposition und ihre Heranziehung zur Mitarbeit" (d. h. die Punktationen) einem Kreis seiner Gesinnungsgenossen, jedenfalls Dr. Rainer, mitgeteilt und „konnte als sicher annehmen, daß die anderen bzw. Dr. Rainer das Reich von diesem Ergebnis verständigen werden".[21]

Der scheinbare Widerspruch zwischen der Zeugenaussage Seyß-Inquarts und der erhärteten Tatsache seiner ständigen Verbindung mit Keppler und damit seiner zweifellosen Vertrautheit mit den Grundzügen des Keppler-Planes läßt sich unschwer damit erklären, daß er die Ausarbeitung des konkreten Forderungsprogramms seinen Mitarbeitern Dr. Rainer und Globocnik überließ und von dieser wußte, ohne selbst Stellung zu nehmen. Es ist durchaus möglich, ja sogar wahrscheinlich, daß er es bewußt vermieden hat, sich vorzeitig festzulegen und damit seine Vermittlerrolle zu gefährden, die er zunächst in gutem Glauben durchzustehen hoffte.

Die Punktationen waren das Äußerste an Zugeständnissen, das die österreichische Regierung eingehen wollte, um angesichts der deutschen Behauptungen, sie erfülle nicht ihre Verpflichtungen des Vertrages vom Juli 1936, und im Hinblick auf die gespannte politische Lage eine bindende Vereinbarung zu erzielen. Vorher noch war dem Botschafter von Papen im Außenministerium mitgeteilt worden, „daß nach der Aushebung des Büros in der Teinfaltstraße der Gedanke erwogen werden könnte, die Hauptkompromittierten Tavs, Leopold und In der Maur dem Deutschen Reich zur Übernahme anzubieten, wenn die in Aussicht genommene Besprechung zu irgendeinem positiven Ergebnis führe. Dies würde dann auch dokumentieren, daß die von diesen Herren betriebene Methode nicht die Billigung der höchsten Reichsstellen genieße".[22]

Die Punktationen mit Seyß-Inquart sahen unter Bezugnahme auf das Juliabkommen von 1936 im einzelnen vor:

a) Verbindungen politischer Natur werden außerhalb des offiziellen diplomatischen Weges vom Reich nach Österreich ausschließlich über die Person des Staatsrates Seyß-Inquart aufrechterhalten. Jede Verbindung zwischen dem Reich und den illegalen österreichischen Stellen wird unterbunden.

b) Besondere Schwierigkeiten hatte von allem Anbeginn die Durchführung des Punktes 9 b des Gentlemen's Agreement vom 11. Juli 1936 bereitet; in ihm lag das Schwergewicht aller Differenzen, und es war nie gelungen, eine einvernehmliche Interpretation zu erzielen. Objektive, rückschauende Betrachtung wird zugeben müssen, daß weder der auf den Vertragstext gestützte deutsche Angriff gänzlich im Unrecht noch die österreichische Verteidigung gänzlich im Recht war. Während sich die österreichische Seite auf eine streng grammatikalische Auslegung stützte, also auf den Buchstaben des Textes, kam es ihrem Vertragspartner mehr auf logische Sinndeutung an, und zwar in der Richtung ihrer allgemeinen, in Österreich bekannten und dem österreichischen Standpunkt entgegengesetzten politischen Linie.[23]

Der umstrittene Punkt 9 b hatte folgenden Wortlaut:

„Mit dem Zwecke, eine wirkliche Befriedung zu fördern", erklärt der österreichische Bundeskanzler, daß er bereit ist, „in dem geeigneten Zeitpunkte, der für nahe Zeit in Aussicht genommen ist, Vertreter der bisherigen sogenannten nationalen Opposition in Österreich *zur Mitwirkung an der politischen Verantwortung* heranzuziehen, wobei es sich um Persönlichkeiten handeln wird, die das persönliche Vertrauen des Bundeskanzlers genießen und deren Auswahl er sich vorbehält. Hiebei besteht Einverständnis darüber, daß die Vertrauenspersonen des Bundeskanzlers mit der Aufgabe betraut sein werden, nach einem mit dem Bundeskanzler zuvor festgelegten Plan für die innere Befriedung der nationalen Opposition und ihre Beteiligung an der politischen Willensbildung in Österreich zu sorgen."[24]

Die Maßnahmen, die österreichischerseits zwischen dem 11. Juli 1936 und dem Ende des Jahres 1937 im Sinne der im Punkt 9 formulierten *Erklärung zur Innenpolitik im Zusammenhang mit dem abgeschlossenen Modus vivendi* getroffen oder zumindest ernstlich versucht wurden, und es waren deren nicht wenige, wurden von der Gegenseite als unbefriedigend und ungenügend empfunden. Daher der Versuch, in den Punktationen eine für beide Teile tragbare Lösung zu finden:

Es wurde zwischen Zernatto und Seyß-Inquart Einigung dahingehend erzielt, daß „eine entsprechende Anzahl von Mitgliedern der Vaterländischen Front, und zwar nationaler Herkunft, in die verschiedenen Körperschaften einberufen werden (Staatsrat, Landesrat, Landtage, Gemeindetage). Auch soll der Einbau geeigneter Leute in führende Stellen erfolgen".

Zur ehesten Ernennung in den Staatsrat wurden vorgeschlagen: Dr. Jury, Dr. Langoth, Professor Srbik; in den Bundeswirtschaftsrat: Ing. Reinthaller; in die Beamtenkammer: Ministerialrat Dr. Schauer-Schoberlechner; in die

Sportführung: Dr. Hueber; ferner wurden für Ernennungen vorgeschlagen: Felix Kraus, Dr. Rainer und Professor Menghin.

Von Ernennungen in die Bundesregierung war nicht die Rede. Die ganzen Abmachungen waren stark auf die Person Dr. Seyß-Inquarts abgestellt, der einerseits zur Abgabe einer öffentlichen Erklärung bereit war, die eine klare Absage an illegale Betätigung enthalten sollte und sich zur friedlichen Zusammenarbeit bekannte, und der anderseits als einziger Sprecher der österreichischen Nationalsozialisten gegenüber dem Reich für die Unterbindung aller illegalen Kontakte über die Grenzen eintreten wollte.

Im Falle planmäßiger Entwicklung wäre die spätere Ernennung des Staatsrates Seyß-Inquart zum Mitglied der Bundesregierung, und zwar nach österreichischer Vorstellung als Justizminister, in Frage gekommen. Darüber hatte ich einmal, und zwar unmittelbar vor dem 12. Februar 1938, unter vier Augen mit ihm gesprochen. Es bestand Einvernehmen darüber, daß eine solche Ernennung, der gegenüber sich Seyß-Inquart nicht abgeneigt zeigte, erst nach erfolgreichem Abschluß der Aktion erfolgen sollte. Der Wortlaut der Punktationen ist im Anhang abgedruckt.[25] Sie stellten übrigens das Ergebnis monatelanger Verhandlungen dar, die mit Rücksicht auf das bevorstehende Treffen von Berchtesgaden aus naheliegenden Gründen beschleunigt zum Abschluß gebracht werden mußten.

Seyß-Inquarts Mitarbeit war nur sinnvoll und erfolgversprechend, wenn er, wie die Dinge nun einmal lagen, von den österreichischen Nationalsozialisten und deren Freunden, also den anschlußfreudigen Deutschnationalen, als ihr Sprecher anerkannt und als solcher von Reichsregierung und Reichspartei mit Ausschließlichkeitsrecht akzeptiert werden würde. Dies war keineswegs sicher, nachdem er mit dem Widerstand der österreichischen NS-Emigration und der einflußreichen Gruppe um Heydrich zu rechnen hatte. Göring war an Personalien nicht interessiert, Himmler nicht hervorgetreten, und Hitler hatte, soweit man wußte, das letzte Wort noch nicht gesprochen. Daher kam alles darauf an, wie das bisher ungelöste Problem des Einbaus der „nationalen Opposition" in die Vaterländische Front bewältigt werden könnte, ohne deren grundsätzlichen Boden zu erschüttern und ohne die Handhabe dazu zu bieten, daß sich in verschleierter Form die NSDAP reaktiviere.

Die einzige Möglichkeit schien die bereits erwähnte ideologische Sektionierung, wobei Nationalsozialisten wie Sozialisten und Legitimisten ihren eigenen national-, gesellschafts- und staatspolitischen Ideen dienen konnten, soferne sie sich auf die reale Grundlage des unabhängigen österreichischen Vaterlandes stellten. Schließlich hatten auch frühere Koalitionen der parlamentarischen Demokratie auf diesem Boden zur Zusammenarbeit gefunden. Stand erst einmal das Bekenntnis zum Staat und zu seinen Farben außer Frage, dann war auch der bisherige Staatsnotstand zu Ende; der Weg war frei für friedlich diskutierte Reformen und Änderungen, und die Ventile ließen sich öffnen, bevor der angestaute innere Druck zu neuer Explosionsgefahr führte. Wohl hatte sich die internationale Lage geändert, nicht aber die politische Geographie und damit die andauernde Spannung in der Mitte Europas; die unmittelbare Aufgabe war, die österreichische Existenz in der Gegenwart zu verteidigen, die noch wichtigere, seine Zukunft nicht zu verschütten. Genau das war zu befürchten, wenn man gebannt nur auf die vermehrten inneren Schwierigkeiten blickte, die dem politischen Befriedungsversuch unweigerlich folgen würden, und dabei über die mit Recht über alles geliebten eigenen Kirchtürme nicht hinwegsah. Dabei war es österreichischerseits durchaus klar, daß gewisse Grenzen aus Selbsterhaltungsgründen eingehalten werden mußten, über die es keine Diskussion gab.

Das NS-Parteiprogramm durfte weder direkt noch indirekt eingeschleust werden; daher wurde der korporative Beitritt von NS-Organisationen, Gliederungen und Vereinen in die VF immer abgelehnt und an deren Stelle, wie bei allen anderen politischen Richtungen, auf Einzelbeitritten bestanden.

Als die österreichische Delegation zur Fahrt nach Berchtesgaden aufbrach, schien in großen Umrissen Einigung erzielt worden zu sein. Als ich Seyß-Inquart am 11. Februar von der bevorstehenden Reise unterrichtete, zeigte er sich bereits informiert. An dieser Tatsache war trotz der vereinbarten strengen Vertraulichkeit nichts Absonderliches zu finden; der Kreis der Eingeweihten, abgesehen von der deutschen diplomatischen Vertretung in Wien, war unvermeidlicherweise beträchtlich.

Nicht bekannt war damals, daß die Vorverhandlungen und Punktationen in allen Einzelheiten jeweils an Keppler weitergeleitet worden waren. Nicht bekannt ferner, daß die österreichischen Nationalsozialisten Dr. Rainer und Globocnik (der nachmalige Wiener Gauleiter), beides Vertrauensmänner Seyß-Inquarts, schon in den letzten Januartagen nach Berlin gefahren waren, um dort die Forderungen der österreichischen NSDAP zu präsentieren, unter denen sich bemerkenswerterweise auch die Ernennung Seyß-Inquarts zum Innen- und Sicherheitsminister fand.[26]

Nicht bekannt war vor allem der Umfang dieses Forderungsprogramms, dessen Vorschläge noch dazu als „Mindestforderungen" bezeichnet waren. Sein Entwurf wurde nach dem Ende des Krieges in den Papieren Seyß-Inquarts sichergestellt.

Wenngleich ohne Namensfertigung und Datum, läßt sich aus dem Text mit einer jeden Zweifel ausschließenden Sicherheit schließen, daß er aus der Zeit vor dem 12. Februar 1938 (Berchtesgadener Abkommen) stammt; es ist darin von der Ernennung des Staatssekretärs für Auswärtige Angelegenheiten, Doktor Guido Schmidt, zum Minister die Rede. Nachdem der Entwurf sich in den Akten Seyß-Inquarts fand, besteht die begründete Vermutung, daß es sich dabei um ein Konzept jener Vorschläge handelt, die von Rainer und Globocnik auf ihrer Berlinreise nach dem 29. Januar 1938 im Anschluß an die „unverabredete" Begegnung mit Herrn von Papen in Garmisch-Partenkirchen vorgebracht wurden.[27]

Weder Seyß-Inquart noch Keppler haben jemals auf dieses Programm Bezug genommen; begreiflicherweise. Es war völlig klar, daß dessen Unterstützung nicht nur das Ende des Planes einer Begegnung mit Hitler, sondern auch das Ende jeglichen Versuches einer Fortsetzung der Befriedungsaktion bedeutet hätte.

Anderseits zeigen die „Vorschläge" mit brutaler Deutlichkeit, wie sich die „evolutionäre" Richtung des österreichischen Nationalsozialismus die Lösung der Österreichfrage dachte. Sie unterschieden sich im Endeffekt in nichts von den „Revolutionären"; verschieden waren nur die Taktik und der Personenkreis, der sich den nationalen Lorbeer für die Verdienste um die „Befreiung" Österreichs erhoffte. Im einzelnen wird generelle, unbedingte Amnestie mit voller Gutmachung aller erlittenen Schäden einschließlich Rückzahlung von Geldstrafen und Verfahrenskosten und Aufhebung von Disziplinarerkenntnissen gefordert; ferner, nebst anderem, die volle Freiheit für „volkspolitische Betätigung", wie sie vor 1933 bestand, mit anderen Worten: ungehinderte Anschlußpropaganda, Wiederaufbau der nationalen und nationalsozialistischen Presse in größtem Stil, Volksabstimmung mit dem Thema „Für oder gegen Befriedung", freie Volksabstimmung über Staatsform und Anschluß, Verbot der jüdischen Presse, Numerus clausus, grundsätzlicher und praktischer Antisemitismus!

„Nach oder mit Erreichung dieser Voraussetzungen ist die volle Mitübernahme der Verantwortung durch Eintritt in die Regierung möglich: Angestrebt müssen werden ... Vizekanzleramt, Minister des Innern, ein Staatssekretariat im Außenamt (bei Ernennung des Staatssekretärs Doktor Schmidt zum Minister des Äußeren), Justiz-, Handels-, Sozial- und Gesundheitsministerium." (Punkt 16 der „Vorschläge".)

Abschließend werden die Vorschläge als Mindestforderungen zum Gelingen der Befriedung bezeichnet.[28]

Es ist kaum denkbar, daß Seyß-Inquart von diesem Vorhaben seiner Freunde nichts wußte. Jedenfalls waren die von uns als Maximum betrachteten und vereinbarten geheimen Punktationen nicht nur vor unserem Eintreffen auf dem Berghof dem Verhandlungspartner bekannt, sondern er hatte auch die weit darüber hinausgehenden Forderungen der österreichischen Nationalsozialisten in Händen und brauchte sich daher nur an das ihm von Österreichern gelieferte Konzept zu halten ...

Guido Zernatto berichtet von einem gemeinsamen Abendessen am 9. Februar 1938 im Wiener Grand Hotel:

„Dr. Schuschnigg hatte ... an der geplanten Aussprache keine Freude. Er entwickelte uns die Gedanken, die er dabei hatte, und meinte, daß er es bei diesen Besprechungen wahrscheinlich niemandem recht tun werde.

Die absoluten Gegner jeder Vereinbarung mit Deutschland würden ihm den Vorwurf des Verrats des integralen österreichischen Programms machen, die nationalen Kreise würden mit allem, was er ihnen zugestehe, unzufrieden sein. Ich erinnere mich genau, daß der Kanzler insbesondere auch der Meinung Ausdruck gab, daß die kirchlichen Kreise gegen jede Vereinbarung Stellung nehmen würden."[29]

So fuhren wir, d. h. außer mir Staatssekretär Guido Schmidt, Oberstleutnant Bartl und der Kriminalbeamte Hamberger, am Abend des 11. Februar nach Berchtesgaden.

„So oder so" in Berchtesgaden

> „So-so is good, very good, very excellent good;
> and yet it is not; it is but so so —"
> Shakespeare, *Wie es euch gefällt*

Zu dramatisieren ist überflüssig und sinnlos. Es sind die harten Erinnerungen, die unvergeßlich sind. Das weiß jeder, der von 1933 bis 1945 irgendwo und irgendwie dabei war; es gilt für jeden, der für etwas kämpfte, woran er glaubte; auch für die, deren Welt erst 1945 — endgültig — und nicht schon 1938 — anscheinend — zerbrochen ist. Vergeßlich und urteilsschnell sind oft die, denen jeder Erlebniszeuge verdächtig ist; sie sagen, daß er subjektiv sein muß. Bei Gott, das ist er. Daran gibt es nichts zu deuten. Aber er kann dabei noch um vieles objektiver sein und näher der Wahrheit als manche nachgeborenen Sykophanten.

Der äußere Rahmen damals auf dem Berghof, ob konventionell oder ungewohnt, spielt keine Rolle; ganz abgesehen davon, daß er beweglich gehalten war. Das „So-oder-so"-Prinzip war schon in den Rahmen eingebaut.

Da waren — Überraschungseffekt der Regie — die drei Generale: Wilhelm Keitel, Chef des Oberkommandos der Wehrmacht, Walter von Reichenau, Wehrkreiskommandeur in München und neuernannter Befehlshaber des Gruppenkommandos Leipzig, und Hugo Sperrle, Luftwaffenbefehlshaber in Bayern und früherer Befehlshaber der Legion Kondor in Spanien. Ihre Anwesenheit war Bluff, wie wir heute aus General Alfred Jodls Tagebüchern und späteren Zeugenaussagen wissen.

Da waren gelegentlich auch Reichsaußenminister Joachim von Ribbentrop, der von der Österreichfrage keine, und Reichspressechef Otto Dietrich, der davon nur wenig Ahnung hatte; Herr von Papen, der wohl wußte, worum es ging, aber über die Details nicht informiert war. Und da war Dr. Kajetan Mühlmann, Kunsthistoriker, ein österreichischer Nationalsozialist, der unsichtbar blieb und ohne Wissen der österreichischen Delegation, aber — wie sich später herausstellen sollte — mit Wissen Seyß-Inquarts, vielleicht auch Guido Zernattos, der anderen Seite mit Informationen zur Verfügung stand.

Und da war vor allem der Führer und Reichskanzler Adolf Hitler, die

Hakenkreuzbinde am Ärmel des braunen SA-Rocks, der die Österreichfrage am 12. Februar 1938 „so oder so" zu lösen entschlossen war.

Wie war die Persönlichkeit Hitlers? Die Frage, ungezählte Male, besonders auch in den USA, gestellt, läßt sich von einem, der Hitler nur einmal im Leben gesehen hat, schwer beantworten. Es bleibt problematisch, Werturteile über außerordentliche Menschen zu fällen, zumal dann, wenn ihre Wertskala keinen Vergleichsmaßstab zuläßt. Man hat Stalin gelegentlich mit Peter dem Großen verglichen. Hitler und Stalin hatten in ihrem politischen Weltbild vieles gemeinsam, nicht zuletzt die vollkommene Identifizierung ihrer Einsicht mit dem Interesse der Nation, daher auch die völlige Ungebundenheit gegenüber herkömmlichen legalistischen oder moralischen Grenzen. Der Übermensch ist wie alle Menschen mit Herz und Gemüt begabt — nur wenn er denkt, wird er — Un-Mensch — zur Maschine, zum Computer. Darüber hinaus war für den gelernten konservativen Österreicher Hitlers Geschichtsauffassung das konsequente Endprodukt deutschradikaler Erziehung. Sie war im Interesse der Meinungsfreiheit und unter dem Schutz der verfassungsmäßigen Grundrechte schon in liberalen kaiserlichen Zeiten geduldet, obzwar sie im Wesen antihumanistisch war. Darin liegt schon vor Hitler Schuld und Verhängnis.

Ohne Zweifel war Hitler von seiner zum Rassenwahn gesteigerten deutschen Mission zutiefst erfüllt und durchdrungen. Sein Glaube und seine auch im Februar 1938 schon beträchtlichen Erfolge hatten Millionen mitgerissen; weitere Millionen standen zur Gefolgschaft bereit, solange die Sonne schien. Dagegen kam die „Stimme des Gewissens" nicht auf, die sich immer wieder, zumal in den Kirchen, regte und darüber hinaus von jenseits der Grenzen vernehmlich machen konnte. Der innere Widerstand schien damals auf verlorenem Posten; lautstark zugedeckt — oder erstickt in Blut und Tränen. Man hat wohl gelegentlich über die neue Geßlerhut-Mode gewitzelt. Aber man wußte von Dachau und Oranienburg — neue Begriffe mit sehr bestimmtem Inhalt, an die sich die erschreckte Welt damals bereits zu gewöhnen schien. Man sprach nicht gerne davon, weit lieber, und in allen Zungen, begeistert von 1936 und den Berliner Olympischen Spielen . . .

Vieles von dem war uns bekannt, als wir nach Berchtesgaden gingen. Man war auf manches vorbereitet; anderes war unbekannt und konnte nicht vorausgesehen werden. Nun waren gewiß weder die Österreicher noch später die Tschechen, Ungarn oder Polen damals in der Lage, ihr Gegenüber von dem Risiko der jeweils beschlossenen „So-oder-so"-Lösung zu überzeugen. Wie sagte man Hitler, daß es seit den Tagen der Antike keinen nationalen Propheten der Gewalt gab, der nicht trotz spektakulärer Erfolge schließlich an den ehernen Gesetzen der Geschichte gescheitert ist? Wie sagte man dies am 12. Februar 1938 auf deutsch in österreichischer Mundart, wenn man sich ein annehmbares Resultat erhoffte? Es wäre damals höchstens in englischer Sprache möglich gewesen. Der Führer der englischen Liberalen und frühere Premierminister des Ersten Weltkriegs, David Lloyd George, hatte nach einem Besuch auf dem Berghof im Jahre 1936 seine Tochter Megan in Berchtesgaden mit „Heil Hitler!" begrüßt und angefügt: „Denn in der Tat, er ist ein großer Mann."[30] Diese Episode — unbedeutend, wie sie ist — konnte uns nicht bekannt sein.

Im Juli 1936 hatte derselbe David Lloyd George in einer Oppositionsrede im britischen Parlament trotz schärfsten Eintretens für die territoriale Integrität Abessiniens erklärt, daß das britische Volk, unter welcher Regierung auch immer, niemals wieder wegen eines österreichischen Streitfalls (for an Austrian quarrel) in einen Krieg ziehen würde...[31]

Bald sollten wir von Hitler erfahren, daß er vor kurzem auf dem Berghof im selben Raum einem englischen Diplomaten seine Auffassungen über die Österreichfrage dargelegt habe; der habe nicht widersprochen. „Von England haben Sie nichts zu erwarten..."

Das haben wir nicht geglaubt.

Hitler hatte aber, wie wir aus den Memoiren seines Dolmetschers wissen, am 19. November 1937 tatsächlich eine längere Unterredung mit dem britischen Staatsmann (seit 25. Februar 1938 Außenminister) Edward F. Earl of Halifax, bei der auch von der Österreichfrage die Rede war. Hitler erklärte damals seinem englischen Besucher, daß der Anschluß Österreichs ein dringendes Gebot sei und dem dringenden Verlangen des österreichischen Volkes seit 1919 entspreche. Außerdem könne es auch den Tschechen nicht länger gestattet sein, die Sudetendeutschen zu unterdrücken... Halifax bemerkte, daß England bereit sei, jede Lösung ins Auge zu fassen, vorausgesetzt, daß sie nicht auf Gewaltanwendung beruhe. Und dies gelte auch für Österreich...[32]

Anthony Eden (Earl of Avon) berichtet in seinen Memoiren, daß er über die geplante Reise von Lord Halifax nicht glücklich war, aber keine Möglichkeit sah, sie zu verhindern. Vor allem wünschte er den Eindruck zu vermeiden, daß die britische Regierung an dem Treffen mit Hitler interessiert gewesen wäre. Premierminister Neville Chamberlain zeigte hingegen an dem geplanten Treffen Halifax-Hitler ausgesprochenes Interesse. Das deutsche Außenamt hatte dem Foreign Office in London über dessen Ersuchen die durch den Dolmetscher besorgten Aufzeichnungen des Gesprächs auf dem Berghof zur Verfügung gestellt. Nach diesen hatte Lord Halifax von möglichen Änderungen der europäischen Ordnung gesprochen, die vielleicht im Lauf der Zeit fällig würden. Sie beträfen die Fragen Danzig, Österreich und die Tschechoslowakei. England sei interessiert daran, daß alle Änderungen im Wege friedlicher Entwicklung vor sich gingen und daß Methoden vermieden würden, die weitreichende Störungen *(disturbances)* zur Folge haben könnten, die weder der Reichskanzler noch andere Länder wünschten... Hitler habe geantwortet, daß eine Lösung *(settlement)* in der österreichischen und tschechischen Frage erzielt werden könne, unter der Voraussetzung einer vernünftigen Haltung. Er hoffe, daß das geschlossene Abkommen mit Österreich (vom 11. Juli 1936) zur Beseitigung aller Schwierigkeiten führen würde... Die Tschechoslowakei habe nur die Sudetendeutschen gut zu behandeln, dann könnte sie sorglos leben...

Anthony Eden bemerkt hinzu, daß nach unserer gegenwärtigen Kenntnis Hitler vierzehn Tage vorher seinem Außenminister, dem Kriegsminister und den Wehrmachtspitzen von seinen Plänen zur Unterwerfung Österreichs und der Tschechoslowakei vertraulich Kenntnis gegeben habe, und zwar als „einen ersten Schritt zum Raumgewinn Deutschlands in Europa" (Hoßbach-Protokoll, 5. November 1937). Anthony Eden war mit Halifax' Bericht nicht zufrieden, er hätte sich eine deutlichere Warnung gegen Interventionen in Mitteleuropa gewünscht. Denn: „Änderungen im Wege friedlicher Entwicklung" stelle sich Hitler wahrscheinlich ganz anders vor als Lord Halifax... So blieb, schließt Eden, der Halifax-Besuch, wie von vornherein befürchtet, ohne praktisches Ergebnis. Hitler hatte keinerlei Garantien für seine Politik in Mitteleuropa gegeben. Genau das war es aber, was die englische Außenpolitik, solange sie unter Anthony Edens Leitung stand, beharrlich zu erreichen versuchte und was wir uns in Österreich wünschten.

Am 12. Februar 1938 war Eden noch Außenminister in London. Am 25. Februar sollte ihm in dieser Position Lord Halifax folgen.[33]

Vor diesem Hintergrund entwickelten sich die Gespräche auf dem Berghof. Der erste Teil unter vier Augen, der zweite zum Teil in erweitertem Rahmen. Das Ringen, denn um ein solches hat es sich gehandelt, währte im ganzen etwa zehn Stunden. Die ohnedies bereits bekannten und veröffentlichten Details sind sachlich ziemlich belanglos.[34] Es wurde von der einen Seite oft sehr laut gesprochen, aber ohne zu brüllen; von der anderen Seite leiser, aber ohne zu flüstern. Es gab sehr erregte Momente, zumal nach Widerspruch. Sie gingen vorüber, so rasch wie sie gekommen waren. Nach den ersten zwei Vormittagsstunden hatte keiner einen Fußbreit Boden aufgegeben, aber auch keiner den anderen überzeugt; es war überhaupt nur vom Grundsätzlichen und Hintergründigen die Rede gewesen, wobei allerdings Hitler die Offensive nie verlassen hat. Daher kam es nicht eigentlich zu dem, was man nach Gepflogenheit der Diplomatensprache einen Tour d'horizon nennt.

Um elf Uhr hatte die Auseinandersetzung begonnen, um dreizehn Uhr — vor der Mittagspause — war noch nicht einer der konkreten Forderungspunkte zur Sprache gekommen; wohl auch deshalb, weil Hitler sie um diese Zeit selbst noch kaum kannte. Daher die österreichische Abschlußfrage: „Herr Reichskanzler, welches sind Ihre konkreten Wünsche?"

Und die Antwort: „Darüber können wir uns am Nachmittag unterhalten."[35]

Dem war die höfliche, aber bestimmte Ablehnung „aus grundsätzlicher persönlicher Überzeugung und politischer Verpflichtung" eines seltsamen Angebots vorausgegangen:

„Ich gebe Ihnen die einmalige Gelegenheit, Herr Schuschnigg, daß Sie auch *Ihren* Namen in die Reihen der großen Deutschen einfügen können" — als Vorbilder wurden Göring, Heß, Frick und Epp genannt —, „das wäre eine verdienstliche Tat, und bei Berücksichtigung gewisser Besonderheiten in Österreich könnte sich alles zum Guten wenden."

Nach den vorher entwickelten Ansichten Hitlers war klar, daß damit ein Satellitenstatus Österreichs und der verschleierte Anschluß gemeint waren.

So zeigte sich einmal mehr, daß alle vorher vorgebrachten Argumente, die im österreichischen wie auch im deutschen Interesse gegen eine solche Lösung sprachen, nicht den geringsten Eindruck hinterlassen hatten. Nach dem Anschluß war Hitler in politischen Reden wiederholt auf „die einmalige Chance" zurückgekommen, die er seinem Verhandlungspartner damals hatte geben wollen.

Dem seltsamen Angebot war ein noch seltsamerer Nachsatz gefolgt:

„Ich weiß genau, daß Ihr Freund, der Jesuit Muckermann, einer der verbissensten Feinde des deutschen Volkes, von Wien aus ein Attentat gegen mich vorbereitet, und zwar mit Ihrem Wissen und der Beihilfe Ihrer Regierung..."[36]

Gegen die Ungeheuerlichkeit dieses Vorwurfs, der ernstgemeint klang und dessen mögliche Basis mir völlig schleierhaft war, gab es nur die Antwort:

„Die österreichische Politik arbeitet nicht mit Attentaten."

Im übrigen stand bis ein Uhr mittags nur fest, daß Hitler entschlossen schien, die Österreichfrage noch an diesem Tag zu entscheiden. „So oder so" war gängige Münze im Gespräch, „wie" war von nachgeordnetem Interesse. Ging es friedlich, um so besser. Sonst würde er militärischen Einmarsch befehlen. „Wollen Sie, daß aus Österreich ein zweites Spanien wird?" Dabei wurde, wenn auch verschleiert, mit einem Luftangriff auf Wien gedroht: „Vergessen Sie nicht, daß München nur eine Flugstunde von Wien entfernt ist...."

Gelegentlich wurde später die Ansicht vertreten, daß dies alles nur Bluff gewesen sei. Aus der heutigen genauen Kenntnis der Zusammenhänge läßt sich mit einer Wahrscheinlichkeit, die an Sicherheit grenzt, schließen, daß ein Abbruch der Verhandlungen die deutsche militärische Aktion ausgelöst hätte — mit für Österreich unvorhersehbaren und unkontrollierbaren Folgen.

Einmal war Hitler — als einem Mann der plötzlichen, intuitiven Entschlüsse — der Marschbefehl am 12. Februar durchaus zuzutrauen, wenn er auch vielleicht am 10. Februar noch nicht an ihn gedacht hatte. Die Pläne für die „Operation Otto" lagen seit langem bereit. Die Anwesenheit der Generale, und *dieser* Generale, auf dem Obersalzberg war gute Regie, aber doch auch für alle Fälle von praktischem Nutzen. General Jodl spricht in seinem oftzitierten Tagebuch „vom starken politischen und militärischen Druck", dem die Österreicher auf dem Berghof ausgesetzt waren. Dr. Kajetan Mühlmann, als Zeuge einvernommen, gab an, am Nachmittag des 12. Februar während der Verhandlungen in Hitlers Arbeitszimmer selbst gehört zu haben, wie Ribbentrop die hartnäckige Weigerung meldete, Seyß-Inquart zum Sicherheitsminister zu ernennen. Darauf Hitler: „Sagen Sie Schuschnigg, wenn er diese Forderung nicht akzeptiert, so marschiere ich noch in dieser Stunde."

Und später, als das österreichische Verlangen nach drei Tagen Bedenkzeit gemeldet wurde: „Warum will er drei Tage Bedenkzeit? Ich habe eigentlich keine Lust, sie ihm zu geben ... Also gut. Gern tu ich es nicht; ich wäre viel die drei Tage haben."[37] lieber marschiert. Meine Herren, ich versuche es noch ein letztes Mal; er soll

Die drei Tage Bedenkzeit nach Paraphierung des Protokolls wurden aus verfassungsmäßigen Gründen verlangt und schließlich zugebilligt. Das Protokoll, das nach dem Keppler-Entwurf zur sofortigen Unterzeichnung am späteren Nachmittag vorgelegt wurde, sah folgende Punkte vor:

1. Vorherige Beratungspflicht in gemeinsam berührenden Fragen der Außenpolitik auf gegenseitiger Basis.

2. Anerkennung des Nationalsozialismus als mit den Gegebenheiten Österreichs und daher mit dem Vaterländischen-Front-Bekenntnis vereinbar, „insofern es sich um die Verwirklichung des nationalsozialistischen Ideenguts unter Anerkennung und Berücksichtigung der österreichischen Verfassung handelt". Daher keine Maßnahmen, die sich als Verbot der nationalsozialistischen Bewegung im Sinne der obigen Zielsetzungen auswirken. Weiterer Ausbau der Volkspolitischen Referate.

Mit dieser Formulierung sollten die gruppen- und vereinsweisen Beitritte nationalsozialistischer Organisationen zur Vaterländischen Front ermöglicht werden.

3. Ernennung Seyß-Inquarts zum Innenminister, dem das Sicherheitswesen unterstellt wird. Er ist zum Erlassen der Maßnahmen berechtigt und verpflichtet, die sich nach Ziffer 2 als notwendig ergeben.

4. Allgemeine Amnestie für alle wegen nationalsozialistischer Betätigung gerichtlich oder polizeilich bestraften Personen.

Gewisse Personen, deren weiteres Verbleiben in Österreich für die Beziehung zwischen den beiden Staaten abträglich scheint, können im Einverständnis beider Regierungen ihren Wohnsitz ins Reichsgebiet verlegen. Dadurch wurde für Leopold und Tavs, die dem Kurs Seyß-Inquarts und seiner Freunde opponierten, die Überstellung ins Deutsche Reich ermöglicht. Ihre Übernahme durch das Reich wurde auch tatsächlich durchgeführt.

5. Aufhebung aller wegen nationalsozialistischer Betätigung erfolgten Maßregelungen auf dem Gebiet des Pensions-, Renten-, Unterstützungs- und Schulwesens, insbesondere solcher, bei denen Bezüge gekürzt oder ganz entzogen wurden, und volle Wiedergutmachung.

6. Beseitigung aller wirtschaftlichen Diskriminierungen gegen Nationalsozialisten.

7. Durchführung des Pressefriedens durch Neubesetzung der Stellungen des Ministers Ludwig und des Bundeskommissärs Oberst Adam.

8. Die gegenseitigen militärischen Beziehungen sollen durch folgende Maßnahmen gesichert werden:
a) durch die Ernennung Minister Glaise-Horstenaus zum Heeresminister;

b) durch planmäßigen Offiziersaustausch (wobei die Zahl auf jeweils hundert Offiziere festgelegt wurde);
c) durch regelmäßige Generalstabsbesprechungen;
d) durch planmäßige Belebung kameradschaftlicher und wehrwissenschaftlicher Verbindungen.

9. Alle Diskriminierungen gegen Nationalsozialisten, besonders bei der Aufnahme und Ableistung des Heeresdienstes, sollen aufgehoben und rückgängig gemacht werden.

10. Vorbereitung der Angleichung des österreichischen an das deutsche Wirtschaftssystem. In diesem Zusammenhang soll Dr. Fischböck als Finanzminister eingeteilt werden.

11. Die Reichsregierung erkennt an, daß für die Frage des Einbaues der Nationalsozialisten (Ziffer 2) Seyß-Inquart allein zuständig ist. Sie wird Maßnahmen treffen, die eine Einmischung reichsdeutscher Parteistellen in innerösterreichische Verhältnisse ausschließen. Bei Meinungsverschiedenheiten über die Auslegung von Ziffer 2 sollen die Verhandlungen ausschließlich über Seyß-Inquart geführt werden.

Dies war somit das konkrete Forderungsprogramm, zu dem uns zunächst durch Ribbentrop mitgeteilt wurde, daß es en bloc anzunehmen oder abzulehnen sei.[38]

Ein flüchtiger Vergleich mit den Punktationen, zumal auch hinsichtlich Ziffer 2 des Keppler-Protokolls, beweist die Weite des Weges und die Tiefe des Grabens zwischen ihnen und diesem Protokoll. Ganz abgesehen davon, daß der entscheidende Punkt, nämlich die Ernennung Seyß-Inquarts zum Innen- und Sicherheitsminister, ebensowenig in den Punktationen aufscheint wie die übrigen verlangten Personalmaßnahmen. Noch weniger hat das „Sofortprogramm" mit den Anregungen im Briefwechsel Görings vom Winter 1937 zu tun, wenn man von der schon damals als unmöglich erklärten Zoll- und Währungsunion absieht.

Daß es einmal Bedingungen gegeben hat, die auf diplomatischem Wege bindend vereinbart wurden — z. B. daß keine neuen Forderungen gestellt würden und Österreichs Lage unabhängig vom Ausgang der Besprechungen nicht schlechter sein solle als zuvor —, davon war nicht mehr die Rede. Mit dem Berchtesgadener Treffen wurden erstmals die herkömmlichen diplomatischen Formen und Regeln verlassen. Die Ära des Säbelrasselns — schlimmer als je zuvor — feierte fröhliche Urständ. Selbst die Bestätigung des Juliabkommens und damit die wiederholte Anerkennung der Selbständigkeit Österreichs erfolgte entgegen der ursprünglichen Vereinbarung nicht im Kommuniqué nach Abschluß der Entrevue, sondern erst in der Reichstagsrede Hitlers am 20. Februar, und auch hier nur mit dem drohenden Nachsatz, daß das Reich den Schutz von zehn Millionen Deutschen an seinen Grenzen übernähme.

Daß es gelang, den Keppler-Entwurf in etlichen, wichtigen Punkten zu mildern, und daß dazu auch Botschafter von Papen in vermittelnder Tätigkeit seine Hand bot, ist richtig. Daß es sich um eine erhebliche, also ausschlaggebende Verbesserung der ursprünglichen, ultimativen Bedingungen gehandelt habe, ist hingegen, aus österreichischer Sicht gesehen, sicherlich falsch.[39]

Die im Endprotokoll gegenüber dem ursprünglichen Forderungsprogramm enthaltenen Änderungen beziehen sich auf folgende Punkte:

1. Die ursprüngliche Fallfrist, 18. Februar, wurde nur für die Ernennung Seyß-Inquarts und die schwerwiegenden innerpolitischen Bestimmungen wie Zulassung der Nationalsozialisten zur Vaterländischen Front, Amnestie usw. aufrechterhalten.

2. Eine Neufassung der Bestimmungen zur Gleichschaltung der Außenpolitik sah an Stelle der obligatorischen Beratung einen „diplomatischen Gedankenaustausch" vor, wobei Österreich „diplomatische, moralische und pressepolitische Unterstützung nach Maßgabe der Möglichkeit und auf Ersuchen des Reiches" leisten würde.

3. Der Passus der Vereinbarkeit des „Nationalsozialismus mit den Gegebenheiten Österreichs" und die „Anerkennung des Nationalsozialismus durch Österreich" wurde fallengelassen und an dessen Stelle die Zulassung des einzelnen Nationalsozialisten zur Vaterländischen Front und zu den anderen österreichischen Einrichtungen unter bestimmten Voraussetzungen konzediert. Dies entsprach der im Zuge der Befriedungsaktion schon vorher angeregten und geübten österreichischen Praxis.

4. Die Emigranten wurden von der allgemeinen Amnestie ausgenommen.

5. Die Forderung nach Auswechslung des Ministers Ludwig und des Bundeskommissärs Oberst Adam wurde gestrichen und dafür österreichischerseits der Einbau des Dr. Wilhelm Wolf, eines Ministerialbeamten nationaler und katholischer Gesinnungsherkunft, in den Pressedienst zugesagt.

6. In der Führung des Heeresministeriums erfolgte keine Änderung. Der vom Reich stark bekämpfte Staatssekretär General Zehner blieb im Amt. Dafür wurde die Auswechslung des Generalstabschefs FML Jansa durch General Beyer in Aussicht genommen. Dieser Wechsel konnte österreichischerseits um so leichter zugesagt werden, als die Pensionierung des überaus verdienstvollen und zweifellos schwer ersetzbaren FML Jansa aus Gründen der Erreichung der Dienstaltersgrenze ohnedies vorgesehen war. Er war hievon bereits im Januar verständigt worden.

7. Die Zahl der ursprünglich vorgeschlagenen Austauschoffiziere wurde auf fünfzig herabgesetzt.

8. Die verlangte Berufung von Dr. Hans Fischböck in das Kabinett wurde fallengelassen, er sollte lediglich „in maßgebender Position" ohne Zusicherung eines bestimmten Postens eingebaut werden. Weiters wurde eine Intensivierung des gegenseitigen Wirtschaftsverkehrs zugesagt.[40]

Gerade die letzte Forderung, so wünschenswert ihr Ziel an sich gewesen wäre, bereitete wegen der Grundverschiedenheit der Währungssysteme erhebliche Schwierigkeiten. Ein Aufgeben der frei konvertierbaren, harten Schillingwährung und eine Angleichung an die deutschen Geld- und Preisverhältnisse hätte zwar durch einen gemeinsamen Markt den Anschluß an Deutschland, aber, wie die Dinge lagen, für Österreich den Verlust des Anschlusses an die übrige Welt und somit auch an die übrigen Märkte bedeutet. Die im Hintergrund geforderte Zoll- und Währungsunion — eine Lieblingsidee Görings und Kepplers — wäre gleichbedeutend mit einem Aufgeben Österreichs gewesen und hätte es außerdem mit dem Odium des einseitigen Brechens internationaler Verträge belastet.

So ging der Tag auf dem Berghof mit der Paraphierung des endgültigen Protokolls zu Ende, das nun zur verfassungsmäßigen Durchführung dem Bundespräsidenten vorzulegen war. Entsprechend der ursprünglichen Vereinbarung wurde ein gemeinsames Kommuniqué vorgeschlagen; der deutsche Entwurf hatte folgenden Wortlaut:

„Der österreichische Bundeskanzler Dr. Kurt Schuschnigg stattete heute in Begleitung des österreichischen Staatssekretärs für die auswärtigen Angelegenheiten Dr. Guido Schmidt und des deutschen Botschafters Franz v. Papen in Gegenwart des Reichsministers des Auswärtigen v. Ribbentrop dem Führer und Reichskanzler auf dessen Einladung einen Besuch auf dem Obersalzberg ab. Diese inoffizielle Begegnung entsprang dem beiderseitigen Wunsche, sich über alle Fragen, die das Verhältnis zwischen dem Deutschen Reiche und Österreich betreffen, auszusprechen und die Möglichkeiten einer Vertiefung der Beziehungen der beiden Staaten auf der Grundlage des Übereinkommens vom 11. Juli 1936 eingehend zu erörtern.

Die beiden Staatsmänner sind der Überzeugung, daß das Übereinkommen vom 11. Juli 1936 den Ausgangspunkt für eine evolutionäre Entwicklung in den Beziehungen zwischen dem Deutschen Reich und Österreich darstellt. Sie werden daher in Bälde sachliche Maßnahmen verwirklichen, die geeignet sind, die volle Durchführung des heute getroffenen Übereinkommens zu gewährleisten, um auf diese Weise ein so enges und freundschaftliches Verhältnis der beiden Staaten zueinander herzustellen, wie es ihrer langen gemeinsamen Geschichte und den Gesamtinteressen des deutschen Volkes entspricht. Sie trafen sich in der Überzeugung, durch die Herstellung einer solchen neu bekräftigten Übereinstimmung zugleich einen wirksamen Beitrag zur friedlichen Entwicklung der gesamteuropäischen Lage zu leisten."[41]

Diese Formulierung entsprach trotz der Bezugnahme auf „die Grundlage des Übereinkommens vom 11. Juli 1936" wegen der Dehnbarkeit in der möglichen Auslegung des ersten Satzes in Absatz 2 nicht den österreichischen Gedanken.

Eine weitere Debatte schnitt Hitler mit der nicht unbegründeten Bemerkung ab, daß das Abkommen noch nicht durchgeführt sei. Die Öffentlichkeit erfuhr daher zunächst nur die knappen, von Hitler selbst diktierten Sätze:

„Der österreichische Bundeskanzler Dr. Schuschnigg stattete heute in Begleitung des österreichischen Staatssekretärs für die auswärtigen Angelegenheiten Dr. Guido Schmidt und des deutschen Botschafters v. Papen in Gegenwart des Reichsministers des Auswärtigen v. Ribbentrop dem Führer und Reichskanzler auf dessen Einladung einen Besuch auf dem Obersalzberg ab. Diese inoffizielle Begegnung entsprang dem beiderseitigen Wunsche, sich über alle Fragen, die das Verhältnis zwischen dem Deutschen Reiche und Österreich betreffen, auszusprechen."[42]

Die Folge war freilich vermehrte Unsicherheit, die sich in Österreich während der nächsten Tage zur Panikstimmung verdichtete.

Das in Wien am 14. Februar ausgearbeitete und Botschafter von Papen zur Weiterleitung übermittelte Kommuniqué hatte folgenden Wortlaut:

„Bei der Aussprache, die am 12. Februar zwischen dem Bundeskanzler und dem deutschen Reichskanzler auf dem Obersalzberg stattgefunden hat, wurden alle Fragen der Beziehungen zwischen Österreich und dem Deutschen Reich eingehender Erörterung unterzogen, mit dem Ziel, Wege zu finden, die geeignet sind, die bei Anwendung des Übereinkommens vom 11. Juli 1936 aufgetretenen Schwierigkeiten zu beseitigen. Es ergab sich Übereinstimmung darüber, daß an den Grundsätzen des Übereinkommens und am beiderseitigen Willen, diese zur vollen Geltung gelangen zu lassen, festgehalten wird; in dem Sinn wurden beiderseits Maßnahmen beschlossen, die die reibungslose Durchführung des Übereinkommens und auf diese Weise ein so enges freundschaftliches Verhältnis zwischen den beiden deutschen Staaten gewährleisten sollen, wie es dem Interesse des deutschen Volkstums entspricht."[43]

Die Sprache offizieller Kommuniqués, zumal in kritischen Situationen, pflegt sich allgemeiner, bisweilen bewußt unklarer Wendungen zu bedienen. So wenig der vorgeschlagene Text in seiner Unverbindlichkeit besagte, so steht zwischen den Zeilen doch deutlich zu lesen, worauf es der österreichischen Seite vornehmlich ankam: Fortbestand des Juliabkommens 1936 mit seiner Anerkennungs- und Nichteinmischungsklausel; das Februarabkommen 1938 fußte auf diesem und sollte es ergänzen, nicht aber ersetzen, mit allen rechtlichen Konsequenzen dieser klaren Unterscheidung. Papen empfahl in seinem Bericht die Annahme des österreichischen Vorschlages, beantragte aber im letzten Satz den ausführlichen Hinweis auf „die lange gemeinsame Geschichte" der beiden Staaten. Der Text des Kommuniqués wurde akzeptiert und dieses schließlich, wie vorgeschlagen, am 15. Februar abends in Wien und in Berlin gleichzeitig verlautbart.[44]

Wie der „Wille zum engen freundschaftlichen Verhältnis" in Wirklichkeit aussah, bezeugt die Tatsache, daß Hitler tags zuvor, am 14. Februar, um

7.30 Uhr abends einem Vorschlag General Keitels zugestimmt hatte, nach welchem zwar keine tatsächlichen Bereitschaftsmaßnahmen beim Heer und bei der Luftwaffe durchgeführt werden sollten, wohl aber „falsche, aber glaubwürdige Nachrichten zu lancieren waren, die den Eindruck detaillierter militärischer Vorbereitungen gegen Österreich erwecken würden"...[45]

Hitler war an den Details der Abmachungen nicht interessiert; „Anerkennung der Souveränität" und „Nichteinmischung" mochten ihm als Begriffe ohne Inhalt erscheinen — Wortklaubereien derer, die nun einmal am schwächeren Hebelarm saßen und keine anderen Rettungsmöglichkeiten sahen als die Berufung auf die anerkannten Regeln des internationalen Vertragsrechtes und das in der Staatenpraxis anerkannte Völkerrecht.

Dem stand der vorgefaßte Entschluß, zur „So-oder-so"-Lösung entgegen. In entspannter Stimmung meinte Hitler zum Abschluß: Für die nächsten Jahre seien die österreichisch-deutschen Beziehungen nunmehr geregelt; nach fünf Jahren sehe die Welt wieder anders aus. Auf die Frage, wie er die Möglichkeiten sehe, den internationalen Frieden zu erhalten, kam die Antwort: Wenn man ihm folgen würde, wäre der Friede gesichert. Aber man folge ihm ja nicht; und es wäre unverantwortlich und vor der deutschen Geschichte nicht zu vertreten, ein Instrument, wie es die Deutsche Wehrmacht nunmehr sei, auf die Dauer nicht zu benützen ...

Was damals, am 12. Februar 1938, vorher und nachher, anders hätte kommen können, ist müßige Spekulation. Monate später, in der Einzelhaft im Wiener Hotel Metropol, fragte mich ein blutjunger SS-Posten, der Mundart nach ein Kärntner, ob ich ihn wiedererkenne. Er habe am 12. Februar an der Einfahrt zum Berghof als Wachtposten vor mir das Gewehr präsentiert. In den SS-Baracken am Zufahrtsweg von Berchtesgaden, deren vollbesetzte Fenster wir bei der Ankunft deutlich bemerkt hatten, seien damals nur Österreicher gelegen... Wenn es stimmte, eigentlich ein merkwürdiger Zufall.

Die damalige Vermutung, daß es sich dort um Einheiten der Österreichischen Legion gehandelt haben könnte, erwies sich allerdings später als irrig, eine geschlossene österreichische SS-Einheit für Wachdienste hat nicht bestanden. Die Österreichische Legion (zirka 20.000 Mann) setzte sich aus politischen Emigranten zusammen, die der SA zugehörten und unter dem Kommando des früheren österreichischen SA-Obergruppenführers Hermann Reschny standen.

Die SS-Flüchtlinge aus Österreich wurden im österreichischen SS-Lager Schleißheim (bei Dachau) gesammelt und dort zunächst einer militärischen Ausbildung unterzogen. Das Lager erreichte im Oktober 1934 seinen Höchststand mit rund 600 Mann. SS-Flüchtlinge, die nach 1935 eintrafen, wurden einem Lager in Thüringen zugewiesen und nach militärischer Ausbildung in Zivilberufe eingeführt. Der Höchststand dieses Lagers wies eine Belegschaft von jeweils 100 bis 120 Mann auf.

Aus dem Lager Schleißheim wurden die jüngeren Jahrgänge in die sogenannte SS-Verfügungstruppe übernommen, darunter auch in die „Leibstandarte Adolf Hitler", deren Einheiten den Wachdienst auf dem Obersalzberg versahen. So erklärt es sich, daß am 12. Februar 1938 auch Österreicher dort im Wachdienst standen und die entsprechenden Diensteinteilungen erhielten.[46]

Die Durchführung

„Vor zwei Jahren noch, als wir mit einer Handvoll Bataillone ins Rheinland einmarschierten — damals habe ich entgegen der Ansicht meiner Berater gehandelt und viel riskiert; wenn Frankreich damals marschiert wäre, hätten wir uns zurückziehen müssen; aber jetzt ist es für Frankreich zu spät."[47]

Mit diesen Worten hatte Hitler im ersten Teil des Gespräches seine Auffassung unterstrichen, daß er nunmehr freie Hand habe und Österreich nicht auf internationale Unterstützung rechnen könne. Nun galt es, aus einer harten Erkenntnis die möglichen und unvermeidlichen Schlüsse zu ziehen:

Aufgeben und den Versuch einer Einigung durch Abbruch der Verhandlungen als ergebnislos beenden wäre der eine gewesen — nachgeben, also einem Anschluß auf offenem oder zunächst verstecktem Weg zuzustimmen, war die zweite und von Hitler angestrebte Möglichkeit. Dies wäre einer Einladung an den Nationalsozialismus gleichgekommen, Österreich zu überrennen.

Der wenig aussichtsreiche Versuch, auf *beiderseitiger* Vertragserfüllung zu bestehen und in der Hoffnung auf eine günstige Wendung der sich rasch ändernden internationalen Lage auf Zeitgewinn zu setzen, war der dritte denkbare Weg.

Aufgeben hätte aller Voraussicht nach die unmittelbar folgende gewaltsame Machtübernahme bedeutet, die nach den damaligen Umständen in mehr als einer Hinsicht unübersehbare Konsequenzen haben konnte.

Nachgeben hätte politisch zum gleichen Ergebnis geführt, aber auch einen österreichischen Völkerrechtsbruch bedeutet, der die mögliche künftige Stellung Österreichs, wenn sich die Zeiten wieder ändern würden, gefährlich präjudizieren konnte.[48]

So blieb nichts übrig als der Versuch, zu retten, was gerettet werden konnte; und darüber hatte die letzte Entscheidung binnen drei Tagen in Wien zu fallen.

Gewiß — es war anders gekommen als erwartet. Die Voraussicht hatte sich auf Zusagen gestützt, an deren Gültigkeit nach bisherigen internationalem Brauch nicht gezweifelt werden durfte. Es besteht kein Anlaß, der Behauptung zu widersprechen, daß der diplomatische Vertreter Hitlers in Wien, Botschafter von Papen, von seinem Auftraggeber nicht voll ins Bild gesetzt wurde; er hat auch bestimmt die Vorgänge und die überstürzte Entwicklung im einzelnen nicht gebilligt. Dem steht die Tatsache nicht entgegen, daß er um die evolutionäre Herbeiführung eines österreichischen Anschlusses eifrig bemüht war und noch Ende 1937 in seinem Geheimbericht an die Reichskanzlei „den schärfsten Druck auf den Bundeskanzler" empfohlen hat.[49]

Die Methode, die gegenüber Österreich angewendet wurde, hat sich später auch in den Fällen Tschechoslowakei, Polen, Ungarn und trotz des warnenden Beispiels auch gegenüber England und der UdSSR als vorübergehend erfolgreich erwiesen.

Das angewandte Klischee wird aus dem folgenden Abriß der Geschehnisse nach dem Fall Österreichs deutlich und reflektiert im Spiegelbild die Vorgeschichte und das Vorgehen von Berchtesgaden:

Mit Telegramm vom 16. März 1938 bezieht sich die deutsche Gesandtschaft in Prag auf einen Drahterlaß des Auswärtigen Amtes in Berlin vom 14. März: „Maßgebend für Politik und taktisches Vorgehen SdP (Sudetendeutsche Partei, der in der Tschechoslowakei die Rolle der österreichischen NSDAP zufiel) ist ausschließlich die durch Gesandtschaft übermittelte Linie deutscher Außenpolitik. Meine Weisungen sollen strikte befolgt werden... Hoffe, hiernach SdP fest am Zügel zu haben, was im außenpolitischen Interesse für kommende Entwicklung mehr denn je notwendig ist."[50]

Am 30. Mai 1938, etwa ein Vierteljahr nach Berchtesgaden, tut Hitler in einem Geheimerlaß des Obersten Befehlshabers der Wehrmacht seinen „unabänderlichen Entschluß" kund, „die Tschechoslowakei in absehbarer Zeit durch eine militärische Aktion zu zerschlagen".[51]

Am 30. August 1938 genehmigt er den Generalstabsvorschlag hinsichtlich Herbeiführung des Angriffsbefehls gegen die Tschechoslowakei („Aktion Grün"), der sich im Rahmen seiner früheren allgemeinen Weisungen hielt. Darin heißt es:

„Die ,Aktion Grün' wird ausgelöst durch einen Zwischenfall in der Tschechei, der Deutschland den Anlaß zum militärischen Eingreifen gibt. Die Bestimmung des Zeitpunktes dieses Zwischenfalls nach Tag und Stunde ist von größter Bedeutung.

Er muß in einer für den Kampf unserer überlegenen Luftwaffe günstigen Großwetterlage liegen und der Stunde nach zweckmäßig so gelegt werden, daß er am X-1-Tag authentisch bei uns bekannt wird... Am X-2-Tag erhalten die Wehrmachtsteile nur eine Vorwarnung."[52]

Am 15. September 1938 empfängt Hitler sodann auf dem Obersalzberg den britischen Premierminister Neville Chamberlain und verlangt das Selbstbestimmungsrecht für die Sudetendeutschen. Chamberlain sagt zu, sich für diese Forderung in London, Paris und Prag einzusetzen.

Am 22. September 1938 begegnet Chamberlain dem deutschen Reichskanzler zum zweitenmal, diesmal in Godesberg am Rhein; dort wird der Besucher zu seiner größten Überraschung mit neuen Forderungen konfrontiert; nunmehr wird Zustimmung zur sofortigen Räumung und Übergabe der sudetendeutschen Gebiete verlangt, die am 26. September zu beginnen hätten und am 1. Oktober beendigt sein müßten. Chamberlain berichtet zu Hause, Hitler habe ihm ausdrücklich erklärt, dies seien seine letzten territorialen Ansprüche in Europa. Am 24. September wiederholt Hitler diese Version in einer Sportpalastrede in Berlin.[53]

Die in den Godesberger Forderungen gesetzte ultimative Fallfrist endet am 28. September um 14 Uhr. Am selben Tag trifft in London Hitlers Einladung zur Konferenz von München für den 29. September ein, deren Verlauf und Ergebnis bekannt sind und das Schicksal der Tschechoslowakei besiegelten.

Bereits am 21. Oktober 1938 ergehen Weisungen für die Vorbereitung der Besetzung des Memellandes.[54]

Am 15. März 1939 wird der tschechoslowakische Staatspräsident Hácha nach Berlin in die Reichskanzlei bestellt, wo ihm Hitler eröffnet, daß „er den Befehl gegeben habe zum Einmarsch der deutschen Truppen und zur Eingliederung der Tschechoslowakei ins Deutsche Reich".[55]

Am 23. Mai 1939 teilt Hitler in einer Geheimbesprechung der militärischen Führung den Entschluß mit, „bei erster passender Gelegenheit Polen anzugreifen".[56]

Am 23. November 1939 erklärt Hitler den Oberbefehlshabern der Wehrmachtsteile in einer Besprechung seinen Entschluß, Belgien und Holland zu besetzen. Dabei reflektiert er auf seine Erfolge der letzten sechs Jahre; unter anderem bemerkt er:

„Vom ersten Augenblick an war mir klar, daß ich mich nicht mit dem sudetendeutschen Gebiet begnügen konnte. Es war nur eine Teillösung. Der Entschluß zum Einmarsch in Böhmen war gefaßt."[57]

Am 22. August 1939 wird der deutsch-russische Nichtangriffs- und Neutralitätsvertrag auf die Dauer von zehn Jahren in Moskau unterzeichnet, der neben einer wirtschaftlichen Hilfestellung der Sowjetunion für Deutschland auch die vierte Teilung Polens bedeutet.

Am 18. Dezember 1940 ergeht Hitlers Weisung für den „Fall Barbarossa", in der es heißt:

„Die Deutsche Wehrmacht muß darauf vorbereitet sein, auch vor Beendigung des Krieges gegen England Sowjetrußland in einem schnellen Feldzug niederzuwerfen — (‚Fall Barbarossa')."[58]

Am Beginn dieser Entwicklung stand Hitlers im Januar 1938 gefaßter Entschluß, „im Laufe dieses Jahres" so oder so das Selbstbestimmungsrecht für sechseinhalb Millionen Deutsche in Österreich zu erkämpfen. Offen blieb nur, wie der Anschluß zu vollziehen sei, nicht aber die Absicht, zu einem entscheidenden Schlag gegen die österreichische eigenstaatliche Existenz auszuholen.[59]

Dies alles war am 12. Februar 1938 unbekannt; es zeigt aber klar, um welche Art von „Verhandlungen" es sich gehandelt hat, und erlaubt zwingende

Schlüsse auf den Verhandlungspartner und dessen Absicht. Das von Keppler in Zusammenwirken mit den Österreichern Globocnik und Dr. Friedrich Rainer konzipierte Forderungsprogramm hatte von Anfang an nicht einen Ausgleich mit Österreich zum Ziel, sondern Österreichs Aufgehen im Deutschen Reich unter nationalsozialistischer Führung. Dabei mag richtig sein, daß die Proponenten — zum Unterschied von der revolutionären Zielsetzung der Richtung Tavs und Leopold und auch zum Unterschied von Hitler — ihr Ziel ohne militärischen Einmarsch zu erreichen suchten. Dr. Friedrich Rainer gab, als Zeuge einvernommen, im Nürnberger Prozeß an:

„Für die (NS) Partei war damit (mit dem Abkommen) der legale Stützpunkt in der Regierung gewonnen, der bei der durchzuführenden Revolution die Lähmung des Systemapparates bewirken mußte."[60]

Derselbe Zeuge gab übrigens, in anderem Zusammenhang vernommen, an: „Daß der 11. Juli 1936 (Abkommen) aber nicht jene Ergebnisse brachte, die wir uns wünschten, ist richtig; denn sonst wäre ja eine weitere Besprechung am 12. Februar (Berchtesgaden) nicht nötig gewesen. Ich bin aber der Meinung, daß das Reich den 11. Juli 1936 eingehalten hat, was ich aber auch für Österreich nicht bestreiten will."[61]

Dr. Kajetan Mühlmann (der bereits genannte nationalsozialistische Vertrauensmann aus dem Kreis Seyß-Inquart) berichtet, daß er über Veranlassung Seyß-Inquarts (möglicherweise auch mit Wissen Zernattos) am 12. Februar 1938 nach Berchtesgaden gefahren sei, um dafür Sorge zu tragen,

„daß nicht in letzter Stunde Störungen versucht werden, da wir solche vom Lager Leopold befürchten mußten. Solche Umtriebe waren auch der Grund, warum das Juliabkommen und das Februarabkommen nicht halten konnten".[62]

In der Rückschau mag der Tag von Berchtesgaden als ein Schulbeispiel dienen für die klassische Anwendung der Maxime vom Zweck, der die Mittel heiligt; als „jesuitisch" verschrien, war diese Maxime seit den Zeiten Macchiavellis selten zu solcher Konsequenz entwickelt worden wie in der Ära der totalitären Staatsphilosophien des zwanzigsten Jahrhunderts. Einmal mehr zeigte sich, daß sie bisweilen spektakulär erscheinende Erfolge ermöglicht, die aber im geschichtlichen Ablauf von kurzer Dauer sind.

Dies ändert nichts daran, daß wir die ersten in einer langen Kette waren, die versuchen mußten, sich mit der neuen Schocktherapie auseinanderzusetzen.

War Berchtesgaden nun wirklich der Anfang vom Ende oder das Ende jenes Anfangs, der mit der Machtergreifung Hitlers im Januar 1933 eingesetzt hatte? War es — um das bekannte Churchill-Wort abzuwandeln — ein Abschluß oder ein Beginn?[63]

Die Vorbedingungen und Zusagen, die zur Annahme der Einladung nach Berchtesgaden führten, und zwar als Voraussetzung für die Begegnung, waren klar gebrochen worden. Daß die Besprechungen auf Grundlage des Juliabkommens und unter dessen ausdrücklicher Bekräftigung geführt werden sollten, ergibt sich auch — zumindest indirekt — aus der Darstellung des Botschafters von Papen.⁶⁴

Hitler bezog sich in seiner Reichstagsrede vom 20. Februar 1938, die sich auch mit dem Abkommen von Berchtesgaden befaßte, auf „Geist und Rahmen des Vertrages vom 11. Juli 1936".⁶⁵ Tatsächlich aber waren wir in Berchtesgaden vor die brutale Tatsache einer innerpolitischen Intervention im krassesten Sinne gestellt: Es wurde die Aufnahme eines Kabinettsmitgliedes, noch dazu mit Kompetenz für die öffentliche Sicherheit, gefordert; und es wurden befristete Verwaltungsmaßnahmen (Amnestie) vorgeschrieben, alles unter dem erpresserischen Druck eines angedrohten militärischen Einmarsches. Nur auf Grund dieser Drohung haben wir nach Abwägen aller Für und Wider das schließliche Verhandlungsergebnis unter der aufschiebenden Bedingung der verfassungsmäßigen Genehmigung durch den Bundespräsidenten paraphiert.

In einem undatierten Bericht Veesenmayers aus dem SD-Hauptamt, der aller Wahrscheinlichkeit nach für Dr. Keppler bestimmt war und am oder unmittelbar vor dem 12. Februar 1938 verfaßt wurde, heißt es:

„... die Ernennungen, und zwar Seyß-Inquart, verbunden mit Sicherheit, sowie Finanzen sind grundsätzlich zugebilligt; der Kanzler sei jedoch der Ansicht, daß wegen der Terroraktionen der letzten Zeit in diesem Zeitpunkt die Durchführung der Ernennungen vor dem 20. März nicht möglich sei... Seyß-Inquart lasse eindringlich bitten, dafür zu sorgen, daß die Ernennungen vor dem 20. März vorgenommen werden, damit einerseits die außenpolitischen Vereinbarungen des Führers nicht durch innerpolitischen Unfug der Radikalen gestört würden und anderseits nicht ‚dem Kanzler jene billigen Argumente in die Hand gegeben werden, die ihn von der Einlösung seiner Zusagen entbinden'... Was die Entfernung (Übernahme ins Reich) der in Österreich befindlichen Landesleitung der NSDAP (Leopold, Tavs u. a.) betreffe, sei die Maßnahme zwar notwendig, solle aber nicht im amtlichen Kommuniqué verlautbart, also veröffentlicht werden, ‚da es dem Kanzler darum zu tun ist, mit dem Fallenlassen der Landesleitung durch den Führer ein Abrücken des Führers von der Bewegung festzustellen'."⁶⁶

Dieser undatierte Bericht war offensichtlich eine Fleißarbeit Veesenmayers, die seine eigene politische Linie vorstellt, und die ihm vorschwebenden Mittel zur Erreichung des Zieles seinem Chef Dr. Keppler suggerieren will.

Wie aus allen anderen verfügbaren Unterlagen, so auch der Zeugenaussage Seyß-Inquarts, den Papen-Berichten, den sogenannten Punktationen⁶⁷ und dem Verlauf der Berchtesgadener Besprechung, mit einer allen Zweifel ausschließenden Gewißheit zu ersehen ist, war von den im Bericht erwähnten Zusagen vor dem 12. Februar mit keiner Silbe und in keiner Weise die Rede. Die personellen Forderungen trafen vielmehr die österreichischen Unterhändler völlig überraschend; daher ja auch der bekannte Verlauf der Begegnung auf dem Berghof.

Hingegen erlaubt der Bericht zwingende Schlüsse darauf, in wessen Händen deutscherseits vor und nach dem 12. Februar 1938 die Regie in Wirklichkeit lag: Sie lag weder bei der illegalen Landesleitung (Leopold) noch bei Seyß-Inquart, sondern bei Veesenmayer, der die Geschäfte des SD besorgte, und bei Keppler persönlich als dem „Parteibeauftragten für Österreich".

Über die Aufgabe und den Einsatz des SD im Ausland gibt das sogenannte Likus-Dokument (Handschrift Rudolf Likus, datiert Berlin, 8. August 1940) erschöpfend Auskunft. Unter der Überschrift *Aufzeichnung über den Einsatz des SD im Ausland* heißt es darin:

„Der Einsatz des SD im Ausland (Amt VI/Auslandsnachrichten des Reichssicherheitshauptamtes) hat den ausschließlichen Zweck, der Außenpolitik des Großdeutschen Reiches zu dienen. Dies geschieht:
1. durch einen technisch vollkommenen Nachrichtendienst;
2. durch die Vorbereitung und Durchführung von Unternehmungen, die von den diplomatischen Vertretungen des Reichs im Ausland weder veranlaßt noch ausgeführt, noch verantwortet werden können.
... Auf Grund einer zwischen dem Herrn Reichsaußenminister und dem Reichsführer SS getroffenen Vereinbarung ist... dem Reichssicherheitsdienst eine eigene Nachrichtenübermittlung zugestanden worden. Alle diese Nachrichten werden, soweit sie außenpolitischen Charakter tragen oder sonstwie das Interesse des Auswärtigen Amtes berühren, ausschließlich dem Auswärtigen Amt zugeleitet...
Da es im grundlegenden Interesse und im Wesen eines jeden Geheimdienstes liegt, die Namen seiner Mitarbeiter nicht bekanntzugeben, ist das Reichssicherheitshauptamt außer über die Personen und die Zahl der von ihm ins Ausland entsandten Beauftragten in Unkenntnis über die Gesamtzahl und die Namen aller für ihn arbeitenden Personen, zumal auch Ausländer in mancherlei Dienststellungen für den SD tätig sind. Aus diesem Grunde dürfen auch die Chefs der Vertretungen des Reichs im Ausland im Interesse des Reichs und zum Schutz der SD-Mitarbeiter nicht über den Personenkreis, die Aufträge und die Vorhaben der SD-Mitarbeiter unterrichtet sein. Dies ist deshalb notwendig, damit jeder deutsche Missionschef im Falle des Mißlingens eines illegalen Auftrages jederzeit mit gutem Gewissen die Sache und die daran beteiligten Personen ableugnen kann...
Außer den ständig im Ausland tätigen Mitarbeitern des SD, durch deren Beobachtungen und Berichte alle politischen Ereignisse der letzten Jahre auftragsgemäß in der vom Herrn Reichsaußenminister vorgeschriebenen Form vorbereitet wurden, stehen dem SD besondere Einsatzkräfte zur Durchführung illegaler Unternehmungen zur Verfügung. So waren z. B. an folgenden außenpolitischen Maßnahmen die Mitarbeiter des SD auftragsgemäß zum Teil vorbereitend, zum Teil ausführend beteiligt:
Vorbereitung des Anschlusses Österreichs, Auflösung der Tschechoslowakei, Hilferuf Tisos, Vorbereitung des Krieges gegen Polen, An-

gelegenheit Venlo, durch welche die völkerrechtliche Voraussetzung für die Maßnahmen gegen Holland geschaffen wurde ...
Neben der andauernden Erledigung aller laufenden Arbeiten finden in jeder zweiten Woche Aussprachen zwischen Vertretern des Auswärtigen Amtes und des SD-Hauptamtes, und zwar den Herren Gesandten Luther, Gesandten Schröder, SS-Brigadeführer Jost und SS-Oberführer Likus, statt, in denen alle grundsätzlichen Fragen der Zusammenarbeit besprochen und geregelt werden."[68]

Wiederholte Berichte des österreichischen Generalkonsuls in München, und zwar solche, die vor dem 12. Februar eingegangen waren, und solche aus der Zeit zwischen dem 13. Februar und dem 11. März, bestätigen die unmittelbare militärische Bedrohung Österreichs in diesen Tagen.[69]

Am 13. Februar erfolgte zunächst die Berichterstattung an den Bundespräsidenten; daran schlossen sich eingehende Aussprachen und Beratungen mit führenden Kreisen aus Politik und Wirtschaft. Niemand gab sich über die Tragweite von Hitlers Forderungen irgendwelcher Täuschung hin.

Es bestanden drei Alternativen:

1. Die Demission des Bundeskanzlers und die Berufung einer neuen, durch das Berchtesgadener Abkommen nicht gebundenen Regierung.

2. Durchführung des Abkommens bei Berufung eines neuen Bundeskanzlers.

3. Durchführung des Abkommens unter der im Amte befindlichen Regierung.

Nach eingehender Erörterung der Für und Wider entschied sich der Bundespräsident für den dritten der drei möglichen Wege. Daraus ergaben sich als zwingende Folgerung einmal die unverzügliche Durchführung der zugesagten Personalmaßnahmen, dann Vorbereitung und Durchführung der zugesagten politischen Amnestie und schließlich die nötigen Schritte zur Information des In- und Auslandes unter Bedachtnahme auf die gewählte Linie der Vertragserfüllung.

Was im Berchtesgadener Protokoll enthalten war, wurde österreichischerseits bis zum 15. Februar, also innerhalb der gesetzten Frist, restlos durchgeführt. Die österreichische Bindung bezog sich, soweit es sich um die Mitgliedschaft zum Kabinett handelte, auf die Ernennung Dr. Seyß-Inquarts zum Innenminister mit der Kompetenz der öffentlichen Sicherheit. Mit Rücksicht auf die bisherige Entwicklung und das Abkommen war auch die Position des bisherigen Ministers Glaise-Horstenau im Kabinett gesichert.

Darüber hinaus wurden auf österreichische Initiative, um den Charakter des Konzentrationskabinetts zu betonen, Professor Dr. Ludwig Adamovich als Justizminister, Ing. Julius Raab als Handelsminister und für die Angelegenheiten des gesetzlichen Schutzes der Arbeiter und Angestellten Adolf Watzek als Staatssekretär im Sozialministerium berufen. Der bisherige Staatssekretär für Sicherheitswesen, Polizeipräsident Dr. Michael Skubl, wurde dem neuen Sicherheitsminister beigegeben und zum Generalinspektor der Sicherheitskräfte ernannt. Dr. Seyß-Inquart nahm die Ernennungen, insbesondere auch des

Sicherheits-Staatssekretärs Dr. Skubl, zustimmend zur Kenntnis und bemerkte, daß er sich darüber im klaren sei, daß der neue Justizminister nach seiner bekannten Haltung den Legitimisten zuzurechnen und der neue Handelsminister ein Christlichsozialer sei, während der neue Staatssekretär im Bundesministerium für soziale Verwaltung aus dem Kreis der Sozialdemokraten stamme. Auch die Amnestie wurde durchgeführt, jedoch über das Abkommen von Berchtesgaden hinaus auf alle politischen Straftaten, also einschließlich der wegen illegaler Tätigkeit in Haft gehaltenen oder zur Verantwortung gezogenen Sozialdemokraten und Kommunisten, erweitert. Es handelte sich somit um durch die Amnestie gewährte teils bedingte, teils unbedingte Straffreiheit für alle gerichtlich strafbaren Handlungen, die vor dem 15. Februar 1938 im Dienst einer politischen Partei oder aus politischen Beweggründen begangen worden waren, sofern sich der Täter zur Zeit der Kundmachung der Entschließung in Österreich aufhielt. Verwaltungsstrafen waren gemäß den Vereinbarungen gleichfalls in die Amnestie einbezogen.

Die breite österreichische Linie begegnete Einwendungen der nationalsozialistischen Partner, die an einer Erweiterung der Amnestie über ihre eigenen Kreise hinaus kein Interesse hatten.[70]

Damit waren die Ausgangsstellungen für den politischen Endkampf bezogen.

Kapitel VII RES AD TRIARIOS VENIT

Entwicklung nach dem 12. Februar 1938 — Kepplers Mission in Wien vom 4. und 5. März 1938

„Im Frühjahr 1938 waren die militärischen und wirtschaftlichen Vorbereitungen so weit gediehen, daß Hitler mit der Verwirklichung seines Eroberungsprogramms beginnen konnte, dessen erster Schritt die Wiederherstellung eines großdeutschen Reiches sein sollte; dieser erste Schritt wurde am 12. März 1938 unternommen, als deutsche Truppen Österreich besetzten und aus der Republik Österreich eine deutsche Provinz wurde." *Sumner Welles*[1]

„Wie leicht wäre es damals (1937) gewesen, eine Beziehung zum Reich zu schaffen, ähnlich der Bayerns von 1871 bis 1918; vollständige Regierungs- und Verwaltungsautonomie und ein unabhängiges Parlament; die einzigen gemeinsamen Angelegenheiten sollten die auswärtige Politik und das militärische Kommando in Kriegszeiten sein." (Aus dem sogenannten Papen-Memorandum vom 3. Mai 1945.)[2]

In einer Aktennotiz über seinen Abschied beim Bundeskanzler am 26. Februar 1938 vermerkt Herr von Papen:

„Ich brachte dann das Gespräch auf die weitverbreitete Meinung, daß er (der Bundeskanzler) in Berchtesgaden unter brutalem Druck gehandelt habe. Ich sei doch selbst zugegen gewesen und habe nur feststellen können, daß er immer und zu jeder Zeit die völlige Freiheit der Entschließung gehabt habe. Der Bundeskanzler meinte dazu, er habe tatsächlich unter einem starken seelischen Druck gestanden, das könne er nicht leugnen. Er habe über das Gespräch unter vier Augen eine Aufzeichnung gemacht, die das bestätige. Ich erinnerte ihn dann daran, daß er trotz dieses Gespräches sich nicht in der Lage gesehen hätte, irgendwelche Konzessionen zu machen, und fragte ihn, ob er denn ohne Druck bereit gewesen sei, die am späten Abend zugestandenen Konzessionen einzuräumen. Er antwortete: ‚Offen gestanden: Nein.'

Es scheint mir wichtig, das festzuhalten..."[3]

Damit ist in voller Schärfe klargestellt, worum es in Berchtesgaden ging und warum das Abkommen nicht halten konnte; und zwar, so paradox dies klingt, obwohl beide Teile, sicherlich aber Österreich, die Absicht hatten, es wortgetreu zu befolgen. Für Hitler war es eine ausgemachte Tatsache, daß — mit der Folgerichtigkeit eines Naturgesetzes — die Österreicher auch gegen den Willen ihrer Regierung den Anschluß von innen heraus in irgendeiner Form erzwingen würden; in welcher Form war ihm fürs erste weniger wichtig; nur eines zählte: Anschluß jetzt, also im Frühjahr 1938; alles Weitere würde sich zeigen. Dabei kam es ihm gar nicht so sehr auf die „Befreiung" Österreichs an, als vielmehr auf ein umfassendes geopolitisches Konzept, nämlich die Vormachtstellung der deutschen Rasse im Rahmen seiner Vision einer künftigen europäischen Ordnung.[4]

Selbst der Nationalsozialismus als politische Ideologie und die Nationalsozialisten im Reich wie in Österreich waren Mittel zum Zweck, nichts weiter. So ist es erklärlich, daß die Idealisten, die von der Pike auf dienten, es in aller Regel, zumal in Österreich, nicht so weit brachten wie die Karrieristen, bei denen Braun weder am Anfang noch am Ende des politischen Farbenspektrums ihrer Laufbahn stand.

Nun bedeutete aber der Nationalsozialismus in Österreich bedingungslose Hitlergefolgschaft,[5] und zwar trotz aller inneren persönlichen Rivalitäten in viel stärkerem Ausmaß, als wir dies jemals wahrhaben wollten. Die illegale NSDAP in Österreich zeichnete als NSDAP-Hitlerbewegung. Aus der zunehmenden Erkenntnis dieser politischen Tatsache ist zu einem großen Teil die Bereitschaft des Wiener Ballhausplatzes zum Versuch der Abkommen vom 11. Juli 1936 und vom 12. Februar 1938 zu erklären.

Hitlers erste Wahl ging dahin, die österreichische Frage, wie er sie sah, von Österreich aus, also ohne sichtbare Gewaltanwendung, nach dem Muster der Machtergreifung im Januar 1933 aufzurollen; wenn dies sich als nicht möglich erweisen sollte, waren militärische Machtmittel einzusetzen, unter Bedachtnahme darauf, daß, soweit irgend möglich, das Gesicht nach außen gewahrt blieb.

Dieser außenpolitischen Erwägung zuliebe war Hitler bereit, zunächst Konzessionen zu machen. Der konservative deutsche Nationalismus, wie er in führenden militärischen, diplomatischen und wirtschaftlichen Kreisen vertreten war, die den NS-Methoden und der diesen zugrunde liegenden politischen Philosophie durchaus ablehnend gegenüberstanden, hatte für diese Konzessionen Verständnis. Dies äußerte sich in der Österreichfrage zum Beispiel im konsequenten Betonen der Evolutionstheorie durch Herrn von Papen, im Gegensatz zur Auffassung der Parteiaktivisten, daß nur die Revolution, also Gewaltanwendung, zum Ziel führe. Tatsächlich zeigte sich, daß das erwünschte Resultat, nämlich das Verschwinden des selbständigen Österreich, nur auf revolutionärem Wege, also durch Rechtsbruch, möglich war. Somit hatten die revolutionären Illegalen Leopold, Tavs und Frauenfeld recht, und die Anhänger der Evolution, von Papen, Glaise-Horstenau und vor dem Stellungswechsel am 12. März 1938 auch Seyß-Inquart, Neubacher und ihre Freunde, hatten unrecht behalten; wenngleich nicht für länger als sieben, allerdings bittere und schicksalsschwere Jahre. Wie sich die weitere Zukunft entwickelt hätte, wenn sich die evolutionäre Theorie erfolgreich hätte durchsetzen können und eine Lösung im Sinne Herrn von Papens[6] Wirklichkeit geworden wäre, ist müßige Spekulation; denn auch dazu hätte es eines Systemwechsels in Österreich bedurft, der ohne Gewaltanwendung auf absehbare Zeit eben nicht zu erwarten stand. Was Herrn von Papen vorschwebte, war offenbar eine Art Bismarckscher Lösung, die Österreich in eine Beziehung zum Reichsverband, vergleichbar jener der süddeutschen Staaten nach 1866 und 1871, hätte bringen können.

Man hat die mitteleuropäische Reichsvision, von der nach 1918 auch viele konservative, geschichtsbewußte und überzeugte Österreicher sprachen — zugegeben, in verschwommenen Umrissen —, später als romantische Utopie verurteilt und ihr nationalistische Tendenzen untergeschoben. Damit tut man ihr unrecht. Ganz im Gegenteil: Sie war als bewußte Abwehr des Pangermanismus gedacht — als Zukunftsbild einer übernationalen mitteleuropäischen Integration, die in ihren Grundzügen durchaus nicht wirklichkeitsfremd war. Zum Konzept des Dritten Reichs, seiner rassischen Intoleranz, seiner nationalen Überheblichkeit stand sie in direktem Gegensatz. Ganz abgesehen davon, daß das zentralistische Denken des Dritten Reiches, wie seine kurze Geschichte zur Genüge bewiesen hat, selbst einer Bismarckschen „bundesstaatlichen" Lösung im Prinzip entgegenstand und diese genau so wenig tolerieren konnte, wie es sich außerstande sah, Österreich nach seiner „Heimkehr" 1938 als autonome und geschichtliche Verwaltungseinheit zu belassen. Für die Zerschlagung Österreichs, wie sie nach 1938 erfolgte, läßt sich bestimmt kein freier Volkswille konstruieren, kein Selbstbestimmungsrecht und auch nicht die Zustimmung einer Mehrheit seiner überzeugten Nationalsozialisten.

So war es klar, daß auch die Minimalforderung einer verschleierten Eingliederung ins Reich außer Diskussion stehen mußte und daß die in Berchtesgaden schließlich zugesagten Konzessionen, die dazu ausgenützt wurden, der Durchsetzung dieser Minimalforderung zu dienen, in der Tat nur unter Druck zustande kamen. „Es scheint wichtig, dies festzuhalten...", darin muß man Botschafter von Papen durchaus beipflichten.

Der Druck war in erster Linie militärischer Natur. Der Ernst der Lage wurde den österreichischen Unterhändlern durch den Bericht des österreichischen Generalkonsuls Dr. Ludwig Jordan in München in seiner ersten Beurteilung vom 24. Februar 1938 bestätigt:

„Während der vergangenen Woche sind mir von verschiedenen Seiten Mitteilungen des Inhalts zugekommen, daß während der Berchtesgadener Begegnung deutsches Militär einmarschbereit an der Grenze stand. Solche Meldungen wurden aber scheinbar durch die Feststellung widerlegt, daß zu dieser Zeit im Raum Reichenhall-Laufen bereits vor längerer Zeit festgesetzte Schießübungen stattgefunden haben. Nunmehr höre ich aber von verschiedenen verläßlichen Persönlichkeiten, daß am 12. dieses Monats in Oberbayern tatsächlich Vorbereitungen für eine militärische Aktion durchgeführt wurden, so z. B. sind, wie mir zwei voneinander unabhängige Gewährsmänner erzählen, am neuen Flugfeld in Bad Aibling zweihundert militärische Flugzeuge startbereit gewesen... Weiters wird mir versichert, daß auf der Reichsautobahn bei Traunstein kilometerlange Kolonnen technischer Truppen (Tanks und Artillerie) gestanden sind."[7]

Vom selben Generalkonsulat München waren seit dem Herbst 1937 eine Reihe alarmierender Meldungen eingetroffen, die von einer bevorstehenden Aktion gegen Österreich sprachen. So in einem Bericht vom 16. Oktober 1937:
„In den Kreisen der hiesigen Oberschicht, die mit der Partei in Fühlung steht, kursiert seit einigen Tagen das Gerücht, daß in Österreich eine bewaffnete Aktion der NSDAP für die nächste Zeit bevorsteht... Die Emigration trägt Zuversicht zur Schau."[8]

Bericht vom 8. Dezember 1937:
„Bei einer der letzten Pressekonferenzen der hiesigen Reichsparteileitung wurde, wie ich aus guter Quelle höre, ‚mit Bedauern festgestellt, daß sich die Verhältnisse in Österreich konsolidieren'. Weiters wurde angeblich übereinstimmend der Überzeugung Ausdruck gegeben, daß sich in dieser Entwicklung nichts ändern werde, ‚solange Schuschnigg am Ruder ist'."[9]

Bericht vom 21. Januar 1938:
„Gestern abend erzählte mir der hiesige britische Generalkonsul Mr. D. St. Clair Gainer folgendes:
1. Vor einigen Tagen habe ihn ... der Sekretär des englischen Faschistenführers Mosley besucht..., der an der letzten nationalsozialistischen Führertagung in der Ordensburg Sonthofen teilgenommen hat und auch in Österreich gewesen sei... Hauptmann Leopold habe ihm mitgeteilt, daß im Frühjahr in Österreich mit Unterstützung aus Deutschland eine bewaffnete Aktion der NSDAP stattfinden werde. Er (Leopold) glaube, daß sich hiebei Teile der Wehrmacht gegen die Bundesregierung stellen werden. Die in Godesberg usw. stationierte Legion werde vor der Aktion an die Grenze gebracht werden... Hauptmann Leopold habe ursprünglich die Befürchtung gehegt, daß er bei der erwarteten Machtübernahme der NSDAP in Österreich nicht an die Spitze der Regierung gestellt werde. Er habe jedoch in der Folge entsprechende Zusicherungen des Herrn Reichskanzlers erhalten.
Mr. Gainer nimmt die Mitteilungen... sehr ernst. Er hat sofort der britischen Botschaft in Berlin Meldung erstattet.
2. Gestern abend ist mir von ganz verläßlicher Seite noch folgende,

wie eine Ergänzung des Vorstehenden anmutende Nachricht zugegangen:

Ein Parteifunktionär aus der unmittelbaren Umgebung des Herrn Reichskanzlers habe in einem Privatgespräch erzählt, es werde im Frühjahr ‚ein Stoß gegen Österreich' unternommen werden. Sollte der Herr Bundeskanzler hiebei ‚nicht Vernunft annehmen', dann würde er das Schicksal weiland des Herrn Bundeskanzlers Dr. Dollfuß zu teilen haben."[10]

Ein weiterer Bericht aus München vom 3. Februar 1938 besagte, daß der polnische Botschafter in Berlin, Josef Lipski, sich dem polnischen Generalkonsul in München gegenüber geäußert habe, daß seit dem Besuch des jugoslawischen Ministerpräsidenten Milan Stojadinović in Berlin der „Appetit Deutschlands auf Österreich sichtlich gewachsen sei".[11]

Schließlich wies ein anderer Bericht des Generalkonsulats München vom 8. Februar 1938, also wenige Tage vor der Begegnung in Berchtesgaden, darauf hin, daß Österreich und Meldungen über eine „Frühjahrsaktion" im Mittelpunkt aller außenpolitischen Gerüchte in München stünden; man betrachte die jüngsten Personalveränderungen in der deutschen Armee (Entlassung der Generale Blomberg und Fritsch) und im deutschen Außendienst (Entlassung Neuraths sowie der Botschafter Papen und Hassel) allgemein als Anzeichen für ein Abschwenken Deutschlands von der Linie des 11. Juli 1936.[12]

Wie sich später herausstellte, waren die Berichte des österreichischen Generalkonsuls Dr. Jordan in München, übrigens ebenso wie jene des ausgezeichneten österreichischen Gesandten in Berlin, Stephan Tauschitz, völlig richtig gesehen und in Übereinstimmung mit den Tatsachen. Der vormalige illegale österreichische Landesleiter Hauptmann Leopold wurde noch vor dem Anschluß von Hitler in Berlin scharf zurechtgewiesen, weil er ihm durch seine laufenden Indiskretionen, die, zu Papier gebracht, der österreichischen Polizei in die Hände fielen, außenpolitisch schwere Ungelegenheiten bereiten konnte. Diesmal habe er, Hitler, die Lage noch zu meistern vermocht...[13] Daß speziell Generalkonsul Dr. Jordan von den Machthabern nach dem 11. März 1938 für die korrekte Erfüllung seiner Amtspflicht zur Verantwortung gezogen und aufs schwerste verfolgt wurde, zeigt klar, wie es sich mit der „evolutionären Entwicklung" in Wirklichkeit verhielt.

Die Auffassung Hitlers über die Berchtesgadener Besprechungen gehen aus der vertraulichen Niederschrift der Unterredung zwischen dem Führer und Reichskanzler und dem britischen Botschafter in Berlin, Sir Neville Henderson, hervor, die am 3. März 1938 stattfand, also zu einem Zeitpunkt, an dem alle österreichischen Zusagen des Berchtesgadener Protokolls erfüllt waren und Hitler noch nicht behaupten konnte, infolge „Bruch des Abkommens" durch die Volksbefragung in Österreich vor eine angeblich neue Situation gestellt zu sein.

Nach diesen Aufzeichnungen erwähnte der britische Botschafter,

„daß er auf Weisung seiner Regierung in London in Gesprächen mit dem

Ministerpräsidenten Chamberlain und anderen interessierten Kabinettsmitgliedern alle Fragen geprüft hätte, die sich aus dem Halifax-Besuch in Deutschland (November 1937) ergaben. Er unterstrich in diesem Zusammenhang die Wichtigkeit einer deutschen Mitwirkung bei der Beruhigung in Europa, auf die er in früheren Gesprächen mit Herrn von Neurath und Herrn von Ribbentrop bereits hingewiesen habe. Eine derartige Beruhigung könnte gefördert werden durch die Begrenzung der Rüstungen und durch Befriedung in der Tschechoslowakei und in Österreich. In diesem Zusammenhang verlas der britische Botschafter wörtlich folgende Weisungen, die er nachher schriftlich übergab: ‚Die gemeinsame Befriedung wäre unter anderem der Meinung der britischen Regierung nach von Maßnahmen abhängig, die mit der Absicht getroffen werden könnten, Vertrauen in Österreich und in der Tschechoslowakei zu schaffen. Die britische Regierung befindet sich noch nicht in der Lage, die Folgen der neulich zwischen Österreich und dem Deutschen Reich getroffenen Abmachungen richtig zu beurteilen, und diese Folgen werden notwendigerweise von der Weise abhängig sein müssen, worauf die verschiedenen Verpflichtungen und Anordnungen von den beiden Parteien in Kraft gesetzt werden (sic!). Die britische Regierung steht also immer noch im Zweifel darüber, was für einen Einfluß diese Abmachungen auf die Lage in Zentraleuropa ausüben werden, und sie kann nicht die Tatsache übersehen, daß die letzten Ereignisse Besorgnisse in vielen Kreisen erweckt haben, die unvermeidlich das Erreichen einer allgemeinen Lösung erschweren werden.' "

Hitler antwortete nach einer scharfen Polemik gegen die „Hetzkampagne" in der britischen Presse:

„Bezüglich Mitteleuropas sei zu bemerken, daß Deutschland sich bei der Regelung seiner Beziehungen zu den stammesverwandten Ländern oder Ländern mit stark deutschen Bevölkerungsteilen von dritten Mächten nicht hineinreden lassen würde, genausowenig wie es Deutschland einfiele, in die Regelung des Verhältnisses England-Irland eingreifen zu wollen. Es handle sich darum, zu verhindern, daß ein Unrecht an Millionen Deutschen fortgesetzt oder erneut aufgenommen werde. Bei diesem Versuch einer Regelung müsse Deutschland aufs ernsteste erklären, daß es nicht gewillt sei, sich von anderen Stellen durch diese Regelung irgendwie beeinflussen zu lassen. Es sei unmöglich, daß die Freiheit der Nationen und die demokratischen Rechte auf der einen Seite stets als Elemente der europäischen Ordnung hingestellt würden, aber gerade das Gegenteil behauptet werde, wenn es sich darum handle, das Los der Deutschen in Österreich zu verbessern, wo eine Regierung, die nicht wie die deutsche auf legalem Wege zustande gekommen sei und nur 15 Prozent der Bevölkerung hinter sich habe, die übrigen

Deutschen unterdrückt hätte. Das sei auf die Dauer ein unmöglicher Zustand, und wenn sich England weiterhin den deutschen Versuchen widersetze, hier eine gerechte und vernünftige Regelung zu schaffen, dann würde der Augenblick kommen, wo gekämpft werden müßte. Wenn er, der Führer, sich bemühe, wie er es in Berchtesgaden getan habe, auf friedlichem Wege Erleichterungen für die unterdrückten Deutschen durchzusetzen, Paris und London jedoch seine Bemühungen nicht nur voll Skepsis verfolgten, sondern ihren Diplomaten die Weisung erteilten, die Durchführung dieses friedlichen Versuches zu verhindern (der britische Botschafter warf hier ein, daß England dies niemals getan habe), so leisteten sie dem Frieden dadurch einen sehr schlechten Dienst. Es müsse letzten Endes in Österreich das Volk selbst befragt werden und in der Tschechoslowakei den Deutschen die ihnen gebührende Autonomie in kultureller und anderer Hinsicht gewährt werden, um hier zu einer befriedigenden Lösung zu gelangen. Es sei dies die einfachste Anwendung jenes Selbstbestimmungsrechtes der Völker, das in den Wilsonschen vierzehn Punkten eine so große Rolle gespielt habe. Der jetzige Zustand sei jedenfalls auf die Dauer unmöglich, er würde zu einer Explosion führen, und um dies zu vermeiden, seien die Abmachungen von Berchtesgaden beschlossen worden, wobei gesagt werden könne, daß die Schwierigkeiten als behoben angesehen werden könnten, wenn die österreichische Regierung ihre Zusagen erfülle. Wer dagegen gegen Vernunft und Recht mit Gewalt vorginge, der rufe die Gewalt auf den Plan, wie er dies auch in seiner Reichstagsrede ausgeführt habe.
Auf eine Frage des britischen Botschafters, ob Deutschland eine Volksabstimmung in Österreich fordere, erwiderte der Führer, es werde verlangt, daß auf dem Wege der Evolution die berechtigten Interessen der deutschen Österreicher gesichert und der Unterdrückung ein Ende gemacht würde...
Das Gespräch ging dann wieder auf die mitteleuropäischen Probleme über und auf die Bemerkung des britischen Botschafters, daß Chamberlain nur etwas erreichen könne, wenn auch Deutschland einen Beitrag auf diesen Gebieten leiste, erwiderte der Führer, daß sein Beitrag zu diesen Fragen in dem Abkommen von Berchtesgaden mit Österreich zu sehen sei, daß er aber mit allem Nachdruck erklären müsse, daß *wenn einmal in Österreich oder in der Tschechoslowakei gegen Deutsche geschossen würde, das Deutsche Reich dann zur Stelle sein würde.* Er, der Führer, habe in seiner politischen Laufbahn viel reden müssen und deshalb glaubten vielleicht manche Kreise, seine Worte nicht immer allzu ernst nehmen zu müssen. Man würde sich aber blutig täuschen, wenn man seine Äußerungen zu den mitteleuropäischen Fragen für bloße Rhetorik halten wolle. *Wenn in Österreich oder in der Tschecho-*

slowakei von innen heraus Explosionen erfolgten, so würde Deutschland nicht neutral bleiben, sondern blitzschnell handeln. Es sei daher falsch, wenn von gewissen Diplomaten oder von gewissen Seiten der Wiener Regierung gesagt würde, sie brauche sich nicht zu fürchten und ihre Verpflichtungen nicht so genau auszuführen.
Reichsaußenminister von Ribbentrop wies hier auf die dramatische Unterhaltung zwischen dem englischen Gesandten in Wien (Michael Palairet) und Herrn von Papen hin, in deren Verlauf sich der Gesandte über den Druck, den Deutschland angeblich auf Österreich ausgeübt habe, aufs lebhafteste beschwerte. Der ganze Druck von Berchtesgaden habe darin bestanden, Österreich auf gewisse Gefahren aufmerksam zu machen und eine Lösung für ihre Abhilfe in Aussicht zu nehmen. Wenn der britische Gesandte bei Herrn von Papen schon in so dramatischer Weise Einspruch erhoben hätte, wie würde er da wohl erst beim österreichischen Außenminister Schmidt gesprochen haben.
Der britische Botschafter wies darauf hin, *daß diese Äußerung des Gesandten nicht notwendigerweise die Meinung der britischen Regierung darstellte, und erklärte, wie oft er, Sir Neville Henderson, selbst für den Anschluß eingetreten sei...*
Der britische Botschafter rekapitulierte den deutschen Standpunkt bezüglich Österreich und der Tschechoslowakei dahingehend, daß bei weiterer Unterdrückung der dortigen Deutschen eine Explosion erfolgen würde, daß dagegen bei Gewährung völliger Gleichberechtigung kein Konflikt zu erwarten sei..."[14]
In einem Brief an Reichsaußenminister von Ribbentrop vom 4. März 1938 korrigierte Botschafter Sir Neville Henderson die vom deutschen Dolmetscher Legationsrat Schmidt verfaßte und ihm übermittelte Niederschrift mit der Bemerkung, daß diese eine irrige *(quite incorrect)* Bemerkung enthalte; er, Henderson habe sich niemals für den Anschluß Österreichs ausgesprochen. Er habe lediglich gelegentlich persönliche Ansichten geäußert, die mit der Auffassung seiner Regierung nicht in völliger Übereinstimmung sein mochten...[15]
Sir Anthony Eden, bis 20. Februar 1938 Leiter der britischen Außenpolitik, der Sir Neville Henderson im Frühling 1937 für den Botschafterposten in Berlin vorgeschlagen hatte, bemerkte später:
„Es war ein internationales Unglück, daß wir in dieser Zeit in Berlin durch einen Mann vertreten waren, der weit entfernt, die Nazis zu warnen, dauernd sie entschuldigte und oft gemeinsame Sache mit ihnen machte... Er steigerte sich in die Meinung, daß er dazu bestimmt sei, Frieden mit den Nazis zu machen. In der aufrichtigen Überzeugung, daß dies möglich wäre, betrachtete er schließlich mich und andere vom Foreign Office, die meiner Meinung waren, als Hindernis auf seinem Weg. Mehr als einmal mußte ich ihn in den nächsten neun Monaten davor warnen, nach seiner wiederholten Art meine Instruktionen in

einer den Nazis zu sehr entgegenkommenden Weise auszulegen. Lord Halifax hatte später die gleichen Erfahrungen zu machen, und zwar noch in einem stärkeren Ausmaß, als ich damit je mich hätte abfinden können. Hendersons Vertrauen in die guten Absichten der Nazis und seine Unterstützung ihrer Ansprüche in Österreich und der Tschechoslowakei beschleunigten die Ereignisse, die zu verzögern seine Pflicht gewesen wäre. Trotzdem aber fühlte Hitler ihm gegenüber eine zunehmende Abneigung."[16]

Aus dem oben zitierten Gespräch mit Botschafter Henderson geht klar hervor, daß Hitler seine Absichten gegen Österreich neuerdings, wie schon oft zuvor, auf die angebliche Unterdrückung und Verfolgung der österreichischen Nationalsozialisten oder, wie es der Einfachheit halber hieß, der Deutschen in Österreich begründete. Im selben Atemzug hatte er aber neuerdings die österreichische Verfassung anerkannt und zur Kenntnis genommen, daß diese keine Parteien, also auch nicht die NSDAP, zuließ. Die Verfolgung bestand vom Anbeginn des Kampfes an in der Ahndung terroristischer Tätigkeiten und im Unterbinden und Bestrafen von Sabotageaktionen. Es ist auch richtig, daß die Propaganda für die Hitlerbewegung und damit Demonstrationen für den Anschluß, die sich klar gegen den Bestand des Staates richteten, seit 1933 gesetzlich verfolgt wurden.

Wie die organisierte Tätigkeit gegen die Selbständigkeit Österreichs mit dem „deutschen Frieden" in Einklang gebracht werden könnte, darin lag der unlösbare Widerspruch.

Das Berchtesgadener Abkommen hatte die Zulässigkeit einer gegen den selbständigen österreichischen Staat gerichteten politischen Bewegung mit keiner Silbe erwähnt; es wurde auch nicht davon gesprochen, weil dies der Absicht, normal freundschaftliche Beziehungen zwischen den beiden Staaten zu sichern, im Grundsatz widersprochen hätte. Somit standen, wie aus Hitlers Erklärungen gegenüber dem englischen Botschafter vom 3. März 1938 klar hervorgeht, die unausgesprochenen Grundauffassungen der Verhandlungspartner einander genauso diametral und unversöhnlich gegenüber wie in den Frühlingstagen 1933, als Hitler erwartete, mit der Tausend-Mark-Sperre seinen österreichischen Gegner in die Knie zu zwingen. Alles, was sich mittlerweile ereignet hatte, und zumal der mit dem Abkommen vom Juli 1936 versuchte Ausgleich, war als ein durch die internationale Lage bedingter Zeitaufschub im Kampf um das unverrückbare Endziel demaskiert.

Nach dem 12. Februar 1938 blieb das große Fragezeichen, inwieweit Hitler das Abkommen von Berchtesgaden als eine ihn zunächst befriedigende Basis der zwischenstaatlichen Beziehungen zwischen Deutschland und Österreich im weiteren Rahmen seiner Außenpolitik ansah, oder ob er es von vornherein nur als Sprungbrett betrachtet hatte. Im ersten Fall konnte Österreich nach den bisherigen Erfahrungen mit etwa zwei Jahren ruhiger Entwicklung rechnen; sie wären seinem wirtschafts- und innerpolitischen Fortschritt zugute gekommen. Die in den letzten Monaten erfolgende vehemente Radikalisierung aller jener, denen seit 1933 die nationalsozialistische Machtübernahme versprochen worden war, hatte ihre tiefere Ursache nicht zuletzt in der befürchteten Konsolidierung der Verhältnisse in Österreich.[17] Im anderen Fall blieb noch die letzte, wenngleich schwache Hoffnung auf eine rasche Änderung der internationalen Lage, falls London und Rom sich in der Abessinien- und Spanienfrage einigen konnten; und auch dies nur, wenn diese Einigung in den nächsten Wochen nach dem 12. Februar erfolgte.

Hitlers Kalenderpläne waren undurchsichtig; sie sind auch nach unserem heutigen Wissen nicht zur Gänze durchschaubar. Fest steht lediglich, daß der Anschluß Österreichs, und zwar in absehbarer Zeit, für ihn eine ausgemachte Sache war; die Vorbedingungen waren nach seinem Konzept noch im Jahre 1938 zu schaffen; je früher und geräuschloser, desto besser.

In seiner Reichstagsrede vom 20. Februar 1938 hatte sich Hitler der Vereinbarung gemäß auf „Geist und Rahmen des Vertrages vom 11. Juli 1936" berufen.[18] Damit war die Anerkennung der Selbständigkeit des souveränen Österreich und seiner Verfassung sowie die übernommene Verpflichtung zur Nichteinmischung in die inneren österreichischen Angelegenheiten aufs neue bestätigt. Schon am 26. Februar 1938 erklärte er aber dem vormaligen illegalen österreichischen Landesleiter Leopold und dessen Mitarbeitern, die als Folge des Berchtesgadener Abkommens Österreich zu verlassen hatten, in Gegenwart Ribbentrops und Kepplers,

„das Berchtesgadener Protokoll sei so weitreichend, daß sich die österreichische Frage, die er nicht gewaltsam, sondern evolutionär gelöst wissen wolle, bei voller Durchführung der getroffenen Vereinbarungen automatisch lösen werde."[19]

In den ersten Märztagen eröffnete Hitler einem ins Reich übernommenen führenden Österreicher der illegalen NSDAP, der um eine Verwendung oder um die Bewilligung zur Rückkehr nach Österreich bat, er möge sich gedulden, binnen kurzem werde er, Hitler, ohnedies in Wien sein, und dann löse sich alles von selbst...

Darin bestand der Unterschied in den grundlegenden Auffassungen der Vertragspartner: die deutsche Seite sprach von Anerkennung der österreichischen Selbständigkeit und verneinte jede Annexionsabsicht; sie war sich aber dessen sicher, daß Österreich von innen heraus, aus eigenem Willen und mit eigenen Kräften den Anschluß durchführen werde, und hielt sich durchaus für berechtigt, diese innere österreichische Entwicklung zu beschleunigen und von der österreichischen Regierung zu verlangen, daß sie ihr im Namen der nationalen Freiheit freien Lauf lasse. Der österreichische Partner bemühte sich um die völkerrechtlich bindende Anerkennung der Selbständigkeit und um die Einstellung ihrer flagranten Bedrohung durch Beendigung des kalten Krieges, der seit Hitlers Machtübernahme in Deutschland bis zum 11. Juli 1936 ganz offen geführt worden war. Österreich erklärte seine Bereitschaft, für diese lebenswichtige Sicherung, und nur für diese, einen erheblichen politischen Preis zu zahlen. Insoweit kann von Verschiedenheit der politischen Interpretation eines zwischenstaatlichen Abkommens gesprochen werden, die schließlich immer den Stärkeren begünstigt.

Anders verhält es sich mit der zugesagten Nichteinmischungsverpflichtung, ohne die für Österreich das Abkommen von vornherein wert- und sinnlos bleiben mußte. Hitler war im Februar 1938 überzeugt, daß die österreichische Frage in seinem Sinn — ohne massive Einmischung direkter oder indirekter Natur — auf absehbare Zeit nicht zu lösen war; trotzdem hat er sich zur Nichteinmischung verpflichtet.

Dem kann allerdings entgegengehalten werden, daß der österreichische Partner trotz aller Absprachen und Versicherungen wußte, daß nach der ganzen Lage der Dinge und nach allen Erfahrungen das Ausmaß der deutschen Intervention in nationalsozialistischen — nach Hitlers Sprachgebrauch: volksdeutschen — Angelegenheiten ausschließlich von den internationalen Möglichkeiten abhing. Dies wurde auch in anderen europäischen Breiten durchaus begriffen; daher die kritische Einstellung z. B. Winston Churchills zu den österreichischen Passagen der Reichstagsrede Hitlers vom 20. Februar 1938:

„Es gibt für britisches und amerikanisches Empfinden kaum ein vollendeteres Muster an Täuschung und Heuchelei ... Erschreckend bleibt nur, daß kluge Männer und Frauen in freien Ländern anders als mit Verachtung darauf reagieren können."[20]

Am 13. Februar von Berchtesgaden nach Wien zurückgekehrt, wäre es sicherlich möglich gewesen, in aller Öffentlichkeit, etwa vor dem Mikrophon, die Welt zu alarmieren. Damit wäre genau die Situation geschaffen worden, die zu vermeiden wir in Berchtesgaden angetreten sind. In damaliger wie heutiger Sicht wäre ein solcher Schritt gleichbedeutend gewesen mit Submittieren, d. h. es wären genau die gleichen Folgen eingetreten wie einen knappen Monat später nach der Ansage der Volksbefragung in Österreich. Nur war es am 13. Februar noch nicht möglich, zu beweisen, was Hitler in Wahrheit kurzfristig plante und daß er damals schon aufs Ganze ging. Wir hätten damit den einzigen Trumpf, der uns geblieben war, aus der Hand gegeben und es der Gegenseite leichtgemacht, den Schein zu wahren und Österreich vor der Welt als den Schuldigen hinzustellen. Diplomatische Demarchen in Berlin, und dabei wäre es geblieben, hätten damals genausowenig genützt wie später.

Trotzdem war natürlich Information der Außenwelt nötig. Sie mußte tatsachengetreu sein und durfte, um bei uns keine wirtschaftliche Panik auszulösen, so lange als irgend möglich nicht alarmierend wirken.

Die sofortige Detailinformation der österreichischen Auslandsvertretungen war deshalb nicht tunlich, weil die Absprachen des Berchtesgadener Protokolls der Durchführung bedurften und weil am 13. und 14. Februar über Annahme oder Ablehnung in Wien entschieden werden mußte. Die Ernennung des umgebildeten Kabinetts erfolgte am 14. Februar abends. Hievon und über

die weiteren beschlossenen Maßnahmen wurden die österreichischen Auslandsvertretungen mit chiffrierten Telegrammen am 15. Februar verständigt. Die Verständigung der deutschen diplomatischen Stellen im Ausland durch das Reichsaußenministerium erfolgte am 16. Februar.
Im Wiener Zirkulartelegramm Z. 51.601-13 vom 15. Februar heißt es:
„Die zwischen dem Bundeskanzler und dem Reichskanzler in Berchtesgaden geführten Besprechungen waren angesichts der deutscherseits erhobenen Forderungen und des Drucks, mit dem deren Durchsetzung versucht wurde, außerordentlich schwierig und von scharfen Auseinandersetzungen begleitet. Erst nach vielstündigen Verhandlungen konnte eine Basis gefunden werden, auf der eine Einigung erzielt wurde, deren Hauptlinien darin bestehen, daß deutscherseits das Fortbestehen des Übereinkommens vom 11. Juli 1936 anerkannt und die Zusage der Nichteinmischung in innere österreichische Angelegenheiten ausdrücklich erneuert wurde, wogegen der Bundeskanzler sich bereit erklärte, die innere Befriedung Österreichs durch bestimmte, im Geist großzügiger Versöhnlichkeit gehaltene Maßnahmen zu fördern...
Bei Ihren Gesprächen wollen Sie, ohne die Schwierigkeiten der Verhandlungen zu verschweigen, das Hauptgewicht darauf legen, daß am Übereinkommen vom 11. Juli nichts geändert wurde und der Fortgang der Befriedungsaktion in Österreich in keiner Weise ein Aufgeben oder eine Abschwächung der bisherigen Grundsätze der Bundesregierung bedeutet, die nach wie vor an der Unantastbarkeit der österreichischen Unabhängigkeit, an der Verfassung sowie Monopolstellung der Vaterländischen Front festhält."
Im Zirkulartelegramm Z. 51.616 vom selben Tag wurden die vereinbarten Maßnahmen aufgezählt und daran angeschlossen:
„Eintritt vollkommener Beruhigung an sich begreiflicher Nervosität des In- und Auslandes ist absolutes Gebot der Stunde und für nunmehr normale Entwicklung unserer Beziehungen zum Reich auf Grund unangetastet gebliebener Grundsätze des Juliabkommens unerläßlich... In diesem Sinne wollen Sie im Vortelegramm angedeutete schwierige Umstände, Besprechungen in Berchtesgaden, als ausschließlich persönliche Information behandeln und in Ihren Gesprächen allen Nachdruck auf Notwendigkeit allgemeiner Beruhigung und unsere Zuversicht in die normale Entwicklung unseres nunmehr durch die Besprechungen in Berchtesgaden bereinigten Verhältnisses zum Reich legen."[21]
Außerdem wurden chiffrierte Telephongespräche mit Prag, London und Paris geführt und zusätzliche Informationen brieflich weitergeleitet.[22]
Diese Sprachregelung seitens der österreichischen Auslandsvertretungen wurde für zweckmäßig gehalten, um mögliche Komplikationen zu verhindern, zumal das Hauptgewicht aus praktischen Erwägungen auf die persönliche Information der in Wien akkreditierten Gesandten der Großmächte gelegt war. Auf diesem

Wege war die schnellste und sicherste und, worauf es im gegenständlichen Fall ankam, diskreteste Verständigung der interessierten Mächte zu erwarten. Daß es entgegen späterer Version an dieser genauen Information nicht gefehlt hat, geht aus der Tatsache hervor, daß Sicherheitsdienst und Gestapo in den folgenden Jahren besonderes Interesse daran zeigten, herauszufinden, wieso vor allem Paris und London unmittelbar nach dem 12. Februar über die Details der Besprechungen genauestens im Bilde waren. Auch Washington war durch seine Auslandsvertretungen über die bedrohliche Entwicklung der Lage in Mitteleuropa laufend informiert. Im Dezember 1948 wurden in der amerikanischen Presse einzelne diplomatische Geheimberichte unter dramatischen Umständen veröffentlicht.[23]

Der ehemalige kommunistische Kurier Whittaker Chambers, damals Redakteur des Magazins *Time,* hatte vor dem „Kongreßkomitee zur Bekämpfung unamerikanischer Umtriebe" behauptet, daß ihm der damalige Präsident der Carnegiestiftung und einstige Generalsekretär der Konferenz von San Franzisko (1945), Alger Hiss, als hoher Beamter des State Department Geheimdokumente politischer Natur ausgeliefert habe. Alger Hiss leugnete die Anschuldigungen und verständigte das Justizministerium in Washington, das die Grand Jury von New York mit der Untersuchung beauftragte. Chambers übergab daraufhin dem Beauftragten des Kongreßausschusses in seiner Privatwohnung Mikrofilme von Geheimdokumenten des State Department, die er von den Originalen angefertigt und seit 1938 aufbewahrt hatte. Er gab an, daß ihm diese von Beamten des State Department, darunter Alger Hiss, ausgehändigt worden seien. Die Originale seien zuerst von Alger Hiss' Gattin maschinschriftlich kopiert worden. Die Schreibmaschine wurde später gefunden. Alger Hiss bestritt unter Eid die Aushändigung der Dokumente, wurde aber vom Schwurgericht wegen Meineids verurteilt. Das Mitglied des Kongreßkomitees zur Bekämpfung unamerikanischer Umtriebe, der damalige Abgeordnete von Kalifornien Richard M. Nixon, hatte es übernommen, das von der Bundesanwaltschaft angeforderte Beweismaterial der Grand Jury in New York zu unterbreiten.[24]

Unter den sogenannten Chambers-Papieren befanden sich drei diplomatische Berichte über die österreichische Situation im Februar 1938, die im Dezember 1948 nach Freigabe durch das State Department vom Vorsitzenden des parlamentarischen Untersuchungsausschusses veröffentlicht wurden. Es handelt sich hiebei um einen summarischen Bericht des US-Generalkonsuls in Wien vom 13. Februar 1938, der — übrigens zum Teil unrichtigen Inhalts — telegraphisch nach Washington durchgegeben wurde, ferner um den Bericht aus Wien vom 15. Februar 1938 und um den Bericht des US-Botschafters in Paris vom 16. Februar 1938; sie lauten[25]:

„An den Secretary of State
Washington
(In Washington eingelangt: 3.50 p. m.)

Wien, 13. Februar 1938

Nachrichten aus verläßlicher Quelle deuten darauf hin, daß Hitler unakzeptierbare Forderungen gestellt hat und daß die österreichische Regierung jetzt daran ist, Gegenvorschläge zu formulieren. Die Regierung ist für das diplomatische Korps zur Zeit unerreichbar. Sogar der französische Gesandte, mit dem eine Vorsprache vereinbart war, war nicht in der Lage, Schmidt zu sprechen. Möglicherweise sucht Hitler einen außenpolitischen Triumph auf Kosten Österreichs, um die nachteiligen Folgen seiner Parteikrise wettzumachen.

Der Innsbrucker Korrespondent einer amerikanischen Nachrichtenagentur berichtet, daß Ribbentrop auf dem Weg nach Italien heute Innsbruck passiert habe. Gerüchte von verschiedenen Stellen behaupten, daß Schuschnigg lange Telephonate mit Mussolini hatte, bevor er nach Berchtesgaden ging. Es fand heute nachmittags eine kleine Heimwehrdemonstration für Starhemberg statt, die österreichischen Legitimisten sind laut Berichten entmutigt in Hinsicht auf den voraussichtlichen Verlauf der Ereignisse.

John Wiley (US-Generalkonsul)"

„An den
Secretary of State
Washington

Wien, 15. Februar 1938

Bezugnehmend auf Telegramm vom 15. Februar, 9 Uhr abends:
Dinierte gestern nacht bei einem großen Empfang, den Schmidt gab, mit Kanzler Schuschnigg, Seyß-Inquart, Mitgliedern der Regierung und dem diplomatischen Korps. Es herrschte eine äußerst bedrückte Atmosphäre. Schuschnigg beschrieb dem französischen Gesandten gegenüber seinen Besuch in Berchtesgaden als den schrecklichsten Tag seines Lebens. Er sagte, daß Hitler zweifellos ein Verrückter (madman) sei, von seiner Mission überzeugt, und in vollkommener Kontrolle von Deutschland. Hitler habe ihm offen von seiner Absicht gesprochen, Österreich zu annektieren, und habe erklärt, daß er mit größerer Leichtigkeit nach Österreich marschieren könnte und mit beträchtlich weniger Risiko als jenem, das er auf sich genommen habe, als er das Rheinland remilitarisierte. Schuschnigg gibt zu, daß die Ernennung Seyß-Inquarts äußerst gefährlich sei, aber erklärt seine Bereitschaft dazu, um ‚das Ärgste' zu vermeiden. Was Italien betrifft, erklärte Schuschnigg, daß er nur auf moralische, aber nicht auf materielle Unterstützung rechnen könne. Schuschnigg versucht, das Beste aus einer sehr schlimmen Lage zu ma-

chen, und führte ein langes und freundliches Gespräch mit Seyß-Inquart. Hornbostel ist äußerst verzweifelt und sagt offen, daß ihm nichts übrig bleibe, als das Außenamt zu verlassen.
Der italienische Gesandte erklärte, daß er von der Berchtesgadener Begegnung erst am 11. Februar unterrichtet wurde, und leugnete, daß Italien irgendeine Initiative in dieser Sache unternommen habe. Er habe Mussolini telegraphisch voll informiert. Dieser aber betreibe gerade Wintersport. Gighi (italienischer Gesandter in Wien) habe bis gestern abend keine Informationen darüber gehabt, ob seine Botschaften den Duce erreicht haben. Der italienische Gesandte macht einen besorgten Eindruck.
Der päpstliche Nuntius gibt zu, daß Seyß-Inquart vielleicht ein guter Katholik sei, aber äußert nichtsdestoweniger die Besorgnis, daß es der Anfang vom Ende ist.
Der französische Gesandte, der seit fünf Jahren in Wien ist, erklärt, daß dies der kritischeste Moment seit Juli 1934 sei. ‚Es ist nicht das Ende, es ist der Augenblick davor.' Nach seiner Auffassung kann Österreich nur gerettet werden durch die unmittelbare Aussöhnung Frankreichs und Englands mit Italien und durch eine energische gemeinsame Aktion. Ender (früher Bundeskanzler), der Verfasser der Maiverfassung, machte heute früh eine ähnliche Bemerkung.
Nach meiner Überzeugung ist die österreichische Lage äußerst prekär und bedrohlich; wenn Seyß-Inquart loyal ist, wäre seine Ernennung keine Lösung. Wenn er es nicht ist, ist sie eine Katastrophe. Deutschland plant voraussichtlich, Österreich allmählich zu einem zweiten Danzig zu machen, und alle isolierten Anstrengungen Schuschniggs, Seyß-Inquart kaltzustellen, werden bestenfalls diesen Prozeß verzögern. Telegraphisch durchgegeben nach Paris, London, Berlin und Rom.
            Gez. Wiley (US-Generalkonsul)."

„An den
Secretary of State,
Washington
                Paris, 16. Februar 1938
(Streng vertraulich!)
Der österreichische Gesandte las mir gerade ein Telegramm vor, welches er heute morgen von Schuschnigg erhalten hatte. Es besagt, daß Schuschnigg keineswegs die Hoffnung aufgegeben hat, die österreichische Unabhängigkeit zu erhalten. Er vertraut darauf, daß Seyß-Inquart trotz seiner großdeutschen Auffassung nicht unter der Hand für die Einschleusung der Nationalsozialisten in das Regime arbeiten werde.
Die Amnestie würde sofort nicht nur auf die Nationalsozialisten, sondern auch auf die Sozialdemokraten ausgedehnt werden. Sie würde je-

doch diejenigen nicht einbegreifen, die aus Österreich emigriert sind, und daher die österreichischen Nationalsozialisten, die sich jetzt in Deutschland befinden, ausschließen.
Das Recht zur politischen Propaganda würde nicht nur den Nationalsozialisten zugestanden, sondern auch auf die Monarchisten und Sozialdemokraten ausgedehnt werden. Diejenigen Nationalsozialisten, die wegen ihrer politischen Haltung ihrer amtlichen Stellung enthoben und denen die Pensionen gesperrt wurden, würden zwar ihre Pensionen zurückerhalten, aber nicht wieder in ihre früheren Dienststellungen eingestellt werden. Schuschniggs Auffassung ist, soweit ich daraus sehe, folgende:
Er will den Kampf für die österreichische Unabhängigkeit fortsetzen, glaubt aber, daß diese auf lange Sicht nur aufrechterhalten werden kann, wenn zwischen England, Frankreich und Italien eine Aussöhnung erfolgt. Er betrachtet die Anerkennung von Äthiopien als wesentlich für die Aussichten einer solchen Aussöhnung, nachdem die Italiener fest davon überzeugt seien, daß England in der Zukunft versuchen würde, sie aus Äthiopien zu vertreiben, was den Zusammenbruch des faschistischen Regimes in Italien bedeuten würde.
Schuschnigg ist der Überzeugung, daß die politischen Schritte, die er gerade unternommen hat, eine zeitweise Atempause gewähren würden, obwohl Hitler sie letzten Endes für genauso unzureichend betrachten werde wie die Schritte, die nach der Vereinbarung vom Juli 1936 unternommen wurden. Schuschnigg erwartet daher, daß Deutschland irgendwann in der Zukunft neuerlich das Berchtesgadener Manöver wiederholen und, wenn nötig, an der österreichischen Grenze mobilisieren werde. Er werde keine weiteren Konzessionen machen, aber er könne nicht versuchen, den Kampf gegen Deutschland allein zu führen, und würde, wenn er mit einer deutschen Mobilisierung konfrontiert werde, zurückzutreten haben.
Die Frage der österreichischen Existenz als eines unabhängigen Staates hänge daher von der Möglichkeit ab, daß eine Aussöhnung zwischen England, Frankreich und Italien erfolgt und ein Einvernehmen zwischen diesen Mächten zur Unterstützung der österreichischen Unabhängigkeit erreicht wird; diese müßte erfolgen, bevor Hitler neuerdings so irritiert wird, daß er eine Mobilisierung an der österreichischen Grenze anordne. Der österreichische Gesandte setzte hinzu, daß er der Auffassung sei, eine Ausdehnung der Amnestie auf die Sozialdemokraten würde eine beträchtliche Stärkung des Schuschnigg-Regimes zur Folge haben, nachdem die Sozialdemokraten die heftigsten Opponenten gegen eine allmähliche Nazifizierung von Österreich wären.
Im Gegensatz zu der oben geäußerten Meinung betreffend Seyß-Inquart wurde ich heute früh von einem Herrn, der erklärt, Seyß-Inquart ge-

nauest zu kennen, dahin informiert, daß der letztere, obwohl überzeugter Katholik, gleichzeitig ein hundertprozentiger Nationalsozialist aus Überzeugung sei, und daß er allmählich die Nationalsozialisten in alle lebenswichtigen Stellen einschleusen werde, um in einigen Monaten zum entscheidenden Schlag auszuholen.
Gez. Botschafter William C. Bullitt."

Daß unsererseits kein Interesse daran bestehen konnte, Berlin eine Handhabe zu der Darstellung zu geben, die Kammerdebatten auswärtiger Parlamente (Paris 25. Februar 1938, London 16. und 17. Februar 1938) seien österreichischer Initiative entsprungen, versteht sich nach der ganzen Lage von selbst. Wir hätten uns dadurch gegenüber Hitler, aber auch gegenüber unseren eigenen „Nationalen", die wir für die österreichische Sache zu gewinnen trachteten, ins Unrecht gesetzt und die letzte, zugegeben schwache Möglichkeit zur Selbsterhaltung verspielt, ohne irgend etwas dabei zu gewinnen. Hätte man eine bewaffnete europäische Intervention gegen den Anschluß beabsichtigt, wie etwa noch bis 1935, dann hätte es kein Abkommen von Berchtesgaden gegeben. Da eine solche aber weder vor noch nach dem 12. Februar in Aussicht stand, was genugsam und überall bekannt war, konnte uns mit Rhetorik, parlamentarischen Anfragen und Resolutionen allein wenig gedient sein. Dies hat sich schließlich — und nicht nur im Fall Österreich — bis zum Ausbruch des Zweiten Weltkriegs aufs klarste erwiesen.

Wir hatten das Unsrige im Dienste des Friedens getan. Unsere ganze Existenz war auf diesen Dienst am Frieden gegründet. Nun oblag es denen, auf die es ankam, das Ihre dazu zu tun und die Zukunft richtig einzuschätzen. Es ging ja nicht um Österreich allein, sondern um die Erhaltung der europäischen Ordnung. Was immer gesprochen und getan werden mochte, um die öffentliche Meinung der Welt und das Weltgewissen in dieser Richtung zu mobilisieren, es konnte uns natürlich nur recht sein; wir haben nichts verheimlicht und nichts verschwiegen; darüber hinaus waren uns die Hände gebunden, solange in Berlin niemand Gewichtiger ein ernst zu nehmendes Veto einlegen würde. Darauf haben wir gewartet.[26]

Der französische Gesandte in Wien, Gabriel Puaux, wurde von mir am 16. Februar eingehend ins Bild gesetzt, nachdem er in großen Umrissen schon vorher vom Außenamt orientiert worden war. Er berichtete am 17. Februar nach Paris:

„... daß es die Aufgabe der französischen und britischen Regierung sei, mit Mussolini klar zu sprechen, bevor es zu spät sein werde. Ohne Italien sei eine Verteidigung der österreichischen Unabhängigkeit nicht zu bewerkstelligen. Welche Demarchen auch immer die französische und britische Regierung in Berlin unternehmen würden, sie würden weder Hitler beeindrucken noch den österreichischen Patrioten helfen, solange Italien sich ihnen offen und ehrlich anschließen würde."

Am 21. Februar telegraphierte er nach Paris:

„Mit Rücksicht auf Hitlers Erklärungen, wie sie mir der Bundeskanzler mitteilte, kann niemand in Paris und London, der guten Glaubens ist, sich weiter der Illusion hingeben, daß die Möglichkeit eines Ausgleichs mit Deutschlands bestehe, ohne daß dafür der Preis einer Unterwerfung ganz Europas unter den Willen des Führers gezahlt werden müßte. Die Stunde sei gekommen, in der alle, die bedroht sind, sich in einer gemeinsamen Liga zur Erhaltung des Friedens zusammenfinden müßten."

Das Telegramm verweist neuerlich auf die zwingende Notwendigkeit einer Teilnahme Italiens...

Am 22. Februar telegraphierte Puaux:

„Ich hatte einen Aufschub von sechs bis acht Monaten angenommen. Ich fürchte, dabei zu optimistisch gewesen zu sein. Die Gefahr ist vielleicht sehr viel näher. Europa hat keine Zeit zu verlieren, um die Verteidigung von Wien zu organisieren."[27]

Daß der Gesandte Puaux, wie Herr von Papen in seinen Erinnerungen meint, zur Abhaltung einer Volksbefragung geraten oder überhaupt auf die weitere Entwicklung in Österreich Einfluß genommen hätte, ist eine durch keinerlei Tatsachen begründete, sachlich haltlose Vermutung.

Daß die Sorge um Vermeidung einer Panikstimmung nicht unbegründet war und schwerste wirtschaftliche Gefahr im Verzuge stand, wird in deutschen Berichten bestätigt. So heißt es in einem von Edmund Veesenmayer gezeichneten *Lagebericht über Österreich* vom 18. Februar 1938, 19 Uhr:

„Nach letzten Meldungen wird Schuschnigg sowohl von jüdischer, insbesondere auch von katholischer Seite schwer bedrängt. Der jüdische Angriff erfolgt im wesentlichen über die Börse und beabsichtigt einen Druck auf die Währung. Seit dem 17. Februar 1938 hat plötzlich eine außerordentlich starke Kapitalflucht eingesetzt, die zu einem erheblichen Absinken der österreichischen Anleihewerte in der Schweiz und in London sowie im übrigen Ausland führte. Schillingnoten werden in großen Mengen schwarz über die Grenze gebracht, so daß eine Notierung seit gestern abend nicht mehr stattfinden konnte. Diese Entwicklung ist für das Reich zunächst nicht ungünstig, man wird jedoch sehr genau aufpassen müssen, daß die Aushöhlung der österreichischen Währung und damit auch der Wirtschaft nicht zu weit geht. Es kann sich hier wahrscheinlich nur mehr um Tage handeln.

Von katholischer Seite her hat der Nuntius gestern nachmittag einen sehr scharfen Vorstoß gegen Schuschnigg gemacht."[28]

Schon vorher, am 15. Februar 1938, hatte Botschafter von Papen, nach den Aufzeichnungen des Legationsrates Kordt, dem Auswärtigen Amt telephonisch berichtet:

„In Wien herrsche eine beträchtliche Aufregung wegen der politischen und wirtschaftlichen Folgen der deutsch-österreichischen Abmachungen.

Wien gleiche im Augenblick einem Ameisenhaufen. Eine größere Anzahl von Juden bereite sich darauf vor, auszuwandern. An der Börse herrsche eine aufgeregte Stimmung, und die Banken seien starkem Druck ausgesetzt. Außerdem bemühe sich Prag zwischenzuschießen und verbreite Gerüchte, wonach Österreich eine große Aufrüstung mit deutscher Hilfe beschlossen habe."[29]

Es waren daher alle Anstrengungen darauf zu richten, einen Großalarm mit all seinen Konsequenzen zu vermeiden, sonst wäre das Weitergreifen einer Panikstimmung nicht zu verhindern gewesen, deren Ansätze sich tatsächlich bemerkbar machten und deren Folgen nicht ernst genug beurteilt werden konnten. Dabei war allerdings als Rechtfertigung vorausgesetzt, daß begründete Hoffnung bestand, die Lage Österreichs auch angesichts des stetig von innen her aber mehr noch von außen wachsenden Druckes zumindest für die vorhersehbare Zukunft zu halten.

Mussolini hatte ausdrücklich bestätigt, und zwar nach seinem Deutschlandbesuch im September 1937, daß sich in der grundsätzlichen Einstellung der italienischen Politik in der Österreichfrage nichts geändert habe.[30] Er hatte die Begegnung von Berchtesgaden begrüßt und nach derselben den früheren italienischen Gesandten in Österreich, Senator Salata, mit der Botschaft nach Wien geschickt, daß er den Abschluß des Abkommens für durchaus richtig halte; es komme für Österreich darauf an, Zeit zu gewinnen; selbst wenn sich in den österreichischen Ländern — damit war hauptsächlich Graz gemeint — Schwierigkeiten ergäben, handle es sich in der Hauptsache darum, in Wien die Kontrolle zu behalten, bis sich die internationale Situation geändert habe. Botschafter Grandi verhandle in London, und es bestehe begründete Aussicht, daß die italienisch-englischen Verhandlungen in etwa 14 Tagen zu einem günstigen Abschluß gebracht werden könnten. Damit aber werde sich auch für Österreich eine völlig neue Lage ergeben ...

Dem österreichischen Militärattaché Dr. Emil Liebitzky, der über Auftrag die österreichischen Besorgnisse bezüglich der möglichen deutschen Absichten eines gewaltsamen Angriffs zur Kenntnis brachte, antwortete Mussolini in großer Erregung:

„Das werden die Deutschen nicht tun; wir haben das Ehrenwort Görings."[31]

Tatsächlich waren ernste italienisch-englische Verhandlungen zur Beilegung des über die Abessinien- und die Spanienfrage entstandenen Konflikts seit längerem im Gange.

Ministerialdirektor Ernst von Weizsäcker informierte den deutschen Botschafter in Rom, Ulrich von Hassel, am 22. November 1937 über zwei Briefe des italienischen Außenministers Ciano an den britischen Foreign Secretary, Anthony Eden, vom Februar 1937, in denen Rom einen umfassenden englisch-italienischen Ausgleich vorgeschlagen hatte; darin war eine einvernehmliche Regelung der Spanien- und Mittelmeerfragen sowie die Einstellung der antienglischen Rundfunkpropaganda des Senders Bari vorgeschlagen; die italienische Bedingung war die De-jure-Anerkennung der Eroberung Abessiniens; „weitgehende Bindungen mit Deutschland, die sonst im Bereich des Möglichen lägen, werden nicht erfolgen, wenn England zustimmt".[32]

Am 10. Februar 1938 begannen die Verhandlungen zwischen dem italienischen Botschafter in London, Dino Grandi, und Anthony Eden. Auf der Tagesordnung standen erneut die Anerkennung der italienischen Herrschaft in Abessinien, die Spanienfrage und die antienglische Radiopropaganda, aber auch die Bedeutung eines italienisch-britischen Einvernehmens hinsichtlich der gesamteuropäischen Lage. Anthony Eden berichtet, er habe am Ende des Gesprächs die leise Zuversicht gehegt, daß Mussolini möglicherweise einen Erfolg unserer Besprechungen wünschte.[33]

Am 16. Februar 1938, also nach der Berchtesgadener Begegnung, regte Eden eine Besprechung Grandis mit Chamberlain in seiner Gegenwart an, wobei auch die österreichische Frage zur Sprache kommen sollte. Grandi hatte mittlerweile offizielle Verhandlungen vorgeschlagen, begegnete aber damit bei seinen englischen Gesprächspartnern ausgesprochenem Mißtrauen. Eden bemerkt hiezu, er sei in diesen Tagen (um den 17. Februar 1938) auf Grund ihm zur Verfügung stehender Geheimberichte zu der Überzeugung gelangt, daß Hitler sich mit der Absicht trage, Österreich zu liquidieren, und zwar mit der stillschweigenden Zustimmung Mussolinis. Er habe daher Verhandlungen in Rom zu diesem Zeitpunkt für inopportun gehalten; es könnte sich für Großbritannien die demütigende Situation ergeben, in Rom zu einem Zeitpunkt zu verhandeln, in dem Hitler sich anschickte, nach Wien zu marschieren, während gleichzeitig Mussolini seine Streitkräfte in Spanien verstärke und überdies die Anerkennung seines abessinischen Imperiums verlange.[34]

Am 17. Februar erhielt der britische Premierminister von seiner in Rom lebenden Schwägerin, der Witwe Sir Austin Chamberlains, im Auftrag Cianos eine Mitteilung, die auf Abschluß der Verhandlungen drängte:

„Jetzt wäre eine Verständigung noch leicht zu erzielen; aber die Ergebnisse, die sich jetzt in Europa entwickeln, werden eine solche morgen nicht mehr möglich machen."[35]

Darauf folgte am 18. Februar die Besprechung zwischen Grandi und Chamberlain in Anwesenheit Edens. Nach den Informationen des Berliner Außenamtes hat Chamberlain am Beginn des Zusammentreffens den italienischen Botschafter bezüglich Österreichs angesprochen. Grandi habe es abgelehnt, das österreichische Problem zu erörtern.[36]

Nach Edens — von Chamberlain approbierten — Aufzeichnungen stand die Österreichfrage in der Tat am Beginn der Erörterungen. Der Premierminister verwies auf die weitverbreitete Auffassung, daß zwischen Italien und Deutschland Einverständnis hinsichtlich Österreichs bestehe. Dies wurde von Grandi energisch verneint. Italien sei über die Entwicklung zwar nicht überrascht, doch sei diese bestimmt nicht das Resultat eines italienischen Abkommens mit

Deutschland. Wenn gegen die Entwicklung nichts unternommen werden könne, dann sei dies die Folge der geänderten Beziehungen zwischen jenen Mächten, die an den Vereinbarungen von Stresa (1935) beteiligt waren.

Auf den Einwand des Premierministers, daß in Österreich noch nicht alles verloren sei, erwiderte Grandi, daß man sich möglicherweise erst am Ende des dritten von vier Akten befinde... Für Italien sei nun die Lage so, daß Deutschland am Brenner stehe, und Italien könne es sich nicht leisten, zwei großen potentiellen Feindmächten allein gegenüberzustehen, nämlich Deutschland und Großbritannien. Wenn es sich als unmöglich herausstellen sollte, bessere Beziehungen zu Großbritannien zu schaffen, dann wäre es für Italien notwendig, noch näher an Deutschland heranzurücken, wobei es sich um eine Entscheidung handeln würde, die endgültig wäre; sie sei es noch nicht, aber es bleibe nicht mehr viel Zeit.

Auf die Frage, welchen Einfluß die Eröffnung der von Italien beantragten Verhandlungen in Rom auf das Österreichproblem haben werde, erwiderte Grandi, es sei schwer, darauf eine Antwort zu geben, es sei denn, daß man daraufhin in Österreich neuen Mut fassen würde. Und auf die weitere britische Frage, ob die italienische Regierung bereit wäre, mit den Stresamächten (Großbritannien und Frankreich) in einen Meinungsaustausch über Österreich einzutreten, kam eine negative Antwort, da er, Grandi, keine diesbezüglichen Instruktionen besitze. Die Unterredung befaßte sich in weiterer Folge hauptsächlich mit der Frage der Intervention in Spanien. Eden schloß aus dem Verhalten Grandis, daß unter den gegebenen Umständen die Eröffnung von Verhandlungen in Rom nichts verspreche. Chamberlain war gegenteiliger Ansicht und grundsätzlich bereit, sich mit Italien um den Preis einer Anerkennung der italienischen Herrschaft in Abessinien und eines Kompromisses in der Mittelmeerfrage zu verständigen.[37]

Ein kritischer Vergleich der britischen und italienischen Quellen erlaubt die allerdings unbeweisbare Vermutung, daß Mussolini in diesen Tagen tatsächlich im Sinn hatte, die Verhandlungen in Rom in irgendeiner Form zur Wiederherstellung der sogenannten Stresafront zu benützen. Die Differenzen innerhalb des britischen Kabinetts führten am 22. Februar zu Edens Rücktritt. Chamberlain hatte seit seinem Amtsantritt als Premierminister auf eine Verständigung mit Italien gedrängt und war bereit gewesen, für den Preis der Anerkennung der italienischen Übernahme Abessiniens und eines Mittelmeerabkommens die Stresafront zu rekonstruieren; dabei war er von der offenbaren Absicht geleitet, den Status quo in Europa zu erhalten und gefährliche Erschütterungen mit ihren unabsehbaren Folgen zu verhindern. Inwieweit der Erfolg solcher Bemühungen im Bereich des Wahrscheinlichen lag, bleibt allerdings auch schon für die ersten Monate des Jahres 1938 zumindest problematisch, und zwar deshalb, weil Chamberlains Politik ohne eindrucksvollen militärischen Rückhalt war.[38]

Eden, von tiefstem Mißtrauen gegen Mussolini beseelt, dem er Bruch verschiedener vorheriger Vereinbarungen in der Spanienfrage vorwarf, suchte ein wirksames Völkerbundregime als Garantie geordneter völkerrechtlicher Beziehungen durchzusetzen. Weder er noch Chamberlain waren von vornherein zu einer Preisgabe Österreichs bereit, wenngleich Chamberlain schon mit Rücksicht auf den Stand der englischen Rüstungen und unter Bedachtnahme auf seine grundsätzliche Friedenspolitik den Gedanken einer möglichen militärischen Intervention zurückwies. Dennoch besteht die begründete Annahme, daß es Mussolini mit den Verhandlungen ernst war und ihm ein Quidproquo vorschwebte. Die De-jure-Anerkennung der italienischen Eroberung Abessiniens durch Großbritannien erfolgte am 16. April 1938, somit nach mitteleuropäischem Bedürfnis um zwei Monate verspätet.

Es ist durchaus möglich, ja wahrscheinlich, daß, wenn die Verhandlungen zwischen Italien und Großbritannien etwa vor dem 20. Februar 1938 zu einem positiven Abschluß gelangt wären, Hitler seine Aktion gegen Österreich zumindest aufgeschoben hätte; sein ganzes Konzept war auf den von ihm als unlösbar angenommenen Konflikt der Westmächte und daher auf die Unmöglichkeit einer Wiederherstellung der Stresafront gegründet.[39]

Dieser Auffassung scheinen gewisse Tagebucheintragungen Cianos zu widersprechen, die Äußerungen Mussolinis registrieren, die in den kritischen Tagen gefallen sind. Ohne deren Authentizität zu bestreiten, sind sie unschwer mit Temperamentsausbrüchen des nicht immer wörtlich zu nehmenden und Stimmungsschwankungen unterworfenen italienischen Diktators zu erklären.[40]

Daß Deutschland nicht nach vorherigem Einvernehmen mit Italien gehandelt hat und Italien die neue Lage keineswegs begrüßte, die sich durch die offensichtlichen deutschen Bemühungen zur Einverleibung Österreichs seit Beginn des Jahres 1938 entwickelt hatte, geht aus dem Bericht des deutschen Geschäftsträgers in Rom, von Plessen, vom 25. Februar 1938 deutlich hervor. Der Bericht betrifft die Aufnahme der Reichstagsrede Hitlers vom 20. Februar 1938 in Italien und beschreibt die herrschende Stimmung in dem Palazzo Venezia, dem Sitz Mussolinis, und in dem Palazzo Chigi, dem Amtssitz des italienischen Außenministeriums; in dem Bericht heißt es wörtlich:

„Es besteht m. E. kein Zweifel darüber, daß Italien über die jüngste Entwicklung in der österreichischen Frage nicht restlos erfreut ist. In der Presse und im Außenministerium wird allerdings betont, daß man mit dem Ergebnis der Zusammenkunft in Berchtesgaden durchaus zufrieden sei. Dies kann aber über die wahre Stimmung nicht hinwegtäuschen. Italien wird sich vielleicht wohl oder übel schließlich mit dem abfinden, was es, wie ihm schon längst bewußt ist, nicht ändern kann. Sympathisch ist ihm der Gang der Ereignisse aber sicherlich nicht. Dieser Umstand erscheint mir in einem Augenblick, in dem die englisch-italienischen Beziehungen in ein neues Stadium eintreten, besonders beachtenswert."

Als Anlage war eine Aufzeichnung vom 24. Februar 1938 beigefügt, die

laut Mitteilung des deutschen Geschäftsträgers von einem verläßlichen Vertrauensmann stammte:
„Obwohl die Reichstagsrede des Führers in den amtlichen italienischen Kreisen als Gesamtbild mit Sympathie und Verständnis aufgenommen worden ist und insbesondere die Ausführungen über die Zusammenarbeit der beiden Revolutionen und die Würdigung Mussolinis lebhafte Befriedigung hervorgerufen haben, steht man hier doch unter dem Eindruck, daß die deutsch-italienische Zusammenarbeit sich nach deutscher Ansicht auf die Stellungnahme gegen Moskau und gegen Genf beschränken soll. Man hätte die Ankündigung einer wesentlich weiter gespannten Zusammenarbeit gewünscht... Vor allem aber vermißt man die Bestätigung der Unabhängigkeit Österreichs. Hitler habe nur von einer Ergänzung der Vereinbarungen vom 11. Juli 1936 gesprochen. Man hat hier den Eindruck, daß die Verständigung von Berchtesgaden das Ergebnis eines überraschend erfolgten Gewaltstreiches ist, der den Charakter der Vereinbarung vom 11. Juli beträchtlich verändern kann. Deutschland habe sich zudem nicht vorher, wie vereinbart, mit Italien verständigt. Wenn diese Methode, wie man befürchtet, auch weiterhin von Berlin angewendet werden sollte, so könnte nicht mehr von Zusammenarbeit gesprochen werden, und es würde die Gefahr bestehen, daß die politischen Richtlinien sich voneinander entfernen. Man will ferner im Palazzo Chigi wissen, daß die englische Regierung und besonders Chamberlain persönlich wegen der Verständigung von Berchtesgaden und wegen des Vorgehens, das gegenüber Österreich angewendet worden sei, sehr besorgt ist. Es besteht nach hiesiger Ansicht die Gefahr, daß gerade in einem Zeitpunkt, in dem die Verständigungsaussichten zwischen England, Italien und Deutschland sich erheblich gebessert haben, der Gegenpropaganda Edens und des Quai d'Orsay der deutschen Politik gegenüber sehr wirksame Störungsargumente in die Hand gegeben werden... Italien befürchtet..., daß die deutsche Politik in bezug auf Österreich die Dinge zu sehr überstürzen und beschleunigen will, was nach hiesiger Ansicht unbedingt Gleichgewichtsstörungen zur Folge haben müßte, die auch die übrige europäische Lage in einer noch nicht übersehbaren Weise stören würden.
Deutschland wolle sich... seine Bewegungsfreiheit erhalten und fühle sich noch nicht genügend stark, um die Dinge in Europa in verhältnismäßig naher Zeit mit den Waffen zu entscheiden. Sei aber ein Bündnis und der Krieg auszuschließen, so bleibe keine andere Lösung als eine Zusammenarbeit oder wenigstens ein neuer Versuch zur Zusammenarbeit mit den Westmächten unter Ausschluß Sowjetrußlands. Aber gerade, wenn dieser Versuch gemacht werden soll, so dürfte die österreichische Frage nicht überstürzt werden, um heftige Zusammenstöße und Auseinandersetzungen in der nächsten Zeit zu vermeiden. In dieser

Hinsicht ist man aber hier besorgt, weil man weitere Überraschungen von deutscher Seite nicht für ausgeschlossen hält, sie im Gegenteil befürchtet."[41]

Zwischen dem 12. Februar und dem 11. März 1938 lagen knappe fünf Wochen. Schon nach der ersten Woche war es klar, daß die einzige Chance zur Rettung Österreichs auf außenpolitischem Gebiet lag; nur eine rechtzeitige englisch-italienische Verständigung und damit die Möglichkeit einer Wiederbelebung der Status-quo-Politik der europäischen Mächte schien die Gewähr für eine weitere ruhige Entwicklung zu geben. Diese aber war unter allen Umständen zumindest das kleinere Übel; die Folgen des ersten Weltkrieges waren verheerend, die Folgen eines zweiten würden vernichtend sein.

Gewiß gab es in Österreich viele, die sich unter Rettung nur die Vereinigung mit Deutschland vorstellen konnten, weithin eine Folge des Traumas der Erlebnisse von 1919 und der folgenden Jahre. Eine Generation hatte unter dem Einfluß ungehemmter Anschlußparolen gestanden; ihre Kinder sahen weithin nur ein bewußt verzerrtes geschichtliches Vaterlandsbild, sofern von einem österreichischen Vaterland in Schule oder Elternhaus überhaupt die Rede war. Diese Entwicklung war nicht zuletzt auch durch die Kurzsichtigkeit der Siegermächte und der Nachfolgestaaten bedingt; die Folge war die Flucht in ein national-sozialistisches Traumschloß.

Daneben gab es ebenso viele, die gefühls- und verstandesmäßig Österreicher geblieben waren und es bleiben wollten, deren Mitteleuropabild ein neues Österreich mit alten historischen Aufgaben umfaßte und die alle Anschlußparolen — als dem österreichischen, deutschen und europäischen Interesse gleichermaßen widersprechend — ebenso leidenschaftlich ablehnten und als irreführend bekämpften, wie die anderen sie als das einzig Mögliche glorifizierten. Zugegeben, daß den einen, die sich lieber Tiroler, Oberösterreicher, Wiener usw. nannten, das neue politische Haus ebensowenig gefiel wie den anderen, die es kurzerhand mit „deutsch" beschriften oder aber niederreißen wollten. Die rotweißrote Fahne wurde 1932 hochgezogen, und das war genau um zehn Jahre zu spät.

Dabei hat es auch bei den der Einfachheit halber hier konservativ genannten Österreichern deutscher Sprache keine antideutschen Tendenzen gegeben, wenngleich in der Auseinandersetzung zwischen Schnürschuh und Stiefel Rede und Gegenrede bisweilen kaustisch aufeinandertrafen. Auch der anschlußfeindliche Österreicher, der sich mit Herz und Verstand der Selbständigkeit seines Vaterlandes verschrieben hatte, ohne sich dabei in Restaurationsideen zu verlieren, war keineswegs antideutsch und wollte es auch nicht sein. Geschichtlich, geographisch, wirtschaftlich begründete Weggemeinschaft im Dienst Europas, seines Friedens, seines Fortschritts und seiner Kultur — ja! Deutsches Eigentum — nein![42]

Die Lage hatte sich seit dem Sieg des Nationalsozialismus in Deutschland geändert. Dies deshalb, weil damit über internationale Grenzen hinweg ein politischer Totalitätsanspruch erhoben wurde; mit dem Verkünden eines nationalen Naturrechts ging Hand in Hand der Aufruf zur nationalen Revolution und die Rechtfertigung neuer revolutionärer Methoden zum Durchsetzen der eigenen Forderung. Aus der Gleichsetzung von „deutsch" und „nationalsozialistisch" erwuchs die schleichende Krise in Österreich und in Europa.

Während der geborene Österreicher Hitler den Ewigkeitswert dieser Gleichung proklamierte — ihm folgte mit Begeisterung die Masse derer, denen der Prophet die Zukunft im Gelobten Land versprochen hatte, zumal sein Stern mit jedem vermeintlichen oder wirklichen Erfolg heller zu strahlen schien —, gab es auf der anderen Seite die überzeugten Gegner, in deren Sicht die Neuerscheinung nur ein Komet blieb, der für eine Episode, aber nicht für die Erfüllung der deutschen Geschichte stand.

Aus der Gleichsetzung Hitler und Erfüllung der deutschen Geschichte erwuchs in Wahrheit die Tragödie von 1945, die 1938 nur geahnt, aber nicht vorausgesehen werden konnte. Diejenigen, die an Österreich glaubten, haben beide Gleichungen bis zur Ausschöpfung aller Möglichkeiten bekämpft. Auch viele, die einmal anschlußfreundlich dachten und denen auch der Preis des Hakenkreuzes für die Erreichung des nationalen Zieles nicht zu hoch schien, haben bald genug den Fehlschluß ihres Denkens erkannt; denn trotz allen Jubels — und mancher späterer Alibis, die begründen sollten, warum man eben einmal auf der falschen Seite stand — war doch das eine sicher: das, was im März 1938 kam, und das, was nachher geschah, das hatten nur sehr wenige gewollt, und niemand hatte es vorausgesehen.

Es ist natürlich richtig, daß nach dem 12. Februar 1938 von einer österreichischen Selbständigkeit nur mehr sehr bedingt gesprochen werden konnte. Der Sicherheitsminister war über Forderung Hitlers in seinem Amt, seine eventuelle spätere Demission hätte daher Hitler freie Hand gegeben. Nun aber war Seyß-Inquart auf Veranlassung des österreichischen Bundeskanzlers wenn auch nicht Regierungsmitglied, so doch Mitglied des österreichischen Staatsrates gewesen und war auch gegenüber Österreich gebunden. Es schien daher weitgehend darauf anzukommen, wie er seine zweifellos schwierige Aufgabe zu lösen gewillt und imstande war.

Seyß-Inquart hat sicherlich vor dem 12. Februar mehr gewußt, als er zugab, und hatte außerdem seit geraumer Zeit enge Verbindung mit dem deutschen Parteibeauftragten für Österreich, Dr. Keppler, ohne jemals darüber zu berichten. Dennoch war allem Anschein nach auch ihm manches zunächst nicht bekannt, was den Widerspruch zwischen seiner anfänglichen und späteren Haltung erklärlich macht. Genau wie die österreichische Regierung hat auch er die Ausschaltung der Führungsgruppe um Hauptmann Leopold, also der Revolutionäre, begrüßt und als Erleichterung empfunden. Er diente dem evolutionären Gedanken, wie er ihn sah. Der Gegensatz zwischen den beiden Flügeln der österreichischen NSDAP-Hitlerbewegung war in Wirklichkeit noch sehr viel schärfer, als wir wußten.

Hauptmann Leopold, der auch nach dem 11. Juli 1936 von Hitler ernannter Landesleiter der illegalen österreichischen NSDAP blieb, hatte sich in einem ausführlichen Schreiben an Hitler, datiert: Krems, 22. August 1937, bitter über Seyß-Inquart und Botschafter von Papen beschwert und um einen Empfang zur mündlichen Darlegung gebeten; Leopold berief sich in diesem Schreiben bezeichnenderweise darauf, daß ihn Hitler anläßlich seines letzten Besuches am 3. Mai 1937 ausdrücklich zur Mitteilung ermächtigt habe, wenn ihn (Leopold) „von Österreich jemand in der Arbeit störe".[43] Mittlerweile wurde aber Dr. Keppler als Parteibeauftragter für Österreich bestellt und hatte in Wien die Verbindung mit Seyß-Inquart und dessen Mitarbeitern aufgenommen, darunter Ing. Anton Reinthaller, Dr. Franz Langoth, Dr. Friedrich Rainer und Odilo Globocnik.[44] Der erbetene Empfang fand nicht statt.

Nun wandte sich Hauptmann Leopold, der auch Botschafter von Papen gegen sich hatte, in einem neuerlichen Schreiben vom 8. September 1937 an Hitler, um Dr. Keppler, dem er Unkenntnis der österreichischen Verhältnisse vorwarf, aus dem Sattel zu heben und die Ausschaltung des reichsdeutschen Einflusses in österreichischen Parteiangelegenheiten zu erreichen. In diesem Schreiben geht Leopold auch scharf gegen die Mitarbeiter Seyß-Inquarts vor und meldet, daß er Globocnik wegen parteischädigenden Verhaltens aus der NSDAP ausschließen mußte ... Dies ist um so bemerkenswerter, als Globocnik später, wie sich im Februar und März 1938 herausstellte, genau wie Leopold die revolutionäre Linie vertrat und in Reisen nach Deutschland — wie angenommen werden kann, ohne Wissen Seyß-Inquarts — auf militärische Intervention in Österreich drängte. Der Brief Leopolds wurde vom Adjutanten Hitlers, Hauptmann Fritz Wiedemann, an Keppler zur Einsichtnahme geleitet, der ihn am 3. November zurückschickte und um die Möglichkeit einer Vorsprache bei Hitler bat, um über die Österreichfrage zu berichten. Am 30. September 1937 bat Leopold anläßlich einer Reise nach Berlin erneut, Hitler möge ihn empfangen, ohne Erfolg, da Keppler sich dagegen aussprach.[45]

In einer weiteren „Gedankenniederschrift" Leopolds vom 1. Oktober 1937 wiederholte er die Vorwürfe gegen die Tätigkeit Kepplers und Seyß-Inquarts. Vor allem wird darin Seyß-Inquart jede Parteilegitimation abgesprochen. Er sei in den Beziehungen zwischen der österreichischen NSDAP und der österreichischen Bundesregierung nur der von Schuschnigg ernannte Makler.[46]

Tatsächlich war aber Seyß-Inquart bereits mit Bericht vom 14. Juli 1937 von Botschafter von Papen bei Hitler akkreditiert; in diesem Bericht hat Papen nach seiner eigenen Aussage ersucht, Seyß-Inquart einen guten Start zu geben. Das wußte Leopold nicht; die taktischen Meinungsverschiedenheiten und persönlichen Intrigen führten im Sommer 1937 zum Abbruch aller persönlichen Beziehungen zwischen der Gruppe Leopold und der deutschen Gesandtschaft in Wien.[47] Außerdem beschwerte sich Leopold auch wegen der „Intrigen" des 1934 ins Reich geflüchteten ehemaligen Gauleiters Eduard Frauenfeld und dessen emigrierter Freunde.

Wie verbissen Leopold, im Versuch, sich die Führungsrolle in Österreich nicht entreißen zu lassen, auch noch im Februar 1938 gegen seine Gegner Keppler und Seyß-Inquart kämpfte, geht aus einem Brief Kepplers an Ribbentrop vom 10. Februar hervor. In diesem wird die österreichische Partei bezichtigt, fast ausschließlich in Richtung der Illegalität zu arbeiten, und zwar entgegen den Richtlinien des Führers, der sich wiederholt dahin ausgesprochen habe, „daß wir weniger nach der illegalen Seite kämpfen müssen, sondern sehen sollten, unsere Arbeit mehr nach dem legalen Sektor zu verlegen..."

Gerade diese Fortsetzung der illegalen Tätigkeit auch nach dem 11. Juli 1936 und die Weigerung, „die Arbeit nach dem legalen Sektor zu verlegen", war, nebenbei bemerkt, einer der Hauptbeschwerdepunkte, die österreichischerseits gegen die Nichteinhaltung des Abkommens durch das Reich immer wieder vorgebracht wurden.

In dem Brief heißt es weiter, Leopold habe offensichtlich von den zur Zeit schwebenden Verhandlungen (vor Berchtesgaden) Wind bekommen und in der letzten Woche mit großen Demonstrationen begonnen. Als deren Folge seien vor zwei Tagen *vierhundert* Mann wieder verhaftet und etwa *vierhundert* Hitlerjungen relegiert worden. Die Hitlerjugend habe, „offensichtlich dem Willen von Leopold entsprechend, mit Randalieren usw. angefangen, so daß sehr viele Relegationen von Schulen eingesetzt haben". Auch der Stabsleiter des Reichsjugendführers, Pg. Lauterbacher, sei über diese Entwicklung wenig erfreut und willig, diese Mißstände abzustellen, „denn es hat keinen Zweck und liegt auch nicht im Sinn des Führers, wenn in solchem Umfang Verhaftungen und Elend bei den Parteigenossen in Österreich eintreten, ohne daß entsprechende Erfolge dem gegenüberstehen".[48]

Auch nach dem 12. Februar wurden noch größere Gewaltaktionen geplant; die Illegalen suchten unter Mitwirkung von Mitgliedern der früheren Landesleitung, die infolge der Amnestie eben freigelassen worden waren, das eben getroffene Abkommen mit allen Mitteln zu torpedieren — offenbar um den Beweis zu erbringen, daß nur sie imstande seien, die Lösung der Österreichfrage zu erzwingen.[49]

So waren die Beziehungen zwischen den potentiellen Führergremien der österreichischen NSDAP in der Tat aufs äußerste gespannt; im tiefsten Grund wohl mehr aus persönlichen denn aus sachlichen Motiven. Leopold rechnete im Falle der nationalsozialistischen Machtübernahme mit der Ernennung zum Bundeskanzler und war auf tiefste enttäuscht, als er nach der Übernahme Österreichs im März 1938 praktisch leer ausging. Auch der erbitterte Gegner von einst wird ihm übrigens für sein Verhalten nach 1939 den rein menschlichen Respekt nicht versagen: Er meldete sich an die Front und fiel als Bataillonskommandant im Kampf für die Sache, an die er geglaubt hatte.

Vom österreichischen Standpunkt aus hatte das Zerwürfnis innerhalb der nationalsozialistischen Führung zunächst seine Vorteile; oft genug konnte die Staatspolizei zum Schutz der Gesetze auf Grund von Anzeigen eingreifen, die

Nationalsozialisten der verschiedenen Flügel gegeneinander erstattet hatten; und manches, was von der anderen Seite als „nationale Verfolgung" gebrandmarkt wurde, ging auf Denunziationen aus ihren eigenen Reihen zurück. In weiterer Sicht barg dieses innere Zerwürfnis aber auch seine schweren Gefahren, und zwar deshalb, weil es dazu beitragen mochte, den Entschluß Hitlers zu beschleunigen, durch massives deutsches Eingreifen in Österreich „Ordnung zu schaffen". Jedenfalls war dadurch auch jenen Bestrebungen von Berliner Stellen Vorschub geleistet, die sich Österreich nach der Gleichschaltung nur unter reichsdeutscher Verwaltung vorstellen konnten. So wurde anläßlich einer Sitzung in der Prinz-Albrecht-Straße, dem Hauptquartier der Berliner Gestapo, zu Beginn des Jahres 1938 die Frage der Rückführung von nach Deutschland geflüchteten österreichischen Beamten im Falle der „Machtergreifung" in Österreich diskutiert. Der Vorsitzende, Reinhard Heydrich, stellte sich dabei scharf auf den Standpunkt, daß in Österreich deutsche Beamte zum Einsatz kommen müßten.[50]

In einem Lagebericht Kepplers über Österreich bis zum 18. Februar abends, der neben der Wiedergabe irriger Gerüchte und Übertreibungen auch manches Zutreffende enthält, heißt es wörtlich:
„2. Auf Grund viertägiger genauer und umfassender Beobachtung muß festgestellt werden, daß der Durchbruch restlos gelungen und viel tiefgehenderer Art ist, als man macherorts im Reich annimmt. Nachdem das Ausland Schuschnigg im Stich gelassen hat, mußte er schlagartig erleben, wie seine bisherigen Stützen teils abfielen, teils unter sich uneinig wurden und sich wütend um die Nachfolgeschaft des Bundeskanzlerpostens bekämpften. In legitimistischen Kreisen herrscht Chaosstimmung — man hat jede weitere Hoffnung aufgegeben. In jüdischen Kreisen ist man überzeugt, daß es nur noch eine Frage der Zeit ist, wann Österreich politisch und wirtschaftlich mit dem Reich vereinigt wird. Der Zusammenbruch ist ein derartig totaler, daß unter der Voraussetzung, daß eine *Beschleunigung der Entwicklung dem Führer in sein außenpolitisches Konzept paßt, durch bestimmten Nachdruck seitens des Reiches* innerhalb der nächsten Wochen eine Reihe entscheidender Positionen erobert werden können. Sehr wichtig erscheint die umgehende Beseitigung des Präsidenten der Nationalbank, Kienböck, der als ausgesprochener Judenfreund die derzeitige Katastrophenpolitik der Juden nicht nur duldet, sondern sogar fördert...
3. Die Lage der illegalen Partei hat sich bis zum äußersten zugespitzt. Es ist mir durch vernünftige Mittelsleute gelungen, Herrn Leopold zu veranlassen, am 18. Februar 1938 ins Reich zu fahren, wo er am 19. Februar 1938 in der Frühe in Berlin eingetroffen und im Hotel Fürstenhof abgestiegen ist. Am 17. Februar 1938 ist wiederum ein sehr

unerfreuliches Rundschreiben seitens der Partei ergangen, das in Abschrift bereits übermittelt wurde. *Übrigens besagen heutige telephonische Meldungen aus Wien, daß Aktionen größeren Stils seitens der Illegalen geplant sind.* Auf Grund einer soeben eingegangenen Mitteilung hat der gestern freigelassene Dr. Tavs Anweisung gegeben, im Laufe des heutigen Abends sämtliche Fensterscheiben in der deutschen Gesandtschaft zu zertrümmern. Einer der wichtigsten Leute in der Umgebung Hauptmann Leopolds, Herr Ingenieur Rüdiger, verstieg sich gegenüber einigen Herrn von der Industrie, die er zu einer Sitzung einberufen hatte, zu der Äußerung, daß sich selbst der Führer in österreichische Fragen nicht einzumischen habe. Weiterhin ist beabsichtigt, durch Provokationen den Sicherheitsminister Seyß-Inquart zu zwingen, neue Einsperrungen vorzunehmen, um ihn dann als Verräter an der nationalen Sache anzuprangern. Unter diesen Umständen war ein weiteres Bleiben Leopolds zu einer Gefahr geworden, und es mußte gehandelt werden. Anderseits wäre es für die Bewegung untragbar, daß er eventuell zwangsweise nach dem Reich hätte abgeschoben werden müssen, und es dürfte daher seine gestern erfolgte Ausreise in der gegebenen Form zeitlich und der Form nach die einzig mögliche Lösung gewesen sein. Unsere verläßlichen Leute von der Partei und SS haben genaue Anweisung, nach Möglichkeit jegliche Demonstration zu verhindern, und es ist zu hoffen, daß dies gelingt."[51]

Dennoch lief, vom Ballhausplatz aus gesehen, die Entwicklung bis etwa zum 20. Februar 1938 trotz unvermeidlicher Reibungen in halbwegs geordneten Bahnen. Minister Seyß-Inquart hatte am 17. Februar Hitler in Berlin besucht, worüber er nach seiner Rückkehr Bericht erstattete. Nach seiner eigenen Zeugenaussage erklärte Seyß-Inquart bei dieser Gelegenheit,

„daß er die Absicht habe, auf dem Boden eines selbständigen und unabhängigen Österreich zu stehen, das heißt, die verfassungsmäßige Legalität zu respektieren, jede Gewaltaktion zu vermeiden und Österreich zu einer freien Willensbildung zu führen. Auf keinen Fall wolle er die Rolle eines trojanischen Pferdes in einem neuen Kulturkampf spielen. Seine Zugehörigkeit zur Regierung müsse eine Garantie dafür sein, daß keine der beiden Vertragsparteien von der Evolution abweichen werde und der anderen eine Gewaltlösung aufzuzwingen versuche".[52]

In der ersten Woche seiner Mitgliedschaft zum Kabinett schien es, als ob sich Seyß-Inquart bei seinen eigenen Leuten durchzusetzen bereit und in der Lage wäre. Unvermeidlicherweise war in den Kreisen der Vaterländischen Front vielfach ein ausgesprochenes Gefühl der Unsicherheit und Niedergeschlagenheit zu bemerken. Nicht besser stand es aber auch im Lager der illegalen Nationalsozialisten, die sich zuerst von Hitler preisgegeben fühlten und den Traum vom deutschen Eingreifen zerrinnen sahen; an ihn hatten sich die Hoffnungen ihrer Führer geklammert. Wie vor vier Jahren im Reich, bemächtigte sich der Masse der SA-Angehörigen in Österreich — und um diese hatte es sich in der illegalen Organisation des Landesleiters Leopold gehandelt — tiefe Enttäuschung; sie fühlten sich von einer kleinen Gruppe von SS-Intellektuellen, die es besser wußten, überrundet.

Mit der Reichstagsrede Hitlers am 20. Februar erschienen die Ereignisse in neuer Perspektive, und die Entwicklung war wieder ins Rollen gebracht: der österreichische Nationalsozialismus schöpfte neue Hoffnung. Trotz etlicher konventionell-freundlicher Sätze an die österreichische Adresse, die den Schluß auf Respektierung der österreichischen Unabhängigkeit zuließen, gipfelte die Rede in einer unmißverständlichen Drohung: nämlich daß das deutsche Volk nicht mehr gewillt sei, die Unterdrückung von zehn Millionen Deutschen an seinen Grenzen zu dulden. Damit konnten nur Österreich und die Tschechoslowakei gemeint sein. Hitler hatte zwar „vom Geist und Rahmen des Abkommens vom 11. Juli 1936 mit Österreich" gesprochen. In diesem Abkommen war vereinbart worden,

„daß die beiden Regierungen die in dem anderen Lande bestehende innerpolitische Gestaltung, einschließlich der Frage des österreichischen Nationalsozialismus, als eine innere Angelegenheit des anderen Landes, auf die sie weder unmittelbar noch mittelbar Einwirkung nehmen werden, betrachten".

Bald aber wurde bekannt, daß Hitler wenige Tage nach Abschluß des Abkommens von Berchtesgaden den ehemaligen österreichischen Major Hubert Klausner zum (illegalen) Landesleiter der österreichischen NSDAP ernannt hatte, dem für jedes Bundesland ein (illegaler) Gauleiter beigegeben wurde; Globocnik und Dr. Rainer, also enge Mitarbeiter Seyß-Inquarts, wurden als Stabsleiter in die Führung der neuen Organisation berufen; mit anderen Worten, die nationalsozialistische Partei in Österreich wurde durch Hitlers Maßnahmen reaktiviert.

Hitler selbst rief am 26. Februar 1938 Dr. Keppler, Hauptmann Leopold und die früheren Mitglieder der abberufenen illegalen österreichischen Landesleitung zu sich und eröffnete ihnen laut Aktenvermerk in den Papieren Dr. Kepplers, daß Seyß-Inquart als Parteiführer nicht in Betracht komme und dies auch von vornherein abgelehnt habe; es käme für die Lösung der Österreichfrage nur Gewalt oder der evolutionäre Weg in Frage; er (Hitler) wünsche, daß der evolutionäre Weg gewählt werde, ganz egal, ob man heute schon die Möglichkeit eines Erfolges übersehen könne oder nicht; das von Schuschnigg unterzeichnete Protokoll sei so weitgehend, daß bei voller Durchführung die Österreichfrage automatisch gelöst würde; eine gewaltsame Lösung sei ihm, wenn sie irgendwie vermieden werden könne, jetzt nicht erwünscht, da „für uns die außenpolitische Gefahr von Jahr zu Jahr geringer werde und die militärische Macht von Jahr zu Jahr größer..." Der Aktenvermerk schließt mit der Feststellung: „Der Führer machte den Herren die Mitteilung, daß er mich (Keppler) mit der Österreichfrage betraut habe."[53]

Der nach den Berchtesgadener Vereinbarungen als alleiniger Gewährsmann zum Reich bestellte Dr. Seyß-Inquart war gänzlich übergangen worden. Statt daß die illegale Organisation, wie ausdrücklich vereinbart, aufgelöst worden wäre, wurde nun Seyß-Inquart selbst von einer neuen illegalen Landesleitung mit neuen Forderungen konfrontiert, die über das Vereinbarte und Durchgeführte wesentlich hinausgingen.

So begann die neue Taktik sich deutlich abzuzeichnen. Seyß-Inquart wurde zum bloßen Firmenschild; es war ihm die Rolle zugeteilt, weiterhin im Kabinett den loyalen Partner zu spielen; in Wirklichkeit war er vom Steuer verdrängt worden. Auf der Kommandobrücke stand nun Dr. Keppler, unterstützt von Dr. Veesenmayer. Der neue Landesleiter Klausner hatte nicht viel zu sagen; wohl aber machten sich die Stabschefs Globocnik und Rainer ans Werk, um über den Kopf Seyß-Inquarts hinweg die neuorganisierte Partei bewußt zu radikalisieren.[54]

Binnen kurzem wurde offensichtlich, was man unter Evolution verstanden hatte. Mobilisierung der Straße, offene Provokation der politischen Gegner, Massenversammlungen, Kundgebungen und, als Krönung des Ganzen, ein geplanter „Deutscher Tag in Österreich". Sollte es dabei zu Zwischenfällen kommen, die kaum vermeidlich waren, dann um so besser: Jeder Zusammenstoß schuf neue nationale Märtyrer; dann wäre die Exekutive zum Einschreiten gezwungen; es würde Alarm geschlagen werden — und für diesen Fall war alles vorbereitet, um eheste militärische Assistenz aus dem Dritten Reich anzufordern.

Aber vorläufig war es noch nicht soweit.

Am 21. Februar 1938 trat ohne jeden Mißton der letzte österreichische Ministerrat vor dem Anschluß zusammen. In seiner Sitzung wurden Maßnahmen zur Belebung der Wirtschaft, hauptsächlich auf dem Gebiete der Bauförderung und des Fremdenverkehrs, beschlossen. Das Resultat war ein einstimmig gebilligtes Arbeitsbeschaffungsprogramm, das einen Aufwand von nach heutigem Geldwert rund drei Milliarden Schilling vorsah.[55]

Die Summe wurde später von Reichsmarschall Göring als lächerliche Bagatelle hingestellt. Sie hatte freilich auch Dr. Keppler nicht befriedigen können, der sich schon vor dem 12. Februar wesentlich weitergehende Ziele gesteckt hatte, wie aus seinem Brief an Reichsminister Ribbentrop vom 10. Februar 1938 hervorgeht. Vor allem stand ihm die Geldpolitik Österreichs unter der Ägide des Präsidenten der Nationalbank, Dr. Kienböck, im Weg; nach seiner Auffassung wäre sie radikal zu ändern gewesen; die Wiederaufrichtung der österreichischen Wirtschaft und die Wiederbelebung des Handelsverkehrs wären nach seiner Meinung ein Kinderspiel gewesen, sobald die Währungsgrenzen zwischen Deutschland und Österreich schwanden...[56]

Am 24. Februar, also zwölf Tage nach dem Berchtesgadener Abkommen und vier Tage nach Hitlers Reichstagsrede, trat ich vor die österreichische Bundesversammlung; der formale Grund war die Vorstellung der neugebildeten Regierung, der wirkliche, um in unmißverständlicher Sprache die österreichische Position im In- und Ausland klarzulegen und der angewandten Salamitaktik des nationalsozialistischen Gegners mit dem Hinweis darauf zu begegnen, daß weitere Konzessionen nicht mehr zu erwarten seien, da sie mit der Erhaltung eines selbständigen Österreich unvereinbar seien und mit dem gerade abgeschlossenen Abkommen von Berchtesgaden im offenen Widerspruch stünden. Der wesentliche Satz besagte:

„Wir wissen genau, daß wir bis zu jener Grenze gehen konnten, hinter der ganz klar und eindeutig ‚Bis hierher und nicht weiter!' steht."

Gegen Ende des Monats begannen sich die Ereignisse zu überstürzen. Zumal Graz wurde offensichtlich zum Zentrum des geplanten Umsturzes; dort rief der Referent des Volkspolitischen Referats der Steiermark, Professor Dadieu, zum offenen Aufruhr.

Immer neue Forderungen wurden gestellt: der Drang nach vollständiger Legalisierung der nationalsozialistischen Partei und ihrer Gliederungen mit ihren Uniformen, Abzeichen und dem typischen Propagandaritual wurde immer ungestümer; dementsprechend wurde auch die Abwehrstimmung der nicht nationalsozialistischen Österreicher immer schärfer. Es war völlig klargeworden, daß man die Bestimmungen des Abkommens von Berchtesgaden von der anderen Seite nicht zu halten gedachte; es gab keine mögliche Interpretation, die eine Wiederzulassung der nationalsozialistischen Partei aus ihm herauslesen konnte. Im Gegenteil: es war ausdrücklich bestimmt, daß der einzelne Nationalsozialist ebenso wie der einzelne Sozialdemokrat und jeder andere Aufnahme in die Vaterländische Front finden würde, wenn er deren Grundsätze anzunehmen bereit war. Außerdem war vollkommen klar, daß der gelenkte Versuch angelaufen war, die österreichische Regierung durch gesteigerten Druck zum Rücktritt zu zwingen. Ferner war geplant, mit Hilfe eventueller Übergangsregierungen schließlich die Gleichschaltung zustande zu bringen. Diese aber hätte 1938, wie zu jedem Zeitpunkt früher, das Ende Österreichs bedeutet. Keppler hätte für seinen Vierjahresplan die benötigten Rohstoffe in der Hand gehabt. Schon die Währungsangleichung allein mußte Österreich angesichts der deutschen Währungslage in eine Satrapie des Dritten Reichs verwandeln; und Hitler hätte seine zusätzlichen Divisionen, von denen ja schon im Hoßbach-Protokoll die Rede war, für seine weiteren Pläne einsetzen können. Dies alles sind nicht bloße Kombinationen, die Taktik von damals ist heute dokumentarisch erhärtet.

Seyß-Inquart erklärte offen, daß er gegen „die Dynamik der Partei" nichts unternehmen könne; er hatte die Segel gestrichen. Papen hatte seine Tätigkeit beendet und Wien am Abend des 26. Februar verlassen.[57] Dr. Keppler legte seinem Brief an Ribbentrop vom 28. Februar 1938 eine Aktennotiz bei, in der es heißt:

„Dr. Seyß-Inquart ließ mir heute aus Reichenhall folgenden Situationsbericht geben:

In Österreich ist in der Öffentlichkeit ziemliche Ruhe eingetreten. Die Partei verhält sich disziplinvoll. Während der letzten Tage war es besonders erfreulich, in welch unerwartet großem Umfang sich die Arbeiterschaft auf unsere Seite stellt. Selbst bei der Alpinen Montangesellschaft, wo der Vorstand mit 70 Prozent Kommunisten rechnete, sollen etwa zwei Drittel der Arbeiterschaft auf unserer Seite marschiert sein. Inzwischen sind in Wien große Bemühungen des Auslandes, das Abkommen zu sabotieren, im Gange, insbesondere von seiten Sowjetrußlands, Frankreichs, Englands und Italiens.

Außer dem Fürsten Colonna ist der frühere Gesandte in Wien, Salata, in Wien eingetroffen. Weiterhin führte Schuschnigg am Tage seiner Rede (24. Februar) ein langes Gespräch mit dem Duce.

Auch von Regierungsseite wird unter Umgehung des Dr. Seyß-Inquart alles getan, um das Abkommen zu sabotieren. So ist von verschiedenen Landesleitungen an die Beamten ein Erlaß herausgegeben worden mit dem Verbot nationalsozialistischer Betätigung. Ferner gehen von marxistischer Seite, unterstützt von der Regierung, die Bemühungen fort, die Arbeiterschaft gegen das Abkommen auszuspielen, insbesondere werden die Unterschriftensammlungen fortgesetzt. Es ist weiterhin mit Bestimmtheit festgestellt, daß von katholischer und marxistischer Seite vielleicht in einer gewissen Übereinstimmung mit der Regierung Waffen an die Arbeiterbevölkerung ausgegeben wurden."[58]

Inwieweit es sich hierbei tatsächlich um einen Bericht handelt, der auf Seyß-Inquart zurückgeht, läßt sich nicht feststellen. Jedenfalls steht der Inhalt des Berichtes mit den Tatsachen in erheblichem Widerspruch. In Österreich war keineswegs Ruhe eingetreten, wenngleich die Partei den Weisungen ihrer Führer in der Tat zur Zeit noch gehorchte. Ich habe weder am Tag meiner Rede noch vorher oder nachher ein Gespräch mit dem Duce geführt, und von Ausgabe von Waffen an die Arbeiterbevölkerung, wenigstens zu diesem Zeitpunkt, war nicht die Rede.

Auch das Ausland hatte die gefährliche Entwicklung dieser Tage in Österreich aufmerksam verfolgt. Nach einer Aufzeichnung des damaligen Präsidenten des Geheimen Kabinettsrates, von Neurath, vom 23. Februar 1938 war der französische Botschafter in Berlin, François-Poncet, auf Österreich zu sprechen gekommen:

„Frankreich könne es nicht ruhig hinnehmen, daß wir die Unabhängigkeit Österreichs, die durch Vertrag gesichert sei, beseitigen."

Neurath habe ihm erwidert, daß es sich im Fall Österreich um eine rein bilaterale Angelegenheit handle. Eine internationale Regelung in der Österreichfrage bestehe nicht zu Recht. Es habe lediglich das Stresaabkommen gegeben, das aber nicht mehr in Kraft sei, da Italien ausgeschieden sei und überdies das Abkommen dritte Staaten nicht binde.[59]

Am 1. März 1938 berichtete der deutsche Botschafter in Paris, Johann Graf Welczeck, an das Berliner Außenamt, daß der frühere französische Außenminister Etienne Flandin ihm erklärt habe,
„hinsichtlich einer Angleichung, wenn sie unter Wahrung der Formen vor sich gehe, könne nach seiner Ansicht vieles unbeanstandet erreicht werden; ein formeller Anschluß müsse aber unter allen Umständen vermieden werden".[60]

Schon vorher, am 21. Februar, hatte der französische Außenminister Yvon Delbos vor Pariser Journalisten erklärt, daß sich Frankreich „getreu dem Prinzip der kollektiven Sicherheit nicht an dem Schicksal Österreichs desinteressieren könne". In der Tat hatte Paris in London einen gemeinsamen scharfen Protest angeregt, doch blieb der Vorschlag wegen der am 20. Februar erfolgten Demission Edens unbeantwortet. Am 25. Februar fand in Paris eine ausführliche Kammerdebatte über die Außenpolitik der französischen Regierung statt, die weitgehend auf die Bundestagsrede des österreichischen Bundeskanzlers vom vorhergehenden Tag Bezug nahm; aus der Debatte sprach die allgemeine Überzeugung von der Notwendigkeit, zu handeln. Außenminister Delbos hatte die österreichische Unabhängigkeit als ein unentbehrliches Element des europäischen Gleichgewichts bezeichnet.[61]

Am 7. März brachte der österreichische Militärattaché in Paris, Generalmajor Jahn, eine Aufzeichnung des Gesandten Vollgruber nach Wien, die auf einem längeren Gespräch mit dem Generalsekretär des französischen Außenamtes, Alexis Saint-Léger, beruhte, darin hieß es:

„Zu den Positionen in Europa, die die französische Regierung für die Stellung Frankreichs von vitalem Interesse hält, gehören der Bestand der Tschechoslowakei und die Unabhängigkeit Österreichs. Die maßgebenden Stellen Frankreichs sind felsenfest überzeugt, daß Deutschland über kurz oder lang in irgendeiner Form einen neuen Coup gegen die Unabhängigkeit Österreichs führen wird und daß nach einer eventuell gelungenen Unterjochung Österreichs die Reihe an die Tschechoslowakei kommt. Frankreich scheint gegenwärtig im Prinzip bereit, zur Verteidigung jeder dieser beiden Positionen nötigenfalls den Säbel zu ziehen. In der Praxis muß es aber darauf sehen, daß dieser extreme Einsatz unter den möglichst günstigen Bedingungen erfolge, die natürlich in der gesicherten Teilnahme Englands liegen. Wäre England bereit, die Unabhängigkeit Österreichs nötigenfalls mit den Waffen in der Hand zu verteidigen, dann würde Frankreich auch schon zur Erhaltung der Unabhängigkeit Österreichs einen Krieg führen; ist dieses aber nicht der Fall, wird Frankreich wohl, außer es ändert sich in der Zwischenzeit etwas an der Haltung Italiens, auf die Vergewaltigung der Tschechoslowakei warten und erst dann losschlagen, denn dann muß nach Ansicht der maßgebenden französischen Stellen England in den Krieg mit hineingezogen werden.

Da aber Frankreich hofft, daß der Krieg vielleicht doch noch vermieden werden kann, wenn es gelingt, Deutschland den ganzen Ernst der Situation schon für den Fall einer Vergewaltigung Österreichs vor Augen zu führen, wird es zunächst weiter versuchen, England zu einer aktiven Interessenahme an dem Status quo in Österreich zu bewegen. Die Hoffnung, daß dieser Versuch schließlich doch noch ein günstiges Resultat zeitigen könnte, besteht weiter fort, wobei einerseits auf eine günstige Einwirkung eines allfälligen guten Fortschreitens der italienisch-englischen Verhandlungen gerechnet, anderseits die Möglichkeit einer baldigen Rückkehr Mr. Edens für den Fall des Echos der italienisch-englischen Verhandlungen ins Kalkül gestellt wird...
Ob sich nun England doch entschließt, ein aktives Interesse an der Unabhängigkeit Österreichs zu nehmen, so daß dann für Frankreich schon im Falle der Vergewaltigung Österreichs eine günstige Gelegenheit für ein Losschlagen bestünde, oder ob die Position Englands weiterhin zurückhaltend bleibt, ein neuer Coup aber Frankreich zwingt, die Situation im letzten Moment doch noch einmal zu überlegen, nämlich die Frage, ob es nicht doch schon sofort den Säbel ziehen und durch den Gang der Ereignisse England mit in den Wirbel hineinzuziehen versuchen soll — Frankreich wird in beiden Fällen wohl nur dann den Säbel ziehen können, wenn der Fall der Vergewaltigung klarliegt, d. h. wenn die österreichische Regierung sich selbst als vergewaltigt betrachtet, wenn das österreichische Volk gegen die Vergewaltigung reagiert und wenn es der Propaganda Deutschlands nicht bis zu diesem Moment gelungen ist, der französischen Öffentlichkeit den Glauben beizubringen, daß in Österreich eigentlich nur die Regierung und ein paar Diplomaten österreichisch denken."[62]

In London hatte der Stellvertretende Unterstaatssekretär im Foreign Office, Sargent, dem deutschen Geschäftsträger Woermann am 17. Februar auf Anfrage erklärt, daß der Gedanke einer gemeinsamen Demarche vom britischen Kabinett abgelehnt worden sei.[63] Eden hatte in einer Interpellationsbeantwortung am 16. Februar im Unterhaus, und zwar nach Fühlungnahme mit dem von Wien instruierten österreichischen Gesandten in London, Georg Franckenstein, wunschgemäß ausweichend geantwortet. In Wien bestand in der ersten Woche nach Berchtesgaden noch die Hoffnung, einer Panikstimmung, zumal in London, begegnen zu können. Eine solche wäre aber bei eingehender Sachverhaltsdarstellung in der Öffentlichkeit unvermeidlich gewesen. Die scharfen Kursstürze der österreichischen Anleihen an der Londoner Börse wirkten alarmierend.[64]

Aus diesem Grund befürworteten wir einen Optimismus nach außen, der zweifellos der wahren Lage, wie die Eingeweihten auch im Ausland, und insbesondere die Staatsmänner in London, wußten, nicht entsprochen hat.

In einer weiteren britischen Parlamentsdebatte am 22. Februar, die ganz unter dem Eindruck des Rücktritts Edens stand, kam nur von Winston Churchill eine positive Erklärung für Österreich:

„Wenn es für Italien möglich wäre, seine Pflicht zu tun, indem es Großbritannien und Frankreich in der Verteidigung der Integrität und Unabhängigkeit Österreichs unterstützt, würde ich um diesen Preis nicht zögern, Konzessionen Großbritanniens an Italien zuzustimmen."[65]

Auf eine Interpellation des Labour-Abgeordneten Arthur Henderson am 2. März antwortete Chamberlain:

„... daß seiner Ansicht nach Österreich sich nicht seiner Unabhängigkeit begeben hätte. Es müßten die praktischen Auswirkungen der Berchtesgadener Vereinbarungen abgewartet werden; er wolle aber hinzufügen, daß die britische Regierung sich, was die Vorgänge in Mitteleuropa anlange, nicht desinteressieren könne... Es sei zu früh, im gegenwärtigen Augenblick die Auswirkungen der deutsch-österreichischen Vereinbarungen abzuschätzen. Er freue sich, aus der Rede des Führers und Reichskanzlers vom 20. Februar zu entnehmen, daß die Berchtesgadener Vereinbarungen als eine Ausweitung des Rahmens des deutschösterreichischen Abkommens vom 11. Juli 1936 anzusehen seien. Dieses enthalte unter anderem die Anerkennung der vollen österreichischen Souveränität durch die deutsche Regierung. Dabei müsse es die britische Regierung zunächst belassen, doch werde sie mit größtmöglicher Aufmerksamkeit und Interesse die weiteren Vorgänge in Österreich verfolgen."[66]

Nun hatten sich allerdings in Österreich die Dinge zwischen dem Rücktritt Edens (20. Februar) und der Erklärung Chamberlains im Unterhaus (2. März) wesentlich verschoben. Alles, was zur Unterstützung Österreichs, besonders in Paris und London, in den kritischen Wochen gesprochen, geschrieben und geplant werden konnte, wurde in Wien selbstredend mit größter Befriedigung verfolgt und auch, zumal um die Monatswende, ungeduldig erwartet. Je klarer es wurde, daß man das Berchtesgadener Abkommen von der Gegenseite nur als Sprungbrett zu benützen gedachte (also etwa von der letzten Februarwoche an), desto offensichtlicher wurde es, daß nur ein energischer gemeinsamer Schritt der Großmächte den Status quo in Europa und damit die Unabhängigkeit Österreichs sichern konnte. Nach unserer heutigen Kenntnis ist es zweifelhaft, ob ein solcher Schritt in Gestalt einer ernsten diplomatischen Demarche das Verhängnis hätte aufhalten können, aber er hätte es vermutlich verzögert; mit der Verzögerung wäre die Möglichkeit geänderter und für alle — einschließlich der Deutschen — günstigerer Ausgangspositionen für die weitere unmittelbare Entwicklung geschaffen worden.

Für Wien bestand, wie bereits früher bemerkt, die Alternative:

1. Unmittelbar nach Berchtesgaden in aller Öffentlichkeit Alarm zu schlagen. Dies hätte den Bruch mit Deutschland bedeutet, und den konnten wir angesichts der internationalen Lage und der vitalen Interessen des eigenen

Volkes sowie seiner damaligen Stimmung nicht riskieren. Er hätte die österreichische Selbstaufgabe bedeutet. Oder

2. das menschenmögliche zu tun, um das Abkommen zu erfüllen, den Gegner, wenn er es brach, ins offensichtliche Unrecht zu setzen und Zeit zu gewinnen. Die Rom-Berlin-Achse war verwundbar, Hitler auch nur ein Mensch und nicht unbestritten, und die nationalsozialistische Führung war nicht Deutschland.

Wichtig war freilich, daß die Regierungen, vor allem die in Rom, London und Paris, erfuhren, was sich in Wahrheit zugetragen hatte. Sie waren, und zwar schon nach wenigen Tagen, im Detail informiert und in der Lage, aus der Information ihre eigenen Schlüsse zu ziehen. Rom wurde, wie bekannt, auf direktem Wege ins Bild gesetzt, Paris und London durch ihre diplomatischen Vertreter in Österreich. Außerdem hatte das Foreign Office in London, wie wir in Wien wußten, durch seinen eigenen Nachrichtendienst in Deutschland ganz ohne unser Dazutun vom genauen Sachverhalt Kenntnis.[67]

Es ist richtig, daß Wien weder in London noch in Paris um Hilfe und Beratung vorstellig wurde und daß die österreichischen Gesandten weisungsgemäß die offizielle Lesart vertraten, d. h. die Hoffnung weitergaben, daß die getroffenen Vereinbarungen von Hitler eingehalten würden... War denn damals praktisch etwas anderes möglich, wenn man es Hitler nicht zu leicht machen wollte, von allem Anbeginn Österreich des Bruches der Vereinbarungen zu zeihen? Abgesehen davon, daß die Verbindungen von Wien ins Ausland erfahrungsgemäß nicht immer dichthielten und damit gerechnet werden mußte, daß Berlin von etwaigen österreichischen Schritten alsbald in Kenntnis war.[68]

Wer den Brandstifter im Haus hat, tut sich in der Regel schwer, mit Polizei und Feuerwehr in direkte Verbindung zu treten.

Auf eine einfache Formel gebracht, war die Lage so: Entweder teilten die Westmächte noch die Auffassung Aristide Briands („L'Anschluß c'est la guerre"); dann würden sie — ohne von Österreich Schritte zu erwarten, die ihm infolge der Lage kaum zumutbar waren — handeln, wie sie es schließlich von 1919 bis 1931 taten, und damals nicht nur ohne Dazutun Österreichs, sondern gegen dessen Willen; oder ihre grundsätzliche Politik war wie in den vergangenen Jahren (z. B. englisch-deutsches Flottenabkommen 1935) zu Konzessionen bereit — dann hätte ein österreichischer Bittgang am schließlichen Ausgang nichts geändert, sondern nur die momentane Lage für Österreich und die Österreicher verschlechtert.

Im westlichen Lager waren die Meinungen über die weitere europäische Entwicklung seit Jahren geteilt. So hatte der englische Botschafter in Berlin, Sir Eric Phipps, der vorher Gesandter in Wien gewesen war, schon im Frühjahr 1935 Hitlers Kriegsabsicht für die späteren Jahre vorausgesagt. Sein französischer Kollege André François-Poncet gelangte um dieselbe Zeit zum Urteil, „der Krieg würde ausbrechen, wenn es in Österreich oder Danzig zu Unruhen käme, die Hitler Gelegenheit zum Eingreifen gäben".

Präsident Franklin D. Roosevelt hatte im November 1936 angesichts der

Bedrohung des Weltfriedens eine internationale Konferenz angeregt und seinem Mißtrauen gegen Hitler deutlichen Ausdruck gegeben.

Der frühere französische Ministerpräsident Flandin hatte Mitte Dezember 1937 gelegentlich eines privaten Aufenthalts in Berlin Aussprachen mit den Ministern Neurath und Goebbels, aus denen er die Überzeugung gewann, daß Deutschland noch vor Ablauf der nächsten drei Monate in Österreich einfallen werde... François-Poncet berichtet, daß Flandin in seiner Gegenwart mit Sir Neville Henderson, damals englischer Botschafter in Berlin, eine Wette abschloß:

„‚Wir gehen dem Frieden entgegen‘, sagt der Engländer. ‚Was wir zur Zeit erleben, ist die Ruhe vor dem Sturm‘, sagt der Franzose."[69]

Anderseits war es seit dem offen erklärten deutschen Wiederaufrüsten (1935) keineswegs klar, wie und ob London, Paris und Washington — von Moskau war damals in diesem Zusammenhang noch nicht die Rede — auf die Kriegsgefahr reagieren würden.

Dies alles ist keineswegs gesagt, um die Bürde der Verantwortung zu verschieben. Die europäische Ordnung von 1938 stand und fiel mit dem Konzept der kollektiven Sicherheit; darin ist Anthony Eden durchaus beizupflichten. Daß dieses Konzept angesichts des internationalen Interessengegensatzes nur dann durchsetzbar sein wird, wenn eine Rangordnung der Interessen vereinbart ist, gehört in ein anderes Kapitel. Den Ausschlag gab, daß 1938 weder England noch Frankreich sich stark genug fühlten, dem Expansionsdrang des wiederaufgerüsteten Dritten Reiches, wenn nötig auch mit Einsatz ihrer Machtmittel, zu begegnen. Das alles war in den ersten Märztagen 1938 bei weitem nicht so augenscheinlich, wie wir es heute sehen.

Die rasante Entwicklung in Österreich drängte zu einer Entscheidung; jeder Tag konnte die befürchtete und von der nationalsozialistischen Seite mit allen Mitteln provozierte Explosion im Inneren bringen. Es war gerade noch gelungen, den geplanten „Deutschen Tag" zu verschieben.

Die Wendung brachte der Besuch Dr. Kepplers in Wien am 4. und 5. März. Nach seinem eigenen Bericht war er gekommen, um neue Forderungen zu präsentieren, und zwar alle jene, die es anläßlich des Berchtesgadener Abkommens aus dem ursprünglich von ihm konzipierten oder ihm durch die Österreicher Globocnik und Dr. Rainer über Dr. Veesenmayer suggerierten Forderungsprogramm zu streichen gelungen war.

Dr. Keppler war alter Parteimann und SS-Gruppenführer. In der staatlichen Verwaltung bekleidete er damals den Rang eines Unterstaatssekretärs im Außenamt, er zählte seit frühen Tagen zur engeren Umgebung Hitlers. So nahm er auch in dessen Begleitung im Januar 1933 an dem bekannten, folgenschweren Frühstück bei Herrn von Schröder in Köln teil.[70]

Seit Mitte 1937 war Keppler Hitlers Parteibevollmächtigter für Österreich. Die deutsche Berichterstattung über Österreich lief um diese Zeit auf drei mehr oder weniger unabhängigen Geleisen. Da war einmal Keppler, die graue Eminenz in Österreichfragen, der sich Dr. Veesenmayers als Gehilfen bediente; dann der offizielle Draht, der über Botschafter von Papen ging; und schließlich noch Botschaftsrat Otto von Stein, begeisterter Anhänger und Freund der NSDAP, der er seit 1928 angehörte, und Vertrauensmann Hauptmann Leopolds.[71]

Dr. Keppler unterschied sich in seinem Gehaben wohltuend von dem arroganten Parteityp, wie ihn etwa Herr von Stein verkörperte, und er hatte nichts von dem SS-Bullen an sich, den wir in der Wiener Gestapozentrale und in den Konzentrationslagern bald in verschiedener Ausprägung begegnen sollten. Daß auch diese nicht alle eines Schlages gewesen sind, soll dabei nicht bestritten werden.

Keppler war vor allem wirtschaftlich interessiert und sah in Österreich, das er im Grunde wenig kannte, ein naturgegebenes Wirtschaftsanhängsel Deutschlands. Der Anschluß war für ihn eine wirtschaftliche Notwendigkeit, wie sie von Österreich aus etwa 1920 und noch später fast einhellig vertreten worden war; daß Österreich mittlerweile den Anschluß an die Weltwirtschaft gefunden hatte und trotz Rückschlags, Depressionen und Weltwirtschaftskrise eine durchaus erfolgversprechende wirtschaftliche Aufwärtsentwicklung nahm, schien ihm ebenso unwesentlich wie die unleugbare Tatsache, daß die von ihm besonders erstrebte Währungsunion mit der Preisgabe des harten und wertbeständigen österreichischen Schillings zwar den Anschluß Österreichs an die deutsche Rüstungskonjunktur, aber auch seinen Ausschluß von den Weltmärkten bedeuten mußte.

Daß z. B. der österreichische Produktionsindex unter Zugrundelegung des Jahres 1929 von 1933 bis 1937 von 62 auf 104 Punkte gestiegen war; daß die Stahlproduktion von 1933 bis 1937 um 188 Prozent höher lag, die Erdölförderung sich äußerst erfolgreich anließ und zu großen Erwartungen berechtigte; daß die Weizenproduktion seit 1922 um 170, die Roggenproduktion um 100, der Kartoffelbau um 430 und die Zuckerproduktion um mehr als 1000 Prozent gestiegen war; daß die Milchwirtschaft und die Fleischproduktion sich überaus günstig entwickelten; daß — ein altes Problem — die Sanierung der Österreichischen Bundesbahnen bei ständiger Einnahmen- und Frequenzsteigerung auf gutem Wege war, die Zunahme der Ausländermeldungen im österreichischen Fremdenverkehr im letzten Jahr bei 22 Prozent lag und die Beschäftigtenzahlen stiegen: Dr. Keppler blieb unerschütterlich freundlich, nahm aber all dies einfach nicht zur Kenntnis.[72]

Für den nachmaligen Staatssekretär im deutschen Außenamt lagen die Dinge anders; er schrieb am 10. Februar 1938 dem Reichsaußenminister von Ribbentrop:

„Zur Zeit verfault das österreichische Holz im Wald, der Einschlag ist mangels Absatzes weit unter dem Normalen, während wir im Wald fast Raubbau treiben. Der Überfluß Österreichs an Vieh, Butter und anderen landwirtschaftlichen Erzeugnissen könnte voll aufgenommen werden, und dazu wäre es eine große Erleichterung für unseren inneren Aufbau, wenn wir in größerem Umfange die österreichische Industrie für Lieferungen für Deutschland mit heranziehen könnten, und der Vierjahresplan könnte dadurch zeitlich rascher vollzogen werden. Des weiteren kommt hinzu, daß das größte Interesse bestände, die Wasserkräfte Österreichs auszubauen. Es kämen hier einerseits die Gebirgswasserkräfte in Betracht (Tauern, Westtiroler Gruppe, Lüner See usw.) wie auch vor allem die Stromgewinnung an der Donau, womit gleichzeitig der Donauwasserweg reguliert würde. Besonders das letztere Projekt wäre dringend, da bei Ausbau der Donauwasserstraße sowohl Österreich wie auch der ganze Südosten dadurch wesentlich näher an Deutschland herankommen würden. Auf Grund von neueren Informationen können aus den Alpenflüssen bequem 10 Milliarden Kilowattstunden und bei Ausbau der Donau etwa das gleiche Quantum an Strom bezogen werden. Zur Zeit wäre Deutschland in großem Umfange hiefür aufnahmefähig, und die Entlastung, die dadurch für unseren Kohlenbergbau eintreten würde, wäre durchaus erwünscht. Mit anderen Worten, ohne Behebung der Währungsgrenze wird Österreich im wirtschaftlichen Elend steckenbleiben, während nach Beseitigung in kürzester Frist die Erwerbslosen in Arbeit kämen und der Wohlstand Österreichs sich überraschend schnell heben würde."[73]

Daraus schloß Keppler, daß jeder vernünftige Österreicher, nicht nur die Nationalsozialisten, den wirtschaftlichen Anschluß, der ohne den politischen nicht möglich war, herbeisehnen müsse. Wie er im einzelnen zustande kam, war ihm im Grunde gleichgültig.

Der Führer wünschte zur Zeit die evolutionäre Entwicklung, und das hieß die Aufrollung Österreichs von innen her, nach Möglichkeit ohne irgendeine sichtbare deutsche Einwirkung. Keppler hielt die Zeit zur Beschleunigung des Prozesses für gekommen.

In einem Punkt schien Dr. Kepplers Argumentation auf den ersten Blick überzeugend: Die österreichischen Arbeitslosenzahlen, wenn auch langsam im Sinken, waren immer noch ein ernster Faktor, der auf die Wirtschaft und damit auf die allgemeine Stimmung drückte; die Zahlen erreichten zwar, die Ausgesteuerten eingerechnet, nicht die später aus Propagandagründen behauptete Höhe; im Monatsdurchschnitt 1937 wurden 321.000 Arbeitslose gezählt gegenüber dem Höchststand von 406.000 vorgemerkten Arbeitslosen im Jahre 1933 und 350.000 im Jahre 1936.[74]

Die Prognose, daß Anschluß und Währungsunion die Arbeitslosennot in Kürze beseitigen würden, stimmte — aber, was im Augenblick nicht sichtbar wurde, eben um den Preis des Aufgehens in einer trügerischen „Wirtschaftsblüte", inspiriert und gelenkt von einer politischen Ideologie, die auf Autarkie und Rüstung setzte und entschlossen war, die Welt in die Schranken zu fordern.

Am 4. März meldete sich Dr. Keppler bei Außenminister Schmidt in Wien an und stellte neue politische Forderungen. Auch brachte er Beschwerden vor über die angeblich ungenügende Durchführung des Berchtesgadener Abkommens in verschiedenen seiner Bestimmungen. Von Schmidt wurde ihm bedeutet, daß die neuen Forderungen jeder berechtigten Grundlage entbehrten; Keppler wurde an den Bundeskanzler verwiesen.[75]

Am 5. März um 17.45 Uhr empfing ich ihn in meiner Wohnung. Die Unterredung dauerte etwa 40 Minuten. Nach Kepplers Aufzeichnungen „fing sie sehr stürmisch an, endete aber in durchaus konzilianter Weise". Keppler schreibt, er

„hatte den Eindruck, daß Schuschnigg keineswegs vergewaltigt werden will, daß er aber bei vernünftiger Behandlung in größerem Umfange mitgehen wird für den Fall, daß ihm dies prestigemäßig ermöglicht wird. Auf seine Loyalität betreffs der Berchtesgadener Abmachungen könnten wir uns verlassen."[76]

In Wirklichkeit hatte ich das bestimmte Gefühl, daß Keppler in durchaus urbanen Formen in höherem Auftrag die Rechnung für meine Feststellung vom 24. Februar — „Bis hieher und nicht weiter" — präsentierte. Er forderte nun all das, was am 12. Februar in Berchtesgaden mühsam aus dem ursprünglichen Forderungsprogramm entfernt werden konnte, nämlich alles, woran ihm besonders lag: die sofortige Ernennung Dr. Hans Fischböcks (Bankdirektor und NS-Wirtschaftsfachmann) zum Wirtschaftsminister, die Erhöhung des Offiziersaustauschkontingents von fünfzig auf die ursprünglich verlangten hundert Mann, sofortige Zulassung aller bis dahin in Österreich verbotenen deutschen Zeitungen einschließlich des *Völkischen Beobachters,* weitgehende Wirtschaftsmaßnahmen, unter ihnen die Einführung einer scharfen Devisenbewirtschaftung zur Vermeidung der Kapitalflucht. Und vor allem, wie er sich ausdrückte, die „Beseitigung der illegalen Bewegung durch formelle Legalisierung des Nationalsozialismus". Gerade dieser Punkt des ursprünglichen sogenannten Keppler-Programms war in Berchtesgaden nicht zugestanden worden; er konnte nicht zugestanden werden und stand in klarem Widerspruch zur ausdrücklichen Anerkennung der österreichischen Verfassung.

Ich lehnte alle diese Forderungen rundweg ab und verwies auf den Wortlaut des Berchtesgadener Abkommens, über den hinauszugehen uns völlig unmöglich sei. Der Reichskanzler selbst habe zum Schluß wörtlich erklärt, daß mit der Erfüllung der vereinbarten Forderungen der Streitfall beendet sei, und es sei gänzlich unverständlich, wie man kaum vier Wochen später schon mit neuen Forderungen kommen könne. Daran schloß sich eine Diskussion des österreichischen Standpunktes im Kampf seit 1933 und die Feststellung, daß eine Zusammenarbeit mit dem österreichischen Nationalsozialismus nur auf der Grundlage der Anerkennung der österreichischen Selbständigkeit auf weite Sicht möglich sei und auf dem Boden der geltenden Verfassung, die jegliche Parteibildung ausschließe. Dabei wurde auf das seinerzeitige Zusammenarbei-

ten mit den damaligen Großdeutschen verwiesen, von denen gleichfalls nicht verlangt worden war, daß sie sich von ihrer grundsätzlichen Auffassung in der deutschen Frage, also von ihrer nationalen Ideologie, distanzierten.
Die Unterredung verlief ergebnislos, und ich hatte den bestimmten Eindruck, daß damit die Brücken abgebrochen waren, wenngleich Dr. Keppler damals meinen ablehnenden Standpunkt mit korrektem Bedauern zur Kenntnis nahm, ohne weiter zu insistieren oder zu drohen.
Das nächste und letzte Mal begegnete ich Dr. Keppler im Bundeskanzleramt nach erfolgter Demission in den späten Abendstunden des 11. März 1938. Er machte den gleichen ruhigen Eindruck wie immer und meinte: „Sehen Sie, vor ein paar Tagen haben Sie sich noch aufgeregt wegen der paar Punkte, die ich verlangte. Sie hätten besser nachgegeben." Im Anschluß daran fragte er mich nach meinen persönlichen Wünschen.[77]
Der Sinn von Kepplers Vorsprache am 4. und 5. März in Wien war offensichtlich der, den Stein ins Rollen zu bringen; dies geht in völliger Klarheit aus dem Protokoll hervor, das Keppler über seine vom 3. bis 6. März 1938 unternommene Reise nach Wien verfaßte. Darin heißt es:
„Die österreichische Partei befindet sich nun in bester Verfassung...
Über Leopold wird kaum noch gesprochen. Insbesondere herrscht, wo man hinhört, große Befriedigung darüber, daß nun der Weg des weiteren Vorgehens klar gezeichnet ist... Graz ist am weitesten vorgestoßen; man schätzt, daß etwa 80 Prozent der Bevölkerung sich zum Nationalsozialismus bekannt haben. In den anderen Landesteilen ist man nun eifersüchtig, daß man noch nicht beweisen konnte, daß auch dort der Anteil des Nationalsozialismus von entsprechender Bedeutung ist. Die Bewegungen werden zur Zeit bewußt etwas gebremst, um dadurch immer neue Konzessionen bei Schuschnigg herauszuhandeln, und es erscheint notwendig, zunächst in der Hauptsache die weitere legale Organisationsmöglichkeit für die Zukunft zu sichern und dem zuliebe auf den einen oder anderen Aufmarsch zu verzichten.
Kommenden Sonntag Reminiscere werden anläßlich des Heldengedenktages große NS-Feiern und Aufmärsche stattfinden. Ferner ist zugesagt, daß demnächst für ganz Österreich ein ‚Deutscher Tag' mit großen NS-Aufmärschen stattfindet...
‚Heil Hitler!' und Hitlergruß werden geduldet, und die Verhandlungen wegen der Zulassung eines nationalsozialistischen Abzeichens mit Hakenkreuz stehen durchaus günstig. Schon jetzt sind die gestanzten Hakenkreuze zwar nicht offiziell genehmigt, aber werden überall geduldet...
Dr. Seyß-Inquart bedient sich in großem Umfang auch bei seinen amtlichen Aufgaben der SA und SS, er hat mit ihrer Hilfe in Graz, wo ein Überschlagen der Bewegung allgemein befürchtet wurde, innerhalb kürzester Frist wieder geordnete Zustände herbeigeführt, und er betonte Schuschnigg gegenüber, daß dies nur unter Benutzung der alten Organi-

sationen und Führer infolge der dort herrschenden Disziplin überhaupt möglich sei... Auf Grund der ganzen Eindrücke glaube ich, *daß die Partei nunmehr wieder durchaus schlagkräftig ist und disziplinvoll bei dem politischen Spiel benutzt werden kann* sowie daß es Dr. Seyß-Inquart gelingen wird, die legale Organisationsmöglichkeit in großem Umfang zu bieten. In Österreich sind keine Fahnentuche und keine braunen Stoffe mehr zu erhalten. Die Fabriken haben große Aufträge auf Neuanfertigungen.

In Graz fand eine weitgehende Verbrüderung mit Militär und Exekutive statt, die sich überall außerordentlich korrekt verhielten. Es ist zu hoffen, daß bei weitergehender Fraternisierung und nach Einbau der Austauschoffiziere ein Einsatz des Militärs und der Exekutive gegen die Partei nicht mehr möglich sein wird. Scheinbar ist auch ein großer Zulauf von seiten der Arbeiterschaft da, obgleich Kommunisten und Gewerkschaften und die Radikalen der Vaterländischen Front eine Volksfront zu mobilisieren suchen...

Auf der Gegenseite sind viele, die nun ihr langjähriges nationalsozialistisches Herz entdecken und Anschluß suchen. Anderseits erscheinen viele, denen es bisher nicht möglich war, sich frei zu bekennen."[78]

Gegen diesen Hintergrund gesehen, in seinen innen- und außenpolitischen Aspekten, ist es klar, daß die Lage auf Biegen oder Brechen stand.

Daraus ergab sich der Entschluß zur Volksbefragung.

Kapitel VIII   ÜBER DEN RUBIKON

Die geplante Volksbefragung — Die Technik des Anschlusses — Die Frage des militärischen Widerstandes — Die Folgen

„I claim not to have controlled events, but confess plainly that events have controlled me."
(Abraham Lincoln, in einem Brief vom 4. April 1864)

Der Entschluß zur Volksbefragung wurde angesichts der allgemeinen Entwicklung in Österreich und der internationalen Lage in den letzten Februartagen in ernste Erwägung gezogen und um den 4. März endgültig und unwiderruflich gefaßt. Er wurzelte in der begründeten Überzeugung, daß eine praktisch immunisierte Minorität nationalsozialistischer Aktivisten zum gewaltsamen Umsturz in naher Zukunft rüstete. Die friedliche Gleichschaltung Österreichs, wie sie die Mehrheit der Nationalsozialisten wünschte, mußte über kurz oder lang zum Anschluß führen; darin waren alle sich einig.

Auf diese Gleichschaltung von innen, also ohne sichtbare deutsche Ingerenz, hatte Hitlers Politik trotz des Abkommens vom 11. Juli 1936 und des Berchtesgadener Abkommens nicht nur gehofft und gerechnet; sie wurde auch mit allen Mitteln gefördert. Dies mußte man in Österreich wissen, und man hat es gewußt. Darum konnte es nie zu einer echten Bereinigung der Spannungen kommen; die diplomatischen Beziehungen beschränkten sich im wesentlichen auf eine nicht abreißende Folge gegenseitiger Beschwerden.

Solange die internationalen Sicherungen hielten oder Grund zu der Annahme bestand, daß ihr gänzliches Durchbrennen nicht zu befürchten sei, war die österreichische Lage ernst, aber nicht hoffnungslos. Daß sie bereits zu Ende 1937 in Wahrheit ernst und hoffnungslos gewesen ist, hat man noch im Februar 1938 weder in Wien noch in den westlichen Hauptstädten geglaubt; genausowenig wie Berlin bis zum Kriegsausbruch ahnte, daß das, was zunächst nicht ernst schien, angesichts der weitgesteckten Ziele in Wahrheit von Anbeginn hoffnungslos gewesen ist.[1]

Walter Goldinger schreibt in seiner Abhandlung über den *Geschichtlichen Ablauf der Ereignisse in Österreich:*

„... man war in Berlin kaum geneigt, ihm (Seyß-Inquart) mehr als die Aufgabe eines Befehlsempfängers zuzumessen. Freilich rechnete man dort mit einer langsamen Entwicklung. Man billigte Schuschnigg eine Übergangszeit zu, dann würde es zur vollen Wiederherstellung der NS Partei kommen, worauf es nur eine Frage der Zeit wäre, bis diese ihren Anspruch auf Totalität durchsetzen werde."[2]

Dies stimmt. Genau deswegen kam es zum Volksbefragungsplan, den Goldinger ähnlich wie Taylor, David Hoggan u. a. als „ersten Fehler in den ungleichen Auseinandersetzungen" und als „Kurzschlußhandlung" wertet.[3]

In der Tat wurde die Aktion des 11. März 1938 durch die geplante Volksbefragung ausgelöst. Hitler hatte seinen Wunsch, die Österreichfrage auf evolutionärem Wege automatisch zu bereinigen, zurückgestellt[4] und sich zum Einmarsch entschlossen. Damit hatte sich Österreich die Übergangszeit verscherzt, die ihm bis zur Durchsetzung des Totalitätsanspruchs des österreichischen Nationalsozialismus zugebilligt war. Daß aber das Dritte Reich entschlossen war, die Gleichschaltung Österreichs in naher Zeit zu erzwingen, steht heute fest und war damals begründetermaßen zu befürchten.

Natürlich lag es uns fern, Hitlers Aktion zu provozieren. Wir klammerten uns vielmehr an Sinn und Wortlaut der geschlossenen Abkommen, die wir gegen Sabotage seitens der illegalen Partei verteidigten. Daß es sich, wie schon in den Monaten nach dem Juliabkommen, um *bewußte* Sabotage gehandelt hat, bestätigt Dr. Kepplers Lagebericht vom 18. Februar 1938, der von geplanten illegalen Aktionen größeren Stils spricht.[5] Wie sehr wir vom Gedanken durchdrungen waren, in Verteidigung des Berchtesgadener Abkommens zu handeln, das österreichischerseits erfüllt worden war, geht daraus hervor, daß ernstlich in Erwägung stand, seine Bejahung in die Volksbefragungsparole aufzunehmen, und zwar in der Absicht, ihm die Sanktion auf breitester Basis zu sichern.

Es war freilich ein Fehler, die Reaktion Hitlers nicht vorauszusehen, ebenso wie man die Tatsache unterschätzte, daß dem Abkommen in Berlin ein völlig anderer Sinn gegeben wurde als in Wien.

Aus fehlender Voraussicht und daraus folgendem Irrtum haben nach dem 12. März 1938 zu viele Österreicher gejubelt, waren zu viele Deutsche geblendet. Aus dem gleichen Grund hatten die Engländer sich getäuscht, die Italiener verrechnet und entdeckten die Amerikaner zu spät, was auch für sie auf dem Spiel stand. Aber auch richtige Voraussicht schützte nicht immer vor irrigen Konklusionen, wie das französische und sowjetrussische Beispiel gezeigt hat. Die Zeit von 1933 bis 1939 war gewiß nicht nur in Österreich von Kurzschlußreaktionen bestimmt, die einander bedingten.

Das ändert nichts an der Tatsache, daß — isoliert betrachtet und in der Rückschau — die Ansetzung der Volksbefragung auf falschen Voraussetzungen beruhte. Dennoch war ihre zwar unvorhergesehene Folge für Österreich das kleinere Übel. Wäre der Stein nicht ins Rollen gekommen und wäre es bei der indirekten Unterstützung der Evolution vom Reich her geblieben, die, wie sich zeigte, mit und ohne Berchtesgaden von Österreich ohne Einsatz von Machtmitteln nicht mehr zu stoppen war, dann wäre nach außen hin die Gleichschaltung Österreichs, wie Hitler es sich wünschte, eine freiwillige gewesen, mit allen sich daraus ergebenden möglichen Folgen für das Schicksal Österreichs nach 1945.

Mit der Volksbefragung sollte unter dem Zwang der inneren und äußeren Lage Klarheit geschaffen werden, die das Doppelspiel der anderen Seite beendigen mußte. Tatsächlich war der österreichische Nationalsozialismus als innere österreichische Angelegenheit erklärt und Nichteinmischung zugesagt worden. Dies galt schließlich für die offizielle deutsche Vertretung in Österreich, bis zum 26. Februar 1938 Botschafter von Papen, und nicht minder für den Botschaftsrat von Stein, der seinem eigenen Chef zur Überwachung beigegeben und in seinen Berichten kräftigst mitzumischen und das Feuer zu schüren bemüht war.[6] Und dies galt auch für die Herren Dr. Keppler und Dr. Veesenmayer, die über Spezialauftrag die eigentliche Anschlußvorbereitung zu besorgen hatten.

Die andere Möglichkeit wäre gewesen, es auf den Zusammenstoß der feindlichen Lager ankommen zu lassen, der um die Monatswende zum März mit jedem Tag zu befürchten stand. Dies hätte den Einsatz der Exekutive bedeutet: er wäre, auch in der Steiermark, möglich gewesen; aber damit hätte man die Karte des Gegners gespielt, der alles darauf anlegte, eine Situation zu schaffen, die einen Hilferuf über die Grenzen und damit das Stichwort zur bewaffneten deutschen Intervention ermöglichte. Daß das Dritte Reich zur Wahrung des Gesichts an einem quasilegalen Vorwand seiner Aktion zur völkerrechtlichen Deckung interessiert war, steht außer Zweifel. Nicht umsonst hatte sich die deutsche Propaganda bemüht, am 11. März die Legende von den „blutigen Unruhen" in Österreich glaubhaft zu machen, die sogar in den Bericht des Oberkommandos der zum Einmarsch bestimmten mobilisierten 8. Armee Eingang fand.[7]

Die Volksbefragung konnte ihren Zweck nur erreichen, wenn sie unverzüglich den klaren Willen der Österreicher, an der Selbständigkeit ihres Staates festzuhalten, zum Ausdruck brachte — noch bevor die deutsche Gegenpropaganda massiv einwirken konnte. Erstes Ziel des Plebiszits war die Sammlung aller nichtnationalsozialistischen Österreicher unter der Fahne des Vaterlandes. Es war dabei daran gedacht, alle die Nationalsozialisten, die den illegalen Störungsaktionen ablehnend gegenüberstanden, zum Mitgehen oder zumindest zu wohlwollendem Verständnis zu bewegen; handelte es sich doch um einen Aufruf an alle, das Berchtesgadener Abkommen und damit den „deutschen Frieden" zu respektieren. Eine Konsultationspflicht bestand entgegen später aufgetretenen Behauptungen nicht; das Abkommen hatte unter II/1 vorgesehen, daß

„die österreichische Bundesregierung über außenpolitische Fragen, die die beiden Länder gemeinsam angehen, jeweils mit der Reichsregierung in einen diplomatischen Gedankenaustausch eintreten werde".

Daß der durch eine Volksbefragung bestätigte Wille eines Vertragspartners, am Leben zu bleiben, des diplomatischen Gedankenaustausches mit dem Vertragspartner bedurft hätte, kann im Ernst kaum eingewendet werden.

Man beschloß in Österreich, eine Parole zu wählen, die jeder Österreicher unterschreiben konnte und die mit dem getroffenen österreichisch-deutschen Abkommen in offenbarem Einklang stand:

„Für ein freies und deutsches, unabhängiges und soziales, für ein christliches und einiges Österreich! Für Friede und Arbeit und die Gleichberechtigung aller, die sich zu Volk und Vaterland bekennen."

Daß in Berchtesgaden die österreichischen Unterhändler auf diesem Boden standen und von ihm nicht abzubringen waren, hat man auf der anderen Seite genau gewußt und zur Kenntnis genommen. Wobei man sich die Auslegung auf weite Sicht vorbehielt. Unter weiter Sicht konnten aber keinesfalls kurze vier Wochen gemeint sein.

Die Gleichberechtigungsparole war gegen Totalitätsbestrebungen gerichtet, von welcher Seite immer sie angemeldet werden mochten. Daß die Bemühungen der Vaterländischen Front, die Existenz des Staates zu sichern, gleichfalls des Totalitätsanspruches bezichtigt werden würden, trat damals freilich nicht ins Bewußtsein, obgleich nicht bestritten werden soll, daß der Vorwurf formal nicht der Berechtigung entbehrte.[8]

Der Herr Bundespräsident gab dem Vorschlag, die Volksbefragung durchzuführen, seine uneingeschränkte Zustimmung.[9] Der Ministerrat wurde mit der Frage nicht befaßt, um die nötige Geheimhaltung während der wenigen Vorbereitungstage zu sichern.

Dr. Seyß-Inquarts Beziehungen zu Dr. Keppler waren ebenso bekannt wie Glaise-Horstenaus enger Kontakt mit dem deutschen Militärattaché Generalleutnant Muff und dem deutschen Botschaftsrat von Stein. Dieser hatte als Geschäftsträger am 22. Oktober 1937 an das Auswärtige Amt wie folgt berichtet:

„Der Minister v. Glaise-Horstenau war heute bei mir und sagte vertraulich, er habe einen erschütternden Einblick in die politische Mentalität des Bundeskanzlers in den letzten Tagen erhalten. Der Bundeskanzler habe erklärt, außen- wie innenpolitisch sei der Nationalsozialismus der Feind für eine ruhige Entwicklung Österreichs. Das Juliabkommen habe nicht seine Erwartungen erfüllt, die dahin gegangen seien, außenpolitisch eine verhältnismäßig enge Zusammenarbeit mit dem Reich herzustellen, dagegen innerpolitisch volle Freiheit für eine völlig selbständige österreichische — lies klerikal-legitimistische — Politik zu erhalten. Der Bundeskanzler hat sich nunmehr verhältnismäßig offen dahin geäußert, daß nach der Enttäuschung, die ihm das Abkommen vom 11. Juli 1936 gebracht habe, er sich außenpolitisch zwar nicht gegen das Reich wenden wolle, aber für Österreich eine engere Verbindung mit den Nachfolgestaaten der Donaumonarchie einschließlich Polens anstreben werde. Durch eine solche vom Reich unabhängige Einstellung nach außen werde ihm auch der Kampf gegen die nationalsozialistische Bewegung im Innern erleichtert. Als der Minister v. Glaise-Horstenau gegen diese Pläne des Bundeskanzlers schwerste Bedenken geäußert habe, habe er als Antwort erhalten, daß die geplante neue Linie keinesfalls gegen das Reich gerichtet sein werde, vielleicht werde es sogar nach dem Zustandekommen einer solchen Konföderation leichter sein, mit dem Reich zu einem Ausgleich im Sinne der Vorkriegsverhältnisse zu gelangen. Herr v. Glaise-Horstenau fügte bei, wie man in Berlin wisse, hänge er nicht an seinem Posten und würde ihn lieber heute als morgen niederlegen. Ich bat ihn, um der Sache willen auszuhalten, nur so könne er noch vielleicht einigen Einfluß auf den Gang der Dinge nehmen und wenigstens uns auf dem laufenden über die etwa kommenden Vorgänge halten.

Stein"[10]

Da man in Berlin um die neuralgische Einstellung Roms zu jeder Annäherung Österreichs an die Nachfolgestaaten wußte, beeilte man sich im Auswärtigen Amt, diesen Bericht durch die Vermittlung des deutschen Botschafters in Rom, von Hassel, Mussolini zur Kenntnis zu bringen.[11]

Auf Verschwiegenheitspflicht konnte also zwar bei allen anderen Kabinettsmitgliedern, nicht aber bei Glaise-Horstenau und vermutlich auch nicht bei Seyß-Inquart gerechnet werden, der, wie noch zu berichten sein wird, am 8. März abends in persönlicher Aussprache von dem Vorhaben unterrichtet wurde. Glaise-Horstenau befand sich nicht in Österreich.

Tatsächlich war von der Möglichkeit und Zweckmäßigkeit einer Volksabstimmung schon verschiedentlich früher die Rede gewesen. Die Gelegenheit hiezu hätte sich vor und nach der Ermordung des Bundeskanzlers Dollfuß ergeben; äußere und innere Widerstände standen dem Plan entgegen. Anläßlich des Londoner Staatsbesuches im Februar 1935 hatte sich der damalige Foreign Secretary Sir John Simon nach den Möglichkeiten eines Plebiszits erkundigt. Die Antwort war damals, wie früher und später, daß Österreich aus eigenem Entschluß und ohne äußeren Druck der Frage nähertreten werde. In Berchtesgaden hatte Hitler von einer Volksabstimmung gesprochen, allerdings von einer, deren Modalitäten, um mit Görings Worten zu sprechen, staats- und völkerrechtlich weit eher einer „Farce" geglichen hätten als das österreichische Vorhaben. Schließlich hatte Hitler am 3. März 1938 dem britischen Botschafter Henderson gegenüber erklärt:

„Es müsse letzten Endes in Österreich das Volk selbst befragt werden ... es sei dies die einfachste Anwendung des Selbstbestimmungsrechtes der Völker, das in den Wilsonschen 14 Punkten eine so große Rolle gespielt habe. Der jetzige Zustand sei jedenfalls auf die Dauer unmöglich, er würde zu einer Explosion führen."

Auf die Frage des britischen Botschafters, ob Deutschland eine Volksabstimmung in Österreich fordere, erwiderte Hitler,

„es werde verlangt, daß auf dem Wege der Evolution die berechtigten Interessen der deutschen Österreicher gesichert und der Unterdrückung ein Ende gemacht werde".[12]

Daß die Vertreter der österreichischen Selbständigkeit die Abstimmungsparole positiv und nicht im Sinne Hitlers, also negativ, formulierten, wird man ihnen kaum zum Vorwurf machen können. Dabei soll unumwunden zugegeben werden, daß bei Abwägung aller Umstände eine frühere Abstimmung, etwa zwischen 1934 und 1936, besser und weniger riskant gewesen wäre; wenngleich ihr damals weniger aus außen- als aus innenpolitischen Gründen Hemmungen im Wege standen, die, wie sich gezeigt hat, im Augenblick des klar zutage tretenden Staatsnotstandes wegfielen. Tatsächlich war die Anberaumung der Volksbefragung ein Verzweiflungsakt unter äußerem Druck, also in einer Situation, die man grundsätzlich stets zu vermeiden bemüht war.

Die Frage der Verfassungsmäßigkeit wurde vom Verfassungsdienst des Bundeskanzleramtes geklärt. Sie stützte sich auf Artikel 93 der Bundesverfassung, nach welchem es dem Bundeskanzler zustand, die Richtlinien der Politik zu bestimmen. Die Respektierung der österreichischen Verfassung war von der anderen Seite ausdrücklich zugesagt. Nichteinmischung in Verfassungsfragen fremder Staaten gehört, ganz abgesehen von dem geschlossenen Abkommen, zu den elementarsten Regeln des allgemeinen Völkerrechts; ein immerhin möglicher Widerstreit verfassungsrechtlicher Meinungen konnte daher nur eine innerösterreichische Angelegenheit sein; dies brachte Chamberlain zum Ausdruck, wenn er im Protest gegen die deutschen Argumente vom unbestreitbaren Recht des souveränen Staates sprach, im eigenen Wirkungsbereich ohne fremde Einmischung plebiszitäre Maßnahmen zu treffen.[13]

Daß es sich bei der geplanten Volksbefragung um einen letzten Versuch gehandelt hat, die stürmische Entwicklung, die von außen her gefördert wurde, in geordnete Bahnen zu lenken und zugleich im Rahmen des uns Möglichen ein SOS-Signal zu senden, das vielleicht die Welt alarmierte, liegt auf der Hand. Daß dabei schon im Hinblick auf die Zeitnot und die ungewöhnlichen Umstände Pannen unterliefen, die zwar erklärlich, aber nicht gerechtfertigt sind, sei nicht bestritten. Zu diesen Pannen zählten vor allem zwei, die weitreichende Folgen haben sollten:

1. die ursprünglich niedergelegten Durchführungsbestimmungen,
2. der Verrat des Planes und die vorzeitige Benachrichtigung Berlins.

Soweit die Erinnerung und vorhandene Quellen eine genaue zeitliche Re-

konstruktion der Vorgänge ermöglichen, haben sich die Vorbereitungen wie folgt entwickelt:
Bei der ersten Landesführertagung der Vaterländischen Front nach dem 12. Februar — schätzungsweise um den 18. Februar — wurde von verschiedenen Seiten eine Volksbefragung angeregt, hauptsächlich um der eingetretenen und weiter zu befürchtenden Entmutigung in den eigenen Reihen entgegenzutreten. Zu einer Beschlußfassung kam es jedoch damals nicht. Von mehreren gewichtigen Seiten wurde das Bedürfnis betont, vor der Welt, in Deutschland und im eigenen Land die Legende von einem österreichischen Mehrheitswillen zum Anschluß an das nationalsozialistische Reich zu zerstören. Tatsächlich war man sich der eigenen Mehrheit, mit der möglichen Ausnahme von Graz und von Teilen Kärntens, absolut sicher. Diese Meinung teilte mit mir auch Dr. Seyß-Inquart und — wie die weiteren Ereignisse bewiesen — Hitler. Aber der Wirkung der vom Dritten Reich mit den Mitteln seiner überlegenen Technik bewußt und konsequent betriebenen Anschlußpropaganda fühlte man sich bei uns auf die Dauer einfach nicht mehr gewachsen, sosehr man sich bewußt war, daß sie den Tatsachen ins Gesicht schlug.
Der Generalsekretär der Vaterländischen Front, Minister Zernatto, wurde beauftragt, nach Klärung der rechtlichen Voraussetzungen die nötigen Vorarbeiten für das Plebiszit einzuleiten. Übrigens war Zernatto der einzige, der im Gremium der politischen Berater zunächst Bedenken geäußert hatte. Mit der nationalsozialistischen Seite sich vorzeitig ins Einvernehmen zu setzen wäre sinnlos gewesen, da es in diesen Tagen und Wochen völlig undurchsichtig war, wer in diesem Lager den Ton angab. Mit der illegalen Linken war bekanntlich die Verbindung aufgenommen worden.
Die später aufgetauchten Vermutungen, ausländischer Einfluß, insbesondere der Rat des französischen Gesandten Puaux, habe den Entschluß zur Volksbefragung beeinflußt, sind zur Gänze aus der Luft gegriffen.[14]
Als sich die Lage im Innern immer turbulenter gestaltete und bedrohliche Formen annahm, zumal als Dr. Seyß-Inquart erklärte, sich seinen Leuten gegenüber nicht mehr durchsetzen zu können, reifte der Entschluß zum Wagnis. Den letzten Ausschlag gaben am 4. März die Wiener Reise und das neue Forderungsprogramm Dr. Kepplers.
Die Abstimmungsparole wurde festgelegt in der berechtigten Annahme, daß darin nichts enthalten war, was nicht jeder österreichische Nationalsozialist zu unterschreiben hatte, wenn er sich um Aufnahme in die Vaterländische Front bewarb. Im Abkommen von Berchtesgaden war wörtlich vereinbart:
„Der Bundeskanzler erklärt, daß der österreichische Nationalsozialist grundsätzlich die Möglichkeit legaler Betätigung im Rahmen der Vaterländischen Front und aller übrigen Einrichtungen haben soll. Diese Betätigung soll auf dem Boden der Verfassung in Gleichstellung mit allen übrigen Gruppen erfolgen. Dr. Seyß-Inquart steht das Recht und die Verpflichtung zu, dafür zu sorgen und die Maßnahmen zu treffen, daß

die Tätigkeit der Nationalsozialisten sich in obigem Sinn auswirken kann."[15]

Der Auftrag an Zernatto, die Volksbefragung für den 13. März vorzubereiten, erging am Sonntag, den 6. März, also am Tag nach der früher geschilderten Unterredung mit Dr. Keppler. Strengste Geheimhaltung war aus offensichtlichen Gründen vorausgesetzt, jede zusätzliche Beunruhigung war zu vermeiden.

Am 6. März abends fand im Generalsekretariat der Vaterländischen Front unter dem Vorsitz Zernattos eine Beratung zur organisatorischen Vorbereitung statt, im kleinen Kreis seiner Mitarbeiter; am 7. März folgte eine Landesführertagung der Vaterländischen Front in meiner Anwesenheit. Die Landesführer wurden einzeln von mir über den Plan der Volksbefragung und die Parole unterrichtet und gaben ihre Zustimmung.[16]

Am Dienstag, den 8. März, und zwar abends, also 24 Stunden vor der offiziellen Ankündigung der Volksabstimmung in Innsbruck, informierte ich Seyß-Inquart von dem Plan, gegen ehrenwörtliche Versicherung der Geheimhaltung bis zum Zeitpunkt der Verlautbarung. Dabei hatte ich den bestimmten Eindruck, daß bis dahin die Geheimhaltung gelungen war.

Dem ist aber nicht so gewesen. Und zwar ohne Zutun Seyß-Inquarts. Der Entwurf eines Plakataufrufs, der am Donnerstag, den 10. März, 7 Uhr früh, zur Auslieferung gelangen sollte, und ebenso die diskutierten Abstimmungsmodalitäten waren aller Voraussicht nach bereits am 7. März abends, also zwei Tage vor der Verlautbarung der Volksbefragung, in Berlin bekannt. Ob es, wie später behauptet wurde, die Sekretärin Zernattos war,[17] die ein aufgenommenes Diktat in die Hände der Nationalsozialisten spielte, oder eine andere Angestellte der Vaterländischen Front, bleibe dahingestellt. Jedenfalls sandte etwa sechs Wochen später der damalige Chef des Persönlichen Stabs des Reichsführers SS und nachmalige General der Waffen-SS, Karl Wolff, mit einem Begleitbrief vom 25. April 1938 „das Original des Berichts des Mädchens, das über die Schuschnigg-Abstimmung Meldung machte", an den damaligen Führer des SS-Oberabschnittes Donau, Dr. Ernst Kaltenbrunner, nach Wien. Bericht und Brief wurden 1945 von der amerikanischen Besatzungsbehörde unter den Aktenbeständen der Reichsführung SS sichergestellt. Der handschriftliche Bericht trägt den abschließenden Vermerk „Sitzung des General-Sekr. der VF von heute abend. Herzlichst" und eine Paraphe. Der Vermerk ist in anderer Handschrift dem Bericht angefügt. Wenngleich dieser nicht datiert ist, kann es sich hiebei nach dem ganzen Zusammenhang nur um die Sitzung vom Sonntag, den 6. März abends gehandelt haben. Für eine dringende Nachrichtenübermittlung von Wien nach Deutschland bestand damals ein spezieller Weg: Die Meldungen gingen mittels Kuriers nach Salzburg, wo der dortige deutsche Grenzkommissar, damals ein SS-Untersturmführer bayrischer Herkunft, mit dem Amt der Geheimen Staatspolizei Berlin in Fernschreibverbindung stand; auf diese Weise war ein Geheimbericht, der Wien am Abend per Kurier verließ, am andern Morgen bereits in den Händen der Berliner Gestapozentrale, die in dringlichen Fällen die Weiterleitung über Himmler an Hitler besorgte. Somit hatte Hitler zumindest einen, wahrscheinlich zwei Tage für die Vorbereitung seines Gegenschlages gewonnen. Tatsächlich stellte der Leiter des Dezernats Österreich bei der Geheimen Staatspolizei in Berlin, Dr. Humbert Pifrader, noch in der ersten Märzwoche fest, daß infolge eines eingelangten weittragenden Dokuments mit einer beschleunigten Aktion gegen Österreich zu rechnen sei.[18]

Durch den Verrat der Aufzeichnungen gelangte die Gegenseite vorzeitig in den Besitz gefährlicher Munition. Besonders gefährlich, da es sich sowohl bei dem Plakataufruf als auch bei den vorgeschlagenen Abstimmungsmodalitäten um vorläufige Formulierungen handelte, die im ersten Übereifer abgefaßt und noch keineswegs approbiert worden waren. So wird im Konzept des Aufrufes von einer „Volksabstimmung" gesprochen, während jedoch in dem am 9. März ausgegebenen Original — und ebenso in der begleitenden Innsbrucker Rede — der Ausdruck „Volksbefragung" gewählt wurde.[19] Der Unterschied ist wegen der früher erwähnten verfassungsrechtlichen Bestimmung bedeutungsvoll.

Der verratene Vorschlag der Abstimmungsmodalitäten lautet wie folgt:

„Abstimmungslokale so weit als möglich wie bei den Wahlen 1930 bzw. bei den Gemeindewahlen 1932 mit möglichst gleichartiger Einrichtung. Doppelt soviel Jastimmzettel als Abstimmungsberechtigte im zuständigen Abstimmungskreis. Nur Jastimmzettel. Allenfalls unbeschriebenes leeres Papier vorzubereiten für jene, die unter Umständen mit Nein stimmen wollen. Solche Personen haben sich laut den allenfalls zur Verfügung stehenden Papierzetteln (sic!) Stimmzettel aus dem leeren Papier auszuschneiden. Schutz des Vorgangs: In jedem Lokal mindestens zwei Mann in Zivil ohne Waffen für die Aufrechterhaltung der Ruhe und Ordnung. Sämtliche Störende oder die Abstimmung Hindernde oder im negativen Sinn Beeinflussende (sic!) sind sofort aus dem Lokal zu entfernen. Nötigenfalls dem diensthabenden Organ der Exekutive, Gendarmerie oder Polizei, zur Amtshandlung zu übergeben. Vor dem Lokal zwei Ordnerposten. Zwei Amtswalter besorgen außerdem den Verbindungsdienst vom Lokal zum Werbelokal der VF und sonstigen Örtlichkeiten. Beginn und Ende der Abstimmung wird von den Landeshauptmännern bestimmt. Jedenfalls Schluß um 17 Uhr. Dokumente: Mitgliedskarte der VF, Erkennungskarte oder Heimatschein und Meldezettel. In den Städten Meldezettel und Erkennungskarte. Diejenigen Personen, die mit Nein stimmen, müssen sich obiger Anordnung mit Handschrift unterziehen. Kein Zusatz, sonst ungültig, vollkommen leere Stimmzettel gelten als Jastimmzettel. Wenn Ja ausgestrichen und handschriftlich das Wort Nein zugefügt ist, gilt dieser Stimmzettel als Jastimmzettel. In der Sitzungskommission sind zwei bis vier Beiräte, möglichst Amtswalter der VF. Wer in den Städten keine Erkennungskarte hat, ist überhaupt nicht zugelassen, es sei, daß die betreffende Person dem Vorsitzenden persönlich bekannt ist. Wahlberechtigt sind alle, die spätestens 1914 geboren sind. Die Flugzettel werden mit Flugzeugen abgeworfen. Donnerstag früh um 7 Uhr wird das Propagandamaterial unter SK-(Schutzkorps-)Bedeckung in alle Länder gebracht. Alle diese Beschlüsse werden bis Mittwoch um 2 Uhr geheimgehalten, um einen Vorsprung vor den Nazis zu bekommen."

Nach Form und Stil dürfte es sich hiebei eher um eine Aufzeichnung aus dem Gedächtnis als um ein Diktat handeln, abgesehen davon, daß Diktate gewöhnlich ins Stenogramm oder in die Maschine erfolgen.[20] Jedenfalls lauteten die tatsächlich festgesetzten Abstimmungsbedingungen wesentlich anders.

Infolge der unbeabsichtigten Indiskretion eines Teilnehmers an der ersten diesbezüglichen Besprechung, die von mir auf den 4. März anberaumt worden war, hat bald darauf auch der deutsche Militärattaché in Wien, Generalleutnant Wolfgang Muff, vom „Beschluß, so rasch als möglich Wahlen in Österreich abzuhalten", erfahren; in einer geheimen Aktennotiz legte er fest, daß er durch den Vertreter von Rheinmetall-Borsig dahingehend informiert worden sei, daß der Wiener Bürgermeister Richard Schmitz bis zum Dienstag, den 8. März ein Exposé über die notwendigen Vorarbeiten erstellen würde.[21] Somit stand das Unternehmen, von dem auch Mussolini abriet, von Anfang an unter einem wenig glücklichen Stern.

Am 9. und 10. März wurden intensive Bemühungen unternommen, durch Minister Seyß-Inquart die österreichischen Nationalsozialisten, soweit er auf sie Einfluß hatte, zu einer positiven Stellungnahme zu bewegen. Zu diesem Zweck wurden Bedingungen des Wahlvorgangs vereinbart, die Seyß-Inquart nach dessen eigenen Angaben die Zustimmung ermöglichten.[22] Die ursprünglich vorgeschlagene korporative Stimmenabgabe der öffentlich Angestellten an ihrem Amtssitz war längst fallengelassen worden; die Aufnahme von Vertrauensmännern der Volkspolitischen Referate in die Wahlkommissionen wurde veranlaßt, geheime Abstimmung gesichert; leere Stimmzettel oder solche mit Zusätzen wurden als ungültig erklärt; der Schutz des Wahlvorganges sollte ausschließlich der staatlichen Exekutive obliegen.

Auf einen Brief Seyß-Inquarts vom 10. März antwortete ich am selben Tag mit folgendem Schreiben:

„Wien, den 10. März 1938
Sehr geehrter Herr Minister
In Beantwortung Ihres geschätzten Schreibens vom 10. ds. erlaube ich mir, folgende Stellungnahme bekanntzugeben:
1) Die Abmachungen von Berchtesgaden waren in einer eindeutigen Weise umgrenzt, und es bestand, insbesondere auch nach unseren persönlichen Rücksprachen, kein Zweifel darüber, daß die Wiederzulassung von Parteien nicht in Frage kommen könne.
2) Es war ausdrücklich von der Gleichstellung aller Gruppen auf dem

Boden der Vaterländischen Front und unter Anerkennung der Verfassung die Rede. Diese Feststellung hat auch die Zustimmung des reichsdeutschen Vertragspartners gefunden. Die Nichteinmischung sowie die Anerkennung der österreichischen Unabhängigkeit und Souveränität bei Verpflichtung Österreichs, eine deutsche Politik zu betreiben, waren die Grundlagen der Abmachungen.

3) Die Verfassung ist auf dem Gedanken der autoritären Führung aufgebaut und gibt dem Bundeskanzler gemäß Art. 93 das Recht, die Richtlinien der Politik zu bestimmen.

4) Der Bundeskanzler hat daher die durchaus verfassungsmäßige Möglichkeit, im Wege einer Volksbefragung sich die Deckung seiner Politik zu sichern. Eine Anfechtung aus verfassungsrechtlichen Gründen halte ich juristisch für untragbar, politisch widerspricht sie dem Geist und Wortlaut der getroffenen Abmachungen. Eine Koalitionsregierung zu bilden, lehne ich ab; Parteien kann ich nicht anerkennen; die Bildung einer zweiten Front neben der Vaterländischen Front, wie es sich insbesondere das Volkspolitische Referat in der Steiermark, das ich heute schon des offenen Hochverrats bezichtige, vorstellt, kann daher nicht in Frage kommen und widerspricht ausdrücklich den Grundsätzen des Abkommens von Berchtesgaden.

5) Ich wurde zu wiederholten Malen gedrängt, eine Volksabstimmung zu veranlassen, zuletzt vom Herrn Reichskanzler selbst in Berchtesgaden am 12. Februar, wobei er allerdings beifügte, ich solle mit ihm gemeinsam in Österreich kandidieren. Daß ich eine Volksbefragung nur dann machen könne, wenn sie voraussichtlich zum Nachteil Österreichs ausfiele, kann vernünftigerweise von mir nicht gefordert werden. Von dieser Auffassung auch öffentlich Gebrauch zu machen, behalte ich mir, wenn die Umstände mich hiezu zwingen, ausdrücklich vor.

6) Die ausgegebene Parole und die Begründung derselben zeigen eindeutig, daß damit lediglich eine Deckung für den neu eingeschlagenen Weg in Österreich gesucht wird und daß die neue Zeit, welche ich die Zeit des Friedens nennen will, mit einer feierlichen und vor aller Welt sichtbaren Demonstration eingeleitet werden soll. Dann erst ist eine entsprechende Zäsur gegenüber dem Vorhergegangenen möglich.

7) Insbesondere aus dem deutschen Gesichtskreis heraus läßt sich gegen die Parole nichts einwenden, denn mit ihr sind, was ich ausdrücklich festgestellt habe und noch weiter feststellen will, auch die Politik des 11. Juli und die Berchtesgadener Vereinbarung der Volksbefragung unterzogen. Wer dagegen stimmt oder sich der Stimme enthält, zeigt damit, daß er mit der Berchtesgadener Politik nicht einverstanden ist.

8) Eine Marionette zu spielen, bin ich weder fähig noch bereit. Die politische Verantwortung trage ich, und das Benehmen des volkspolitischen Referates in der Steiermark ist eine offene Meuterei.

Die ernste Situation im Lande ist hervorgerufen dadurch, daß sich die Nationalsozialisten nicht an die Abmachungen gehalten haben. Wenn wir hätten submittieren wollen, wäre das ganze Vorausgegangene nicht notwendig gewesen. Ich stelle fest, daß nach wie vor versucht wird, die Betriebe und die Straße unter Terror zu setzen. Dem muß — ich darf hier auf das bereits Gesagte verweisen — unter allen Umständen ein radikales Ende bereitet werden. Ich bitte nicht zu vergessen, daß von der Gleichberechtigung die Rede war. Ich habe meinerseits alle Zusagen gehalten und muß auf Einhaltung der Zusagen von der Gegenseite bestehen. Daß ich zuschauen soll, wie das Land wirtschaftlich und politisch ruiniert wird, kann man von mir nicht verlangen. Ich bin in der glücklichen Lage, die Welt zum Zeugen aufrufen zu können, wer recht hat und wer den Frieden will. Ich bin auch absolut entschlossen, dies im Bedarfsfall zu tun.

Jedenfalls hat sich heute deutlich decouvriert, wie die österreichischen Nationalsozialisten sich den deutschen Frieden vorstellen. Wenn ein Teil den Frieden nicht will, kann ihn leider der andere nicht erzwingen. Ich bin gerne bereit, Ihre Versicherung zu gemeinsamer Mitarbeit zur Kenntnis zu nehmen, muß Sie aber dringendst bitten, als Sicherheitsminister dafür Vorsorge zu treffen, daß dem Terror Einhalt geboten wird, weil ich sonst nicht in der Lage bin, die Gegenkräfte weiter niederzuhalten.

Ich stehe Ihnen jederzeit zur Verfügung und zeichne mit dem Ausdruck vorzüglicher Hochachtung   Schuschnigg."[23]

Ebenso wie der vorangehende Brief Seyß-Inquarts unter dem Einfluß seiner zum Radikalismus drängenden Ratgeber, unter ihnen auch der seit kurzem zum Staatsrat ernannte Dr. Hugo Jury, zustande gekommen war, richtete sich auch die Antwort mehr an den Kreis um Seyß-Inquart als an diesen selbst. Jedenfalls spiegelt sie die gespannte Lage dieses Tages wider.

Am selben 10. März gab Hitler der 8. Armee, die zum Einmarsch in Österreich bestimmt war, den Mobilisierungsbefehl, flog Globocnik von Wien nach Berlin und Keppler in die umgekehrte Richtung. Am Abend dieses Donnerstags, des 10. März 1938, hatte ich eine längere Aussprache mit Dr. Seyß-Inquart, als deren Ergebnis er sich bereit erklärte, sich für ein Ja der Nationalsozialisten bei der Volksbefragung am nächsten Sonntag einzusetzen und zu diesem Zweck am nächsten Tag eine Rundfunkansprache zu halten. Doktor Seyß-Inquart gab, als Zeuge, über diese abschließende Besprechung zu Protokoll:

„Wir haben uns weitgehend geeinigt (Volksabstimmung), und ich hoffte, über die bestandenen Schwierigkeiten hinwegzukommen. Die Partei hatte aber hiefür kein Interesse mehr."[24]

An diesem Donnerstag, den 10. März, und zwar vormittags, setzte Hitler den Chef des OKW, General Keitel, von seiner Absicht in Kenntnis, in Österreich militärisch zu intervenieren. Der Kommandierende General des Gruppenkommandos III in Dresden, General von Bock, war der vorgesehene Kommandant der zum Einsatz gegen Österreich bestimmten 8. Armee. Gegen 16.30 Uhr am 10. März wurde er vom Entschluß des Führers verständigt, „zur Wiederherstellung geordneter Zustände voraussichtlich um die Mittagszeit des 12. März in Österreich einzurücken".[25]

Gegen 18.55 Uhr des 10. März wurde die Mobilmachung der 8. Armee angeordnet. Generalstabschef des Armeekommandos war Generalmajor Ruoff. Die Armee bestand aus dem XIII. (Nürnberger) und dem VII. (Münchner) Armeekorps sowie einem Panzerkorps unter dem Kommando der Generale von Weichs (XIII. Korps), von Schober (VII. Korps) und Guderian (Panzertruppe); Generalstabschef war Oberst Paulus. Außerdem gehörte zum Armeebereich eine mobilisierte Landwehrdivision. Im Einsatzbericht des Kommandos der 8. Armee werden auch andere bekannte Namen deutscher Offiziere erwähnt, die im folgenden Weltkrieg führende Kommandostellen innehatten; so der damalige Oberst Dietl als Kommandant des Gebirgsjägerregiments 99 und der damalige Oberstleutnant Schörner als Kommandant des Gebirgsjägerregiments 98.

Jedes Armeekorps bestand aus zwei Divisionen zu je drei Infanterieregimentern; dem VII. Korps war zusätzlich eine Gebirgsbrigade mit drei Gebirgsjägerregimentern und Gebirgsartillerie unterstellt; jede Division verfügte über Divisionsartillerie, Aufklärungs- und Beobachtungsabteilungen, Panzerabwehrabteilungen und Pioniere. Schwere Artillerieeinheiten und Aufklärungsstaffeln der Luftwaffe sowie Flakabteilungen unterstanden direkt dem Korpskommando. Dem Kommando der Panzertruppe waren zwei Panzerregimenter und eine Schützenbrigade, bestehend aus einem Schützenregiment und einem Kradschützenbataillon, zugeteilt. Außerdem gehörten zur 8. Armee die SS-Standarten (Regimenter) Germania, Deutschland,[26] Leibstandarte Adolf Hitler und Totenkopfstandarte Oberbayern-Dachau. Dazu kamen die dem Armeekommando direkt unterstellten Heerestruppen. Die Luftwaffe unterstand ihrem eigenen Kommando und daher nicht der direkten Verfügung des Armeekommandanten, der diese Tatsache in seinem Bericht später kritisierte. Die Stärke der Armee betrug über 105.000 Mann.[27]

Am 12. März 1938 um 8 Uhr trat die Masse der 8. Armee auf der ganzen Linie zwischen Schärding und Bregenz zum Einmarsch in Österreich an. Bregenz und Salzburg wurden am frühen Vormittag, Innsbruck um 12 Uhr von deutschen Einheiten erreicht. Am selben Tag um 9.15 Uhr landeten Einheiten der Luftwaffe in Wien.

Abteilungen der Armee besetzten Wien am 13. März, und am 14. März wurde über Anordnung Hitlers das österreichische Bundesheer der Deutschen Wehrmacht eingegliedert und auf Hitler vereidigt. Bis zum späten Nachmittag des 14. März war die Vereidigung vollzogen; General von Bock sagt in sei-

nem Bericht, daß von den in Österreich befindlichen rund 50.000 Angehörigen des Bundesheeres „126 Soldaten, davon 123 wehrdienstpflichtige Semiten", den Eid nicht leisteten.[28]
Die Österreichische Legion traf auf besonderen Befehl des Führers am 2. April in Wien ein.[29]
Etwa zehn Monate zuvor hatte der Chef des deutschen Generalstabs, General der Artillerie Ludwig Beck, an den damaligen Oberbefehlshaber des Heeres, Generaloberst Fritsch, in seinem Memorandum vom 20. Mai 1937 berichtet:
„Die gewaltsame Besetzung Österreichs dürfte aber so viele Kriegsmaßnahmen im Gefolge haben, daß auch beim Gelingen zu befürchten steht, daß das zukünftige deutsch-österreichische Verhältnis nicht unter dem Zeichen des Anschlusses, sondern des Raubes stehen werde."[30]
General Beck hatte dabei an die voraussichtlichen internationalen Verwicklungen gedacht, die nach allgemeiner Auffassung ein Anschluß Österreichs mit sich bringen würde. Sie sollten ausbleiben.
Erich Kordt kommt aber in seinem Rückblick, der nach dem Zusammenbruch von 1945 geschrieben wurde, zur nämlichen Beurteilung:
„Durch die unglaubliche Torheit des militärischen Einmarsches wurde die mangelnde Freiwilligkeit aller Welt kundgetan."
Er bezeichnet den Anschluß, so wie er durchgeführt wurde, als das Ergebnis einer Erpressung und eines Gewaltaktes.[31]
Im Auftrag des Oberkommandierenden der Wehrmacht fanden an den ehemaligen österreichischen Grenzen mit Italien, Jugoslawien und Ungarn militärische Begrüßungen statt, während die strikte Respektierung der tschechoslowakischen Grenzen ohne Kontaktnahme befohlen war. Die Tschechoslowakei war der einzige Nachbarstaat, dessen neutrales Verhalten beim Einmarsch in Österreich zwar angenommen, aber nicht mit völliger Sicherheit vorausgesetzt wurde. Bereits am 12. März fand um 13 Uhr auf dem Brenner die Begrüßung der italienischen Wehrmacht durch den Beauftragten der deutschen Streitkräfte, Oberstleutnant Schörner, statt, der an den Führer der italienischen Grenzwache folgende Ansprache hielt:
„Ich habe die Auszeichnung, zu versichern, daß alle Unternehmungen heute in einem durchaus kameradschaftlichen Geiste vor sich gehen, in einem Geiste, der den freundschaftlichen Beziehungen zwischen dem faschistischen Italien und nationalsozialistischen Deutschland und den beiderseitigen Armeen entspricht. Ich bitte Sie, diese Empfehlung dem Befehlshaber an der Grenze im Auftrage meines Kommandierenden Generals zu übermitteln."
Am 22. März um 14 Uhr fand eine ähnliche Begrüßung an der deutschjugoslawischen Grenze bei Radkersburg statt. Hiebei begrüßte namens der Deutschen Wehrmacht Oberst Dietl den jugoslawischen Kommandanten mit folgenden Worten:
„Ich habe den Auftrag des Oberbefehlshabers der deutschen 8. Armee,

mich an die Grenze des Königreichs Jugoslawien zu begeben, um die kameradschaftliche Fühlung mit Ihnen aufzunehmen. Der deutschen Armee ist es eine besondere Freude und Ehre, der königlich-jugoslawischen Armee an dieser Stelle die Hand reichen zu dürfen, einer Armee, deren hohe Tapferkeit und Ritterlichkeit im deutschen Heer wohl bekannt und unvergessen sind. Ich bitte Sie, unsere freundschaftlichen und kameradschaftlichen Gefühle Ihren hohen Vorgesetzten zu übermitteln."

Oberst Milos Ozegović erwiderte namens der jugoslawischen Wehrmacht in freundschaftlichen Worten und erklärte, daß eine kameradschaftliche Zusammenarbeit von Jugoslawien herzlich erwidert würde. Ferner stellte er fest, daß die jugoslawische Armee eine besondere Hochachtung für die starke Deutsche Wehrmacht empfinde.

Gleichfalls am 22. März fand an der deutsch-ungarischen Grenze die feierliche Begrüßung von Vertretungen der beiderseitigen Armeen bei Ödenburg statt. Deutscherseits hielt der Kommandant der 2. Schützenbrigade, Oberst Graf Rothkirch, die folgende Ansprache:

„Da wir nun durch die Tat unseres Führers Nachbarn geworden sind, hat der Oberbefehlshaber der 8. Armee den Wunsch, ungesäumt die unmittelbaren und freundschaftlichen Beziehungen zur königlich ungarischen Armee aufzunehmen.

Es ist mir eine hohe Ehre, daß mir dieser Auftrag zugefallen ist. Sie wissen, daß wir für die ruhmreichen königlich ungarischen Truppen besondere kameradschaftliche Gefühle und eine hohe Achtung hegen. Vier Jahre hindurch haben Ungarn und Deutsche Schulter an Schulter gekämpft und geblutet. Nun hat uns des Führers geniale Tat wiederum nebeneinandergestellt. Freudig reichen wir Ihnen heute die Hand, um bis in ferne Zeiten in treuer Kameradschaft mit Ihnen zusammenzustehen. Dies ist der Wunsch der deutschen Armee, den ich Ihrem Oberbefehlshaber zu übermitteln bitte."

Der Kommandant des Ödenburger Husarenregiments, Oberst Károlyi, antwortete mit folgenden Worten:

„Das Husarenregiment Graf Nadasdy und ich als Kommandant dieses Regiments haben den ehrenvollen Auftrag erhalten, die Formationen der Wehrmacht des Deutschen Reiches an der ungarischen Grenze im Namen der königlich ungarischen Honved zu begrüßen. Zwanzig Jahre sind es her, daß die deutschen und ungarischen Kräfte für die Freiheit ihrer Völker Schulter an Schulter kämpften. In harten und zähen Kämpfen hielten wir an allen Kriegsschauplätzen des Weltkrieges stand; das Blut unserer gefallenen Helden besiegelte unsere Freundschaft und Waffenbrüderschaft. Mit diesen Gefühlen begrüßen wir ungarische Soldaten die deutschen Truppen und rufen ihnen in Kameradschaftlichkeit und Freundschaft ein herzlich Willkommen zu."[32]

Von Österreich war in diesen Ansprachen nicht mehr die Rede; dies war am Brenner und in Radkersburg, wenn auch aus verschiedenen Gründen, begreiflich; aber auch der königlich ungarische Oberst wußte sich nur mehr an das Schulter-an-Schulter-Kämpfen mit den deutschen Kräften zwanzig Jahre zuvor zu erinnern — trotz der bis in die letzten Monate und Wochen vor dem Anschluß reichenden engen Beziehungen der Ödenburger Husaren zu ihren österreichischen Kameraden. Aber schließlich hatte schon am 4. März 1938 der königlich ungarische Gesandte in Berlin, FML Sztojay, gegenüber General Keitel den Anschluß als die vernünftigste Lösung der österreichischen Frage bezeichnet, und Reichsverweser Nikolaus von Horthy dachte im Grunde nicht anders.[33]

Daß Österreich seinen ungarischen Nachbarn weder in der alten noch in der neuen Zeit vom Bestehen einer echten Schicksalsgemeinschaft zu überzeugen vermochte, die zu akzeptieren freilich nationalpolitisches Umdenken voraussetzte, sollte sich bald als fortwirkendes Verhängnis erweisen... Auf einer meiner Wanderschaften durch die neue amerikanische Heimat traf ich einen der letzten Kommandanten des Ödenburger Husarenregiments als *janitor* (Hausbesorger) eines Universitätsinstituts bei Austin (Texas).

Der deutsche Armeeführer General von Bock hatte in seinem Tagesbefehl vom 14. März vor der Vereidigung des Bundesheeres in ehrenden Worten der österreichischen Tradition gedacht:

„Der Führer und oberste Befehlshaber hat mich mit der Befehlsführung über die gesamte Deutsche Wehrmacht innerhalb der österreichischen Landesgrenzen beauftragt.

Die Waffenbrüderschaft in schweren Kriegsjahren hat damit endlich ihre Erfüllung gefunden; die Vereinigung des österreichischen Bundesheeres mit dem deutschen ist vollzogen.

Als Ehre und Auszeichnung betrachte ich es, die Führung einer Truppe zu übernehmen, die aufgebaut ist auf den ruhmreichen Überlieferungen der alten österreichischen Armee. Dieses stolze Erbe der Vergangenheit wollen wir mit freudigem Herzen in eine neue deutsche Zukunft tragen, in eiserner Manneszucht, in treuester Erfüllung unserer Soldatenpflicht, in opferfreudiger Hingabe an unseren Führer, für das ganze deutsche Vaterland."[34]

Am Tag vorher hatte über Machtspruch Hitlers Österreich als unabhängiger Staat sein vorläufiges Ende gefunden.

Am 13. März, gegen 16 Uhr, fand unter dem Vorsitz des Bundeskanzlers Dr. Seyß-Inquart eine kurze Ministerratssitzung statt; er eröffnete sie mit zwei Erklärungen:

1. Der Bundespräsident habe ihm nunmehr auch alle dem Staatsoberhaupt zustehenden Vollmachten übertragen.

2. Er (Seyß-Inquart) sei gestern (12. März) zum Führer befohlen gewesen und habe den Auftrag erhalten, das jetzt sogleich zur Verlesung kommende

Gesetz noch am 13. März zu verabschieden; jeder Widerstand würde durch die Deutsche Wehrmacht gebrochen werden.

Nach der Verlesung erklärte der Vorsitzende ohne Abstimmung das Gesetz für angenommen. Die Ministerbesprechung hatte ungefähr fünf Minuten gedauert.[35]

Das von den Mitgliedern des Kabinetts unterzeichnete Bundesverfassungsgesetz hatte folgenden Wortlaut:

Art. 1: Österreich ist ein Land des Deutschen Reiches.

Art. 2: Sonntag, den 10. April 1938 findet eine freie und geheime Volksabstimmung der über zwanzig Jahre alten deutschen Männer und Frauen Österreichs über die Wiedervereinigung mit dem Deutschen Reich statt.

Art. 3: Bei der Volksabstimmung entscheidet die Mehrheit der abgegebenen Stimmen.

Art. 4: Die zur Durchführung und Ergänzung des Art. 2 erforderlichen Vorschriften werden durch Verordnung getroffen.

Art. 5: Dieses Bundesverfassungsgesetz tritt am Tage seiner Kundmachung in Kraft. Mit Vollziehung dieses Bundesverfassungsgesetzes ist die Bundesregierung betraut.

Der Gesetzentwurf war zugleich mit dem Entwurf eines Reichsgesetzes am 12. März in Linz durch den deutschen Staatssekretär Stuckart ausgearbeitet worden. Das Reichsgesetz hatte folgenden Wortlaut:

Art. 1: Das von der österreichischen Bundesregierung beschlossene Bundesverfassungsgesetz über die Wiedervereinigung Österreichs mit dem Deutschen Reich vom 13. März 1938 wird hiemit Reichsgesetz.

Art. 2: Das derzeit in Österreich geltende Recht bleibt bis auf weiteres in Kraft. Die Einführung des Reichsrechts in Österreich erfolgt durch den Führer und Reichskanzler oder die von ihm dazu ermächtigten Reichsminister.

Art. 3: Der Reichsminister des Inneren wird ermächtigt, im Einvernehmen mit den beteiligten Reichsministern die zur Durchführung und Ergänzung dieses Gesetzes erforderlichen Rechts- und Verwaltungsvorschriften zu erlassen.

Art. 4: Das Gesetz tritt am Tage seiner Verkündung in Kraft.

Linz, den 13. März 1938.

Damit wurde Hitler zum Staatsoberhaupt Österreichs.

Es ist richtig, daß die Totallösung der Vereinigung Österreichs mit Deutschland, also die Auslöschung Österreichs, zunächst nicht geplant war. Noch am 11. März bestand die Absicht, Österreich eine gewisse Autonomie zu belassen, wobei die beiden Staaten durch eine Personalunion unter Hitler vereinigt worden wären. Da aber die Voraussetzung hiefür die innere Gleichschaltung Österreichs durch eine Machtübernahme der Nationalsozialisten war, hätte sich freilich auch durch die ursprünglich geplante Variante am tatsächlichen Anschluß nichts geändert; die gänzliche Auflösung des früheren österreichischen Staates wäre dann eben in zwei aufeinanderfolgenden Etappen vor sich gegangen. Daß sich Hitler auf Anraten Görings und auch aus eigenem plötzlichem Entschluß zur kompletten Eingliederung Österreichs entschloß, hatte seine Ursache in dem in diesem Ausmaß selbst für Hitler unerwarteten stürmischen Empfang in Linz und vielleicht auch im Eindruck, daß die Totallösung dem Wunsch der Österreicher entsprach. Dies war allerdings ein Fehlschuß, da sich nach Augenzeugenberichten selbst die nationalsozialistischen Mitglieder der neuen Regierung in Wien die Lösung anders vorgestellt hatten. Seyß-Inquart muß jedoch beigepflichtet werden, wenn er in seiner Zeugenaussage angibt, daß sich durch eine halbe Lösung nichts geändert hätte. Seinem Ersuchen, für die Verwaltung Österreichs auch weiterhin Österreicher zu verwenden, wurde bekanntlich nur zum Teil entsprochen. Als kommissarischen Leiter der NSDAP bestimmte Hitler den früheren Reichskommissar im Saargebiet, Gauleiter Bürckel, zum Leiter der Reichsverwaltung wurde Seyß-Inquart als Reichsstatthalter bestellt. Das österreichische Bundesheer bildete einen Teil der Heeresgruppe 5 unter dem Kommando des deutschen Generals von List. Die unvermeidlichen Konflikte zwischen reichsdeutschen Partei- und Verwaltungsstellen und den österreichischen Amtsträgern ließen nicht lange auf sich warten und standen an Schärfe den früheren Gegensätzen innerhalb der österreichischen nationalsozialistischen Partei und deren Führung in nichts nach, wofür der Briefwechsel zwischen Dr. Seyß-Inquart und Gauleiter Bürckel vom August 1939 beredtes Zeugnis ablegt.[36]

Die Volksabstimmung vom 10. April 1938 bestätigte den geschaffenen Zustand; Frankreich und Großbritannien hatten bereits vor diesem Tag mit Ja gestimmt, indem sie bei der deutschen Reichsregierung um das Exequatur für ihre neueinzurichtenden Konsulate im früheren Österreich ansuchten; dies bedeutete nach völkerrechtlicher Praxis eine De-facto-Anerkennung des Anschlusses.

Das Ergebnis war zu erwarten gewesen; es übertraf mit 4,273.884 Jastimmen von 4,300.177 Stimmberechtigten, also mit über 99 Prozent Ja, frühere plebiszitäre Erfolge der Führung des Dritten Reiches. Am 12. November 1933 hatten 95 Prozent der abgegebenen Stimmen den Austritt Deutschlands aus dem Völkerbund nachträglich gebilligt. Am 19. August 1934 bestätigten 90 Prozent der Stimmberechtigten Hitlers Übernahme der Funktionen des Staatsoberhauptes nach Hindenburgs Tod. Am 29. März 1936, nach der Rheinlandbesetzung und der Kündigung der Locarnoverträge, stimmten 98,8 Prozent der Wähler für Hitlers Außenpolitik.

Es hätte in der Tat der Wahlrede Hitlers am 9. April 1938 in Wien kaum bedurft, in der er am Vorabend der Volksabstimmung erklärte:

„Innerhalb von fünf Jahren ist aus einem gedemütigten und versklavten Volk eine Weltmacht geworden; und dieses heutige Deutschland ist mein ganz persönliches Werk ... Nach dem Zusammenbruch von 1918 wollte Deutsch-Österreich sofort wieder zum Reich zurück ... Ich stehe hier, weil ich mir einbilde, mehr zu können als der Herr Schuschnigg; jawohl, ich habe Beweise, daß ich fähiger bin als all die Hohlköpfe, die versucht haben, dieses Land zugrunde zu richten. Wer wird in hundert Jahren ihre Namen überhaupt noch kennen? ... Mein Name aber wird eingehen in die Geschichte als der eines großen Sohnes dieses Landes ... Als am 9. März Herr Schuschnigg sein Abkommen brach, da fühlte ich in dieser Sekunde, daß nun der Ruf der Vorsehung an mich ergangen war ... und mir wurde die Gnade zuteil, am Tag des Verrats meine Heimat ins Reich eingliedern zu können."[37]

Es besteht kein Anlaß, an der relativen Echtheit des Abstimmungsergebnisses zu zweifeln; von absoluter Echtheit einer Abstimmung kann wohl nur gesprochen werden, wenn wirkliche Alternativen bestehen. Auch die österreichischen und deutschen Nationalsozialisten haben die Echtheit des voraussichtlichen Mehrheitsergebnisses der geplanten österreichischen Volksbefragung vom 13. März nicht wirklich bezweifelt; eine bessere Gelegenheit, vor der Welt ihre angebliche Majorität zu beweisen, ließ sich für die österreichischen Nationalsozialisten nicht denken. Allerdings hatten wir nie mit 90, sondern mit einer verläßlichen Mehrheit von 65 bis 75 Prozent für die Regierungsparole gerechnet. Die zahlenmäßige Stärke der nationalsozialistischen Aktivisten in Österreich belief sich damals nach der Schätzung des Staatssekretärs und Polizeipräsidenten Dr. Skubl auf 80.000.[38]

Des Kuriosums halber sei erwähnt, daß in der Tiroler Berggemeinde Tarrenz, an einer Abzweigung der Fernpaßstraße zwischen Nassereith und Imst, 100 Prozent der abgegebenen Stimmen am 10. April 1938 den Anschluß bejahten, während am 13. März 1938 ebenso 100 Prozent sich für die österreichische Parole ausgesprochen hatten; dort wurde nämlich am 13. März abgestimmt, weil die Entwicklung der zwei vorhergehenden Tage in Tarrenz noch nicht bekannt war.[39]

Hätte ein bewaffneter oder unbewaffneter Widerstand am Endergebnis etwas geändert?

Ein unbewaffneter Widerstand — etwa in der Form passiver Resistenz oder zumindest einer gemessenen Reserviertheit in den ersten Tagen der Besetzung — hätte seine optische Wirkung wahrscheinlich nicht verfehlt. Geändert hätte er gar nichts. Er war auch aus psychologischen Gründen nicht zu erwarten. Zur großen Enttäuschung gerade der „alten Kämpfer" des österreichischen Nationalsozialismus erfolgte trotz allem Jubel die sofortige Gleichschaltung, zumal in der Zentrale. Die Österreicher wurden auf dem Sektor der zivilen und militärischen Verwaltung sogleich von jeder Teilnahme an der wirklichen Machtausübung ausgeschlossen.[40]

Das letzte Wort in Angelegenheiten der Partei, des Staates und der Wirtschaft — überhaupt in allen Dingen — hatten die Reichsaufsichtsbehörden. Und es konnte wohl auch gar nicht anders sein. Denn wie vorauszusehen war, kam der Anschluß durch (rechtswidrige) Okkupation zustande, die nach zweitägigem Übergang zur (rechtswidrigen) Einverleibung führte. Trotz der Tatsache, daß der Anschluß zunächst international geduldet wurde und keiner gewaltsamen Abwehr begegnete, hätte die Annexion zu ihrer völkerrechtlichen Wirksamkeit der Sanierung durch einen hinzutretenden Rechtstitel bedurft; dieser konnte nur in einem „dauernden und ungestörten Besitzstand", der sich also über lange Zeit erstrecken mußte, gegeben sein. Die völkerrechtliche Legalisierung wäre theoretisch durch „Ersitzung" möglich gewesen.[41]

Dazu aber fehlte dem Dritten Reich die Zeit. Der Stimmungsumschwung in Österreich ließ nicht lange auf sich warten. Der innere Widerstand trat in Erscheinung, dokumentarisch belegt durch zahlreiche Beschwerden und Situationsberichte der deutschen Regierungsstellen in Wien und durch sich mehrende politische Verhaftungswellen, Gerichtsurteile und politische Exekutionen.

In Wien allein fanden vom März 1938 bis zum Ende des Krieges rund 6000 politische Hinrichtungen statt, nicht inbegriffen die bei der Wehrmacht zum Tode Verurteilten und die in den KZ Verstorbenen. Diese Zahl von Hinrichtungen übersteigt um ein Mehrfaches die Zahl jener, die in Österreich während der ganzen achtundsechzigjährigen Regierungszeit Franz Josefs sowie bis zum Ende der Monarchie und während der ganzen Ersten Republik bis zum Anschluß als Sühne für politische und gemeine Straftaten exekutiert worden waren. Rund 36.000 Österreicher waren von 1938 bis 1945 in politischer Haft; und mehr als 80.000 Jahre Kerkerstrafen wurden allein von den deutschen Volksgerichten über Österreicher verhängt.[42]

Infolge des Ausbruchs und der rapiden Ausdehnung des Krieges kam es bald zur faktischen Annullierung der De-facto-Anerkennung des österreichschen „Anschlusses"; in der Moskauer Erklärung vom 30. Oktober 1943 der Außenminister Eden (Großbritannien), Hull (USA) und Molotow (UdSSR) wurde die „Besetzung Österreichs durch Deutschland am 13. März 1938 als null und nichtig betrachtet".

Trotz der Tatsache, daß dem militärischen Einmarsch am 12. März 1938 kein bewaffneter Widerstand entgegengesetzt wurde, erklärten die Regierungen Großbritanniens, der Vereinigten Staaten und der Sowjetunion Österreich als „das erste freie Land, das der typischen Angriffspolitik Hitlers zum Opfer fallen sollte" und „daher von deutscher Herrschaft befreit werden soll". Die Rechtswidrigkeit der Einverleibung Österreichs war damit unzweideutig bezeugt. Ihre unanfechtbare Feststellung war das einzige und letzte, was die österreichische Politik angesichts des im Augenblick offensichtlich Unvermeidbaren im März 1938 bezweckte. Jeder andere Entschluß hätte sinnlose Opfer bedeutet, die, wie die Dinge lagen, weder im März 1938 noch 1945 und später irgend etwas hätten ändern können. Dies wurde am tschechoslowakischen und polnischen Beispiel zur Genüge ersichtlich.

Die deutsche Armeeführung hatte lange Zeit gegen das österreichische Abenteuer, dessen Planung ja weiter zurückliegt, schwere Bedenken. Dies war in Wien bekannt, und zwar aus persönlichen Informationen und Eindrücken, die uns einer der überzeugtesten und unbedingtesten Österreicher, der zeitweilige Justizminister und spätere Präsident des Kulturbundes, Hans Hammerstein-Equord, auf Grund von persönlichen Kontakten mit seinem Vetter, dem ehemaligen Chef der deutschen Heeresleitung, General Kurt von Hammerstein-Equord, vermittelte. Diese Bedenken wurden aber nach dem Sturz des Generalobersten von Fritsch im Februar 1938 offensichtlich zurückgestellt, wie aus dem Bericht über „Die Lage in Österreich vor der Wiedervereinigung" des Oberkommandierenden der 8. Armee, General von Bock, eindeutig hervorgeht, der sich, wenngleich ohne die üblichen Ausfälle, die politischen Argumente der Führung des Dritten Reiches zu eigen macht. Besonders die kritiklose Aufnahme der nationalsozialistischen Propaganda im Zusammenhang mit der geplanten Volksbefragung verdient Beachtung und zeigt, daß die von den Parteistellen gelieferten Informationen — wohl auch mit Rücksicht auf die äußerst gedrängte Zeit und das Fehlen eigener verläßlicher Informationen — unbesehen übernommen wurden. Dazu kommt, daß die politische Führung des Reiches und die nationalsozialistisch inspirierte Nachrichtenübermittlung in dem deutschen Militärattaché in Wien, Generalleutnant Muff, einen willigen Gefolgsmann besaßen. Unter normalen Verhältnissen und nach internationaler Gepflogenheit wäre das Verlangen nach dessen Abberufung als Persona non grata längst fällig gewesen.[43]

Den militärischen Machtmitteln des Dritten Reiches stand das österreichische Bundesheer gegenüber.

Der nach dem Friedensvertrag zulässige Höchststand des Berufsheeres von 30.000 Mann, mit 1500 Offizieren, wurde nie erreicht. Seine Stärke betrug bis 1933 rund 20.000 Mann. Die finanzielle Lage des Staates gebot größte Sparsamkeit, und außerdem schufen die äußeren Beschränkungen wie die innerpolitischen Verhältnisse ein ungünstiges Klima für den Ausbau der Streitmacht. Noch bei der Budgetdebatte 1932 beantragte der Abgeordnete Dr. Deutsch die Reduzierung des Militärbudgets um ein Drittel.[44]

Für zwölf Jahre, bis zum September 1933, stand der christlichsoziale Minister Carl Vaugoin an der Spitze des Heeresressorts. Unter seiner Amtsführung erfolgte der Aufbau und Ausbau des Bundesheers; es wurde damals, wie jeder objektive Kritiker zugeben müßte, mit bescheidenen Mitteln erstaunlich viel und das Bestmögliche geleistet. Der Vorwurf, daß es nicht gelungen sei, aus der verpolitisierten Wehrmacht der ersten Umsturzjahre ein unpolitisches Heer zu schaffen, übersieht die Tatsache, daß die Bestimmungen des 1920 unter politischem Druck entstandenen Wehrgesetzes für die Dauer des parlamentarischen Regimes weiterbestanden und ohne Zustimmung der Opposition kaum geändert werden konnten.

Im September 1933 trat Generaloberst Alois Fürst Schönburg-Hartenstein,

ein hochangesehener Armeeführer aus der Zeit des Ersten Weltkrieges, an die Spitze des Landesverteidigungsministeriums. Seit 10. Juli 1934 fungierte der Bundeskanzler als Landesverteidigungsminister; ihm stand als Staatssekretär bis zum 12. März 1938 ein bewährter Truppenführer, General der Infanterie Wilhelm Zehner, zur Seite.

Angesichts der steigenden Bedrohung Österreichs durch das nationalsozialistische Deutschland rückte die Notwendigkeit des Heeresausbaus erneut in den Vordergrund. Deutschland hatte am 16. März 1935 die Einführung der allgemeinen Wehrpflicht proklamiert und sich damit einseitig über die Bestimmungen der Friedensverträge hinweggesetzt. In Österreich war der allgemeinen Wehrpflicht durch die Einführung des sogenannten Militärassistenzkorps, bestehend aus kurzfristig dienenden Freiwilligen, vorgebaut worden; im April 1936 wurde die allgemeine Dienst-(Wehr-)Pflicht gesetzlich eingeführt. Sie wurde zunächst auf ein Jahr festgesetzt und noch am 10. Februar 1938 auf 18 Monate erweitert. Nur die Regierungen der Kleinen Entente hatten unter Berufung auf die Friedensverträge Einspruch erhoben.

Hand in Hand mit der Erhöhung des Heeresstandes gingen verschiedene Verbesserungen in der Bewaffnung und Ausrüstung. Gleichwohl war es dem kleinen Staat, der im Interesse seiner wirtschaftlichen Gesundung und seines internationalen Kredits auf die Erhaltung seiner wertbeständigen Währung Bedacht nehmen mußte, nicht möglich, dem deutschen Beispiel zu folgen und für Aufrüstungszwecke aus dem vollen zu schöpfen.

Dazu kommt, daß der Zweck der österreichischen Aufrüstung ein völlig anderer war; die politische Führung des Dritten Reichs war daran, sich bewußt und vorbedacht ein Angriffsinstrument zu schaffen, um die „deutsche Raumfrage" durch Erweiterung des nationalen Lebensraumes nach Osten spätestens 1943—1945 gewaltsam zu lösen.[45]

Die Bestimmung der österreichischen Wehrmacht war Grenzverteidigung und die Erhaltung der Staatsunabhängigkeit im Rahmen der bestehenden europäischen Ordnung, die auf den Grundsatz kollektiver Sicherheit gegenüber gewaltsamen Revisionsversuchen gegründet war. Der vom Generalstabschef FML Alfred Jansa entworfene Verteidigungsplan war auf hinhaltende Kampfführung an der Traun- und Ennslinie aufgebaut, wobei das österreichische Heer, auf sich allein gestellt, zwei volle Kampftage des Widerstandes auf sich zu nehmen hatte, in der Annahme einer innerhalb dieser 48 Stunden sich entwickelnden internationalen Entlastung.[46]

Nach Stabilisierung des Staatshaushaltes durch die Währungsreform von 1923 entfielen von allen Staatsausgaben nur 5,9 Prozent auf das Bundesheer. Dieser Prozentsatz sank im Budgetjahr 1930 und in den folgenden Jahren auf 4,8 und stieg erst 1937 auf einen Anteil von 15 Prozent der Gesamtausgaben; auch dieser war äußerst bescheiden im Hinblick auf das Erfordernis, zumal im Vergleich mit dem Durchschnittsaufwand von fast 25 Prozent der Ausgaben für Landesverteidigung in vielen anderen europäischen Staaten.

Das Bundesheer war Ende 1937 noch im Ausbau begriffen, doch wies seine Gliederung immerhin bereits 7 Divisionen mit je 6 bis 8 (Planziel 9) Bataillonen und einem leichten Artillerieregiment mit 6 (Planziel 9) Batterien auf, ferner eine schnelle Division mit 4 motorisierten Bataillonen, 1 Kavalleriebrigade, 1 motorisierten Artillerieregiment und 1 Panzerwagenbataillon. Dazu kamen Spezialtruppen und die zahlenmäßig schwachen Luftstreitkräfte.

An neuen Waffen befanden sich in der Ausrüstung unter anderem eine 4-cm-Fliegerabwehr-Maschinenkanone M 1936 von Bofors (Schweden), die in Österreich im Lizenzweg erzeugt wurde, außerdem ein 2-cm-Fliegerabwehr-MG M 1936 von Oerlikon (Schweiz), ein 2-cm-Tankabwehrgeschütz, gleichfalls Schweizer Produktion, und ein 4,7-cm-Tankabwehr-Infanteriegeschütz von Böhler. Einheimischer Erzeugung (Steyr) war außerdem die 9-mm-Maschinenpistole M 1934 sowie ein leichtes Maschinengewehr (8 mm), das ab 1933 eingestellt wurde; außerdem wurde ein Großteil des modernen Gerätes der Telegraphentruppe, wie der Feldfernsprecher und Teile der Radioausrüstung, in Österreich hergestellt.

Die Panzertruppe verfügte über zwölf 14 Tonnen schwere Panzerstraßenwagen, System Steyr-Daimler, und über 4 Kompanien von italienischen 2-Tonnen-Kleinkampfwagen.

Ein Fliegerregiment setzte sich aus drei Aufklärerstaffeln, sechs Jagdstaffeln, zwei Bomberstaffeln und vier Schulstaffeln zusammen. Das Flugzeugmaterial war gemischter, zum Großteil italienischer (Caproni, Fiat) und englischer Herkunft. An Luftschutztruppen waren, außer einer Flugnachrichtenkompanie, einsatzbereit: eine Fliegerabwehrbatterie, zwei Fliegerabwehr-Maschinenkanonenabteilungen und eine Fliegerabwehr-MG-Kompanie. Die Artillerieausrüstung, mit Ausnahme der Munition, stammte durchwegs aus der Zeit des Ersten Weltkriegs; 150 Geschütze, darunter 15-cm-Feld- und Motorhaubitzen, waren 1936 von Italien aus Beutebeständen des Ersten Weltkriegs an Österreich abgegeben worden. Wegen einer neuen 15-cm-Haubitze liefen Verhandlungen mit Schweden, die 1938 noch nicht abgeschlossen waren.

Die mit den relativ geringen verfügbaren Mitteln angeschafften Waffen und Geräte waren hochwertig, ebenso die Qualität der Truppe und deren Ausbildung. Der Gesamtwert der mit der Besetzung Österreichs von der Deutschen Wehrmacht übernommenen Bewaffnung und Ausrüstung des Bundesheeres belief sich auf über 500 Millionen Schilling im Schillingwert vom März 1938.

Außer dem Bundesheer verfügte die militärische Führung noch über die Frontmiliz, die sich aus Mitgliedern der ehemaligen freiwilligen Wehrverbände zusammensetzte und deren Stärke sich auf etwa 20.000 Mann belief. Trotz guter Disziplin und soldatischer Ausbildung kam die Frontmiliz schon wegen ihrer noch unvollständigen und ungleichen Ausrüstung und Bewaffnung nur für Hilfszwecke in Frage.[47]

Infolge der außenpolitischen Gründe, die in anderem Zusammenhang behandelt wurden, war die Alarmzeit im kritischen Fall für das österreichische Bundesheer sehr kurz bemessen; die ersten Sicherungsmaßnahmen wurden nach dem Bericht der Oberösterreichischen Division am 9. März getroffen; am 10. März erfolgte die Einberufung des Jahrganges 1915 und am 11. März der Befehl zur Alarmbereitschaft. Aus diesen Gründen kam auch der von FML Jansa vorbereitete Verteidigungsplan von Haus aus nicht mehr in Frage; er hatte für die Vollmobilisierung und den Aufmarsch des Heeres an der Traunlinie eine Frist von acht Tagen vorgesehen.[48] Es hätte sich daher bei Organisation der Verteidigung nur mehr um Improvisationen handeln können; allerdings stand die deutsche Seite, wie wir heute wissen, vor genau dem gleichen Problem. Die deutsche 8. Armee sah sich plötzlich einer Aufgabe gegenüber, für die sie zur Zeit nicht ganz vorbereitet war und die sie, wie aus dem Einsatzbericht in voller Klarheit hervorgeht, nur mit Schwierigkeiten meistern konnte. Freilich war auch unter den gegebenen Umständen die deutsche Militärmacht zahlenmäßig und vor allem in der Bewaffnung dem österreichischen Heer weit überlegen; dies galt vor allem für die Luftwaffe und die Luftabwehr. Auch das Nachschubproblem und die Schwierigkeiten der Verbindungsdienste waren auf deutscher Seite leichter zu lösen, und zwar schon wegen der Tatsache des Bestehens einer fünften Kolonne in Österreich, die durch eine organisierte Aufstandsbewegung in den Städten und durch Sabotageakte auf dem Lande voraussichtlich Kräfte gebunden hätte, die der kämpfenden Truppe dann fehlten. Immerhin hätte sich im Fall des Widerstandes der deutsche Zeitplan voraussichtlich nicht einhalten lassen. Zunächst einmal hätte sich schon der Beginn des Einmarsches um 24 Stunden verzögert. Nach dem Bericht des Generals von Bock hätte einer „planmäßig verteidigten Grenze gegenüber die Armee nicht vor dem 13. März früh antreten können". Erhebliche Schwierigkeiten und Verzögerungen beim Vormarsch des Panzerkorps, verursacht durch unzulängliche Brennstoffversorgung, und vor allem ein verkehrsbehinderndes Chaos auf den Vormarschstraßen hatten die deutsche Armeeführung offenbar vor ernste Probleme gestellt.

„Es steht außer Zweifel, daß bei feindlicher Gegenwehr von der Erde und namentlich aus der Luft die Ereignisse auf der Straße Passau - Linz - Wien zu einer Katastrophe hätten führen können."

Dazu hatten sich Reibungen der Heeresstellen mit den eingeteilten SS-Verbänden ergeben.

„Die Berichte dieser Verbände zeigen zum Teil, daß ihre Führer über manche Fragen der Kriegführung unzutreffende Vorstellungen haben ... Besteht die Absicht, die SS-Verfügungstruppe im Krieg gegen einen äußeren Feind zu verwenden, so wird es unerläßlich sein, sie im Frieden dafür zu schulen. Für diese Schulung können nur die Grundsätze der Ausbildung des Heeres maßgebend sein."[49]

Diese bei der Invasionsarmee aufgetretenen Schwierigkeiten hätten die Dauer des österreichischen Widerstandes vielleicht verlängert, ohne am Ausgang etwas zu ändern; der Widerstand auf unserer Seite hätte schwere Opfer gekostet und österreichisches Land zwecklos verwüstet. Die deutsche Luftwaffe wäre nicht untätig geblieben, der Befehl Hitlers, daß „jeder Widerstand unbarmherzig mit Waffengewalt zu brechen" sei, war gewiß wörtlich zu nehmen; nicht minder der Armeetagesbefehl vom 11. März 1938:

„Beteiligen sich Teile der Bevölkerung am Kampf, so ist unter harter Anwendung der Kriegsgesetze zu verfahren. Das gleiche gilt für feindselige Handlungen jeder Art, also auch für jede Form passiven Widerstands gegen Anordnungen und Maßnahmen der deutschen Armee."[50]

Im Schmidt-Prozeß fiel das Wort: Besser damals (März 1938) tausend als später hunderttausend Opfer... Dabei war vorausgesetzt, daß die tausend von 1938 die späteren Opfer des Zweiten Weltkriegs hätten verhindern können. Für eine solche Voraussetzung fehlt allerdings jegliche Begründung.

Ein Teil der Vormarschschwierigkeiten war offenbar gerade auf das Fehlen der Kampfeinwirkung von der anderen Seite und die dadurch gelockerte Verkehrsregelung und schlechte Fahrdisziplin zurückzuführen; so war es möglich, daß nichtmilitärische Verbände, wie General von Brauchitsch in seinem Bericht beklagt — z. B. Polizei- und Parteiformationen, dem Armeekommando nicht unterstehende Bodenformationen der Luftwaffe usw. —, im Wettrennen nach Wien sich gegenseitig und zugleich die vormarschierende Armee behinderten und die wenigen zur Verfügung stehenden Straßen verstopften. Dazu kamen die Aufenthalte in den Ortschaften und das unvermeidliche Mitjubilieren mit den zur Begrüßung erschienenen „befreiten" Nationalsozialisten und deren zeitbedingter Zulauf. In Anbetracht dieser Umstände waren die Ausfälle der 8. Armee nicht bedeutend. Im Einsatzbericht sind sie mit 25 Toten durch Verkehrs- und andere Unfälle ausgewiesen. An Fahrzeugen waren vom 12. bis 15. März 43 Panzerkampf- und Spähwagen, 20 Sonderkraftfahrzeuge, 15 Zugkraftwagen, 6 Mannschaftskraftwagen, 70 Lkw und 40 Pkw sowie 97 Krafträder verwendungsunfähig geworden. Von 22.000 verwendeten Pferden, die damals in der Kriegsmaschine noch eine Rolle spielten, blieben 665 auf der Strecke.

Die (im übrigen nur kurzfristigen) Ausfälle hielten sich laut General Guderian unter 30 Prozent; daraus ergibt sich für die erste Einmarschwelle der Einsatz von etwa 130 Panzerkampfwagen und 20 Panzerspähwagen.[51]

Es ist begreiflich, daß nach 1945 im österreichischen Lager über die Frage des unterbliebenen militärischen Widerstandes ein heftiger Meinungsstreit entbrannte. Die meisten sind sich darin einig, daß der Widerstand am Ausgang nichts geändert hätte, wenngleich vereinzelt auch die Meinung zu finden ist, ein versuchter Widerstand hätte die Mächte zum Eingreifen veranlaßt; freilich hätte nur ein rechtzeitiges und massives Eingreifen — und zwar während der ersten 48 Stunden — die Lage retten können. Das Hauptargument läuft darauf hinaus, daß ein zumindest symbolischer Widerstand am 11. März 1938 Österreich nach der Befreiung 1945 zugute kommen konnte. Wenn auch nur hundert

Österreicher — so wurde gesagt — im Kampf gegen die deutsche Armee gefallen wären, hätte Österreich später den Status einer kriegführenden Macht beanspruchen können, und die hundert Gefallenen hätten vielleicht Österreich die zehn Jahre Viermächtebesatzung erspart...[52]

Der symbolische Widerstand hätte Hitler kaum daran gehindert, in Wien „die größte Vollzugsmeldung der deutschen Geschichte" zu verkünden; an der Einverleibung Österreichs hätte sich nichts geändert, auch nichts an der momentanen Reaktion der Bevölkerung und am Ergebnis der Volksabstimmung über „die Wiedervereinigung mit dem Reich". Die Österreicher hätten im Krieg in der deutschen Armee gedient, und die Behandlung Österreichs unmittelbar nach dem Krieg hätte ebensowenig von dem Willen und dem Interesse der Österreicher abgehangen wie etwa jene der Balten oder Polen. Man denke nur an das Schicksal der polnischen Armee des Generals Anders.

Abseits der nachträglichen Wenn und Aber, die zum Bereich interessanter, aber doch müßiger Spekulationen gehören, darf wohl nicht übersehen werden, daß die nüchterne Realität des März 1938 die verantwortliche Führung vor drei Fragen stellte:

1. War militärischer Widerstand technisch möglich?
2. War er moralisch und politisch vertretbar?
3. War sein Zweck auf andere Weise erreichbar, und zwar im Dienst an den lebenswichtigen Interessen von Land und Volk in Gegenwart und Zukunft?

Die erste Frage ist bedingt zu bejahen. Hinhaltender Widerstand, auf zwei Tage bemessen, wäre auch am 11. März noch möglich gewesen, und zwar deshalb, weil das Bundesheer wie auch die Gendarmerie ein verläßliches Instrument in der Hand der Regierung waren. Es hat gewiß auch im Bundesheer nationalsozialistische Zellen gegeben. Nach dem Dienstpostenplan für 1938 belief sich der Gesamtstand der Offiziere auf 2555. Nach aufgefundenen Listen waren von diesen etwa fünf Prozent illegal organisiert. Von einer nationalsozialistischen Durchsetzung des Bundesheeres konnte daher keine Rede sein.[53]

Der Widerstand hätte aber mangels der Voraussetzungen für seinen Erfolg, nämlich der Entlastung durch Eingreifen der Mächte, zum Zusammenbruch mit allen seinen Folgen, insbesondere auch denen hinter der Front, führen müssen. Daran hätte sich, auch wenn der Widerstand sofort nach Berchtesgaden oder selbst anstatt des Versuches von Berchtesgaden eingesetzt hätte, nicht das geringste geändert, und zwar infolge der damals vorherrschenden internationalen These, ein Zusammenstoß mit Deutschland sei zu vermeiden. Die später von ziviler Seite vertretene Hypothese, das Bundesheer hätte etwa im Dachsteingebiet eine alpine Festung errichten und von dort aus den Widerstand fortsetzen sollen, übersah unter anderem das Nachschub- und Munitionsproblem. Es liegt auf der Hand, daß sich schon aus Gründen der politischen Psychologie die Lage etwa mit jener der Schweiz und deren Verteidigungsstrategie im Zweiten Weltkrieg nicht vergleichen läßt.

Damit stellt sich die zweite Frage, die nach der moralischen und politischen Vertretbarkeit des militärischen Widerstandes. Politisch war er an das Fortbestehen jenes Europakonzepts gebunden, wie es das Völkerbundstatut und die Friedensverträge vorgesehen hatten. Der Republik Österreich war damals, wie übrigens auch heute, die Aufrechterhaltung der staatlichen Selbständigkeit innerhalb der gegebenen Völkerrechtsordnung vertraglich zur Pflicht gemacht; die Westmächte haben auf strikte Einhaltung dieser Verpflichtung bestanden. Das Verhängnis, das zum Zweiten Weltkrieg führte, hat nicht ausschließlich in der Kurzsichtigkeit der Friedensverträge und der Unzulänglichkeit des Genfer Status bestanden, sondern viel eher in der Tatsache, daß die Verträge weder rechtzeitig revidiert worden sind noch auch ihre Einhaltung gegen die Verletzung seitens einer Großmacht jemals erzwungen wurde. Nach außen hin aber hat man auf dem Prinzip der Unverletzlichkeit der Verträge und der Politik des Status quo bestanden. Trotzdem war eine ausdrückliche Garantie der territorialen Integrität, also eine vertraglich festgesetzte Beistandsverpflichtung im Falle eines Angriffs von außen, nicht zu erreichen. Das Argument, daß Österreich seine Existenz auf fremde Bajonette stützen wollte, trifft nicht zu, weil das selbständige Österreich damals nur im Rahmen der bestehenden und gesicherten europäischen Ordnung und somit des angewandten Prinzips der kollektiven Sicherheit denkbar war.

Am 10. März 1938 hatte das französische Kabinett Chautemps demissioniert. Am 11. März hatte Frankreich keine Regierung. Der österreichische Gesandte Alois Vollgruber sprach am Nachmittag des 11. März am Quai d'Orsay beim Außenminister *in statu demissionis* Delbos vor, der sich telephonisch mit London in Verbindung setzte; nach einer guten halben Stunde eröffnete der französische Minister dem österreichischen Gesandten, er bedaure unendlich, ihm mitteilen zu müssen, daß London jede ernstliche Reaktion auf die Ereignisse in Wien ablehne, und man müsse verstehen, daß unter diesen Umständen auch Paris nichts Ernstliches unternehmen könne. Außerdem habe die französische Regierung bekanntlich demissioniert. Am Abend des 11. März rief der Kabinettchef im französischen Außenministerium, Charles Rochat, den österreichischen Gesandten nochmals an, um ihm mitzuteilen, daß London und Paris beschlossen hätten, in Berlin zu protestieren, wenngleich sie davon überzeugt seien, daß dieser Protest am Lauf der Dinge nichts ändern werde.[54]

Der britische Gesandte in Wien, Michael Palairet, stand am 11. März in telephonischer Verbindung mit dem Staatssekretär für Äußeres, Lord Halifax, den er im Detail informierte und ihm die deutschen Ultimaten bekanntgab. Gegen 15 Uhr gab der Gesandte nach London durch:

„Die Lage ist kritisch. Wenn der Kanzler nachgibt, bedeutet dies sein Ende und das Ende der Unabhängigkeit Österreichs. Bleibt er fest, hat er mit der Drohung bewaffneten deutschen Eingreifens zu rechnen, wenn Unruhen während des Plebiszits ausbrechen oder arrangiert werden (im englischen Text: when disturbances take place, or rather are engineered).

Sie werden aus München gehört haben, daß in Bayern eine Teilmobilisierung stattfindet, über welche die österreichische Regierung genau informiert ist... Der italienische Gesandte in Wien wurde informiert, die österreichische Regierung wartet dringend auf Antwort aus Rom."[55]
Kurz darauf telephonierte der Gesandte nach London:
„Unter der Drohung des Bürgerkriegs und der absolut sicheren militärischen Invasion hat der Kanzler nachgegeben, um Blutvergießen in Österreich und vielleicht Europa zu verhindern; er erklärte sein Einverständnis mit der Absage des für Sonntag vorgesehenen Plebiszits unter der Bedingung, daß die öffentliche Ruhe von den Nazis nicht gestört würde. Dies wurde vom Innenminister (Seyß-Inquart) Hitler zur Kenntnis gebracht, der ihm darauf erklärte, dies sei nicht genug und Dr. Schuschnigg habe zurückzutreten; der Innenminister müsse an seine Stelle treten. Dr. Schuschnigg ersucht um dringenden Rat von seiten der Regierung Sr. Majestät hinsichtlich seines Verhaltens. Es ist ihm nur eine Stunde Überlegungsfrist eingeräumt."[56]
Der britische Botschafter in Berlin, Neville Henderson, berichtete am 11. März, 16 Uhr, nach London über eine Vorsprache des österreichischen Gesandten Tauschitz; er (Henderson) werde sein möglichstes tun, um in einer Demarche bei Außenminister Neurath die deutsche Regierung vor jedem unüberlegten Handeln zu warnen. Am selben Tag, später, berichtete der britische Botschafter an Lord Halifax, ein englischer Korrespondent habe vom Deutschen Nachrichtenbüro die folgende private Mitteilung erhalten:
„Das in Kreisen der Vaterländischen Front in Wien zirkulierende Gerücht, nach dem die Reichsregierung von der österreichischen Regierung in einem Ultimatum die Verschiebung des sogenannten Plebiszits verlangt hätte, wird in hiesigen politischen Kreisen als ein Zeichen der außerordentlichen Nervosität in Wien aufgefaßt. Hier ist nichts von einem solchen angeblichen Ultimatum bekannt. Das andere in Wien verbreitete Gerücht, nach welchem das deutsche Radio verkündet hätte, daß das Reich zu den äußersten Maßnahmen schreiten würde, wenn der österreichische Kanzler sein sogenanntes Plebiszit nicht absage, ist gleichfalls reine Erfindung und wahrscheinlich der Tatsache zuzuschreiben, daß irgendeine ausländische Propagandastation solche Nachrichten ausgegeben hat. Was die Mitteilungen aus verschiedenen ausländischen Quellen betrifft, daß eine Zusammenziehung militärischer Kräfte und der SA in Deutschland stattfinde, erklären eingeweihte Kreise hier, daß von abnormalen Truppenbewegungen in Deutschland keine Rede sei. Einzelne Grenzwachen an der österreichischen Grenze sind leicht verstärkt worden, eine Maßnahme, welche leicht zu verstehen ist angesichts der Empörung des österreichischen Volkes und der leidenschaftlichen Anteilnahme der reichsdeutschen mit der rassengleichen Grenzbevölkerung."[57]
Gegen 16.30 Uhr erreichte den britischen Gesandten in Wien ein Telegramm

von Lord Halifax, das telephonisch auch nach Berlin, Paris, Prag, Rom und Budapest durchgegeben wurde. Der Originaltext lautet:

„Viscount Halifax to Mr. Palairet (Vienna). (Received March 11, 4.30 p. m.)

We have spoken strongly to von Ribbentrop on effect that would be produced in this country by such direct interference in Austrian affairs as demand for resignation of Chancellor enforced by ultimatum, especially after offer to cancel plebiscite. Ribbentrop's attitude was not encouraging but he has gone off to telephone to Berlin.

His Majesty's Government cannot take responsibility of advising the Chancellor to take any course of action which might expose his country to dangers against which His Majesty's Government are unable to guarantee protection.

Repeated by telephone to Berlin, Paris, Prague, Rome and Budapest."[58]

Übersetzung:

„Lord Halifax an Herrn Palairet (Wien). (Erhalten am 11. März, 16.30 Uhr.)

Wir haben ernstlich mit von Ribbentrop gesprochen über die Wirkung, die eine solche direkte Einmischung in österreichische Angelegenheiten, wie das unter Ultimatum gestellte Verlangen nach der Resignation des Kanzlers, speziell nach seinem Angebot, das Plebiszit zu streichen, in diesem Land haben würde. Ribbentrops Haltung war nicht ermutigend, aber er schickte sich an, mit Berlin zu telephonieren.

Die Regierung Sr. Majestät kann keine Verantwortung dafür übernehmen, dem Kanzler irgendeine Richtung seines Handelns anzuraten, welche sein Land Gefahren aussetzen könnte, gegen die die Regierung Sr. Majestät nicht in der Lage wäre, einen Schutz zu garantieren.

Telephonisch an Berlin, Paris, Prag, Rom und Budapest weitergegeben."

Am frühen Nachmittag war durch Verbindung mit Rom festgestellt worden, daß die „italienische Regierung nicht in der Lage sei, unter den gegebenen Umständen einen Rat zu erteilen".

Nun waren aber alle Verteidigungsvorbereitungen Österreichs auf die Annahme gegründet, daß mit internationaler Hilfe im Rahmen der Status-quo-Politik der Mächte zu rechnen sei. Als Angreifer kam nur das Dritte Reich in Frage. Ein Widerstand mit österreichischen Kräften allein hatte von Anbeginn keine Chance. Ob unter diesen Umständen militärischer Widerstand, ja selbst nur symbolischer Widerstand sinnvoll gewesen wäre und ob seine unvermeidlichen Folgen moralisch verantwortet werden konnten, ist eine Frage, deren Beantwortung kaum einen Zweifel zuläßt. Wer sich die gänzlich anderen gegebenen Umstände, wie sie vor dreißig Jahren bestanden, vor Augen hält, wird sich fragen müssen, ob die augenblicklich möglichen Nachteile, Kosten und Risiken zu später möglichen Vorteilen im richtigen Verhältnis standen und daher auf sich genommen werden durften.

Es hat sich dabei keineswegs um einen „einsamen" Entschluß gehandelt, vielmehr waren alle Personen, die in Frage kamen — der Generalinspektor des Heeres, General der Infanterie Schilhawsky, der Generalinspektor der Exekutivkräfte, Staatssekretär Skubl, der Kommandant der Miliz, FML Hülgerth, der Bundespräsident und ich —, *einer* Meinung. Es wurde der Entschluß gefaßt, eine feierliche Rechtsverwahrung vor aller Öffentlichkeit und der Geschichte solle feststellen, daß die österreichische Regierung dem Druck der Gewalt gewichen war. Was damit erreicht werden sollte und auch tatsächlich erreicht wurde, war immerhin, daß die Aktion des Dritten Reiches das gewünschte legale Gesicht verlor, wenn auch — gottlob, wie ich heute noch meine — kein Schuß fiel. Damit war aber klargestellt, daß im weiteren Verlauf der damals allerdings im einzelnen nicht vorherzusehenden Ereignisse Österreich die Chance auf Wiederherstellung seiner Souveränität gewahrt hatte, wie die Entwicklung denn auch bewiesen hat.

Die Existenz Österreichs und seine neue Staatsideologie waren auf den Dienst am Frieden gegründet. Damit wurde das häßliche Wort von der „Völkerbundkolonie" entgiftet. War der Völkerbund selbst zwar zur bloßen Attrappe geworden, so war er doch immerhin in modernen Zeiten der erste Schritt gewesen, um durch internationale politische Organisation die Wiederholung der Katastrophe 1914—1918 zu verhindern. Das Dritte Reich dachte anders, obwohl viele Deutsche ahnten und die Mehrzahl der Berufssoldaten wußte, daß die isolierte Mitte auch zwanzig Jahre nach 1918 einen neuen Weltkrieg nicht gewinnen konnte. Davon waren auch jene Österreicher überzeugt, die die politische Verantwortung trugen und bei denen der letzte Krieg noch nicht in Vergessenheit geraten war.

Das europäische Kraftfeld war und ist nun einmal geographisch, wirtschaftlich und kulturell in die hauptsächlichen Regionen Ost, West und Mitte geteilt; und für die USA zählt in erster Linie der Westen. Deutschland, Österreich, die Schweiz gehören zur Mitte, so wie Frankreich, England, Belgien, aber auch Italien zum Westen gehören. Zwischen dem Osten und der Mitte standen seit der Zäsur des Schicksalsjahres 1918 der Gürtel der Sukzessionsstaaten und die Baltischen Staaten, bisweilen als Mittelosteuropa bezeichnet. Sie waren mit Ausnahme Ungarns an der bestehenden Besitzordnung interessiert und daher, allen zeitbedingten taktischen Schwankungen ihrer Außenpolitik zum Trotz, an die grundsätzliche politische Linie des Westens gebunden. Der Fortbestand der Friedensregelung und ungestörte Nachbarschaftsbeziehungen waren schon in Anbetracht des Machtpotentials ein lebenswichtiges Interesse der europäischen Mitte. Daran hat weder eine geänderte Staatsform in Österreich noch die Herrschaft des Nationalsozialismus in Deutschland etwas geändert.

Das Zerreißen der Mitte (Österreich-Ungarn) hatte nicht gehalten, was Urheber und Betroffene sich von ihm versprochen haben mochten. Erst recht aber mußte sich bei realistischem Kalkül die einseitige Grenzverschiebung in Mitteleuropa — maskiert als Wiederherstellung einer politischen Ordnung, die nie in der Geschichte bestanden hat — als Sünde wider den Geist und als deutsches Verhängnis erweisen.

In diesem Punkt waren Ballhausplatz und Wilhelmstraße seit 1933 gegenteiliger Meinung: nicht nur durch ein verschiedenes Europabild, sondern auch durch eine verschiedene Weltanschauung voneinander getrennt. Wien sah die Zukunft auf der Linie des Westens, Berlin in der „Erweiterung des Lebensraumes" nach dem Osten. Dabei war es angesichts der realen Gegebenheiten ein Gebot der Selbsterhaltung, eine ernste Kollision so lange als möglich hinauszuschieben oder sie überhaupt zu vermeiden.

Die zugesagte Führung „der österreichischen Außenpolitik unter Bedachtnahme auf die friedlichen Bestrebungen der deutschen Reichsregierung" (Gentlemen's Agreement vom 11. Juli 1936, VIII) mußte sich in dem Augenblick als hinfällig erweisen, als ersichtlich wurde, daß Grenzrevision, wenn nötig durch Gewalt, das vornehmliche Ziel der deutschen Politik geworden war.

Gerade in der Auseinandersetzung mit dem Nationalsozialismus und in erklärtem Widerspruch zu seinen Totalitätsansprüchen hat die österreichische Führung den deutschen Charakter Österreichs betont, nicht nur in Verteidigung gegen den lächerlichen und innerpolitisch nicht ungefährlichen Anwurf der Deutschfeindlichkeit, sondern auch zur Korrektur des Zerrbildes deutscher Kultur und deutsch sprechender Menschen, das dem Gedanken der internationalen Verständigung nicht dienlich war.

Die Standpunkte, daß ein selbständiges Österreich auch im Interesse Deutschlands liegt, daß das überzeugte Bekenntnis zum gemeinsamen Kulturerbe keineswegs den nationalen Einheitsstaat bedingt, daß ferner weite Wegstrecken gemeinsamer geschichtlicher Erlebnisse keine Verschmelzung der Staaten begründen, lagen der österreichischen Ideologie zugrunde; ihre Gültigkeit ist durch die Ereignisse bewiesen worden.

Mit dem Verlauf der Zeit hat sich die Perspektive geändert. Die Gleichung österreichisch = deutsch stimmt ebensowenig wie das andere Extrem, das nur den Gegensatz sieht und so tut, als ob die beiden Begriffe nie etwas miteinander zu tun gehabt hätten. Jedes verzerrte Spiegelbild ist das Resultat bewußter oder unbewußter Vergeßlichkeit und daher schuldhafte oder nachlässige Fälschung.

Im März 1938 standen die Enkel von Königgrätz einander gegenüber. Mit Königgrätz hatte der Abstieg Österreichs begonnen, obwohl Bismarck die Bedeutung Österreichs erkannte und seiner Vernichtung entgegentrat. Ein zweites Königgrätz, das keinerlei Erfolgschancen offenließ, hätte weit über das nationalsozialistische Zwischenspiel hinaus die künftigen Beziehungen der beiden Staatsnationen vergiftet und viele menschliche Brücken für die absehbare Zukunft vernichtet. Dazu kam, daß — 1866 — Bismarck, der Preuße, vor allem ein Rechner und daß — 1938 — Hitler, der Österreicher wider Willen, vor allem ein Hasser war. Bedürfte es dafür noch eines weiteren Beweises, so ist dieser in *Hitlers Zweitem Buch*, das 1928 geschrieben wurde, zu finden:

„Mit dem Eintritt Italiens in die Front der Entente (1915) war eine außerordentliche Erschwerung der Kriegslage nicht zu vermeiden... Pflichtgemäß hätte sich damals die politische Leitung der Nation entschließen müssen, koste es, was es wolle, den Zwei- und Dreifrontenkrieg zu beenden. Deutschland war nicht verantwortlich dafür, daß der korrupte, verschlampte österreichische Staat erhalten würde. Der deutsche Soldat kämpfte auch nicht für die Hausmachtpolitik des Erzhauses Habsburg... für die Zukunft und Erhaltung unseres deutschen Volkes konnte man diese Leiden fordern, für die Rettung des habsburgischen Großmachtwahnsinns aber nicht. Es war ein ungeheuerlicher Gedanke, Millionen deutscher Soldaten in einem aussichtslosen Krieg verbluten zu lassen, nur damit der Staat einer Dynastie erhalten bleibt, deren eigenste dynastische Interessen seit Jahrhunderten antideutsch gewesen sind. Dieser Wahnsinn wird einem erst vollkommen in seinem ganzen Umfang verständlich, wenn man sich vor Augen hält, daß das beste deutsche Blut vergossen werden mußte, damit im günstigsten Fall die Habsburger dann im Frieden wieder die Möglichkeit erhalten hätten, das deutsche Volk zu entnationalisieren... Der Eintritt Italiens in den Weltkrieg hätte für Deutschland der Anlaß zu einer grundsätzlichen Revision seiner Stellung Österreich-Ungarn gegenüber sein müssen... Deutschland mußte auf jeden Fall versuchen, nach dem Eintritt Italiens in den Weltkrieg zu einer Beendigung des Zweifrontenkrieges zu kommen... wenn notwendig unter Opferung von Österreich-Ungarn... Nur die vollkommene Loslösung der deutschen Politik von der Aufgabe, den österreichischen Staat zu retten, und deren ausschließliche Konzentration auf die Aufgabe, dem deutschen Volk zu helfen, konnten noch eine Aussicht nach menschlichem Ermessen auf den Sieg gewähren.
Im übrigen wäre bei einer Zertrümmerung Österreich-Ungarns die Angliederung von neun Millionen Deutschösterreichern an das Reich an sich ein vor der Geschichte und für die Zukunft unseres Volkes wertvoller Erfolg gewesen als der in den Auswirkungen fragwürdige Gewinn einiger französischer Kohlen- oder Eisengruben."
Im weiteren Verlauf des Kapitels, das die deutsch-italienischen Beziehungen behandelt, tritt Hitler für eine Annäherung Deutschlands an Italien auf Kosten Österreichs ein (1928!).
„Ganz gleich... welche Haltung dieses Österreich selbst zu Italien einnimmt, schon in der Tatsache seines Bestandes liegt eine Erleichterung der militärisch strategischen Lage der Tschechoslowakei."
Daraus wird geschlossen, daß aus militärischen wie politischen Gründen — mit Rücksicht auf den ungarisch-tschechoslowakischen Gegensatz und das italienisch-ungarische Bündnis — das Anschlußverbot für Italien „bedeutungslos, wenn nicht als unzweckmäßig anzusehen sei".[59]
In der Tat, Österreich hatte von Hitler nichts zu erwarten. Für Deutschland

aber wurde er — sehr gegen sein Wissen und Wollen — die österreichische Revanche für Königgrätz. Der Herausgeber von *Hitlers Zweitem Buch*, Gerhard L. Weinberg, University of Michigan, ein Schüler von Hans Rothfels, begründet die Textveröffentlichung mit dem abschließenden Satz seines Vorwortes: „Es wird damit einmal mehr unter Beweis gestellt ... mit welcher Geradlinigkeit die Gedankenwelt Hitlers in das Verhängnis des Zweiten Weltkriegs hineingeführt hat."[60]

Vom 12. bis 15. März 1938 war in Armeebefehlen und Ansprachen viel von der Kameradschaft aus den Zeiten des Ersten Weltkriegs die Rede. Am 12. März richtete der Oberbefehlshaber der 8. Armee an den ranghöchsten österreichischen General, Heeresinspektor General der Infanterie Sigismund Schilhawsky, das folgende Schreiben:

„An den Oberbefehlshaber des österreichischen Bundesheers.

Herr General,

Mit dem Betreten österreichischen Bodens habe ich die Ehre, Sie in alter Waffenbrüderschaft zu begrüßen und Ihnen meine Freude und meinen Dank auszusprechen für das kameradschaftliche Verhalten, welches Ihre Truppen ihren deutschen Kameraden gegenüber an den Tag gelegt haben.

Ich hoffe, sehr bald Gelegenheit zu finden, Sie persönlich zu begrüßen. Bis zu diesem Zeitpunkt werde ich meine Wünsche und Bitten Ihnen durch den deutschen Militärattaché in Wien, Herrn Generalleutnant Muff, übermitteln lassen.

In kameradschaftlicher Verbundenheit
Heil Hitler!
v. Bock
General der Infantrie."[61]

Bei der von Hitler angeordneten großen Militärparade in Wien am 15. März folgten hinter dem deutschen Armeekommandanten General von Bock noch die Vertreter der österreichischen Generalität zu Pferde. Dann erfolgte die Übernahme des neu vereidigten österreichischen Bundesheeres in die Wehrmacht. Binnen kurzem fiel ein erheblicher Teil des österreichischen Offizierskorps der neuen Ordnung zum Opfer. Unter der Leitung des ehemaligen deutschen Militärattachés Generalleutnant Muff und der tätigen Mithilfe sofort reaktivierter ehemaliger nationalsozialistischer Offiziere trat eine Kommission zusammen, der die Ausscheidung und Maßregelung „politisch untragbarer und unerwünschter" Offiziere oblag. Von Weltkriegskameradschaft und waffenbrüderlicher Verbundenheit war nicht mehr die Rede. Listen, die unter Generalleutnant Muffs Leitung längst vorbereitet worden waren, dienten als Grundlage. Es spielte sich auf dem militärischen Sektor das gleiche ab, was von allen Bereichen des zivilen her hinreichend bekannt ist.

Schon am 15. März 1938 erfolgen die ersten Entlassungen: mit vielen anderen mußten der ehemalige Staatssekretär General der Infanterie Zehner, der

Generaltruppeninspektor General der Infanterie Schilhawsky, vier Divisionskommandanten, der Kommandant der Maria-Theresianischen Militärakademie in Wiener Neustadt, der Infanterieinspektor, mehrere Infanteriebrigadiere und zahlreiche höhere Offiziere des Generalstabs und der Truppe ihren Abschied nehmen.[62] Weitere Entlassungswellen folgten. Insgesamt wurden in den ersten Monaten 55 Prozent der österreichischen Generale, 40 Prozent der Obersten bzw. 17 Prozent des Gesamtstandes an Truppenoffizieren und Offizieren der Stäbe entlassen. Außerdem erfolgten laufend Einzelpensionierungen. Schon 1938 wurden weitere 18 Prozent der Truppenoffiziere, darunter 14 Obersten, 137 andere Stabsoffiziere, 65 Hauptleute und Subalternoffiziere sowie 80 Offiziere der Sonderdienste zu Dienststellen mindergewerteter Art, wie etwa zum Ergänzungswesen, versetzt und aus dem Truppendienst entfernt. Sämtliche Berufsunteroffiziere (900) wurden entlassen oder pensioniert.

Von den gemaßregelten Offizieren wurden, obwohl die Deutsche Wehrmacht es in einzelnen Fällen zu verhindern trachtete, mehr als 30 Offiziere in Konzentrationslager gebracht oder zu Gefängnisstrafen verurteilt; 18 weitere wurden durch einschneidende Kürzungen ihrer Pensionen bestraft — nur weil sie den bestehenden Gesetzen gehorcht und ihrem Vaterland die Treue gehalten hatten. 6 Offiziere erlitten in Konzentrationslagern oder Gefängnissen den Tod.

Die entlassenen Offiziere, meist als „wehrunwürdig" erklärt, hatten unter dem neuen Regime besonders zu leiden. Es hat in den ersten Tagen des Umbruchs Generale mit der Goldenen Tapferkeitsmedaille aus dem Ersten Weltkrieg gegeben, die in Wien zum Straßenreinigungsdienst gezwungen wurden. Der betagte Generaloberst und zeitweilige Armeegruppenkommandant von 1915, Erzherzog Josef Ferdinand, wurde nach Dachau gebracht, von wo ihn erst die Intervention deutscher Militärstellen befreite.

Die aus Österreich stammenden weiterdienenden Offiziere wurden auf deutsche Regimenter verteilt und ins Reichsgebiet versetzt, die Mannschaft mit deutschen Ergänzungen gemischt. Ein sehr großer Prozentsatz der in die Deutsche Wehrmacht übernommenen Offiziere hatte unter Zurücksetzungen aller Art zu leiden, da man ihre volle Verläßlichkeit in Zweifel zog.

Daß die Exzesse zum größten Teil auf das Schuldkonto der Partei und deren oberster Führung zu setzen sind, die ja auch den militärischen Oberbefehl innehatte, soll nicht vergessen sein; und ebensowenig, daß sich bekanntlich der Großteil der älteren deutschen Berufsoffiziere, bei der Truppe wie in den Stäben, im Lauf der Zeit von dieser Partei und deren Führung immer mehr distanzierte.[63]

Am 12. März 1938 endete ein Kapitel österreichischer Geschichte, an dessen tragischem Ausgang das Bundesheer nichts ändern konnte. Als dann die Fortsetzung geschrieben wurde, die sieben Jahre später den Gewaltakt annullierte, zeigte es sich, daß von den beiden Gegnern von Königgrätz der Besiegte schließlich überlebt hat.

Kapitel IX   TRAUM UND TRAUMA

Der Anschluß in deutscher, österreichischer und internationaler Sicht

Wer möchte es dem Deutschen, auch wenn er nicht zu den geeichten Nationalsozialisten gehörte, verargen, wenn er im Anschluß Österreichs an Deutschland die Erfüllung eines lange gehegten Wunschtraumes sah; er hatte ja gelernt, ihn als geschichtliche Selbstverständlichkeit und neuzeitliches Erfordernis zu betrachten, dem deutschen Vorteil nicht minder entsprechend als den österreichischen Wünschen.

Seit 1918 waren knapp zwanzig Jahre verstrichen, und fünfzehn von ihnen hatten ihn in dem Glauben bestärkt, daß die Mehrheit der Österreicher augenscheinlich nichts anderes wollte als den Anschluß. Dazu kam, daß man sich — gewiß nicht überall, aber doch recht häufig — in allen Gesinnungslagern dem „schlappen Österreicher" überlegen dünkte und auf ihn herabsah. Dem steht das Paradox nicht entgegen, daß der deutsche Führer emigrierter Österreicher war, während wiederholt in der neueren Geschichte, so auch in den bewegten Jahren vor dem Anschluß, geborene Deutsche zu den glühendsten österreichischen Patrioten zählten.

Noch zu Beginn des Jahres 1933 — und dies wird aus eigener Erfahrung berichtet[1] — hatten österreichische Gäste in ideologisch verwandten und befreundeten Kreisen zum Teil leidenschaftlichen Widerspruch gefunden, wenn sie das landläufige Geschichtsbild aus österreichischer Sicht zu korrigieren versuchten und im deutschen, österreichischen und allgemein europäischen Interesse gegen die Idee des Anschlusses argumentierten. Umgekehrt waren deutsche Gäste bisweilen erstaunt, wenn sie mit dem politischen Vokabular von 1922 etwa ein Jahrzehnt später — also noch vor der Machtergreifung Hitlers — nicht den erwarteten Widerhall fanden. So vermerkte beim christlichsozialen Parteitag in Klagenfurt 1931 der damalige Zentrumsvertreter Franz von Papen mit Erstaunen das Schweigen, mit dem die Delegierten seine Begrüßungsrede aufgenommen hatten; es war das „respektvolle Schweigen des Hausherrn gewesen, der gegen seinen Ehrengast nicht polemisieren kann", wie Friedrich Funder berichtet; er setzte dem gekränkten Gast auf dessen Frage auseinander, „daß wir Österreicher die Freundschaft mit Deutschland ehrlichen Sinnes ehren und pflegen wollen; aber es wäre ein Mißverständnis, daraus einen österreichischen Verzicht auf das Eigenwesen, die Freiheit unseres Landes, zu erwarten...".[2] Damit war die Haltung umschrieben, die wir bis zum 11. März 1938 grundsätzlich und unverändert eingenommen haben, soweit man uns dies möglich machte.

Man hatte sich im Reich daran gewöhnt, zu glauben, daß ein deutsches Recht auf Österreich bestünde, und zwar im Namen der Geschichte, der wirtschaftlichen Vernunft, eines nationalen Naturgesetzes und der politischen Räson. Als dann der Nationalsozialismus begann, auf seinen Propagandaklavieren zu hämmern, und schließlich mit Lärm und Drohung zur Macht kam, ließ sich für viele das Mitgehen am ehesten noch mit der Zustimmung zur neuen nationalpolitischen Aktivität motivieren. Da war nun eine radikale politische Massenbewegung entstanden, deren Führung zum ersten Mal trotz Versailles und Völkerbund kühn über die Grenzen griff und kein Hehl daraus machte, daß sie nur ihren eigenen Gesetzen zu folgen gewillt war. Man kann ihr nicht vorwerfen, daß sie die Welt über ihre Ziele, Methoden und Rechtsauffassungen im unklaren ließ. Dazu hätte es gar nicht erst der vorbedachten „Lösung Deutschlands aus den internationalen Bindungen", also des Austritts aus dem Völkerbund und der Absage an die Abrüstungskonferenz (Oktober 1933), bedurft,[3] noch des 30. Juni 1934, der Bartholomäusnacht „zur Sicherung der Reichseinheit". Es stand seit 1923 — in alle großen Sprachen übersetzt — in Hitlers *Mein Kampf* mit brutaler Klarheit zu lesen.

War nun die deutsche Öffentlichkeit schon vor der Machtergreifung im Januar 1933 anschlußgläubig und von nicht wenigen Stimmen aus Österreich in diesem Anschlußglauben bestärkt gewesen, so hatte sich dieser in den folgenden Jahren nicht nur in seiner Intensität, sondern auch in seinem Wesen gewandelt.

Wenn der Anschluß aus österreichischer Initiative möglich war, um so besser; wenn nicht, dann eben Annexion. Es war nur mehr vom vermeintlichen Recht auf Österreich die Rede; und zu dessen Durchsetzung hielt man nun, wenn nötig, auch Gewaltanwendung für berechtigt.

Nach dem Bericht der Historischen Kommission des Reichsführers SS, der am 9. Dezember 1938 vom Chef des Sicherheitshauptamtes, Heydrich, dem

Reichsführer SS Himmler vorgelegt wurde, haben die Führer des Putsches vom 25. Juli 1934, der Deutsche Dr. Rudolf Weydenhammer und der Österreicher Dr. Gustav Otto Wächter, am Abend des 24. Juli in der Wohnung des Legationsrates der deutschen Gesandtschaft Günther Altenburg die für den 25. Juli notwendigen Verfügungen und Bekanntmachungen ausgearbeitet.[4]
Gewaltanwendung nach Tunlichkeit zu vermeiden, zumal der Versuch vom 25. Juli 1934 sich als untauglich erwiesen hatte, und an deren Stelle Österreich von innen her zur Übernahme reif zu machen, war das Bestreben derer, die an die „evolutionäre Lösung" glaubten. Die Gesandtschafts- und Lageberichte aus Wien, von erklärten Nationalsozialisten wie Keppler, Stein, Veesenmayer oder von Nichtnationalsozialisten wie Botschafter von Papen gezeichnet, sprechen die nämliche Sprache. So berichtet Papen ein Jahr nach dem Tode des Bundeskanzlers Dollfuß am 27. Juli 1935 an den Führer und Reichskanzler:

„Um zu klarem Urteil zu gelangen, muß man ein Bild auch der innerpolitischen Wirkungen der deutsch-österreichischen Politik der letzten Jahre gewinnen. Seit je waren die wirklich großdeutsch eingestellten Menschen in Österreich nicht allzu zahlreich...
Eine besondere Bedeutung kommt den kulturellen Problemen zu...
Über diese Fragen hinaus wird es von ausschlaggebender Bedeutung sein, wie die Politik des Dritten Reichs die deutsch-österreichische Frage nach der staatsrechtlichen Seite hin geistig vorwärtstreibt. Das ‚neue Österreich' ist in der partikularen Ideenwelt steckengeblieben und hat ihr den Primat der Nation geopfert.
Der Nationalsozialismus muß und wird die neue österreichische Ideologie überwinden. Wenn heute in Österreich eingewendet wird, daß die NSDAP nur eine zentralisierte reichsdeutsche ‚Partei' und daher unfähig sei, das Gedankengut des Nationalsozialismus auf staatlich andersgeartete Volksgruppen zu übertragen, dann werden wir mit Recht erwidern können, daß die nationale Revolution in Deutschland nur so und nicht anders herbeizuführen war.
... Ein Nürnberger Parteitag, wie früher als ‚der Deutsche Tag' bezeichnet, und die Proklamierung einer ‚nationalsozialistischen Volksfront' würden ein aufwühlendes Ereignis für alle jenseits der Reichsgrenzen sein. Mit solchem Angriff werden wir auch die partikularischen österreichischen Kreise gewinnen..."[5]

In deutscher Sicht war die österreichische Frage eine rein innerdeutsche Angelegenheit; jeder österreichische Versuch, sich internationale Rückendeckung zu sichern oder überhaupt österreichische Außenpolitik zu betreiben (die sich im übrigen niemals gegen Deutschland gerichtet hat, sofern nicht die Wahrung der österreichischen Eigenstaatlichkeit in Frage stand), wurde als nationaler Hochverrat, Partikularismus und Separatismus gebrandmarkt. Die Nichteinmischung in innere Verhältnisse wurde zwar vertraglich zugesichert, aber wie aus Gesandtschafts- und Lageberichten eindeutig hervorgeht, hatte sich die fortlaufende Einmischung nach dem Juliputsch von 1934 nur in der Form, nicht aber im Wesen geändert.

Die bis zum Juli 1934 geübte Form massiver Einmischung schien selbst deutschen Parteikreisen nicht immer geheuer; so bemühten sich im November 1933 der damalige SA-Stabschef Röhm und der Auslandspressereferent der NSDAP Putzi Hanfstaengl mit Unterstützung österreichischer Parteigenossen wie z. B. des emigrierten Schwagers von Hermann Göring, Dr. Franz Riegele, um die Absetzung Theo Habichts, der, Mitglied des Deutschen Reichstages, zum Landesleiter der österreichischen Nationalsozialisten bestellt worden war. Hitler jedoch erklärte, den Ausgleich mit Österreich bringe Habicht zustande oder niemand.[6]

Habicht wurde am 26. Juli 1934 seines Postens enthoben. Aber selbst nach dem Vertrag vom 11. Juli 1936 wurden österreichische Gauleiter von den deutschen Parteistellen ernannt, bestätigt oder abberufen.

Wilhelm Keppler wurde im Juni 1937 zum Bevollmächtigten für die österreichische NSDAP ernannt.[7] Die österreichischen Parteifunktionäre Dr. Friedrich Rainer und Odilo Globocnik erhielten wiederholt auf dem Obersalzberg Richtlinien für die politische Durchdringung Österreichs.[8] Und in einer vertraulichen Verfügung des deutschen Botschafters in Wien, die anläßlich eines Konfliktes mit dem Führer der österreichischen NSDAP, Hauptmann a. D. Josef Leopold, am 3. Juni 1937 erlassen wurde, steht wörtlich:

„Wenn die österreichische NSDAP eine rein österreichische Angelegenheit wäre, so würde mich jede Kritik meiner Person unberührt lassen. Nachdem ihre Spitze aber in weitgehendem Maße ihre Politik nach Instruktionen aus dem Reich einrichtet, ist es eine völlige Unmöglichkeit, die von dem Sondergesandten des Führers und Reichskanzlers hier vertretene politische Linie als nicht im Einklang mit der ihrigen zu bezeichnen und dieses im offiziellen Organ der Partei im ganzen Lande zu verbreiten. Mein Urteil über diese Art politischer Führung steht hier nicht zur Frage, wohl aber ist es für die Fortführung der vom Führer anbefohlenen Politik in Österreich unumgänglich nötig, daß gegenüber der österreichischen Regierung auch der leiseste Anschein vermieden werde, als ob vom Reich her zweierlei offizielle Politik betrieben werde."

Im selben von Papen gezeichneten Schriftstück wird vermerkt, daß die österreichische NSDAP in der Maiausgabe des *Österreichischen Beobachters*, ihres offiziellen Organs, der Meinung Ausdruck gegeben habe, daß die Aufgabe des deutschen Botschafters nach Ansicht der österreichischen NSDAP am 11. Juli 1936 beendet gewesen sei.[9]

Unmittelbar nach dem 12. Februar 1938 (Berchtesgaden) bestellte Hitler dann den aus politischen Gründen aus dem österreichischen Bundesheer entlassenen Major a. D. Hubert Klausner zum Landesleiter der illegalen NSDAP, obwohl er eben noch mit seiner Unterschrift bekräftigt hatte:

1. daß die politische Betätigung des österreichischen Nationalsozialisten in Gleichstellung mit allen anderen Gruppen auf dem Boden der Verfassung erfolgen solle; diese schloß alle Parteien aus (Ziffer II. 3 des Protokolls); 2. daß der künftige Innenminister die allein zuständige Persönlichkeit für die Durchführung der Ziffer II. 3 des Protokolls sei; 3. daß die Reichsregierung Maßnahmen treffen werde, die eine Einmischung reichsdeutscher Parteistellen in innerösterreichische Verhältnisse ausschließe.[10]

Am Anfang aller internationalen Konflikte steht die behauptete oder wirkliche Verletzung einer vertraglichen Verpflichtung. So wurden auch deutscherseits in zunehmender Schärfe Anschuldigungen gegen Österreich wegen angeblicher Nichterfüllung seiner Verpflichtungen aus dem Vertrag vom 11. Juli 1936 erhoben; und zwar augenfällig Hand in Hand mit dem Einschwenken Italiens auf die deutsche Linie, das sich schrittweise als Folge seines afrikanischen Engagements entwickelte. Diese Anschuldigungen wurden am 11. Februar 1938, somit am Vorabend der Berchtesgadener Begegnung, in einer Aufzeichnung zusammengefaßt, die, vom Österreichreferenten im deutschen Auswärtigen Amt, Günther Altenburg, paraphiert, von Staatssekretär Hans Georg von Mackensen und Ministerialdirektor Ernst von Weizsäcker abgezeichnet, dem Außenminister vorgelegt wurde. Hierin heißt es:

„Die Grundlage der gegenwärtigen Beziehungen zwischen Deutschland und Österreich bildet das Abkommen vom 11. Juli 1936. Die österreichische Bundesregierung hat die Ausführung dieses Abkommens trotz aller Bemühungen der Reichsregierung, sie zur Einhaltung der von ihr übernommenen vertraglichen Verpflichtungen anzuhalten, verschleppt. Hiezu gehört im wesentlichen:
Restlose Amnestie der an dem Juliputsch des Jahres 1934 beteiligten Personen, Ausdehnung dieser Amnestie auf die Flüchtlinge im Reich, Aufhebung der wirtschaftlichen und sonstigen Diskriminierungen (auch Wiederherstellung der Pensionen) für die Mitglieder der Bewegung in Österreich und Heranziehung von Persönlichkeiten der nationalen Opposition zur politischen Willensbildung im Staat.
Die Widerstände gegen das so oft zugesagte Entgegenkommen liegen vorwiegend in der Person des Bundeskanzlers selbst, den, wie er sich erst kürzlich in dem bekannten Interview ausgedrückt hat, ein abgrundtiefer Abstand vom Nationalsozialismus trennt. Sein Ziel sieht er darin, durch ganze und halbe Zusagen immer wieder Zeit zu gewinnen..."[11]

In Wahrheit war nie eine restlose Amnestie der am Juliputsch Beteiligten und der im Reich befindlichen Flüchtlinge zugesagt worden. Vielmehr hieß es im sogenannten Gentlemen's Agreement wörtlich:

„Punkt IX: Der österreichische Bundeskanzler erklärt, daß er bereit ist, a) eine weitreichende politische Amnestie durchzuführen, von der diejenigen ausgenommen werden sollen, die schwere, gemeine Delikte begangen haben.

In diese Amnestie sollen auch noch nicht abgeurteilte oder verwaltungsmäßig bestrafte Persönlichkeiten dieser Art eingeschlossen sein.
Diese Bestimmungen werden sinngemäß auch für Emigranten Anwendung finden."[12]
Soweit es sich nicht um die im Abkommen erwähnten Tatbestände gehandelt hat, wurde die Amnestie restlos durchgeführt.[13] Übrigens belief sich vor der Weihnachtsamnestie 1935, Ende November dieses Jahres, die Zahl der in Verwaltungshaft (Internierungslagern) befindlichen Nationalsozialisten auf 1528, von denen noch vor dem 1. Januar 1936 der größere Teil, nämlich 955, bedingt entlassen wurde; von den insgesamt 911 Personen, die anläßlich des Juliputsches in gerichtliche Haft genommen wurden, waren um Weihnachten 1935 noch 471 nicht begnadigt.[14] Übrigens waren sogar im Berchtesgadener Abkommen die Emigranten ausgenommen.[15]

Botschafter von Papen berichtete an den Reichsaußenminister am 21. Dezember 1937, es sei ihm von kompetenter Seite mitgeteilt worden,

„daß der Juliputsch österreichischerseits fast liquidiert sei, denn in den Gefängnissen säßen nur noch 45 Personen, und das einzige Konzentrationslager, Wöllersdorf, enthalte 105 Insassen".

Hiezu müsse er, Papen, bemerken, daß nach seinen Feststellungen in den Gefängnissen noch etwa 85 Personen säßen; es sei aber wahrscheinlich, daß etwa 40 davon in diesen Tagen noch begnadigt würden.[16]

Hiezu bleibt zu beachten, daß nationalsozialistische Aktionen nach dem 11. Juli 1936, z. B. die Tavs-Affäre, unvermeidlicherweise weiteres gerichtliches und politisches Einschreiten zur Folge haben mußten; daher hat es sich bei den Ende 1937 noch angehaltenen Personen auch um solche gehandelt, auf die das Juliabkommen von 1936 von Haus aus keine Anwendung fand. Ebensowenig war von der „Wiederherstellung von Pensionen" disziplinierter Beamter im Juliabkommen die Rede. Und was „die zugesagte Heranziehung von Vertretern der nationalen Opposition zur Mitwirkung an der politischen Verantwortung" betrifft, so waren zum Zeitpunkt des Altenburg-Berichts (11. Februar 1938) immerhin Glaise-Horstenau im Kabinett, Dr. Seyß-Inquart und Dr. Jury im Staatsrat und führende Nationale als Leiter der Volkspolitischen Referate in der Vaterländischen Front bestellt.

In deutscher Sicht gab es folgende Gründe für den Anschluß:

1. Daß Österreich des Vertragsbruches bezichtigt wurde; damit war es möglich, den Anschein einer legalen Basis zur Einmischung in innerösterreichische Verhältnisse zu schaffen und diese Einmischung in fortgesetzter Eskalation bis zum offenen oder verschleierten Anschluß Österreichs zu steigern.

2. Darüber hinaus wurde in jahrelanger Propaganda die erstrebte Volkseinheit betont, die der Geschichte, der Natur und dem wahren Willen der Österreicher entspräche; dieser Wille sei bisher nur durch brutale Unterdrückung und die unzulässige Ingerenz deutschfeindlicher Mächte nicht zum Ausdruck gekommen.

3. Die wahren Motive des Anschlußdrängens, die schließlich auch zeitlich den Ausschlag gaben, waren jedoch, was der Öffentlichkeit weder in Deutschland noch in Österreich bewußt geworden ist, strategischer und wirtschaftlicher Natur. Der österreichische Anschluß „so oder so" war in damaliger offizieller deutscher Sicht die Voraussetzung für jene Ausgangsstellung, die für die weitere Entwicklung der Pläne zur territorialen Ausdehnung, strategischen Sicherung und wirtschaftlichen Stärkung unerläßlich schien. Insbesondere auf dem wirtschaftlichen Sektor war Österreich keineswegs eine *quantité négligeable*.

Der frühere österreichische Handelsminister Professor Dr. Wilhelm Taucher wies darauf hin, daß Deutschland bestrebt war, in seinen Handelsverträgen die Lieferung von Rohmaterialien durchzusetzen, aber zur Bezahlung über keine Devisen verfügte. Wörtlich erklärte Dr. Taucher:

„Ein Schüler von mir, Dozent Gabriel, der nach dem Anschluß Österreichs als Professor in Jena tätig war, hat als vollkommen Unbefangener die Gold- und Devisenlage untersucht und in seiner Broschüre interessante Feststellungen veröffentlicht. Österreich hatte demnach auf Grund des Gesetzes zur Ablieferung von Gold und Valuten (das gleich nach dem Anschluß erlassen wurde, Anm. d. Verf.) nicht weniger als 2,7 Milliarden Goldschilling an Devisen (das sind nach der Goldparität von 1969 etwa 13,5 Milliarden Schilling oder mehr als 2 Milliarden DM, Anm. d. Verf.) an das Deutsche Reich abgeliefert, was den zwanzigfachen Umfang des Gold- und Devisenbestandes der Reichsmark ausmachte. Der Vergleich ist deshalb möglich, weil im Deutschen Reich schon vorher alle Gold- und Devisenbestände abgeliefert worden waren und außer den Beständen bei der Reichsbank keinerlei Bestände mehr da waren."[17]

Das Dritte Reich unterschied sich hinsichtlich seiner Auffassung von Interpretation und Verpflichtungsumfang internationaler Verträge in keiner Weise von der Machtpolitik früherer absoluter und späterer totalitärer Systeme. Jeder bilaterale Vertrag mit einem Kleinstaat war daher — und darüber war niemand im Zweifel — von problematischem Wert.

„In der Außenpolitik dachte Hitler im Sinne eines ‚Realismus', der diese Bezeichnung nicht mehr verdiente: denn Hitler erhob die Erfahrung, daß die Macht bisweilen über das Recht triumphiert, schlechthin zum Grundsatz außenpolitischen Handelns. Verträge sind dazu da, den Partner festzulegen; selbst bricht man sie jederzeit nach Belieben und momentanem Interesse. Für den politischen Kredit, den guten Ruf des Staates, von dem Friedrich der Große gesagt hat, er bedeute mehr als die Macht, hatte Hitler offenbar kein Organ. Er hielt sich außenpolitisch an keine Spielregel, und ein englischer Diplomat hat von Hitlers außenpolitischer Praxis einmal verzweifelt gesagt, es sei unmöglich, mit einem Menschen Schach zu spielen, der darauf besteht, einen Springer wie einen Turm zu ziehen."[18]

Trotzdem wurde die nationalsozialistische Außenpolitik und Vertragstechnik erst dann in aller Welt eindeutig abgelehnt, als nach dem unblutigen Gewinn des Sudetenlandes Hitler entgegen seinem gegebenen Wort in Prag einmarschierte.

In deutscher Sicht war — wie gesagt — die Österreichfrage eine innerdeutsche Angelegenheit, und sie wurde nicht nur im innerpolitischen Hausgebrauch, sondern auch in der Sprache des Berliner Außenamtes strikte als solche behandelt. In der ersten Hälfte 1935 war noch die Furcht vor dem Zustandekommen eines Nichteinmischungs- und Garantiepaktes der Westmächte zugunsten der österreichischen Unabhängigkeit lebendig. Die Entwicklung, die zur Dreimächtekonferenz in Stresa (April 1935) führte, sowie die Bemühungen, Rußland in das europäische Konzert einzubeziehen (französisch-russischer Konsultations- und Beistandspakt, Mai 1935), wurden in der Wilhelmstraße mit Sorge verfolgt. Dies um so mehr, als sie als Antwort auf die Einführung der allgemeinen Wehrpflicht in Deutschland (März 1935) und damit auf dessen einseitige Aufkündigung wesentlicher Bestimmungen des Friedensvertrages aufzufassen waren.[19]

Schon im Juni 1935 bedeutete jedoch das deutsch-englische Flottenabkommen außenpolitisch einen Durchbruch durch die sogenannte Stresafront; Großbritannien hatte damit einseitig die Außerkraftsetzung der Flottenbeschränkungsklauseln des Friedensvertrages für Deutschland anerkannt und sich hinsichtlich der Wiedereinstellung der bis dahin verbotenen Unterseebootwaffe mit dem Dritten Reich geeinigt.

Eine weitere Erleichterung für die Berliner Außenpolitik brachte der am 2. Oktober 1935 begonnene Angriffskrieg Italiens gegen Abessinien; ihm waren allerdings noch im August 1935 demonstrative Großmanöver in Südtirol vorangegangen, um das unveränderte Interesse Italiens an der Aufrechterhaltung des Status quo am Brenner vor aller Welt zu erhärten. Die Kündigung der Locarnoverträge unter dem Vorwand deren vorheriger Verletzung durch den französischen Vertragspartner und die riskante einseitige Besetzung der entmilitarisierten Rheinlandzone (März 1936) taten ein übriges, um die Besorgnisse der Diplomaten des Dritten Reiches zu zerstreuen. So kam der Julivertrag 1936 mit Österreich in deutscher Sicht einem Stillhalteabkommen gleich, das wesentlich dazu bestimmt war, die Bildung der kommenden Rom-Berlin-Achse zu erleichtern.

Die weitere internationale Entwicklung, nicht zuletzt auch durch die innerpolitische Lage der Westmächte bedingt, die Zuspitzung des Spanienkonfliktes und die in aller Offenheit vorgetriebene massive Aufrüstung des Dritten Reiches führten schließlich, etwa um die Mitte 1937, zu einer Lage, in der Hitler annehmen konnte, die Österreichfrage in seinem Sinne lösen zu können. Die Lösung durch gewaltsames Einschreiten war zwar nach wie vor unerwünscht, schien aber, wenn sie sich als unumgänglich erweisen sollte, keine unmittelbare Gefahr mehr zu bergen. Man hielt es in Berlin für ausgemacht, daß es möglich sein müßte, den österreichischen Nationalsozialismus, ohne das Risiko eines neuen Putsches auf sich zu nehmen, in einem solchen Maße zu stärken, daß er auf dem Boden der österreichischen Verfassung, also quasilegal, die Macht zu übernehmen imstande wäre. Damit aber würde die Gleichschaltung gegeben sein, die es, wie im Falle Danzigs, ganz unabhängig von der Außenfassade ermöglichen würde, Österreich wenn schon — zunächst — nicht als Bestandteil, so doch als ausschließliches Interessen- und Einflußgebiet des Dritten Reiches zu benützen. Daher schien es ungefährlich, Österreich die Respektierung seiner Verfassung zuzusichern und die Anerkennung seiner Eigenstaatlichkeit zu erklären.

Daraus nun, daß ein Teil des österreichischen Nationalsozialismus an diese innere Entwicklung ohne Einsatz von Gewalt nicht glaubte, ergab sich die Spaltung innerhalb der österreichischen Partei. Die Folge davon war, daß die Revolutionären paradoxerweise wiederholt von den deutschen Partei- und Regierungsstellen zur Ordnung gerufen werden mußten, weil man nicht wünschte, nach außen hin kompromittiert zu werden; schließlich aber gaben doch die Anhänger der revolutionären Richtung den Ausschlag und erzwangen, trotz ihrer zahlenmäßigen Schwäche, die Entscheidung, wie sie im März 1938 fiel; und zwar in dem Moment, als sich Hitler und Göring für sie entschieden. Daß sie sich das Endergebnis anders vorgestellt hatten und daß sie ihr Beiseitegeschobenwerden nur mit Bitterkeit ertrugen, steht auf einem anderen Blatt.

In österreichischer Sicht hingegen war der Anschluß, oder das, was schließlich daraus wurde, das Zeichen und die Folge einer diplomatischen Revolution in den Staatskanzleien der führenden Mächte. Diese war ausgelöst worden durch die Wendung der italienischen Außenpolitik, die das im Völkerbund verankerte Mächtebündnis sprengte; damit fiel das Prinzip der kollektiven Friedenssicherung in der Verteidigung des europäischen Status quo gegen den Versuch seiner gewaltsamen und einseitigen Veränderung. Die neue Zielsetzung Roms, die entgegen italienischer Voraussicht zum Bruch mit London führte, hatte nichts mit mitteleuropäischen Fragen zu tun. Rom wie London hätten im Prinzip die Erhaltung Österreichs vorgezogen, wenn auch aus verschiedenen Gründen. Das gleiche gilt zweifellos auch für Paris und Moskau, und zwar aus militärpolitischen Gründen im ersten, aus vorwiegend ideologisch-pragmatischen Gründen im anderen Fall.[20]

Wie die Dinge lagen, waren London und Rom, auf die es in erster Linie ankam, aus dem vermeintlich höheren Interesse ihrer Nationen heraus bereit, den mitteleuropäischen Status quo und damit die bestehende Friedensordnung, wenn es nicht anders ging, zu opfern: Italien, weil es sich dadurch die deutsche Rückendeckung für seine Mittelmeerpläne, England, weil es sich eine bessere Chance für die Erhaltung des Friedens erhoffte, zumindest aber jenen Zeitgewinn, der nötig war, um rüstungsmäßig aufzuholen und damit sein diplomatisches Gewicht zu verstärken.

Was immer Österreich auch zu unternehmen oder zu riskieren bereit gewesen wäre — angesichts dieser Konstellation konnte es die Lage nicht verändern.

Die damalige Haltung Großbritanniens und Italiens gegenüber Österreich entsprach ungefähr der Londons 30 Jahre später in der Frage Hongkongs angesichts der „Anschluß"-Forderung Rotchinas. Solange es sich um innerchinesische Agitation in Hongkong handelt, bleibt das Problem eine Angelegenheit der inneren Sicherheit. Sollte es jedoch zum militärischen Einmarsch kommen, stünde, abgesehen von der Unmöglichkeit der Verteidigung, eben nicht mehr Hongkong, sondern Krieg oder Frieden zur Debatte.

Um den Anschluß in österreichischer Sicht aus der Perspektive von 1938 zu verstehen, darf nicht übersehen werden, daß für uns die NSDAP-Hitlerbewegung, nicht aber Deutschland als Feind galt. Das war so, wenn auch der Rückspiegel es bisweilen nicht wahrhaben möchte. Er sieht nur die Gleichung, die damals jenseits der Grenze galt, die aber von der österreichischen Seite, selbst auf die Gefahr des momentanen Unterliegens hin, nicht angenommen werden durfte, und zwar aus historischen, humanitären und politisch-psychologischen Gründen. Daß Österreichs Existenz deutsche Interessen bedroht hätte, kann beim Vergleich der Kräfte, bei der engen Verflechtung von Wirtschaft und Kultur und angesichts der geographischen Gegebenheiten nicht im Ernst behauptet werden.[21]

„Begnüge dich, aus einem kleinen Staate, der dich beschützt, dem wilden Lauf der Welt, wie von dem Ufer, ruhig zuzusehen..." (*Torquato Tasso*). Das wäre alles gewesen, was man sich am Ballhausplatz unter den gegebenen Umständen wünschen konnte, freilich ohne dafür bei Freund und Gegner Verständnis zu finden. Der Gedanke einer völkerrechtlich festgelegten österreichischen Neutralität wäre damals nirgends auf Gegenliebe gestoßen. So kam es zum vertraglichen Einvernehmen mit den benachbarten Großmächten: mit Italien (Römische Protokolle, März 1934 und März 1936), mit Deutschland (11. Juli 1936).

Die Versicherung, daß Österreich bereit sei, „die Außenpolitik der österreichischen Bundesregierung unter Bedachtnahme auf die friedlichen Bestrebungen der Außenpolitik des Deutschen Reiches zu führen" (Gentlemen's Agreement P. VIII), war durchaus ernst gemeint. Österreich hatte niemals zu der Frage einer Revision des Versailler Vertrages und der Beseitigung der Diskriminierung gegen Deutschland Stellung genommen; es hatte sich an keinem antideutschen Bündnis beteiligt. Die Grenze des Zusammengehens mit Deutschland war in der grundsätzlichen Ablehnung aller Gewaltaktionen zur Veränderung der europäischen Landkarte gezogen, die nach österreichischer Auffassung früher oder später zum Friedensbruch führen mußte; aber auch natürlich in der Abwehr des direkten oder indirekten Angriffs auf die eigene staatliche Existenz; dazu zählte der Protest gegen flagrante Verletzungen des allgemeinen Völkerrechtes; zwei Beispiele unter vielen waren die Verhaftung des österreichischen Presseattachés in Berlin, Dr. Erwin Wasserbäck, am 14. Juni 1933 und die Aufstellung und Ausrüstung der sogenannten Österreichischen Legion auf dem Gebiet des Deutschen Reiches.

Das Dritte Reich gab sich jedoch mit der Führung der österreichischen Außenpolitik nicht zufrieden.

„ ‚Der Führer', so bemerkte der deutsche Botschafter Papen, ‚versuche unter Anspannung der besten und letzten Kräfte des Reichs und unter Ausnützung der gegenwärtigen Weltlage die Weltstellung des Reichs wiederherzustellen. In diesem Prozesse *müsse Deutschland mehr als eine nur passive Unterstützung Österreichs verlangen;* es müsse verlangen, daß Österreich diesen Kampf des gesamten Deutschtums um seine Existenz aus innerster Anteilnahme überall dort unterstütze, wo es nach Lage der Dinge möglich sei. Wenn der Bundeskanzler (mir) wiederholt gesagt hat, daß seine Außenpolitik die Kreise des Reichs nirgendwo gestört hat, dann müsse ich ihm erwidern, daß dies zuwenig sei. *In dieser Passivität liege bereits* (sic!) *eine Negation.* Insbesondere, wenn jede außenpolitische Maßnahme immer mit dem erneuten Appell an die Welt schließe, auf die Aufrechterhaltung der österreichischen Unabhängigkeit bedacht zu sein...'"22

Der Anschluß kam über Österreich wie ein Gewitter, von manchen ersehnt, von vielen erlösend, von allen als Blitzschlag empfunden; erlösend, weil einer überhitzten, ins Unerträgliche gesteigerten Spannung ein Ende gesetzt wurde, und dies ohne die für unvermeidlich gehaltene Katastrophe. Es schien, als wäre der Friede gesichert. Als Blitzschlag wurde der Anschluß empfunden, weil die Ereignisse für alle, ob Österreicher oder Deutsche, überraschend plötzlich kamen. Jeder sehnte sich danach, daß die Nebel sich lichteten; jeder wollte an den blauen Himmel glauben, zuweilen sogar wider besseres Wissen.

So herrschte zunächst Jubel, der zum Teil ehrlich, zum Teil wohl eine Art Prämienzahlung auf eine Freiheits- und Lebensversicherungspolizze war und oft auch dem Bemühen entsprang, Freunde und Angehörige zu schützen, die berufliche Existenz zu retten. Man hoffte, alles würde sich geben, sobald sich der erste Taumel verflüchtigt habe; man würde „es sich schon richten" können...

Manche jenseits der Grenzen wußten es besser; so schrieb der bekannte britische Diplomat Harold Nicolson am 15. März 1938 in sein Tagebuch:

"A sense of danger hangs over us like a pall; Hitler has completely corraled Austria; no question of an Anschluß, just complete absorption."
„Das Gefühl von Gefahr und Beklemmung lastet über uns wie ein Leichentuch; von einem Anschluß ist keine Rede; nur von völligem Absorbieren."23

Wie immer dem war: dem Überschwang sollte bald die Ernüchterung folgen; sehr rasch sogar, weil der Propagandamaschine des Dritten Reiches arge Pannen passierten, die nur aus der völligen Unkenntnis der österreichischen Lage und Mentalität zu erklären sind. Darüber allerdings hat die Filmreportage nicht mehr berichtet. So schreibt ein Augenzeuge der damaligen Ereignisse, der spätere Wiener Vizebürgermeister Lois Weinberger, ein verdienter Führer der christlichen Arbeiterbewegung:

„Das mit dem ‚Hilfszug Bayern' hätte der deutschen Propaganda eigentlich nicht passieren dürfen. Gewiß gab es auch in Österreich vor 1938 arme Leute. Wo gab und gäbe es sie nicht. Es gab aber kaum einen Menschen, der damals wirklich hungerte, und sicher niemand, der auf das Brot und die Würstel des ‚Hilfszugs Bayern' gewartet hätte...

Daran ändert auch die Tatsache nichts, daß es auch hier... Leute gab, die aus dieser Bettelküche aßen und sich mit hingeworfenen Brotlaiben photographieren und filmen ließen. Das Österreich von damals war zum Unterschied vom ‚Dritten Reich' noch ein Land des Überflusses und besaß alles, was ‚draußen' schon lange nur noch in der Erinnerung lebte und höchstens für bevorzugte Leute zu erreichen war.

Dieser tragikomische Gegensatz zwischen dem ‚Hilfszug Bayern' und der schamlosen Ausbeutung der ‚armen und verhungerten Ostmark' hat schon in den ersten Tagen gar manche Idealisten schwer verdrossen und selbst Blinde sehend gemacht. Es war auch zu grotesk. Auf der einen Seite die rührseligen Bilder und Gerüchte von den armen Ostmärkern, die man befreien und denen man helfen mußte, und auf der anderen der Sturm auf die Geschäfte und auf die Warenlager jeder Art. Für jeden Wagen des berüchtigt gewordenen ‚Hilfszugs Bayern', der hereinkam, rollten von der ersten Stunde der Befreiung an Hunderte andere vollbeladen mit Beute aller Art in das ‚Altreich'. Buchstäblich ‚Heim ins Reich!'..."[24]

Ähnliche Berichte gab es in Mengen, man konnte sie selbst im Gefängnis bei genauem Zuhören aus den Gesprächen der Wachmannschaften vernehmen.

So gab es denn bald auch Anekdoten in Hülle und Fülle. Eine davon ist im *Eugen-Roth-Buch* unter dem Titel *Ein Hilferuf* verzeichnet:

„Die Wiener waren, nach 1938, beileibe nicht alle mit dem Anschluß einverstanden. Sie rächten sich mit Nadelstichen an den ‚Preußen' aus dem Altreich, die ihre Stadt überfluteten, z. B. dadurch, daß sie Ortsunkundige in die Irre schickten. Eine unserer Bekannten brach völlig übermüdet endlich in den Verzweiflungsschrei aus: Bitt schön, i bin katholisch und aus Bayern, sagn S' mir doch, wo die Herrengasse ist!"[25]

Unmittelbar nach dem 13. März 1938 bildeten sich in Österreich die ersten organisierten Widerstandsgruppen; in ihnen spiegelte sich das Spektrum aller politischen Glaubensbekenntnisse von den Monarchisten bis zur äußersten Linken. Keine Reportage hat je von ihrem Heldentum berichtet. Und doch waren sie schließlich die Sieger, auch wenn sie den Sieg nicht alle erlebten. Neunzig ihrer Führer sind in der Liste der Hingerichteten, der Gefallenen und im Gefängnis Verstorbenen verzeichnet; sie reicht von A bis Z, von Anreiter Josef, Beamter des Magistrates der Stadt Linz, über Bernaschek Richard, Schutzbundführer von Oberösterreich, Dr. Kastelic Jakob, Rechtsanwalt und Sturmscharführer in Wien, Krumpel Karl, Kärntner Jugendführer, Messner Franz Josef, Generaldirektor, Scholz Roman Karl, Augustinerchorherr, bis zu Dr. Zimmerl Hans, Rechtsanwaltsanwärter in Wien ... Allein in Wien wurden zwischen dem 6. Dezember 1938 und dem 4. April 1945 aus politischen Gründen 631, in Graz 156 Österreicher hingerichtet. Dazu kommen die vielen Tausende der innerhalb und außerhalb des Landes kriegsgerichtlich zum Tode Verurteilten.[26]

Daß man auch seitens deutscher nationalsozialistischer Beobachter die Schwierigkeit der Situation in Österreich erkannte, geht aus einer vertraulichen Aufzeichnung Dr. C. Koenigs, Berlin, hervor, der sich als Vertrauensmann des Sicherheitsdienst-Hauptamtes bezeichnet. Sie betrifft Eindrücke über das Wirken der Gestapo in Österreich. In ihr heißt es:

„Im Ablauf der revolutionären Ereignisse in Österreich ist die Gestapo weit über ihre eigentlichen Aufgaben hinausgegangen. Dadurch ist vielfach im Inland und im Ausland der Eindruck erweckt worden, daß die Grundbegriffe jeder Rechtsordnung, die Heiligkeit des Eigentums und der persönlichen Freiheit, in gewissen wichtigen Sektoren des Wirtschaftslebens nicht gewährleistet seien. Je mehr Recht und Gesetz in Österreich wieder zur Geltung kommen, um so unangenehmer und unhaltbarer muß die Position der Gestapo in der heutigen Form werden. Sie muß sich auf sehr viele Regreßklagen der in ihrem Eigentum Verletzten gefaßt machen. Es ist daher unbedingt notwendig, daß die Gestapo ihre Front zurücknimmt, und zwar so schnell wie möglich, und daß sie sich auf ihre politischen Aufgaben beschränkt, daß sie dieselbe Rolle in Österreich spielt wie in Deutschland. Die Aufgabe des Tages ist es, eine elegante Lösung für den Rückzug zu finden. Eine sachgemäße Aufarbeitung der Aktenberge erscheint unmöglich und würde bei normaler Bearbeitung durch Fortbestehen der getroffenen Inhaftierungen neues Unrecht schaffen. Ich halte es für dringend notwendig, daß der Inspekteur der Sicherheitspolizei in Österreich von Gruppenführer Heydrich die Anweisung bekommt, sich unverzüglich mit dem Träger der gesamten Autorität in Österreich, Gauleiter Bürckel, resp. Vizepräsident Barth in Verbindung zu setzen, um die Möglichkeiten einer Lösung der bestehenden Schwierigkeiten zu beraten. Nach meiner Ansicht müsse eine großzügige Amnestie eintreten, über deren Umfang bestimmt eine schnelle Einigung erzielt werden könne. Die Unterlage für die Amnestie bildet das Versprechen des Führers, daß wir nicht Rache üben, sondern großzügig sein wollen. Eine Überprüfung der Akten, ob ein Fall leicht oder schwer gelagert ist, könne in wenigen Tagen vorgenommen werden, wenn man wirklich die Absicht hat, großzügig zu verfahren. Dann blieben noch die schweren Fälle übrig und damit immer noch genug Beschäftigung für die Gestapo. Damit würde auch dem Zustand der Angst insbesondere in Wien ein schnelles Ende gemacht. Schwieriger liegt der Fall der Vermögensbeschlagnahmungen. Hier gab ich den Rat, daß die Gestapo an eine neu zu schaffende Stelle die gesamten Beschlagnahmungsakten abgibt, an eine Stelle, welche außerhalb des Hotels Metropol und frei von jeder Einwirkung der Gestapo, vielleicht unter Oberaufsicht von Generalstaatsanwalt Welsch, unter Wahrung der Ansprüche des Staates die Werte in die Hände der Eigentümer zurückleitet."[27]

Über die Schwierigkeiten, die sich ergaben, und über die vorgeschlagenen Wege zu ihrer Behebung gibt der gleichfalls von Dr. Koenig stammende Entwurf zu Maßnahmen, deren Durchführung spätestens am 1. Mai 1939 wünschenswert erscheine, Aufschluß. Darin wird angeregt:

I. Behörden. Organisation.

1. Es müßten in der Hand des Reichskommissars vereinigt werden die Funktionen des Reichsstatthalters, des Ministerpräsidenten und des Obergauleiters für die ganze Ostmark (ähnlich wie in Sachsen), mit dem ausdrücklichen Recht, die ihm unterstellten Funktionäre (Minister, Gauleiter usw.) abzusetzen und zu ernennen.

2. Jeder ostmärkische Minister erhält einen Reichsdeutschen als Staatssekretär beigegeben, um eine beschleunigte Angleichung der Ostmark an das Reich in Gesetzgebung, Verwaltung und allen anderen Einrichtungen herbeizuführen. Gegebenenfalls auch ein Reichsdeutscher als Minister und ein Österreicher als Staatssekretär, aber einstweilen immer Doppelgespann...

4. Strenge Wiederherstellung der Tradition, daß kein Beamter direkt oder indirekt an einem Unternehmen beteiligt sein darf, sei es als Gesellschafter, sei es als Aufsichtsrat.

5. Beschleunigte Zurückführung der Zuständigkeit der ostmärkischen Ministerien durch Übertragung der Befugnisse an die Berliner Zentralstellen einerseits und die Gaubehörden anderseits, mit dem Ziele einer Beschränkung auf den Umfang, den die gleichen Ministerien in Bayern und Sachsen besitzen...

8. Errichtung eines ostmärkischen Dezernates beim Reichsführer SS unter Leitung eines Reichsdeutschen (ev. Welsch) zur Herbeiführung einer einvernehmlichen Beschränkung der von der Gestapo bisher wahrgenommenen Funktionen in der ostmärkischen Wirtschaft.

II. Sachliche Maßnahmen

1. Wiederherstellung der Rechtssicherheit durch Schaffung strengster Disziplin in Verwaltung und Partei.

2. Ermächtigungsgesetz, durch welches der Reichskommissar bevollmächtigt wird, alle antiquierten österreichischen Gesetze außer Kraft zu

setzen, und zwar Hand in Hand mit der Ausdehnung der deutschen Gesetze auf die Ostmark...
3. Bereinigung des Verhältnisses zwischen Staat und Kirche.
4. Energische Fortführung der Judenaktion (aber unter strenger Beobachtung und sinngemäßer Handhabung der Gesetze des Altreiches).
5. Schnellste Klärung der Stellung der Mischlinge ersten und zweiten Grades in der Wirtschaft zwecks Schaffung einer Rechtssicherheit auf diesem für Wien besonders wichtigen Gebiet."[28]

Über die Gewissensnot weiter Kreise gibt ein Brief Aufschluß, den der Pfarrer von Dornbach, P. Bruno Spitzl OSB, als Regimentskurat der „Rainer" vom Ersten Weltkrieg her bekannt, am 30. Dezember 1938 an sein ehemaliges Pfarrkind Reichsstatthalter Dr. Seyß-Inquart schrieb:

„... Jeder unbefangene Beobachter wird mir recht geben, wenn ich das Leid, das jetzt in so vielen Familien infolge von disziplinären Verfügungen, gerichtlichen Urteilen oder von Anmaßungen mehr oder weniger führender Persönlichkeiten eingekehrt ist, unendlich größer und härter erachte als das Leid, welches das frühere Regime zu verantworten hat. Ich weiß nicht, wie diejenigen Männer, welche Ursache dieses Jammers sind, alle diese zahllosen Tränen unschuldiger Frauen und Kinder, diese wirkliche Notlage so mancher Familien vor der Nachwelt, und schon gar nicht, wie sie dies einmal vor Gottes Gericht werden verantworten können. Ich kann mir nicht vorstellen, daß Sie, Herr Reichsstatthalter, darum wissen. Denn wüßten Sie es, wie ich es weiß und andere mit mir, dann könnten Sie nicht schweigen und würden alles aufbieten, um dem Worte, das der Führer nach dem Umbruch gesprochen hat, Geltung zu verschaffen und unserem Volke wirklichen inneren Frieden zu schenken. Das wäre eine nationale und christliche Tat, wert des Schweißes aller Edlen; eine Tat, die allein das begründen würde, was Sie, Herr Reichsstatthalter, immer angestrebt haben: die wirkliche, deutsche Volksgemeinschaft!

2. Das zweite, was mich zutiefst bewegt, ist die Sorge um das christliche und katholische Bekenntnis in unserem Volke. Für die Kirche als solche fürchte ich gar nichts. Sie ist an kein Volk gebunden, sie kann höchstens einem Volke, auch dem deutschen Volke, verlorengehen, und dann wird nicht die Kirche, sondern das deutsche Volk der leidtragende Teil sein. Trotz aller Menschlichkeiten, die ihr anhaften, ist sie nun einmal Gottes Werk und als solches unzerstörbar bis zum Ende der irdischen Tage. Daher ist auch in diesem Belange meine Sorge eine national begründete und schon gar nicht aus egoistischen Beweggründen herauswachsend.

Ich war niemals ein Freund von irgendwelchen Zwangsmaßnahmen auf religiösem Gebiet; deshalb kann ich mir auch eine ‚Trennung von Kirche und Staat' auf dem Boden gegenseitiger Gerechtigkeit vorstellen und weine insbesondere der vielleicht recht gutgemeinten, von mir aber immer mit gutem Grund gefürchteten Verquickung der Interessen der Kirche und des Staates keine Träne nach. Es war sicherlich ein unmögliches Unterfangen, mit einem Volk, dem Christentum nur mehr äußere Form war, einen ‚christlichen Staat' bauen zu wollen; bei einem großen Teil unseres Volkes ist nun einmal die bloß äußere Zugehörigkeit zur Kirche Tatsache, über die man nicht hinwegkommt. Alles dies entschuldigt aber nicht die Art und Weise der Auseinandersetzung zwischen Staat und Kirche, welche jetzt üblich geworden ist, entschuldigt nicht die Mittel, die angewandt werden, um die Kirche, ihre Bischöfe und Priester im Volke zu disqualifizieren, entschuldigt schon gar nicht den Kampf gegen Wesentlichstes des Christentums, obwohl wir nach wie vor lesen: ‚Die Partei vertritt als solche den Standpunkt eines positiven Christentums...'! Ich kann unmöglich glauben, daß Sie, Herr Reichsstatthalter, das, was schon geschehen ist und täglich geschieht, mit diesem Parteigrundsatz vereinbar finden; kann auch nicht glauben, daß Sie nicht so manchesmal aus Ihrer seelischen Haltung heraus, von der Sie, wie Sie mir am Sonntag vor dem Umbruch erzählt haben, auch dem Führer gegenüber eindeutig und ganz klar gesprochen haben, auch eine gerechtere Behandlung katholischer und kirchlicher Belange erreichen könnten..."[29]

Daß der Anschluß in österreichischer Sicht aber auch für die neue NS-Führung im Lande seine unerfreulichen Aspekte hatte, geht aus dem heftigen Konflikt hervor, der sich zwischen dem Reichskommissar für die Wiedervereinigung, Gauleiter Josef Bürckel, und dem damaligen Reichsminister Dr. Seyß-Inquart entwickelte und im August 1939 seinen Höhepunkt fand.[30]

Unmittelbar nach dem vollzogenen Anschluß hatte Bürckel als „Reichskommissar für die Wiedervereinigung" die Aufgabe, für die Angleichung von Recht und Verwaltung zu sorgen. Daneben bestand zunächst eine österreichische Landesregierung unter der Leitung des Reichsstatthalters Seyß-Inquart. Das offenkundige Ziel war es nun — mehr noch als damals im Altreich —, die öffentlichen Ämter und die Parteistellen personell und sachlich miteinander zu vereinen; so wurde die Führung der früheren Landeshauptmannschaften den Gauleitern übertragen.

Mit dem Ostmarkgesetz vom 14. April 1939 wurden die ehemaligen Bundesländer zu Reichsgauen gemacht, bei mitunter erheblicher Verschiebung ihrer historischen Grenzen. Am 30. Januar 1939 wurde der Reichskommissar Bürckel an Stelle des Österreichers Odilo Globocnik zum Gauleiter von Wien bestellt. Als solcher hatte er nach einer Verfügung Hitlers vom 21. April 1939 auch die „Leitung der Stadt Wien" zu übernehmen, wobei ihm als Bürgermeister und „allgemeiner Vertreter in der Stadtverwaltung" der österreichische Nationalsozialist Dr. Ing. Hermann Neubacher beigegeben wurde. Auch dieser wurde später (Dezember 1940) wiederum von einem Reichsdeutschen abgelöst.

Das Amt des Reichsstatthalters wurde mit der Neueinteilung hinfällig und Seyß-Inquart mit 1. Mai 1939 zum Reichsminister mit dem vorläufigen Sitz in Wien ernannt. Am 8. August 1940 wurde Bürckel als Gauleiter von Wien durch den bisherigen Reichsjugendführer Baldur von Schirach ersetzt.

In einem Schreiben vom 23. Juni 1939 hatte Seyß-Inquart, wie er Himmler gegenüber bemerkte, Gauleiter Bürckel „in kameradschaftlicher und vertraulicher Weise" seine kritische Meinung über die Lage in Wien und Österreich mitgeteilt und dabei von einer Vertrauenskrise gesprochen. Darauf antwortete Bürckel schriftlich am 8. August 1939, wobei er mit scharfen Vorwürfen und auch persönlichen Verdächtigungen nicht sparte. Bürckels 16 Seiten langer Brief an Seyß-Inquart gipfelt in der Feststellung:

„Worum geht es also? Nur um die Frage: Konservieren oder Liquidieren. Sie, Herr Doktor, sind fürs Konservieren. Ich habe den Auftrag des Führers, zu liquidieren... Unsere Wege haben sich getrennt..."
Seyß-Inquart antwortete Bürckel nicht minder scharf:

„Gauleiter! Bestätige den Empfang Ihres Schreibens vom 8. ds., und zwar mit Dank. Ich weiß jetzt wenigstens, woran ich bin und war..."
Und in dem 24 Maschinseiten umfassenden Vorlagebericht des Briefwechsels an den Reichsführer SS Himmler faßt Seyß-Inquart seine Antwort an Bürckel in der Feststellung zusammen: „Der Schelm denkt, wie er ist."

Hatte Seyß-Inquart dem Reichskommissar Bürckel vorgeworfen, eine Vertrauenskrise heraufbeschworen zu haben, da es nicht zweckmäßig sei, sich in der „Ostmark" wie ein Vogt in einer Art Elsaß-Lothringen zu benehmen und „alle wichtigen Stellen bei Partei, Staat und Gemeinde mit Altreichsdeutschen oder vielmehr Saarpfälzern" zu besetzen, verdächtigte Bürckel in seiner Antwort Seyß-Inquart, damals Reichsminister *in partibus infidelium* — d. h. mit dem Sitz in Wien, ohne Dienstbereich —, der Illoyalität gegenüber Partei und Reich; er besorge durch sein Plädieren für die Erhaltung einer österreichischen Landesregierung die Geschäfte der Katholischen Aktion. Damit versuche er, die Liquidierung Österreichs möglichst lange hinauszuziehen, deren rasche Durchführung er, Bürckel, für die vordringlichste Aufgabe des Reichskommissars halte. Aus den gleichen Gründen sei Seyß-Inquart, nachdem aus den Plänen von einer österreichischen Landesregierung nichts wurde, für die Errichtung eines Österreichministeriums als „eine Art Kulturministerium für die Ostmark" eingetreten. Sodann bezichtigte Bürckel Seyß-Inquart der brieflichen Verbindung „mit einem ganz üblen Emigranten" in Prag im Frühjahr 1939 und fährt fort: „Das alles sind Dinge, die vielleicht aus höheren Gesichtspunkten einem Gnadenakt vorbehalten sein können."

Schließlich nimmt Bürckel in seiner Antwort die politische Vergangenheit Seyß-Inquarts unter die Lupe. Er habe an Dollfuß nach dem ersten, mißglückten Attentatsversuch auf diesen (3. Oktober 1933, Anm. d. Verf.) ein Glückwunschtelegramm gerichtet und seinen Abscheu gegen den Täter zum Ausdruck gebracht. Er habe an die „Gesundung" des Nationalsozialismus von Österreich her geglaubt und sei der versuchten Gründung einer Vereinigung nationalsozialistischer Katholiken freundlich gegenübergestanden... In den kritischen Stunden im März (1938) habe er sich zurückgehalten und sei kaum aufzufinden gewesen; dabei beruft sich Bürckel auf eine Denkschrift Globocniks, mit dem Seyß sich mittlerweile überworfen hatte. Bürckel zieht einen scharfen Trennungsstrich zwischen „Seyß und seinen Kreisen" auf der einen und den alten Kämpfern auf der anderen Seite und bemerkt:

> „Das Vertrauen meiner Männer ist geadelt durch ihre Opfer, durch jene Opfer, die sie bringen mußten, weil emigrierte Verräter sie in ihrer Treue zum Reich verhindern wollten. Sie, Herr Doktor, sind einer milderen Meinung wie ich. Das ist der Grund, warum ich Ihnen heute sage: Unsere Wege haben sich getrennt."

In seiner Verteidigung, die er Himmler unterbreitet, geht Seyß-Inquart nicht minder scharf mit Bürckel ins Gericht: Der Reichskommissar habe 1939 kaum zwei Fünftel seiner Zeit in Wien verbracht. Wenn Bürckel leugne, daß er alle Stellen mit Pfälzern besetze, sei dies ein „Dreh"; jedes Kind wisse, daß es nicht auf die offiziellen Verwaltungen, sondern, zumal in Wien, nur auf die Behörde „Reichskommissar" ankomme; und diese werde „von im allgemeinen mittelmäßigen, hier fremd gebliebenen Leuten verwaltet"; daher „die sehr bösartigen Witze, die von einem neuen Wehrmachtsteil, nämlich dem ‚Pfälzer-Postenjäger-Regiment' sprechen". Er, Seyß, habe niemals das Konservieren, sondern vielmehr die Auflösung des Österreichertums verlangt. „Wenn heute die Stellung des politischen Katholizismus in der Ostmark in einem viel größeren Umfang liquidiert ist als im Altreich, so ist das in keiner Weise dem Herrn Reichskommissar zu danken, sondern dem energischen Vorgehen meines Fachmanns Plattner, der... in meinem Auftrag und mit meinem Wissen und auch mit meiner Unterschrift alle Maßnahmen durchgesetzt hat, die heute im Altreich noch als begehrenswerte Zukunftsmusik verlangt werden."

Seyß betont außerdem, daß er niemals Mitglied der Katholischen Aktion gewesen sei; ihn mit der Emigration in Verbindung zu bringen, sei „eine Frechheit". Er habe von Bürckel bereits Aufklärung in dieser Sache verlangt. Auch habe er nie an Dollfuß ein Glückwunschschreiben gerichtet. Er wisse, daß im Jahre 1934 eine Arbeitsgemeinschaft der katholischen Nationalsozialisten geschaffen werden sollte. Er wisse allerdings nicht, worauf Bürckel anspiele.

> „Sollte er vielleicht an die Phantasien Professor Eibls denken, dann ist es eigentlich eine Beleidigung für mich, mir so wenig politischen Verstand zuzumuten, mich an solchen Dingen zu beteiligen."

Er, Seyß, sei Anfang 1932 Mitglied des Steirischen Heimatschutzes Kammerhofer geworden. Er habe wesentlich dazu beigetragen, daß diese Organisation in die Partei aufging, wobei von Habicht erklärt worden sei, daß die steirischen Heimatschützler damit Parteigenossen würden. Er habe seit Dezember 1931 seine Mitgliedsbeiträge bezahlt und sich von diesem Zeitpunkt an in jeder Beziehung als Pg. gefühlt und als der Partei zugehörig angesehen.

In den kritischen Stunden des 11. März 1938 sei er entgegen der Behauptung Bürckels zur Stelle gewesen. Nur nach Überreichung eines befristeten Ultimatums an Miklas habe er sich um etwa vier oder viertel fünf Uhr auf kurze Zeit an die frische Luft begeben. „Daß er vor halb sechs Uhr nicht gebraucht würde, sei ihm klar gewesen, denn er habe gewußt, daß sich die Systemleute nicht eine Sekunde früher entscheiden würden, als sie müßten..." Er habe den Eindruck, daß die außerordentliche Initiative und Energie Bürckels in Personalfragen „die Grenzlinien der klinisch-komplexen Vorstellungen bereits überschreitet". Bürckel solle einmal bekennen, wie viele seiner Gauamtsleiter er schon ganz oder vorübergehend abgesetzt habe, oder z. B. wie viele Parteigenossen er, wenn auch nur vorübergehend, anhalten oder einsperren ließ.

Der Brief Seyß-Inquarts an Himmler schließt:

„Mein erster Impuls war, das Schreiben Bürckels dem Führer vorzulegen, und ich glaube nach wie vor, daß das letzte Urteil über diese Sache vom Führer gesprochen werden solle. Der Führer ist aber heute mit den außenpolitischen Fragen so in Anspruch genommen, daß ich in diesem Augenblick nicht zu ihm kommen will, wenngleich diese Sache für mich eine Bedeutung hat wie keine andere mich persönlich berührende Angelegenheit. Ich wende mich daher an Sie und bitte Sie um strengste Untersuchung dieser Dinge und Festlegung der Verantwortungen, die hier getragen werden müssen. Heil dem Führer!"[31]

In der Rückschau ist dieser Briefwechsel deshalb auch heute noch von Interesse, weil aus ihm die Unzulänglichkeit, ja das Absurde der Bemühungen um die Anschlußlösung spricht, und zwar von deutscher wie auch von österreichischer Sicht her betrachtet. Das nationalsozialistische Führungsteam um Seyß-Inquart aus der Zeit vor März 1938 hatte sich, wie aus Anklage und Gegenschrift klar hervorgeht, neuerlich gespalten. Von den Hauptbeteiligten an den Ereignissen um den 11. März standen Globocnik, Rainer, Klausner, Dr. Hammerschmied auf der Seite Bürckels, während Mühlmann, Plattner, Wimmer, Fischböck und interessanterweise auch Dr. Wächter zur Partei Seyß-Inquarts zählten.

Kein Zweifel, daß das, was aus dem Anschluß geworden ist, für Seyß-Inquart, aber auch Leopold und die „alten Kämpfer" im Grunde eine Enttäuschung bedeutet hat; sie setzten alle Hoffnung auf Hitler: „Wir stehen ja alle im unmittelbaren Erlebnis des Führers" (Seyß-Inquart).

Der Vollstrecker des Führerwillens aber hieß Bürckel, und darum konnte es schon nach knappen 14 Monaten kein — wenn auch umgetauftes — Österreich mehr geben, sondern nur noch Reichsgaue, und keinen Reichsstatthalter, geschweige denn eine Staatsregierung, sondern nur noch Gauleiter.

Von Papen meint in rückschauender Betrachtung:

„Wie leicht wäre es damals (Herbst 1937) gewesen, eine Beziehung zum Reich zu schaffen, ähnlich der Bayerns von 1871 bis 1918; vollständige Regierungs- und Verwaltungsautonomie und ein unabhängiges

Parlament; die einzigen gemeinsamen Angelegenheiten sollten die auswärtige Politik und das militärische Kommando in Kriegszeiten sein."³²
Abgesehen von der grundsätzlichen Unannehmbarkeit dieses Gedankens, die für die Vertreter der österreichischen Unabhängigkeit stets außer Frage stand, wie konnte man ernstlich an ähnliche „Lösungen" glauben, gerade im Angesicht der Entwicklung, die Bayern seit 1933 genommen hatte? Und in Kenntnis der Methoden Hitlers und seiner Satrapen? Papen schreibt — als es keine Gesandtschaftsbericht aus Österreich mehr gab:

„In Österreich war keine Spur von Autonomie. Die Parteimaschine regierte. Und sie herrschte voll Haß und Verfolgung gegen jene, die abgelehnt hatten. Hitler ernannte den am wenigsten geeigneten Mann, den er hätte finden können, zum Hochkommissar, den Gauleiter Bürckel von Saar und Pfalz.

Ich kannte diesen Mann persönlich. Im Jahre 1934 hatte ich ihm mein Amt als ‚Reichskommissar für das Saarland' übergeben. Er war ein eingebildeter Schullehrer ohne Verwaltungskenntnisse und politisch unfähig; weiters war seine Vergangenheit Gegenstand vieler Mißhelligkeiten..."

Von Seyß-Inquart hatte Papen eine hohe Meinung, die, wie er richtig feststellt, vom Bundeskanzler damals voll geteilt worden sei. Dr. Seyß-Inquart sei die tiefste Enttäuschung seines Lebens geworden, wie er (Papen) heute leider zugeben müsse. Trotzdem ging Papen vielleicht damit in der Härte seines Urteils zu weit.³³ Hätte sich Seyß-Inquart, wie aus allen vorhandenen Quellen zu schließen ist, in Österreich durchgesetzt, dann wäre es wahrscheinlich wenigstens nicht zu dem Barbarismus gekommen, der mit dem Anschluß verbunden war. Aber gerade weil dem nicht so gewesen ist, stand am Ende — der überwundene Anschluß.

Aus internationaler Sicht war der Anschluß ein zwar unerwünschtes, in seiner Durchführung höchst anfechtbares, aber im Hinblick auf die Machtverhältnisse unabänderliches Ereignis. In fast allen Staaten gab es kritische Pressestimmen, die sich im Grunde weniger mit dem Schicksal Österreichs befaßten als mit der möglicherweise bedrohlichen Zukunftsentwicklung, zumal in Richtung Tschechoslowakei. Vor allem in Paris war diese Sorge offenkundig. Die deutsche Propaganda tat ihr äußerstes, um den in der Weltpresse tobenden „Sturm im Wasserglas" zu beruhigen.

Der japanische Ministerpräsident Fumimaro Konoye beglückwünschte am 15. März 1938 den Führer und Reichskanzler „zu der seit Jahren erstrebten Wiedervereinigung Österreichs mit dem Deutschen Reich".³⁴

Auch China (Tschiang Kai-schek) fand laut Telegramm des deutschen Geschäftsträgers die Vereinigung unter der Parole „Ein Volk, ein Reich" begrüßenswert, allerdings nicht ohne kritischen Hinweis auf die dieser Parole widersprechende Haltung Deutschlands im Falle Mandschukuos.³⁵

Der Schweizer Bundesrat Giuseppe Motta, Leiter des Politischen Departements (Außenamt) in Bern, erklärte dem dortigen deutschen Gesandten, „daß er den Anschluß seit langem als unabwendbar angesehen habe; ... er (der Anschluß) habe einen internationalen Konfliktsstoff beseitigt".
Am 22. März 1938 gab der Schweizer Bundespräsident eine Erklärung zum Anschluß ab, in der nüchtern festgestellt wird:
„Am 13. März hat der Bundesstaat Österreich, mit dem die Schweiz herzliche nachbarliche Beziehungen unterhalten hat, als unabhängiger Staat zu bestehen aufgehört... Die Veränderung, die die politische Karte Europas dieser Tage erfahren hat, kann keine Schwächung der politischen Lage der Schweiz zur Folge haben."
In weiterer Folge verwies der Schweizer Bundespräsident auf die Unentbehrlichkeit der Unabhängigkeit und Neutralität der Eidgenossenschaft; feierliche Zusicherungen seien in dieser Hinsicht von allen Seiten gegeben worden.
„Jeder Angriff auf die Unversehrtheit ihres Gebietes würde ein verabscheuungswürdiges Verbrechen gegen das Völkerrecht darstellen."[36]
Der belgische Außenminister Paul Henri Spaak sagte in der Kammer am 16. März 1938:
„Die Vereinigung Österreichs mit Deutschland scheint eine vollzogene Tatsache zu sein. Aus verschiedenen Gründen haben weder Italien noch Frankreich, noch England sich dagegen widersetzen können oder wollen... Ich bin ein entschlossener Befürworter der Unabhängigkeit der Völker und ihres Selbstbestimmungsrechtes... Ich glaube seit langem, daß der Anschluß der Logik der Tatsachen entspricht, und wenn er auf normalem Wege vollzogen worden wäre, dann wäre ich nicht darüber erstaunt gewesen."[37]
Der ungarische Gesandte in Berlin, Döme v. Sztojay, überbrachte im Auftrag seiner Regierung im Berliner Außenamt „dem Führer und Reichskanzler die wärmsten Glückwünsche zu der Wiedervereinigung (sic!) Österreichs mit dem Deutschen Reich".[38]
Die ungarische Reaktion auf den Anschluß und das Ausbleiben jeden Protestes aus Budapest — trotz des früher immer wieder beteuerten Festhaltens an den Römischen Protokollen — konnte nicht überraschen. Obwohl der „deutsche Kurs" in den einflußreichen Kreisen der ungarischen Legitimisten alles eher als populär war, hatten die ungarische Regierung und ihr standfester Außenminister Koloman Kanya in Wien keinen Zeifel darüber gelassen, daß sie aus Gründen des nationalen Interesses keinen Konflikt mit Deutschland brauchen könnten. Wie Italien wegen seiner ostafrikanischen und Mittelmeerpolitik schließlich für Deutschland optierte, so tat es Ungarn nicht zuletzt wegen seines unversöhnlichen Gegensatzes zur Tschechoslowakei.
In Prag hatte die öffentliche Meinung seit Ende Februar sehr eindeutig für Österreich Stellung genommen. Dies kam insbesondere in der Sprachweise der Presse zum Ausdruck, die auch in den letzten Tagen vor dem deutschen

Einmarsch aus ihrer Unterstützung der österreichischen Position kein Hehl gemacht hatte. Die Einstellung des Ministerpräsidenten Dr. Milan Hodža war ausgesprochen österreichfreundlich, zum Unterschied von der Reserviertheit seines Außenministers Dr. Krofta; dabei ist allerdings zu berücksichtigen, daß die tschechoslowakische Diplomatie besorgt sein mußte, in der äußerst delikaten Lage des Landes den deutschen Nachbarn nicht zu reizen. Jedenfalls wußte das tschechische Publikum um die vermehrte Gefahr, die der Nation im Falle des Verschwindens Österreichs drohte.

Die offizielle Haltung Prags geht deutlich aus den Berichten des deutschen Gesandten Eisenlohr an Berlin hervor: Eisenlohr meldet am 11. März 1938, Außenminister Krofta habe ihm erklärt, daß er sich von der österreichischen Abstimmung keine endgültige Lösung erwarte. Außerdem sagte er Maßnahmen zu, die (proösterreichische) Haltung der tschechoslowakischen Presse zu dämpfen. In einem weiteren Telegramm vom selben Tag an Staatssekretär Mackensen berichtet Eisenlohr, daß ihm Krofta versichert habe, die Tschechoslowakei denke nicht an militärische Maßnahmen und wolle Entspannung mit Deutschland. Am 12. März gegen ein Uhr früh telegraphierte Gesandter Eisenlohr dem deutschen Außenamt, es habe ein tschechischer Ministerrat stattgefunden, und Krofta habe kurz vor Mitternacht mitgeteilt, „daß hier niemand daran denke, sich in österreichische Angelegenheiten einzumischen".[39]

Schließlich berichtete der deutsche Geschäftsträger Woermann in London am 12. März um 10.35 Uhr nach Berlin, der tschechoslowakische Gesandte habe die englische Regierung offiziell davon informiert, daß alle Gerüchte über eine tschechoslowakische Mobilisierung falsch seien und die Tschechoslowakei nicht die Absicht habe, aus Anlaß der Vorgänge in Österreich zu intervenieren.[40]

Polen und Jugoslawien hatten, was besonders im polnischen Fall nicht ganz begreiflich ist, schon seit etwa einem Jahr auf Deutschland gesetzt.

Mussolinis Reaktion vom 13. und 14. März 1938 ist bekannt: „Meine Haltung ist bestimmt von der in der Achse besiegelten Freundschaft unserer Länder."[41] Dem war das Schreiben Hitlers an Mussolini vom 11. März 1938 vorausgegangen, das Prinz Philipp von Hessen in Rom überbracht hatte; im folgenden der Wortlaut, wie er auch, mit der vereinbarten Auslassung der die Tschechoslowakei betreffenden Sätze, in Rom veröffentlicht wurde:

„In einer schicksalsschweren Stunde wende ich mich an Sie, Exzellenz, um Ihnen Nachricht zu geben über eine Entscheidung, die durch die Umstände notwendig erscheint und bereits unabänderlich geworden ist. Während der letzten Monate habe ich mit wachsender Besorgnis gesehen, wie sich allmählich eine Beziehung zwischen Österreich und der Tschechoslowakei entwickelt hat, die schon im Frieden für uns schwer erträglich ist, im Falle eines Deutschland aufgezwungenen Krieges aber die Ursache einer äußerst ernsten Bedrohung der Sicherheit des Reiches werden würde.

Im Verlaufe dieses Einverständnisses begann der österreichische Staat allmählich alle Grenzen mit Sperren und Befestigungen zu versehen. Der Zweck konnte dabei kein anderer sein als: 1. die Restauration zur gegegebenen Zeit durchzuführen; 2. das Gewicht einer Masse von jedenfalls zwanzig Millionen Menschen auch gegen Deutschland, falls nötig, in die Waagschale zu werfen.

Es sind gerade die engen Bande zwischen Deutschland und Italien, die unser Reich, wie zu erwarten war, unvermeidlichen Angriffen ausgesetzt haben. Auf mir ruht die Verantwortung, in Mitteleuropa nicht eine Situation entstehen zu lassen, die gerade wegen unserer Freundschaft mit Italien eines Tages zu ernsten Komplikationen führen könnte. Diese Neuorientierung der Politik des österreichischen Staates entspricht jedoch keineswegs den wahren Wünschen und dem Willen des österreichischen Volkes..."

Darauf folgen dann die bekannten Anklagen wegen Vergewaltigung und Mißhandlung der „Deutschen Österreichs" durch ein „illegales" Regime. „Die Leiden zahlloser gequälter Menschen kennen keine Grenzen." Daher habe er (Hitler) sich entschlossen, einen letzten Versuch zur Erreichung eines Abkommens zu machen, um die volle Gleichberechtigung aller vor dem Gesetz in endgültiger Form festzulegen. Er (Hitler) habe bei der Unterredung in Berchtesgaden das Augenmerk des Herrn Schuschnigg aufs ernsteste auf die Tatsache gelenkt, daß Deutschland nicht bereit sei, die Bildung einer feindlichen Militärmacht an seiner Grenze zu gestatten, und ferner, daß Deutschland nicht mehr dulden könne, daß in Österreich eine verschwindende Minderheit die Mehrheit, die von nationalen Ideen erfüllt ist, mißhandle. Er selbst sei ein Sohn dieser Scholle, Österreich sei seine Heimat, und aus den Kreisen seiner eigenen Familienangehörigen wisse er, welche Bedrängnis und welche Leiden die übergroße Mehrheit dieses Volkes ertragen müsse. Er habe Herrn Schuschnigg davon unterrichtet, daß, falls die Gleichberechtigung aller Deutschen in Österreich nicht wiederhergestellt werde, Deutschland eines Tages gezwungen sein würde, den Schutz dieser von allen verlassenen Brüder zu übernehmen. Das Schreiben fährt fort:

„Die von mir gestellten Forderungen waren mehr als gemäßigt. In der Tat hätte Herr Schuschnigg nach allen Grundsätzen der Vernunft, des Rechts und der Gerechtigkeit und selbst nach den Grundsätzen einer formalistischen Demokratie mit seinem Kabinett die Demission geben müssen, um einer tatsächlich vom Vertrauen des Volkes getragenen Regierung den Platz zu überlassen. Das habe ich nicht verlangt. Ich habe mich mit einer Reihe von Zusicherungen zufriedengegeben, wonach in Zukunft im Rahmen der österreichischen Gesetze, die zwar ungerechterweise ergangen waren, aber immerhin im gegenwärtigen Zeitpunkt gelten, alle Bewohner dieses Landes in der gleichen Weise behandelt, in der gleichen Weise begünstigt oder in der gleichen Weise benachteiligt werden sollen, und daß schließlich auf militärischem Gebiet eine

gewisse Sicherheit geschaffen wird, damit nicht eines Tages der österreichische Staat eine Filiale der Tschechoslowakei werden würde.
Herr Schuschnigg hat mir die feierliche Erklärung gegeben und hat eine Vereinbarung in diesem Sinne mit mir geschlossen.
Diese Vereinbarung hat er vom ersten Augenblick an nicht eingehalten.
Jetzt aber hat er sich zu einem neuen Schlage gegen den Geist dieses Abkommens hinreißen lassen, indem er eine sogenannte Volksbefragung angesetzt hat, die ein wahrer Hohn auf jede Volksabstimmung ist.
Die Folgen dieser neuen geplanten Vergewaltigung der Volksmehrheit sind jene, die befürchtet wurden.
Das österreichische Volk *erhebt sich jetzt endgültig gegen die andauernde Unterdrückung,* und daraus ergibt sich unabwendbar die Notwendigkeit neuer Vergewaltigungen. *Infolgedessen haben sich die Vertreter dieses unterdrückten Volkes sowohl in der Bundesregierung wie in den anderen Körperschaften zurückgezogen.*
Seit vorgestern nähert sich dieses Land in steigendem Maße der Anarchie.
In meiner Verantwortung als Führer und Kanzler des Deutschen Reiches und auch als Sohn dieser Scholle kann ich nicht länger dieser Entwicklung der Ereignisse untätig zusehen.
Ich bin entschlossen, nunmehr in meiner Heimat Ordnung und Ruhe wiederherzustellen und dem Willen des Volkes die Möglichkeit zu geben, über sein eigenes Schicksal in unmißverständlicher, klarer und offener Weise nach seinem Urteil zu entscheiden.
Möge also das österreichische Volk das eigene Schicksal sich selbst schmieden! Wie auch immer die Art sein möge, in der diese Volksabstimmung vollzogen werden soll, habe ich heute den Wunsch, Sie Exzellenz, als den Duce des faschistischen Italien in feierlicher Weise einer Sache zu versichern:
1. Sehen Sie in diesem Vorgehen nichts anderes als einen Akt nationaler Notwehr und daher eine Handlung, die jeder Mann von Charakter an meinem Posten in der gleichen Weise vollbringen würde. Auch Sie, Exzellenz, könnten nicht anders handeln, wenn das Schicksal von Italienern auf dem Spiel stände, und ich als Führer und Nationalsozialist kann nicht anders handeln.
2. In einer für Italien kritischen Stunde habe ich Ihnen die Festigkeit meiner Gefühle bewiesen. Zweifeln Sie nicht daran, daß auch in Zukunft in dieser Hinsicht nichts geändert wird.
3. Was immer auch die Folge der nächsten Ereignisse sein möge, ich habe eine klare deutsche Grenze gegenüber Frankreich gezogen und *ziehe jetzt eine ebenso klare gegenüber Italien. Es ist der Brenner.*
Diese Entscheidung wird niemals weder in Zweifel gezogen noch angetastet werden. *Diese Entscheidung habe ich nicht im Jahre 1938 vorge-*

nommen, sondern sofort nach der Beendigung des Großen Krieges, und niemals habe ich daraus ein Geheimnis gemacht.
Verzeihen Sie, Exzellenz, in erster Linie die Eile dieses Briefes und die Form dieser Mitteilung. Die Ereignisse sind für uns alle unerwartet gekommen. Niemand hatte eine Ahnung von dem letzten Schritt des Herrn Schuschnigg, nicht einmal seine Kollegen in der Regierung, und ich hatte bis heute immer gehofft, daß vielleicht im letzten Augenblick eine andere Lösung möglich wäre.
Ich bedaure tief, Sie in dieser Zeit nicht persönlich sprechen zu können, um Ihnen alles zu sagen, was ich fühle.
Mit immer gleicher Freundschaft
gez. Adolf Hitler."[42]

In dem Brief Hitlers war von militärischer Besetzung und überhaupt vom Anschluß nicht die Rede. Die Verquickung der österreichischen mit der tschechoslowakischen Frage läßt sich nur im Zusammenhang mit den Hoßbach-Protokollen und späteren Ausführungen über die politische und militärische Strategie verstehen. Er zeigt wie kaum ein zweites Dokument das Gesicht des Gegners, dem sich Österreich und bald darauf die Welt gegenübersah.

Das Telephongespräch, das Prinz Philipp von Hessen nach Empfang des Briefes am 11. März 1938 nachts aus Rom mit Hitler führte, wurde in verschiedenen Publikationen abgedruckt.[43]

Mit alldem ist aber nicht die wirkliche Stimmung, vor allem nicht die in Italien wiedergegeben, die von einem Gefühl der Unsicherheit überschattet war. Die offizielle Genugtuung über die Verstärkung der Rom-Berlin-Achse in der gleichgeschalteten italienischen Presse sowie die öffentliche Erklärung des Duce entsprachen nicht den wahren Tatsachen. Der frühere österreichische Militärattaché in Rom, General Dr. Emil Liebitzky, bezeugt, daß der Einmarsch der Deutschen in Österreich auf die Italiener einen ungeheuren Eindruck machte. Auch Mussolini sei *atterrato* (zu Boden geschmettert) gewesen. Besonders in Armeekreisen zeigte man Bestürzung. Schließlich habe man sich darauf geeinigt: „Wenn sich ein Ereignis vollziehen müsse, sei es besser, es vollziehe sich mit als gegen Italien."[44]

Der italienische Außenminister Ciano meinte, der Anschluß sei für Italien kein „Vergnügen", doch bleibe die Freundschaft von achtzig Millionen Deutschen eine vielleicht drückende, aber reale schicksalhafte Notwendigkeit.[45]

Zum amerikanischen Unterstaatssekretär Sumner Welles sagte Ciano im Jahre 1940:

„Keine Nation würde sich verlangen, Deutschland zum Nachbarn zu haben. Es ist nun aber Italiens Nachbar geworden, und wir müssen alles dazu tun, was wir können, mit diesem Nachbarn auszukommen...
Ein unabhängiges Österreich kann nur erfolgreich bestehen, wenn das österreichische Volk eine wirkliche Lebensmöglichkeit hat und eine neue Chance, sich zu einer stabilen und prosperierenden Nation zu entwik-

keln. Wenn irgendeine Nation logischerweise die Wiedererrichtung eines unabhängigen Österreich wünsche, dann wäre dies Italien."[46]

Auch aus dem Bericht vom 25. März 1938 des deutschen Geschäftsträgers in Rom, von Plessen, spricht eine durchaus realistische Einschätzung der italienischen Stimmung.[47]

In Paris und London verhielten sich die Dinge nicht viel anders.

Zum Teil wurde zunächst eine vehemente Tonart in der Presse angeschlagen; so lautete z. B. am 12. März 1938 die Überschrift im *Écho de Paris:* „Hinrichtung Österreichs — einfach ein Skandal!"

Homme Libre schrieb: „Zur Beurteilung des dramatischen 11. März braucht man mehr Abstand. Man kann aber jetzt schon feststellen, daß in Europa eine neue Ordnung eingeführt worden ist..."

Ère Nouvelle bedauerte, daß das internationale „Drama" Frankreich in vollster innerpolitischer Krise überrascht. Schwerwiegend, ja sogar tragisch sei es, daß Frankreich unter solchen Umständen Gefahr laufe, alles miterleben zu müssen, ohne auch nur ein Wort sagen zu können, weder in Berlin noch in London.

Jour erklärt: „Österreich erntet, was Frankreich gesät hat."

Journal: „Verbrecherisches Spiel hat Frankreich im Laufe von zwanzig Jahren von dem herrlichen Sonnenaufgang des Waffenstillstandes zur gefahrerfüllten Dämmerung geführt."

Times (London) schrieb am 12. März, der vorhergegangene Tag habe den vollen Triumph der Nationalsozialisten gebracht. Ihrer Übermacht könne jetzt in Österreich kein Widerstand mehr entgegengesetzt werden.

Daily Mail teilte mit, Schuschnigg habe am Freitag durch den österreichischen Gesandten in London, Franckenstein, anfragen lassen, „auf welche Unterstützung er gegebenenfalls rechnen könne. Franckenstein sei mitgeteilt worden, daß England selbstverständlich an den Ereignissen in Österreich interessiert sei, daß aber eine militärische Unterstützung für Schuschniggs Politik nicht in Frage komme. Wie verlautet, habe Schuschnigg ähnliche Nachfragen in Paris anstellen lassen.

Daily Telegraph brachte fünf Spalten Berichte über die Ereignisse in Österreich.

Daily Herald schlug gleichfalls Alarm in Überschriften und Texten.[48]

Von den Vereinigten Staaten wurde am 11. März 1938 dem österreichischen Generalkonsul in New York ein Kabel der Non-Sectarian Anti-Nazi League zur Weiterleitung an den Bundeskanzler in Wien übersandt des Inhalts:

„Die unterzeichneten Bürger der Vereinigten Staaten vereinigen sich mit den Verteidigern der Demokratie in der ganzen Welt und begrüßen Ihre tapferen Anstrengungen, die Autonomie und Unabhängigkeit von Österreich zu bewahren. Wir versichern Ihnen alle moralische Unterstützung Ihres mutigen Widerstandes gegen die nazideutsche Aggression, in der Hoffnung und im Vertrauen, daß unter Ihrer Führung das österreichische Volk beim Volksbegehren hinter Ihnen steht."

Das Telegramm trug die Unterschrift von fünfzig bekannten Namen, unter denen sich Upton Sinclair, Harry Elmer Ernest Barnes, Franz Boas, Oswald Garrison Villard und Johannes Steel befanden. Es handelte sich dabei vornehmlich um bekannte linksradikale Schriftsteller und Journalisten.[49]
Zur Zeit der Abfassung dieses Telegramms war allerdings in Anbetracht des sechsstündigen Zeitunterschiedes die österreichische Niederlage bereits besiegelt.
St. Louis Globe Democrat (USA) schrieb am 12. März 1938: „Österreich hat in dieser Nacht vor Hitler kapituliert; unter dem Druck der deutschen Kriegsmaschine hat die österreichische Regierung ihren fünf Jahre langen Kampf gegen die Herrschaft Hitlers aufgegeben. Deutsche Truppen, die an den Grenzen zusammengezogen waren, marschierten an drei Übergängen in Österreich ein. Auf das deutsche Ultimatum, das die Umbildung der Regierung forderte, resignierte der bisherige Kanzler."
Ein Kabel des New Yorker Korrespondenten der New York Times aus Washington vom 11. März 1938 besagte:
„Die öffentlichen Stellen sind schwer besorgt wegen der österreichischen Krise, Staatssekretär Hull erklärte jedoch, die Vereinigten Staaten hätten nicht die Absicht, irgend etwas in der Sache zu unternehmen... Hull sagte weiter, es habe sich nichts ereignet, das die Vereinigten Staaten direkt angehe... Die Regierung der Vereinigten Staaten habe auch keinen mäßigenden Einfluß auf die deutsche Regierung genommen... Man sei hier der Meinung, daß eine Mehrheit der Österreicher der deutschen Politik ablehnend gegenübergestanden sei; dies wäre vermutlich zum Ausdruck gekommen, wenn das österreichische Plebiszit abgehalten worden wäre; aber jetzt habe sich offenbar eine Mehrheit der Österreicher mit der neuen Lage abgefunden."[50]
Im allgemeinen hatte die amerikanische Presse aber bis zum 14. März eher deutschfreundlich geschrieben. Erst nach diesem Tag trat der Umschwung ein. Der deutsche Botschafter in Washington, Dieckhoff, berichtet von einer merklichen Änderung der öffentlichen Meinung.[51] Nun waren der Militarismus, die Vergewaltigung kleiner Staaten, der eklatante Vertragsbruch Gegenstand heftigster Kritik, und auch das State Department verhielt sich gegenüber den deutschen Diplomaten kühl reserviert. Der deutsche Botschafter führte den Meinungsumschwung auf ein Eingreifen des Präsidenten Roosevelt zurück, der wegen befürchteter kommender Verwicklungen in Europa (Tschechoslowakei) besorgt gewesen sei. Ferner sei das amerikanische politische Klima stark von London her beeinflußt worden; die angewandten Gestapo-Methoden hätten sich herumgesprochen, und die Verhaftungswelle, von der Katholiken, Juden und Sozialisten betroffen waren, werde fortlaufend äußerst übel vermerkt.[52] Erst nach Wochen habe sich die Stimmung wieder einigermaßen beruhigt, weil an der Tatsache nicht mehr zu rütteln sei und auch als Folge der bekannten Loyalitätserklärung des Wiener Kardinals; übrigens lag auch eine solche der evangelischen Kirche Österreichs vor.[53]

Formelle Proteste gegen die Besetzung Österreichs wurden nur von Chile, China (Tschiang Kai-schek), Mexiko, Rotspanien und der Sowjetunion eingebracht.

Im englischen Unterhaus legte am 14. März 1938 Premierminister Neville Chamberlain Auffassung und Politik der britischen Regierung dar:

„Am Mittwoch letzter Woche entschloß sich Herr v. Schuschnigg, daß der beste Weg, um der Unsicherheit der inneren Lage in seinem Land ein Ende zu machen, die Abhaltung eines Plebiszits wäre, das dem Staatsvolk die Möglichkeit gäbe, über die Zukunft seines Staates zu entscheiden. Die verfassungsgemäße Grundlage war gegeben ...

Die Regierung Sr. Majestät war in der kritischen Zeit durchaus auf dem laufenden. Der Foreign Secretary hatte am 10. März mit dem deutschen Außenminister persönlichen Kontakt und äußerte ihm gegenüber seine ernste Besorgnis über die Lage in Österreich und die offenbare Politik der deutschen Regierung in bezug auf Österreich. Im einzelnen erklärte Lord Halifax dem deutschen Außenminister, daß die Regierung Sr. Majestät allen Maßnahmen zur Sicherung, daß das Plebiszit ohne Einmischung oder Einschüchterung abgehalten werden könne, größte Bedeutung beimesse.

In den späten Abendstunden des 11. März legte unser Botschafter in Berlin scharfen Protest bei der deutschen Regierung ein gegen den durch äußere Gewalt auf einen unabhängigen Staat ausgeübten Zwang zur Herbeiführung einer Lage, die mit seiner nationalen Selbständigkeit nicht vereinbar ist. Sir Neville Henderson verwies darauf, daß ein solches Vorgehen die schwersten Rückwirkungen mit unvorhersehbaren Folgen haben müsse. Ich hatte früher schon am selben Tage ernste Vorstellungen beim deutschen Außenminister erhoben.

Auf diese Proteste erwiderte die deutsche Regierung mit einer Note Baron v. Neuraths an unseren Botschafter."

In dieser Note heißt es, Neurath müsse im Namen der deutschen Regierung feststellen, daß die britische Regierung kein Recht habe, für sich die Rolle eines Protektors der Unabhängigkeit Österreichs zu beanspruchen. Im Zuge der diplomatischen Besprechungen über die Österreichfrage habe die deutsche Regierung die britische Regierung niemals darüber im unklaren gelassen, daß die Frage der zwischenstaatlichen Beziehungen zwischen dem Reich und Österreich als innere Angelegenheiten des deutschen Volkes betrachtet werden müßten, die dritte Mächte nichts angingen. Es sei überflüssig, die geschichtlichen und politischen Grundlagen dieses Standpunktes zu wiederholen. Aus diesem Grunde müsse die deutsche Regierung den britischen Protest als unzulässig zurückweisen. Sodann kam Neurath auf die Vorgeschichte des 11. März zurück und bemerkte, daß das beabsichtigte Plebiszit nur die politische Unterdrückung der überwiegenden Mehrheit der österreichischen Bevölkerung zum Ziel haben konnte, also sei die Absicht eine flagrante Verletzung der Berchtesgadener

Vereinbarung gewesen. Die Folge sei gewesen, daß jene Mitglieder der österreichischen Regierung, die am Beschluß, ein Plebiszit abzuhalten, nicht beteiligt waren, energischen Protest einlegten. Daraus sei eine Kabinettskrise in Wien entstanden, die im Verlauf des 11. März zum Rücktritt des früheren Bundeskanzlers und zur Bildung einer neuen Regierung geführt habe. Es sei unwahr, daß das Reich in dieser Lage gewaltsamen Druck *(forcible pressure)* angewendet habe. Insbesondere die Feststellung, die der frühere Bundeskanzler dann gemacht habe, daß nämlich von der deutschen Regierung ein befristetes Ultimatum an den Bundespräsidenten gestellt worden sei, wonach ein bestimmter Kanzler ernannt und eine Regierung gemäß den Vorschlägen der deutschen Regierung gebildet werden müsse, bei sonstigem Einmarsch deutscher Truppen in Österreich, sei pure Erfindung *(pure imagination)*. Der Einmarsch sei vielmehr über dringende telephonische Anforderung seitens der neugebildeten österreichischen Regierung erfolgt, um Ruhe und Ordnung wiederherzustellen und Blutvergießen zu verhindern. Dieses Telegramm sei mittlerweile veröffentlicht worden. Im Angesicht der drohenden Gefahr eines blutigen Bürgerkrieges in Österreich habe die Reichsregierung beschlossen, dem an sie gerichteten Appell stattzugeben ...

Unter diesen Umständen könnten gefährliche Folgen nur dann eintreten, wenn von einer dritten Seite der Versuch gemacht werden sollte, im Gegensatz zu den friedlichen Absichten und berechtigten Zielen des Deutschen Reiches auf die Entwicklung in Österreich einen Einfluß zu nehmen, der mit dem Selbstbestimmungsrecht des deutschen Volks in Widerspruch stehe ...

Soweit die schriftliche Äußerung des früheren deutschen Außenministers und damaligen Präsidenten des Geheimen Kabinettsrats Konstantin Freiherr von Neurath.

Premierminister Chamberlain bemerkte dazu, er wolle sich nicht mit den geschichtlichen Hintergründen der von Neurath beschriebenen Ereignisse befassen.

„... Aber ich muß zunächst die Erklärung zurückweisen, daß die Regierung Sr. Majestät kein Recht habe, sich für die Unabhängigkeit Österreichs zu interessieren, und daß die deutsch-österreichischen Beziehungen eine rein innere Angelegenheit seien, mit der sich Sr. Majestät Regierung als eine dritte Macht nicht zu befassen habe.

Einmal sind sowohl Großbritannien wie Österreich Mitglieder des Völkerbunds, und beide haben, wie übrigens auch die deutsche Reichsregierung, Verträge unterzeichnet, welche die unveräußerliche Unabhängigkeit Österreichs zum Gegenstand haben, wobei eine Änderung an die Zustimmung des Völkerbundrats gebunden ist.

Abgesehen davon ist die Regierung Sr. Majestät an der Entwicklung in Mitteleuropa interessiert und muß immer an ihr interessiert bleiben ... wenn nicht aus anderen Gründen, dann, wie ich vor zwei Wochen im Haus ausgeführt habe, im Interesse einer größeren Sicherheit und eines

größeren Vertrauens in Europa... Wir sind während der ganzen Ereignisse in engem Kontakt mit der französischen Regierung gestanden, die meines Wissens wie wir einen scharfen Protest in Berlin eingelegt hat. Wir glauben, daß die im Lauf dieser Ereignisse angewandten Methoden auf das schärfste zu verurteilen *(severest condemnation)* sind und einen nachhaltigen Schock für alle die bedeuten, die am europäischen Frieden interessiert sind...
Es ist überflüssig, die Gerüchte zurückzuweisen, nach denen die Regierung Sr. Majestät die Idee der Absorbierung Österreichs durch Deutschland wenn nicht gerade ermutigt, so doch akzeptiert hätte... sie sind natürlich gänzlich unbegründet...
Wir hatten hinsichtlich Österreichs keine Verbindlichkeit zu direktem Handeln. Aber wir waren zur Konsultation mit Frankreich und Italien verpflichtet im Fall einer Bedrohung der österreichischen Unabhängigkeit und Integrität gemäß den Artikeln des Friedensvertrags. Die Konsultationspflicht ist in englisch-französisch-italienischen Abmachungen begründet, und zwar vom Februar und September 1934 und in der Stresa-Konferenz vom April 1935.
Wir sind dieser Konsultationsverpflichtung zur Gänze nachgekommen...
Die bittere Tatsache ist, daß nichts dieses Vorgehen Deutschlands hätte aufhalten können, es sei denn, wir, und andere mit uns, wären bereit gewesen, uns mit Gewalt ihm entgegenzustellen...
Ich kann mir vorstellen, daß je nach dem Temperament die gegenwärtigen Ereignisse mit Bedauern, Trauer oder Unmut aufgenommen werden. Die Regierung kann ihnen gegenüber nicht gleichgültig bleiben. Sie werden unvorhergesehene Wirkungen haben. Zunächst einmal werden sie das Gefühl der Unsicherheit in Europa verstärken. Es ist leider so, daß jede Politik des Appeasements die wirtschaftlichen Schwierigkeiten, unter denen manche Länder heute leiden, mildern würde, daß aber, was jetzt passiert ist, unweigerlich den wirtschaftlichen Fortschritt verzögert...
Was unser Verteidigungsprogramm betrifft, so haben wir es immer als flexibel erklärt, und von Zeit zu Zeit einer Revision bedürftig, je nach der Entwicklung der internationalen Lage. Es wäre müßig zu übersehen, daß die jüngsten Ereignisse nicht eine solche Veränderung der Lage bedeuten, die wir meinten. Daher werden wir eine neue Überprüfung vornehmen müssen. Wir werden zum geeigneten Zeitpunkt die weiteren Schritte ankündigen, die wir für nötig erachten."[54]
Soweit die Stellungnahme Chamberlains vor dem englischen Parlament, die in der rechtlichen Analyse des Falles Österreich ebenso zutreffend war, wie die Antwort Neuraths fast mit jedem Wort den rechtlichen und sachlichen Tatsachen ins Gesicht schlug. Zwischen den Zeilen ist die Einsicht erkennbar, daß die internationale Organisation die in sie einmal gesetzten Erwartungen

nicht erfüllt hat und unter gleichen oder ähnlichen Umständen auch in der Zukunft nicht erfüllen kann. Zu erörtern, ob der englische Protest in Berlin nachhaltigeren Eindruck erzielt hätte, wenn die Regierung Sr. Majestät dortselbst in den kritischen Tagen durch einen Botschafter hätte sprechen können, der schon früher mit ihr eines Sinnes war, ist müßig.[55]

Im englischen Unterhaus gab Winston Churchill am 14. März eine vielbeachtete Erklärung zur neuen Lage ab. Seine Ausführungen sind hier abgedruckt, weil sie in unseren Tagen teilweise einer gewissen Aktualität nicht entbehren:

„Das schwerwiegende Geschehnis des 12. März kann man nicht überschätzen. Europa sieht sich der geplanten Aggression gegenüber, die klar voraus berechnet und tempiert ist sowie stufenweise in Erscheinung tritt; es gibt nur eine Wahl, und zwar nicht nur für uns, sondern auch für andere Staaten, entweder nachzugeben, wie Österreich es getan hat, oder wirksame Maßnahmen zu ergreifen, solange man noch Zeit hat, der Gefahr zu begegnen, wenn man ihr aber nicht begegnen kann, dann sich mit ihr zu messen... Wenn wir weiterhin nur die Geschehnisse abwarten, wie viele Mittel werden wir vergeuden, die uns jetzt noch zur Verfügung stehen im Interesse unserer Sicherheit und der Erhaltung des Friedens?... Wie viele Freunde werden wir uns entfremden, und wie viele unserer potentiellen Verbündeten werden wir, einen nach dem anderen, untergehen sehen? Wie oft noch soll dem Bluff Erfolg beschieden sein?... Wo werden wir nach zwei Jahren sein, wenn die deutsche Armee mit Sicherheit wesentlich stärker sein wird wie die französische und wenn alle kleinen Nationen die Flucht aus Genf ergriffen haben, um der stetig wachsenden Macht des Nazisystems zu huldigen, nur weil sie bestmögliche Bedingungen für sich ergattern möchten..."

Churchill setzte fort:

„Wien ist das Verbindungszentrum aller Staaten, die einst im alten österreichisch-ungarischen Reich verbunden waren, und von Südosteuropa... Die Herrschaft über Wien ermöglicht Nazideutschland die militärische und wirtschaftliche Kontrolle über alle südosteuropäischen Verbindungswege... Was wird unter diesen Umständen aus dem Mächtegleichgewicht,... aus der sogenannten Kleinen Entente?... Jeder ihrer drei Staaten mag einzeln eine zweitrangige Macht sein... zusammengenommen sind sie eine Großmacht... und verfügen über das militärische Potential einer solchen. Rumänien hat das Öl, Jugoslawien die Bodenschätze und Rohstoffe; beide Staaten haben starke Armeen, beide beziehen ihre Munition von der Tschechoslowakei; dies ist ein fremdklingender Name für englische Ohren. Zweifellos, die Tschechoslowaken sind nur eine kleine demokratische Nation; zweifellos, sie haben nur eine Armee, die doppelt oder dreimal so groß ist wie die unsere; zweifellos, sie haben Munitionsvorräte, die nur dreimal so groß sind als die italienischen.

Aber sie sind ein mannhaftes Volk... Sie haben ihre vertraglichen Rechte und einen starken Befestigungswall; sie haben einen ausgeprägten Lebenswillen und sind zu einem Leben in Freiheit entschlossen. Die Tschechoslowakei ist im Augenblick wirtschaftlich und militärisch isoliert."[56]

In der Sitzung des House of Lords am 15. März 1938 stellte Lord Halifax fest, daß in der Österreichfrage die Haltung der verschiedenen britischen Regierungen immer die gleiche geblieben sei; sie hätten niemals angenommen, daß der Status quo in Österreich für alle Zeiten aufrechterhalten werden könne, und sie seien völlig bereit gewesen, die besonderen Interessen der deutschen Regierung an den Beziehungen zwischen Deutschland und Österreich anzuerkennen; daher auch ihre Bereitschaft, eine Revision der Friedensverträge in Erwägung zu ziehen...

Lord Halifax dementierte die Gerüchte, wonach er Deutschland zu einem gewaltsamen Vorgehen gegen Österreich ermutigt habe, und betonte, er habe im Gegenteil darauf hingewiesen, daß Änderungen in Europa nicht durch Gewalt oder mit Maßnahmen *(something)*, die an Gewalt grenzten, durchgeführt werden sollten. Das Verhalten Deutschlands habe dem Vertrauen Europas den härtesten und schwersten Stoß versetzt. Halifax betonte dann, daß es keinen Zweck habe, die Österreichfrage vor den Völkerbund zu bringen. Nur ein Krieg könne eine Änderung des geschaffenen Zustandes bewirken. Zu einem solchen seien aber die Mitglieder des Völkerbundes nicht bereit.[57]

Lord Halifax' Sprache war allerdings nicht identisch mit jener der britischen Regierung in den vorhergehenden Jahren. Weder in Genf, Wien, Paris oder Rom war jemals von einer Wendung der britischen Politik hinsichtlich Mitteleuropas die Rede gewesen. Jedenfalls war von einer solchen nichts zu bemerken, als die Frage einer deutsch-österreichischen Zollunion (1931) akut war, noch in den Zeiten der Stresakonferenz (1935) und später. Selbst in Berlin konnte der Eindruck einer solchen möglichen Wendung erst entstehen, seit Sir Neville Henderson den früheren britischen Botschafter Sir Eric Phipps abgelöst hatte (Frühjahr 1937).[58] Sir Eric war von seiner früheren Gesandtentätigkeit in Wien her als unbedingter Freund der österreichischen Unabhängigkeit bestens bekannt, ebenso wie übrigens seine Amtsnachfolger in Österreich Sir Walford Selby und Michael Palairet.

Eine von den anderen Mächten abweichende Rolle spielte damals die Sowjetunion. Sie beantragte am 18. März 1938 eine internationale Konferenz zur Beratung der neugeschaffenen Lage, um durch Ergänzung des sowjetisch-französischen Vertrages von 1935 im Rahmen des Völkerbundes einer möglichen ernsteren Friedensbedrohung seitens des Dritten Reiches zu begegnen. Der Plan fand wenig Gegenliebe.

Neville Chamberlain fand die Idee einer „großen Allianz", wie Churchill sie befürwortete, theoretisch bestechend, aber praktisch undurchführbar. Schon allein die geographische Lage mache es Frankreich und England unmöglich, die Tschechoslowakei vor einem deutschen Überfall zu schützen. Chamberlain ließ daher den Gedanken einer Garantieerneuerung für die Tschechoslowakei fallen wie auch einer solchen für Frankreich im Zusammenhang mit dessen Bündnisverpflichtungen gegenüber der Tschechoslowakei.[59]

Das Deutsche Nachrichtenbüro schrieb in seiner Ausgabe vom 19. März 1938 von einem Paradoxon der Geschichte, wenn ausgerechnet die Sowjetregierung zur „kollektiven Rettung des Friedens" aufrufe. Praktisch arbeiteten die Sowjetdiplomatie und die des Dritten Reiches, jede auf ihre Art, mit ähnlichen Mitteln für ähnliche Ziele; und für beide galt im Westen, was man Jahrzehnte später *credibility gap* (mangelnde Glaubwürdigkeit) genannt hat.

In Washington, Paris und London wurde die Anregung nicht weiter beachtet. Tatsache ist, daß schließlich im September 1938 der Völkerbund zusammentrat und sich, gegen den einzigen Protest der Sowjetunion, damit begnügte, zur Kenntnis zu nehmen, daß durch die Verkündung des Wiedervereinigungsgesetzes die Mitgliedschaft Österreichs im Völkerbund erloschen war.

Allerdings war im September 1938 der Fall Österreich schon überholt und damit von ihm auch kaum mehr die Rede. Die Sudetenkrise hatte ihn abgelöst.

Sehr viel früher hatten sich allerdings sowohl Polen als auch Italien über die mögliche weitere Entwicklung im Donauraum nachträgliche und daher verspätete Gedanken gemacht: Dies geht aus einem Bericht des US-Botschafters in Warschau vom 29. März 1938 hervor; er hatte folgenden Wortlaut:

„Warschau, Nr. 38, 29. März, 4 p. m.

1. Ich erfahre streng vertraulich von Beck (polnischer Außenminister, Anm. d. Verf.) und seinen Mitarbeitern folgendes:

a) Beck hat anläßlich seines jüngsten Besuchs in Rom aus Unterredungen mit Mussolini und Ciano den bestimmten Eindruck erhalten, daß beide mit ihm hinsichtlich des Donaubeckens einer Meinung seien:

Während Italien sein Interesse auf das Mittelmeer und Polen auf das Baltikum konzentriere, wünscht keines von beiden Ländern zu sehen, daß die Vorherrschaft irgendeiner Nation im Donaubecken weitere Fortschritte mache. Von besonderem Interesse ist weiters, daß

b) während der Vertagung der anglo-italienischen Besprechungen Mussolini jüngst darauf hinwies, Italien wäre grundsätzlich daran interessiert, daß klargestellt werde, wieweit Großbritannien sich bereit finde, etwas zur wirtschaftlichen und sonstigen Beruhigung in dem Gebiet zu tun, das durch die jüngsten Ereignisse (wie bezüglich Österreichs) schwer erschüttert wurde. Meine Gewährsmänner setzten hinzu, daß die betreffenden Fühler Mussolinis sein Interesse anzeigen, nach den Möglichkeiten einer Politik zu suchen, die Deutschlands vermuteten weiteren Zielen im Donauraum entgegentreten könnte; diese Gegenmaßnahmen ziehen wirtschaftliche Hilfeleistung in Betracht, um die Donau- und

Balkanstaaten davor zu schützen, daß sie sich ins deutsche Lager treiben ließen.

2. Meine Gewährsmänner setzten hinzu, daß nach ihrer Meinung England wahrscheinlich geneigt sein werde, dieses Problem in der Schwebe zu lassen, bis die gegenwärtigen Hindernisse beseitigt sein würden, die einer englisch-italienischen Lösung des Spanienproblems noch im Wege stehen.
Botschafter Anthony J. Drexel Biddle jr."[60]

Die sowjetische Diplomatie hatte sich vor und nach 1938 sehr viel mehr mit mitteleuropäischen und damit auch mit der österreichischen Frage befaßt, als allgemein angenommen wurde. Auch für die Sowjetunion bahnte sich 1935 die große Wende in der europäischen Politik an, die 1936 zur offenen Krise und 1937 zum großen Umdenken führte, das politische Perspektiven ermöglichte, wie sie im Hoßbach-Protokoll (10. November 1937) ihren Ausdruck finden.[61]

Was damals in Erscheinung trat, war eine diplomatische Revolution großen Umfanges, zum Beispiel in der Abkehr von Genf und von Genfer Prinzipien wie der kollektiven Sicherheit. Die Sowjetunion machte diese Abkehr allerdings nicht mit. Doch der geringe internationale Einfluß der Sowjetunion gerade während der kritischen Jahre 1936 und 1937 war weithin durch den Eindruck bedingt, den die inneren Machtkämpfe, die bekanntlich zur gewaltsamen Unterdrückung der antistalinistischen Opposition führten (Hinrichtung Marschall Tuchatschewskijs) hervorriefen.

1938 zeigte die ersten Konsequenzen, 1939 folgte das Ende.

Kaum vier Jahre zuvor, am 14. Mai 1935, war in Moskau der französisch-russische Beistandspakt unterzeichnet worden, dem am 16. Mai 1935 die Signierung eines ähnlichen, französisch-tschechoslowakischen Paktes in Prag folgte. Die Akteure waren der sowjetische Außenkommissar Maxim Litwinow, der französische Außenminister Pierre Laval und der tschechoslowakische Minister Eduard Beneš gewesen.

Das Nachzeichnen des Hintergrundes, ohne den sowohl das Paktsystem wie auch die nachfolgende Entwicklung schwer zu verstehen sind, führt zur Erkenntnis eines makaber-grotesken Zusammenhanges:

Die Westmächte hatten im Februar 1935 dem Dritten Reich den Abschluß eines Ost- und eines Donaupaktes nach dem Modell der Locarnoverträge von 1925 vorgeschlagen; damit sollte eine Rüstungskonvention und die Revision der militärischen Klauseln des Versailler Vertrages verbunden werden; dabei wäre die Anerkennung des Prinzips der kollektiven Sicherheit und die Rückkehr Deutschlands in den Völkerbund vorgesehen gewesen. Berlin antwortete am 14. Februar 1935 zunächst mit einer unverbindlichen Note. Am 4. März 1935 erschien in London ein von Premierminister James Ramsay MacDonald approbiertes Weißbuch, betreffend Fragen der nationalen Verteidigung; es schlug eine Erhöhung des britischen Wehrbudgets um 10 Millionen Pfund vor, die zur Modernisierung von Armee und Flotte und zur Beschleunigung der Luftaufrüstung verwendet werden sollten. Als Begründung wurde die durch die deutsche Wiederaufrüstung geschaffene Lage angegeben; wenn diese, hieß es, im bisherigen Ausmaß fortgesetzt werde, würde dies die ohnedies bestehende Besorgnis der Nachbarländer Deutschlands noch verstärken, und „als Folge könne eine Situation entstehen, die den Frieden gefährdet". Ein großer Teil der öffentlichen Meinung in England und die parlamentarische Opposition, als deren Sprecher der nachmalige Premier Clement Attlee auftrat, wendete sich scharf gegen jede Aufrüstung, da sie dem Geiste des Völkerbundes widerspreche, der zur Sicherung des kollektiven Weltfriedens geschaffen worden sei.[62]

In der deutschen Presse wurde die Begründung des britischen Weißbuches unter Feuer genommen und die Verdächtigung des Dritten Reiches als Insult gebrandmarkt.

Mittlerweile hatte auch Frankreich aus den nämlichen Gründen wie Großbritannien am 15. März 1935 die militärische Dienstzeit auf zwei Jahre verlängert und die Notwendigkeit verstärkter Verteidigungsmaßnahmen betont.

Am 16. März 1935 verfügte Hitler als Antwort die Wiedereinführung der allgemeinen Wehrpflicht und schritt damit zur einseitigen Kündigung der militärischen Bestimmungen des Friedensvertrages.[63]

Schon zu Ende desselben Monats (25. März) erklärte dann Hitler seinen britischen Besuchern Sir John Simon, Anthony Eden u. a. auf die Frage, wie stark die deutsche Luftwaffe sei, nach einigem Zögern: sie habe bereits die Parität mit der Royal Air Force erreicht. Somit zu einem Zeitpunkt, in welchem Deutschland offiziell noch gar keine Luftwaffe besaß ... Als das Gespräch mit den Briten auf die verlangte Friedensstärke der Armee kam, die Hitler mit 36 Divisionen (500.000 Mann) angab, verwies er auf die russische Gefahr, die er besonders betonte, und bezeichnete dabei die Tschechoslowakei als einen verlängerten Arm Sowjetrußlands. Außerdem erklärte er, daß Deutschland zu seiner Verteidigung ein Heer in dieser Stärke benötige, weil es ja in Locarno die Verpflichtung zur Aufrechterhaltung der entmilitarisierten Zone im Rheinland übernommen habe.[64]

Ein Jahr später diente dann der Abschluß der erwähnten französischen Pakte mit Rußland und der Tschechoslowakei zum Vorwand für die Kündigung der Locarnoverträge.

In allen Fällen hatte es sich offensichtlich um die gleiche diplomatische Methode zur Durchsetzung längst vorbereiteter und geplanter Maßnahmen gehandelt. Der März 1938 in Österreich und seine Vorgeschichte lieferten nur eine weitere Probe aufs Exempel.

In Moskau verfolgte man die Entwicklung mit gespannter Aufmerksamkeit und verstärkte die Bemühungen um den Abschluß eines Ost- und Donaupaktes; gerade für letzteren war Hitler unter keinen Umständen zu haben, da er ja der Erhaltung des Status quo und damit Österreichs gedient hätte. Damals, 1935, schien Hitlers These der grundsätzlichen Ablehnung des Ost- und Donaupaktes, wie er sie gegenüber John Simon und Anthony Eden mit größtem Nachdruck betonte, noch durchaus glaubwürdig: „Zwischen Nationalsozialismus und Bolschewismus steht jede Verbindung *(association)* völlig außer Frage."[65]

Gerade aus dem Jahre 1935 liegt eine Reihe aufschlußreicher Zeugnisse über die sowjetische Auffassung der mitteleuropäischen Politik einschließlich Österreichs vor. In Wien hatte sich unter der Leitung eines später nach Paris emigrierten Rechtsanwalts eine sowjetische Nachrichtenzentrale etabliert, deren Tätigkeit irgendwie der deutschen Gesandtschaft zur Kenntnis kam; so war Botschafter von Papen in der Lage, eine Reihe vertraulicher Weisungen, die das Politbüro in Moskau ausgab, an das Berliner Außenamt weiterzuleiten.[66] Sie tragen das Datum vom 2., 4., 8., 14., 19., 22. und 27. August und 8. Oktober 1935. Auszugsweise ihr Inhalt:

1. Weisungen des Politbüros vom 2. August 1935:

„Das Politbüro hält zunächst daran fest, daß der italienisch-abessinische Konflikt, dessen Lokalisierung sich faktisch als undurchführbar erweisen werde, ausgeweitet auf Europa übergreifen wird und daß es in der einen oder anderen Form unvermeidlich zu einem Krieg zwischen der sowjet-französischen Koalition und Deutschland kommen werde.

Die Herstellung der englisch-französischen Front und die unbezweifelbare Annäherung zwischen Großbritannien und der USA machen es wahrscheinlich, daß... eine Wendung der italienischen Politik in der Richtung einer Verständigung mit Deutschland eintreten werde..."
(Seiten 128-130)

2. In den Weisungen des Politbüros vom 4. August 1935 heißt es:

„Das Politbüro schließt sich ganz der Erklärung des Referenten Genossen Stalin an, die sagt:

Drei imperialistische Mächte — Deutschland, Japan und Italien — treiben die Entwicklung der Ereignisse bewußt auf einen neuen Weltkrieg hin, wobei sie durch eine Neuaufteilung jene Territorien an sich zu reißen rechnen, die im Falle der Errichtung des Systems internationaler Friedensgarantien und gegenseitiger Unterstützung für sie unvermeidlich verloren scheinen.

Das Politbüro teilt voll und ganz die Ansicht des Genossen Stalin, daß die Richtung der Wünsche und die Endziele Italiens nicht die Interessen der Sowjetunion berühren, jedoch die Gefahr eines italienisch-britischen Konflikts schaffen, der auf lange Zeit Großbritannien sowohl in Fragen der osteuropäischen Politik als auch insbesondere betreffs des Fernen Ostens die Hände zu binden imstande ist. Die Aufgabe der Sowjetdiplomatie besteht darin, aktiv die französische und britische Regierung bei der raschen Lösung des abessinischen Konflikts und bei der Stärkung der Organisation des Völkerbundes zu unterstützen, in dessen Rahmen endlich das System der Friedens- und Sicherheitsgarantien verwirklicht werden soll. Nach der festen Überzeugung des Politbüros hat Genosse Stalin vollkommen recht, wenn er erklärt, nur der gleichzeitige und entschiedene Druck der Großmächte auf Italien, wobei auch von der Androhung, die allerenergischsten Sanktionen anzuwenden, nicht haltgemacht werden darf, kann Mussolini zwingen, auf seine Eroberungspläne bezüglich Abessiniens zu verzichten. Liegt es doch im Interesse der Sowjetunion, *daß das Schwergewichtszentrum der italienischen Expansionsbestrebungen wieder in den Donauraum verlegt werde* und daraus eine neuerliche Verschärfung des Gegensatzes zwischen Rom und Berlin in der österreichischen Frage sich ergäbe. Die Sowjetdiplomatie muß alle ihre Anstrengungen darauf richten, daß der Herd des unvermeidlichen europäischen Konflikts wieder von Osteuropa nach Zentraleuropa verlegt werde, um so mehr als im Zusammenhang mit der Danziger Frage ein wesentlicher Umschwung in den deutsch-polnischen Beziehungen zu verzeichnen ist, den sich die Leitung der Sowjetaußenpolitik zur Festigung der gegen den deutschen Druck im Osten zu errichtenden Barriere zunutze machen muß."

In der Weisung heißt es weiter, daß die Aufmerksamkeit der Leitung des Volkskommissariats für Auswärtige Angelegenheiten scharf auf den Umstand zu richten sei, daß die Eroberungspläne des japanischen Imperialismus um so greifbarere Formen annehmen, je angespannter die Atmosphäre infolge des italienisch-abessinischen Konflikts und der innerpolitischen Krise in Deutschland werde; diese würde Deutschland auf den abschüssigen, aber einzig möglichen Ausweg einer Diversion nach außen bringen. Jedenfalls käme ein weiteres Zurückweichen der Sowjetunion vor dem Druck des japanischen Militarismus und insbesondere auch die Zulassung der Eroberung der mongolischen Volksrepublik durch Japan nicht in Frage, ohne den Verlust der Positionen der Sowjetunion in Asien zu riskieren. Wenn Tokio wirklich zur Überzeugung gelange, daß die Sowjetunion diesmal keinen Bluff versuche, sondern fest entschlossen sei, ihre Lebensinteressen mit Waffengewalt zu verteidigen, sei fast mit Sicherheit zu erwarten, daß Japan sich nicht in einen Krieg mit der Sowjetunion einlassen werde. Die Weisung schließt mit den Sätzen:

„Das Politbüro findet es notwendig, zum Schluß den Genossen Leitern (der auswärtigen Vertretungen) zu versichern, daß die Sowjetunion in der gegebenen weltpolitischen Lage fest und unbeugsam an der eingeschlagenen Linie der Annäherung und der Zusammenarbeit mit Großbritannien festhalten muß, wobei selbst der schon hergestellte Kontakt mit Frankreich durch die genannten Voraussetzungen beschränkt erscheint. Das Politbüro stellt der Leitung des Volkskommissariats für Auswärtige Angelegenheiten und Genossen Litwinow persönlich vor Augen, daß das an und für sich wünschenswerte Einverständnis mit Italien in keinem Fall den Beziehungen zwischen der Sowjetunion und

Großbritannien, die endlich in das Stadium einer Annäherung treten, Abbruch tun darf." (Seiten 131-133)

3. Weisungen des Politbüros, beigelegt dem Bericht des Botschafters von Papen vom 8. August 1935:

„Das Politbüro stellt als These allgemein anerkannter Art auf, daß der militärische Zusammenbruch des nationalsozialistischen Deutschland eine der wichtigsten Bedingungen für die Entfachung der proletarischen Revolution in Zentraleuropa ist. Das Politbüro begrüßt die feste Entschlossenheit nicht nur der kommunistischen, sondern auch der menschewistisch-sozialistischen Organisationen der Arbeiterklasse, jeden möglichen neuen Krieg zur Eroberung der Macht und zum Sturz des Kapitalismus auszunützen ...

Nach der festen Überzeugung des Politbüros bleibt die Sowjetunion nach wie vor ein Kern der künftigen gesamteuropäischen und auch der Weltföderation der sozialistischen Arbeiter- und Bauernrepubliken. Das Politbüro hält es nicht nur für möglich, sondern auch für unbedingt notwendig, jetzt schon jede Befürchtung eines gewissen Teiles des Proletariats zu zerstreuen, daß etwa die Militärpolitik der Sowjetunion unter den Einfluß ihrer kapitalistischen Verbündeten geraten könnte. *Diese Politik ist und bleibt revolutionär und proletarisch; darauf gerichtet, einen Krieg in die Weltrevolution zu verwandeln.*

Das Politbüro schließt sich der Behauptung des Genossen Stalin an, der sagt: Es ist Zeit, alle prinzipiellen und taktischen Meinungsverschiedenheiten innerhalb der Arbeiterklasse zu vergessen. Es ist ein so entscheidender Augenblick gekommen, daß ein Bündnis mit alle Kräften, die aus dem einen oder anderen Grunde gegen den Weltfaschismus auftreten, zulässig erscheint.

In dem Bestreben, den Krieg zu vermeiden, darf nicht vergessen werden, daß im Falle seines Ausbruchs alle Mittel gut und zulässig sind, um der faschistischen Reaktion eine Niederlage zu bereiten, daß jeder, der gegen den Faschismus ist, damit auch schon ein Verbündeter des revolutionären Proletariats in seinem Kampfe wird." (Seiten 134-136)

4. Weisungen des Politbüros vom 14. August 1935:

„Nach Anhören des Berichtes des Volkskommissars für Auswärtige Angelegenheiten über die internationale Lage und nach Kenntnisnahme der telephonischen Berichte des Genossen Litwinow vom 12. und 13. August 1935 kommt das Politbüro in seiner Sitzung vom 14. August einhellig zu dem Schluß, daß nach der wahrscheinlichen Liquidierung des italienisch-abessinischen Konflikts infolge des gleichzeitigen Druckes Londons und Paris auf Rom nunmehr die Probleme der zentraleuropäischen Politik wieder vorherrschendere Bedeutung gewinnen werden für die mehr oder weniger sorgfältige Konsolidierung der weltpolitischen Lage."

In der Weisung heißt es weiter, daß es nunmehr keinem Zweifel unterliege, daß Deutschland auf das allerentschiedenste die Beteiligung an dem System der Sicherheits- und Unterstützungspakte ablehne und sich weder an dem Ost- noch auch am Donaupakt beteiligen werde. Es sei daher unumgänglich notwendig, daß die Genossen Leiter der Sowjetaußenpolitik unverzüglich eine breitangelegte diplomatische Tätigkeit hinsichtlich der Realisierung des Ost- und Donaupaktes entfalten, wobei im gegenwärtigen Augenblick die Hauptanstrengung auf den Donaupakt zu richten sei, da in diesem Punkt keine wesentlichen Meinungsverschiedenheiten zwischen Italien, Frankreich und Großbritannien bestünden. Es sei taktisch zweckmäßig, daß die Sowjetdiplomatie sich als aktiver Faktor in die Verhandlungen über den Abschluß des Donaupaktes einschalte und insbesondere die Aufgabe übernehme, die Gesichtspunkte Italiens und der Staaten der Kleinen Entente miteinander in Übereinstimmung zu bringen. Das Hauptproblem der zentraleuropäischen Politik der Sowjetunion bestehe darin, daß der unvermeidliche deutsch-italienische bewaffnete Konflikt gefördert werde, „dessen Resultat der unmittelbare Zusammenbruch sowohl des deutschen Nationalsozialismus als auch des italienischen Faschismus sein dürfte". Voraussetzung sei aber ein wenn auch nur vorübergehendes Kompromiß hinsichtlich der Übereinstimmung der Interessen Italiens und der Kleinen Entente im Donauraum; damit ergäbe sich für den deutschen Militarismus die Notwendigkeit, auf seine Hoffnungen zu verzichten, daß sich die Gegensätze innerhalb der Kleinen Entente und des Balkanblocks und zwischen diesen und Italien verschärften. Das Politbüro sei fest davon überzeugt, daß eine Aktualisierung der Frage der Habsburgerrestauration in Österreich und in Ungarn eine außerordentliche Erschwerung für die Lösung der eben erwähnten Hauptaufgabe der Zentraleuropäischen Politik der Sowjetunion wäre; denn die Gefahr der Habsburgerrestauration führe zu einer Übereinstimmung der Interessen des nationalsozialistischen Deutschland mit jenen der Kleinen Entente, jedenfalls aber mit Jugoslawien.

Die Weisung fährt wörtlich fort:

„Das Politbüro kommt zu dem einhelligen Schluß, daß Genosse Litwinow bei seinen Marienbader Unterhandlungen mit Dr. Beneš sein Hauptaugenmerk vor allem darauf richten muß, wie die Frage der Habsburgerrestauration, die das Haupthindernis für die praktische Realisierung des Donaupaktes bildet, zu beseitigen sei. Das Politbüro will den Genossen Litwinow nicht durch bestimmte Direktiven in dem genannten Punkt binden, betrachtet jedoch zwei Punkte für die Beseitigung der genannten Schwierigkeiten als mögliche Lösung, und zwar:
1. Die Veranlassung Italiens, Frankreichs und Großbritanniens zu einem gleichzeitigen und genügend entschiedenen Auftreten gegen jede Form der Wiederherstellung der Habsburgermonarchie in Österreich und in Ungarn.
2. Die Veranlassung der Staaten der Kleinen Entente dazu, daß sie sich

unter gewissen Bedingungen und unter bestimmten Garantien mit der Habsburgerrestauration einverstanden erklären und damit den deutschen Nationalsozialismus vor die Drohung mit einem süddeutschen katholischen Reich stellen.

Das Politbüro will nicht verhehlen, daß nach seiner Meinung die zweite Lösung eine ernstlichere Gefahr für den deutschen Nationalsozialismus bedeutet, denn diese würde außerdem noch eine reale Basis für den Kampf des Vatikans gegen das Dritte Reich abgeben." (Seiten 148-150)

5. Aus den Weisungen des Politbüros vom 19. August 1935:

Der nicht ganz unerwartete Abbruch der Dreimächtekonferenz (Frankreich, Großbritannien, Italien) in Paris bezüglich der Abessinienfrage habe einen viel größeren Gegensatz zwischen Großbritannien und Italien aufgedeckt als erwartet. Die Auffassung des Genossen Litwinow, daß die drei Mächte ein vorher abgekartetes Spiel spielten, sei irrig. Die britische Regierung habe einfach die Pläne Italiens bezüglich Ost- und Nordostafrikas und des Mittelmeers aufgedeckt. Daraus erkläre sich die britische Hartnäckigkeit im Eintreten für die Unabhängigkeit Abessiniens. Sie (die britische Regierung) wisse, daß der Konflikt nicht lokalisiert bleiben könne.

Das Politbüro halte an der Ansicht fest, daß vom Gesichtspunkt der Interessen der Sowjetunion und der kommunistischen Bewegung ein Aufstand der kolonialen und halbkolonialen Völker gegen die Beherrschung durch die europäischen Mächte zwar einen entscheidenen Faktor bilde. Angesichts der internationalen Lage wäre aber ein Aufstand jetzt verfrüht. (Seite 151 ff.)

6. Aus den Weisungen des Politbüros vom 22. August 1935:

„Das Politbüro begrüßt ganz besonders die Bereitwilligkeit der Prager Regierung, sich dafür einzusetzen, daß die Kleine Entente ihre Zustimmung gebe zur Errichtung jedweder Art eines Regimes in Österreich mit Ausnahme eines nationalsozialistischen, unter der Bedingung wirkungsvoller internationaler Garantien für den territorialen Status quo im Donauraum.

Das Politbüro billigt voll und ganz die Erstellung gegenseitiger Verpflichtungen zwischen der Sowjetunion und der tschechoslowakischen Republik, die darauf hinausgehen, die rascheste Realisierung des Ost- und Donaupaktes zu unterstützen, und begrüßt die Bereitwilligkeit der Prager Regierung, einen Kompromiß zwischen der Kleinen Entente und Italien in der österreichischen Frage zu finden, insofern sich die italienische Regierung bereit findet, unbedingt an der Politik und den Prinzipien des Völkerbundes festzuhalten." (Seiten 148-150)

7. Aus den Weisungen des Politbüros vom 27. August 1935:

Das Politbüro halte es für notwendig, zu betonen, daß die Genossen Leiter der Sowjetaußenpolitik den die Politik und Taktik der Sowjetunion bestimmenden Leitsatz nicht verlassen: unter keinen Umständen, auch selbst nur vorübergehend, in einem anderen Lager als in dem Großbritanniens und der

USA zu erscheinen, wobei man sich bemühen müsse, daß auch Frankreich und die Kleine Entente den gleichen Weg einschlagen.

8. Schließlich heißt es in einer von Papen weitergeleiteten Erklärung des Politbüros vom 8. Oktober 1935:

„Das Politbüro hält es für notwendig, die Aufmerksamkeit darauf zu lenken, daß dank den gegebenen Umständen:

1. eine Annäherung zwischen Italien und Deutschland außerhalb der Pläne der deutschen Außenpolitik liegt;

2. die wenig wahrscheinliche Bildung eines Blocks Deutschland-Polen-Italien-Ungarn-Österreich vorzuziehen sei einer englisch-deutschen Vereinbarung auf der Grundlage, daß Deutschland Handlungsfreiheit in Zentral- und Osteuropa verschafft werde;

3. ein Block Großbritannien-Frankreich-Sowjetunion-Kleine Entente-Balkanbund, gestützt auf den Völkerbund, eine gegenwärtig stärkere als jede andere Gruppierung einer europäischen Mächtekombination wäre. (Seite 167)

Aus den Weisungen ergibt sich die Auffassung der Sowjetführung über das damalige Mächtespiel, aber auch, wie rasch sich die gegebenen Mächtekombinationen entwickelt und verändert haben.

Nach dem Anschluß, und zwar vermutlich Ende 1938 oder Anfang 1939, wurde offenbar der Versuch unternommen, die sowjetische Nachrichtenzentrale in Wien zu reaktivieren. Damit war ein Fabrikant aus Horni Počernice bei Prag betraut, der sich an Keppler wendete und ihm seine Dienste anbot. Er hatte sich bei seiner ersten Vorsprache als Arier, Sudetendeutscher, ehemaliger Oberleutnant der „Deutschmeister", tschechischer Reserveoffizier, als Mitglied seit 1927 der Loge „Zur aufgehenden Sonne" in Dresden und als überzeugter Pazifist vorgestellt. Führende Logenbrüder und Kommunisten hätten Kontakt mit ihm aufgenommen zwecks Lieferung von Informationen, und zwar für eine autonome amerikanische Organisation. Daraufhin sei er nach dem 10. November 1938 (Kristallnacht) nach Wien gereist, von wo er, deprimiert durch das Vorgehen gegen die Juden, seinen Auftraggeber in Prag die hier gewonnenen unguten Eindrücke geschildert habe. Der Prager Auftraggeber habe ihm den Vorschlag gemacht, die Führung der Prager Zentrale zu übernehmen. Er sei aber bereit, für Deutschland zu arbeiten, und zwar wolle er keinen persönlichen Vorteil davon haben. Inzwischen habe er erfahren, daß er in Wirklichkeit für Moskau Spionage treiben solle. Bei dieser Gelegenheit habe er erfahren, daß schon früher in Wien eine sowjetische Nachrichtenzentrale bestanden habe. Sein Prager Auftraggeber sei ein kommunistischer Idealist und habe Zutritt zu den höchsten tschechischen Regierungsstellen. In Wien solle nun eine neue Organisation aufgebaut werden, wobei Geld keine Rolle spiele. Für Prag allein seien 30.000 Dollar bereitgestellt. Er habe den Auftrag, kleine Handwerker, Eisenbahner usw. zu bestechen und sie zu überreden, chiffrierte Nachrichten über die Grenze zu leiten.

Die ihm mitgegebene allgemeine Richtlinie besage: In Wien herrsche große Unzufriedenheit, besonders in Offizierskreisen; es sei verhältnismäßig leicht, Informationen zu erhalten; diese würden auf Grund monarchistischer oder sonstiger politischer Einstellung gegeben oder auch nur um persönlicher Vorteile willen.

Die Ziele seien:

1. Zu erfahren, welche allgemeinen strategischen Richtlinien in der Außenpolitik des Deutschen Reiches Geltung hätten (Ukraine, Kolonialfragen).

2. Wie die Lebensmittelverhältnisse seien, wie es um die Stimmung im Volk und in den höheren Kreisen bestellt sei und ob mit Geld viel zu erreichen wäre.

3. Moskau wünsche um jeden Preis ein Volkswagenmodell zu kaufen; man habe in Moskau erfahren, daß bereits Volkswagen gebaut worden seien.

4. Der Grund für die angeblichen Offiziersverhaftungen sei für Moskau von Interesse.[67]

5. Wieweit die Umstellung in der österreichischen Wehrmacht gediehen sei; die Verpflegsverhältnisse, die Stimmung unter den Mannschaften, die Organisation der Luftwaffe. Hauptsächliches Interesse betreffe die Aufmarschpläne gegen den Osten, Mobilisierungspläne und alle sonstigen Aufmarschvorbereitungen. Der spezielle Auftrag sei, in Wien geeignete Agenten zur Mitarbeit zu gewinnen, wobei Moskau sich die Beurteilung und Entscheidung über die Vorschläge vorbehalte. Für die Lieferung wichtigeren Materials würden sehr bedeutende Beträge in Dollar bezahlt.

Der Prager Auftraggeber habe gesagt, sehr hohe Parteifunktionäre in Berlin lieferten Nachrichten: „Du würdest staunen, wer da alles darunter ist. Du würdest es einfach nicht für möglich halten." Darüber sei er sehr irritiert und hoffe, wenn ihn die Prager Zentrale übernehme, daß er die Namen erfahre. Er würde sie dann unverzüglich melden. Damit schließt der Vorlagebericht.[68]

In ihm sind auch die Namen sowohl des Prager Leiters wie des Wiener Abgesandten und schließlich auch des angeblichen Leiters der vor 1938 in Wien arbeitenden sowjetischen Nachrichtenzentrale samt Adresse enthalten. Da sie sachlich unerheblich sind, werden sie in dieser Veröffentlichung nicht genannt.

Was immer aus dem Vorschlag geworden ist, läßt sich aus den vorhandenen Quellen nicht ersehen. Jedenfalls bietet er Aspekte besonderer Art über den Anschluß in österreichischer und internationaler Sicht.

Als am 2. April 1938 Großbritannien das Exequatur für den neubestellten Generalkonsul einholte — bereits am 6. April 1938, also noch vor dem Abstimmungstag, folgten die Vereinigten Staaten —, war damit die Anerkennung des neugeschaffenen Zustandes ausgesprochen; sie kam auch in den offiziellen Dokumenten, in denen von der Vereinigung Österreichs mit dem Deutschen Reich die Rede ist, zum Ausdruck. Aus der Okkupation war eine Einverleibung, also eine Annexion, geworden; erst infolge des Weltkriegs wurde die Verletzung des Völkerrechts verbindlich festgestellt und damit die im April 1938 erfolgte Anerkennung rechtsgültig widerrufen.

Kapitel X ÖSTERREICHISCHES CREDO

Erfüllung oder Verirrung? — Der Anschluß im Spiegel eines Einzelerlebnisses: Erinnerungen — Dissonanzen — Abgesang: Alles Vergängliche ist nur ein Gleichnis...

> „Wüßte kaum genau zu sagen,
> Ob ich es noch selber bin;
> Will man mich im Ganzen fragen,
> Sag' ich: Ja — so ist mein Sinn..."
> Goethe in der Einbegleitung zur ersten Ausgabe von *Wilhelm Meisters Wanderjahre*.

Bleibt noch ein Wort zum Geschehen zu sagen in Sicht und Erleben des einzelnen Österreichers; und zwar in der Rückschau.

Kein leichtes Beginnen. Denn es hat sehr verschiedene Reaktionen gegeben, die ganze Skala entlang: vom gefühlsbedingten Jubel des Erlöstseins über das verstandesbedingte Akzeptieren des Unvermeidlichen bis zur gefühls- und verstandesmäßig erbitterten Gegnerschaft. Jeder hat den Jubel und das Akzeptieren mitgekriegt, auch wenn er alles eher als mit von der Partie war, einfach weil er nicht umhin konnte, die Geräuschkulisse zu hören und ihre Wirkung zu verspüren.

So hat denn auch jeder mit angesehen, wie der Weg gar oft bei der ersten Station, der Begeisterung, begann, und nach Lehr- und Wanderjahren bei der dritten endete, die lange genug Verzweiflung hieß... „Wüßte kaum genau zu sagen, ob *er* es noch selber war..."

Zwischendurch war Kampf und Haß und Verteufelung. Wie wäre es auch anders möglich gewesen? Und dann begann die endlose Diskussion um Schuld und Verantwortung; verständlicher- und auch nützlicherweise, sofern man sich erinnern konnte und wollte und auch die Nerven hatte, zuzuhören. Daß die Meinungen auseinanderklafften und jeder recht gehabt haben möchte, da eben keiner aus seiner Haut heraus kann, ist unvermeidlich, weil menschlich.

Als aber alles vorüber und man wieder recht und schlecht beisammen war, sind wir alle, ob wir dies nun wahrhaben wollten oder nicht, um 50 Jahre weitsichtiger geworden. Was 20 Jahre vor und 30 Jahre nach dem „Anschluß" geschah, ist trotz aller Verschiedenheiten in der leidenschaftlichen Interpretation und aller hitzigen Debatten sachlich weithin klargestellt und bewiesen. Wennsätze gibt es immer, einer ist so gut wie der andere und keiner beweisbar.

Die Debatte geht nicht darum, wie der „evolutionären geschichtlichen Entwicklung" besser zu dienen war, von der in den Botschaftsberichten aus Wien in den Jahren von 1934 bis 1938 und in den Programmen und Plänen des österreichischen Nationalsozialismus die Rede ging[1]; vielmehr darum, was man hätte besser machen können, um den Anschluß zu verhindern.

Bis etwa 1943 — dem Jahr von Stalingrad und der Moskauer Erklärung — mag es noch manche gegeben haben, daheim und in der Emigration, bestimmt nicht in den KZ und Gefängnissen, die an einen künftig möglichen anderen Anschluß glaubten. Denn: *So* nicht! Darin waren sich fast alle einig.

Seither ist der Anschlußgedanke für die überwiegende Mehrzahl der Österreicher, wo immer sie leben, nur noch die Erinnerung an eine zeitbedingte Verirrung.[2] Die Überzeugung vom „überwundenen Anschluß" vereint sie.[3]

Man darf nicht vereinfachen. Nicht wenige sind nach eigenem Zeugnis und dem oft polemisch gefärbten ihrer Zeitgenossen mit Herz und Verstand seit je Nur-Österreicher gewesen, auch wenn in sekundären Dingen manche Auffassung sie trennte: Friedrich Funder und Karl Ernst Winter z. B., um nur zwei Namen aus den Reihen der politischen Publizistik zu nennen; es wäre zu billig, sie als romantische Träumer oder gar als Reaktionäre abzutun. Viele andere haben den Weg zu Österreich zurückgefunden, lange vor der Katastrophe und bevor das Hakenkreuz seine Schatten über den deutschsprachigen Raum warf; unter ihnen war Hermann Bahr vielleicht der bekannteste. Und viele erkannten sich wieder im Spiegel des oft geleugneten und verzeichneten österreichischen Menschen, wie Hugo von Hofmannsthal ihn uns vorhielt, oder Anton Wildgans, Franz Theodor Csokor, Richard Schaukal, Alexander Lernet-Holenia, Hans von Hammerstein und viele andere.

Auch wer es mit dem Kontrapunkt unter den wirklich repräsentativen österreichischen Namen hielt — wer dürfte sich anmaßen zu richten? —, kam vom Grundton nicht los, der sein Wesen bestimmte:

War net Wien, wann net durt,
wo ka Gfrett is, ans wurdt.   Josef Weinheber, *Wien wörtlich*[4]

Es war wohl so, daß es daheim — wie auch in der Emigration — manch Häßliches gab. Verzweiflung, Rachsucht, das Ausnützen vermeintlicher Chancen und, daraus geboren, unversöhnlicher Haß gehören nun einmal zur menschlichen Natur wie der Selbsterhaltungstrieb und alles Instinktive. Daneben gab es aber auch die Fernsicht vieler Heimwehkranker, die sich den Glauben von der Seele schrieben, daß eben noch nicht alles zu Ende war:

> ... Und nachts, wenn wir müde vom Leben
> Zum Schlafe sind bereit,
> Zu Träumen uns zu erheben
> Und uns den Glauben zu geben
> An die Gerechtigkeit:
>
> Es wird ein Geleite stehen
> Habtacht zu unserer Ehr'!
> Wir werden inmitten gehen
> Und Österreichs Fahnen wehen —
> So unbefleckt wie vorher.
>
> Vielleicht sind wir dann viel älter,
> Vielleicht noch weiter verbannt,
> Doch unser Wunsch wird nicht kälter,
> Trotz Tod und Teufeln hält er
> Bis zur Erfüllung stand ...
>
> Ernst Lothar, Österreichisches Emigrantenlied[5]

Dies ist nicht die Sprache von heute, die Dissonanzen liebt und schockieren will. Und auch nicht jene, der es eher um Deutsches österreichisch als um Österreichisches deutsch geht.

Im Österreichdeutsch, auch nach 1938, klingt oft im Unterton ein wenig Ironie mit; auch was bitter ernst gemeint war, wurde gerne mit Augenzwinkern gesprochen; weil man, gerade wenn Formlosigkeit Trumpf schien, in Form bleiben wollte; es galt ja etwas zu beweisen, was nicht mehr im Kurs stand. Dabei konnte man doch auch sehr deutlich werden, ohne zu verletzen:

> „Nirgendwo wurde der schöne Götterfunke Freude besser gehütet als in Wien. Er hatte dort viele Altäre, primitive und kunstvolle, und viele Priester. Von diesen sind mehrere abgewandert und besorgen nun an fremden Orten ihr Amt in partibus infidelium.
> Derzeit dürfte der Götterfunke wohl so ziemlich erloschen sein.
> Der Wiener, wenn er betrunken war, wollte die ganze Welt umarmen; der deutsche Bruder im gleichen Fall sie kurz und klein schlagen.
> Wien war ein bezaubernd feiner, wahrhaft liebenswürdiger Zug im Antlitz der Welt. Seit er weggewischt ist, sieht das Antlitz um ein paar Nuancen trauriger und häßlicher aus."   Alfred Polgar, Wien, 1939[6]

Um das Antlitz ging es; gerade auch um jenes Österreichs. Ob es wiederkommen würde?

Von ihm hatte ein anderer Meister des Österreichdeutschen 1935 — damals Präsident des Wiener Kulturbundes — gesagt:

> „... ein kennzeichnender Zug in Österreichs Antlitz ist das Maßhalten.
> Das, was die Antike, die Minnesänger und die deutschen Klassiker
> ‚Maß' genannt und als Reife und Weisheit gepriesen haben. Österreich
> ist im besten Sinne des Wortes klimatisch und menschlich wohl tem-
> periert...
> Dem Österreicher eignet Sinn und Gefühl für Maß, daher seine Musi-
> kalität...
> Nichtbetonen seiner selbst beweist keineswegs Mangel an Persönlichkeit,
> im Gegenteil, es ist eine Sicherung der Individualität, und Schonung
> fremder Art schützt die eigene. *Wer andere nicht scheren will, bleibt
> am gewissesten ungeschoren* ... Der österreichische Zwischenmensch
> vergißt nie, daß er zwischen Menschen lebt."
>
>   Hans v. Hammerstein, *Österreichs kulturelles Antlitz*[7]

Das war 1935 gesagt; es hätte auch 1939 gesagt werden können; aber freilich, damals war Hammerstein, der in die innere Emigration und später ins KZ gegangen war, das Reden und Schreiben schon lange verwehrt.

Die Zahl derer, die in Österreich am 12. März 1938 in die innere Emigration gingen, wird sich nie ermitteln lassen. Aus den Schwierigkeiten zu schließen, die den NS-Parteistellen und der neuen Verwaltung nach ihrem eigenen Zeugnis sehr bald schon begegneten, muß sie erheblich gewesen sein.

Die Zahl der in den ersten Tagen nach dem Anschluß in Österreich Verhafteten wird mit 70.000 angegeben. Dr. Gustav Steinbauer, der Wiener Rechtsanwalt und Verteidiger Seyß-Inquarts vor dem Nürnberger Tribunal, sagte in seinem Schlußplädoyer für den Angeklagten: „... bereits in der Nacht zum 12. März begann eine große Verhaftungsaktion in Wien ... allein in Wien wurden über 76.000 Verhaftungen durchgeführt."[8] Darüber, daß sich auch die deutschen Stellen über die Gestapoexzesse in Wien keiner Täuschung hingaben, wurde in der Dokumentation zum neunten Kapitel berichtet.[9]

Auch der Staatssekretär im Außenamt, von Weizsäcker, hatte bereits am 16. Mai 1938 einen Antrag vorgelegt, nach welchem Personen, gegen die kein Gerichtsverfahren eingeleitet werde, auf freien Fuß gesetzt werden sollten, „wobei etwaigen Wünschen nach Sicherstellung ihrer Person durch Entziehung des Passes und die Auferlegung einer Meldepflicht entsprochen werden könnte. Ein Vorgehen in dieser Richtung wäre außenpolitisch deswegen wünschenswert, weil sich die internationale Öffentlichkeit, vor allem die politischen Kreise Englands, seit dem Anschluß aufs eifrigste mit den Vorgängen in Österreich befassen und gerade die verschiedenen Haftfälle in England immer wieder zur Verbreitung von Greuelmärchen gegen uns ausgebeutet werden ...".[10]

Aus einer weiteren Aktennotiz Weizsäckers vom 5. Juli 1938 geht hervor, daß er über die Frage der Verhaftungen in Österreich und deren schlechte

Wirkung auf das Ausland eine längere Unterredung mit dem Chef des Sicherheitshauptamtes, SS-Gruppenführer Heydrich, hatte. Heydrich habe bemerkt: „Das außenpolitische Bedürfnis, die österreichischen Verhaftungsvorgänge nicht zu einer Dauerbelastung für uns werden zu lassen, stimme mit seinen persönlichen Wünschen und Plänen ganz überein. Von den nach dem Anschluß Inhaftierten seien etwa vier Fünftel bereits entlassen. Der Restbestand betrage nicht mehr ganz 2000 Personen (sic!). Vor etwa 14 Tagen habe die Geheime Staatspolizei eine Sichtung der Akten aller Inhaftierten angeordnet. Sie wolle ein gerichtliches Verfahren einleiten lassen, wo hiefür Unterlagen existieren. Der Rest solle freigelassen werden, mit Ausnahme solcher Elemente, welche zwar nicht vor Gericht gestellt, aber auch nicht Bewegungsfreiheit erhalten könnten, da sich um sie politisch gefährliche Gruppen bilden könnten."[11]

Nach Heydrichs Angaben wären also in Österreich nach dem Anschluß nur rund 10.000 Personen in Haft genommen worden. Es gibt zwei Möglichkeiten, diese offenbare Diskrepanz zu erklären: Wie später anläßlich der berüchtigten Kristallnacht (9. November 1938) mochte man sich hinter die Ausrede verschanzen, es habe sich um spontane, behördlich nicht angeordnete (und nicht gemeldete) Privataktionen gehandelt; und dies konnte in den Märztagen zum Teil sogar stimmen. Nun war allerdings Heydrich persönlich noch in den Morgenstunden des 12. März in Wien gelandet; er traf kurz nach Himmler ein. Gleichfalls bereits in Wien befand sich Heydrichs naher Mitarbeiter und Abteilungsleiter des Amts IV E des Reichssicherheitshauptamtes, Walter Schellenberg, der mit der Organisation des Nachrichtendienstes der Geheimen Staatspolizei in Deutschland und den besetzten Gebieten (Konterspionage) betraut war. Schellenberg veröffentlichte seine Memoiren, denen der bekannte Oxfordhistoriker Alan Bullock ein interessantes, 20 Seiten langes Vorwort mit auf den Weg gab. Selbst wer sich über Person und Wirken Heydrichs noch Illusionen gemacht haben sollte, wird nach der Schilderung seines Wesens durch Schellenberg, der ihn wie kaum ein zweiter kannte, eines Besseren belehrt. Es heißt da unter anderem:

„He was inordinately ambitious. It seems as if, in a pack of ferocious wolves, he must always prove himself the strongest and assume the leadership. He had to be the first, the best in everything, regardless of the means, whether by deceit, treachery, or violence. Untouched by any pangs of conscience and assisted by an ice-cold intellect, he could carry injustice to the point of extreme cruelty..."

Übersetzung:
„Er war von außergewöhnlichem Ehrgeiz. Es war, als ob er in einem Rudel wilder Wölfe sich immer als der stärkste von allen bewähren und die Führung übernehmen müßte. Er mußte in allem der Erste und der

Beste sein, gleichgültig wie, durch Lug und Trug oder durch Gewalt. Frei von allen Regungen des Gewissens und mit Hilfe eines eiskalten Verstands, war er imstande, Ungerechtigkeit bis zur äußersten Grausamkeit zu steigern."[12]

Aus der weiteren Charakterschilderung ergibt sich das Bild eines gewissenlosen, notorischen Lügners.

Vor diesem Hintergrund muß man die Erzählung von den nur 10.000 Verhafteten in Österreich sehen, die der korrekte Berufsdiplomat von Weizsäcker dem Berufs-SS-Führer kaum glaubte.

Wie groß die Zahl nun in Wirklichkeit auch war, gewiß ist, daß viele nach kurzer Frist vorläufig entlassen wurden; viele blieben für Jahre in Haft, viele kamen überhaupt nicht mehr wieder und manche erst nach dem Ende des Krieges — wenn sie konnten.

Zu diesen gehört der Verfasser. Seine Sicht des „Anschlusses" war wie für jeden anderen in gleicher Lage durch die besonderen Lebensumstände bedingt: nicht unterbrochener Verlust der Freiheit und der Kommunikationsmöglichkeit bis zum Mai 1945. Das heißt, er wußte nur, was der deutsche Rundfunk sagte, kannte vom 8. September 1938[13] an die Kommentare des *Völkischen Beobachters* und was an unkontrollierbaren Gerüchten kursierte. Alles andere mußte man sich denken.

Was eben noch viel, ja alles im Leben scheint, schmilzt zusammen zu unzusammenhängenden Resten. Das geht wohl jedem so, hinter dem die Tür auf unbestimmte Zeiten ins Schloß fällt. Die Erinnerung an die ersten langen Tage und Nächte — nicht an später, denn die Natur gewöhnt sich an alles —, an das Alleinsein mit seinem Gewissen, wird keiner vergessen, der sie durchzustehen hatte. Der primitive Instinkt revoltiert und versucht an das zu denken, was noch verblieben ist. Jedoch: „Das Wenige verschwindet leicht dem Blick, der vorwärts sieht, wieviel noch übrigbleibt." (Goethe, *Iphigenie*.)

Haltung bewahren war alles.

Es mag wohl so sein, daß dies alles egozentrisch und arrogant klingt; und es ist sicherlich so — gottlob! —, daß es in unseren Breiten zunächst nicht mehr sonderlich interessant scheint. Es gibt aber Lagen — und die Einzelsicht des „Anschlusses" unter den gegebenen Umständen gehörte zu ihnen —, in denen uns der Panzer der Arroganz — wenn man vom Betenkönnen absieht — gegen die schauerliche Leere abschirmt, die das Absinken in das plötzliche Unvermögen, anders als ichbezogen zu denken, unweigerlich zur Folge hat.

Im nachfolgenden wird der Versuch unternommen, die sieben Jahre des im Vakuum der Zwischenzeit persönlich Erlebten in gedrängter Kürze nachzuzeichnen,[14] und zwar soweit wie möglich quellenmäßig belegt und ohne zu dramatisieren; der „Anschluß" und seine Wirkungen auf einen Österreicher mit Bezugnahme auf die Besonderheiten seines Falles seien das Thema, nichts anderes. Nur eines spielt noch mit: die Absicht, Legendenbildungen entgegenzutreten, die, wie sich zeigte, bis zur Verleumdung führen können.

Zunächst als sachlicher Ausgangspunkt die Zeittafel des Haftablaufes:
1. Von den frühen Morgenstunden des 12. März 1938 bis zum 28. Mai 1938 Hausarrest in der früheren Amtswohnung im Gärtnerhaus des Belvedere, Wien III, Landstraßer Gürtel, mit strengster Isolierung von der Außenwelt. SS-Bewachung, zunächst von Leuten der SS-Leibstandarte, militärisch korrekt, dann von SS-Männern der Österreichischen Legion, die bewußt schikanierten.
2. Vom 28. Mai 1938 bis zum 29. Oktober 1939 Einzelhaft im Wiener Gestapohauptquartier, Hotel Metropol, 5. Stock. Die Überführung dorthin „in eine andere Unterkunft, die wesentlich einfacher ist ohne die Überwachungsaufwendungen, wie sie beim Belvedere erforderlich sind"[15] wurde vom Reichskommissar Bürckel am 3. Mai 1938 angeordnet.
3. Vom 29. Oktober 1939 bis zum 8. Dezember 1941 Einzelhaft im Gestapogefängnis München, das sich im Hof der Gestapoleitstelle München, damals Wittelsbachpalais, in der Briennerstraße befand. Verglichen mit Wien ungleich menschlicher; Gefängnisdirektor für die längere Zeit ein rauher, aber gutmütiger Bayer, Berufsbeamter, der sympathischerweise noch dazu Frank hieß. Sonst erinnerte allerdings nichts an das Libretto der *Fledermaus*.
4. Vom 9. Dezember 1941 bis zum 6. Februar 1945 im KZ Sachsenhausen bei Berlin; die Gattin des Verfassers teilte ab 9. Dezember 1941 freiwillig seine Haft. Sie hatte wiederholt um die Bewilligung dazu angesucht, zuletzt mit einem Schreiben an die Geheime Staatspolizei München (5. Februar 1940). Das Schreiben hatte folgenden Wortlaut:

„Nach reiflicher Überlegung stelle ich die Bitte und das Ansuchen, mir die Erlaubnis zu erteilen, mit meinem Gatten an seinem jetzigen Aufenthaltsort — bis zu einer endgültigen Regelung — zusammenleben zu dürfen.

Ich erkläre mich bereit, jede Beschränkung meiner persönlichen Freiheit auf mich zu nehmen und alle Konsequenzen zu tragen.

Ich ersuche Sie ... meine Bitte an den Herrn Reichsführer weiterzuleiten und zu befürworten.

Mit deutschem Gruß
Ihre ergebene
gez. Vera Schuschnigg

An die Geheime Staatspolizei München
z. H. Herrn Reg.-Rat Weintz."[16]

5. Vom 7. Februar 1945 bis zum 8. April 1945 im KZ Flossenbürg (Bunker); dort zeitweise Zellennachbar von Admiral Wilhelm Canaris. Canaris und Generalmajor Hans Oster wurden am 9. April 1945, 6 Uhr früh, unmittelbar nach unserem Abtransport nach Dachau, im Gefängnishof des KZ Flossenbürg gehängt.
6. Vom 10. April 1945 bis zum 27. April 1945 im KZ Dachau.
7. Vom 28. auf den 29. April 1945 im KZ Reichenau bei Innsbruck; von dort weitertransportiert nach Niederdorf im Pustertal. Vom 30. April 1945

bis 4. Mai am Pragser Wildsee, wo der Transport von 136 Personen einschließlich der „Sippenhäftlinge" im Hotel untergebracht war; 17 Nationen waren vertreten, darunter 5 Österreicher und 64 Deutsche. — Noch am 30. April hatte sich eine äußerst bedenkliche Lage ergeben: eine Reihe von uns war laut schriftlichem Befehl des Reichssicherheitsdienstes in Berlin durch ein SS-Rollkommando zu beseitigen. Doch davon war schon im ersten Kapitel ausführlich die Rede.[17] Ein Eingreifkommando der Wehrmacht unter dem Befehl des Hauptmanns Wichard von Alvensleben entwaffnete die SS.[18] Damit war die Haftzeit vorüber.

8. Zwei Tage später wurde der frühere Gefangenentransport in zwei Autokonvois unter der Führung des US-Brigadegenerals Gerow über Cortina nach Verona gebracht und von dort nach Neapel geflogen.[19] Bis zum 20. August war der Verfasser mit seiner Familie unter den angenehmsten Bedingungen in der Obhut der USA auf Capri konfiniert, wo sich ein Erholungslager der US Air Force befand. Dann erhielt er die Bewilligung, sich in ganz Italien frei aufzuhalten und zu bewegen; er war jedoch ohne Mittel.

Von August 1945 bis September 1947 lebte er mit seiner Familie in Rom, Moltrasio am Comer See und schließlich in Rapallo. Von dort aus übersiedelte er nach den USA, wo er bis zu seiner Emeritierung nach Erreichung der Altersgrenze als Professor der politischen Wissenschaften und für mitteleuropäische Geschichte an der Saint Louis University, Saint Louis (Missouri), tätig war.

Die erste Frage an den amerikanischen Kommandanten am 6. Mai 1945 galt, wie bei allen Schicksalsgefährten, der Möglichkeit einer baldigen Heimkehr; die Antwort war kurzfristige Vertröstung — der Krieg war noch nicht zu Ende.

Damals hat jeder, und so auch der Verfasser, nur an die Heimkehr gedacht.

Die Frage wurde später auf Capri wiederholt. Der Vertreter der alliierten Militärbehörde empfahl, noch zuzuwarten, und zwar „aus politischen Gründen".

Ende des Jahres wurde dem Verfasser von Landsleuten in Rom mitgeteilt, ein Angestellter der Wiener Staatspolizei habe sich geäußert, „wenn Schuschnigg die Grenze überschreite, werde er sofort verhaftet werden". Auf briefliche Anfrage in Wien wurde von kompetenter Seite erklärt, daß es sich um eine Mystifikation handeln müsse. Der angebliche Wiener Beamte war zwar tatsächlich in Rom, hat sich aber in weiterer Folge als Schwindler entpuppt.[20]

Bundeskanzler Figl riet dem Verfasser in freundlichster Weise schriftlich zur Geduld und warnte vor „übereilten Entschlüssen". Damit war eine eventuelle Auswanderung gemeint, die aus Gründen des gesicherten Lebensunterhaltes in Erwägung stand.

Im Jahre 1946 war der Verfasser, damals in Moltrasio wohnhaft, vom Untersuchungsrichter im Hochverratsprozeß gegen Dr. Guido Schmidt als

Zeuge einvernommen worden. Am 26. Februar 1947 begann die Hauptverhandlung vor dem Landesgericht für Strafsachen Wien als Volksgericht. Am 24. April 1947 verkündete der Vorsitzende des Volksgerichtes den Beschluß auf eine ergänzende Zeugeneinvernahme des Verfassers; der Verfasser, damals in Rapallo, erhielt die telegraphische Zeugenladung mit dem Bemerken, daß ihm „freies Geleite", also ungehinderte Ein- und Rückreise, nach Villach zugesichert sei; der Gerichtshof hatte beschlossen, „um die allenfalls erforderlichen Sicherheitsmaßnahmen auf ein möglichst geringes Maß herabzusetzen", die Hauptverhandlung zwecks dieser Zeugeneinvernahme nach Villach zu verlegen.[21]

Der Verteidiger Dr. Schmidts, Rechtsanwalt Dr. Rudolf Skrein, bat den Verfasser telegraphisch dringend, der persönlichen Zeugenladung Folge zu leisten.

Sosehr der Verfasser nach seiner Kenntnis der Sachlage von der Haltlosigkeit der Anwürfe gegen Guido Schmidt, soweit diese die Zeit vor dem 11. März 1938 betrafen, überzeugt war, so ersuchte er doch um neuerliche Zeugeneinvernahme an seinem Wohnort und leistete der Vorladung zu persönlichem Erscheinen keine Folge. Der in seiner Antwort angegebene Grund: er sei nicht bereit, in Österreich einzureisen, solange er hiezu eines „freien Geleites" bedürfe. Die guten Intentionen des Gerichtshofs wurden von ihm in keiner Weise angezweifelt.

Die zweite Zeugeneinvernahme erfolgte im Mai 1947 in Rapallo; Guido Schmidt wurde am 12. Juni 1947, dem 49. Verhandlungstag, von der gegen ihn erhobenen Anklage freigesprochen.[22]

Ungefähr um die gleiche Zeit nahm der Verfasser eine an ihn gelangte Einladung zu einer Vortragsreise durch die Vereinigten Staaten im Herbst 1947 an. Bestimmend war hiebei die nüchterne Erwägung des geregelten Broterwerbs. Es war ihm wie Tausenden anderen in gleicher Lage gegangen: Weder er noch seine Frau hatten von ihrem einstigen Besitz irgend etwas gerettet, kein Buch, kein Möbelstück, keine Ersparnisse — und daheim keine Wohnung; wie viele andere begannen auch sie das lang ersehnte neue Leben mit buchstäblich nichts anderem als dem, was sie am Leibe trugen. Mit dem Erlös aus dem Verkauf einer goldenen Tabatière, die die Gattin des Verfassers durch alle Fährnisse zu schmuggeln vermocht hatte, konnte mit Hilfe guter österreichischer Freunde in Italien die erste Überfahrt nach den Vereinigten Staaten berappt werden.

Des Kuriosums halber sei vermerkt, daß um die Mitte der fünfziger Jahre zwei Stücke von großem Erinnerungswert auf Umwegen zu ihrem früheren Besitzer zurückfanden. Das eine war eine von Franz Schubert signierte und von Ferdinand Schubert geschriebene Partitur der C-Dur-Messe; sie wurde freundlicherweise vom Direktor des Staatlichen Musikarchivs in München zurückgestellt, nachdem sie ihm von dritter, unbefugter Seite zum Ankauf angeboten worden war.

Das andere war ein von Beethoven beschriebenes Notenblatt mit der flüchtigen Skizze einer Vertonung des Textes: „Österreich über alles, wenn es nur will." (Collin, *Landwehrlieder*.) Dieses Blatt wurde dem Verfasser anläßlich eines Vortrages vor dem Rotaryklub in einem kleinen Ort des US-Staates Indiana als Überraschung übergeben. Der Vorsitzende, nun wohlbestallter Zahnarzt in seiner Heimatgemeinde bei Indianapolis, hatte es als Offizier der US-Army mehr als zehn Jahre vorher zusammen mit wertlosen Papieren, die die Unterschrift des Verfassers trugen, in einem Straßengraben nächst dem KZ Dachau am Körper eines toten ehemaligen Lagerinsassen gefunden...

Man war nun bald fünfzig, und es war keine Zeit mehr zu verlieren. Julius Deutsch schreibt, daß er seiner Partei keine Schwierigkeiten durch einen Wiedereintritt ins öffentliche Leben machen wollte.

„Würde mich die SPÖ für eine öffentliche Funktion vorschlagen, dann müßte sie mit Gegenvorschlägen des Koalitionspartners auf gleicher Ebene rechnen. Einen Vorgeschmack solcher Tauschaktionen bekam ich, als von der ÖVP Stimmung für eine Wiederverwendung Kurt Schuschniggs gemacht wurde...

Vor meinem Gewissen glaubte ich es jedoch nicht verantworten zu können, ein Objekt für Tauschaktionen zu sein, die Tatsachen und Sinn der Februarkämpfe verdunkeln müßten..."[23]

Wie immer es war, dieser Standpunkt ist natürlich, ist höchst ehrenhaft und durchaus verständlich. Der Verfasser — aus seiner Perspektive — hätte nicht anders gedacht und gehandelt. Auch für ihn war es „ein weiter Weg" bis zur glücklichen und trotz allen inneren Widerstrebens nie bereuten Landung in Manhattan.

Zunächst einmal sah er sich immer wieder vor die Frage gestellt, die er schwer beantworten konnte: wieso er denn überhaupt noch am Leben sei...

In der Tat, „das Wunder des Überlebens", um mit Ernst Lothar zu sprechen, ist schwer zu erklären. Die Antwort, die viele aus ihrem eigenen Erlebnis geben konnten, und zwar von beiden Seiten der einstigen Barrikaden, nämlich: durch den Glauben an Österreich, wäre wohl allzu billig gewesen und außerdem für den nichtgelernten Österreicher kaum verständlich. In den USA war aus verschiedenen Gründen der „Anschluß" noch keineswegs überwunden und ist es bis heute noch nicht. Trotzdem wäre in dieser Antwort ein gut Stück Wahrheit gelegen.

... Also konnte es ihm eigentlich nicht schlechtgegangen sein... „as a wellfed guest of Hitler" (als ein gut verpflegter Gast Hitlers), wie das ein aggressiver amerikanischer Korrespondent in einer New Yorker Forumdiskussion im Herbst 1947 formulierte. Schon während des Krieges wurden gelegentlich Gerüchte lanciert von Unterbringung im Hotel und komfortablem Interniertenleben in einer Villa.

Dies wäre nun von leichtem Gewicht, hätte daraus nicht unsachliche politische Polemik — in völliger Außerachtlassung des österreichischen Interesses und in bewußtem Verschweigen des Sachverhalts — auf einen „österreichischen Scheinkampf" gegen das Dritte Reich und auf innere Kompromißbereitschaft im Grundsätzlichen geschlossen. Der nächste Schritt war dann am 11. März 1968 die Veröffentlichung eines angeblich in den Aktenbeständen des Reichssicherheitshauptamtes (Reichsführer SS) gefundenen maschinegeschriebenen „Briefes an Hitler", in welchem der Verfasser am 11. Juni 1938, also aus der Einzelhaft im Hotel Metropol, eine freie Loyalitätserklärung abgegeben haben soll.

Der Verfasser hat die Authentizität bestritten und darauf verwiesen, daß er niemals — weder vor noch während der Haft — einen Brief an Hitler geschrieben hat; eine Loyalitäts- oder sonstige politische Erklärung, die er aus freien Stücken niemals abgab und nach der Lage der Dinge auch nicht gültig abgeben konnte, wäre völlig absurd und sinnlos gewesen. Im übrigen konnte es sich, wie aus dem Text des veröffentlichten Faksimiles klar hervorgeht, nur um ein Gnadengesuch für die ehemaligen politischen Mitarbeiter handeln; es hätte mit Bleistift geschrieben sein müssen. Ein maschinegeschriebenes Transkript hat der Verfasser nie gesehen und es auch bestimmt nicht unterzeichnet. Das veröffentlichte Faksimile des Gesuches vom 11. Juni 1938 trägt übrigens den Einlaufstempel: RFSS (Reichsführer SS) — SD Hauptamt, 21. September 1938.[24]

Der Leiter des Sicherheitsdienst-Hauptamtes war Heydrich. Es besteht kein Anlaß, Walter Schellenberg nicht zu glauben, der Heydrich bis zu dessen gewaltsamem Prager Tod im Juni 1942 aus nächster Nähe kannte: er nennt ihn „den Drahtzieher des Dritten Reichs", dessen „außerordentliche Intelligenz sich mit den Instinkten eines Raubtiers paarte", und zeichnet ihn außerdem als einen Intriganten größten Stils.[25] Heydrich, der ehemalige junge Marineoffizier, der unter dem späteren Admiral Canaris auf dem Kreuzer *Berlin* gedient hatte und wegen schmutziger Affären nach ehrenrätlicher Verurteilung seinen Abschied nehmen mußte, hat zudem offensichtlich für Österreich und alles Österreichische wenig übrig gehabt.[26]

Als Staatssekretär von Weizsäcker am 5. Juli 1938, offenbar in einiger Besorgnis wegen der außenpolitischen Rückwirkungen der Gestapoherrschaft in Österreich, mit Heydrich unter anderem über die Verhaftungen ehemaliger Beamter des österreichischen Außendienstes (darunter des früheren österreichischen Gesandten in Paris, Alois Vollgruber) sowie bekannter politischer Persönlichkeiten, und auch von Legitimisten, sprach, sagte Heydrich:

„Schuschnigg befinde sich in einer nach äußeren Umständen durchaus erträglichen Haft. Ob über Schuschnigg ein gerichtliches Verfahren zu eröffnen sein werde, sei aus dem bisher vorliegenden Material noch nicht mit Sicherheit abzuleiten. *Von dem etwaigen Vorgehen gegen Schuschnigg werde das Schicksal der Herren Hornbostel, Adam, Ludwig, Schmitz usw. abhängig sein müssen.* Eine Freilassung... komme wegen der Gefahr subversiver Tätigkeit zunächst nicht in Betracht.

Was die Legitimisten angehe, so hätten sie durchwegs bedenkliche

Handlungen auf dem Kerbholz... Die Legitimisten hätten offensichtlich lange Zeit englische Subsidien bezogen. Das englische Eintreten für die Betreffenden (dabei hat es sich offensichtlich in erster Linie um die Brüder Max und Ernst Hohenberg, die Söhne des ermordeten Erzherzog-Thronfolgers Franz Ferdinand gehandelt; Anm. d. Verf.) sei ein deutlicher Hinweis auf ihre streng antideutsche Einstellung..."[27] Ausgerechnet von England, dessen damalige antihabsburgische Einstellung notorisch war und dessen gegnerische Haltung gegenüber jeglichem Restaurationsgedanken in Österreich dokumentarisch belegt ist,[28] hätten die Legitimisten Subsidien bezogen! Und wenn auch, was tat dies rechtlich zur Sache?

Ob es Heydrich mit seiner Äußerung über die „nach äußeren Umständen durchaus erträgliche Haft" des Verfassers Ernst war, läßt sich bezweifeln, weil er über diese Umstände genau informiert war. Er wußte, daß es für die Häftlinge im Hotel Metropol — schon wegen dessen Lage und der befohlenen strengen Geheimhaltung — kein Luftschöpfen (Häftlingsspaziergang) gab; und er wußte genau, was ein SS-Wachtposten im Haftraum zur damaligen Zeit in Österreich bedeutete. Einzelheiten wurden vom Verfasser in anderem Zusammenhang berichtet.[29] Sie wären längst vergessen, würden sie nicht immer wieder durch Innuendos völlig überflüssig in die Erinnerung gerufen. „So fühlt man Absicht, und man ist verstimmt."

Der Verfasser hat die Zeit um den Juni 1938 gelegentlich als „vielleicht für den Österreicher die härteste Zeit" bezeichnet; das ist sie auch — für die meisten Österreicher — aus verschiedenen Gründen ohne Zweifel gewesen.

„Vielleicht... es kann nicht so fürchterlich gewesen sein", bemerkte ein ungefragter sarkastischer Beobachter im Frühjahr 1968, denn Schuschnigg habe ja gerade in dieser Zeit, nämlich am 1. Juni 1938, geheiratet.[30]

Das stimmt — nämlich durch Stellvertreter geheiratet. Der Verfasser hatte, im Hausarrest, am 4. April 1938 ein Gesuch an den damaligen österreichischen Staatssekretär im Bundeskanzleramt, Dr. Friedrich Wimmer, gerichtet, in welchem er sein bereits mündlich vorgebrachtes Anliegen um Bewilligung einer stillen kirchlichen Trauung wiederholte.[31] Das Gesuch wurde von Göring bewilligt, vom Reichssicherheitshauptamt (Gestapo) jedoch abgelehnt.

Die stille Trauung wurde ohne Wissen des Verfassers, auf die Verantwortung seiner Frau, dem wiederholt ausgesprochenen Verbot der Wiener Gestapoleitstelle zuwider mit Erlaubnis der kirchlichen Behörde (des heutigen Weihbischofs Dr. Jakob Weinbacher) in der Wiener Dominikanerkirche am 1. Juni 1938 durchgeführt. Der Bruder des Verfassers fungierte als Stellvertreter, sein Vater und der Mesner der Kirche als Zeugen.

Am 4. Juni 1938 brachte der *Daily Express*, London, auf der Titelseite ein Photo der Frau des Verfassers und darunter die Schlagzeile: „Dr. Schuschnigg marries by proxy" und den Text: „K. S. has been married to a woman who does not know where his..." („Dr. Schuschnigg heiratet durch Stellvertreter" und den Text: „K. S. wurde einer Frau angetraut, die nicht weiß, wo er sich befindet ...")³²

Mehr noch, dem Verfasser war kurz nach seiner Einlieferung ins „Metropol" vom Gestapobeamten auf Anfrage mitgeteilt worden: alle seine Angehörigen und seine Braut seien aus Wien verzogen und unbekannten Aufenthalts. Das war natürlich reine Erfindung.

Nein! Nicht nur „vielleicht" — es war ganz bestimmt die härteste Zeit für uns alle.

Wie es um die nach Heydrich „durchaus erträglichen Umstände der Haft" in diesem Einzelfall, der für viele ähnlich gelagerte steht, in Wirklichkeit bestellt war, geht aus Berichten und Aktenvermerken der Gestapoleitstelle Wien hervor, die keines weiteren Kommentars bedürfen; Tausende von Landsleuten, sofern sie überlebten, tragen ähnliche Einzelerinnerungen an den Anschluß durchs Leben. Darum seien diese Vermerke hier aufgezeichnet:

1. „Vermerk, II B — Wien, 5. August 1938:

Vera v. Schuschnigg machte von der ihr (erstmals am 5. August, Anm. d. Verf.) zugebilligten Besucherlaubnis Gebrauch. Ihr wurde Gelegenheit gegeben, Schuschnigg in seinem Zimmer für zehn Minuten zu sprechen. Bei dem Besuch war außer mir der Kriminalrevierinspektor H. anwesend. Frau v. Schuschnigg hatte ihrem Ehemann einen Koffer mit Wäsche und Früchten mitgebracht, die ihm ausgehändigt wurden, nachdem sie durch H. eingehend überprüft worden waren. Einige mitgebrachte Bücher wurden von H. zunächst zur Überprüfung übernommen. Über die Aushändigung an Sch. wird später entschieden ...

Vor der Aussprache wurde beiden eröffnet, daß ein Briefwechsel ... nicht statthaft sei, da beide Gelegenheit hätten, etwa zu erörternde Fragen an jedem Freitag mündlich zu sprechen ...

Gez. Dr. Lange."³³

2. „Vermerk, II B — Wien, 29. August 1938:

Bei den wöchentlich einmal zugelassenen Besuchen der Frau V. v. Sch. bei ihrem Ehemann wurde es bisher nicht beanstandet, daß sie ihrem Ehemann Zigaretten und Früchte mitbrachte. Angesichts des Gesetzes über die Errichtung des Staatsgerichtshofs in Wien erscheint es nicht ausgeschlossen, daß Verwandte oder Freunde des Schuschnigg diese Möglichkeit benützen, um Gift zu übermitteln, um ihn dem Gerichtshof zu entziehen.

Um hinsichtlich der Sicherung des Schuschnigg nichts zu versäumen, beabsichtige ich, bei den künftigen Besuchen der Frau v. Sch. nur noch das Mitbringen von Wäsche und Büchern in dem bisher üblichen Umfang zu gestatten.

... Bei dieser Gelegenheit sei noch darauf hingewiesen, daß Schuschnigg sich inzwischen einen solchen Haarschopf hat wachsen lassen, daß er dringend eines Friseurs bedarf. (Seit 11. März, Anm. d. Verf.)

Ich bitte um Genehmigung, mich mit einer zuständigen Stelle beim Sanitätskorps der Totenkopfverbände in Verbindung zu setzen, um einen Sanitäter oder Feldscher ausfindig zu machen, der dem Schuschnigg die Haare schneidet. Gez. Dr. Lange."[34]

3. „Geheime Staatspolizei,   Wien am 1. September 1938
Staatspolizeileitstelle Wien
der Leiter
Fernschreiben Nr. 21570

An die
Geheime Staatspolizei
z. H. SS-Standartenführer Müller
Berlin

Betreff: Dr. Schuschnigg, Rothschild
      Verbringung ins Altreich
Ich schlage vor, Dr. Schuschnigg und Rothschild ins Altreich zu verbringen, da es für die Dauer unter Berücksichtigung der gegebenen Verhältnisse untragbar ist, sie weiter im Haus zu behalten.
Bei Dr. Schuschnigg, der nun schon seit drei Monaten im Haus ist, kommt noch dazu, daß er derart nervös geworden ist, daß bei Nichtänderung des gegenwärtigen Zustands in absehbarer Zeit mit der Abgabe in ein Krankenhaus zu rechnen ist.
Der SS-Arzt hat festgestellt, daß Sch. zwar organisch gesund, jedoch hochgradig nervös ist. Er hat ihm ein Nervenpräparat verschrieben.
Ich bitte um Weisung, ob ich Sch. eine Tageszeitung zukommen lassen kann. Im übrigen darf ich um eheste Entscheidung bitten.
                                           Gez. Dr. Pifrader."[35]

4. Im Mai 1939 und mittels Fernschreibens vom 19. August 1939 und 2. September 1939 wurde der Antrag auf Überstellung ins Reich von der Gestapoleitstelle Wien urgiert, unter anderem mit dem Argument, daß die Bewachung in Wien 24 Beamte binde und nach dem Befund des Arztes sonst mit einer Krankenhausbehandlung des nervlich sehr heruntergekommenen Häftlings gerechnet werden müsse.
Aus der Korrespondenz zwischen den Gestapoleitstellen Wien und Berlin entwickelte sich ein Projekt, Dr. Auster (dies war der für den Verfasser mittlerweile vom RSHA verwendete Deckname) zusammen mit seiner Frau in Gera (Thüringen) unter rigoroser Bewachung zu konfinieren. Die im Detail ausgearbeiteten Vorschläge sahen absolute Isolierung vor; dazu bemerkte der stellvertretende Leiter der Gestapoleitstelle Wien, Dr. Pifrader: „Die Erstreckung der Freiheitsbeschränkungen halte ich insbesondere auch für die Ehefrau not-

wendig." Von diesem Projekt hatten weder der Verfasser noch auch seine Frau je Kenntnis erhalten. Es wurde durch Fernschreiben der Gestapo Berlin, Nr. 33293 vom 23. August 1939 gez. Müller, mit dem Bemerken abgelehnt, daß Himmler die Unterbringung des Dr. Auster in einem KZ, und zwar etwa Mitte September 1939, in Aussicht nehme; hiebei werde die Möglichkeit des Zusammenwohnens mit seiner Frau gegeben sein.

Das Fernschreiben äußert Besorgnis wegen eines möglichen Befreiungsversuches:

„Hingegen muß auf jeden Fall sichergestellt werden, daß eine Aktion zur Befreiung des A. unmöglich ist. Dies kann durch entsprechenden Einbau von Sicherungstüren, Sicherheitsschlössern usw. erfolgen; es ist auch zweckmäßig, wenn der Dauerdienst beauftragt wird, während der Nachtzeit öfters Kontrollen durchzuführen. Ich bitte alle Sicherungsmöglichkeiten nochmals genauestens durchzuprüfen....

Gez. Müller."[36]

Auf diesen, wie sich später herausstellen sollte, nicht ganz unbegründeten Verdacht wie auch auf das Drängen der Wiener Gestapo auf Überstellung des Verfassers ins „Altreich" war die Sudetenkrise und die damit verbundene Abziehung der SS-Bewachung nicht ohne Einfluß.[37]

5. Am 7. September 1938 erhielt das Kommando der Schutzpolizei Wien den Auftrag, den Bewachungsdienst von der SS zu übernehmen. Wenige Tage vorher hatte sich ein bezeichnender Vorfall abgespielt: Dem Gestapobeamten Dr. Pifrader war, übrigens nicht über Veranlassung des Verfassers, von einem anständig denkenden SS-Mann, und solche hat es gegeben, Meldung erstattet worden über gewisse „Vorschriftswidrigkeiten", die sich einige seiner Kameraden gegenüber dem Häftling leisteten. Dr. Pifrader ersuchte den inspizierenden SS-Untersturmführer H. J. S. um vertrauliche Untersuchung und Abstellung eines etwaigen Grundes zur Beschwerde; Untersturmführer S. führte seinen Auftrag durch; er wurde darüber am 5. November 1938 von seinem vorgesetzten Kommando, SS-Standarte „Der Führer", Abt. III, vernommen und gab zu Protokoll:

„Am 5. September 1938 begab ich mich ins Hotel Metropol und ging zu Schuschnigg. Die Wache schickte ich aus dem Zimmer, um mit Sch. allein zu sprechen. Ich habe deswegen Sch. allein gesprochen, weil ich annahm, daß er bei Anwesenheit des Wachtpostens sich nicht über die Behandlung durch die Wache äußern würde. Ich fragte dann Sch. nach seiner Beschwerde. Er gab an, daß er angeblich von der Wache bedroht worden sei. Beim Verlassen von Sch.s Zimmer forderte mich der Wachhabende auf, meinen Ausweis zu zeigen. Dieser Aufforderung bin ich zunächst nicht nachgekommen, weil er meines Erachtens dazu kein Recht hatte. Als mich der Wachhabende als festgenommen erklärte, habe ich meinen Truppenausweis vorgezeigt..."[38]

6. Die Folge war zunächst die Erlassung neuer, von Dr. Pifrader gezeichneter

Wachvorschriften, deren Einhaltung durch die Schutzpolizei im großen und ganzen eine gewisse Erleichterung gegenüber der früheren Zeit brachte. In der als „Geheim!" bezeichneten Wachvorschrift vom 8. September 1938 heißt es unter anderem:

„6) Der Wachdienst wird im Zimmer des Sch., auf dem Gang und im Wachzimmer versehen. Er dauert zwei Stunden... Die Wachtposten im Zimmer des Sch. und auf dem Gang wechseln nach je einer halben Stunde einander ab...
7) Die Wachmannschaft hat dem Sch. gegenüber ein höfliches, aber militärisch knappes Verhalten an den Tag zu legen. Politische Unterhaltungen sind nicht gestattet. Ebenso ist es verboten, Sch. zu Ordnungsarbeiten heranzuziehen...
8) Die Bewachung ist geheimzuhalten..."

Mit diesen Bestimmungen sollte offenbar einer Wiederholung der früher in der SS-Wachezeit vorgekommenen „Unzukömmlichkeiten" vorgebeugt werden.

„... 13) Es ist Sch. gestattet, sich in dem ihm zur Verfügung gestellten Raum frei zu bewegen. Die Tür ist geschlossen zu halten... Das linke Fenster kann geöffnet werden. Die Öffnung des Fensters erfolgt nur durch den Wachtmeister. Solange das linke Fenster geöffnet ist, ist es dem Sch. nicht gestattet, sich in dem Raum an einer Stelle so aufzuhalten, daß er von dem gegenüberliegenden Gebäude gesehen werden kann."

Ein Fenster öffnen zu dürfen bedeutete eine erhebliche Erleichterung, da dies bisher streng untersagt war.

„15) Dem Sch. ist es gestattet, zu lesen und zu schreiben. Ihm stehen *Papier* und *Bleistift* zur Verfügung... Bücher dürfen dem Sch. durch Angehörige der Wachmannschaft nicht ausgefolgt werden.
20) Es ist dem Sch. gestattet, sich selbst zu rasieren. Der Wachtmeister ist verpflichtet, während des Rasierens ihn besonders sorgfältig zu überwachen.
22) Der Ehefrau des Sch. ist es gestattet, in Begleitung von Dr. Pifrader oder Dr. Lange und Weintz, Sch. zu besuchen. Während des Besuchs ändert sich nichts an der Aufstellung der Wachtposten. (Die Besuche fanden weiterhin jeden Freitag statt und waren auf sechs Minuten beschränkt. Anm. d. Verf.)
23) Weiters ist es dem Sch. gestattet, dreimal täglich je eine Lubrikaltablette einzunehmen;... Tabletten werden im Wachzimmer aufbewahrt und dürfen... nur einzeln durch den Wachhabenden ausgehändigt werden."[39]

7. Nachdem es bisher (seit Mai 1938) weder ein Bad noch eine Duschmöglichkeit gegeben hatte, wurde am 11. Februar 1939 von Dr. Lange — wahrscheinlich über ärztliche Anregung — verfügt, daß von nun an alle 14 Tage ein Bad im vierten Stock des Hauses um zehn Uhr abends zu nehmen sei, in

Anwesenheit von zwei Wachebeamten im Baderaum. Mit Verfügung vom 20. Juli 1939 wurde die wöchentliche Bademöglichkeit, nach polizeiärztlicher Befragung, angeordnet.

In derselben Verfügung wurde betont, daß *die Schreibarbeiten einer Kontrolle zu unterziehen* seien, bei Wiederaushändigung im Falle der Unbedenklichkeit.[40]

Bereits am 12. Dezember 1938 hatte Himmler gelegentlich einer unangesagten Inspektion im Haftraum, die er in Begleitung Dr. Kaltenbrunners, Doktor Stahleckers und des damaligen Chefadjutanten SS-Gruppenführer Wolff vornahm, eine „wohnlichere Ausgestaltung" des Haftraumes verfügt; von diesem Zeitpunkt an hatte der Verfasser eine Schreibmaschine und — allerdings nur für etwa drei Wochen — einen Radioapparat zur Verfügung.[41]

8. In einem Bericht an die Geheime Staatspolizei Berlin meldete der Leiter der Gestapoleitstelle Wien, Dr. Huber, am 17. Februar 1939,

„daß nach den Meldungen der Wachhabenden Sch. in den letzten Wochen immer weniger Nahrung zu sich nimmt... Die Kosten der Verpflegung trägt Sch. selbst... Wie ich bereits im Bericht über die ärztliche Untersuchung des Sch. mitgeteilt habe, hat Sch. heute erneut geäußert, er habe keinen Anlaß, sein Leben zu verlängern, anderseits müsse er sehr sparen und könne sich keine kostspielige Verpflegung leisten".

Im Bericht wird zur Erwägung gestellt, die Kosten der Verpflegung auf die Staatskasse zu übernehmen, da das Vermögen des Sch. durch Beschlagnahme seiner Verfügungsgewalt entzogen worden sei. Ab 20. Februar 1939 wurden die Verpflegskosten tatsächlich von Amts wegen übernommen.[42]

9. Bereits etwa vier Monate vorher hatte folgender Briefwechsel stattgefunden:

Die Gattin des Verfassers richtete am 30. September 1938, vermutlich anläßlich einer Anwesenheit Hitlers in Wien, an den damaligen Adjutanten Hitlers, Hauptmann Fritz Wiedemann, das folgende Schreiben:

„Sehr geehrter Herr Hauptmann,

Bitte verzeihen Sie, daß ich mich neuerdings an Sie wende. Ich weiß, daß dies nicht der richtige Moment ist, mich an den Führer zu wenden, da er momentan andere Sorgen hat. Deshalb schreibe ich Ihnen mit der großen Bitte... es handelt sich diesmal wieder um meinen Mann... glauben Sie mir, ich hätte bestimmt nicht nochmals geschrieben, wenn sein körperlicher und seelischer Zustand sich nicht so verschlechtert hätte und die ganze Angelegenheit nicht so ernst wäre. Ich weiß ja ohnedies, daß mein Mann nie mehr wieder so wird, wie er war. Aber ich glaube, man wird mich verstehen, wenn ich bitte, daß er mir wenigstens noch so erhalten bleibt, wie er jetzt ist. Bitte, antworten Sie mir nicht; ich weiß, daß Sie genug andere Arbeit haben. Ich möchte Sie wirklich nicht belasten, nur bitte ich Sie, bei Gelegenheit den Führer von meinem

Schreiben in Kenntnis zu setzen. Im voraus dankend verbleibe ich mit besten Grüßen Ihre ergebene V. v. Sch."⁴³

Am 12. Oktober 1938 antwortete der Reichsführer SS Himmler der Gattin des Verfassers mit folgendem Schreiben:

„Ihren Brief vom 30. September 1938 habe ich erhalten. Ich bedauere, die Lage Ihres Mannes nicht ändern zu können. Ich lasse mir über seinen Gesundheitszustand wöchentlich Bericht geben und stelle ihm, wenn er es wünscht, jeden Arzt zur Verfügung, eine Erleichterung, die in den vergangenen vier Jahren in Österreich den nationalsozialistischen Gefangenen niemals gewährt worden ist."

Eine Abschrift dieses Schreibens wurde von Heydrich am 22. Oktober 1938 an den Chef der Präsidialkanzlei, Reichsminister Lammers, weitergeleitet.⁴⁴

10. Vom Volksgerichtshofprozeß war zuletzt noch anläßlich der Inspektion durch Himmler (12. Dezember 1938) als einer „Wahrscheinlichkeit" die Rede gewesen. Der damals natürlich nicht bekanntgewordene Bericht der Historischen Kommission des Reichsführers SS, der im Dezember 1938 fertiggestellt wurde, überließ die Frage des Prozesses der politischen Entscheidung. Die Kommission war unter anderem zur Klarstellung „der politischen und kriminellen Verfehlungen" des Verfassers und zur Beschaffung der Unterlagen für ein Volksgerichtsverfahren eingesetzt worden.⁴⁵

Der Verfasser wurde im Mai 1939 in seinem Haftraum mündlich einvernommen, wobei es sich hauptsächlich um die Frage des Legitimismus gehandelt hat. Konkrete Anschuldigungspunkte, insbesondere im Zusammenhang mit dem Juli 1934 oder den Vorgängen, die zum „Anschluß" führten, waren nicht zu erkennen. Immerhin wurde die Form gewahrt: es waren neben zwei Gestapobeamten ein junger SS-Jurist, Dr. Ch., und eine Schriftführerin zur Stelle.

Hingegen stand der Verfasser ungefähr um dieselbe Zeit in einem anderen Verdacht, von dem man ihm damals allerdings keine Kenntnis gab. Am 11. Mai 1939 meldete der Wachkommandant (Schutzpolizei) dem zuständigen Gestapobeamten Dr. Ebner,

„daß Sch. auf seiner Schreibmaschine Konzepte in englischer Sprache anfertigt. In der letzten Zeit wurde die Wahrnehmung gemacht, daß diese Schreibarbeiten von ihm nicht mehr abgegeben werden. Während den Aufräumungsarbeiten durch die Bedienerin wurde in seinem Zimmer Nachschau gehalten, ohne daß die Skripten oder Papierteile gefunden wurden. Weiters wurde gemeldet, daß ein Wachbeamter von der Gruppe A während der Diensttour sich mit Sch. in englischer Sprache unterhält".

Der von einem Kollegen der Gruppe B angezeigte Polizeirayonsinspektor R. N. rechtfertigte sich laut Bericht vom 17. Mai 1939 wie folgt:

„Auf Vorhalt des Reg.-Rat Dr. Pifrader, daß ich mit Dr. Schuschnigg anläßlich der Bewachung englisch gesprochen habe, gebe ich an:
Ich habe am Tisch des Sch. ein englisches Buch mit dem Titel ‚Three

vives' (sic!) gesehen und fragte ihn auf englisch, ob das Buch schön sei. Darauf erwiderte Sch., ob ich englisch spreche, worauf ich mit Ja antwortete. Diesen Vorfall habe ich auch meinem Kommandanten, Bezirksinspektor K., gemeldet, worauf mich dieser beauftragte, mit Sch. überhaupt nicht zu sprechen. Diesen Auftrag habe ich befolgt. Bemerken möchte ich noch, daß ich Mitglied der SS seit 1. Oktober 1937 bin."[46]

Dabei hat es sich damals für den Verfasser um das mühsame Beginnen des Vokabellernens gehandelt, zum Zeitvertreib — nicht ahnend, daß ihm dies einmal in der Neuen Welt zustatten kommen würde. Die seit „Juli 1938 immerhin annehmbarer gewordenen äußeren Umstände" hatten es so mit sich gebracht...[47]

Seither schaut die Welt wieder anders aus.

Gänzlich anders, als sie die erträumten, die vor 51 Jahren mit der Zerstückelung des Donaureichs, vermeintlich nüchtern und doch irrig in ihrer Berechnung, in Ermangelung eines anderen gemeinsamen Konzepts Österreich als Macht liquidierten; und grundverschieden vom Wahnbild jener, die vor 31 Jahren, trunken im Augenmaß, darangingen, mit der Restzergliederung, dem „Anschluß", Österreich als Idee zu vernichten.

Heute wissen wir, daß der vor 51 wie vor 31 Jahren eingeschlagene Weg zur europäischen Revision ein verfehlter und daß seine geschichtliche Chance vertan war.

Wer die Geschichte des Zweiten Weltkriegs schreibt, wird im Eingangskapitel am „Anschluß" nicht vorüberkommen; denn mit ihm steht alles, was nachher kam, in ursächlichem Zusammenhang; dazu gehören die sowjetischen Panzer in Prag und Ungarn, die Berliner Mauer, das geteilte Deutschland und der allem Zweckoptimismus zum Trotz nicht ungetrübte Blick in die Zukunft.

Bei Prophezeiungen ist immer Vorsicht geboten. Vor 51 Jahren, als man Österreich herzlich wenig Lebenschancen gab, hätte niemand vorauszusagen gewagt, daß dieses Österreich schon nach einem Menschenalter, zumindest mit westlichen Augen gesehen, von allen Sukzessionsstaaten in Mitteleuropa am besten abschneiden würde.

Dem ist so, auch wenn es heute zum guten Dialogton des Westens gehört, ein ruhiges, friedliches Klima mit geistiger Stagnation gleichzusetzen; Verteidigung gegen die Gosse der Happenings als Muckertum und faschistische Freiheitsbeschränkung zu brandmarken; in der Freude an überkommener Kultur eine Zeitvergeudung zu sehen und den Genuß besserer Lebensbedingungen, also den vielzitierten höheren Lebensstandard, als gesellschaftliche Zersetzungserscheinung und leere Ausrede des Establishments zu schelten.

Damit ist nichts gegen den freien Dialog gesagt, noch weniger gegen die Suche nach dem Besseren, die immer das Leitmotiv der gesellschaftlichen Entwicklung war, aber alles gegen den Versuch, um dieses Besseren willen das noch vorhandene gute Porzellan zu zerschlagen.

Gerade daran denkt man bisweilen in Österreich zuwenig, obwohl man erlebt und erlitten hat, wohin das Neinsagen zu allem, was es im eigenen Lande gibt, führte und die unbesehene Bejahung alles dessen, was von jenseits der Grenzen stammt. Man kann ruhig wieder, ohne verdächtig zu werden, von unverfälschter österreichischer Geschichte sprechen, mit Stolz und Ehrfurcht, wie man eben von Vergangenem spricht. Man weiß und soll bekennen, daß man geographisch, politisch-gesellschaftlich und menschlich ein Land der Mitte ist, das allen Fährnissen zum Trotz kulturell immer zur Mitte gehört hat und gehören wird.

Es mag schon so sein, daß österreichische Geschichte nicht ganz leicht zu verstehen ist.

„Schwerer noch scheint es, die österreichische Idee faßbar zu machen. Man frage eine Reihe guter Durchschnittsösterreicher, was Österreich sei, und man wird mehr oder weniger geistvolle, darunter der Mehrzahl nach sicher recht witzige Antworten hören, aber kaum eine erschöpfende und befriedigende, manche zweifelnde, und ich befürchte, keine, die eine rechte Glaubensstärke sprüht. Aber man nehme Österreich den Österreichern weg, und alle werden sofort fühlen, was sie verloren haben. Ist doch auch die Zahl jener, die begreifen, was Altösterreich bedeutete, trotz des allmählichen Absterbens jener Schicht, die in ihm noch lebte und raunzte, in ständigem Wachsen begriffen. Österreich, das ist etwas Undefinierbares, ein Lebensgefühl, ein animalisches oder seelisches — wie blauer Himmel, Frühling und Sonne je nach der Graduierung des betreffenden Menschen empfunden werden. Früher einmal haben Norddeutsche es besser verstanden, auszudrücken, was Österreich ist, als die Österreicher selbst. Sie kamen zu uns, warfen ihren gemessenen Außenmenschen ab, fühlten sich kannibalisch wohl und scheuten sich nicht, das zu sagen und sich danach zu betragen. Österreich war für sie eine Befreiung. Der Österreicher sah zu, schüttelte den Kopf und begriff erst, wenn er selbst vielleicht einmal eine Reise nordwärts gemacht und von dort zurückgekehrt war. Dann war er auch geneigter, an Österreich zu glauben. Auch in diesen anderthalb Jahrzehnten nach der Zerstörung des alten Reiches, als das österreichische Lebensgefühl zuweilen sehr auf den Nullpunkt oder gar darunter sank, war es notwendig, daß durch Anstoß von außen der Österreicher im Österreicher wachgerüttelt wurde und daß ihm aus unklarem Gefühl in hartem Kampfe um seine Existenz Idee und Glaube erwuchs. Aber es ist leider immer noch schwierig, die österreichische Idee begreiflich zu machen. Denn sie ist eine Kulturidee. Sie setzt Kulturbedürfnis und Bildung voraus, um erfaßt zu werden. Sie ist nichts für den Massenfang, kein hohler Wahlschlager, der in Volksversammlungen reißt, sie hat Inhalt, Tiefe und Gewicht, fast zuviel für eine Zeit der Oberfläche. Und das ist in ihrer Heiterkeit vielleicht das Tragische an der österreichischen Idee.

... Lassen Sie mich nur andeuten, was ich unter der Idee Österreich begreife, andeuten mit einem Faust-Zitat, das Sie aus der Szene, in der es vorkommt ... wohl verstehen sollen, verstehen nicht nur animalisch, sondern seelisch und geistig. Österreich, das soll bedeuten: ‚Hier bin ich Mensch, hier darf ich's sein.'

Hans v. Hammerstein (1935)."[48]

Heute kann man es sich wieder leisten, von einer österreichischen Idee zu sprechen, mit anderen Worten, ungestört von jeder Anschlußidee darüber nachzudenken, was Österreich dem Österreicher eigentlich bedeutet.

ANHANG

KAPITEL IV   ANHANG 1

Auszug aus dem Bericht der Bundes-Polizeidirektion in Wien

S.B. 931/34   P.15.093/34   vom 28. Februar 1934
                    an die *Staatsanwaltschaft* II
in Sachen gegen A.M.
und Genossen,
Hochverrat und Verbrechen
gegen das Sprengstoffgesetz.
Zu 8 Vr. 271/34   in Wien

... Schon im November 1933 tauchte hieramts der Verdacht auf, daß der im März 1933 aufgelöste republikanische Schutzbund seine Tätigkeit keineswegs eingestellt habe, sondern vielmehr eine erhöhte Tätigkeit entwickelte. Diese Tätigkeit umfaßt nicht nur eine erhöhte Propagandatätigkeit, sondern insbesondere eine großzügig angelegte Aufrüstungsaktion. Diesen Verdacht bestätigte die Aufdeckung eines Munitionsschmuggels für den republikanischen Schutzbund im November-Dezember 1933 von Preßburg nach Wien. Es wurde damals festgestellt, daß am 21. Oktober 1933 mit Schiffen der D.D.S.G. in Wien von Preßburg aus Munition in 13 Fässer und 4 Kisten in Wien ausgeladen und unbekannt wohin weggeführt wurden. Ein zweiter Transport erfolgte noch anfangs November 1933, bestehend aus 4 Kisten, die aber, da damals die Polizei bereits auf der Spur des Schmuggels war, in Linz an der Donau in den Strom geworfen wurde. Diese beiden Sendungen enthielten nach späteren Berechnungen ca. 100.000 Schuß Infanteriemunition aus den czechischen Munitionsfabriken Prag und Preßburg. Dieser Schmuggel lag insbesondere in den Händen führender Parteiorgane der Sozialdemokraten in Preßburg und von Matrosen der D.D.S.G. in Preßburg und in Wien...

... Von dieser aus Preßburg nach Wien für den republikanischen Schutzbund gelieferten Munition konnten damals nur wenige 100 Schuß bei dem Bezirksrat der sozialdemokratischen Partei namens O. P. in Wien XIX beschlagnahmt werden. Schon damals ergab sich der dringende Verdacht, daß die Waffen- und Munitionsverstecke des republikanischen Schutzbundes nicht mehr wie bisher zentral angelegt wurden, sondern, daß die Kampfmittel einzelnen verläßlichen Parteimitgliedern zur Aufbewahrung übergeben, demnach dezentralisiert werden.

Im Zusammenhange mit den verschiedenen Papierböllerationen der Nationalsozialisten in den letzten Monaten wurden Pakete tragende Personen speziell auch von Wachebeamten in Zivil überwacht und gegebenenfalls perlustriert. So wurde am 15. Jänner 1934 in der Kärntnerstraße vor der Staatsoper der sozialdemokratische Gemeinderat in Schwechat M. A. angehalten, weil er ein scheinbar schweres, längliches Paket unter dem Arm trug. Es stellt sich heraus, daß das Paket 720 Schuß Pistolenmunition, Kaliber 9 mm, für Steyrpistolen, enthielt. Außerdem trug er 50 Sprengkapseln bei sich. Er war geständig, daß er diese Munition über Auftrag des Bezirksführers des republikanischen Schutzbundes in Schwechat namens A. L. bei A. J., Büroangestellter der Zentralstelle des republikanischen Schutzbundes, in Wien, V., Rechte Wienzeile 95, abgeholt hatte.

Der Verdacht, der schon durch die Aufdeckung des Munitionsschmuggels Preßburg - Wien bezüglich des republikanischen Schutzbundes rege geworden war, bestätigte sich nun neuerdings und führte zu größeren Aktionen zunächst in Schwechat und Umgebung.

Am 24. Jänner 1934 wurden im Einvernehmen mit dem Sicherheitsdirektor für Niederösterreich, in Schwechat umfassende Hausdurchsuchungen vorgenommen und bei dieser Gelegenheit 55 Anhaltungen durchgeführt.

Im städtischen Bad in Schwechat wurden 2 Maschinengewehre samt Gestell, 12 Gewehre und ca. 1000 Stück Munition beschlagnahmt. In der Tischlerwerkstätte, die sich in einem Wirtschaftsgebäude der Gemeinde Schwechat befindet, wurden ca. 400 Handgranaten (Hernalser Typen), davon 85 scharf adjustiert, gefunden. In einem Schupfen des zweiten dort befindlichen Wirtschaftsgebäudes der Gemeinde Schwechat, deren Bürgermeister der sozialdemokratische Nationalrat W. ist, wurden ein Maschinengewehr, 45 Gewehre und ca. 27.000 Schuß Munition für Infanterie- und Maschinengewehre beschlagnahmt. Ca. 13.000 Schuß davon stammten aus den czechischen Munitionsfabriken Prag und Preßburg und waren im November 1933 von Preßburg nach Wien geliefert worden, stammten also aus dem Munitionsschmuggel Preßburg - Wien im Oktober 1933.

Zwei weitere Maschinengewehre und Munition wurden einige Tage später bei W. M. in Schwechat, ... beschlagnahmt...

... Da der Erfolg der Waffensuche in Schwechat den Verdacht bestätigte, daß auch in der Schwechater Umgebung Waffen versteckt sind, wurde eine zweite Aktion noch in folgenden Orten durchgeführt: Fischamend, Ebreichsdorf, Trumau, Oberwaltersdorf, Weigelsdorf, Mitterndorf, Moosbrunn, Tattendorf, und schließlich auch in Siebenhirten, Inzersdorf und Purkersdorf.

Die Waffensuche verlief in den genannten Orten durchwegs positiv und wurden beispielsweise in Fischamend 2 weitere Maschinengewehre, Munition, Handgranaten, Gewehre, Pistolen und sonstiges Kampfmaterial gefunden und beschlagnahmt. In den übrigen Orten wurden hauptsächlich Handgranaten, Munition, Pistolen, Gewehre und sonstiges Kriegsmaterial gefunden...

...Die in Schwechat und Umgebung gefundenen Handgranaten stellten eine andere Type dar, als die, die im Jahre 1930 gelegentlich einer Waffensuche im Ottakringer Arbeiterheim gefunden und fälschlich als „Schmierbüchsen" bezeichnet werden. Die in Ottakring gefundene Handgranatentype stellt eine Art Hinterlader dar. D. h. die Sprengladung der Handgranate muß von unten eingefüllt werden und ist überdies in der Form von der Hernalser Type insofern verschieden, als die Ottakringer Type in der oberen Hälfte durch 2 Gußeisenringe verstärkt ist. Die Hernalser Type ist von oben zu laden und fehlen die beiden Verstärkungsringe. Es ergab sich daher der Verdacht, daß es sich um eine neue Erzeugungswerkstätte handle...

...Die Handgranatenerzeugung hat etwa Mitte Oktober 1933, also nach dem sozialdemokratischen Parteitag in Wien eingesetzt...

Im Zuge der weiteren Erhebungen wurde festgestellt, daß der republikanische Schutzbund in Wien und Umgebung auch noch andere Sprengmittel als Handgranaten für den kommenden Bürgerkrieg vorbereitet hatte. Es handelt sich in diesem Falle um Sprengpatronen, die mit flüssiger Luft hergestellt werden. Diese Patronen enthalten in einer Papierhülse, die aus gewöhnlichem regelmäßig durchlochten Packpapier und innen aus Löschpapier besteht, 80% Holzkohlenstaub, 15% Naphthalin und 5% Aluminiumstaub und haben verschiedene Größen. Die größte Type ist ca. 35 cm lang und hat einen Durchmesser von 8 cm. Diese Patronen sind in diesem Zustand vollkommen ungefährlich. Um sie zu Sprengkörpern zu machen, müssen sie etwa 10 Minuten lang in flüssige Luft getaucht werden, wozu eigene Tauchgefäße sowie Transportgefäße für die flüssige Luft erforderlich sind. Sie müssen dann innerhalb der nächsten halben Stunde mittels elektrischer Zündkapsel, wozu eigene Auslöseapparate erforderlich sind, zur Explosion gebracht werden.

Diese Sprengkörper eignen sich insbesondere zur Sprengung von Gebäuden, Brücken, Eisenbahnkörpern, Straßen und dergl. und haben... die Wirkung des Ekrasites.

Am 31. Jänner 1934 wurde nun in Schwechat in der aufgelassenen Salamifabrik eine solche Einrichtung zur Erzeugung von Sprengpatronen für flüssige Luft beschlagnahmt...

...Im Jahre 1930 oder 1931 hielt sich in Wien ein reichsdeutscher Ingenieur namens W. auf, der das Sprengverfahren mit flüssiger Luft in Österreich einführen wollte und zur Erzeugung der Probepatronen mit dem Holz- und Kohlenhändler K. H. in Verbindung trat. Ing. W. soll mit verschiedenen Unternehmungen, die mit Sprengungen zu tun haben, so mit den Alpine Montanwerken, in Verbindung getreten sein, schließlich sei aber die Annahme dieses Patentes abgelehnt worden und W. sei wieder nach Deutschland zurückgegangen. Die bereits erzeugten Patronen und die ganze Einrichtung blieb bei K. H.... liegen, bis F. K. den A. L. mit K. H. zusammenbrachte und der Ankauf eines Teiles der Einrichtung erfolge (sic).

Die Aufrüstungsaktion des republikanischen Schutzbundes läßt sich zusammenfassend im Wesentlichen in 3 Gruppen einteilen:

1.) Waffen- und Munitionslieferung.
Waffen und Munition sollten insbesondere aus der Csl. Rep. bezogen werden. Dieser Gegenstand wird später noch ausführlicher behandelt.
2.) Handgranatenerzeugung.
3.) Ankauf einer Einrichtung zur Erzeugung von Sprengmittel mit flüssiger Luft und sonstiger Sprengmittel.

Durch die bereits eingangs erwähnte Aktion in der Schmuggleraffaire Preßburg - Wien wurde der Donauweg für den Waffentransport abgeschnitten. Es handelte sich damals um ca. 4000 kg samt Verpackung. Laut einer vertraulichen Mitteilung sollen aber im Oktober 1933 in einem Lagerhaus in Preßburg, Hafeng. Nr. 3 (Prokurist L. K.), ca. 10.000 bis 12.000 kg Waffen und Munition eingelagert worden sein. Es müssen demnach noch ca. 6000 kg Waffen und Munition in Preßburg zurückgeblieben sein. Dieser Rest soll nun von Preßburg nach Malacka im Norden von Preßburg gebracht und von dort über die March nach Drösing geschmuggelt worden sein. Von Drösing aus habe ein Wiener Chauffeur die Munition nach Wien gebracht.

Es wurde daher in der Nacht zum 3. Februar 1934 eine größere Aktion in Drösing durchgeführt und dabei insgesamt 15 Personen verhaftet, die geständig sind, 40 Kisten mit Munition a 1350 Schuß über die March nach Drösing geschmuggelt zu haben. Eine 16. Person, und zwar J. Z., der ebenfalls an dem Schmuggel beteiligt war, wurde später in Wöllersdorf verhaftet und mit seinen 15 Komplizen dem Landesgerichte für Strafsachen II in Wien eingeliefert...

...Die Munition wurde von den Schmugglern nach Drösing gebracht und von dort dem Chauffeur E. Sch., am 9. Jänner 1906 in Wien geboren und zuständig, konfessionslos, ledig, ... nach Wien zur weiteren Verteilung überführt. Er wurde hiebei von dem Schlossergehilfen F. C., am 31. August 1908 in Wien geboren und zuständig, konfessionslos, verheiratet, Wien ... wohnhaft und von F. R., Bundesbahnschaffner i. P., am 30. Juli 1900, Wien geboren und zuständig, konfessionslos, ledig ... wohnhaft, unterstützt.

Die drei genannten Personen sind flüchtig. E. Sch. hat auch in der Schmuggelaffäre Preßburg - Wien vom Praterkai die 13 Fässer mit Munition, die in diesem Falle eine wesentliche Rolle spielen, abgeholt, und zwar mit einem Lastwagen des Lastautounternehmers K. B., ... wohnhaft und sie dann zur weiteren Verteilung an die Wiener Lokalorganisation des rep. Schutzbundes gebracht. F. C. hat bei der Aufstellung der Munition mit einem Motorrad mitgewirkt. F. R. soll insbesondere bei der Handgranatenverteilung eine wichtige Rolle gespielt haben. Die Verfolgung der 3 Flüchtigen ist eingeleitet. Da sich nach den bisherigen Erhebungen der begründete Verdacht ergab, daß die Aufrüstung des rep. Schutzbundes von der Zentralleitung dieses Vereines aus organisiert wurde, wurden am 3. Februar 1934 der technische Referent dieses Vereines Major Alexander Eifler und der Finanzreferent Rudolf Löw verhaftet, die aber zunächst jede Kenntnis von der Aufrüstungsaktion in Abrede stellten.

Aus dem bisher in Schwechat und Umgebung beschlagnahmten Waffenmateriale ließ sich ein ungefähres Bild des Standes der Bewaffnung des rep. Schutzbundes für Wien und auch für das übrige Bundesgebiet errechnen. Es wurden daher auch in Wien im Amtsbereiche der Polizeidirektion Aktionen zur Erfassung des Kampfmaterials eingeleitet. Es wurde daher mit der Verhaftung der Kreis- und Bezirksführer des rep. Schutzbundes vorgegangen, um von ihnen die Waffenverstecke zu erfahren. Es war nämlich festgestellt worden, daß sich in den letzten Wochen vor dem 12. Februar

1934 die Kreis- und Bezirksführer täglich in der Zentralleitung des rep. Schutzbundes melden mußten, um Situationsberichte und eventuelle Befehle entgegenzunehmen...
...Die weiteren Aktionen, die insbesonders in Floridsdorf zur Aufdeckung von Waffenverstecken führen sollten, wurden durch den Ausbruch des Generalstreiks in den Mittagsstunden des 12. Februar 1934 verhindert. Bis zum Ausbruch des Generalstreikes wurden demnach durch die ha. Aktionen 20 Maschinengewehre, mehrere 100 Gewehre, und zirka 8000 Schuß Munition beschlagnahmt...
...Besonders aufschlußreich für die Tätigkeit des rep. Schutzbundes betreffend die Vorbereitung zum Bürgerkrieg sind die Angaben des Kreisführers J. S., der angibt, daß unmittelbar nach den Schwechater Waffenfunden am 24. Jänner 1934 in den Räumen der Arbeiterzeitung und zwar im Parteisekretariat eine Versammlung der Mitglieder der Zentralleitung stattgefunden hat.

Den Vorsitz hat damals Major *Eifler* geführt. Anwesend waren außer den Kreis- und Bezirksführern Dr. Otto Bauer, Rudolf Löw, Hans Freytag; Eifler habe die Sitzung mit der Mitteilung eröffnet, daß Bauer wichtige Mitteilungen über die politische Lage geben werde. Bauer habe dann angeführt, daß die politische Lage sehr kritisch und mit der Auflösung der Partei sowie mit einem faschistischen Putsch zu rechnen sei. Es drohe auch die Besetzung des Rathauses. Der rep. Schutzbund müsse sich daher auf alle Fälle bereit halten, weil es die Regierung offenbar darauf ankommen lasse, daß die Angelegenheit mit Waffengewalt ausgetragen werde. *Wer der Sieger sein werde, wisse er nicht, eine andere Austragung der Angelegenheit als eine gewalttätige sei jedoch nicht mehr möglich.*

Dann habe Major Eifler das Wort ergriffen und den taktischen Plan dieses Kampfes entwickelt.

Das Zeichen für den Ausbruch des Kampfes sei die Proklamierung des Generalstreikes. Die Fälle des Generalstreiks wurden bereits am Parteitag vom 14. Oktober 1933 festgelegt und zwar:

1.) Auflösung der soz.dem. Partei,
2.) Besetzung des Wiener Rathauses,
3.) Faschistischer Putsch,
4.) Verfassungsoktroy.

Im Falle eines Generalstreikes haben sich also sämtliche Schutzbündler auf die Alarmplätze zu begeben, wo die Waffen und die Munition auszugeben seien. Zunächst haben sich die Schutzbundformationen durch 12 Stunden ruhig zu verhalten und abzuwarten, welchen Eindruck der Generalstreik auf die Regierung mache. Sollten die 12 Stunden ergebnislos verlaufen, dann hat die Aktion in der Weise einzusetzen, daß die außerhalb des Gürtels gelegenen Polizeikommissariate zu besetzen sind. Die Polizei sei zu entwaffnen, die Bezirksvorsteher der einzelnen Bezirke übernehmen auf den Kommissariaten die Amts- und Polizeigewalt. Dann habe der Vormarsch gegen den Gürtel einzusetzen. Hinter der Front der Gürtellinie hätten die Straßen- und Eisenbahner den bisherigen Ordnungsdienst der Sicherheitswache übernehmen müssen. Die ganze Aktion müsse innerhalb 24 Stunden erledigt sein. Vom Gürtel aus wäre dann die Ringlinie zu besetzen gewesen. Die Innere Stadt sollte einfach umzingelt werden. Zur Frage der Intensität des Waffengebrauches habe *Eifler* erklärt, daß die sozialdemokratische Partei in diesem Kampfe siegen oder sterben müsse.

Auch Major *Eifler* machte die Kreis- und Bezirksführer aufmerksam, daß die Polizei offensichtlich alle Kreis- und Bezirksführer und vielleicht auch noch weitere

Unterkommandanten verhaften wolle. Deshalb sollten sich die Führer für die nächste Zeit verborgen halten. Major Alexander Eifler bestätigte im Wesentlichen die Angaben des S. betreffend den gebildeten Aktionsplan.

Durch die Erhebungen wurde auch festgestellt, daß die Auflösung des rep. Schutzbundes keineswegs seine Immobilisierung zur Folge hatte, daß er vielmehr neu ausgebaut und auf eine breitere Basis gestellt wurde. Der eigentliche rep. Schutzbund führte nach der Auflösung den Namen „Ordnerschaft". Angegliedert wurden die Jungfront, die aus Personen im Alter von 20 bis 30 Jahren bestanden hat und die S.A.J., die aus Burschen im Alter von 16 bis 20 Jahren zusammengestellt ist. Diese drei Gruppen zusammengefaßt wurden „Propagandaabteilung" genannt. Die Ordnerschaft war die Gruppe, die im Ernstfalle das Rückgrat für die gesamte Arbeiterschaft im Kampfe darstellen sollte. Die Jungfront hatte die Aufgabe, Propaganda gegen die Nationalsozialisten zu betreiben, die S.A.J. sollte eine Art Ergänzungskader für die Partei, aber auch für den rep. Schutzbund darstellen. Für den erforderlichen Nachrichtendienst wurden nicht nur die Propagandaabteilungen, sondern überhaupt bei den Ordnerschaften eigene Nachrichtenreferenten bestellt und zwar bezirksweise, die wiederum alles Wissenswerte an die Zentralnachrichtenstelle in die Rechte Wienzeile 95 zu leiten hatten, wo Hans Freytag als Chef fungierte. Die oberste Führung der Ordnerschaften hatte Dr. Julius Deutsch, ihm zur Seite standen als Sekretäre der Nationalrat Karl Heinz, Major Eifler und Rudolf Löw. In Propagandaangelegenheiten war der Bundesrat Dr. Felix Kanitz. Die Jungfront stand unter der Führung des Sekretärs Alois Piberger. Zur Aufrüstung des rep. Schutzbundes gab Major Eifler im Wesentlichen Folgendes an:

Die Aufrüstung habe in intensiver Form schon nach dem Aufmark (sic) der Heimwehr in Wiener Neustadt am 8. Oktober 1928 eingesetzt. Es wurden unter allen möglichen Titeln Sammlungen veranstaltet und das Geld zum Ankauf von Waffen im Inland verwendet. Zur Feststellung des Bewaffnungsstandes des rep. Schutzbundes habe er fallweise von den Bezirksführern durch August Jarosik Rapporte abverlangt. Der letzte derartige Rapport habe einige Zeit nach der Auflösung des rep. Schutzbundes stattgefunden und habe Jarosik gemeldet, daß in Wien ca. 90 Maschinengewehre, ca. 6000 bis 7000 Infanteriegewehre, pro Maschinengewehr zirka 1000 Schuß und pro Gewehr 40 Schuß an Munition vorhanden sei. Es müsse aber gesagt werden, daß dieser Stand sehr wahrscheinlich von den Bezirksführern zu niedrig angegeben worden sei, damit sie bei eventuellen Neubeschaffungen stärker mit Waffen und Munition beteilt werden. Die Richtigkeit dieser Vermutung hat sich bei den Unruhen vom 12. Februar 1934 an bestätigt. Von der czechischen Munitionslieferung wollte Major Eifler zunächst nicht mehr wissen, als das Gerücht, daß von czechischer Seite eine Unterstützung durch Waffenversorgung möglich sei.

Zur Handgranatenerzeugung gab Eifler an, daß Handgranaten nicht nur in Wien, sondern auch in anderen Orten betrieben wurden und daß sie in allen Fällen auf die Initiative der Arbeiter selbst zurückzuführen sei und daher nicht zentral angeordnet worden sei. Allerdings habe die Zentralleitung in Wien Geldbeträge zur Erzeugung dieser Handgranaten beigesteuert.

Mit dem Ankauf der Einrichtung zur Erzeugung von Handgranaten mit flüssiger Luft habe er direkt nichts zu tun gehabt.

Inzwischen war von verläßlicher Seite vertraulich mitgeteilt worden, daß die sozialdemokratische Partei in Österreich nicht direkt den Ankauf der czechischen Munition in der Csl. Rep. besorgt hat, sondern die Internationale in Zürich. Eine besondere Rolle spielt hiebei der Obmann des Internationalen Transportarbeiterverbandes in Amsterdam namens Edo Fimmen, wie aus späteren Geständnissen des Rudolf Löw hervorgeht. Dieser Edo Fimmen soll ebenso wie andere Prominente der Internationale, wie ein gewisser Mertens und ein gewisser Schevenels, wiederholt in Wien gewesen sein und mit Dr. Julius Deutsch Verhandlungen gepflogen haben. Dieser Emmo (sic) Fimmen soll in der Csl. Rep. für mehrere Millionen Schilling ein ganzes Waffenlager, darunter auch Geschütze, Flugzeuge, Radioanlagen und sonstiges Kriegsmaterial aufgekauft haben. Dieses Waffenlager soll in Preßburg und Umgebung versteckt gehalten werden. Die Vertrauensperson stellte bezüglich der Kosten dieses Waffenlagers die Sache so dar, als ob wenigstens seiner Meinung nach die Internationale das Geld hiefür zur Verfügung gestellt hätte. Demgegenüber muß aber hier festgehalten werden, daß die Wirtschaftspolizei der Polizeidirektion Wien gelegentlich einer Amtshandlung nach dem 12. Februar 1934 gegen den Gewerkschafts- und Rechtsschutzverein des Österreichischen Eisenbahnpersonales in Wien, V., Margarethenstraße 16 (Eisenbahnerheim), unter Zahl W.P. 4262/34 festgestellt hat, daß von dieser Vereinigung am 7. Juli 1933 durch den Obmann Nationalrat Berthold König ein Effektendepot im Werte von rund 1,800.000 Schilling in Zürich dem Obmann des Internationalen Transportarbeiterverbandes Edi Fimmen in Amsterdam, Vonderstraat 61, wohnhaft, übergeben wurde. Es besteht demnach der dringende Verdacht, daß mit diesem Gelde das oben erwähnte Waffenlager angekauft worden sei.

Zu diesem Waffenlager in Preßburg und Umgebung gab Rudolf Löw an, daß er sich nur mit der finanziellen Seite der Kampfmittelbeschaffung innerhalb des Bundesgebietes Österreich befaßt habe. Der Wehrfonds, der in den letzten Monaten eine Höhe von 40.000 bis 50.000 S erreicht habe, wäre zu geringfügig gewesen, um größere Waffenkäufe zu tätigen.

Die Ankäufe der Waffen in der Csl. Rep. habe Dr. Deutsch in die Wege geleitet. Auch Karl *Heinz* dürfte Näheres darüber wissen. Auch ihm sei das Waffenlager in Preßburg und Umgebung bekannt. Seines Wissens handle es sich hauptsächlich um Munition, Gewehre und Pistolen. Von Geschützen, Flugzeugen und dgl. habe er nichts gehört. Das Waffenlager soll zirka 300.000 Schuß Infanteriemunition enthalten, wovon übrigens zirka 200.000 Schuß bereits über die Grenze nach Österreich gebracht worden seien. Außerdem sollen in Preßburg und Umgebung noch 2000 Pistolen und eine bestimmte Anzahl von Gewehren liegen, Gerüchten zufolge stamme das Geld zum Ankauf dieses Waffenlagers von der Internationale in Zürich. Richtig sei, daß Edi Fimmen aus Amsterdam und ein gewisser Mertens im Herbst 1933 bei Dr. Deutsch in Wien gewesen seien. Deutsch ist übrigens im Laufe des letzten Jahres zweimal in Zürich, einmal in Paris und vier- bis fünfmal in Prag gewesen. Alexander Eifler hat nach Vorhalt der Angaben des Rudolf Löw zugegeben, daß auch er Kenntnis von dem Waffenlager in Preßburg und Umgebung habe. Es soll sich um ca. 400.000 bis 500.000 Patronen, ca. 6000 Gewehre, mehrere 1000 Pistolen handeln. Von den 500.000 Schuß sind etwa 150.000 Schuß nach Österreich gebracht wurden und zwar in den bereits erwähnten 13 Fässern ca. 90.000 Schuß und über 50.000 Schuß in den Kisten, die von Malacka nach Drösing geschmuggelt worden waren.

August Jarosik, der seit 1930 Bürodiener bei der Zentralleitung des rep. Schutzbundes war, bestätigt die Angaben des Major Eifler betreffend die Kampfmittelrapporte.

Seiner Erinnerung nach haben diese Rapporte als letzten Stand ergeben: ca. 120 MG, ca. 7000 Gewehre, ca. 5000 Pistolen und 500.000 Schuß Munition. Seiner Meinung nach haben aber die Bezirksführer ihren Waffenstand meist niedriger angegeben, damit sie bei eventuellen Neulieferungen höher dotiert werden. Der Stand der Munition sollte aber nach dem Referat des Eifler pro MG 2000 Schuß und pro Infanteriegewehr 70 Schuß betragen, sodaß sich bei einem Stand von 500.000 Schuß ein Manko von etwa 200.000 Schuß ergeben hat. Es sei daher eine Munitionslieferung in Aussicht gestellt worden. An einem Samstag im Herbst 1933 (21. Oktober 1933) sei er von Löw verständigt worden, daß Munition in Fässern eingelangt sei. Jarosik habe sich daraufhin mit Empfängeradressen in die Garage des bereits erwähnten K. B., XX., etabliert, begeben, wo E. Sch. mit einem Lastauto des B. bereits die 13 Fässer eingebracht hatte. Die Munition aus den 13 Fässern sei in Gegenwart des B., des K., des Sch. und des F. C. in Jutesäcke umgefüllt worden und Sch. habe dann die Munition an den von Jarosik mitgebrachten Adressen abgeliefert. Die Munition wurde zum kleinen Teil im 8. Bezirk für den Kreis Nordwest ca. 20.000 Schuß, für den 11. Bezirk, für den 10. Bezirk ca. 7000 Schuß (S.), für den 12. Bezirk, Anzahl der Munition unbekannt (C.), für den 16. Bezirk zirka 20.000 Schuß, Empfänger F. M. und schließlich für Schwechat zirka 14.000 Schuß an L. geliefert. Im 20. Bezirk hat K. ca. 20.000 Schuß erhalten. Die 13 Fässer haben ungefähr 100.000 Schuß enthalten.

Nach dieser Aktion sei eine zeitlang Ruhe eingetreten, weil die Polizei hinter dem Schmuggel her war. Etwa 3 Wochen später habe er gehört, daß der Schmuggel über die March nach Drösing fortgesetzt werde. Es wurden damals 40 Kisten a 1350 Schuß nach Österreich geschmuggelt. Davon hat 3 bis 4 Kisten C. für den 5. Bezirk, S. 4 Kisten für den 6. Bezirk und D. 18 Kisten für den 8. Bezirk erhalten. Ein Teil dieser Munition sei auch in die Provinz gegangen. Er sei mitten unter dieser Aktion verhaftet worden und könne er daher nicht angeben, wohin die restliche Munition gekommen sei.

In diese Periode falle auch eine Lieferung von 2 Kisten mit Pistolenmunition, die Kiste zu 5000 Schuß. Sie wurde direkt in die Rechte Wienzeile 95 geliefert und von Jarosik gelegentlich einer Konferenz der Wiener Bezirksführer am 13. Jänner 1934 verteilt. Der Schwechater Bezirksführer A. L. war an diesem Samstag nicht anwesend, hat aber dafür am Montag, den 15. Jänner 1934 den M. A. zur Abholung der Munition nach Wien geschickt. Dieser M. A. wurde aber angehalten, ein Umstand, der neben dem Munitionsschmuggel Preßburg - Wien zur Aufrollung der Aufrüstungsaktion des republikanischen Schutzbundes und schließlich auch zu den Ereignissen am 12. Februar 1934 führte.

Im Sommer 1933 seien auch 50 Mauserpistolen aus dem Ausland in die Zentralleitung geliefert worden. Einen Großteil dieser Mauserpistolen hat S. erhalten ...

... Zusammenfassend kann gesagt werden, daß der republikanische Schutzbund schon seit Jahren die Vorbereitungen zum Bürgerkrieg getroffen habe. Besonders intensiv wurden diese Vorbereitungen seit der Auflösung des republikanischen Schutzbundes und erreichten ihren Höhepunkt nach dem Parteitag im Favoritner Arbeiterheim, vom 14. Februar 1934.[1] Die Frage, wer eigentlich den Generalstreik am 12. Februar 1934, der zu den nachfolgenden blutigen Ereignissen führte, proklamiert

---

[1] Es handelt sich hier um einen offensichtlichen Schreibfehler. Gemeint ist der Parteitag vom 14. Oktober 1933.

hat, konnte von hieramts *nicht* gelöst werden. Einzelne der zu diesem Punkte einvernommenen Mandatare der sozialdemokratischen Partei können oder wollen darüber keine Auskunft geben und vertreten den Standpunkt, daß es sich um einen wilden Streik gehandelt habe. Es wird von ihnen auch betont, daß eine linksradikale Gruppe in der Arbeiterschaft die Führer zu diesem Kampfe gedrängt habe...[2]

---

[2] Die meisten der im Originalbericht angeführten Namen sind in diesem Abdruck nur mit den Anfangsbuchstaben bezogen. Kursivsteller von Verfasser.

KAPITEL IV	ANHANG 2

STENOGRAPHISCHES PROTOKOLL
125. Sitzung des Nationalrates der Republik Österreich

IV. Gesetzgebungsperiode   Samstag, 4. März 1933

Präsident: ...Es ist diesmal ein besonders glücklicher Fall, meine sehr geehrten Frauen und Herren Abgeordneten, daß sich die Fehler auf beiden Seiten annähernd gleichmäßig verteilen, so daß ich hoffe, daß Rekriminationen nicht notwendig sind.

Aber ich bitte das hohe Haus, diesem Umstand, beinah vollständig gleichmäßig *(Widerspruch rechts)*, und der Aufregung Rechnung zu tragen, denn das macht unsere Arbeit überhaupt sehr schwer. *(Ruf rechts: Da ist eine Stimme ungültig!)*

Und nun komme ich zum Gegenstande. *(Dr. Buresch: Herr Präsident, ich bitte um das Wort!)*

Dr. Buresch: Ich bin der Meinung, daß die Entscheidung, die der Herr Präsident da treffen will, in Ansehung der beiden Stimmzettel, die auf den Namen Abram abgegeben worden sind, nicht richtig ist. *(Zustimmung rechts.)* Es ist in der Geschäftsordnung die Bestimmung enthalten, es kann sich niemand der Abstimmung entziehen. Es kann aber ohne weiteres jemand einen leeren Stimmzettel abgeben. *(Widerspruch links.* — *Ruf links: Er kann nur auf Ja oder Nein lauten!)* Er kann das durchstreichen, was drauf ist. Damit ist der Stimmzettel leer. *(Widerspruch links.)* Wenn ein Abgeordneter einen Stimmzettel abgibt, der nicht seinen Namen trägt, dann hat er nicht gestimmt. Die Stimmenabgabe ist ein höchster Formalakt in des Wortes wörtlichster Bedeutung. Wenn die Stimmenabgabe nicht so erfolgt, wie sie nach dem Gesetz zu erfolgen hat, wenn der Abgeordnete nicht einen auf seinen Namen lautenden Stimmzettel abgibt, auf dem deutlich Ja oder Nein draufsteht, dann hat er seine Stimme nicht abgegeben.

Ich bin daher der Meinung, daß die Entscheidung des Herrn Präsidenten nicht richtig ist. Es ist etwas anderes, wenn jemand in die Lade hineingreift und zwei zusammenpickende Stimmzettel abgibt. Es könnten ja auch drei sein. Vielleicht sind sie beim Abschneiden zusammengeheftet worden. Es ist ganz selbstverständlich, daß dann diese beiden Stimmzettel nur als einer zu werten sind.

Ich ersuche daher den Herrn Präsidenten, seine Meinung zu revidieren und die Entscheidung zu treffen, welche dem Formalakte einer Stimmenabgabe entspricht.

Präsident: Ich kann der Auffassung des Herrn Landeshauptmannes Dr. Buresch — er wird verzeihen — nicht beipflichten. Vor allem heißt es *(liest):* „Alle Mitglieder haben ihr Stimmrecht persönlich auszuüben. Die Abgabe der Stimme darf nur durch Bejahung oder Verneinung der Frage ohne Begründung stattfinden." Es gibt also kein drittes, sondern nur entweder Ja oder Nein. Es gibt kein Drittes. *(Widerspruch rechts. — Zwischenrufe links.)*

Aber weiters *(liest)*: „Keinem in der Sitzung anwesenden Mitgliede ist gestattet, sich der Abstimmung zu enthalten." Es ist nun durch Zeugenaussagen und durch die Bestätigung der Beamten erwiesen, daß der Herr Abg. Scheibein gestimmt hat. Die lebendige Person hat gestimmt, und ein Stimmzettel Scheibein hat sich nicht vorgefunden. Infolgedessen ist die Aufklärung zu suchen, warum kein Stimmzettel Scheibein da ist, wenn Scheibein gestimmt hat. *(Vaugoin: Aber der Stimmzettel ist nicht da! — Zwischenrufe rechts.)* Aber, meine Herren, der erwiesene lebendige Akt des Menschen ist in dieser Sache für mich entscheidend, und es besteht kein Zweifel. *(Vaugoin: Ausgeschlossen! — Kunschak: Das ist keine Ermessenssache und keine Sache des guten Glaubens, sondern eine genau geregelte Sache! — Zwischenrufe rechts.)* Der Zwischenfall ist damit erledigt.

Dr. Buresch: Es wird mir soeben mitgeteilt, daß bei einer namentlichen Abstimmung, die vor einiger Zeit hier stattgefunden hat, einige Herren vom Heimatblock keine Stimmzettel abgegeben haben. Der Vorgang wurde nicht gerügt. Bitte, ist das richtig? *(Neustädter-Stürmer: Ja, der Beamte hat von uns den Stimmzettel verlangt, wir haben gesagt, wir geben ihn nicht her, darauf ist er weitergegangen!)*

Präsident: Das ist mir nicht bekanntgeworden. Bitte, meine Herren, jetzt kommen wir zu dem anderen Fall. *(Lebhafter Widerspruch rechts. — Rufe rechts: Der Antrag ist abgelehnt! 80 : 80! — Schmitz: So kommen Beschlüsse zustande! — Dr. Bauer: So wollen Sie die Mehrheit wieder umschwindeln, wie bei Lausanne! — So will man die Abstimmung wieder rückgängig machen! — Ruf rechts: Es kann nicht Abram für Scheibein stimmen! — Vaugoin: Das Abstimmungsresultat muß korrigiert werden! — Anhaltende Zwischenrufe und Lärm).* Die Sache ist für mich erledigt. *(Lebhafter Widerspruch rechts. — Rufe rechts: Nein, die Sache ist nicht erledigt!)* Ich bitte um Ruhe! *(Anhaltende Zwischenrufe rechts. — Großer Lärm.)*

Meine Herren, es ist unmöglich, das Präsidium zu führen, wenn ein so großer Teil des Hauses den Entscheidungen des Präsidiums widerspricht. Ich werde das nicht auf mich nehmen. Ich lege meine Stelle als Präsident nieder. *(Stürmischer Beifall links. — Lebhafte Zwischenrufe rechts. — Gegenrufe links. — Präsident Dr. Renner verläßt das Präsidium. — Präsident Dr. Ramek begibt sich zur Präsidentenestrade. — Dr. Renner nimmt seinen Abgeordnetensitz ein. — Stürmischer Beifall links. — Zwischenrufe.)*

Präsident Dr. Ramek: Hohes Haus! Mit Rücksicht auf den Widerspruch, der von einem großen Teil des Hauses gegen den früheren Vorgang bei der Abstimmung erhoben wurde, bleibt mir nichts anderes übrig, als diese Abstimmung für ungültig zu erklären. *(Stürmische Rufe links: Das gibt es nicht!)* Also, ich bitte jetzt ... *(Rufe rechts: Niederlegen! — Seitz: Das kann nicht einmal der liebe Gott! Das kann kein Mensch! — Anhaltende Zwischenrufe. — Seitz: Bitte um das Wort zur Geschäftsordnung!)* Wenn Sie meinen, daß es das nicht gibt ... *(Anhaltende Rufe links: Nein! — Seitz: Nie gegeben hat!)* Es ist aber festgestellt worden, daß bei der früheren Abstimmung — das ist früher hier mitgeteilt worden — zwei Stimmen auf den Abgeordneten Abram gelautet haben. Es kann aber ein Abgeordneter nur eine einzige Stimme abgeben, daher ist ein Stimmzettel ungültig *(lebhafter Widerspruch links)*, und eine Stimme für den Abg. Scheibein wurde überhaupt nicht abgegeben. Deshalb habe ich Ihnen den Vorschlag gemacht, daß wir diese Abstimmung wiederholen. Dabei bleibt es. *(Rufe rechts: Nein! Es ist ungültig!)* Ich ordne also an, daß über den Antrag ... *(Kunschak: Ich bitte um das Wort!)* Herr Abg. Kunschak!

Kunschak: Hohes Haus! Verehrter Herr Präsident! Die Abstimmung ist in der Geschäftsordnung genau formuliert, so daß es hier einen Zweifel nicht geben kann, vernünftigerweise auch gar nicht geben darf. Es entscheidet die Teilnahme der Zahl der Abgeordneten an der Abstimmung. Aus welchem Grund der Herr Abg. Scheibein seinen Stimmzettel nicht abgegeben hat oder einen anderen abgegeben hat, das ist nicht zu untersuchen. Er hat nicht gestimmt. Daher haben für den Antrag Schürff 80 Abgeordnete, gegen den Antrag 80 Abgeordnete gestimmt, er ist daher bei Stimmengleichheit gefallen. *(Stürmische Rufe links: Er hat gestimmt! — Pfui-Rufe links. — Gegenrufe rechts.)*

Präsident Dr. Ramek: Ich bitte um Ruhe! *(Seitz: Ich bitte um das Wort zur Geschäftsordnung!)* Der Herr Abg. Seitz zur Geschäftsordnung!

Seitz: Es mag hier vorgefallen sein, was immer. Eines ist absolut unmöglich und nach der Verfassung vollkommen ausgeschlossen, nämlich daß ein Präsidentenwort, eine Enunziation des Präsidenten in irgendeiner Weise geändert wird. Das gibt es nicht. *(Vaugoin: Oho! — Rufe rechts: Und die Abstimmung über den Antrag Kunschak?)*

Präsident Dr. Ramek: Bitte um Ruhe!

Seitz *(fortfahrend)*: Deshalb haben wir in der ersten Session des Parlaments, wie es einmal vorgekommen ist, daß infolge des Irrtums eines Antragstellers eine Enunziation erfolgt ist, an deren Fehlerhaftigkeit nicht der Präsident schuld war, sondern die Sachlage, neu den Gedanken eines Bundesrates gefaßt, damit noch eine Korrektur möglich ist. Ich habe damals als Präsident erklärt, dieser Beschluß muß in das Gesetzblatt, der Nationalrat hat seinen Willen durch seinen Präsidenten geäußert, und daran gibt es kein Makeln und keine Änderung. Das ist einer der feststehenden Grundsätze des Parlamentarismus überhaupt, weil es sonst ganz unmöglich wäre, ein Parlament zu leiten, wenn irgendeine Enunziation seines Präsidenten noch umgestoßen werden könnte.

Präsident Dr. Ramek: Hohes Haus! Da der von mir enunzierte Vorgang die Zustimmung eines großen Teiles des Hauses nicht findet, lege ich meine Stelle als Präsident nieder. *(Stürmischer Beifall rechts und auf der äußersten Rechten. — Präsident Dr. Ramek verläßt das Präsidium.)*

Präsident Dr. Straffner *(den Vorsitz übernehmend)*: Hohes Haus! Da sich das Haus über die Streitfälle, die das Haus auf Grund der Abstimmung eben beschäftigen, nicht einigen kann, bin ich nicht in der Lage, die Sitzung des Hauses weiterzuführen, und lege ebenfalls meine Stelle als Präsident nieder. *(Lebhafter Beifall bei den Parteigenossen und rechts. — Präsident Dr. Straffner verläßt das Präsidium. — Die Abgeordneten verlassen den Sitzungssaal. — Anhaltende Zwischenrufe.)*

9 Uhr 55 Min. abends.

KAPITEL V	ANHANG 1

Übersetzung   Rom, 15. Mai 1936 — XIV

GEDÄCHTNISPROTOKOLL

Nach Kenntnisnahme des Berichts des Senators Salata über die Unterredung, die er in Wien mit Kanzler Schuschnigg hatte, und der Mitteilungen seitens der Österreichischen Gesandtschaft über die Entwicklung der jüngsten österreichischen Krise, die er gestern und heute früh erhielt, hat S. E., der Chef der Regierung, in Anwesenheit von S. E. Suvich seine Meinung und seine Instruktionen wie folgt niedergelegt:

1. Es ist nicht gut, die Situation zu dramatisieren; so sehr man auch das Scheiden des Fürsten Starhemberg aus dem Kabinett und von der Führung der Vaterländischen Front mit Mißfallen betrachten möge, führe es doch eher durch eine Verstärkung einheitlichen Handelns zur Klärung und zu einer raschen und konkreten Verwirklichung des autoritären Staatsprinzips, wie es in der neuen Bundesverfassung niedergelegt ist.

2. S. E., der Chef der Regierung, hat volles Vertrauen zur Person Schuschniggs, dessen „forma mentis" vermöge seiner religiösen Herkunft, seiner politischen Prinzipien und seiner treuen Gefolgschaft zum Andenken Dollfuß' volle Garantien bietet. Der Kanzler hat nicht nur durch das Begrüßungstelegramm, das er an S. E., den Duce, richtete, sondern auch durch seine offiziellen und offiziösen Erklärungen völlig klare Versicherungen hinsichtlich seiner Absichten gegeben, sowohl was die Beziehungen zu Italien, als auch was die Innenpolitik betrifft. Man hat daher diese Versicherungen zur Kenntnis zu nehmen. Natürlich, das vertrauensvolle Verhältnis kann und muß kontrolliert und überprüft werden je nach der Entwicklung der Dinge und daher wird die Arbeit Schuschniggs mit lebhafter und offener Sympathie, aber gleichzeitig mit Aufmerksamkeit zu verfolgen sein.

3. Vor allem muß das autoritäre Regime sich konkreter realisieren. Nachdem nun nach Beseitigung des Dualismus zwischen Kanzler und Führer der Vaterländischen Front die Bahn frei ist, bleibt darauf zu achten, daß man rasch zur Organisation der einheitlichen Miliz schreitet, welche über den Weg der Vaterländischen Front dem Regierungschef direkt unterstellt sein muß. Die vereinigte Miliz muß natürlich die Existenz aller anderen militärischen Formationen ausschließen und muß stärkstdiszipliniert den anderen bewaffneten Kräften des Staates (Heer und Polizei) koordiniert sein.

4. Hinsichtlich der Organisation der freiwilligen Miliz hat der Chef der Regierung bereits einige seiner Ansichten dem österreichischen Militär-Attaché dargelegt (besonders was die Organisation spezialisierter Milizkräfte betrifft usw.). Um die Moral der freiwilligen Formationen zu stärken und die disziplinären und kameradschaftlichen Beziehungen zwischen Miliz und Heer zu festigen, wäre es ratsam, daß je ein Miliz-Bataillon organisch eingegliedert würde in jede der bestehenden oder in Aufstellung begriffenen Heeresdivisionen.

5. Die Sozialpolitik Schuschniggs, welche darauf abzielt, die großen Massen der Arbeiterschaft ohne Rücksicht auf ihre politische Vergangenheit zur Vaterländischen Front heranzuziehen, wird voll gebilligt, soferne sie bereit sind, als Grundlage die staatliche Unabhängigkeit Österreichs und das allgemeine Programm der Vaterländischen Front zu akzeptieren. Der Kanzler hat recht, wenn er jeden Mißbrauch und Exzeß, sei es der Arbeiterschaft, wie auch besonders seitens einzelner Elemente der Plutokratie und der Großindustrie, vermeidet und unterdrückt.

6. Fürst Starhemberg, dessen Verdienste unbestreitbar sind, und im übrigen auch in diesem Augenblick von Schuschnigg selbst voll anerkannt werden, muß nach dieser vielleicht unvermeidlichen Episode sich diszipliniert verhalten und soll sich jeder Äußerung eines Ressentiments und jeder Propaganda, die zu seinen Gunsten in Opposition zur Schuschnigg-Regierung versucht werden mag, enthalten. Starhemberg ist jung und kann eine Reserve für das österreichische politische Leben sein; er soll

sich daher nicht für Bewegungen hergeben, welche dem Land und ihm selbst gefährlich werden könnten, und welche von den Gegnern ausgenützt würden, speziell von den Nationalsozialisten und von lauwarmen Befürwortern der österreichischen Unabhängigkeit in England und Frankreich, in dem Sinne, daß sie sich noch mehr als in der Vergangenheit am Schicksal eines unabhängigen Österreichs desinteressieren.

7. Die Heimwehren haben auch im neuen Kabinett Schuschnigg eine entsprechende Vertretung, durch welche sie, wie auch auf dem Boden der Vaterländischen Front, einen Einfluß ausüben können.

Die Tatsache allein, daß Baar zum Vizekanzler ernannt wurde, ein treuer Heimwehrmann und früher stellvertretender Führer der Miliz unter Starhemberg, und daß der Finanzminister Daxler im Kabinett geblieben ist, auch er ein treuer Heimwehrmann, schließt jede Absicht und jede Möglichkeit, die Bedeutung der Heimwehrbewegung im Bereich der Vaterländischen Front herabzusetzen, aus. Schuschnigg selbst erklärt, daß die neue vereinte Miliz die Ideologie und die Traditionen der Heimwehren übernehmen soll.

8. Der Regierungschef hat bei dem Empfang des österreichischen Gesandten, und nach Kenntnisnahme der ihm im Namen Schuschniggs überbrachten Erklärungen und Versicherungen erwidert, daß er mit größter persönlicher Sympathie und größtem Vertrauen seine Aktion als Chef des rekonstruierten Kabinetts verfolge, und daß Schuschnigg darauf rechnen könne, soweit seine Politik sich nach den dargelegten Grundsätzen richten wird, die weitestgehende Unterstützung Italiens und seine persönliche Unterstützung zu erhalten.

9. Senator Salata soll seine persönlichen Vertrauenskontakte mit Schuschnigg aufrecht erhalten, die sich von großer Nützlichkeit erwiesen haben.

KAPITEL V ANHANG 2

Vertrauliche, mündliche Erklärungen. *Vertraulich!*

Der *Vertreter des Deutschen Reiches* erklärt:

1) Die Deutsche Reichsregierung ist zur Anbahnung normaler wirtschaftlicher Beziehungen zwischen dem Deutschen Reich und Österreich unter Beiseitelassen aller politischen Momente bereit. Diese Bereitschaft bezieht sich auf den kleinen Grenzverkehr, insbesondere aber auf den Einkauf von Holz und Vieh, auch hinsichtlich der bisher absichtlich aus diesem Verkehr ausgeschlossenen Gebiete (z. B. Mühlviertel). Hinsichtlich des Touristenverkehrs werden die Behinderungen der Mitglieder des deutsch-österreichischen Alpenvereins bei Besuch der den reichsdeutschen Sektionen gehörenden Hütten sogleich beseitigt werden.

2) Alle Behinderungen des gegenseitigen künstlerischen Austausches werden beseitigt; desgleichen jene des Absatzes von Werken beiderseitiger Autoren auf dem Gebiet des anderen Teils, insoweit sie den Gesetzen des Bezugslandes entsprechen. Der *Bundeskanzler* teilt mit, daß das Zustandekommen des in Rede stehenden Modus vivendi zur Folge hätte, daß er bereit wäre,

a) eine weitreichende politische Amnestie durchzuführen, von der diejenigen ausgenommen werden sollen, die schwere gemeine Delikte begangen haben,

b) die Außenpolitik der österreichischen Bundesregierung unter Bedachtnahme auf die friedlichen Bestrebungen der Außenpolitik der Deutschen Reichsregierung zu führen. Hiedurch werden die Römer Protokolle ex 1934 und deren Zusätze ex 1936 sowie die Stellung Österreichs zu Italien und Ungarn als den Partnern dieser Protokolle nicht berührt.

c) mit dem Zwecke, eine wirkliche Befriedung zu fördern, in dem geeigneten Zeitpunkt, der für nahe Zeit in Aussicht zu nehmen ist, Vertreter der bisherigen sogenannten nationalen Opposition in Österreich zur Mitwirkung an der politischen Verantwortung heranzuziehen, wobei es sich um Persönlichkeiten handeln wird, die das persönliche Vertrauen des Bundeskanzlers genießen und deren Auswahl er sich vorbehält.

KAPITEL VI   ANHANG 1

Die PUNKTATIONEN mit Dr. Seyß-Inquart

Der Bundeskanzler und Frontführer ist zu einer Vollendung der Politik des 11. Juli und insbesonders des Punktes 9, b, des Zusatzübereinkommens bereit, wenn die von ihm laut Punkt 9, b, zur Mitverantwortung herangezogenen Personen seines Vertrauens in dieser politischen Funktion auch vom Reich als ausschließlich zuständig betrachtet werden, und zwar:

1. Werden außer den offiziellen Verbindungen des Reiches zu den österreichischen Behörden und Stellen von den Behörden und Parteistellen des Reiches, einschließlich der Gesandtschaft in Wien, Verbindungen ideeller und materieller Art in politischen Angelegenheiten über die Person des Staatsrates *Seyß-Inquart* aufrechterhalten. Jedenfalls wird jede Verbindung mit dem Reich zu einer illegalen Stelle unterbunden und den bezüglichen Reklamationen des Doktor Seyß entsprochen.

2. Die zur politischen Tätigkeit im Sinne des Punktes 9, b, in besonderen Stellungen herangezogenen Personen, über deren Namen das Einvernehmen hergestellt ist, haben ihrer verfassungsmäßigen Verantwortung und aus der Zugehörigkeit zur Vaterländischen Front sich ergebenden disziplinären Verpflichtung zu erklären, daß sie sich in allen Angelegenheiten des Punktes 9, b, den Weisungen des Dr. *Seyß* unterstellen und keinerlei sonstigen Verpflichtungen unterliegen.

Die Anerkennung der Ausführung des Punktes 9, b, in der Form bestimmter personeller und sachlicher Maßnahmen wird womöglich vom Reichskanzler in der Reichstagsrede vom 20. Februar erfolgen.

Der Bundeskanzler und Frontführer wird als personelle Maßnahme diese Personen seines Vertrauens zeitgerecht bekanntgeben und in nachstehender Weise zur politischen Mitverantwortung heranziehen:

2. a) Die volkspolitischen Referenten werden unbeschadet ihrer organisatorischen Eingliederung in die Landesführungen in ihrem besonderen Aufgabenkreis (§ 26 VS) einer einheitlichen Leitung unterstellt. Der Bundesleiter des volkspolitischen Referats wird Mitglied des Führerrates. (Vorgeschlagen wird als Leiter Dr. *Seyß*, Dr. *Pembaur* als Kanzleichef.)

b) Die Landesführer sind verhalten, in allen § 26 VS betreffenden Angelegenheiten die volkspolitischen Referenten zu hören. Die Referenten haben das

Recht, in diesen Angelegenheiten auch selbst Anträge an den Landesführer zu stellen.

c) Die Referenten haben das Recht, für diese Aufgabe bei jeder Landesführung aufzubauende Schlichtungsstellen zur Entscheidung von Einzelfällen anzurufen. Über die Einleitung des Schlichtungsverfahrens entscheidet der Landesführer. Gegen die Verweigerung der Einleitung steht dem Referenten das Beschwerderecht an das Amt des Frontführers zu. In Angelegenheit des § 26 erfolgt die Entscheidung nach Anhörung des Bundesleiters.

d) Ein sektionsmäßiger Ausbau des volkspolitischen Referates durch Bestellung von Amtswaltern bei allen Dienststellen der Front unter ausschließlicher Betrauung mit Aufgaben gemäß § 26 ist nicht in Aussicht genommen. Hingegen ist im Sinne dieses § 26 der beschleunigte Einbau von Frontmitgliedern nationaler Herkunft durch Betrauung mit Amtswalterfunktionen bei allen Gliederungen und Organisationen vorgesehen. Voraussetzung für solchen Einbau ist sachliche, moralische und politische Eignung für eine Amtswalterposition. Dieser Einbau soll in großen Zügen in etwa drei Monaten vollendet sein.

Die sieben Beiräte des Bundesleiters und vier Beiräte der Landesreferenten haben Amtswaltercharakter. Alle das volkspolitische Referat betreffenden Personalangelegenheiten sind nach Fühlungnahme mit dem Bundesleiter zu lösen.

e) Sofern in Hinkunft Ernennungen in die Vertretungskörper von Gebietskörperschaften erfolgen, ist darauf Bedacht zu nehmen, den Einbau auch von Mitgliedern der Vaterländischen Front nationaler Herkunft in die Wege zu leiten.

3. Dr. *Seyß* wird Vereine, deren Zielsetzung oder mitgliedermäßige Zusammensetzung mit seinem Wirkungskreis in Berührung stehen, dazu veranlassen, sich freiwillig seinem Einfluß zu unterstellen.

Der Bundeskanzler und Frontführer wird den staatlichen und Frontstellen, die mit Vereinsangelegenheiten beschäftigt sind, die Weisung erteilen, in allen diese Vereine betreffenden Angelegenheiten mit Dr. *Seyß* Fühlung zu nehmen. Sonderbeschränkungen sollen für diese Vereine nicht gelten, sofern nicht eindeutige gesetzliche (Front-)Bestimmungen solche Beschränkungen erfordern.

4. In den Bundespressedienst wird eine Persönlichkeit eingebaut, die die Aufgabe haben wird, bei der Lösung aller die sogenannte nationale Presse und die reichsdeutsche Presse betreffenden Fragen herangezogen zu werden.

Alle Zeitungen und Zeitschriften, die sich dem Dr. *Seyß* unterstellen, indem sie erklären, daß sie bezüglich des politischen Inhaltes in positiver wie in negativer Richtung seinen Weisungen nachkommen werden, werden von allen Beschränkungen frei.

Die „Wiener Neuesten Nachrichten" werden durch Aufhebung des Kommissariats dem Dr. *Seyß* zur Verfügung gestellt, sobald er erklärt, daß er alles Einflußrecht auf die politische Führung des Blattes, beziehungsweise des Verlages hat.

5. Dr. *Langoth* wird bezüglich der Zweckbestimmung seines Hilfswerkes, das zu den Vereinen laut Punkt 3 gezählt wird, eine Erklärung abgeben, die zwischen Dr. Seyß, Dr. Langoth und dem Generalsekretär der Front festgelegt wird.

6. Die Frage der Postenbesetzung im berufständischen Aufbau wird nicht als politische Frage erklärt, doch ist nach Durchführung einer Bestandsaufnahme dafür Sorge zu tragen, daß Fachleute nationaler Herkunft wegen dieser Einstellung, sofern

von Seite der Front keine Bedenken obwalten, an der Übernahme solcher Positionen nicht verhindert werden.

Dr. *Seyß* wird seinen Einfluß dahin ausüben, daß keine Sektionierung im berufständischen Leben nach politischen Gesichtspunkten erfolgt.

7. Es gibt zweifellos wesentliche Grundauffassungen des nicht parteigebundenen Nationalsozialismus, die sich in die Staatsideologie des neuen Österreich organisch eingliedern lassen.

Diese Grundauffassungen von den historischen und ideologischen Begleitgedanken und Erscheinungen, die dieser Feststellung zu widersprechen scheinen, zu trennen, ist durchaus möglich. Eine endgültige Formulierung wird gesucht und gefunden werden.

8. Die Fälle vor dem 11. Juli 1936 werden mit zeitlich beschränkten Terminen liquidiert, allenfalls erfolgt das Abschieben einzelner Leute ins Reich, wo sie keine öffentlichen Stellungen bekleiden dürfen. Über die Ausnahmen von dieser Maßnahme besteht das Einvernehmen.

Die Tilgung der Straffolgen erfolgt individuell, nach generellen, noch näher auszuführenden Weisungen im Sinne der seinerzeitigen Vorschläge.

Die Fragen der Rückwanderung werden im Überprüfungsweg der Einzelfälle erledigt.

Zur Erledigung aller dieser Fragen, Amnestie, Tilgung und Rückwanderung, wird eine Zentralstelle in Aussicht genommen.

9. Nach Schaffung der Voraussetzung für ein engstes militärisches Zusammenleben hat eine möglichste Angleichung in Ausbildung und Ausrüstung zu erfolgen. Jede besondere politische Betätigung und Propaganda zum Beispiel und insbesondere in legitimistischer, nationalsozialistischer Richtung hat zu unterbleiben (Traditionspflege bleibt unberührt). Eine solche Betätigung wird ausdrücklich mit Beipflichtung des Reiches verurteilt.

Wirtschaftlich wird die Bestellung eines Sonderbeauftragten empfohlen, der in Zusammenfassung der bezüglichen Agenden des Außenamtes und Handelsministeriums für die Beseitigung administrativer Hindernisse, Förderung des Warenaustausches und Senkung der Einfuhr zu sorgen hat.

10. Es wird darauf hingewirkt werden, daß eine entsprechende Anzahl von Vaterländischen Front-Mitgliedern nationaler Herkunft in die verschiedenen Körperschaften einberufen werden (Staatsrat, Landesrat, Landtage, Gemeindetage). Auch soll der Einbau geeigneter Leute in führende Stellen erfolgen.

Zur ehesten Ernennung werden beantragt:

Staatsräte: Dr. *Jury*, Dr. *Langoth*, Prof. *Srbik*.

Bundeswirtschaftsrat: *Reinthaller*.

Beamtenkammer: *Schauer-Schoberlechner*,

wobei für einen späteren Zeitpunkt der Umbau der gesamten Kammer vorgesehen ist.

Sportführung: Dr. *Hueber*.

Ferner zu berücksichtigen: Felix *Kraus*, Dr. Friedl *Rainer*, Prof. *Menghin*.

11. Dr. *Seyß* wird im Augenblick des Inkrafttretens dieser Besprechungen eine öffentliche Erklärung abgeben, in der zum Ausdruck gebracht wird, daß er auf Grund der nunmehr gegebenen Verhältnisse mit seinen Vertrauenspersonen jede illegale Betätigung ablehnt, insbesondere solche, die auf Störung der friedlichen Zusammenarbeit oder auf Vernichtung von Sachwerten zu politischen Demonstrationszwecken abzielt.

Konzept, „Vorschläge" der österr. SS

... Nur nach Gewährung der moralischen, grundsätzlichen Gleichberechtigung unserer Gesinnung, nach Aufhören der unerträglichen Diskriminierung ist eine freie und ehrliche Verständigung möglich, für die wir freudig und mit ganzen Kräften einstehen können.

... Die Anerkennung der moralischen Gleichberechtigung, die Beendigung der Degradierung zu Staatsbürgern zweiter Klasse kann aber nicht durch ein noch so ehrlich gemeintes Wort allein, sie kann nur durch die Tat erfolgen.

... Wir halten dazu das Folgende unerläßlich:

Erlassung einer Befriedungsgesetzgebung und dazugehörige Verwaltungsmaßnahmen.

Maßnahmen zur innerpolitischen Befriedung Österreichs:

I. Volle Amnestie.

1. Amnestie.

a. Gesetzliche Kundmachung einer generellen und vollen (nicht bedingten) Amnestie ohne besonderes Ansuchen allgemein gültig für alle politischen Straftaten, die vor dem Tage der Verlautbarung von NS oder Nationalen gesetzt wurden.

b. Verlautbarungen und restlose Durchführung der Verwaltungsamnestie.

c. Amnestie auch für die wegen gemeiner Verbrechen noch in Haft befindlichen Strafgefangenen, soferne die Straftaten eindeutig aus politischen Motiven begangen wurden.

d. Aufhebung aller Geldstrafen, Ersatzvorschreibungen, Vorschreibungen von Haft- und Verfahrungskosten in Gerichts- und Verwaltungssachen.

e. Amnestie für Schüler und Studenten, Tilgung der politischen Klausel auf Zeugnissen, Anrechnung aller tatsächlich (etwa während der Relegierung im Auslande) verbrachten Semester.

2. Amnestie im weiteren Sinne.

a. Generelle gesetzliche Aufhebung aller Maßnahmen, einschließlich Disziplinarerkenntnisse, durch welche für Bundesangestellte einschließlich des Heeres, Landes- und Gemeindeangestellte wegen NS- oder nationaler Betätigung oder Gesinnung Nachteile erwachsen sind.

b. Insb. generelle Tilgung bzw. Nachsicht der Rechtsfolgen pol. Verurteilungen, die Aberkennung akad. Grade, vorzeitige Pensionierungen, Gehaltskürzungen, Entziehung der Berechtigung zur Berufsausübung und dgl.

c. Rückzahlung der bezahlten Geldstrafen, Ersatzbeträge, Haft- und Verfahrenskosten, Rückstellung der beschlagnahmten Sachen in Härtefällen, wenn dem Betroffenen hiedurch eine empfindliche Einbuße in seinem Fortkommen entstand.

d. Aufhebung aller aus Gründen der nationalen Betätigung und wegen Auswanderung erfolgten Ausbürgerungen.

II. Wiederherstellung gleicher Staatsbürgerrechte.

Durch Gesetzesakt ist der Grundsatz ausdrücklich anzuerkennen, daß NS-Gesinnung, Betätigung weder staatsfeindlichen noch im Sinne der früheren

Bestimmungen regierungsfeindlichen Charakter tragen. NS-Gesinnung, aber auch Zugehörigkeit zur NSDAP und Betätigung für sie dürfen keine Minderung der staatsbürgerlichen Rechte bedingen und zu einer Diskriminierung führen. Daher absolut gleiche Behandlung bei:

a. Aufnahme in staatliche und ständische Körperschaften, Stellen und Funktionen;

b. Eintritt in Heer, Miliz, Exekutive, Arbeitsdienst und dgl.

c. Konzessionen und Berufsberechtigungen aller Art.

III. Gestattung eines großzügigen Hilfswerkes für alle Opfer des politischen Kampfes und der Krise, Gestattung autonomer Organisationen derselben.

IV. Wiederherstellung normaler Rechtsverhältnisse.

1. Zufolge Anerkennung des Grundsatzes, daß nationale Gesinnung und Betätigung nicht staatsfeindlichen oder regierungsfeindlichen Charakter haben, generelle Aufhebung aller entgegengesetzten Bestimmungen, daher

2. Anweisungen aller Justizstellen, keine Anklagen nach den pol. Strafbestimmungen insb. den §§ 58—65 und 300 St.G. sowie insb. nach dem Staatsschutzgesetz wegen NS-Betätigung zu erheben.

3. Wiederherstellung der richterlichen Unabhängigkeit, Aufhebung aller Disziplinarerkenntnisse, Versetzungs- und aller anderen Verwaltungsmaßnahmen gegen Richter;

4. Wiederherstellung normaler Verhältnisse im Verwaltungsstrafverfahren.

a. Nationale oder NS-Gesinnung darf nicht bestraft werden.

b. Auf bloßen Verdacht hin dürfen keine Strafen verhängt werden.

c. Beschränkung der Strafhöchstgrenze im Verwaltungsstrafverfahren wegen Betätigung für die NSDAP.

d. Aufhebung des Kumulativprinzipes. Für den Fall mehrerer Verwaltungsübertretungen ist die Strafe für alle zusammentreffenden Übertretungen gemeinsam unter Beobachtung der allgemeinen Strafhöchstgrenze zu bemessen.

e. Aufhebung aller Beschränkungen des Rechtszuges. Berufung muß möglich sein.

f. Aufhebung der doppelten Judikatur wegen NS-Betätigung (kein Nebeneinander von gerichtlichen und Verwaltungsstrafen).

g. Ermöglichung des Rechtszuges an den Bundesgerichtshof. Neuernennung von Richtern bei demselben zwecks Beseitigung der einseitigen Zusammensetzung.

h. Keinerlei Anhaltungen wegen NS-Betätigung oder Gesinnung.

5. Wiederherstellung des dienstrechtlichen Zustandes vor März 1933 insb.

a. die Rechtsfolge des Amtsverlustes nach einer Verwaltungsstrafe tritt außer Kraft;

b. die Dienstenthebung ohne Disziplinarverfahren ist abzuschaffen;

c. auch im Disziplinarverfahren ist dem Grundsatze, daß NS-Betätigung nicht als staats- oder regierungsfeindlich oder sonst verwerflich gilt, Geltung zu verschaffen.

V. Freiheit für Kultur und volkspolitische Betätigung.

1. Wiederherstellung jener Verhältnisse, die vor 1933 bestanden haben.

a. Der deutsche Schulverein Südmark, der Turnerbund 1919, der deutschösterreichische Alpenverein, der deutsche Sängerbund und alle übrigen nationalen Kulturorganisationen erhalten ihre volle Freiheit wieder. Die über einzelne Gliederungen verfügten Verbote und Beschränkungen werden aufgehoben;

b. allen diesen Organisationen wird die Wiederaufnahme der früheren persönlichen und sachlichen Beziehungen zu gleichgerichteten Organisationen des deutschen und des Auslandsdeutschtumes gestattet;

c. die österreichische Presse, der Rundfunk und Volksbildungsinstitute werden nicht behindert, wenn sie über Vorgänge, Einrichtungen und Errungenschaften des Deutschen Reiches sachlich berichten;

d. alle Beschränkungen bei der Einfuhr von Büchern und Zeitschriften aus dem Deutschen Reiche und dem Auslandsdeutschtum fallen, soferne diese Druckwerke nicht einen auf die vergangene Kampfzeit bezüglichen Inhalt haben;

e. der Austausch von Rundfunkprogrammen wird vervielfacht;

f. das Bekenntnis zum Gesamtdeutschtum und Förderung des deutschen Charakters Österreichs durch sinngemäße kulturelle Veranstaltungen wird nicht mehr behindert;

g. volle Arbeits- und Bekenntnisfreiheit für jeden, der sich für die kulturelle und völkische Einheit und Entwicklung der beiden deutschen Staaten betätigt, wird zugesichert.

VI. Anbahnung der pol. Gleichberechtigung.

1. Schlußstrich unter die vergangene Kampfzeit, Aufhören der Diskussion über diese, Beendigung der pol. Diskriminierung.

2. Wiederaufbau der nationalen Presse, Wiedergestattung eines großen Tagblattes in mehreren Ausgaben, eines kleinen Blattes, eines Wochenblattes, eines illustrierten Blattes und von Monatszeitschriften.

Wiedergestattung der Provinzpresse, Aufhebung von Vorzensuren, Beseitigung aller Schwierigkeiten und Schikanen.

3. Gestattung der Agitation und Werbung in den Betrieben insb. unter der marxistischen Arbeiterschaft.

4. Überlassung der großen sozialpolitischen und wehrpolitischen Erziehungsarbeit einem großen aufzubauenden, zunächst freiwilligen Pflichtarbeitsdienste.

5. Errichtung einer nationalen Jugendorganisation im Gesamtrahmen der bestehenden Organisationen.

6. Ausschaltung unversöhnlicher Elemente und Saboteure der Politik des 11. Juli und der inneren Befriedung aus amtlich-politischen Stellen.

12. Bei Inangriffnahme dieser Maßnahmen ändert sich selbstverständlich zugleich die nationale Opposition und besonders auch die weiterhin verbotene illegale NSDAP. Sie wird jedoch nicht nur die vorgeschlagenen Maßnahmen, sondern auch jede sonstige Aufbautätigkeit der Regierung unterstützen und sich lediglich sachliche, positiv zu wertende Kritik vorbehalten und nur allfällige Gegenarbeit untergeordneter Stellen aufdecken. Hiefür wird sich die volle Disziplin der Bewegung einsetzen, Gegenarbeit und Sabotage energisch niederhalten, sie wird sich insbesondere, wenn auch ohne rechtliche Anerkennung auf den Boden der gegebenen Tatsache und der Verfassung 1934 stellen. Sie wird jede Art eines Kulturkampfes in Anbetracht der Tatsache, daß Österreich ein weit überwiegend katholischer Staat ist, unterlassen.

13. Es mag eingewendet werden, daß der vorgeschlagene Beitrag von der Regierungsseite unverhältnismäßig groß erscheint. Die Regierung aber ist allein im Besitze aller Machtmittel, nur sie ist daher in der Lage, berechtigte Voraussetzungen, aber auch

offenkundige Tatsachen zu schaffen. Die illegale NS-Bewegung kann nur den in jahrelangem schweren Kampf erprobten Geist der Bewegung, deren Glauben und deren Vertrauen zur Führung und ihre Disziplin in die Waagschale werfen. Dies ist aber in Wirklichkeit mehr als bloße gesetzliche und Verwaltungsmaßnahmen, bei deren Durchführung die tatsächliche Macht in der Hand der Regierung bleibt. Bei im wesentlichen unveränderten Machtverhältnissen wären aber dann die Voraussetzungen für eine ernstliche und dauernde Befriedung gegeben.

14. Nach Herstellung der moralischen Gleichberechtigung ist die Befriedung und der Aufbau der Erneuerungsarbeit nach folgenden Gesichtspunkten möglich:

1. Unbedingtes Erfordernis ist die Festlegung der Außenpolitik, soweit sie durch das Abkommen vom 11. Juli nicht schon erfolgte.

Die Bindung sollte ein Bündnis für jenen Fall sein, das auch Österreich verpflichtet, wenn das Reich von mehr als einer Großmacht angegriffen wird; engste militärische Zusammenarbeit, Angleichung der Waffen, Oberbefehlsregelung im Bündnisfall, Aufrüstung und Wehrhaftmachung des ganzen Volkes (Arbeitsdienst).

2. Grundsatz der Innenpolitik: Feierliches Bekenntnis zum Volkstum als dem von der Vorsehung bestimmten Zweck des politischen Lebens des Staates. Bekenntnis zum Christentum als Grundlage der Sittlichkeit. Diese Synthese ist möglich, weil selbst die österreichische Verfassung Österreich feierlich als deutschen Staat bezeichnete, dies nunmehr auch praktisch bekräftigt ist, anderseits der NS sich programmatisch zum positiven Christentum bekennt.

3. Die Ausrichtung des politischen Volkswillens ist ebenso unentbehrlich wie die Betätigung desselben, die das Volk in einer großen Abstimmung sich selber gibt. Beschleunigung der Abstimmung ist notwendig, um mit der Aufbauarbeit beginnen zu können. Zu achten ist auf das Thema der Abstimmung: Für oder gegen Befriedung.

4. Die letzte Entscheidung über Staatsform und Anschluß bleibt einer freien Volksabstimmung vorbehalten.

5. Bis dahin volle Gleichberechtigung, Freiheit der Werbung, ohne Vorbehalt der geistigen Auseinandersetzungen, jedoch unbedingter Verzicht auf Diskussion über die vergangene Kampfzeit.

6. Verzicht auf jede Wehrformation. Entpolitisierung der Miliz, Ausbau des Arbeitsdienstes für Männer des Vertrauens der NS-Bewegung oder aber Gleichberechtigung durch Aufstellen von Formationen, deren Kern die illegale SA und SS zu bilden haben.

7. Verbot der jüdischen Presse. Numerus clausus, Schriftleitergesetz, Unterdrückung auch anderer Hetze. Eigene NS-Presse.

8. Grundsätzlichen und praktischen Antisemitismus. Zunächst numerus clausus für Beamte und freie Berufe, sowie für Hoch- und Mittelschulen.

9. Schärfster Kampf gegen Kommunismus aller Spielarten, Ausräumung der getarnten Schlupfwinkel.

10. Großzügige Aufbaupolitik nach dem Vorbilde des Deutschen Reiches und Italiens.

15. Bei solenner Festlegung, öffentlicher Verkündigung in geeigneter Form und sachlicher Einhaltung dieser programmatischen Grundsätze ist die staatspolitische und organisatorische Frage eine solche zweiter Ordnung. Es ließe sich denken, daß das

Programm auch dann durchgeführt wird, wenn die NS sich nicht selbst an der Macht beteiligt und weiterhin verboten bleibt. Eine dauernde wirkliche Lösung kann aber nur die Gewährung einer autonom aufzubauenden politischen Organisation mit voller Handlungsfreiheit und vollem Rechte der Werbung bedeuten. Diese kann im Rahmen einer gemeinsamen Front ausgebaut werden. Die Neugestaltung des pol. Lebens bedarf jedoch der Versinnbildlichung durch Neubenennung dieser umfassenden, an die Stelle der VF tretenden Dachorganisation, etwa als „Deutsch-Ostmarkfront" oder „Österr. Front". Dies ist notwendig, weil nur eine nach innen und nach außen neue pol. Organisation die Fähigkeit zur Erfassung und ehrlich überzeugenden Werbung des gesamten Volkes haben wird, das die Voraussetzung des Gelingens wirklich großzügiger Aufbauarbeit darstellt.

16. Nach oder mit Erreichung dieser Voraussetzungen ist die volle Mitübernahme der Mitverantwortung und der Mitarbeit durch Eintritt in die Regierung möglich. Angestrebt müssen werden durch Besetzung durch Männer beiderseitigen Vertrauens: das Vizekanzleramt, Minister des Innern, ein Staatssekretariat des Äußeren (bei Ernennung des Staatssekretärs Dr. Schmidt zum Minister des Äußern), Justizministerium, Handels-, Sozial- und Gesundheitsministerium.

17. Die erstatteten Vorschläge sind die Mindestforderungen, bei deren Erfüllung das Gelingen der Befriedung, der Neuaufbau und eine gesicherte Zukunft unseres Heimatstaates Österreich erhofft werden kann. Hiefür zu arbeiten, wenn dies durch die Befriedung ermöglicht wird, besteht der entschlossene und dann auch begeisterte Wille der Bewegung und ihrer Anhänger.

KAPITEL VI   ANHANG 3

1282/244187-191

Protokoll-Entwurf (Keppler-Protokoll) vom 12. Februar 1938

I. Als Ergebnis des heutigen eingehenden Meinungsaustausches zwischen dem Führer und Reichskanzler und dem Bundeskanzler Dr. Schuschnigg wird folgendes in der Presse beider Länder (Sonntagspresse) auszugebendes Communiqué vereinbart...

II. Im Sinne der in dem obigen Communiqué zum Ausdruck gekommenen Entschließungen wird der Bundeskanzler folgende Maßnahmen bis zum 18. Februar 1938 durchführen:

1. Die österreichische Bundesregierung wird sich über außenpolitische Fragen, die die beiden Staaten gemeinsam angehen, jeweils mit der Reichsregierung beraten. Die Reichsregierung übernimmt die gleiche Verpflichtung gegenüber der Bundesregierung.

2. Die österreichische Bundesregierung anerkennt, daß der Nationalsozialismus mit den Gegebenheiten Österreichs und daher mit dem Frontbekenntnis vereinbar ist, insofern es sich um die Verwirklichung des nationalsozialistischen Ideengutes unter Anerkennung und Berücksichtigung der österreichischen Verfassung handelt. Die österreichische Bundesregierung wird daher keine Maßnahmen durchführen, die sich als Verbot der nationalsozialistischen Bewegung im Sinne der obigen Zielsetzung auswirken. Bundeskanzler Schuschnigg erklärt sein Einverständnis zum weiteren Ausbau der volkspolitischen Referate.

3. Die Ernennung des Staatsrats Seyß-Inquart zum Innenminister mit Unterstellung

des Sicherheitswesens. Ihm steht das Recht und die Verpflichtung zu, dafür zu sorgen und die Maßnahmen zu treffen, daß die Tätigkeit der nationalsozialistischen Bewegung sich im Sinne der Ziffer 2 auswirken kann.

4. Der Bundeskanzler erläßt eine allgemeine Amnestie für alle wegen nationalsozialistischer Betätigung gerichtlich oder polizeilich bestraften Personen. Solche Personen, deren weiteres Verbleiben in Österreich für die Beziehung zwischen den beiden Staaten abträglich erscheint, können nach Prüfung des Einzelfalles im Einverständnis beider Regierungen ihren Wohnsitz ins Reichsgebiet verlegen.

5. Maßregelungen, die wegen nationalsozialistischer Betätigung auf dem Gebiet des Pensions-, Renten-, Unterstützungs- und Schulwesens, insbesondere durch Entziehung oder Kürzung dieser Bezüge, verhängt worden sind, werden aufgehoben und ihre Wiedergutmachung zugesagt.

6. Alle wirtschaftlichen Diskriminierungen gegen Nationalsozialisten werden beseitigt.

7. Die ungehinderte Durchführung des zwischen der Regierung (sic) vereinbarten Pressefriedens soll durch die Neubesetzung der Stellungen des Ministers Ludwig und des Bundeskommissars Oberst Adam gesichert werden.

8. Die militärischen Beziehungen zwischen der deutschen und der österreichischen Wehrmacht werden durch folgende Maßnahmen gesichert:
a) durch Ernennung des Bundesministers Glaise von Horstenau zum Bundesminister für die Wehrmacht,
b) durch planmäßigen Offiziersaustausch (die Zahl wird auf 100 Offiziere festgesetzt),
c) durch regelmäßige Besprechung der Generalstäbe,
d) durch planmäßige Belebung kameradschaftlicher und wehrwissenschaftlicher Verbindungen.

9. Alle Diskriminierung gegen Nationalsozialisten, insbesondere bei der Aufnahme und Ableistung des Heeresdienstes, werden aufgehoben und rückgängig gemacht.

10. Die Angleichung des österreichischen an das deutsche Wirtschaftssystem wird vorbereitet. Zu diesem Zweck wird Dr. Fischböck in maßgebender Position als Finanzminister eingebaut.

III. Die Reichsregierung anerkennt, daß der künftige Innenminister Seyß-Inquart die allein zuständige Persönlichkeit für die Durchführung der Ziffer II, 2 dieses Protokolls ist. Die Reichsregierung wird Maßnahmen treffen, die eine Einmischung reichsdeutscher Parteistellen in innerösterreichische Verhältnisse ausschließt. Bei Meinungsverschiedenheiten über die Auslegung der Ziffer II, 2 des vorstehenden Abkommens sollen die Verhandlungen ausschließlich über den Minister Seyß-Inquart geführt werden.

KAPITEL VI ANHANG 4

2871/563849-853

Protokoll über die Besprechung vom 12. Februar 1938

(Pol. I 107 g Rs.)

I. Als Ergebnis des heutigen eingehenden Meinungsaustausches zwischen dem Führer und Reichskanzler und dem Bundeskanzler Dr. Schuschnigg wird folgendes, in der

Presse beider Länder (Sonntagspresse) auszugebendes Communiqué lt. Anlage I vereinbart.

II. Der Bundeskanzler stellt folgende Maßnahmen in Aussicht, hinsichtlich deren er einen endgültig verbindlichen Bescheid bis zum Dienstag, den 15. Februar 1938 übermitteln wird.

1. Die österreichische Bundesregierung wird über außenpolitische Fragen, die die beiden Länder gemeinsam angehen, jeweils mit der Reichsregierung in einen diplomatischen Gedankenaustausch treten. Österreich wird den Wünschen und Aktionen des Deutschen Reiches auf Ersuchen nach Maßgabe der bestehenden Möglichkeiten moralische, diplomatische und pressepolitische Unterstützung angedeihen lassen. Die Reichsregierung übernimmt die gleiche Verpflichtung gegenüber der österreichischen Bundesregierung.

2. Der Bundeskanzler Schuschnigg erklärt sich bereit, Herrn Staatsrat Dr. Seyß-Inquart in die Regierung zu berufen und ihm das Sicherheitswesen zu übertragen.

3. Der Bundeskanzler erklärt, daß der österreichische Nationalsozialist grundsätzlich die Möglichkeit legaler Betätigung im Rahmen der Vaterländischen Front und aller übrigen österreichischen Einrichtungen haben soll. Diese Betätigung soll auf dem Boden der Verfassung in Gleichstellung mit allen anderen Gruppen erfolgen. Dem Staatsrat Dr. Seyß-Inquart steht das Recht und die Verpflichtung zu, dafür zu sorgen, und die Maßnahmen zu treffen, daß die Tätigkeit der Nationalsozialisten sich in obigem Sinne auswirken kann.

4. Die österreichische Bundesregierung erläßt eine sofortige allgemeine Amnestie für alle wegen nationalsozialistischer Betätigung gerichtlich oder polizeilich bestraften Personen in Österreich. Solche Personen, deren weiteres Verbleiben in Österreich für die Beziehungen der beiden Staaten abträglich erscheint, werden nach Prüfung des Einzelfalles im Einverständnis beider Regierungen veranlaßt, ihren Wohnsitz ins Reichsgebiet zu verlegen.

5. Maßregelungen, die wegen nationalsozialistischer Betätigung auf dem Gebiete des Pensions-, Renten- und Unterstützungswesens, insbesondere durch Entziehung oder Kürzung dieser Bezüge sowie auf dem Gebiete des Schulwesens, verhängt worden sind, werden aufgehoben und ihre Wiedergutmachung zugesagt.

6. Alle wirtschaftlichen Diskriminierungen gegen Nationalsozialisten werden beseitigt.

7. Die ungehinderte Durchführung des zwischen den Regierungen vereinbarten Pressefriedens soll durch Einbau des Dr. Wolf an maßgebender Stelle des Bundespressedienstes gesichert werden.

8. Die militärischen Beziehungen zwischen der deutschen und der österreichischen Wehrmacht werden durch folgende Maßnahmen gesichert:
a) die Ersetzung des Generals Jansa durch den General Böhme (sic),[1]
b) durch planmäßigen Offiziersaustausch (bis zu einer Zahl von 100 Offizieren),[2]
c) durch regelmäßige Besprechungen der Generalstäbe,

---

[1] Es handelte sich nicht um den General Franz Böhme (damals Chef des Nachrichtendienstes), sondern um General Eugen Beyer (damals Kommandant der Division Tirol-Salzburg).
[2] Laut mündlicher Vereinbarung sollte der Austausch in Gruppen zu je 50 Offizieren erfolgen.

d) durch planmäßige Belebung kameradschaftlicher und wehrwissenschaftlicher Verbindungen.

9. Alle Diskriminierungen gegen Nationalsozialisten, insbesondere bei der Aufnahme und Ableistung des Heeresdienstes, werden aufgehoben und rückgängig gemacht.

10. Die Intensivierung des Wirtschaftsverkehrs zwischen der österreichischen und der deutschen Wirtschaft wird vorbereitet. Zu diesem Zweck wird Dr. Fischböck in maßgebender Position eingebaut. Der Bundeskanzler erklärt sich bereit, die unter II, 2, 4, 5, 7 vereinbarten Maßnahmen bis zum 18. Februar 1938 durchzuführen, unter Vorbehalt des unter II vereinbarten endgültigen Bescheides.

III. Die Reichsregierung erkennt an, daß der künftige Innenminister Seyß-Inquart die alleinzuständige Persönlichkeit für die Durchführung der Ziffer II, 2 dieses Protokolls ist. Die Reichsregierung wird Maßnahmen treffen, die eine Einmischung reichsdeutscher Parteistellen in innerösterreichische Verhältnisse ausschließt. Bei Meinungsverschiedenheiten über die Auslegung der Ziffer II, 2 des vorstehenden Abkommens sollen die Verhandlungen ausschließlich über den Minister Seyß-Inquart geführt werden.

Adolf Hitler   Schuschnigg
Ribbentrop   Guido Schmidt

KAPITEL VIII   ANHANG 1

Aus dem Einsatzbericht der 8. Armee im März 1938

Erfahrungen

Die Berichte der Generalkommandos, des Panzerkorps und der Heeresdienststelle 10 über den Einsatz in Österreich haben, besonders hinsichtlich der Organisation und der Mobilmachung, so mannigfache, vielfach übereinstimmende Erfahrungen gebracht, daß das Heeresgruppenkommando sich im wesentlichen darauf beschränken kann, die Lehren wiederzugeben, die es in seiner Eigenschaft als Armeeoberkommando aus den Ereignissen gezogen hat.

Bei der Beurteilung aller aufgeworfenen Fragen ist zu berücksichtigen:
1. Mobilmachung, Aufmarsch und Einmarsch waren Improvisationen.
2. Es fand nur eine Teilmobilmachung statt; dadurch war die Möglichkeit zahlreicher Aushilfen gegeben, die bei einer Gesamtmobilmachung wegfallen.
3. Es fiel kein scharfer Schuß.

Mobilmachung

Das Unterlassen der Ankündigung der Mobilmachung hatte den Vorteil, daß die Mobilmachung für alle Teile überraschend erfolgte. Die Nachteile sind in den Berichten der Generalkommandos eingehend beleuchtet.

... An den Mobilmachungsvorarbeiten der SS war das Heer nicht beteiligt. Die dadurch eingetretenen Reibungen sind in den Berichten der Generalkommandos erwähnt; bei einer Gesamtmobilmachung hätten sie zu ernsten Folgen geführt. Durch die auf Grund dieser Erfahrung inzwischen befohlene Eingliederung der Mobilmachung der SS in die Mobilmachung der Wehrmacht ist für den Fall des Einsatzes der SS gegen äußeren Feind einer zwingenden Notwendigkeit Rechnung getragen.

Aufmarsch

Die Lage erforderte das Antreten der Armee, bevor der Aufmarsch der fechtenden Truppen abgeschlossen war. Die Divisionen erster Welle traten am 12. März früh etwa mit der Hälfte der Truppen, das Panzerkorps mit noch weit schwächeren Kräften, ohne auch nur einigermaßen hinreichende Aufklärung und Erkundung den Vormarsch an. Das war nur möglich, weil nur schwacher oder gar kein Widerstand zu erwarten war. *Einer planmäßig verteidigten Grenze gegenüber hätte die Armee nicht vor dem 13. März früh antreten können.*

Kampferfahrungen liegen nicht vor, wohl aber solche auf dem Gebiet des Marsches.

Eine Auflockerung der Marschkolonnen nach der Tiefe ergab sich durch das frühzeitige Antreten der vordersten Teile zunächst von selbst. Trotz eingehender Regelung durch das Korpskommando XIII vollzog sich das Vorziehen des Panzerkorps durch Passau und im gesamten Streifen des XIII. Korps nur unter erheblichen Verzögerungen und Reibungen. Die Gründe sind bekannt. Getrennter Antransport und Anmarsch des Panzerkorps, Schwierigkeiten der Brennstoffversorgung, spätes Eingehen der Erkundungsergebnisse über die geringe Tragfähigkeit der Schärdinger Brücke, vielleicht auch Mängel in der Befehlsübermittlung...

Auch der Vormarsch des VII. Korps erlitt Verzögerungen. Die Hauptvormarschstraße der 7. Division wies Steigungen auf, die nur durch Umspannen und Mannschaftszug bei schweren Fahrzeugen zu überwinden waren...

Die Marschzucht war nicht überall auf voller Höhe. Das ist erklärlich durch die immer noch große Zahl kaum oder mäßig ausgebildeter Reservisten.

... Die alte Wahrheit, daß bei kriegerischen Unternehmungen von vornherein mit rücksichtsloser Schärfe für die Erhaltung der Manneszucht gesorgt werden muß, hat sich erneut voll bestätigt. Dies trat beim weiteren Vormarsch noch deutlicher in Erscheinung. Die Begeisterung der österreichischen Bevölkerung griff auf die am Einmarsch beteiligten und ihm folgenden Verbände, auch auf die Polizei, über! Alles hastete auf dem kürzesten Wege nach Wien! Dieser Weg aber war durch das XIII. Korps und das noch weit nach der Tiefe auseinandergezogene Panzerkorps belegt. Über diese Truppen ergoß sich von rückwärts her wie eine Sturzsee der Strom vieler Hunderter vorwärts jagender Fahrzeuge. Und in diese Bewegung hinein marschierten die Kolonnen der Bodenorganisationen der auf Befehl des Oberkommandos der Wehrmacht nach Wien vorgeworfenen und dem Befehl des Armeekommandos entzogenen Teile der Luftwaffe.

Die unausbleiblichen Verstopfungen wurden durch eine erhebliche Zahl auf der Straße liegengebliebener Fahrzeuge der Panzerdivision, zusammengebrochener kriegsunbrauchbarer Aushebungsfahrzeuge, und durch das Tanken zahlreicher Militär-, Polizei- und Zivilfahrzeuge an den öffentlichen Tankstellen noch vermehrt...

Als diese Lage erkannt wurde, war es schon zu spät. Der Versuch, durch Sperrlinien den Nachstrom aufzuhalten, mißlang, weil die Mittel dazu, die Ordnungsdienste der Korps, noch nicht im Aufmarschgebiet eingetroffen waren. Es blieb nichts übrig, als die Korps immer wieder zu scharfer Verkehrsregelung mit ihren unzureichenden Mitteln anzuhalten. Der vom Armeeoberkommando hierzu eingesetzte General konnte trotz großer Energie nur sehr allmählich bessernd eingreifen. Wenn die Entwirrung der Verhältnisse schließlich gelang und die Truppe die befohlenen, weitgesteckten Marschziele doch erreichte, so ist das der Tatkraft der Korpskommandos und Divisionen und nicht zuletzt der Truppe selbst zu danken, die oft ihren Weg neben der zugefahrenen Straße suchen mußte. Es steht außer Zweifel, daß bei feindlicher Gegenwehr von der Erde und namentlich aus der Luft die Ereignisse auf der Straße Passau-Linz-Wien zu einer Katastrophe hätten führen können.

Ähnliche Dinge können sich nach kriegerischen Erfolgen wiederholen. Die Schwierigkeiten werden dann durch zurückströmende Verwundete und Gefangene, zurückfahrende Leerkolonnen, und an der Straße liegendes zusammengeschossenes Gerät usw. noch größer sein. Darauf wird die höhere Führung sich frühzeitig einzustellen und mit allen Mitteln der „vollziehenden Gewalt", auf die sie nicht verzichten sollte, durchzugreifen haben.

Die geschilderten Ereignisse, wie auch der Verlauf der späteren Tage, haben gezeigt, daß die Verkehrsregelung... sehr viel weiter gehen muß als bisher angenommen wurde...

Versorgung

In den kurzen Tagen des Einmarsches konnten wesentliche Erfahrungen auf dem Gebiete der Versorgung nicht gesammelt werden, zumal die Masse der rückwärtigen Dienste nicht zum Einsatz kam. Mancherlei Reibungen der ersten Tage sind teilweise auf das zunächst mangelhafte Nachrichtennetz, teilweise auf das Nicht-Eingespieltsein des gesamten Versorgungsapparates, beim Armeeoberkommando beginnend, zurückzuführen. Die, infolge der Heimatbeladung der Verpflegszüge zunächst recht einseitige, Kost wurde von der Truppe bemängelt. — Die Schwierigkeiten der Betriebsstoffversorgung und Vorschläge für ihre Abhilfe sind erwähnt...

Zugeteilte Formationen

Weichen zugeteilte Verbände in ihrer Zusammenstellung von der normalen Kriegsgliederung ab, so muß dies schon bei ihrer Überweisung mitgeteilt werden, denn davon hängen die Möglichkeiten ihrer Verwendung ab. (Regiment Göring - SS-Standarten).

Die Zusammenarbeit mit den unterstellten SS-Formationen verlief kameradschaftlich und reibungslos. Die Bestellung eines hohen SS-Führers als Verbindungsmann zum Armeeoberkommando erwies sich als überflüssig...

In den Erfordernissen der Eingliederung in größere Heeresverbände sind... die SS-Verbände nicht geschult. Die Berichte dieser Verbände zeigen zum Teil, daß ihre Führer über manche Fragen der Kriegsführung unzutreffende Vorstellungen haben.

... Besteht die Absicht, die SS-Verfügungstruppe in Zukunft im Kriege gegen einen äußeren Feind zu verwenden, so wird es unerläßlich sein, sie im Frieden dafür zu schulen. Für diese Schulung können nur die Grundsätze der Ausbildung des Heeres maßgebend sein. Anders besteht die Gefahr, daß das hervorragende Menschenmaterial dieser Verbände nutzlos verblutet...

Besatzungszeit

Daß Zucht und Haltung der Truppe im Augenblick der Entspannung nach größeren Anstrengungen nachlassen, zeigte sich auch hier. Die von der Armee eingeführte scharfe Überwachung erwies sich namentlich in dem freudig erregten Wien als notwendig und heilsam...

Das Herausnehmen der Luftwaffe aus der Befehlsgewalt der Armee zeitigte, wie beim Vormarsch, so auch hier, Unzuträglichkeiten. So wurden zum Beispiel Orte, die das Armeeoberkommando nach bestimmtem Plan und Zweck zur Belegung vorgesehen hatte, nun von der Luftwaffe in Anspruch genommen. Zeitweise wußte das für die

Besetzung des Landes verantwortliche Armeeoberkommando nicht, was in der Luft geschah...

Die österreichischen Kommandobehörden und Truppen fügten sich willig und freudig den deutschen Anordnungen. Wenn vereinzelt eine gewisse Zurückhaltung zu bemerken war, so ist sie zum erheblichen Teil auf die schwere seelische Belastung des österreichischen Bundesheeres, vornehmlich seiner Offiziere in den letzten Jahren, aber auch in den kritischen und widerspruchsvollen Tagen vor und bei dem Einmarsch zurückzuführen. — Die hervorragende Mitarbeit des deutschen Militärattachés in Wien erwies sich als wertvolle Hilfe.

Das Entgegenkommen der österreichischen Bevölkerung war in der übergroßen Mehrzahl der Fälle vorbildlich; nur in sehr armen Gebieten war stellenweise größere Zurückhaltung festzustellen.

Die Zusammenarbeit mit den Zivildienststellen verlief, dank großen Entgegenkommens dieser Stellen, nahezu reibungslos. Traten kleine Meinungsverschiedenheiten auf, so wurden sie in gegenseitigem Einvernehmen schnell ausgeglichen. Da die vollziehende Gewalt in den Händen der zuständigen Regierungsstellen blieb, konnte das Armeeoberkommando sich auf seine militärischen Aufgaben beschränken...

KAPITEL VIII	ANHANG 2

Aus dem Einsatzbericht der 8. Armee
Die Lage in Österreich vor der Wiedervereinigung

Die Friedensdiktate von Versailles und St. Germain schufen das neue „Österreich". Dieser Staat, der aus eigenen Mitteln nicht leben konnte, sollte unabhängig sein. Die Unabhängigkeit beruhte jedoch auf der Gnade der „Siegermächte", die unter Drohung mit Gewalt oder mit Hilfe goldener Kugeln den freien Willen des wehrlos gemachten Volkes nicht aufkommen ließen. Denn — trotz aller Irrungen und Wandlungen — war dieses deutsche Volk in seiner Mehrzahl für eine Vereinigung mit dem Deutschen Reich.

Die Regierungen schwankten zwischen dem Anschlußwillen der Bevölkerung und dem Werben um die Gunst der Siegermächte. „Legitimistische" Bestrebungen zur Wiedereinsetzung des Hauses Habsburg wurden von dem an der Erhaltung der „Unabhängigkeit" Österreichs interessierten Ausland begünstigt. Klerikale Einflüsse liefen in ähnlicher Richtung. Die innerpolitischen Spannungen wuchsen mit jedem Tage. Verpfändung der Wirtschaft an das internationale Kapital, Verkauf von Bodenbesitz an Ausländer, Verarmung der deutschstämmigen Bevölkerung und zunehmende Arbeitslosigkeit brachten das Land an den Rand des Abgrundes. Das Volk war gespalten. Auf der einen Seite stand die mit allen Mitteln unterdrückte nationalsozialistische Bewegung, die mit Gut und Blut für die Heimkehr in das Reich focht, auf der anderen standen die Anhänger der Regierung, die sich immer mehr in den Kampf um die Erhaltung der auf den Friedensdiktaten ruhenden „Unabhängigkeit" des Landes drängen ließ.

Die Geschlossenheit der aus gutem Menschenmaterial bestehenden österreichischen Wehrmacht litt zwangsläufig unter diesen Spannungen. Die älteren aktiven Offiziere neigten teilweise zu den Regierungskreisen, während die Masse der jüngeren zur nationalsozialistischen Auffassung und damit zum Deutschen Reiche drängte.

Das zwischen dem Reich und Österreich getroffene Abkommen von 1936 hatte auf politischem Gebiet nicht die erhoffte Wirkung. Gegen das Jahr 1938 verschärften sich die Gegensätze immer mehr. Am 12. Februar 1938 fand daher in Berchtesgaden eine Zusammenkunft zwischen dem Führer und dem Bundeskanzler Dr. Schuschnigg statt.

„Beide Teile beschlossen die sofortige Durchführung von Maßnahmen, die gewährleisten, daß ein so enges und freundschaftliches Verhältnis der beiden Staaten zu einander hergestellt wird, wie es der Geschichte und dem Gesamtinteresse des deutschen Volkes entspricht."

Die österreichische Regierung wurde umgebildet, der Nationalsozialist Dr. Seyß-Inquart übernahm das Ministerium für Inneres und Sicherheitswesen; eine weitgehende politische Amnestie zugunsten der bestraften und verfolgten österreichischen Nationalsozialisten wurde erlassen. So war die Voraussetzung dafür geschaffen, daß Österreich in Zukunft eine deutsche Politik treiben konnte.

Im Verfolg des Abkommens erwirkt Innenminister Dr. Seyß-Inquart den Nationalsozialisten Österreichs ein hohes Maß von Freiheit, die in großer Disziplin genutzt wird und ihnen ungezählte Anhänger bringt. Bereits Ende Februar 1938 kann überall — mit Ausnahme von Wien und Vorarlberg — mit einer starken nationalsozialistischen Mehrheit gerechnet werden.

Trotz dieser Entwicklung nimmt der österreichische Bundeskanzler Ende Februar in einer öffentlichen Rede gegen eine weitere Ausbreitung des Nationalsozialismus entschieden Stellung. Er tritt für die Erhaltung der unbedingten Selbständigkeit des Landes ein und gewährt der marxistischen Gewerkschaftsbewegung erhöhten Einfluß auf die Politik.

Am Abend des 9. März 1938 kündigt der Bundeskanzler bei einem Amtswalterappell der „Vaterländischen Front" in Innsbruck für den nächsten Sonntag, den 13. März, eine überraschende Volksbefragung an mit der Parole: „Für ein freies und deutsches, unabhängiges und soziales, für ein christliches und einiges Österreich". Schon der Modus der Abstimmung ruft Erregung bei der deutschempfindenden Bevölkerung hervor. Die Volksabstimmung in dieser Form war ungesetzlich; sie sollte zudem ohne Wahllisten und ohne jede Kontrolle durchgeführt werden. Während der offizielle Abstimmungszettel mit „Ja" bedruckt war, sollten diejenigen, die „Nein" stimmen wollten, einen besonderen Zettel empfangen und handschriftlich mit „Nein" beschreiben. Die Erregung wächst zur Empörung, als im Lande bekannt wird, daß der Sinn der Abstimmung ist, jede Vereinigung mit dem Deutschen Reich grundsätzlich zu verhindern.

Die allgemeine politische Lage in dieser Zeit war gekennzeichnet durch die freundschaftliche Übereinstimmung zwischen Deutschland und Italien in vielen Fragen der großen Politik. Der zielbewußten Haltung dieser Länder stand eine gewisse Unschlüssigkeit der Weststaaten — England und Frankreich — gegenüber. Der Krieg in Ostasien und der spanische Konflikt nahmen das Interesse beider weitgehend in Anspruch. Seit dem 9. März war eine neue, erfolgreiche Offensive der nationalspanischen Truppen im Gange. In Frankreich trat am 10. März die Regierung zurück. In England war der Staatssekretär des Äußern, Eden, ein Anhänger der Versailler- und Völkerbund-Politik, kurze Zeit zuvor aus der Regierung ausgeschieden...

(Einsatzbericht S. 1 und 2)

KAPITEL VIII ANHANG 3

StS. G. d. I. ZEHNER war in den Wochen unmittelbar nach der Deutschen Besetzung nicht direkt belästigt worden, fühlte sich aber unter ständiger Beobachtung; er hielt sich daher meist zuhause auf.

Am Tage der Abstimmung, 10. April 1938, war er auf Drängen seiner Familie und Freunde, nach Widerstreben, doch zur Abstimmung gegangen, weil seine Freunde meinten, er könne sonst Unannehmlichkeiten haben.

Bei der Abstimmung im Wahllokal hörte seine Gattin, wie ein im Lokal stehender SA-Mann sagte: „Das ist der Zehner."

Am Abend des Abstimmungstages, um etwa 23 Uhr abends, läuteten zwei Männer an der Haustüre, verlangten als „Geheime Staatspolizei" Einlaß, ebenso an der Wohnungstür und traten in das Schlafzimmer ein. Frau Zehner, die erst etwas später erwachte und herbeieilte, sowie das seiner Herrschaft sehr ergebene Dienstmädchen, sahen bei ihrem Eintreten in das Zimmer des Generals, daß der eine Mann den General niederschoß und diesem sodann die Pistole in die Hand drücken wollte. Die Hand des Toten fiel aber herab, ohne die Waffe mehr halten zu können.

Es handelte sich um eine fremde Waffe, da GdI. Zehner seine eigene Pistole bald nach dem 13. März, da er keinen Waffenpaß besaß, einem seiner früheren Untergebenen, dem GM. Glasner geschenkt hatte, also keine Waffe im Hause hatte.

Frau Zehner erlitt einen Zusammenbruch und fiel in Ohnmacht, das Mädchen stürzte, da das eigene Telefon längst abgeschaltet war, zum Hausverwalter, um nach der Rettungsgesellschaft zu telefonieren.

Die beiden Gestapomänner, es soll sich um Angehörige der „Legion" gehandelt haben, durchsuchten indeß Schränke und Läden, fanden keine Schriften (die längst verbrannt waren), nahmen aber dafür Ringe, Chokolade und sonstiges Eigentum mit (eine Summe von mehreren Hundert Mark legten sie wieder zurück, als ihnen das sie beobachtende Mädchen zurief: „Das Geld gehört dem Kind!").

Beide Männer betonten immer wieder, daß General Zehner Selbstmord begangen habe und verwarnten das Mädchen immer schärfer, das mehrmals erwidert hatte: „Aber der Herr General hat ja nicht Selbstmord begangen." Bis Frau Zehner, die indeß zu sich gekommen war, dem Mädchen sagte, daß ihr Gatte doch Selbstmord begangen habe. Frau Zehner und das Mädchen mußten Protokolle unterfertigen, daß General Zehner sich erschossen habe.

Am Morgen erschien dann eine Kommission der Gestapo, verfügte den Abtransport der Leiche, die erst nach mehreren Tagen aus dem Anatomischen Institut freigegeben wurde. Das Begräbnis mußte dann, trotz allen Bitten der Witwe, am Karfreitag stattfinden (es durften keine Glocken geläutet werden).

Beim Begräbnis wurde von der Gestapo fotografiert, um festzustellen, wer, besonders welche Offiziere, an dem Begräbnis teilgenommen hatten.

Frau Zehner und das Mädchen wurden noch durch lange Zeit beobachtet, ob sie nicht Äußerungen machten, die gegen die unterfertigten Protokolle verstießen.

Nach einer Äußerung des einen Gestapo-Mannes handelte es sich um einen Teilnehmer am Kanzlerputsch vom 25. Juli 1934.

Die Tochter GdI. Zehners befand sich zur angegebenen Zeit nicht zu Hause, sondern bei Freunden.

(Niederschrift von 1952, veranlaßt durch General Dr. Emil Liebitzky.)

KAPITEL VIII   ANHANG 4

Daten über Oberstleutnant Georg BARTL nach der Aufzeichnung seines Schwiegervaters Generalmajor d. R. Karl FRIDRICH, Wien, Jänner 1947.

Oberstleutnant Bartl wurde am 26. Jänner 1890 zu Schwaz in Tirol als Sohn des nachmaligen Generalmajors Georg Bartl geboren...

Nach Absolvierung der Militär-Oberrealschule in Mährisch-Weißkirchen und der Theresianischen Militär-Akademie zu Wiener-Neustadt wurde Bartl im Jahr 1912 als Leutnant zum Kaiserschützen Regiment I (Landesschützen-Regiment) Bozen ausgemustert. Bis zum Ausbruch des Krieges 1914 stand er im Truppendienst in Verwendung und war mehrfach Sperrkommandant an verschiedenen Grenzsperren. Den Krieg 1914 - 1918 machte er teils bei der Truppe mit, teils stand er in Generalstabsverwendung bei höheren Kommandos. An Auszeichnungen erhielt er das Militär-Verdienstkreuz, die Silberne und Bronzene Militär-Verdienstmedaille, die Verwundeten-Medaille mit einem Streifen, das Karl-Truppenkreuz und das Deutsche Eiserne Kreuz III. Kl. Er hatte eine Verwundung am Fuß, an deren Folgen er auch später oft litt.

Nach dem Krieg 1914 - 1918 machte er Dienst beim Radfahr-Bataillon VI in Hall, später beim Tiroler Jäger-Regiment, Innsbruck, dann wieder in Hall beim Tiroler Landesschützenregiment; seit Juli 1934 als persönlicher Adjutant beim Bundeskanzler.

März 1938, nach der Besetzung Österreichs durch die deutschen Truppen, geht er freiwillig in den Ruhestand, da er im deutschen Heer nicht dienen will. Er wird mit strafweise gekürzten Ruhegenüssen aus dem Heeresverband entlassen. Bald setzen die Verfolgungen der Gestapo ein. Er wird erst in Polizeigewahrsam im Polizeigebäude der Rossauerlände genommen und anfangs 1939 ins Konzentrationslager Dachau verschickt. Dort hat er viel auszustehen. Er wird — wie er mir erzählte — geprügelt, muß die Hose herunterziehen und bekommt 25 Stockhiebe, nimmt diese ohne mit der Wimper zu zucken entgegen, bekommt sehr wenig zu essen und schafft sich eine Nahrungszubuße, indem er sich, so oft es geht, aus dem Schweinetrank „Eßbares" herausfischt. Nur diese „Zubuße" bewahrt ihn vor dem Verhungern. Er wird zu Ofensetz-, Dachdecker- und Zimmermannsarbeiten, beim Straßenbau und in einem Steinbruch verwendet, wo er besonders schwer arbeiten muß. In dieser Zeit sind die Quälereien seitens der beaufsichtigenden SS — größtenteils junge Burschen, die seine Söhne sein könnten — besonders arg. Wegen irgend einer Kleinigkeit werden alle Insassen seines Wohnraumes bestraft und zu Tode gequält. Es sterben oder „verunglücken" täglich einige. Einmal werden zum ein- und mehrstündigen Marsch zum Arbeitsplatz den Häftlingen schwere Steine aufgeladen, die sie auf den Schultern tragen müssen... Anfangs 1940 kommt er ins KZ Mauthausen, wo ähnliche Zustände herrschen. Während seiner Haft wird er einmal als Zeuge zu einer Verhandlung vor das Volksgericht geladen. Die Reise dahin geht unter SS-Aufsicht, doch die Nächtigungsstationen sind nicht bei der SS, sondern bei der Schutzpolizei, die ihm heimlich Essen und Zigaretten zusteckt. Es war im Winter und es hat bei der Verhandlung Aufsehen erregt, daß Bartl mit nackten Knien, nur mit einer Lederhose und einer Joppe bekleidet, zur Verhandlung kam. Es waren dies nämlich seine einzigen Kleidungsstücke...

Einige Zeit vor seiner im Juli 1940 erfolgten unerwarteten Entlassung muß er einen

Aufsatz über ein nationalsozialistisches Thema schreiben... Vor seiner Entlassung aus dem Konzentrationslager mußte er einen Revers unterschreiben mit dem Versprechen, keine Mitteilungen über seine Inhaftierung im Konzentrationslager zu machen. Er kommt gänzlich abgemagert, unterernährt und verhungert in seiner zerrissenen Lederhose und Joppe nach Wien. Einen Teil der von der Polizei seinerzeit ihm abgenommenen Sachen bekommt er erst nach Monaten zurück. Sein kleines Auto war ihm ohne Entgelt beschlagnahmt worden. Aus Freundeskreisen wird ihm ein übertragener Anzug und etwas Wäsche zur Verfügung gestellt. Er muß sich anfangs täglich, später wöchentlich zweimal und nach einem Jahr wöchentlich einmal bei der Gestapo melden... Am 2. April 1942 heiratet er in zweiter Ehe meine Stieftochter Edda Bitsakis, geb. v. Thoss (Vater Hauptmann v. Thoss fiel 1914 in Polen)...

Oberstleutnant Bartl und seine Gattin erwarben einen kleinen landschaftlichen Besitz in Kierling... Ein Teil der Wiener Wohnung wurde für Bombengeschädigte beschlagnahmt und seit 1944 wohnte Bartl mit seiner Frau ständig in Kierling... Seine karge Pension erlaubte ihm keine großen Sprünge. Ende 1944 und anfangs 1945 hegten die Eheleute den Plan, falls es durch die Kriegsereignisse kritisch werden sollte, nach Tirol zu reisen, notfalls mit Rad. Deshalb dachten wir alle, die wir April und Mai 1945 mit Bartl und Frau keine Verbindung hatten, es sei ihnen gelungen, noch rechtzeitig nach Tirol zu gelangen...

Als die Russen am 8. April 1945 unerwartet durch den Wienerwald sozusagen in den Rücken Wiens kamen und durch Kierling zogen, flüchteten mehrere Leute, mit denen Bartl's bekannt, bezw. befreundet waren, in die ziemlich abseits der Straße gelegene Behausung Bartl's. Es waren dies der Spenglergehilfe N. mit Frau samt seiner zwanzig- und einer zwölfjährigen Tochter und einer zufällig in Kierling weilenden Tochter des Generalmajors Adalbert Szente. Es hätten noch mehrere Personen über Einladung Bartl's bei diesem Schutz suchen wollen. Diese haben aber infolge der einsetzenden Kriegsereignisse Bartl's Landsitz nicht mehr erreichen können.

Unweit von Bartl's Besitz etablierte sich eine russische Batterie. Wie die Nachforschungen ergaben, sind die Russen nun im Laufe des Nachmittags des 9. April zu Bartl's und in die benachbarten Villen, die ebenfalls bewohnt waren, eingedrungen. Was sich weiter abspielte, ist nur aus der letzten Niederschrift Bartl's zu entnehmen.

Am 9. April, zirka 11 Uhr Vormittag, hat Bartl einen bei ihm zufällig vorbeikommenden Einwohner ersucht, er möge die zwei Häuser von ihm entfernt wohnende Frau O. bitten, zu ihm zu kommen. — Bartl übergab nun Frau O. die Testamente, schenkte ihr — angeblich — Eddas Schmuckkassette mit dem gesamten wertvollen Schmuck, erzählte ihr alles, was vorgefallen, zeigte ihr die Toten (alle hatten Kopfschüsse, nur Frl. Lisl Szente hatte einen Herzschuß) und sagte, daß er sich, bis der nächste Russe käme, auch erschießen werde. Frau O. brachte nun die übergebenen Sachen in ihr Haus und ging dann zu Oberst Klumpner, der neben Bartl wohnte, ... um ihm den Sachverhalt mitzuteilen. In diesem Augenblick kam vom Wald her ein Russe und Bartl hat sich, auf der Veranda sitzend, erschossen...

Infolge eines Rückschlags bei Kreuzenstein setzten nun Kampfhandlungen ein; der größte Teil des Ortes wurde evakuiert und die Leichen blieben sechs Tage unbeerdigt in der Villa liegen. Nach dieser Zeit kam ein Bruder des Herrn N. (Schlossergehilfe) mit einem Fuhrwerker und einem zweispännigen Fuhrwerk, um die Leichen zu beerdigen. Särge waren keine vorhanden. Der Weg zum Friedhof beträgt zirka zwanzig Minuten. Als der mit den Leichen beladene Wagen (in ziemlich steilem

Gelände) gerade zum Friedhof fuhr, kamen die Russen und nahmen die vorgespannten Pferde weg, so daß der Wagen dann von den Männern geschoben werden mußte. Eine Einsegnung ist damals nicht erfolgt, weil, wie mir der mittlerweile auch verstorbene Pfarrer erzählte, eine solche infolge der Kriegsereignisse nicht möglich war. Die Toten wurden in zwei Gräbern beerdigt... Ich habe vorläufig auf Bartl's Grab ein schmiedeeisernes Kreuz mit Steinsockel anbringen lassen. Das Grab ist mit Blumen bepflanzt; der Friedhof ist ein Bergfriedhof.

Die Villa wurde ausgeraubt...

(Originalberichte des Generalmajors d. R. Fridrich, im Besitz des Verfassers)

KAPITEL VIII   ANHANG 5

Letzte Aufzeichnung des österreichischen Oberstleutnant a. D. Georg Bartl am 9. 4. 1945

Heute, 9. 4. 1945, 3 Uhr 30 früh, habe ich über dringende Bitte meine Frau Edda Bartl, Frau Neidl und ihre beiden Töchter, Herrn Neidl und Fräulein Liesl Szente erschossen. —

Ich erschieße mich als letzter selbst. —

Die Gründe hiefür waren:

Alle waren antinationalsozialistisch eingestellt — immer! Ich selbst bin von den Nationalsozialisten schwer verfolgt worden. Ich war fast zwei Jahre im Konzentrationslager Dachau und Mauthausen. — Es war das Härteste, was ich durchmachen mußte. — In der deutschen Armee habe ich nie dienen wollen — wurde mit 40% strafgekürzten Ruhegenüssen entlassen.

Mein einziger Wunsch war, die gerechte Strafe für alle nationalsozialistischen Verbrechen, besonders aber die Bestrafung des dummen deutschen Volkes — besonders aber seiner Naziregierung — für die Anzettelung dieses schrecklichen Krieges zu erleben. —

Daher begrüßten wir die einmarschierenden Sowjets als Freunde und Befreier; ich als glühender Antifaschist und Österreicher, Herr Neidl als Sozialdemokrat, als Arbeiter — durchaus sozialistisch eingestellt. Als ich vom Einmarsch der Sowjets hörte, hatte ich Freudentränen in den Augen. —

Unser Leidensweg, besonders aber der der Frauen, begann bald, obzwar ich jedem unser aller Einstellung wiederholt verdolmetschte und ihnen auch immer meinen Entlassungsschein aus dem Konzentrationslager vorwies. Das hinderte aber niemanden dieser Sowjets ... die Frauen unter Drohung des Erschießens immer wieder zu vergewaltigen, uns auszurauben und zu quälen mit allen erdenklichen Drohungen.

Haben wir, die wir immer die schärfsten Gegner des Nationalsozialismus waren, immer geblieben sind und immer gewesen waren, das verdient? Wir alle haben es, glaube ich, nicht verdient. —

Wenn möglich bitte ich diese Zeilen gelegentlich zu veröffentlichen. —

Möge die Welt gegen den Nationalsozialismus, Bolschewismus und Faschismus einig den Kampf aufnehmen für eine bessere Zukunft, eine gerechte soziale Zeit und einen langen Frieden. Für diese Ideale wollen wir unser heute wenig wertvolles Leben gegeben haben.

Wir bedauern nur, das Abtreten des größten Narren und größten Verbrechers langer Zeiten — Adolf Hitler — nicht mehr erlebt zu haben. —

Österreicher, seid in Hinkunft gescheiter als in den Jahren 1918 bis zum März 1938. —

Es lebe Österreich!

Georg Bartl e.h.
Österreichischer Oberstleutnant a. D.

(Abschrift im Besitz des Verfassers)

ANMERKUNGEN

KAPITEL I   DREI STATIONEN...

1
Dr. Arthur Seyß-Inquart, 1892—1946, Rechtsanwalt in Wien, 1937 zum Staatsrat ernannt, Februar 1938 Innenminister, 12. bis 14. März 1938 Bundeskanzler, dann Reichsstatthalter in Österreich, 1939/40 stellvertretender Generalgouverneur in Polen, dann bis 1945 Reichskommissar in den Niederlanden; Dr. Seyß-Inquart wurde wegen seiner Amtsführung als späterer Chef der Zivilverwaltung in den Niederlanden vom Internationalen Militärgerichtshof Nürnberg am 1. Oktober 1946 zum Tode verurteilt.
Dr. h. c. Edmund Glaise-Horstenau, 1882—1946, ehemals Generalstabsoffizier, Generalstaatsarchivar, Direktor des Kriegsarchivs, seit Juli 1936 Bundesminister im Bundeskanzleramt, Vizekanzler im Kabinett Seyß-Inquart, verübte 1946 in Nürnberg Selbstmord wegen drohender Auslieferung an Jugoslawien.
Um den 6. März 1938 teilte mir Glaise-Horstenau persönlich mit, daß er von General Haushofer (Institut für Geopolitik, München) eingeladen worden sei, einen Vortrag in akademischem Kreis, erinnerlich in Stuttgart, zu halten und daher am kommenden Ministerrat nicht teilnehmen könne; das Ersuchen, mit Rücksicht auf die politische Lage den Termin zu verschieben und im Land zu bleiben, beantwortete der Minister mit dem Hinweis darauf, daß er auf den Vortrag nicht verzichten könne und gegebenenfalls sich gezwungen sähe, seine Demission einzureichen.
Darstellungen der Ereignisse vom 11. März 1938 auf dem Ballhausplatz unter anderem bei:
J. Benoist-Méchin, *Griff über die Grenzen*, Oldenburg 1966, 13. Kap.;
Gordon Brook-Shepherd, *Anschluß* (The Rape of Austria), London 1963, Kap. 7;
Ulrich Eichstädt, *Von Dollfuß zu Hitler*, Wiesbaden 1955, 7. Kap.;

Walter Goldinger in *Geschichte der Republik Österreich* (hrsg. von. Heinrich Benedikt), Wien 1954, S. 269 ff., und Sonderausgabe;
Gabriel Puaux, *Mort et Transfiguration de l'Autriche*, Paris 1966, S. 112 ff.;
D. Wagner / G. Tomkowitz, *Ein Volk, Ein Reich, Ein Führer*, München 1968;
Kurt Schuschnigg, *Requiem in Rot-Weiß-Rot*, Zürich 1947, S. 66—84;
„Als die Schatten fielen", in *Linzer Volksblatt*, Nr. 58, vom 9. März 1963;
Guido Zernatto, *Die Wahrheit über Österreich*, New York 1938, S. 296—318;
ferner in *Die Gerichtlichen Protokolle und Anlagen im Hochverratsprozeß gegen Dr. Guido Schmidt*, Wien 1947, in der Folge zitiert als *Schmidt-Prozeß*.

2
Text zitiert bei Benoist-Méchin, a. a. O., S. 261, und Zernatto, a. a. O., S. 317; abgedruckt in *Weltgeschichte in Dokumenten*, 5. Bd., Essen 1940, S. 446 f.

3
Telephongespräch Göring-Keppler am 11. März 1938, 20.48 Uhr:
Göring: „Folgendes Telegramm soll der Seyß-Inquart hersenden: Die provisorische österreichische Regierung, die nach der Demission der Regierung Schuschnigg ihre Aufgabe darin sieht, die Ruhe und Ordnung in Österreich wiederherzustellen, richtet an die deutsche Regierung die dringende Bitte, sie in ihrer Aufgabe zu unterstützen und ihr zu helfen, Blutvergießen zu verhindern. Zu diesem Zweck bittet sie die deutsche Regierung um baldmöglichste Entsendung deutscher Truppen... das Telegramm möchte er baldmöglichst schicken..."
(In *Protokolle des Internationalen Militärgerichtshofes Nürnberg* [IMT], Bd. XXXI, Doc. 2949-PS/11, S. 366 ff.)
Telephongespräch Keppler (Wien)-Dr. Dietrich (Reichspressechef, Berlin) am 11. März 1938, 21.54 Uhr:
Dietrich: „Ich brauche dringend das Telegramm..."
Keppler: „Sagen Sie dem Generalfeldmarschall (Göring), daß Seyß-Inquart einverstanden wäre."
Dietrich: „Also Seyß-Inquart ist einverstanden?"
Keppler: „Jawohl..."
(IMT, Bd. XXXI, Doc. 2924-PS/12, S. 368.)
Dr. Seyß-Inquart, als Zeuge vernommen, hat glaubwürdig versichert, daß er dieses Einverständnis nie abgegeben hat und das Telegramm für überflüssig hielt. (IMT, Bd. XXXII, Doc. 3425-PS, S. 277 f.)

4
Wortlaut des Befehls:
Berlin, den 11. März 1938, 20.45 Uhr
Geheime Kommandosache
Oberkommando der Wehrmacht
Betrifft: Unternehmen Otto
1. Die Forderungen des deutschen Ultimatums an die österreichische Regierung sind nicht erfüllt worden.
2. Die österreichische Wehrmacht hat Befehl, sich vor dem Einmarsch deutscher Truppen zurückzuziehen und dem Kampf auszuweichen. Die österreichische Regierung hat sich ihres Amtes suspendiert.
3. Zur Vermeidung weiteren Blutvergießens in österreichischen Städten wird der Vormarsch der Deutschen Wehrmacht nach Österreich am 12. März bei Tagesanbruch nach Weisung 1 angetreten. Ich erwarte, daß die gesteckten Ziele unter Aufbietung aller Kräfte so rasch als möglich erreicht werden.   Gez. Adolf Hitler
(IMT, Bd. XXXIV, Doc. 182-C, S. 774.)

5
Vollständige Protokolle veröffentlicht in Schuschnigg, a. a. O., S. 84—102.

6
Schmidt-Prozeß, S. 338.
7
Ebd., S. 299.
8
Zernatto, a. a. O., S. 275; Schuschnigg, a. a. O., S. 113.
9
Erich Kordt, *Nicht aus den Akten*, Stuttgart 1950, S. 192 ff.
10
Puaux, a. a. O., S. 114.
11
Der frühere illegale Gauleiter Hauptmann Leopold und seine engsten Mitarbeiter waren über österreichisches Verlangen auf Grund der Berchtesgadener Besprechung ins Reich berufen worden.
12
Der Autor ist Dr. Otto Habsburg-Lothringen für die Überlassung der Kopien aus dessen Archiv zu besonderem Dank verpflichtet.
13
Schuschnigg, a. a. O., S. 76.
14
SD (Reichssicherheitsdienst), Hauptamt der politischen Polizei unter Heydrich, später Kaltenbrunner, und der Oberleitung des Reichsführers SS Heinrich Himmler.
14 a
Bericht des ehemaligen Hauptmanns Wichard von Alvensleben an Bischof Neuhäusler, München, vom 23. März 1968; siehe auch Allen Dulles/Gero v. S. Galvernitz, *Unternehmen Sunrise*, Düsseldorf-Wien 1967, S. 295.
15
S. Payne Best, *The Venlo Incident*, London 1950, S. 226, 228 ff.
16
Schriftlicher Bericht Wichard v. Alvenslebens vom 20. Oktober 1968 „über die Befreiung prominenter KZ-Häftlinge am 29. April 1945 in Niederdorf, Südtirol", vorgelegt zur Unterstützung eines beim bayrischen Justizministerium eingebrachten Gnadengesuches für Karl Wolff.
17
Schuschnigg, a. a. O., S. 491 ff.
18
Best, a. a. O., S. 235, 243 ff. Captain Best war im November 1939 vom SD in eine Falle knapp jenseits der deutschen Grenze in Holland gelockt worden und wurde dort auf neutralem Gebiet gefangengenommen. Vgl. Walter Schellenberg, *The Labyrinth*, New York 1956, S. 63 ff.
19
Vgl. *Südtiroler Nachrichten*, 3. Jg., Nr. 7, vom 15. April 1965 und, Nr. 8, vom 30. April 1965; *Der Spiegel*, 21. Jg., Nr. 9, vom 20. Februar 1967, S. 54 ff.; *Neue Illustrierte*, Köln, 16. Jg., Nr. 8, vom 19. Februar 1961, S. 33 ff.; *Befreiung in den Südtiroler Dolomiten*, hrsg. v. Dr. Reut-Nicolussi, Landesstelle für Südtirol, Innsbruck 1946.
20
Maria Dolores, geb. 23. März 1941 in München, während der Haft des Autors im Münchner Gestapogefängnis.
21
Aus einem Brief Dr. Ignaz Tschurtschenthalers, Klagenfurt (1945—1949 zuerst Landeshauptmannstellvertreter von Kärnten, dann Abg. zum Nationalrat, vor 1938 Bun-

deswirtschaftsrat, gest. 16. Dezember 1954), an den Autor vom 11. Juni 1952, in dem er die Grüße des nachmaligen Bundeskanzlers und damaligen Obmanns der ÖVP, Julius Raab, bestellte: „Raab berichtete mir, daß der Vizekanzler Schärf ihm gesagt habe, ‚wenn der Schuschnigg nach Österreich kommt, erstatte ich sofort die Anzeige gegen ihn'."

22
Prof. Dr. Wilhelm Bauer, geb. in Prag, bis 1938 Professor der Zahnheilkunde an der Universität Innsbruck, gest. in St. Louis, USA, 1956.

23
Dipl.-Ing. Leopold Figl, bis März 1938 Direktor des Niederösterreichischen Bauernbundes und Bundeswirtschaftsrat, 1945—1953 Bundeskanzler, dann Außenminister, Präsident des Nationalrates und Landeshauptmann von Niederösterreich, gest. in Wien am 9. Mai 1965;

Dr. Hans Pernter, Bundesminister für Unterricht bis März 1938, nach 1945 Sektionschef im Unterrichtsministerium, gest. in Bad Ischl am 25. Juli 1951;

Walter Adam, k. u. k. Generalstabsoberst, später stellvertretender Chefredakteur der *Reichspost*, dann Generalsekretär der VF und Bundeskommissar für den Heimatdienst, gest. in Innsbruck am 27. Februar 1947;

Hans Hammerstein-Equord, Beamter der politischen Verwaltung, später Sicherheitsdirektor in Oberösterreich, Staatssekretär für Sicherheit und Bundesminister für Justiz, Präsident des Wiener Kulturbundes, Schriftsteller, gest. in Micheldorf, Oberösterreich, am 9. August 1947.

24
Guido Zernatto, Literat und lyrischer Dichter, Generalsekretär der VF seit 1936, Staatssekretär und Bundesminister, gest. in New York am 8. Februar 1943.

25
Franz Werfel, führender Romanschriftsteller, Dramatiker und lyrischer Dichter, gest. in Beverly Hills am 26. August 1945.

26
Der Beitrag Louis Rothschilds zum Spendenfonds.

27
Das beschlagnahmte frühere Hotel Metropol diente als Gestapohauptquartier und -arrestgebäude in Wien.

28
„Der Weg der neuen Bildung geht: / Von Humanität / Durch Nationalität / Zur Bestialität." (Franz Grillparzer, *Epigramme*.)

29
Office of Strategic Services.

30
Kronprinz Ruprecht von Bayern, 1869—1955. Im Ersten Weltkrieg Generalfeldmarschall und Führer einer Armeegruppe, im Zweiten Weltkrieg als erklärter Gegner des NS-Regimes in Ungarn und Italien; sein Sohn Erbprinz Albrecht wurde samt Familie in Sippenhaft gehalten.

31
Rechtsanwalt Dr. O. Hönigsmann, gest. 1950 in New York, ehemals den Revolutionären Sozialisten nahestehend, verbrachte die Kriegszeit in der Emigration, hat sich im Rahmen der UNRRA-Hilfe für Auslandsösterreicher besonders verdient gemacht.

32
Egon Berger-Waldenegg, Berufsdiplomat und 1934—1936 Außenminister, gest. in Graz am 12. November 1960;

Dr. Viktor Froelichsthal, Ministerialrat und 1934—1938 Sekretär des Bundeskanzlers.

33
Guido Zernatto, *Die Sonnenuhr*, Gesamtausgabe der Gedichte, hrsg. v. Hans Brunmayr, Salzburg 1961.
34
Fragmente aus New York, im Besitz von Dr. Otto Zernatto, zitiert in Dr. Ingeborg Zimmer, Dissertation, Graz 1965.

KAPITEL II   BEWÄLTIGTE VERGANGENHEIT

1
Ausführliche Literaturhinweise in Theodor Veiter, *Das Recht der Volksgruppen und Sprachminderheiten in Österreich*, 1. Teil, *Volk, Volksgruppe, Nation, Theoretische Grundlegung*, Wien 1966.
2
In Budapest sprach man von der ungarischen Nation und meinte damit nicht die ethnische (madjarische), sondern die Staatsnation (die Bewohner der Länder der heiligen Stephanskrone).
3
Ignaz Seipel, *Nation und Staat*, Wien 1915; vgl. Ignaz Seipel, *Österreich, wie es wirklich ist,* Herausgeber Ferdinand Wagner und F. A. Westphalen, Verlagsgemeinschaft Stifter-Bibliothek, München-Salzburg 1953, Bd. XXV, S. 47; Jacques Maritain, *Man and the State*, Chikago 1951, S. 12. — „The Austro-Hungarian double crown created a State but was unable to produce a Nation ... for practical purposes we may use the expression the American Nation, the French Nation, to denote the American or French political body. Yet such a practical synonymity must not deceive us and make us forget the fundamental distinction between National Community (Nation) and Political Society (State)." *Übersetzung:* „Die österreichisch-ungarische Doppelmonarchie schuf einen Staat, aber brachte es nicht zuwege, eine Nation zu schaffen. ... Im allgemeinen Sprachgebrauch kann man den Ausdruck amerikanische Nation oder französische Nation verwenden, um den politischen Begriff Vereinigte Staaten oder Frankreich zu bezeichnen. Aber wir dürfen uns von solchen in der Praxis verwendeten Synonymen nicht täuschen lassen und müssen uns stets daran erinnern, daß ein prinzipieller Unterschied besteht zwischen völkisch-nationaler Gemeinschaft (Nation) und politischer Gemeinschaft (Staat)." Ebd., S. 9.
4
Ignaz Seipel, *Österreich, wie es wirklich ist*, S. 9; aus einem Vortrag in der Österreichischen Politische Gesellschaft am 11. Februar 1926, und aus *Der Wiener Student* vom 15. Juli 1931, S. 16.
5
Karl Renner, *Das Selbstbestimmungsrecht der Nationen*, Wien 1918.
6
Otto Bauer, *Die Nationalitätenfrage und die Sozialdemokratie*, Wien 1907, 2. Aufl. 1924
7
Guido Zernatto, *Vom Wesen der Nation,* hrsg. v. Wolf In der Maur, Wien 1966, S. 101 ff.
8
Ebd., S. 186.
9
Nach Renans bekannter Definition ist eine Nation dadurch bestimmt, daß ihre Menschen durch gemeinsame Geschichte, gemeinsame Aufgaben in der Gegenwart und den

Willen zur gemeinsamen Zukunft verbunden sind; nachdem man ihr freiwillig zugehöre, also das subjektive Bekenntnis entscheide, sei die Nation „un plebiscite de tous les jours".
10
Über die Gründe des mangelnden Staatsgefühls um 1926 s. Ignaz Seipel, *Österreich, wie es wirklich ist*, S. 8 ff.
11
Über Bedeutung und Werdegang des Ausdrucks „Ethnie Française" s. Veiter, a. a. O., S. 41 f.
12
Hugo Hantsch, *Geschichte Österreichs*, Bd. II, Graz, S. 488;
Friedrich Funder, *Vom Gestern ins Heute*, Wien 1952, S. 228;
Adam Wandruszka in *Geschichte der Republik Österreich*, hrsg. v. Heinrich Benedikt, Wien 1954, II. Teil, 4. Kap.
13
Erik Kuehnelt-Leddhin, *Freiheit oder Gleichheit*, Salzburg 1953, S. 381;
Allan Bullock, *Hitler. A Study in Tyranny*, New York 1952, S. 59 f.
14
Staatslexikon, Herder, I. Bd., Ausgabe 1926.
15
J. Benoist-Méchin, *Griff über die Grenzen — 1938*, Oldenburg 1966, S. 104, Anm. 31.
16
Stefan Varosta, *Geschichte der Republik Österreich*, hrsg. v. Heinrich Benedikt, S. 585.
17
Die stenographischen Protokolle der 3., 16. und 18. Sitzung der Provisorischen Nationalversammlung für Deutsch-Österreich vom 12. November 1918, 4. Februar 1919 und 6. Februar 1919, S. 66, 580 f., 645.
18
Die damalige Amtsbezeichnung Staatssekretär entsprach dem Wirkungskreis eines Bundesministers.
19
72 Sozialdemokraten, 69 Christlichsoziale, 26 Deutschnationale, 3 Sonstige.
20
Stenographisches Protokoll der 3. Sitzung der Konstituierenden Nationalversammlung vom 12. März 1919, S. 36 f., 54.
21
Benoist-Méchin, a. a. O., S. 102 f.
22
Funder, a. a. O., S. 607 ff.; Julius Deutsch, *Ein weiter Weg*, Lebenserinnerungen. Wien 1960, S. 129.
23
Stenographisches Protokoll der 33. Sitzung des Nationalrates am 15. April 1921, S. 1305.
24
Benoist-Méchin, a. a. O., S. 105 f.
25
Julius Braunthal, *Auf der Suche nach dem Millennium*, II. Bd., Nürnberg 1948, S. 473.
26
Karl Renner, *Österreich. Von der ersten zur zweiten Republik*, Wien 1953, S. 39;
die Koalition zwischen Christlichsozialen und Sozialdemokraten hatte seit dem 30. Oktober 1918 bestanden und wurde von der zweiten Koalitionsregierung des Bundes-

kanzlers Dr. Michael Mayr, bestehend aus Christlichsozialen und Großdeutschen, am 20. November 1920 abgelöst.
27
Seipels Reden. Hrsg. v. Josef Geßl, Wien 1926, S. 19 f.
28
100 sfr notierten am 1. Juli 1919 noch als 567 öK, am 1. Juli 1921 war die Notierung 12.200 öK und am 1. Juli 1922 — 300.000 öK.
29
Stenographisches Protokoll der 134. Sitzung des Nationalrates am 14. September 1922, S. 4362.
30
Stenographisches Protokoll der 138. Sitzung des Nationalrates am 12. Oktober 1922, S. 4416.
31
Braunthal, a. a. O., S. 455; Otto Bauer, *Die österreichische Revolution,* S. 102, Wien 1923.
32
Wie oben, S. 454.
33
Anderer Meinung: Friedrich Hertz, *Zahlungsbilanz und Lebensfähigkeit Österreichs,* München 1925.
34
Friedrich Thalmann, *Die Wirtschaft in Österreich,* Heinrich Benedikt, *Geschichte der Republik Österreich,* III. Teil, S. 493, 506.
35
Z. B. die Großglocknerstraße wurde 1930 begonnen und 1935 dem Verkehr übergeben.
36
Thalmann, a. a. O., S. 553.
37
Hjalmar Schacht, *My First Seventysix Years,* Autobiographie, englische Ausgabe, London 1955, S. 387.
38
Zur österreichischen Creditanstaltsanierung vgl. Alexander Spitzmüller, *... und hat auch Ursach', es zu lieben,* Wien 1955, S. 356 ff.; zur deutschen Bank- und Währungsreform vgl. Schacht, a. a. O., S. 177 f., 300 f.
39
Der Bezug der Arbeitslosenunterstützung war wie in anderen Staaten an eine zeitliche Höchstdauer gebunden.
40
Eichstädt, a. a. O., S. 13, 22.
41
Dr. Maximilian Pfeiffer 1922—1926; Graf Hugo v. Lerchenfeld, früherer bayrischer Ministerpräsident, Gesandter in Wien 1926—1931; Dr. Kurt Rieth 1931—1934; der vormalige Reichskanzler Franz v. Papen 1934—1938.
42
Der frühere Reichskanzler Dr. Brüning, in dessen Amtszeit das Zollunionprojekt fiel, erklärte dem Autor anläßlich einer Begegnung in New York im Jahre 1947, daß er von der Absicht des Zollunionvertrags vor seiner Unterzeichnung nicht informiert war. Der österreichische Außenminister Dr. Schober erklärte am 3. September 1931 in Genf, daß die österreichische Bundesregierung das Projekt der Zollunion zurückziehe. Über Antrag Großbritanniens war das Projekt vor den Völkerbund gekommen, der den Streitfall an den ständigen Internationalen Gerichtshof überwies; dieser erklärte mit

8 gegen 7 Stimmen, daß das Zollunionprojekt mit den von Österreich im Genfer Protokoll des Jahres 1922 übernommenen Verpflichtungen unvereinbar sei. Allerdings hatten nur 6 Richter auch die Unvereinbarkeit mit den bezüglichen Bestimmungen des Friedensvertrags angenommen.
43
Schallplattenausgabe Philips, 1967, Nr. 837.091 GY, vgl. Canons KV 559, 560 von W. A. Mozart.

KAPITEL III   WOLLEN UND WIRREN

1
Friedrich Adler, Sohn des im November 1918 verstorbenen Gründers und Parteiführers der Sozialdemokraten, hatte am 21. Oktober 1916 den österreichischen Ministerpräsidenten, Karl Graf Stürgkh, ermordet, als Protest gegen den Krieg und als Demonstration für die Notwendigkeit einer sozialen Revolution; nach Verurteilung zum Tode wurde er zu 17 Jahren Gefängnis begnadigt; noch vor Ausrufung der Republik erfolgte die Amnestierung;
Goldinger, a. a. O., S. 22;
Braunthal, a. a. O., II, S. 381 ff., 442 ff.
2
Braunthal, a. a. O., II, S. 442 f.; Sperrungen vom Verfasser.
3
Goldinger, a. a. O., S. 198.
4
Walther Pembaur, *Im letzten Kampf um Österreich*, Wien-Leipzig 1939, S. 204.
5
Otto Bauer, *Der „neue Kurs" in Sovietrußland*, Wien 1921; vgl. Yvon Bourdet, *Otto Bauer et la Révolution*, Paris 1968, S. 77 ff.
6
Thalmann, a. a. O., S. 540.
7
Bourdet, a. a. O., S. 2, 41.
8
Otto Bauer, *Der Weg zum Sozialismus*, Wien 1919; vgl. Bourdet, a. a. O., S. 87 ff.
9
Otto Bauer, *Zwischen zwei Weltkriegen — Die Krise der Weltwirtschaft, der Demokratie und des Sozialismus*, Bratislava 1936; vgl. Bourdet, a. a. O., III. Teil, S. 179, 276 f.
10
Otto Bauer, *Der Weg zum Sozialismus*, Wien 1919; vgl. Bourdet, a. a. O., II. Teil, S. 91
11
Ebd., S. 93—126.
12
Arbeiter-Zeitung vom 23. März 1919 und Otto Bauer, *Die österreichische Revolution*, Wien 1923, S. 130—161.
13
Otto Bauer, *Zwischen zwei Weltkriegen*, in Bourdet, a. a. O., III. Teil, S. 242.
14
Vgl. dazu Goldinger, a. a. O., S. 51.

15
Alfred Kasamas, *Österreichische Chronik,* Wien 1948, S. 476, 486, 493 ff., 503.
16
Goldinger, a. a. O., S. 131.
17
Ebd., S. 208; Kasamas, a. a. O., S. 517.
18
Staatsarchiv Wien, Pol. Archiv, K. 467.
19
Braunthal, a. a. O., II, S. 453 ff.
20
Seipel, Rede auf der Festveranstaltung der Wiener Hochschulen zum zehnten Jahrestag der Republikgründung, November 1928.
21
Adam Wandruszka in Benedikt, *Geschichte der Republik Österreich,* II. Teil, S. 447.
22
Deutsch, a. a. O., S. 151 ff.
23
Wandruszka, a. a. O., S. 360 ff.; Karl Karwinsky, *Ein Beitrag zur Geschichte des 12. Februar 1934,* unveröffentlichtes Manuskript, Schruns 1956, S. 4, 7; Franz Winkler, *Die Diktatur in Österreich,* Zürich-Leipzig 1935, S. 24 ff.
24
Ostmärkische Sturmscharen, gegr. 1930, Wehrverband seit 1933; Freiheitsbund, gegr. 1928, als christliche Arbeiterwehr von den christlichen Gewerkschaften gegründet; Christlichdeutsche Turnerschaft, im März 1900 gegründet, Wehrzüge wurden erstmals 1933 aufgestellt; Burgenländische Landesschützen, ursprünglich Christlicher Heimatschutz für das Burgenland, aus dem 1927 gegründeten Heimatschutzverband im Jahre 1933 hervorgegangen.
25
Die Waffen stammten zum Teil aus inländischen Beständen, zum Teil wurden sie vom Ausland geliefert.
26
So gab es in Bayern zur Abwehr der bolschewistischen Welle die Einwohnerwehren, später die Organisation Escherich, den Bund Oberland (alte Schlesienkämpfer) u. a., in Ungarn die Pfeilkreuzler, in Litauen den Eisernen Wolf, in Lettland die Perkonkrust (Donnerkreuz), in Estland die Vaps (Liga der Freiheitskämpfer), in Finnland die Lapua-Bewegung, denen allen antiparlamentarische Tendenzen und der Kampf um Verfassungsreform gemeinsam waren.
27
Otto Bauer, *Der Kampf um die Macht,* Wien 1924; vgl. Bourdet, a. a. O., S. 158; vgl. auch Linzer Programm der Sozialdemokratischen Partei vom 3. November 1926, Kap. II, 1 u. 2.
28
Lois Weinberger, *Tatsachen, Begegnungen und Gespräche,* Wien 1948, S. 49.
29
Wandruszka, a. a. O., S. 359.
30
Major Waldemar Pabst, Gründer des Gardekavalleriefreikorps, war am Kapp-Putsch (März 1920) in Deutschland beteiligt und ist nach Österreich emigriert; vgl. John W. Wheeler-Bennett, *The Nemesis of Power,* London 1953, S. 63.
31
Lajos Kerekes, *Abenddämmerung einer Demokratie,* Wien 1966, S. 9—26 u. Anm. 11.

32
Ludwig Jedlicka, *Zur Vorgeschichte des Korneuburger Eids*, in Österreich in Geschichte und Literatur, 7. Jg., 1963, Heft 4, S. 152.
33
Kerekes, a. a. O., S. 49 ff.
34
Der Verfasser fungierte als parlamentarischer Berichterstatter. Sprecher der Sozialdemokraten in den Kompromißverhandlungen war Dr. Otto Danneberg.
35
Jedlicka, a. a. O., S. 152 ff.
36
Othmar Spann, Professor der Wiener Universität und bekannter Sozialwissenschaftler, dessen Lehre zumal bei den Studenten begeisterte Aufnahme fand; gest. 1950 in Neustift, Burgenland.
37
Carl Vaugoin, 1921, 1922—1933 Heeresminister, vom 30. September bis 27. November 1930 auch Bundeskanzler.
38
Karl Karwinsky, *Aufzeichnungen*, S. 9.
39
Staatsarchiv Wien, G. Z. Deutschland I/1, Zl. 21.635; der vermutliche Verfasser des Artikels war Virginio Gayda.
40
Staatsarchiv Wien, Fasc. 467, Österreich II/10, Geheim 1, 31.785/467.
41
Staatsarchiv Wien, Fasc. 467.
42
Akten zur Deutschen Auswärtigen Politik 1918—1945, Baden-Baden 1950—1953 (in der Folge zitiert als AdA), Ser. D, Bd. 1, Doc. 251.
43
Allianz Hitler-Horthy-Mussolini, Dokumente zur ungarischen Außenpolitik 1933 bis 1944, redigiert von Lajos Kerekes, Budapest 1966, S. 143; vgl. auch Ludwig Jedlicka, *Der 13. März 1938 in der Sicht der historischen Forschung*, in Der Donauraum, 13. Jg., 1968, 3. Heft, S. 147.
44
Joseph Buttinger, *Am Beispiel Österreichs*, Wien 1953; amerikanische Ausgabe: *In the Twilight of Socialism*, New York 1953, S. 422 ff.
45
Buttinger, a. a. O., amerikanische Ausgabe, S. 495 f.
46
Robert Skorpil, *Die Ostmärkischen Sturmscharen. Ihr Wesen und ihr Weg, eine Skizze*, Innsbruck 1932.
47
Dr. Richard Steidle wurde später als Sicherheitsdirektor von Tirol (1933) das Opfer eines nationalsozialistischen Attentatsversuchs und wurde während des Krieges im KZ Buchenwald ermordet.
48
Bericht v. Papens an Hitler vom 4. April 1935, Bundesarchiv Koblenz, Bestand NS 10/50, 422009/10; Sperrung vom Verfasser.
49
Schriftleiter war Dr. Gustav Canaval.

50
Otto Molden, *Der Ruf des Gewissens: Der österreichische Freiheitskampf 1938—1945*, Wien 1958, S. 346.
51
Briefliche Mitteilung von Sektionschef d. R. Dr. Kollars vom 23. Juli 1968.
52
Unterlagen im Kriegsarchiv, Akten des Bundesministeriums für Landesverteidigung, zitiert in Ursula Freises ungedruckter Doktordissertation, Universität Wien, philosophische Fakultät.
53
Hugo Gold, *Geschichte der Juden in Wien*, Tel Aviv 1966, S. 62, 98.
54
Friedrich Funder, *Vom Gestern ins Heute*, Wien 1952, S. 122 ff.
55
Karl Renner, *Österreich von der ersten zur zweiten Republik*, Wien 1953, S. 93 f. und Anm. 22.
56
Richard Charmatz, *Deutsch-österreichische Politik*, Leipzig 1907, S. 181, zitiert in Dr. Oskar Karbach, New York, *Die politischen Grundlagen des österreichischen Antisemitismus*, in Zeitschrift für die Geschichte der Juden, Jg. 1964, S. 4, Tel Aviv.
57
Dr. Oskar Karbach, New York, *Die politischen Grundlagen des österreichischen Antisemitismus*, S. 5, 107.
58
Johann Auer, *Antisemitische Strömungen in Wien, 1921—1923*, in Österreich in Geschichte und Literatur, 10. Jg., Folge 1/2, 1966, S. 23 ff.
59
Buttinger, a. a. O., amerikanische Ausgabe, S. 80.
60
Dr. Emmerich Czermak, *Verständigung mit dem Judentum?*, in Ordnung der Judenfrage, 4. Sonderschrift der Berichte zur Kultur- und Zeitgeschichte, hrsg. v. Nikolaus Hovorka, Wien 1934, S. 45 ff.
61
Staatsarchiv Wien, Bericht des Gesandten Franckenstein vom 15. Februar 1934 und Entwurf der Antwort des Außenamts. Österreich 2/3-Geh. G.Z. 51194-13 pol.
62
The Call, Wochenschrift der Sozialistischen Partei der USA, New York, Vol. XIV, Nr. 7, vom 17. Februar 1947, S. 1.
63
Charles Gulick, *Österreich von Habsburg zu Hitler*, Wien 1949, IV. Bd., S. 197, V. Bd., S. 149, mit Berufung auf Anm. 38: *Beweise des offiziellen und halboffiziellen austrofaschistischen Antisemitismus*, in The Facts, New York, Ausgabe März 1947, hrsg. v. d. „Antidefamation League B'nai B'rith", und V. Bd., S. 234 f.
64
Mitgeschriebener Auszug der Göring-Rede vom 26. März 1938, im Besitz des Verfassers.
65
Karbach, a. a. O., S. 178.
66
Buttinger, a. a. O., S. 179, 276 ff., 289, 294, 423 ff.
67
Hans Huebmer, *Otto Ender*, Dornbirn 1957, S. 199 f.

68
Johannes Messner, *Staat und berufständische Ordnung* und *Zur österreichischen Staatsideologie*, in *Monatsschrift für Kultur und Politik*, 1936, Bd. I, 7, S. 869; ferner *Das Naturrecht*, Innsbruck 1949, S. 322 ff.; vgl. auch August M. Knoll, *Antwort auf Josef Dobretsberger*, in der Zeitschrift des schweizerischen Studentenvereins, *Civitas*, 1949, 4. Jg., Nr. 8—10, *Woran scheiterte der österreichische Ständestaat 1934—1938?*.
69
Friedrich Funder, *Als Österreich den Sturm bestand*, Wien 1957, S. 180 ff.
70
Alexander Novotny, *Der berufsständische Gedanke in der Bundesverfassung des Jahres 1934*, in *Österreich in Geschichte und Literatur*, 5. Jg., 1961, Nr. 5.
71
Gulick, a. a. O., Vol. V, 7. Teil, XXVIII. Kap., S. 61—125.
72
Edgar Alexander, in *Church and Society*, New York 1952, *The Christian Socialists in Austria*, S. 477 ff.
73
Karbach, a. a. O., S. 174.

KAPITEL IV   VOLK IN NOT

1
F. M. Dostojewski, *Politische Schriften*, München 1922, S. 45, 55.
2
F. M. Dostojewski, a. a. O., *Katholizismus und Sozialismus*, S. 52.
3
F. M. Dostojewski, a. a. O., *Frankreich, die Republik und der Sozialismus*, S. 40.
4
Arbeiter-Zeitung vom 24. November 1918.
5
Hellmut Andics, *Der Staat, den keiner wollte*, Wien 1962, S. 563.
6
Leitartikel der *Arbeiter-Zeitung*, „Die Schuldigen", 26. November 1918.
7
Arbeiter-Zeitung, 4. Dezember 1918, „Nicht Helden, sondern Märtyrer".
8
Renner, a. a. O., S. 42.
9
Wilhelm Böhm, *Februar 1934, Ein Akt der Österreichischen Tragödie*, Wien 1948, S. 15
10
Ebd., S. 12, 14.
11
Deutsch, a. a. O., S. 138 f.
12
John W. Wheeler-Bennett, *The Nemesis of Power, The German Army*, in *Politics 1918—1945*, London 1953, Kap. 1 u. 2.
13
Julius Deutsch, *Alexander Eifler — Ein Soldat der Freiheit*, Wien 1947, S. 22.
14
Ebd., S. 20.

15
Josef Dengler, *Berg und Tal — Erlebnisse und Erinnerungen an die Geschichte der christlichen Arbeiterbewegung Niederösterreichs*, St. Pölten 1956, 2. Teil, S. 46.
16
Otto Bauer, *Der Kampf um die Macht*, Wien 1924, in Bourdet, a. a. O., Kap. II, in der französischen Ausgabe S. 155.
17
Ebd., S. 156.
18
Ebd., S. 157.
19
Ebd., S. 148, 159.
20
Wie schnell sich die Zeiten ändern können, zeigt die Lage 14 Jahre später, als österreichische Monarchisten und Republikaner gemeinsam um die Freiheit bangten.
21
Bourdet, a. a. O., S. 162.
22
Karl Karwinsky, *Aufzeichnungen*, S. 5 f.; Gulick, a. a. O., Bd. V, S. 43 f.; Adam Wandruszka, in Benedikt, a. a. O., S. 447 f.
23
Kasamas, a. a. O., S. 493, 497, 503, 508.
24
Heinrich Siegler, *Austria 1945—1963*, Verlag für Zeitarchive, Bonn, und Keesings Archiv der Gegenwart.
25
Staatsarchiv Wien, Fasc. 467, Österreich II/10 Geh. vom 23. März 1933.
26
Adam Wandruszka, in Benedikt, a. a. O., S. 447.
27
Winkler, a. a. O., S. 13; Kasamas, a. a. O., S. 505.
28
Richard Schmitz, *Das christlichsoziale Programm, mit Erläuterungen*, Wien 1932, zitiert in Wandruszka, a. a. O., S. 331.
29
Winkler, a. a. O., S. 60; Wandruszka, a. a. O., S. 331.
30
Julius Deutsch, *Lebenserinnerungen*, S. 157.
31
Carl Vaugoin, geboren in Wien 1873, gestorben 1949 in Krems, war 1921—1933 (mit kurzer Unterbrechung vom Jänner bis Mai 1922) Heeresminister, vom September bis November 1930 auch Bundeskanzler und von 1929 bis November 1933 Obmann der Christlichsozialen Partei. Er war der eigentliche Schöpfer des ersten österreichischen Bundesheeres, das er von links- und rechtsradikalen Einflüssen zu befreien suchte.
32
Major Franz Freudenseher erwarb für seine Waffentat als Oberleutnant und Kommandant einer Maschinengewehrabteilung im Verband der 1. Armee (Dankl) am 4. September 1914 auf den Höhen bei Lopiennik (Polen) den Mariatheresienorden; schwer verwundet, geriet er in russische Gefangenschaft, aus der er nach drei Jahren flüchtete. 1934 wurde er Kommandant des Infanterieregiments NR. 2. Am 1. März 1937 wurde er zum Infanteriebrigadier der 7. Division in Klagenfurt ernannt und

anläßlich der Machtübernahme im März 1938 als Oberst pensioniert. Nach dem Umbruch 1945 wurde er rehabilitiert und zum Feldmarschalleutnant befördert. Im Dezember 1945 trat er in den Ruhestand. Quellen: *Wiener Landsturm,* Organ des Kameradschaftsbundes Wien, 15. Jg., Nr. 21, vom 17. Juni 1934, S. 4 ff.; schriftliche Aufzeichnungen des verstorbenen FML Freudenseher vom 18. Oktober 1952; Akten des Kriegsarchivs.

33
Der Abend, Wien, Donnerstag, 3. März 1927, 13. Jg., Nr. 51.

34
Der Abend, Wien, 3. März 1927, Nr. 51, 7. März, Nr. 54, 8. März, Nr. 55. Bericht in *Wiener Landsturm* vom Juni und Juli 1934, 15. Jg., Nr. 21 u. Nr. 22, jeweils S. 7 f. Der Bericht wurde auf Grund persönlicher Wahrnehmungen vom damaligen Major des Infanterieregiments Nr. 3 und Theresienritter Karl Ruczicka verfaßt.

35
Der Abend, Wien, Samstag, 26. März 1927, S. 8.

36
Die Rote Fahne, Zentralorgan der Kommunistischen Partei Österreichs, 10. Jg., Nr. 118, Wien, Freitag, 20. Mai 1927, S. 1.

37
Volkszeitung, Wien, 73. Jg., Nr. 64, vom Sonntag, 6. März 1927, S. 1; Sperrung vom Verfasser.

38
Zahlen in Kasamas, a. a. O., S. 508, 510.

39
S. Anm. 38.

40
Hellmut Andics, *Fünfzig Jahre unseres Lebens,* Wien 1968, S. 145 ff.

41
Renner, a. a. O., S. 78.

42
Julius Deutsch, *Lebenserinnerungen,* S. 169 f.

43
Julius Deutsch, *Alexander Eifler — Ein Soldat der Freiheit,* S. 15.

44
Sitzungsprotokoll des Nationalrats, III/3. Gesetzgebungsperiode, 7. Sitzung, vom 26. Juli 1927, S. 129.

45
S. Kap. 3, Anm. 31.

46
Kerekes, a. a. O., S. 12, 14 f.

47
Ebd., S. 14, 17.

48
Vgl. Julius Deutsch, *Lebenserinnerungen,* S. 190: „Ohne Umschweife verlangte Starhemberg, der damals Vizekanzler von Österreich war, vom italienischen Regierungschef zwei Millionen Schillinge." — Starhemberg war am 1. Mai 1934 Vizekanzler geworden.

49
Julius Deutsch, *Alexander Eifler — Ein Soldat der Freiheit,* S. 26.

50
Buttinger, a. a. O., amerikanische Ausgabe, S. 2.

51
Auszug aus dem Bericht der Bundespolizeidirektion in Wien vom 28. Februar 1934, S. B. 931/34, P. 15.093/34; s. Anh. 1 zu diesem Kapitel.

52
Die Bank von England hatte in der Creditanstaltskrise einen allerdings kurzfristigen Kredit von 150 Millionen Schilling gewährt.

53
S. Anm. 27; vgl. auch Renner, a. a. O., S. 108.

54
Vgl. Hellmut Andics, *Der Staat, den keiner wollte*, S. 374, und Walter Goldinger, in Benedikt, a. a. O., S. 184.

55
Bourdet, a. a. O., S. 51.

56
Friedrich Funder, *Als Österreich den Sturm bestand,* Wien 1957, S. 57.

57
Kasamas, a. a. O., S. 507.

58
Winkler, a. a. O., S. 15.

59
Niederschrift im Bundesarchiv Koblenz, Bestand R 43/II-1475; der Verfasser bezieht sich hier auf die Veröffentlichungen von Ludwig Jedlicka: *Der 13. März 1938 in der Sicht der historischen Forschung,* in *Der Donauraum,* 13. Jg., 3. Heft, 1968, S. 145, und *Die außen- und militärpolitische Vorgeschichte des 13. März 1938,* in *Österreichische Militärische Zeitschrift,* 6. Jg., März 1968, Heft 2.

60
Buttinger, a. a. O., amerikanische Ausgabe, S. 3.

61
Winkler, a. a. O., S. 59.

62
1924 gegründete Schutzorganisation der Parteien der Weimarer Koalition unter hauptsächlich sozialdemokratischer Führung.

63
Auszug aus dem Stenographischen Protokoll der 125. Sitzung des Nationalrats, IV/4. Gesetzgebungsperiode, Samstag, den 4. März 1933, S. 3392 f.; s. Anh. 2 zu diesem Kapitel.

64
Für eine andere Auffassung vgl. Renner, a. a. O., S. 128; nach dieser Darstellung hat der sozialdemokratische Klubvorstand den Präsidenten Renner veranlaßt, zu demissionieren, um die Stimme des Präsidenten für die Abstimmung zu gewinnen. Die Regierungsparteien hätten „den Schachzug (der Opposition) geschickt und prompt damit beantwortet", daß sie ihren Präsidenten Dr. Ramek gleichfalls zum Rücktritt veranlaßten und daß daher das unbedachte Versehen nur beim dritten Präsidenten lag. Nach dem Wortlaut des Sitzungsprotokolls ist diese Auffassung, zumindest was Dr. Ramek betrifft, nicht zutreffend.

65
Bundesarchiv Koblenz, Bestand NS 10/50; vgl. auch Aufzeichnung des Gesandtschaftsrates Altenburg, Berlin, vom 22. September 1936, AdA, Doc. 165.

66
Vgl. Eichstädt, a. a. O., S. 31.

67
Rede des damaligen Chefs der Rechtsabteilung der Reichsleitung der NSDAP und

Staatsministers Hans Frank über den Münchener Rundfunk vom 18. März 1933: Die deutsche NSDAP werde „die Sicherung der Freiheit der deutschen Volksgenossen in Österreich übernehmen, wenn die österreichische Regierung fortfahren sollte, die Rechte der Nationalsozialisten zu beschränken ..."; vgl. Eichstädt, a. a. O., S. 28.

68
Diese Verordnung wurde also noch zur Zeit des bestehenden Koalitionsregimes mit dem Landbund erlassen unter Mitwirkung des Vizekanzlers Franz Winkler, der sich allerdings später auf „Übersehen" der Konsequenzen berufen hat; vgl. Winkler, a. a. O., S. 59.

69
Kasamas, a. a. O., S. 525.

70
Den Anlaß bildete die Beschlagnahme bedeutender Waffenbestände des Schutzbunds in der Steiermark und ein blutiger Zusammenstoß in Bruck a. d. Mur am 17. März 1933; Karwinsky, *Aufzeichnungen*, S. 70.

71
L. Adamovich, *Grundriß des österreichischen Verfassungsrechts*, Wien 1947, 4. Aufl., S. 31/i).

72
Staatsarchiv Wien, Kart. 112, D I/II.

73
Kerekes, a. a. O., S. 133.

74
Kurt Schuschnigg, *Dreimal Österreich*, S. 240 ff.; Goldinger, in Benedikt, a. a. O., S. 202 f.

75
Staatsarchiv Wien, Fasc. 466; vgl. Kurt Schuschnigg, *Dreimal Österreich*, S. 242 ff.

76
Hitlers Ausspruch im November 1933: „Den Ausgleich mit Österreich bringt Habicht zustande, oder niemand", Staatsarchiv Wien, Fasc. 466, D I/12.

77
Bericht über den Aufstand der Nationalsozialisten vom 25. Juli 1934 in Wien, von Rudolf Weydenhammer, genannt Weydenhammer-Bericht; Institut für Zeitgeschichte, Wien.

78
Kerekes, a. a. O., S. 156.

79
Adolf Schärf, *Geheimer Briefwechsel Mussolini-Dollfuß*, Wien 1949, S. 32.

80
Ebd., S. 35.

81
Vgl. Brook-Shepherd, a. a. O., S. 248.

82
Persönliche Mitteilungen von Dr. Fulvio Suvich an den Verfasser, November 1968; Fey wurde niemals von Italien als möglicher Nachfolger Dollfuß' betrachtet, wohl aber war Italien der Auffassung, daß der Republikanische Schutzbund eine Revolte vorbereite und es daher erforderlich sei, aus Sicherheitsgründen in Wien einen Bundeskommissar einzusetzen.

83
Vgl. zum Gegenstand:
Goldinger, in Benedikt, a. a. O., S. 215 ff.;
Wilhelm Böhm, *Februar 1934, ein Akt der österreichischen Tragödie*, Wien 1948;

Friedrich Funder, *Als Österreich den Sturm bestand*, S. 138—160;
Emil Ratzenhofer, *Die Niederwerfung der Februarrevolte 12. bis 15. Februar 1934*, in *Militärwissenschaftliche Mitteilungen*, Wien 1934;
Gordon Brook-Shepherd, *Engelbert Dollfuß*, S. 164—183;
Julius Deutsch, *Der Bürgerkrieg in Österreich*, Karlsbad 1934;
— *Lebenserinnerungen*, S. 203—224;
— *Alexander Eifler — Ein Soldat der Freiheit*, Wien 1947;
Joseph Buttinger, a. a. O., amerikanische Ausgabe, *In the Twilight of Socialism*, 1953, S. 1—20;
Karl Karwinsky, *Ein Beitrag zur Geschichte des 12. Februar 1934*, ungedruckte Aufzeichnungen.
84
Bericht der Bundespolizeidirektion Wien vom 28. Februar 1934; s. Anh. 1 zu diesem Kapitel.
85
Gulick, a. a. O., IV. Bd., S. 316 ff.; Karl Karwinsky, *Aufzeichnungen*, S. 24.
86
Karl Karwinsky, *Aufzeichnungen*, S. 25.
87
Winkler, a. a. O., S. 99.
88
Brook-Shepherd, a. a. O., S. 168.
89
Buttinger, a. a. O., S. 152 f.
90
Vgl. Ludwig Jedlicka, *Neue Forschungsergebnisse zum 12. Februar 1934*, in *Österreich in Geschichte und Literatur*, 8. Jg., Folge 2, vom Februar 1964, S. 69—86.
91
Kerekes, a. a. O., S. 181 f.
92
Unterlagen im Österreichischen Institut für Zeitgeschichte in Wien.
93
Verhandlungsbericht, in *Das Kleine Volksblatt*, Nr. 44, vom 15. Februar 1934, S. 4.
94
Innsbrucker Zeitung, Nr. 46, vom 25. Februar 1934, S. 2.
95
Kasamas, a. a. O., S. 533.

KAPITEL V   ZWISCHEN HAMMER UND AMBOSS

1
So dem Verfasser gegenüber anläßlich einer dienstlichen Begegnung bei der XIX. Biennale in Venedig im April 1934.
Dr. Anton Rintelen, 1876—1946, war Professor für Römisches Recht an der Universität Graz, 1919—1926 und 1928—1932 Landeshauptmann von der Steiermark und (christlichsozialer) Abgeordneter zum Nationalrat, 1932/33 Unterrichtsminister, Sommer 1933 bis Juli 1934 Gesandter in Rom.
2
AdA, Ser. C, Bd. 2, Doc. 308, 328, 389.
3
Vgl. auch Brook-Sheperd a. a. O., S. 187, und Hellmut Andics, a. a. O., S. 449 f.

4
Vgl. Brook-Shepherd, a. a. O., S. 249, und den dortigen Hinweis auf die persönlichen Mitteilungen des diplomatischen Beraters und Dolmetschers bei den Verhandlungen Dollfuß' mit Mussolini, Gesandten Hornbostel.

5
„Deutschland hat weder die Absicht noch den Willen, sich in die inneren österreichischen Verhältnisse einzumengen, Österreich etwa zu annektieren oder anzuschließen..."
Aus Hitlers Rede vom 21. Mai 1935 vor dem deutschen Reichstag.

6
Schärf, *Geheimer Briefwechsel Mussolini-Dollfuß*, S. 55 f.; Brook-Sheperd a. a. O., S. 271 f.; AdA, Ser. C, Bd. 2, Doc. 255.

7
Kerekes, a. a. O., S. 151 f.; Schärf, a. a. O., S. 28.

8
Kerekes, a. a. O., S. 160 f.; Quellenhinweis: Politische Geheimakte des ungarischen Ministeriums des Äußeren 1934-20-49.

9
Österreichisches Jahrbuch 1933/34, 15. Folge, Wien 1735, S. 19.

10
Kerekes, a. a. O., S. 187 f.; Quellenhinweis: Politische Geheimakte des ungarischen Ministeriums des Äußeren 1934-23-81; über ungarische Sorgen wegen der Habsburgerfrage s. AdA, Ser. C, Bd. 2, Doc. 444, 455.

11
Brook-Shepherd, a. a. O., S. 269 f; Quellenhinweis: AdA, Ser. C, Bd. 2, Doc. 299, 332.

12
Braunbuch der österreichischen Bundesregierung S. 72 f.

13
Ebd., S. 77.

14
Bericht der Historischen Kommission des Reichsführers SS, *Die Erhebung der österreichischen Nationalsozialisten im Juli 1934*, mit Einleitung von Ludwig Jedlicka, Wien 1965.

15
Weltgeschichte der Gegenwart in Dokumenten 1934/35, 1. Teil, Internationale Politik, Essen, 3. Aufl., S. 265.

16
AdA, Ser. C, Bd. 3, Doc. 125.

17
Ungarische Akten aus dem Dokumentationsarchiv des österreichischen Widerstands; alle abgedruckten Dokumente in Ludwig Jedlicka, *Die Lage in Österreich 1934, Dokumente, Zeitungsstimmen, Kommentare*, im Anhang zu *Die Erhebung der österreichischen Nationalsozialisten im Juli 1934, Akten der Historischen Kommission des Reichsführers SS*.

18
Dollfuß' Rede auf dem Trabrennplatz Wien am 11. September 1933.

19
Dr. Wächter in *Österreichischer Beobachter*, 2. Julifolge, 1938, 3. Jg., abgedruckt in Ludwig Jedlicka, *Die Lage in Österreich*, a. a. O., S. 287.

20
Anton Rintelen, *Erinnerungen an Österreichs Weg*, München 1941, S. 306.

21
Brook-Shepherd, a. a. O., S. 322 f., vgl. auch Goldinger, in Benedikt, a. a. O., S. 230.

22
Zernatto, a. a. O., S. 83 und 85 f.

23
Dr. Irmgard Bärnthaler, *Geschichte und Organisation der Vaterländischen Front. Ein Beitrag zum Verständnis totalitärer Organisationen.* Ungedruckte Dissertation, Universität Wien 1964, S. 105—117.

24
Joseph Buttinger, *In the Twilight of Socialism (Am Beispiel Österreichs)*, S. 152 f.; Übersetzung vom Verfasser.

25
Ebd., S. 152.

26
Ebd., S. 119, 291.

27
Österreichisches Jahrbuch 1933/34, S. 400 ff.

28
Buttinger, a. a. O., S. 424 f.

29
Bericht v. Papens über die „Maikundgebung des Freiheitsbunds" am 12. Mai 1936; D. 703, abgedruckt in *Schmidt-Prozeß, S. 404 f.*

30
Buttinger, a. a. O., S. 451.

31
S. Anm. 24.

32
Telegramm Sir J. Simons an den britischen Botschafter in Rom, Drummond, vom 1. August 1934; Abschrift in den Aufzeichnungen eines ehemaligen italienischen Diplomaten.

33
S. Kap. VI, Anh. 3.

34
Bundesarchiv Koblenz, Mappe 0218.

35
A. Toynbee, *Survey of International Affairs*, 1938, Bd. 1, S. 194, zitiert in Gulick, a. a. O., V. Bd., S. 550.

36
Bericht v. Papens vom 14. Januar 1937, AdA, Doc. 198.

37
Bericht v. Papens vom 21. Dezember 1937, AdA, Ser. D, Doc. 273.

38
Buttinger, a. a. O., S. 457 f.

39
Ebd., S. 461.

40
Ebd., S. 471.

41
Vgl. Buttinger, a. a. O., S. 341, 380, 438 ff.

42
Vgl. Hans Huebmer, *Dr. Otto Ender*, Dornbirn 1957, S. 193.

43
Die abratende Haltung wurde dem Verfasser anläßlich eines persönlichen Interviews

im November 1968 vom damaligen italienischen Unterstaatssekretär für Äußeres, Fulvio Suvich, aus seiner Erinnerung heraus bestätigt.

44
Text in der *Neuen Freien Presse* vom 13. Mai 1936 (Morgenblatt), abgedruckt in Gulick, a. a. O., Bd. V, S. 442 f.

45
Schriftliche Information für den Bundeskanzler vom 27. Mai 1936 durch den Direktor der Amtlichen Nachrichtenstelle, Hofrat Edmund Weber; im Bundesarchiv Koblenz, Bestand Seyß-Inquart, 15.

46
Appunto, ddo. Rom, 15. Mai 1936, im Bundesarchiv Koblenz, Bestand Seyß-Inquart, 15; Übersetzung abgedruckt in Anh. 1 zu diesem Kapitel.

47
Bundesarchiv Koblenz, Bestand Seyß-Inquart, 15.

48
Politische Korrespondenz, Ausg. B, Wien, vom 16. Mai 1936, 4. Jg., Nr. 14 (Amtsübernahme durch den Bundeskanzler in der Vaterländischen Front), Bundesarchiv Koblenz, Bestand Sammelakt Seyß-Inquart.

49
Gulick, a. a. O., Bd. V, S. 471; über Presseinformation Feys vgl. Aussendung des Presserundfunks des Deutschen Nachrichtenbüros, Quelle: Bundesarchiv Koblenz, Bestand Seyß-Inquart, 16.

50
Verweis auf einen Gendarmeriebericht vom 7. Oktober 1936 im zitierten Aktenbestand im Bundesarchiv Koblenz.

51
Mitteilung Dr. Fulvio Suvichs an den Verfasser vom November 1968.

52
S. Anm. 51.

53
Vgl. Elisabeth Wiskemann, *The Rome-Berlin Axis*, Oxford 1949, S. 40.

54
Begegnung von Florenz, 21. August 1934; aus der Erinnerung des Verfassers.

55
AdA, Ser. D, Doc. 1.

56
Mitteilung Dr. Fulvio Suvichs an den Verfasser im November 1968.

57
Sir Samuel Hoare, britischer Foreign Secretary, Pierre Laval, französischer Außenminister. Der Hoare-Laval-Plan schlug ein Italien befriedigendes Kompromiß vor, das aber von der englischen öffentlichen Meinung entrüstet abgelehnt wurde und zum Rücktritt Hoares und dessen Ablösung durch Anthony Eden führte.

58
Papen-Bericht vom 4. Oktober 1934, Bundesarchiv Koblenz, Bestand NS 10/50, Anh. 4.

59
Kerekes, *Allianz Hitler-Gömbös-Mussolini, Dokumente zur ungarischen Außenpolitik*, Budapest 1966, S. 4.

60
Ebd., Tagesbericht über die Verhandlungen in Rom vom 21. März 1936, Dokument 10, S. 124 f.

61
AdA, Ser. C, Bd. 2, Doc. 389.
62
AdA, Ser. C, Bd. 2, Doc. 393.
63
Zeugenaussage des Verfassers, *Schmidt-Prozeß*, S. 432, und Zeugenaussage Theodor Hornbostels, *Schmidt-Prozeß*, S. 168.
64
Zeugenaussage Theodor Hornbostel, *Schmidt-Prozeß*, S. 168.
65
Ebd., S. 174, 177.
66
Vgl. Brief des ungarischen Geschäftsträgers in Madrid, Andor Wodianer, an den stellvertretenden Außenminister Gabor Apor vom 28. Juli 1936; Kerekes, a. a. O., Doc. 12, S. 128.
67
Rundschreiben des BKA — Auswärtige Angelegenheiten, betreffend österreichisch-deutsche Besprechungen am 8. Juli 1936, *Schmidt-Prozeß*, S. 482 f.
68
Staatsarchiv Wien, Fasc. 466, NPA, K 466.
69
Ebd. G. Z. 2269 ff.
70
Schmidt-Prozeß, S. 481 f.; s. Anh. 2.
71
Aufzeichnung des Gesandtschaftsrats Altenburg vom Berliner Auswärtigen Amt vom 22. September 1936, AdA, Ser. D, Bd. 1, Doc. 165.
72
Staatsarchiv Wien, Fasc. 467; AdA, Ser. D. Bd. 1, Doc. 164.
73
Papen-Bericht vom 5. Juni 1937, AdA, Ser. D, Bd. 1, Doc. 229.
74
Papen-Bericht vom 23. Juli 1936, AdA, Ser. D, Bd. 1, Doc. 160.
75
Staatsarchiv Wien, Fasc. 466, 2158 ff.
76
Bericht v. Papens an Hitler vom 1. Juli 1937, AdA, Ser. D, Bd. 1, Doc. 233.
77
Vgl. u. a. Bericht v. Steins vom 7. Oktober 1937, AdA, Ser. D, Bd. 1, Doc. 259; Papen, *Der Wahrheit eine Gasse*, München 1952, S. 430 f.
78
Zeugenaussage Gesandter Max Hoffinger, *Schmidt-Prozeß*, S. 137.
79
Aussage Gesandter Theodor Hornbostel, *Schmidt-Prozeß*, S. 176, 184.
80
Zeugenaussage Prof. Dr. Wilhelm Taucher, *Schmidt-Prozeß*, S. 214 f.
81
Friedrich Thalmann, *Die Wirtschaft in Österreich*, in Benedikt, a. a. O., III. Teil, S. 500.
82
Amtliche Ziffern des Bundesministeriums für Handel und Verkehr, veröffentlicht in *Bundestagsrede vom 24. Februar 1938*, in *Wiener Zeitung*, Nr. 55, 25. Februar 1938.

83 AdA, Ser. D, Bd. 1, Doc. 235.
84 Bundesarchiv Koblenz, Bestand NS 10/50-422082; Text abgedruckt in Anh. 7.
85 Ebd., S. 250.
86 AdA, Ser. D, Bd. 1, Doc. 162.
87 AdA, Ser. D, Bd. 1, Doc. 165.
88 AdA, Ser. D, Bd. 1, Doc. 166.
89 AdA, Ser. D, Bd. 1, Doc. 167.
90 Karl Ritter, Ministerialdirektor und Leiter der handelspolitischen Abteilung des Auswärtigen Amts, AdA, Ser. D, Bd. 1, Doc. 172.
91 AdA, Ser. D, Bd. 1, Doc. 193.
92 Bericht v. Steins vom 7. Oktober 1937, AdA, Ser. D, Bd. 1, Doc. 259.
93 AdA, Ser. D, Bd. 1, Doc. 251.
94 Aufzeichnung v. Neuraths über ein Gespräch mit Dr. Guido Schmidt in Brand, Vorarlberg; AdA, Ser. D, Bd. 1, Doc. 247.
95 Lajos Kerekes, *Akten des ungarischen Ministeriums des Äußeren zur Vorgeschichte der Annexion Österreichs*, Budapest 1960, S. 378 f., zitiert in Ludwig Jedlicka, *Der 13. März in der Sicht der historischen Forschung*, in Der Donauraum, 13. Jg., 3. Heft, 1968, S. 141—155.
96 Papen, a. a. O., S. 419.
97 Vgl. Zernatto, a. a. O., S. 173 f.
98 *Wiener Zeitung*, Nr. 233, 27. November 1936, S. 327.
99 AdA, Ser. D, Bd. 1, Doc. 186, 187.
100 Deutsches Nachrichtenbüro, Aussendung vom 8. Januar 1938, Nr. 7, Bl. 8, Bundesarchiv Koblenz, Bestand R 43, II/1474 a.
101 Staatsarchiv Wien, Fasc. 466, NPA, K 466.
102 Bundesarchiv Koblenz, Bestand Seyß-Inquart 1.
103 Verwaltungsarchiv Wien, Z. 22, Gen. Liasse/305/766; s. auch Ludwig Jedlicka, *Der 13. März 1938 in der Sicht der historischen Forschung*, in Der Donauraum, 13. Jg., 3. Heft, 1968, S. 150; dort Bezugnahme auf Haus-, Hof- und Staatsarchiv NPA, K 309/1968.
104 Verwaltungsarchiv Wien, Z. 22, Gen. 1/452/46.

KAPITEL VI   AM SCHEIDEWEG

1
Ich selbst hatte Göring anläßlich des Staatsbegräbnisses Gömbös' in Budapest im Oktober 1936 kurz gesprochen. Dr. Guido Schmidt hatte über Auftrag 1937 einen Besuch in Karinhall abgestattet. Der Tenor des Gespräches war beidemal: Was die österreichischen Lieferungswünsche (Luftausrüstung) betrifft, können wir uns leicht vereinbaren, „da brauchen Sie doch nicht die Italiener dazu ...".
2
Brief Görings an Staatssekretär Dr. Guido Schmidt vom 11. November 1937, Antwort vom 23. November 1937, in *Schmidt-Prozeß*, S. 311 ff.
3
S. Kap. 4, Anm. 75.
4
Konferenz von Stresa, April 1935, unter Teilnahme von Italien, England und Frankreich, faßte Resolutionen gegen weitere einseitige deutsche Verletzungen des Versailler Vertrags, erklärte die Unabhängigkeit Österreichs als im gemeinsamen Interesse gelegen und unterstrich die Bedeutung der Politik von Locarno. Die sogenannte Stresafront wurde jedoch bald durch die italienische Abessinienpolitik zur Bedeutungslosigkeit verurteilt.
5
Papen-Bericht vom 4. November 1936, AdA, Ser. D, Bd. 1, Doc. 171.
6
Amtserinnerung vom 8. Januar 1938 und Aktenvermerk vom 26. Januar 1938, in *Schmidt-Prozeß*, S. 556, 557; Papen, a. a. O., S. 460 ff.; Eichstädt, a. a. O., S. 267 ff.
7
Bericht des österreichischen Gesandten in Belgrad, L. Wimmer, vom 29. Januar 1938, Z. 7/Pol., abgedruckt in *Schmidt-Prozeß*, S. 549 f.
8
Bericht des Gesandten Wimmer, Belgrad, vom 12. Juni 1937, ebd., S. 548.
9
Gesandtschaftsberichte Wimmer vom 12. Februar 1938, 26. Februar 1938 und 2. März 1938, Z. 10, 16, 18/Pol., ebd., S. 551 ff.
10
Telegramm v. Papens im Handakt Papen-Berichte, Bundesarchiv in Koblenz.
11
Kurt Schuschnigg, *Dreimal Österreich*, Wien 1937, S. 28;
— *Requiem in Rot-Weiß-Rot*, Zürich 1947, S. 236.
12
Dokument C 102, *Schmidt-Prozeß*, S. 576.
13
Dokument C 182, ebd., S. 577.
14
Franz v. Papen, *Der Wahrheit eine Gasse*, München 1952, S. 460.
15
Hoßbach-Protokoll vom 10. November 1937, abgedruckt in *Schmidt-Prozeß*, S. 575.
16
Ebd., S. 574 f. Nach Abschluß der Berchtesgadener Besprechung stellte Hitler gleichfalls, wenn das Übereinkommen zustande käme, Ruhe für fünf Jahre, also bis 1943, in Aussicht. „Dann sähe die Welt ohnedies wieder anders aus."
17
Geheimberichte des Botschafters v. Papen, in den Akten des Bundesarchivs Koblenz,

Fasc. NS 10/50; teilweise auch abgedruckt in *Schmidt-Prozeß* und veröffentlicht in AdA, Ser. D, Bd. 1.
18
Bericht des österreichischen Gesandten Baar, Budapest, vom 25. Februar 1938, Zl. 23/ Pol., in *Schmidt-Prozeß*, S. 569.
19
Papen, a. a. O., S. 446.
20
Ebd., S. 466.
21
Zeugenaussage Seyß-Inquart, in *Schmidt-Prozeß*, S. 338.
22
Aktenvermerk G. Z. 50943-13, Gegenstand: Unterredung mit Botschafter v. Papen vom 26. Januar 1938, in *Schmidt-Prozeß*, S. 557.
23
Zur Frage der Auslegung der völkerrechtlichen Verträge s. Verdroß, *Völkerrecht*, 4. Aufl., S. 114 ff.
24
Schmidt-Prozeß, S. 481.
25
„Punktationen" vom Februar 1938, in *Schmidt-Prozeß*, S. 557 ff.; Wortlaut s. Anh. 1 zu diesem Kapitel.
26
Eichstädt, a. a. O., S. 274 u. Anm. 12.
27
Zeugenaussage Seyß-Inquart und Dr. Rainer, in *Schmidt-Prozeß*, S. 337 und 340; Papen, a. a. O., S. 456, Konzept der Vorschläge, Bundesarchiv Koblenz, Bestand Seyß-Inquart, 1.
28
Wortlaut des Entwurfs s. Anh. 2 zu diesem Kapitel.
29
Guido Zernatto, *Die Wahrheit über Österreich*, New York 1938, S. 200.
30
Dr. Paul Schmidt, *Hitler's Interpreter*, New York 1951, S. 59.
31
The Memoirs of Anthony Eden: Facing the Dictators 1923—1938, Boston 1962, S. 435.
32
Schmidt, a. a. O., S. 76 f., Übersetzung aus dem Englischen vom Autor; vgl. auch Kurt Schuschnigg, *Requiem*, S. 42.
33
The Memoirs of Anthony Eden, S. 576 ff.
34
Kurt Schuschnigg, *Requiem*, S. 37 ff.
35
Ebd., S. 44.
36
P. Friedrich Muckermann SJ, ein bekannter Literarhistoriker und Prediger, Herausgeber der Zeitschrift *Gral*, geb. 1883 in Bückeburg, Niedersachsen, gest. 1946 in Montreux, lebte damals in Rom und Luxemburg und hatte im Jahre 1937 einige Tage in Wien verbracht. Ich hatte ihn, soweit ich mich erinnern kann, zum letztenmal im Jahre 1933 gesehen. In einem Geheimbericht des Botschafters v. Papen vom 12. Februar 1938 heißt es:

„Wie der Gesandtschaft von zuverlässiger Seite mitgeteilt wird, hat Graf Coudenhove-Kalergi, der Leiter der Paneuropa-Bewegung, kürzlich zu Ehren des Emigrantenpaters Muckermann in seiner Wohnung einen Tee-Empfang veranstaltet. Eine Verwandte des Gastgebers, Gräfin Marietta Coudenhove, die als national eingestellt bekannt ist, hat an diesem Empfang teilgenommen. Da ihre politische Einstellung aber dem Grafen Coudenhove offenbar unbekannt ist, wurde in ihrer Gegenwart sehr offen gesprochen.

Muckermann habe selbst geäußert, daß er sich im Auftrag des Vatikans in Wien aufhalte, um den Abwehrkampf gegen den Nationalsozialismus zu organisieren und die österreichischen Nationalsozialisten restlos zu vernichten. Nach der jetzigen Lage könne an dem Erfolg seiner Mission gar nicht gezweifelt werden.

Die Gattin des Gastgebers, die Jüdin Ida Roland, habe später das Gespräch auf die Italienreise des Führers gebracht. Dazu habe sich Muckermann etwa wie folgt geäußert: ‚Das ist alles vorbereitet. Bei der Besichtigung des Kapitols kann man nahe an ihn herankommen. Ich bin überzeugt, daß der große österreichische Plan vollkommen gelingen wird.' Darauf habe Ida Roland gesagt: ‚Dann sind wir ja am Ziel unserer Wünsche!' "

Zu dieser Mitteilung, die ich trotz der an sich zuverlässigen Quellen mit Vorbehalt weitergebe, kann ich auf Grund einer Rücksprache mit einem dem Kardinal Innitzer sehr nahe stehenden Geistlichen folgendes sagen: Kardinal Innitzer hat Schritte erwogen, dem Pater Muckermann ein Redeverbot zu erteilen und sich dieserhalb mit seinem Ordensoberen in Verbindung gesetzt. Von einem Auftrag des Vatikans an Pater Muckermann könne keine Rede sein. Diese Lüge sei dem Geltungsbedürfnis des Pater Muckermann entsprungen. Ich erwarte, daß meine Anstrengungen in dieser Hinsicht Erfolg haben werden, da auch der Kardinal die politische Tätigkeit Muckermanns mit offensichtlichem Mißbehagen betrachtet.

Zu den auf Attentatsabsichten hindeutenden Äußerungen vermag ich nicht Stellung zu nehmen. Daß der Freimaurer Coudenhove und sein Kreis zu den erbittertsten Gegnern des Nationalsozialismus gehören, steht außer Frage. — AdA, Ser. D, Bd. 1, Doc. 292.

37
Zeugenaussage Dr. Kajetan Mühlmann, in *Schmidt-Prozeß*, S. 250.
38
Wortlaut abgedruckt in Anh. 3 zu diesem Kapitel.
39
Andere Ansicht in Eichstädt, a. a. O., S. 303.
40
Keppler-Protokoll und seine Änderungen, in *Schmidt-Prozeß*, S. 559 f.; Keppler-Protokoll AdA, Ser. D, Bd. 1, Doc. 294; Wortlaut des gezeichneten Protokolls in Anh. 4 zu diesem Kapitel, AdA, Ser. D, Bd. 1, Doc. 295.
41
AdA, Ser. D, Bd. 1, Doc. 294.
42
AdA, Ser. D, Bd. 1, Doc. 295.
43
Papen-Bericht vom 14. Februar 1938, AdA, Ser. D, Bd. 1, Doc. 298.
44
Text veröffentlicht in *Dokumente der deutschen Politik*, Bd. 6, I, Berlin 1942, S. 124.
45
Fußnote zu AdA, Ser. D, Bd. 1, Doc. 278, und IMT, Doc. 1775/PS.
46
Unterlagen im Archiv des Instituts für Zeitgeschichte in Wien.

47
Vgl. Winston Churchill, *The Second World War, The Gathering Storm*, 1948, S. 191 ff.
48
Unter Nachgeben ist hier das Eingehen auf Hitlers Kernforderung einer Eingliederung Österreichs in das Deutsche Reich gemeint.
49
Geheimbericht des Botschafters v. Papen vom 21. Dezember 1937, AdA, Ser. D, Bd. 1, Doc. 273.
50
Doc. Nürnberg 3060/PS, abgedruckt in Heinz Holldack, *Was wirklich geschah. Die diplomatischen Hintergründe der deutschen Kriegspolitik*, München 1949, S. 343.
51
Doc. Nürnberg 388/PS, in Holldack, a. a. O., S. 348.
52
Ebd., S. 352.
53
Vgl. Churchill, a. a. O., S. 298 ff.
54
Doc. Nürnberg A 10 P/29/C/136, in Holldack, a. a. O., S. 354.
55
Doc. Nürnberg 2798/PS, in Holldack, a. a. O., S. 373.
56
Doc. Nürnberg L/79, in Holldack, a. a. O., S. 380.
57
Doc. Nürnberg 789/PS, in Holldack, a. a. O., S. 459.
58
Doc. Nürnberg 446/PS, in Holldack, a. a. O., S. 465.
59
Völkischer Beobachter, süddeutsche Ausgabe vom 31. Januar 1939.
60
Aussage Dr. Friedrich Rainer in Nürnberg, IMT, Sitzungsprotokoll vom 11. Juni bis 13. Juni 1946.
61
Aussage des Zeugen Dr. Friedrich Rainer, in *Schmidt-Prozeß*, S. 340.
62
Zeugenaussage Dr. Kajetan Mühlmann, in *Schmidt-Prozeß*, S. 249.
63
Winston Churchill, Rede im Mansion House aus Anlaß des Sieges der britischen Waffen in Ägypten vom 10. November 1942.
64
Papen, a. a. O., S. 460 ff.
65
Ebd., S. 478. Dieser Vertrag hatte ausdrücklich Nichteinmischung vorgesehen.
66
AdA, Ser. D, Bd. 1, Doc. 293.
67
S. Anm. 25.
68
Handschrift von Rudolf Likus, Leiter des Referates II der Abteilung Deutschland im Außenamt, das mit Angelegenheiten des Reichssicherheitshauptamts und des Reichs-

führers SS befaßt war; Veröffentlichung Hildegard v. Kotzes, Institut für Zeitgeschichte der Universität München.
Damit sind Anlage und Methoden der Vorbereitung des österreichischen Anschlusses mit Zuhilfenahme des Sicherheitsdienstes, vertreten in Österreichfragen durch die Herren Edmund Veesenmayer und Dr. Wilhelm Keppler, nachmaliger deutscher Staatssekretär, eindeutig klargestellt.

69
Berichte des österreichischen Generalkonsuls Dr. Ludwig Jordan, München, vom 16. Oktober 1937, 21. Januar 1938, 8. Februar 1938, 24. Februar 1938, in *Schmidt-Prozeß*, S. 498, 507 ff.

70
Amnestie 1938, Mappe 0218, Bundesarchiv Koblenz.

KAPITEL VII — RES AD TRIARIOS VENIT

1
Summer Welles, *The Time for Decision*, New York 1944.

2
Doc. Nürnberg 3300/PS, Übersetzung in *Schmidt-Prozeß*, S. 345—386.

3
Doc. Nürnberg 1544/PS, in Holldack, a. a. O., S. 310.

4
Hoßbach-Protokoll, Doc. Nürnberg 386, in *Schmidt-Prozeß*, S. 573.

5
Mit Ausnahme der zahlenmäßig unbedeutenden Gruppe des Wiener Rechtsanwaltes Dr. Walter Riehl, der von der Frontkämpferbewegung gekommen war.

6
Papen-Memorandum vom 3. Mai 1945, s. Anm. 2.

7
Staatsarchiv Wien, L 466 — Deutschland 1/12 E; abgedruckt in *Schmidt-Prozeß*, S. 509.

8
In *Schmidt-Prozeß*, S. 498.

7
Ebd., S. 501.

10
Verwaltungsarchiv Wien, 22 Gen. 2 Pol. 38, abgedruckt in *Schmidt-Prozeß*, S. 507.

11
In *Schmidt-Prozeß*, S. 508.

12
Ebd., S. 508 f.

13
AdA, Ser. D, Bd. 1, Doc. 255.

14
AdA, Ser. D, Bd. 1, Doc. 138; Sperrung vom Autor.

15
AdA, Ser. D, Bd. 1, Doc. 139.

16
Eden, a. a. O, S. 570; Übersetzung vom Autor.

17
Vgl. Zeugenaussage Prof. Dr. Wilhelm Taucher zur Wirtschaftslage 1937, in *Schmidt-Prozeß*, S. 217.
18
Zitiert in Papen, a. a. O., S. 478.
19
AdA, Ser. D, Bd. 1, Nr. 328.
20
Papen, a. a. O., S. 479; Churchill, a. a. O., S. 264.
21
In *Schmidt-Prozeß*, S. 561 f.
22
Aussage des Chefs der Politischen Abteilung im österreichischen Außenamt, Gesandten Theodor Hornbostel, ebd., S. 180.
23
New York Times, Sonntag, 12. Dezember 1948, S. 66.
24
Keesing's Archiv der Gegenwart, 18. Jg., 16. Dezember 1948, S. 1739 A.
25
Vgl. Anm. 23; Übersetzung vom Verfasser.
26
Für andere Ansicht vgl. Brook-Shepherd, a. a. O., S. 65 ff.
27
Puaux, a. a. O., S. 103 f.
28
AdA, Ser. D, Bd. 1, Doc. 313; Edmund Veesenmayer war damals Adjutant des österreichischen Bevollmächtigten Dr. Wilhelm Keppler, Beauftragter des SD, und spielte später als deutscher Gesandter in Budapest eine besondere Rolle.
29
AdA, Ser. D, Bd. 1, Doc. 309.
30
Dem steht allerdings entgegen, daß nach deutscher Interpretation Hitler und Mussolini anläßlich ihrer Begegnung dahin übereingekommen waren, daß Deutschland die italienische Mittelmeerpolitik nicht behindern, während Italien den speziellen deutschen Interessen in Österreich nicht entgegentreten werde.
AdA, Ser. D, Bd. 1, Doc. 3, 376, vgl. Eden, a. a. O., S. 538, und Ludwig Jedlicka, *Ein Heer im Schatten der Parteien*, Graz 1955, S. 162.
31
Zeugenaussage Oberst Dr. Emil Liebitzky, in *Schmidt-Prozeß*, S. 223.
32
AdA, Ser. D, Bd. 1, Doc. 34.
33
Eden, a. a. O., S. 653.
34
Ebd., S. 657.
35
Ebd., S. 658.
36
AdA, Ser. D, Bd. 1, Doc. 122.
37
Eden, a. a. O., Anh. C, 701 ff.
38
Vgl. hiezu Churchill, a. a. O., Kap. V—VIII.

39
Vgl. Keith Feiling, *The Life of Neville Chamberlain,* London 1946, und das Hoßbach-Protokoll.
40
Tagebuchnotizen Cianos vom Februar 1938, in *Tagebücher 1937/1938,* Hamburg 1949.
41
AdA, Ser. D, Bd. 1, Doc. 129.
42
Für eine entgegengesetzte Auffassung z. B.: A. J. P. Taylor, *Die Ursprünge des Zweiten Weltkriegs,* Gütersloh 1962; hier wird Hitlers Anspruch auf nationale Integration vertreten.
43
Doc. Nürnberg N. G. 3578, Archiv des Instituts für Zeitgeschichte, München.
44
Ing. Reinthaler, nach dem Juli 1934 Leiter der seinen Namen tragenden Befriedungsaktion und Führer der nationalsozialistischen Bauern. Dr. Langoth, ehemaliger großdeutscher Mandatar in Oberösterreich und Leiter des von der österreichischen Bundesregierung genehmigten „Hilfswerkes". Dr. Rainer, Notariatsanwärter und späterer Gauleiter in Kärnten und Salzburg. Odilo Globocnik, illegaler Gauleiter der NSDAP.
45
Doc. Nürnberg N. G. 3578, Archiv des Instituts für Zeitgeschichte, München.
46
Doc. Nürnberg N. G. 3282, Archiv des Instituts für Zeitgeschichte, München.
47
Papen, a. a. O., S. 446 f.
48
AdA, Ser. D, Bd. 1, Doc. 289. Nach Ansicht des Verfassers dürfte Leopold von den Vorbereitungen für Berchtesgaden von seinem Gewährsmann in der deutschen Botschaft, Botschaftsrat v. Stein, informiert worden sein.
49
AdA, Ser. D, Bd. 1, Doc. 313.
50
Niederschrift im Institut für Zeitgeschichte in München.
51
AdA, Ser. D, Bd. 1, Doc. 313; Sperrung vom Verfasser.
52
Zeugenaussage Seyß-Inquarts in Nürnberg, IMT, XV, S. 675; vgl. Benoist-Méchin, a. a. O., S. 214.
53
AdA, Ser. D, Bd. 1, Doc. 328, aus den Akten Dr. Kepplers.
54
Zernatto, a. a. O., S. 239 ff.
55
Ministerratsprotokoll im Verwaltungsarchiv Wien.
56
AdA, Ser. D. Bd. 1, Doc. 289.
57
Papen, a. a. O., S. 481.
58
AdA, Ser. D, Bd. 1, Doc. 329.
59
AdA, Ser. D, Bd. 1, Doc. 125.

60
AdA, Ser. D, Bd. 1, Doc. 132.
61
Berichte des österreichischen Gesandten Alois Vollgruber aus Paris vom 22. und 26. Februar 1938, in *Schmidt-Prozeß*, S. 542, 570; vgl. Eichstädt, a. a. O., S. 341 ff.
62
Aufzeichnungen des Gesandten Vollgruber, in *Schmidt-Prozeß*, S. 572; vgl. Eichstädt, a. a. O., S. 344 f.
63
AdA, Ser. D, Bd. 1, Doc. 305.
64
Telegraphischer Bericht des Gesandten Franckenstein vom 17. Februar, in *Schmidt-Prozeß*, S. 565.
65
Bericht des Gesandten Franckenstein vom 23. Februar, in *Schmidt-Prozeß*, S. 530.
66
Bericht der österreichischen Gesandtschaft in London vom 3. März 1938, in *Schmidt-Prozeß*, S. 531; Bericht der deutschen Botschaft in London an das Außenamt vom 4. März 1938; AdA, Ser. D, Bd. 1, Doc. 331.
67
Vgl. Brook-Shepherd, a. a. O., S. 86.
68
Vgl. Papen-Bericht vom 17. April 1937, mit dem die Abschrift zweier Geheimberichte des österreichischen Außenamtes an die Gesandtschaften in London und Rom nach Berlin weitergeleitet wurde, AdA, Ser. D, Bd. 1, Doc. 220, und Vorlagemeldung des Botschaftsrats v. Stein vom 7. März 1938, betreffend die Reise des ehemaligen Staatssekretärs Karwinsky nach Steenockerzeel zu Erzherzog Otto, AdA, Ser. D, Bd. 1, Doc. 337.
69
Holldack, a. a. O., S. 26; *Ambassador Dodd's Diary*, New York 1941, S. 238 ff. (William Dodd, US-Botschafter in Berlin); Anthony Eden, a. a. O., S. 595 ff.; A. François-Poncet, *Als Botschafter in Berlin*, Mainz 1949, S. 288.
70
Papen, a. a. O., S. 255.
71
Ebd., S. 430 f., 455.
72
Vgl. *Österreichisches Jahrbuch 1936* und *Statistische Unterlagen zur Bundestagsrede vom 24. Februar 1938*.
73
AdA, Ser. D, Bd. 1, Doc. 289.
74
Geschichte der Republik Österreich, 1954, Teil III: Friedrich Thalmann, *Die Wirtschaft in Österreich*, S. 498 ff.
75
AdA, Ser. D, Bd. 1, Doc. 333.
76
AdA, Ser. D, Bd. 1, Doc. 334.
77
AdA, Ser. D, Bd 1, Doc. 334; vgl. Schuschnigg, a. a. O., S. 82.
78
AdA, Ser. D, Bd. 1, Doc. 335; Sperrung vom Verfasser.

1
Vgl. Memorandum des Generalobersten Ludwig Beck vom 5. Mai 1938 in W. Foerster, *Ein General kämpft gegen den Krieg*, München 1946, S. 82 ff.
2
Walter Goldinger, in *Geschichte der Republik Österreich*, hrsg. v. Heinrich Benedikt, Wien 1954, S. 264.
3
Ebd. S. 265 f.; vgl. A. J. P. Taylor, *The Origins of the Second World War;* David L. Hoggan, *The War Forced on Us*, Deutsche Ausgabe, Tübingen 1962.
4
AdA, Ser. D, Bd. 1, Doc. 328.
5
AdA, Ser. D, Bd. 1, Doc. 313.
6
AdA, Ser. D, Bd. 1, Doc. 259, Bericht v. Steins vom 7. Oktober 1937; AdA, Ser. D, Bd. 1, Doc. 264, Bericht v. Steins vom 22. Oktober 1937; AdA, Ser. D, Bd. 1, Doc 290, Bericht v. Steins vom 10. Februar 1938; AdA, Ser. D, Bd. 1, Doc. 306, Bericht v. Steins vom 17. Februar 1938; AdA, Ser. D, Bd. 1, Doc. 341, Bericht v. Steins vom 10. März 1938.
7
Lagebericht in *Der Einsatz der 8. Armee 1938 zur Wiedervereinigung Österreichs mit dem Deutschen Reich*, Archiv des Instituts für Zeitgeschichte, Wien.
8
Vgl. Dr. Irmgard Bärnthaler, a. a. O.
9
Zeugenaussage Wilhelm Miklas, in *Schmidt-Prozeß*, S. 260.
10
AdA, Ser. D, Bd. 1, Doc. 264.
11
AdA, Ser. D, Bd. 1, Doc. 264, Anm.
12
AdA, Ser. D, Bd. 1, Doc. 138.
13
Telegramm von Halifax an Henderson vom 10. März 1938, Doc. 9, *Documents of British Foreign Policy*, in der Folge zitiert als DBFP.
14
Gabriel Puaux, *Mort et Transfiguration de l'Autriche*, Paris 1966, S. 110, N. 1.
15
AdA, Ser. D, Bd. 1, Doc. 295.
16
Zernatto, a. a. O., S. 272.
17
Vgl. Eichstädt, a. a. O., S. 357, Anm. 34.
18
Unterlagen im Archiv des Instituts für Zeitgeschichte, Wien.
19
Originalaufruf und Rede, abgedruckt in *Tiroler Gewerbe*, 3. Jg., Nr. 6, Innsbruck, Sonderausgabe vom 9. März 1938.
20
Unterlagen im Archiv des Instituts für Zeitgeschichte, Wien.

21
AdA, Serie D, Bd. 1, Doc. 338.
22
Brief Seyß-Inquarts an Zernatto vom 9. März 1938, zitiert in Zernatto, a. a. O., S. 285 ff.
23
Abgedruckt in Zernatto, a. a. O., S. 290 ff.
24
Zeugenaussage Seyß-Inquart, in *Schmidt-Prozeß*, S. 338.
25
Einsatz der 8. Armee im März 1938 zur Wiedervereinigung Österreichs mit dem Deutschen Reich. Bericht des Armeekommandanten General v. Bock vom 18. Juli 1938, Seite 2, im Archiv des Instituts für Zeitgeschichte, Wien. In weiterer Folge zitiert als *Einsatzbericht*.
26
In der SS-Standarte Deutschland bestand ein Sturmbann ausschließlich aus Österreichern.
27
Einsatzbericht, S. 21 und Anl. 3, Kriegsgliederung der 8. Armee beim Einmarsch in Österreich; vgl. Friedrich Fritz, *Der deutsche Einmarsch in Österreich 1938*, in *Militärhistorische Schriftenreihe*, herausgegeben vom Heeresgeschichtlichen Museum (Militärwissenschaftliches Institut), Wien 1968, S. 3 ff.
28
Einsatzbericht, S. 14.
29
Einsatzbericht, S. 20.
30
Fritz, a. a. O., S. 3.
31
Erich Kordt, *Nicht aus den Akten*, 1950, S. 194.
32
Einsatzbericht, Anl. 8.
33
Ludwig Jedlicka, *11. März 1938 — Der „Fall Österreich" in den Akten der Generalstäbe*, in *Die Furche*, Nr. 11, vom 14. März 1953, S. 4.
34
Einsatzbericht, S. 15.
35
Diese Darstellung ist in einem Brief (vom 2. Februar 1951) des vormaligen Bundesministers für Finanzen Dr. Rudolf Neumayer an den Verfasser enthalten.
36
S. Kap. 9, Anm. 31 sowie die Darstellung des Konfliktes (Briefwechsel zwischen Dr. Seyß-Inquart und Gauleiter Bürckel) im selben Kapitel.
37
Hitler-Rede vom 9. April 1938, zitiert in Benoist-Méchin, a. a. O., S. 308.
38
Zeugenaussage Max Hoffinger, in *Schmidt-Prozeß*, S. 144; Zeugenaussage Dr. Hans Becker, Werbereferent der VF, der mit einer Mehrheit von 80 bis 85 Prozent im Durchschnitt rechnete, in *Schmidt-Prozeß*, S. 164; Zeugenaussage Dr. Michael Skubl, IMT (Nürnberg), Band XVI, S. 198.

39
Mitteilung des Altbürgermeisters Kuprian an den Verfasser vom 8. Mai 1968.
40
S. Anm. 36.
41
Verdroß, *Völkerrecht*, 4. Aufl., Wien 1959, S. 225.
42
Ziffern aus dem Memorandum des österreichischen Außenministers Dr. Gruber über den österreichischen Widerstand während der Hitlerzeit vom 8. Februar 1947, zitiert in Kasamas, *Österreichische Chronik*, S. 695.
43
Einsatzbericht, S. 1, Anh. 2.
44
Eine Minderheitsentschließung, eingebracht von Abg. Dr. Julius Deutsch im Heeresausschuß des Nationalrats, beantragte die Herabsetzung des effektiven Standes der Wehrmacht an Wehrmännern und Wehrmannchargen auf 15.000 von 18.300. Bereits bei den Vorberatungen des Heeresbudgets für 1932 hatte er die Herabsetzung des bezüglichen Voranschlags auf die Zahl von 1928 beantragt. In der Sitzung des Nationalrats vom 16. Dezember 1931 bemerkte Dr. Deutsch als Oppositionsredner: „Wie soll man denn überhaupt mit unseren 18.000 Mann eine Grenze verteidigen, die 1000 Kilometer lang ist, wenn wir von einer Großmacht angegriffen werden ... das Heeresbudget, das uns jetzt vorliegt, ist noch immer viel zu hoch für diesen bescheidenen Staat mit seinen bescheidenen Dimensionen."
Budgetdebatte, 64. Sitzung des Nationalrats, IV. Gesetzgebungsperiode, betr. Heeresvoranschlag 1932; Nationalratsprotokolle vom 20. Februar 1931, S. 644, und vom 16. Dezember 1931, S. 1767 f. und S. 1802.
45
Hoßbach-Protokoll; Helmut Krausnick, *Vorgeschichte und Beginn des militärischen Widerstandes gegen Hitler*, in *Die Vollmacht des Gewissens*, München, 1956, S. 261.
46
Zeugenaussage FML Jansa, in *Schmidt-Prozeß*, S. 217 ff.; Ludwig Jedlicka, *Ein Heer im Schatten der Parteien*, 1955, S. 130, 164.
47
Die Daten über das österreichische Bundesheer sind zwei unveröffentlichten Manuskripten von General Dr. Emil Liebitzky entnommen, der sie mit Schreiben vom 26. März 1952 dem Verfasser in einer Abschrift zur Verfügung stellte.
48
Ludwig Jedlicka, a. a. O., S. 180; Zeugenaussage FML Jansa, in *Schmidt-Prozeß*, S. 217.
49
Einsatzbericht, Erfahrungen, S. 24 ff., Anhang 2.
50
Doc. C 102, in *Schmidt-Prozeß*, S. 576; *Einsatzbericht*, S. 6.
51
Einsatzbericht, S. 21; Fritz, a. a. O., S. 30.
52
Brook-Shepherd in einem Brief an den Verfasser am 1. Februar 1962; vgl. auch sein Buch *The „Anschluß"*, 1963, S. 169.
53
Zeugenaussagen General Dr. Liebitzky und FML Jansa, in *Schmidt-Prozeß*, S. 221, 223; Daten über das österreichische Bundesheer in der Niederschrift von General Dr. Liebitzky.

54
Briefliche Mitteilung des Botschafters a. D. Alois Vollgruber an den Verfasser vom 6. November 1967.
55
Doc. 20, DBFP III/S, Vol. 1.
56
Doc. 17, DBFP.
57
Doc. 24, DBFP.
58
Doc. 25, DBFP.
59
Hitlers Zweites Buch — Ein Dokument aus dem Jahr 1928, Veröffentlichung des Instituts für Zeitgeschichte, Stuttgart 1961, S. 184 f., 209.
60
Ebd., Vorwort.
61
Einsatzbericht, S. 9.
62
Über das Schicksal des Generals der Infanterie Wilhelm Zehner und des Personaladjutanten des Bundeskanzlers, Oberstleutnants Georg Bartl, s. Anh. 3, 4 und 5 zu diesem Kapitel.
63
Aus der 1952 verfaßten Niederschrift von General Dr. Emil Liebitzky, *Daten über das österreichische Bundesheer 1920—1938*.

KAPITEL IX — TRAUM UND TRAUMA

1
Vortrag im Görres-Ring, Köln, am 16. Januar 1933 über die österreichisch-deutschen Beziehungen; s. *Österreichisches Abendblatt*, Wien, Folge 63, S. 7, vom 21. Juni 1933.
2
Friedrich Funder, *Als Österreich den Sturm bestand*, Wien 1957, S. 16 ff.
3
Hitlers Darstellung bei der Führerbesprechung vor den Oberbefehlshabern am 23. November 1943, Doc. Nürnberg 789/PS, Bundesarchiv Koblenz, abgedruckt als Dokument XLIX in Holldack, a. a. O., S. 458.
4
Bericht der Historischen Kommission des Reichsführers SS: *Die Erhebung der österreichischen Nationalsozialisten im Juli 1934*, Wien 1965, S. 80.
5
Doc. Nürnberg 2248/PS, Bundesarchiv Koblenz, abgedruckt in Holldack, a. a. O., S. 299 ff., Sperrung vom Autor; zum Teil auch in *Schmidt-Prozeß*, S. 391.
6
Quellenmäßige Unterlage im Österreichischen Staatsarchiv, Wien, Liasse 466.
7
S. Kap. 6, Anm. 19.
8
Zeugenaussage Dr. Friedrich Rainer in Nürnberg, IMT, Sitzungsprotokoll vom 11. bis 13. Juni 1946; Zeugenaussage Dr. Friedrich Rainer, in *Schmidt-Prozeß*, S. 340.

9
AdA, Serie D, Bd. 1, Doc. 229.
10
Schmidt-Prozeß, S. 560; AdA, Serie D, Bd. 1, Doc. 295. Die dort (s. auch Eichstädt, a. a. O., S. 303) erwähnte Ersetzung des FML Jansa durch General Böhme ist irrig. Der bereits vor der Begegnung in Berchtesgaden im Januar 1938 neu ernannte Generalstabschef war FML Eugen Beyer, der frühere Kommandant der Division Salzburg, Nordtirol und Vorarlberg. S. dazu auch Zeugenaussage FML Jansa, in *Schmidt-Prozeß*, S. 220.
11
AdA, Serie D, Bd. 1, Doc. 290. Bei dem erwähnten Interview handelt es sich um das am 5. Januar 1938 dem Korrespondenten des *Daily Telegraph*, Kees von Hoek, gewährte Gespräch über die Probleme der österreichischen Politik, insbesondere die Beziehungen Österreichs zum Nationalsozialismus. Wortlaut in Aussendung DNP Nr. 4 Anglo vom 5. Januar 1938, Bundesarchiv Koblenz R 43 II/1474a.
12
Schmidt-Prozeß, S. 480.
13
Nach Mitteilungen des Bundesministeriums für Justiz wurden im Juli 1936 15.447 Personen der Amnestie teilhaftig; davon 958 durch Strafnachlaß, 1881 durch Niederschlagung des Verfahrens und 12.618 durch Einstellung der Strafverfolgung gegen Minderbeteiligte am Juliputsch. Mit 9. Juli 1937 befanden sich noch 109 Nationalsozialisten in Strafhaft wegen schon vor dem 11. Juli 1936 begangener Blut- und Sprengstoffdelikte.
14
Reichspost vom 24. Dezember 1935, Nr. 355.
15
Protokoll von Berchtesgaden II, 4, AdA, Serie D, Bd. 1, Doc. 295.
16
Papen-Bericht vom 21. Dezember 1937 im Bundesarchiv Koblenz, R. 43 II/1474 a; ZZ 376346-51; AdA, Serie D, Bd. 1, Doc. 273.
17
Zeugenaussage Prof. Dr. Wilhelm Taucher, in *Schmidt-Prozeß*, S. 316.
18
Helmut Krausnick, *Unser Weg in die Katastrophe von 1945*, in Beilage *Aus Politik und Zeitgeschichte* zur Wochenzeitung *Das Parlament*, Nr. 19, vom 9. Mai 1962.
19
Vgl. Papen-Bericht vom 27. Juli 1935, Doc. Nürnberg 2248/PS, abgedruckt in Holldack, a. a. O., S. 299.
20
Vgl. den Bericht des deutschen Botschafters in Paris, Johann Graf Welczek, vom 11. Februar 1938 an das Auswärtige Amt, AdA, Serie D, Bd. 1, Doc. 291.
21
Andere Auffassung in *Hitlers Zweitem Buch* (1928), a. a. O., S. 209: „Schon in der Tatsache seines (Österreichs) Bestandes liegt eine Erleichterung der militärisch-strategischen Lage der Tschechoslowakei."
22
S. Anm. 16.
23
Harold Nicolson, *Diaries and Letters*, 1930—1939, London 1966, S. 331.
24
Louis Weinberger, *Tatsachen, Begegnungen und Gespräche*, Wien 1948, S. 72 f.

25
Das Eugen-Roth-Buch, München 1966, S. 255.
26
Diese und weitere detaillierte Angaben in Otto Molden, *Der Ruf des Gewissens — Der österreichische Freiheitskampf 1938—1945*, Wien 1958, S. 330, 345. Für weitere Angaben zum österreichischen Widerstand s. auch Friedrich Engel-Janosi, *Remarks on the Austrian Resistance 1938—1945*, in *Journal of Central European Affairs*, Vol. XIII, Nr. II, Juli 1953.
27
Brief Dr. Koenigs an Vizepräsident Barth, Wien, Parlament, vom 6. August 1938, Bundesarchiv Koblenz, EAP 106/1, S. 2347 f.
28
Entwurf Dr. Koenigs vom 12. Dezember 1938, Bundesarchiv Koblenz, EAP 106/1.
29
Original im Bundesarchiv Koblenz, Sammelakt Seyß-Inquart, 13.
30
Josef Bürckel, ursprünglich Lehrer aus dem Saargebiet, hatte die Saarabstimmung im Januar 1935 geleitet und fungierte auch weiter als NSDAP-Gauleiter des Saarlandes. Nach seiner Abberufung aus Wien im August 1940 übernahm er das Amt des Chefs der Zivilverwaltung in Lothringen und hat nach seinem Einrücken zur Wehrmacht den Krieg nicht überlebt.
31
Abschrift des Briefes von Josef Bürckel an Seyß-Inquart vom 8. August 1939 und Abschrift des Berichtes Seyß-Inquarts an Himmler vom 19. August 1939, Bundesarchiv Koblenz, Sammelakt Seyß-Inquart, 13.
32
Papen-Memorandum von 1946, abgedruckt in *Schmidt-Prozeß*, S 377.
33
Ebd., S. 379.
34
Deutsches Nachrichtenbüro, 5. Jg., Nr. 407, vom 15. März 1938; AdA, Serie D, Bd. 1, Doc. 387.
35
Telegramm Trautmanns vom 14. März 1938 in AdA, Serie D, Bd. 1, Doc. 379.
36
Bericht des deutschen Gesandten in Bern vom 14. März 1938, AdA, Serie D, Bd. 1, Doc. 382; Deutsches Nachrichtenbüro, Nr. 449, vom 23. März 1938.
37
Deutsches Nachrichtenbüro, Nr. 418, vom 17. März 1938.
38
Deutsches Nachrichtenbüro, Nr. 409, vom 16. März 1938.
39
AdA, Serie D, Bd. 1, Doc. 67, 69, 70.
40
AdA, Serie D, Bd. 1, Doc. 72.
41
Text in *Weltgeschichte der Gegenwart in Dokumenten*, Bd. V., Essener Verlagsanstalt, Berlin-Essen-Leipzig 1936—1938, S. 468.
42
AdA, Serie D, Bd. 1, Doc. 352; Hervorhebungen vom Verfasser.
43
Kurt Schuschnigg, *Requiem in Rot-Weiß-Rot*, S. 102; IMT, 2949.

44
Zeugenaussage Dr. Emil Liebitzky, in *Schmidt-Prozeß*, S. 223.
45
Ciano-Tagebücher, Notizen vom 13. und 15. März 1938, S. 125 f.; Eichstädt, a. a. O., S. 443.
46
Welles, a. a. O., S. 100; Übersetzung vom Verfasser.
47
AdA, Serie D, Bd. 1, Doc. 399.
48
Übersicht des Deutschen Nachrichtenbüros vom 12. März 1938, *Das Ausland zu Österreich*.
49
Bundesarchiv Koblenz, Bestand R 43 II/1360.
50
St. Louis Globe Democrat, Bd. 63, Nr. 297, vom 12. März 1938; Übersetzung vom Verfasser.
51
AdA, Serie D, Bd. 1, Doc. 391 und 401; Eichstädt, a. a. O., S. 440.
52
S. Anm. 51.
53
Feierliche Erklärung der österreichischen Bischöfe vom 18. März 1938, Deutsches Nachrichtenbüro, Nr. 486, vom 28. März 1938; Brief Kardinal Innitzers an Gauleiter Bürckel betreffend aufklärende und richtigstellende Bemerkungen zu Berichten des Berliner Agence-Havas-Vertreters zum Aufruf der österreichischen Bischöfe, Deutsches Nachrichtenbüro, Nr. 536, vom 1. April 1938; Erklärung der Evangelischen Kirche Österreichs vom 1. April 1938 zur Wahl: „Wir stehen zur rettenden Tat des Führers, gezeichnet für den evangelischen Oberkirchenrat A. B. und H. B. Dr. Kauer", Deutsches Nachrichtenbüro, Nr. 536, vom 1. April 1938.
54
DBFP, III. Serie, Bd. 1, Nr. 79; vgl. Eichstädt, a. a. O., S. 437; Gordon Brook-Shepherd, *Anschluß*, London 1963, S. 207.
55
Vgl. Kap. VII, Anm. 16.
56
Winston Churchill, *The Second World War, The Gathering Storm*, London 1948, S. 272 ff; Übersetzung vom Verfasser.
57
Bericht des deutschen Geschäftsträgers Wörmann, London, vom 17. März 1938; AdA, Ser. D, Bd. II, Doc. 88.
58
Eden, a. a. O., S. 570.
59
Winston Churchill, a. a. O., S. 274.
60
Vgl. Kap. VII, Anm. 25.
61
S. Kap. VI, Anm. 15; vgl. Karl Scheidl, *Vor 25 Jahren*, in Österreich in Geschichte und Literatur, 7. Jg., 1963, Nr. 3, S. 113.
62
Eden, a. a. O., S. 139 ff.

63
Schmidt, a. a. O., S. 24.
64
Eden, a. a. O., S. 156 f.; Schmidt, a. a. O., S. 24.
65
Schmidt, a. a. O., S. 20.
66
Die im nachfolgenden auszugsweise wiedergegebenen Weisungen des Politbüros der KPdSU befinden sich in der von Wien aus in deutscher Übersetzung vorgelegten Textierung abgelichtet im Bundesarchiv Koblenz, Bestand, Sammelakt Papen-Berichte, NS 10/50, S. 128—171; Hervorhebungen vom Verfasser.
Vgl. auch Bericht aus dem Sammelakt Keppler im Bundesarchiv Koblenz (10379 bis 10384) betreffend Spionageangebot für Deutschland gegen Rußland nach 1938.
67
Darunter sind vermutlich die Offiziersdisziplinierungen gemeint, die im Laufe des Jahres 1938 in großem Ausmaße stattfanden; s. Kap. VIII, Anm. 63.
68
Bericht im Sammelakt Keppler, Bundesarchiv Koblenz, Aktenzeichen 10378 A, ZZ 10379—10384.

KAPITEL X	ÖSTERREICHISCHES CREDO

1
Franz v. Papen, *Der Wahrheit eine Gasse*, München 1952: „Wir unterschieden uns in der Auffassung von der österreichischen Rolle im Rahmen der allgemeinen deutschen Zukunft. Schuschniggs Konzeption der internationalen Politik und der Rolle, die Österreich darin zu spielen berufen sein sollte, war mit meiner Auffassung unvereinbar..." (S. 484); vgl. auch S. 497; ferner Kap. VIII, Anm. 4, AdA, Ser. D, Bd. 1, Doc. 328.
2
Nach einer Meinungsumfrage der Wiener sozialistischen Zeitschrift für Politik, Wirtschaft und Kultur *Die Zukunft* im November 1967 erklärten sich 73% der Befragten gegen, 9% für einen Anschluß und 18% hatten keine Meinung; vgl. Archiv der Gegenwart, 26. November 1967, 37. Jg., S. 13.554.
3
Vgl. Stephan Verosta, *Die geschichtliche Kontinuität des österreichischen Staates und seiner europäischen Funktion*, in H. Benedikt, *Geschichte der Republik Österreich*, a. a. O., S. 610; Weinberger, a. a. O., S. 148 ff.; Julius Deutsch, *Ein weiter Weg, Lebenserinnerungen*, Wien 1960, S. 372; Karl Renner, *Österreich von der ersten zur zweiten Republik*, Wien 1953, S. 233: Doktor Renner berichtet über seinen Vorschlag einer Volksabstimmung über den Nichtanschluß (1945) und schreibt, er war „völlig überzeugt, daß bei einer Volksabstimmung bis auf eine verschwindende Minderheit das ganze Volk — mit Einschluß aller nicht geradezu fanatisierten Hitleranhänger — sich für die Selbständigkeit Österreichs mit überwältigender Mehrheit entscheiden würde. Ich hege noch heute die Überzeugung"; Adolf Schärf, *Österreichs Erneuerung 1945—1955*, Wien, 1955, S. 20 f.: „Der Anschluß ist tot. Die Liebe zum Deutschen Reich ist den Österreichern ausgetrieben worden", aus dem Gespräch Schärf-Wilhelm Leuschner im Frühjahr 1943; Molden, a. a. O., S. 148 ff.
4
Josef Weinheber, *Wien wörtlich*; vgl. Edmund Finke, *Josef Weinheber, Der Mensch und das Werk*, Salzburg 1950, S. 227.

5
Abgedruckt in Arthur Breycha-Vauthier, *Sie trugen Österreich in die Welt*, Wien 1962, S. 90.
6
Ebd., S. 98.
7
Hans v. Hammerstein, Vortrag vor dem Wiener Kulturbund, *Österreichs kulturelles Antlitz*, 21. Oktober 1935, Wien 1935. Sperrung vom Autor.
8
Rot-Weiß-Rot-Buch, Wien 1946, S. 6, zitiert in Molden, a. a. O., S. 17; Gustav Steinbauer, *Ich war Verteidiger in Nürnberg*, Klagenfurt 1950, S. 346.
9
Brief Dr. Königs vom 6. August 1938, s. Kap. IX, Anm. 27; vgl. auch Kap. IX, Anm. 29.
10
AdA, Serie D, Bd. 1, Doc. 404.
11
AdA, Serie D, Bd. 1, Doc. 405.
12
Walter Schellenberg, *The Labyrinth, Memoirs*, New York 1956, S. 13.
13
Bundesarchiv Koblenz, Sondermappe: Haft Schuschnigg und Überwachung seiner Frau, 98/I, Nr. 10455-63; Wachvorschrift vom 8. September 1938, Z. 473767. Weitere Zitierung unter: Bundesarchiv Koblenz, Bestand 98/I.
14
Kurt Schuschnigg, *Requiem*, S. 117—152, 428—506.
15
Weisung Bürckels vom 3. Mai 1938, Bundesarchiv Koblenz, Bestand 98/I, Nr. 10455.
16
Ebd., Z. 473689.
17
S. Payne Best, *The Venlo Incident*, London 1950, S. 230 f.; Best war Captain im British Secret Service und seit November 1939 in Gestapohaft; s. auch *Südtiroler Nachrichten*, 3. Jg. Nr. 7, Bozen, 15. April 1965, „Handstreich von Niederdorf".
18
Ebd. und Allen Dulles / Gero v. S. Gaevernitz, *Unternehmen Sunrise*, Düsseldorf 1967, S. 295; Best, a. a. O., S. 246; Abschrift einer eidesstattlichen Erklärung Oberst von Bonins vom 12. Juni 1948 im Besitz des Verfassers.
19
Best, a. a. O., S. 248.
20
Mündliche Mitteilung von Ministerialrat a. D. Dr. Viktor Frölichsthal, Bregenz, Herbst 1967.
21
Protokoll *Schmidt-Prozeß*, S. 452.
22
Protokoll *Schmidt-Prozeß*, Urteil S. 658 ff.
23
Julius Deutsch, a. a. O., S. 383 f.
24
Vgl. *Der Spiegel*, 22. Jg., 1968, Nr. 11 u. Nr. 12; Dr. Otto Leichter, *Zwischen zwei Diktaturen*, Wien 1968, vgl. darin abgedruckten Briefwechsel und Stellungnahme.

25
Schellenberg, a. a. O., S. 13, 19.
26
Vgl. Kap. VII, Anm. 50.
27
AdA, Serie D, Bd. 1, Doc. 405: Theodor Hornbostel war der Leiter der Politischen Abteilung im österreichischen Außenamt; Gesandter Eduard Ludwig, vormaliger Chef des Pressedienstes und Sektionschef; Vizekanzler a. D. Richard Schmitz, Bürgermeister von Wien; Sperrung vom Verfasser.
28
Bericht v. Papens am 28. Januar 1936, *Schmidt-Prozeß*, S. 398:
„... Schließlich ist noch zu erwähnen, daß mein englischer Kollege Sir Walford Selby gestern Herrn Nastasijevic (jugoslawischer Gesandter in Wien) aufsuchte, um ihm anläßlich einer Besprechung über die heute stattgefundene Trauerfeier für den verstorbenen englischen König mitzuteilen, daß die britische Regierung entschlossen sei, einer Restauration der Habsburger keinesfalls ihre Zustimmung zu erteilen."
29
Kurt Schuschnigg, *Requiem*, S. 124—152.
30
Der Spiegel, 22. Jg., Nr. 17, vom 22. April 1968, S. 16, gezeichneter Leserbrief.
31
Abschrift des Gesuches vom 4. April 1938, Bundesarchiv Koblenz, Sammelakt Seyß-Inquart, 13.
32
Kopie des *Daily Express* vom 4. Juni 1938, Bundesarchiv Koblenz, Bestand 98/I.
33
Bundesarchiv Koblenz, Bestand 98/I, Z. 473741-2.
34
Ebd., Z. 473745.
35
Ebd., Z. 473746; der Chef des Wiener Hauses, (Baron) Louis Rothschild, wurde im selben Stockwerk unter ähnlichen Bedingungen in Einzelhaft gehalten und zu Beginn 1939 entlassen und reichsverwiesen. Er emigrierte in die USA und starb dort.
36
Ebd., Z. 473731, 473737.
37
Meldung des stellvertretenden Leiters der Gestapo Wien an Reichsführer SS Himmler, Wien, vom 12. Dezember 1938: „... ich machte darauf aufmerksam, daß wir ... eine Wache der Schutzstaffel sehr vermissen ... ich habe ... die Tatsache der unzureichenden Bewachung des Hauses („Metropol", Anm. d. Verf.) unterstrichen. Bezüglich der Stellung einer SS-Wache ersuchte der Reichsführer SS den SS-Gruppenführer Dr. Kaltenbrunner hier in eigener Zuständigkeit das Nötige zu veranlassen. Der Staatssekretär (Kaltenbrunner) wies jedoch darauf hin, daß er hiezu nicht in der Lage sei." Ebd., Z. 473777. Ein Befreiungsversuch war tatsächlich von einigen Mitgliedern einer Kärntner Widerstandsgruppe, ehemaligen Ostmärkischen Sturmschärlern, in Erwägung gezogen worden; der Plan erreichte später, 1942/43, seinen Höhepunkt und hatte die Befreiung des Verfassers aus dem KZ Sachsenhausen zum Ziel. Durch Verrat eines Konfidenten gerieten die Mitglieder der Gruppe, die zum größeren Teil zur Luftwaffe eingezogen waren, in die Hände der Gestapo; drei von ihnen, Karl Krumpl, Hans Ortner und Wenzel Primosch, wurden in Wien zum Tod verurteilt und am 22. März 1945 auf dem Kagraner Schießplatz erschossen. Vgl. auch Molden, a. a. O., S. 336, Anm. 1a.

38
Bundesarchiv Koblenz, Bestand 98/I, Z. 473757.
39
Ebd., Z. 473765-69; Namensliste der zur Wache abkommandierten 3 Polizeirevierinspektoren als Wachkommandanten und 18 Polizeirayonsinspektoren, Z. 473763-64; Sperrung vom Autor.
40
Ebd., Z. 473743, und Vorlagebericht an den Leiter des Referates II B, Reg.-Rat Doktor Ebner, vom leitenden Vollzugsbeamten des Dauerdienstes, ohne Z.-Angabe, S. 279.
41
Ebd., Z. 473776.
42
Ebd., Z. 473792-95.
43
Ebd., Bestand R 43/II/1360, Z. 405958.
44
S. Anm. 43.
45
Bericht der Historischen Kommission des Reichsführers SS, 1937, mit Einführung von Prof. Dr. Jedlicka, Institut für Zeitgeschichte, Wien 1965.
46
Bundesarchiv Koblenz, Bestand 98/I, Vermerk vom 11. Mai 1939 und Bericht vom 17. Mai 1939, ohne Z.-Angabe, S. 276, 278.
47
Von den genannten Funktionären der Gestapoleitstelle Wien waren deren Leiter vom Juni 1938 bis November 1944:
Franz Joseph Huber: geb. 1902 in München; vor März 1938 Leiter der Abt. II, 1 c (Reaktion, Kirchen usw.) bei Gestapo Berlin; 1. 12. 1944 Befehlshaber der Sicherheitspolizei und des SD in Wien. Vor 1933 Polizeidirektion München. 12. März 1938 SS-Obersturmbannführer; 9. 9. 1942 SS-Brigadeführer und Generalmajor der Polizei.
Dr. jur. Humbert Achamer-Pifrader: Österreicher, geb. 1900, Kriegsfreiwilliger im Ersten Weltkrieg, danach französische Fremdenlegion, dort Unteroffizier. Eintritt in die Sicherheitswache Salzburg, während der Dienstzeit Matura und Dr. jur. Übernahme in Konzeptsdienst wurde abgelehnt. Illegale Tätigkeit für NSDAP; Flucht 1935 nach Deutschland, Eintritt in Bayrische Politische Polizei (Österreichreferat). Dann Leiter des Dezernats (Österreich) II, 1 c 3, Gestapo Berlin, später stellv. Leiter Gestapo-Leitstelle Wien. 1. 1. 1943 SS-Oberführer und Oberst der Polizei. Zuletzt Inspekteur der Sicherheitspolizei und des SD in Berlin. Fanatiker, nicht ohne menschliche Haltung ebenso wie die Abteilungsleiter Dr. Ebner und Weintz im Gegensatz zu Dr. Lange.
Dr. jur. Rudolf Mildner: geb. 1902; altes Parteimitglied; Werdegang wie Dr. Pifrader (Fremdenlegion, Sicherheitswache Salzburg; Promotion zum Dr. jur.); 1935 Flucht nach Deutschland; Dienst im Österreichreferat der Bayrischen Politischen Polizei; seit September 1943 SS-Standartenführer; Nachfolger Hubers als Leiter der Gestapo Wien; Personaldaten: Unterlagen im Institut für Zeitgeschichte Wien.
48
Hans v. Hammerstein, Vortrag vom 21. Oktober 1935 im Wiener Kulturbund, *Österreichs kulturelles Antlitz*, Wien 1935, S. 14 f.

Namenregister

Abel, Franz 90
Adam, Walter 32, 161, 169, 178, 238, 240, 381
Adamovich, Ludwig 99, 142, 250
Adler, Friedrich 67, 72, 89, 108
Adler, Max 72, 112
Adler, Viktor 42, 44, 45
Alberti, Albrecht 145
Alexander, König von Jugoslawien 159, 160, 181
Alexander, Edgar 102
Allizé, Henri 49
Altenburg, Günther 195, 331, 333
Alvensleben, Gebhard v. 29, 31
Alvensleben, Wichard v. 26, 29, 378
Andrássy, Julius Graf 203
Anreiter, Josef 341
Arndt, Ernst Moritz 59
Atwell, John 29
Attlee, Clement 363

Baar-Baarenfels, Eduard 177
Bader, SS-Ustuf 26
Badoglio, Pietro 180
Bahr, Hermann 372
Bardolff, Karl 82
Barnes, Harry 355
Barth, Reg. Vizepräs. 341
Barthou, Louis 159, 181, 221
Bartl, Georg 233
Bator, Hans 89
Bauer, Otto 39, 40, 45, 47, 53, 55, 69-73, 89, 110, 112, 114, 127, 132, 134, 148
Beck, Josef 361
Beck, Ludwig 223, 308
Becke, Friedrich Johann 47
Beethoven, Ludwig van 379
Berger-Waldenegg, Egon 36, 167, 168
Bernaschek, Richard 148, 341
Bethlen, Stefan Graf 81, 129, 130, 146
Bettelheim, Ernst 66
Beyer, Eugen 240
Bismarck, Otto v. 206, 254, 325
Blomberg, Werner v. 18, 223, 256

Blum, Léon 25, 28, 30
Boas, Franz 355
Bock, Fedor v. 307, 310, 315, 318, 327
Böhm, Johann 172
Bonin, Bogislaw v. 25, 26, 29, 30, 31
Bormann, Martin 145
Bourbon-Parma, Xavier v. 25
Brauchitsch, Bernd v. 319
Braunthal, Julius 50, 67
Brehm, Bruno 119
Briand, Aristide 288
Brockdorff-Rantzau, Ulrich Graf 47
Brook-Shepherd, Gordon 150
Bullitt, William C. 268
Bülow, Bernhard Fürst 43
Bülow, Bernhard v. 155, 185
Bürckel, Josef 219, 312, 341, 344-348, 377
Buresch, Karl 131, 132, 134, 135, 139, 144, 155, 165
Buttinger, Joseph 89, 96, 130, 137, 150, 171, 173, 176

Canaris, Wilhelm 377, 381
Chamberlain, Austin 271
Chamberlain, Neville 14, 235, 245, 246, 257, 271-274, 287, 300, 356-358, 360, 361
Chambers, Whittaker 264
Charmatz, Richard 95
Chautemps, Camille 321
Churchill, Winston S. 153, 247, 262, 287, 359, 360
Ciano, Galeazzo Graf 88, 270, 271, 273, 353, 361
Clair, Gainer D. St. 255
Clark, Lt. US Navy 32
Clauzel, Bertrand 114
Colonna, Fürst 284
Csokor, Franz Theodor 372
Cuninghame, Thomas 49
Curtius, Julius 62
Czermak, Emmerich 97, 98

Dadieu, Armin 283
Daladier, Edouard 105

Day, H. M. A. 25
Delbos, Yvon 285, 321
Dertil, Rudolf 75, 76
Deutsch, Julius 51, 67, 108, 109, 117, 124, 125, 130, 315, 380
Dieckhoff, Hans Heinrich 355
Dietl, Eduard 307, 308
Dietrich, Otto 233
Dinghofer, Franz 46
Dobretsberger, Josef 100, 170
Dollfuß, Engelbert 16, 18, 20, 24, 75, 76, 98, 100, 102, 134-139, 143-149, 154-158, 160-167, 169, 171, 180, 188, 217, 224, 256, 299, 345, 346
Domes, Franz 118, 119
Dostojewski, Feodor Michailowitsch 104, 105, 153
Draxler, Ludwig 177
Drexel, Karl 128
Drexel Biddle, Anthony J. 362
Drexler, Anton 96
Ducia, Toni 29-31

Ebner, Karl 388
Eden, Anthony 235, 236, 259, 270-272, 274, 285-287, 289, 314, 363, 364
Egger, Lothar 86
Ehrlich, Jakob 97
Eibl, Prof. 346
Eisenlohr, Ernst 350
Ender, Otto 88, 99, 100, 137, 166, 197, 266
Epp, Franz Ritter v. 236

Fajans, Roman 213
Falkenhausen, Alexander v. 25
Fedrigoni, Adelhart 92
Ferdinand I. 101
Ferrero, Oberstleutnant 29, 30
Fey, Emil 76, 85, 91, 148, 154, 155, 161-164, 167-169, 179
Fierlinger, Sidonius 114
Figl, Leopold 32, 92, 378
Fimmen, Edi 131
Fischböck, Hans 239, 240, 292, 347
Flandin, Pierre Etienne 285, 289
Fluch, Pol.-Beamter 161
Franckenstein, Georg 98, 286, 354
François-Poncet, André 284, 288, 289
Frank (Gestapo München) 377
Frankfurter, S. 97
Franz Ferdinand, Thronfolger 382

Franz Josef I. 61, 151, 314
Frauenfeld, Alfred Eduard 145, 254, 277
Freudenseher, Franz 118, 119, 121
Frick, Wilhelm 236
Friedjung, Heinrich 42
Friedmann, Desider 97
Friedrich II., König von Preußen 335
Fritsch, Werner v. 223, 256, 308, 315
Frölichsthal, Viktor 36
Funder, Friedrich 49, 330, 372
Futterweit, Juwelier 94

Gabriel, Dozent 335
Gamelin, Maurice Gustave 180
Garibaldi, Sante 29, 30
Gerow, US-Brigadegeneral 31, 378
Gighi, Pellegrino 266
Gimpl, Georg 48
Glaise-Horstenau, Edmund 12, 14, 16, 173, 188, 195-197, 199, 200, 202, 207, 218, 238, 250, 254, 298, 299, 334
Glass, Fridolin 146
Gleispach, Wenzel 222
Gleißner, Heinrich 87
Globocnik, Odilo 228, 231, 247, 281, 282, 289, 306, 332, 244, 346, 347
Glöckel, Otto 124
Goebbels, Joseph 137, 206, 289
Goethe, Johann Wolfgang v. 65, 376
Gömbös, Gyula 156, 157, 183
Göring, Hermann 13, 14, 98, 163, 181, 189, 215-217, 226, 230, 236, 239, 241, 270, 282, 312, 332, 337, 382
Goldinger, Walter 296
Grandi, Dino 180, 225, 271, 272
Gregorig, Josef 94
Grillparzer, Franz 34
Großauer, Johann 167
Guderian, Heinz 307, 319
Gulick, Charles 98, 102, 137, 175, 179

Habicht, Theo 136, 140, 144-146, 154, 195, 332, 346
Habsburg, Eugen 157
Habsburg, Josef Ferdinand 157, 328
Habsburg, Otto 18, 76
Hácha, Emil 246
Halder, Franz 25
Halifax, Edward F. 14, 235, 236, 257, 260, 321-323, 356, 360
Hamberger, Kriminalbeamter 233

Hammerschmied 347
Hammerstein-Equord, Hans 24, 25, 32, 167, 177, 315, 372, 374, 391
Hammerstein-Equord, Kurt v. 25, 315
Hanfstaengl, Putzi 332
Hartmann, Ludo M. 51
Hassel, Ulrich v. 160, 185, 194, 256, 270, 299
Hebbel, Friedrich 11
Henderson, Arthur 287
Henderson, Neville 256, 259, 260, 289, 299, 322, 356, 360
Heß, Rudolf 145, 236
Hessen, Prinz Philipp v. 350, 353
Heydrich, Reinhard 163, 223, 230, 279, 330, 341, 375, 381-383, 388
Hillegeist, Friedrich 175
Hiltl, Hermann 78
Himmler, Heinrich 145, 303, 331, 345 bis 347, 375, 387, 388
Hindenburg, Paul v. 312
Hiss, Alger 264
Hitler, Adolf 12-15, 17, 27, 28, 43, 60, 62, 64, 76, 86, 89-91, 96, 106, 116, 136, 137, 140, 142, 143, 145, 146, 156, 160, 166, 169, 172, 175, 180, 182, 183, 185-187, 191, 193, 195, 199, 200, 203, 213, 217-224, 226-228, 230, 232-237, 239, 241-248, 250, 253, 256, 257, 260-262, 265, 267-269, 271, 273, 274, 276, 277, 279-283, 288, 289, 295, 296, 299-301, 303, 306, 307, 310-314, 319, 320, 322, 325-327, 330, 332, 335-337, 339, 344, 347, 348, 350, 351, 353, 355, 363, 380, 381, 387
Hoare, Sir Samuel 182
Hodža, Milan 184, 350
Hoffinger, Max 192
Hofmannsthal, Hugo v. 372
Hoggan, David L. 296
Hohenberg, Ernst 382
Hohenberg, Max 382
Hornbostel, Theodor 86, 145, 146, 186, 187, 191, 193, 196, 266, 381
Horthy von Nagybánya, Nikolaus 123, 157, 310
Hoßbach, Friedrich 223, 236, 283, 353, 362
Huber (Gestapo Wien) 387
Hueber, Franz 230
Hugelmann, Karl Gottfried 116
Hülgerth, Ludwig 78, 93, 179, 324

Hull, Cordell 314, 355
Hurdes, Felix 92
In der Maur, Gilbert 191, 205, 209, 228
Inukai, Ki 75

Jahn, Friedrich Ludwig 59
Jahn, Justus 285
Jakoncig, Guido 135
Jánky, Béla 129
Jannings, Emil 197
Jansa, Alfred 86, 240, 316, 318
Jaworek, Karl 75
Jodl, Alfred 233, 237
Jordan, Ludwig 254, 256
Jost, Heinz 250
Jung, Rudolf 43, 96
Jury, Hugo 14, 201, 205, 209, 229, 306, 334

Kahr, Gustav v. 160
Kaltenbrunner, Ernst 302, 387
Kamba, Franz 161
Kammerhofer, Konstantin 346
Kanya, Koloman Kania v. 88, 183, 349
Kanzler, Dr. 145
Kapp, Wolfgang 108
Karbach, Oskar 95, 97, 98, 102
Karl, Kaiser v. Österr. 21, 159
Károlyi, Michael Graf 44
Károlyi, Oberst 309
Karwinsky, Karl 84, 148, 167
Kastelic, Jakob 91, 341
Keitel, Wilhelm 223, 233, 243, 307, 310
Kemptner, Otto 163, 164
Kennedy, John F. 163
Keppler, Wilhelm 219, 226-228, 231, 238-241, 247-249, 261, 276-279, 281 bis 283, 289-293, 296-298, 301-302, 306, 331, 332, 369
Kienböck, Viktor 279, 282
Kimmel, Josef 91
Klausner, Hubert 281, 282, 332, 347
Köhler, Alois 173, 175
Kokorin, Wassili 30
Kollars, Viktor 92
Konoye, Fumimaro 348
König, Berthold 131, 149
Koenig, C. 341, 342
Kordt, Erich 269, 308
Koritschoner, Franz 66
Körner, Theodor 124
Kossuth, Ludwig 203

Kraus, Felix 230
Krauss, Alfred 222
Kreisler, Fritz 162
Krofta, Kamill 350
Krüger, Journalist 215
Krumpel, Karl 341
Kuh, Anton 59
Kun, Béla 66, 81, 123
Kunschak, Leopold 51, 108, 133, 138, 139

Lahr, Fritz 179
Lammers, Hans Heinrich 388
Lange, Dr. 383, 384, 386
Langoth, Franz 229, 277
Lansing, Robert 44
Lauterbacher, Hartmann 278
Laval, Pierre 182, 362
Lefèvre-Pontalis, Pierre 50
Lenin, Wladimir Iljitsch 69
Leo XIII. 101
Leopold, Josef 133, 140, 141, 190, 191, 195, 200, 201, 205, 206, 214, 215, 226, 228, 238, 247-249, 254-256, 261, 276 bis 281, 290, 293, 332, 347
Lernet-Holenia, Alexander 372
Leuthner, Karl 108
Liebitzky, Emil 177, 270, 353
Likus, Rudolf 249, 250
Lipski, Josef 256
List, Wilhelm 312
Litwinow, Maksim Maksimowitsch 362, 365-368
Lloyd George, David 234, 235
Lloyd George, Megan 235
Löbe, Paul 60
Lobisser, Switbert 34
Lothar, Ernst 373, 380
Ludwig, Eduard 238, 240, 381
Lueger, Karl 42, 94, 95
Luther, Martin 250

Macchiavelli, Nicolo 247
MacDonald, James Ramsay 362
Mackensen, Georg v. 151, 333, 350
Mannlicher, Egbert 199, 209
Maria Theresia, Erzherzogin v. Österr. 16
Maritain, Jacques 39
Marx, Karl 69
Masaryk, Thomas G. 43
Mayr, Michael 50
Meindl, Georg 222
Menghin, Oswald 201, 205, 209, 230
Messner, Franz Josef 341

Miklas, Wilhelm 347
Molotow, Wjatscheslaw M. 30, 314
Montjoie, Franz 91
Mosley, Sir Oswald 255
Motta, Giuseppe 349
Muckermann, Pater 237
Mühlmann, Kajetan 233, 237, 247, 347
Müller, SS-Standartenführer 384, 385
Müller, Josef 25
Müller, Leo 145
Münichreiter, Karl 152
Muff, Wolfgang 12, 164, 195, 196, 298, 304, 315, 327
Munthe, Axel 33
Mussolini, Benito 81, 105, 129, 130, 146, 147, 153, 155-157, 176-178, 180-182, 184, 185, 194, 265, 266, 270-274, 299, 304, 350, 353, 361, 365

Nastasijević, Gjorgje 221
Neubacher, Hermann 117, 254, 344
Neuhäusler, Johannes 25
Neurath, Konstantin Alexander v. 87, 181, 185, 197, 200, 205, 212, 256, 257, 284, 289, 322, 356-358
Neustädter-Stürmer, Odo 100, 155, 161 bis 163, 167-170, 200, 218
Nicolson, Harold 339
Niemeyer, Otto 132
Niemöller, Martin 25
Nixon, Richard M. 264
Norman, Montagu 132
Noske, Gustav 76, 108

Ofenböck, Anton 84
Ormesson, Wladimir de 43
Ozegović, Milos 309

Pabst, Waldemar 81, 90
Palairet, Michael 159, 321, 323, 360
Papen, Franz v. 76, 87, 88, 90, 91, 137, 172, 183, 185, 186, 191, 192, 195, 197, 198, 200, 201, 215, 128-222, 224, 226-228, 231, 233, 240-242, 244, 248, 252-254, 256, 259, 269, 277, 283, 290, 297, 330-332, 334, 339, 347, 348, 364, 366, 369
Paulus, Friedrich 307
Paumgartner, Bernhard 65
Pavelić, Ante 181
Payne, Best 26, 30
Pembaur, Walther 207
Pernerstorfer, Engelbert 42

Pernter, Hans 32, 93, 167
Peter I., Zar 234
Pfrimer, Walter 78, 80, 84, 113, 129
Phipps, Sir Eric 288, 360
Pichon, Stéphan 49
Pifrader, Humbert 303, 384-386, 388
Pius XII. 36
Planetta, Otto 161-163
Plattner, 346, 347
Plessen, Leopold v. 273, 354
Polgar, Alfred 373
Proksch, Alfred 143, 144
Puaux, Gabriel 16, 168, 169, 301

Raab, Julius 31, 100, 250
Rainer, Friedrich 228, 230, 247, 277, 281, 282, 289, 332, 347
Ramek, Rudolf 139
Rauter, Hanns 80, 84
Reichenau, Walter v. 233
Reinhardt, Max 65
Reinthaller, Anton 229, 277
Reither, Josef 167
Renan, Ernest 40
Remarque, Erich Maria 122
Rendulić, Lothar 157, 164
Renner, Karl 34, 39, 40, 44, 45, 51, 53, 54, 95, 109, 132, 138, 139, 165, 172, 173
Resch, Josef 100, 170
Reschny, Hermann 243
Ribbentrop, Joachim v. 13-15, 233, 237, 239, 241, 242, 257, 259, 261, 265, 278, 282, 283, 290, 323
Riegele, Franz 332
Riehl, Walter 96
Rintelen, Anton, 50, 83, 144, 146, 154, 155, 167
Ritter, Karl 196
Rochar, Charles 321
Röhm, Ernst 160, 332
Roosevelt, Franklin D. 75, 288, 355
Roth, Eugen 340
Rothziegel, Leo 67
Rothfels, Hans 327
Rothkirch, Oberst 309
Rothschild, Louis 384
Rott, Hans 173, 175
Rotter, Adrian 36
Röttiger, Hans 26
Rüdiger, Ernst 280
Ruoff, Generalmajor 307

Rupprecht v. Bayern 35
Saint-Léger, Alexis 285
Salata, Francesco 270, 284
Sargent, Sir Orme 286
Savoyen-Caraignan, Prinz Eugen von 120
Schacht, Hjalmar 25, 27, 28, 57, 58
Schärf, Adolf 146
Schattenfroh, Franz 195
Schauer-Schoberlechner, Min.-Rat 229
Schaukal, Richard 372
Scheidemann, Philipp 48
Schellenberg, Walter 375, 381
Schiel, Josef 149
Schilhawsky, Sigismund 324, 327, 328
Schiller, Friedrich v. 65
Schirach, Baldur v. 345
Schlabrendorff, Fabian v. 25
Schleicher, Kurt v. 160
Schmidt, Guido 19, 32, 186, 188, 196, 231-233, 241, 242, 259, 265, 292, 319, 378, 379
Schmidt, Paul 259
Schmitz, Richard 25, 33, 87, 91, 169, 170, 304, 381
Schneider, Ernest 94
Schober, Johannes 62, 81, 83, 85, 96, 109, 118-120, 136
Schober, General 307
Scholz, Karl Roman 341
Schönburg-Hartenstein, Alois 149, 315
Schönerer Georg v. 42, 43, 94
Schörner, Ferdinand 307, 308
Schröder v. 289
Schröder, dt. Ges. 250
Schubert, Franz 379
Schubert, Ferdinand 379
Schuschnigg, Kurt 14, 18-21, 87, 88, 162, 175, 194, 197, 208, 213, 228, 232, 236, 237, 241, 242, 255, 265-267, 269, 279, 281, 284, 292, 293, 296, 302, 306, 313, 322, 351-354, 356, 378, 381-388
Schuschnigg, Vera 377, 383, 388
Seeckt, Hans v. 108
Selby, Sir Walford 86, 221, 360
Seipel, Ignaz 39, 40, 51-53, 61, 64, 75, 83, 85, 96, 109, 119, 120, 125-127, 129, 132, 134-136, 170, 194
Seitz, Karl 124
Seydel, Eugen 161
Seyß-Inquart, Arthur 11-17, 80, 199, 201, 202, 207, 208, 212, 213, 220, 226-233, 237-240, 247-250, 254, 265-267, 276

bis 278, 280-284, 293, 294, 296, 298, 299, 301, 302, 304, 306, 310, 312, 322, 334, 343-348, 374
Simon, Johan 299, 363, 364
Sinclair, Upton 355
Skrein, Rudolf 379
Skubl, Michael 167, 250, 251, 313, 324
Spaak, Paul Henri 349
Spann, Othmar 84
Sperrle, Hugo 233
Spitzl, Bruno 343
Srbik, Heinrich 199, 229
Stahlecker, Dr. 387
Stalin, Josef Wissarionowitsch 40, 69, 105, 234, 364-366
Starhemberg, Ernst Rüdiger 76, 78, 83-85, 91, 92, 130, 143, 144, 146, 147, 154, 155, 162, 167-169, 176-179, 265
Staud, Johann 172, 175
Steel, Johannes 355
Steidle, Richard 78, 80-83, 90, 128-130, 147, 158
Stein, Otto v. 192, 197, 201, 227, 290, 297-299, 331
Steinbauer, Gustav 374
Stepan, Karl Maria 155
Stille, SS-Ustuf 26
Stockinger, Fritz 155
Stojadinović, Milan 221, 256
Stolper, Gustav 56
Straffner, Sepp 139
Strasser, Gregor 160
Streicher, Julius 96
Stuckart Wilhelm 195, 311
Stürgkh, Graf 85
Suvich, Fulvio 146, 148
Sztojay, Döme v. 310, 349

Taaffe, Eduard Graf 206
Tardieu, André 132
Taucher, Wilhelm 193, 335
Tauschitz, Stephan 75, 76, 155, 192, 256, 322
Tavs, Leopold 201, 205, 209, 213, 215, 219, 225, 226, 228, 238, 247, 248, 254, 280, 334
Taylor, A. J. P. 296
Taylor, Myron 35
Thalhammer, Dr. 29
Thälmann, Friedrich 193
Thomas, Georg 25, 26
Thyssen, Fritz 25
Tiso, Josef 249

Toynbee, Arnold 175
Tscharmann, Josef 123
Tschiang Kai-schek 32, 92
Tuchatschewski, Michail Nikolajewitsch 362

Vaugoin, Carl 84, 85, 109, 110, 117, 119, 120, 121, 315
Veesenmayer, Edmund 248, 249, 269, 282, 289, 290, 297, 331
Vergani, Ernst 94
Vetter, Herbert 197
Vietinghoff, Heinrich v. 26
Villard, Oswald Garrison 355

Wächter, Otto Gustav 146, 166, 331, 347
Waldeck-Pyrmont, Josias 145
Wasserbäck, Erwin 339
Watzek, Adolf 174, 250
Wehofsich, Franz 191
Weichs, Maximilian v. 307
Weinbacher, Jakob 382
Weinberg, Gerhard L. 327
Weinberger, Lois 340
Weinheber, Josef 34, 372
Weintz, Reg.-Rat 377, 386
Weizsäcker, Ernst v. 196, 270, 333, 374, 376, 381
Welczeck, Johann Graf 285
Welles, Sumner 353
Welsch, Generalstaatsanwalt 342
Werfel, Franz 32
Werkgartner, Anton 161, 162
Weydenhammer, Rudolf 146, 168, 169, 331
Wiedemann, Fritz 277, 387
Wiesner, Friedrich 22
Wildgans, Anton 372
Wiley, John 265, 266
Wilson, Thomas Woodrow 44, 258, 300
Wimmer, Friedrich 347, 382
Winkler, Franz 132, 134, 137, 149, 150
Winter, Ernst Karl 171, 172, 372
Wolf, Wilhelm 240
Wolff, Karl 26, 302, 387
Woermann, Ernst 286, 350
Wolsegger, Ferdinand 201

Zehner, Wilhelm 20, 161-164, 196, 240, 316, 327
Zernatto, Guido 11, 32, 33, 36, 40, 170, 177, 228, 229, 232, 233, 247, 301, 302
Zimmerl, Hans 341

Spannender als jeder Polit-Thriller belegen Dokumente, Protokolle und Bilder den wesentlichen Anteil Otto von Habsburgs an der Wiedererrichtung Österreichs im Jahre 1945. Ein Buch, das die Geschichte Österreichs in neuen Zusammenhängen zeigt.

188 Seiten mit 200 Abbildungen

Heinrich Drimmel
Vom Kanzlermord zum Anschluß

Österreich 1934–1938

Amalthea

In diesem 3. Band der Trilogie „Österreich 1918–1938" schildert der Autor aus der Perspektive eigenen Erlebens den ebenso dramatischen wie vergeblichen Kampf Österreichs um die Bewahrung seiner Eigenständigkeit.

512 Seiten

E 7